교원임용 교육학 논술 대비

박문각 임용
동영상강의 www.pmg.co.kr

2026 권지수 교육학 필수요약집

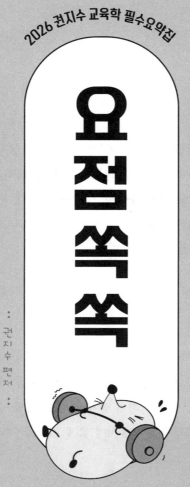

요점 쏙쏙

권지수의 만점전략 요점잡기

권지수 편저

시험에 나올 요점만 쏙! 뽑았다

- Thinking-Map을 통한 구조화 학습
- 교육학 뇌새김을 위한 최종 마무리

박문각

머리말

본 서적은 교육학 필수요약집이다. 교육학 기본서에서 핵심을 추출하고, 그렇게 가려낸 핵심을 한 번 더 요약한 것이다. 『합격지수 100 권지수 교육학』을 요약한 것이 『핵심쏙쏙』이라면, 『핵심쏙쏙』을 요약한 것이 바로 이 『요점쏙쏙』이다. 따라서 교육학 전체 내용을 빠뜨리지 않으면서 요약 내용을 중심으로 가장 빠르게 그리고 가장 효율적으로 학습하도록 하자는 데 본 서적의 출간 의도가 있다.

필자는 교육학의 전체 내용과 논리적 구조를 유지하면서 다음과 같은 점에 특히 유의하여 본 서적을 집필하였다.

첫째, 교육학의 구조를 이해하고, 내용별 중요도를 파악할 수 있도록 하였다. 각 분과 학문 영역별로 Thinking Map을 만들어 교육학의 구조를 한눈에 파악할 수 있도록 하였으며, 각 쟁점별 기출사항을 표시하여 출제 비중을 살필 수 있도록 하였다. 수험생은 교육학의 구조를 한눈에 파악하면서 동시에 출제 비중을 고려하여 학습의 강약을 조절할 수 있을 것이다.

둘째, 기본서와 『핵심쏙쏙』을 간결하게 요약하고 정리하였다. 교육학의 전체 내용을 빠뜨리지 않으면서도 핵심을 간추려 쉽고 간편하게 볼 수 있도록 한 것이다. 가볍게 휴대하며 보려고 하거나 교육학 전체를 빠르게 회독하고 싶을 때, 시험에 임박하여 전체를 빠르게 정리하고자 할 때, 교육학을 부담 없이 여러 번 회독하고자 할 때 아주 유용하게 활용할 수 있을 것이라 본다.

셋째, 본 서적만으로도 교육학을 끝낼 수 있도록 하였다. 교육학의 중요한 내용을 모두 요약했기 때문에 특별히 빠진 내용이 없을 것이며, 나아가 교육학 전체를 단기에 빠르게 공부하기에 최적화되었다고 볼 수 있다.

본 서적은 철저히 시험에서 승리하기 위해 태어났다. 그 시험이 임용시험이든 행정고시 또는 교육전문직 시험이든 대학원이나 대학의 학과 시험이든 불문한다. 본 서적을 통해 시간과 노력의 비용을 절감하면서 최대의 효과를 거둘 수 있을 것이라 확신한다. 필자는 본 서적을 집필하는 데 많은 시간과 노력을 투자하였다. 모쪼록 본 서적이 교육에 헌신하고자 하는 동도제현께 탁월한 선택이 되었으면 하는 바람이다.

경재 권지수

출제 경향 분석

❶ 교육학 논술 출제 경향 분석

▶ 교육학 논술(20점) = 내용 영역(15점), 체계 영역(5점)

연도	전체 주제	출제 논점(소주제)	출제 영역	논술 유형
2013학년도 (중등 특수) [2013. 5. 25.]	IQ의 해석 ↓ 학습동기	IQ의 해석 [3점]	교육심리학	[대화문] • 설명형 • 관점 제시형 • 실질적 제시문
		기대×가치이론(학습동기 상실 원인/해결방안) [6점]	교육심리학	
		욕구위계이론(학습동기 상실 원인/해결방안) [6점]	교육심리학	
2014학년도 [2013. 12. 7.]	학습동기 유발 ↓ (수업 참여 촉진)	잠재적 교육과정(진단: 수업 소극적 참여) [3점]	교육과정	[대화문] • 설명형 • 관점 제시형 • 실질적 제시문 • 형식적 제시문
		문화실조(진단: 수업 소극적 참여) [3점]	교육사회학	
		협동학습 실행(학습동기 유발방안) [3점]	교육방법론	
		형성평가 활용(학습동기 유발방안) [3점]	교육평가	
		교사지도성 행동(학습동기 유발방안) [3점]	교육행정학	
2014학년도 (상반기 추시) [2014. 6. 28.]	학생의 학교생활 적응 향상 및 교사의 수업 효과성 증진 ↓ (학교생활 적응)	차별접촉이론/낙인이론(원인: 학교 부적응) [3점]	교육사회학	[성찰 일지] • 설명형 • 관점 제시형 • 관점 추론형 • 실질적 제시문 • 형식적 제시문
		행동주의 상담기법(학교생활 적응 향상) [3점]	생활지도와 상담	
		인간중심 상담기법(학교생활 적응 향상) [3점]	생활지도와 상담	
		발견학습(학문중심 교육과정에 근거한 전략) [3점]	교육방법론	
		장학 활동(교사 전문성 개발) [3점]	교육행정학	
2015학년도 [2014. 12. 6.]	교육개념에 충실한 자유교육의 이상 실현	자유교육 관점에서 교육 목적(내재적 목적) [4점]	교육철학	[워크숍] • 논증형/설명형 • 관점 제시형 • 관점 추론형 • 실질적 제시문 • 형식적 제시문
		백워드 교육과정 설계(특징) [4점]	교육과정	
		Keller의 ARCS(학습동기 향상－과제 제시 방안) [4점]	교육방법론	
		Senge의 학습조직(학습조직 구축 원리) [4점]	교육행정학	
2015학년도 (상반기 추시) [2015. 6. 27.]	교사의 과제 (학교 및 수업에 대한 이해)	학교교육의 선발·배치 기능/한계(기능론 관점) [4점]	교육사회학	[학교장 특강] • 설명형 • 관점 제시형 • 관점 추론형 • 형식적 제시문
		관료제 및 이완결합체제(특징) [4점]	교육행정학	
		ADDIE 모형(분석 및 설계의 주요 활동) [4점]	교육방법론	
		준거지향평가(개념 및 장점) [3점]	교육평가	
2016학년도 [2015. 12. 5.]	교사의 역량 (교과·생활지도·조직활동)	경험중심 교육과정(장점 및 문제점) [4점]	교육과정	[자기계발계획서] • 설명형 • 관점 추론형 • 형식적 제시문
		형성평가(기능 및 시행 전략) [4점]	교육평가	
		에릭슨(심리적 유예기)/반두라(관찰학습) (개념) [3점]	교육심리학	
		비공식 조직(순기능 및 역기능) [4점]	교육행정학	
2017학년도 [2016. 12. 3.]	2015 개정 교육과정의 실질적 구현	교육기획(개념과 효용성) [4점]	교육행정학	[신문 기사] • 논증형/설명형 • 관점 추론형 • 실질적 제시문 • 형식적 제시문
		내용조직의 원리(통합성+2가지) [4점]	교육과정	
		조나센의 구성주의 학습환경 설계(학습지원 도구·자원과 교수활동) [4점]	교육방법론	
		타당도의 유형과 개념(내용타당도) [3점]	교육평가	
2018학년도 [2017. 11. 25.]	학생의 다양한 특성을 고려한 교육	워커 모형(명칭과 교육과정 개발에 적용 이유) [4점]	교육과정	[대화문] • 설명형 • 관점 추론형 • 실질적 제시문 • 형식적 제시문
		문제중심학습(학습자 역할, 문제 특성과 학습효과) [4점]	교육방법론	
		평가유형(준거지향·개인차 해석, 능력지향·성장지향) [4점]	교육평가	
		동료장학(명칭과 개념, 활성화 방안) [3점]	교육행정	

2019학년도 [2018. 11. 24.]	수업 개선을 위한 교사의 반성적 실천	다중지능이론(명칭과 개념, 개발과제와 그 이유) [4점]	교육심리학	[성찰 일지] • 설명형 • 관점 추론형 • 실질적 제시문 • 형식적 제시문
		경험선정의 원리(기회·만족 원리) / 잠재적 교육과정(개념, 결과 예시) [4점]	교육과정	
		척도법(리커트 척도) / 문항내적 합치도(신뢰도 추정방법의 명칭과 개념) [4점]	교육평가	
		변혁적 지도성(명칭, 신장방안) [3점]	교육행정	
2020학년도 [2019. 11. 23.]	토의식 수업 활성화 방안	비고츠키 이론(지식론 명칭과 지식의 성격, 교사와 학생의 역할) [4점]	교육심리학	[교사협의회] • 설명형 • 관점 추론형 • 관점 제시형 • 실질적 제시문 • 형식적 제시문
		영 교육과정(영 교육과정 시사점) / 중핵 교육과정(교육내용 조직방식의 명칭, 이 방식이 토의식 수업에서 가지는 장점과 단점) [4점]	교육과정	
		정착수업(정착수업의 원리) / 위키 활용 시 문제점 [4점]	교육방법	
		스타인호프와 오웬스의 학교문화 유형(명칭, 개선방안) [3점]	교육행정	
2021학년도 [2020. 11. 21.]	학생의 선택과 결정의 기회를 확대하는 교육	교육과정 운영 관점(충실도 관점의 장단점, 생성 관점의 운영방안) [4점]	교육과정	[이메일] • 설명형 • 관점 추론형 • 관점 제시형 • 실질적 제시문 • 형식적 제시문
		자기평가(교육적 효과, 실행 방안) [4점]	교육평가	
		온라인 수업(학생 특성과 학습 환경의 예, 토론게시판을 활용한 학생 지원 방안) [4점]	교육방법	
		의사결정 모형(명칭, 개선방안) [3점]	교육행정	
2022학년도 [2021. 11. 27.]	학교 내 교사 간 활발한 정보 공유를 통한 교육의 내실화	교육과정(수직적 연계성, 교과 내 교육과정 재구성) [4점]	교육과정	[학교 자체 특강] • 설명형 • 관점 추론형 • 관점 제시형 • 실질적 제시문 • 형식적 제시문
		교육평가(총평관에서 진단검사, 평가결과 해석기준) [4점]	교육평가	
		교수전략(딕과 캐리 모형의 교수전략, 온라인 수업에서 고립감 해소를 위한 교수·학습활동 및 테크놀로지) [4점]	교육방법	
		교원연수(학교중심연수 종류, 활성화 지원방안) [3점]	교육행정	
2023학년도 [2022. 11. 26.]	학생, 학부모, 교사의 의견을 반영한 학교 교육 개선	교육심리(자기효능감, 자기조절학습) [4점]	교육심리	[학교 운영 자체 평가 보고서] • 설명형 • 관점 추론형 • 관점 제시형 • 실질적 제시문 • 형식적 제시문
		교육평가(형성평가 활용방안, 내용타당도) [4점]	교육평가	
		교육과정(경험중심 교육과정, 학문중심 교육과정) [4점]	교육과정	
		관료제(순기능, 역기능) [3점]	교육행정	
2024학년도 [2023. 11. 25.]	학습자 맞춤형 교육 지원을 위한 교사의 역량	교육과정(잠재적 교육과정) [3점]	교육과정	[신임교사와 교육전문가 대담] • 설명형 • 관점 추론형 • 관점 제시형 • 실질적 제시문 • 형식적 제시문
		교육방법(온라인 수업 상호작용) [4점]	교육방법	
		교육평가(능력참조평가, CAT 검사) [4점]	교육평가	
		학교운영위원회(구성위원 3주체, 그 구성의 의의, 위원으로 학생 참여의 순기능과 역기능) [4점]	교육행정	
2025학년도 [2024. 11. 23.]	변화하는 환경에서 교육의 기본에 충실한 교사	교육과정(타일러 목표중심모형) [4점]	교육과정	[경력교사와 신임교사의 대화] • 설명형 • 관점 제시형 • 실질적 제시문 • 형식적 제시문
		교육방법(조나센 구성주의 학습환경) [4점]	교육방법	
		교육평가(준거참조평가, 교육평가 기본 가정) [4점]	교육평가	
		교육행정(카츠 리더십 이론) [3점]	교육행정	

❷ 교육학 내용 영역별 출제 경향 분석

영역 / 연도	교육과정	교육심리	교육방법	교육평가	생활지도	교육행정	교육사회	교육사 철학
2013학년도 (중등 특수)		IQ해석, 기대가치이론, 욕구위계이론						
2014학년도	잠재적 cur.		협동학습	형성평가		상황적 지도성	문화실조	
2014학년도 (상반기)			발견학습		상담기법 (행동주의, 인간중심)	장학활동	차별접촉이론, 낙인이론	
2015학년도	백워드설계		ARCS			학습조직		교육목적 (자유교육)
2015학년도 (상반기)			ADDIE	준거참조평가		관료제, 이완결합체제	기능론 (선발·배치 기능 / 한계)	
2016학년도	경험중심 cur.	에릭슨, 반두라		형성평가		비공식조직		
2017학년도	내용조직원리		조나센	내용타당도		교육기획		
2018학년도	워커 모형		PBL	준거참조평가, 자기참조평가		동료장학		
2019학년도	경험선정원리, 잠재적 cur.	다중지능이론		리커트 척도, 신뢰도 추정방법		변혁적 지도성		
2020학년도	영 교육과정, 중핵교육과정	비고츠키이론	정착수업, 위키활용			스타인호프와 오웬스의 학교문화유형		
2021학년도	교육과정 운영 관점		온라인 수업	자기평가		의사결정 모형		
2022학년도	수직적 연계성, 교육과정 재구성		딕과 캐리 모형, 온라인 수업	총평관에서 진단검사, 평가결과 해석기준		학교중심연수		
2023학년도	경험중심 cur. 학문중심 cur.	자기효능감, 자기조절학습		형성평가, 내용타당도		관료제		
2024학년도	잠재적 cur.		온라인 수업 상호작용	능력참조평가, CAT 검사		학교운영 위원회		
2025학년도	타일러 모형		조나센	준거참조평가, 평가 기본 가정		카츠 리더십		

교사 10계명

1. 하루에 몇 번이든 학생들과 인사하라. 한 마디 인사가 스승과 제자 사이를 탁 트이게 만든다.

2. 학생들에게 미소를 지으라. 밝고 다정한 스승으로 호감을 줄 것이다.

3. 학생들의 이름을 부르라. 이름을 부르는 소리는 누구에게나 감미로운 음악이다.

4. 친절하고 돕는 교사가 되어라. 학생들과 우호적인 관계를 원한다면 무엇보다도 친절하라.

5. 학생들을 성의껏 대하라. 내가 하는 모든 일을 즐거이 말하고 행동하되, 다만 신중할 것을 잊지 말라.

6. 학생들에게 진심으로 관심을 가지라. 내가 노력한다면 거의 누구든지 좋아할 수 있다.

7. 칭찬을 아끼지 말라. 그리고 가능한 한 비판을 삼가라.

8. 항상 학생의 입장을 이해하라. 서로 입장이 다를 경우에는 일반적으로 세 편이 있음을 기억하라. 그것은 '나의 입장', '학생의 입장', 그리고 '올바른 입장'이다.

9. 봉사를 머뭇거리지 말라. 교사의 삶에 있어서 가장 가치로운 것은 학생을 위하여 사는 것이다.

10. 이상의 것에 깊고 넓은 실력과 멋있는 유머와 인내, 약간의 겸손을 더하라. 그러면 교사가 하루를 후회하는 경우는 별로 없을 것이다.

차 례

Part 01

교육과정학

Part 02

교육심리학

Part 03

교수방법 및 교육공학

Part 04

교육평가

Part 05

교육행정학

Part 06

생활지도와 상담

Part 07

교육사회학

Part 08

교육철학

2026 권지수교육학 필수요약집

요점쏙쏙

PART

01

교육과정학

Thinking Map

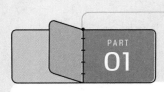

PART 01

교육과정학

1 교육과정 개발

- 교육과정 개발절차
  - 교육목표의 설정 95 중등, 10 중등
  - 교육내용의 선정과 조직
    - 교육내용 선정의 원리 99 초등, 00 초등보수, 19 중등論
    - 교육내용 조직의 원리 98~99 초등, 99~00 초등보수, 01 초 · 중등, 04 중등, 05~06 초등, 06 중등, 09 중등, 10~11 초등, 11 중등, 17 중등論, 22 중등論
  - 교수학습
  - 평가
- 교육과정 개발모형
  - 개발모형
    - Tyler의 목표중심 모형 98 중등, 00 초등보수, 03 초등, 07~09 중등, 12 초등, 25 중등論
    - Taba의 교사중심모형 10 중등
    - Skilbeck의 학교중심모형 07 초등, 11 초등, 12~13 중등
    - Wiggins & McTighe의 백워드 설계모형 10 초등, 12 중등, 15 중등論
  - 실제모형
    - Schwab의 실제적 모형 07 초등
    - Walker의 자연주의적 모형 00 초등보수, 09 초 · 중등, 12 초등, 18 중등論
  - 이해모형
    - Eisner의 예술적 접근 모형 99 초등, 04 초등, 06~09 초등, 06 중등, 12~13 중등
    - Pinar의 실존적 재개념화 모형 98 중등, 00 중등, 01 초등, 07 중등, 12 초 · 중등
    - Apple의 구조적 재개념화 모형 06 중등

2 교육과정 유형

- 공식적 교육과정
  - 교과중심 교육과정 91 중등, 99 초등보수
  - 경험중심 교육과정 90 중등, 92 중등, 94 중등, 99 초등 · 초등보수, 04 중등, 07~08 중등, 08 초등, 12~13 중등, 16 중등論, 20 중등論, 23 중등論
  - 학문중심 교육과정 92 중등, 94 초등, 99 초등보수, 00 초 · 중등, 04 초등, 06 중등, 13 중등, 23 중등論
  - 인간중심 교육과정 92 중등, 99 초등, 10 중등
  - 통합 교육과정
  - 역량중심 교육과정
- 잠재적 교육과정 91 중등, 93 중등, 96 중등, 99 초등 · 초등보수, 99~00 중등, 02 초등, 06 중등, 08~09 중등, 09 초등, 14 중등論, 19 중등論, 24 중등論
- 영 교육과정 96 중등, 99 초등 · 초등추시, 02 중등, 03 초등, 05 중등, 09 중등, 09~10 초등, 20 중등論

3 교육과정 실제

- **교육과정의 결정과 운영**
  - 교육과정의 결정 98 초등, 02 중등, 05~06 초등
  - Snyder의 교육과정 실행의 관점 07 전문상담, 10 초등, 21 중등論
  - Hall의 교사의 관심에 기초한 교육과정 적용모형 08 초등
  - 학교 교육과정의 재구성 22 중등論
  - Renzulli의 교육과정 압축
  - Dunkin과 Biddle의 교실 내 수업과정의 연구모형 08 초등
- **2022 개정 교육과정 총론**

01 교육목표의 설정

개념 쏙쏙

Curriculum ⇨ 쿠레레(currere)

1. **명사적 의미**: 경주 코스 ⇨ '결과'에 초점을 둔 교육과정 ⇨ 수업에서 따라야 할 학과코스(course of study)
2. **동사적 의미**: 달리는 과정 ⇨ '과정'에 초점을 둔 교육과정 ⇨ 교수학습에서 학생이 겪는 경험, 체험, 반성, 의미형성의 과정

1 교육목표(교육목적)의 기능

① 교육활동의 방향 제시
② 교육내용의 선정 및 조직, 교수·학습지도 및 생활지도의 기준 제시
③ 교육평가의 기준 제시
④ 교육활동의 통제

2 교육목표 진술의 준거(기준, 일반원리) 02 초등, 08 초등

① **구체성(명료성)**: 구체적이고 명료한 행동 용어로 진술
② **포괄성**: 폭넓은 행동특성의 변화를 포함(사소한 행동 ×)
③ **일관성**: 서로 논리적 모순이 없고 철학적 일관성
④ **실현가능성**: 실현 가능한 것 ⇨ 학습자 개개인의 능력과 수준, 학교나 학급의 객관적 상황도 고려
⑤ **주체의 내면화**: 모든 교직원들의 행위 속에 내면화
⑥ **적합성**: 학생과 사회의 요구와 맥락에 적절 ⇨ 학생의 기본욕구 충족, 사회의 요구도 고려
⑦ **가변성**: 필요와 상황에 따라 변경(고정·불변 ×)
⑧ **타당성**: 학습자의 현재나 미래의 삶에 가치 있는 필수적인 것

3 교육목표 분류(Bloom) 99 초등 · 중등추시, 00 초등보수 · 중등, 03 초등, 10 중등

영역		내용
인지적 영역	지식	사실, 개념, 원리, 방법 등 이미 배운 내용을 기억하고 재생해 내는 능력(단순 재생능력)
	이해	지식을 바탕으로 자료의 의미를 파악하는 능력 ⇨ 번역, 해석, 추리 능력을 포함
	적용	추상 개념을 구체적 사태에 적용하여 문제를 해결할 수 있는 능력
	분석	주어진 자료를 부분으로 분해하고, 부분 간의 상호관계와 조직원리를 발견하는 능력 ⇨ 요소의 분석, 관계의 분석, 조직원리의 분석
	종합	여러 가지 요소나 부분을 새로운 의미체계가 성립되도록 하나의 전체로 묶는 능력 ⇨ 창의적인 능력(≒ 창의력)을 포함함 ⇨ 독특한 의사전달방법의 창안 능력, 조작의 계획 및 절차의 창안 능력, 추상적 관계의 도출 능력
	평가	어떤 준거를 활용하여 자료의 가치를 판단하는 능력 ⇨ 내적 준거에 의한 평가, 외적 준거에 의한 평가
정의적 영역	감수(수용)	어떤 자극이나 활동에 주의를 기울이고 그것을 기꺼이 수용하는 것 ⇨ 감지(인지), 주의집중, 자진감수
	반응	어떤 자극이나 활동에 적극적으로 참여하여 만족감을 얻는 것(≒ 흥미, 만족) ⇨ 묵종반응, 자진반응, 만족
	가치화	특정 대상이나 활동에 대해 가치를 직접 추구하고 행동으로 나타내는 것 ⇨ 가치수용, 가치채택, 가치확신
	조직화	서로 다른 가치들을 비교하고 종합하여 일관된 가치체계를 형성하는 것 ⇨ 가치의 개념화, 가치체계의 조직
	인격화	가치체계가 일관성 있게 내면화되어 인격의 일부가 된 상태. 가치관이 생활양식으로 발전하여 개인의 행동과 생활의 기준이 됨 ⇨ 일반화된 행동태세, 인격화
심동적 영역	반사 운동	개인의 의지와는 무관한 동작(운동)
	기초 운동	몇 개의 반사 운동과 통합되어 형성되는 단순 동작 ⇨ 이동운동 · 비이동운동 · 손운동
	지각 능력	주변 자극을 지각하고 해석하여 환경에 대처하는 능력 ⇨ 근육변별, 시각 · 청각 · 촉각변별, 자기조정능력
	신체 능력	숙련된 동작을 위해 필요한 신체기관의 기능적 능력 ⇨ 지구력, 힘, 유연성, 민첩성
	숙련된 운동	비교적 복잡하고 숙련된 운동기능 ⇨ 단순적응 · 복합적응 · 혼합적응 기능
	동작적 의사소통	신체적 동작을 통하여 감정, 흥미, 의사 등을 표현하는 능력. 표현 자체를 창작하는 운동기능 ⇨ 표현운동, 설명적 운동

02 교육내용의 선정과 조직

1 교육내용 선정의 원리 99 초등, 00 초등보수, 03 중등, 07 영양특채, 19 중등論

① 기회의 원리: 교육목표 달성에 필요한 경험의 기회를 제공
② 만족의 원리: 학생들이 학습활동에서 만족을 느낄 수 있도록 학생의 흥미와 관심에 기초
③ (학습)가능성의 원리: 학습자의 현재 수준에서 학습 가능한 것 ⇨ 학습자의 현재 학습능력, 발달수준
④ 일목표 다경험의 원리: 하나의 목표 달성을 위해 여러 가지 경험을 제공(다양성의 원리)
⑤ 일경험 다성과의 원리: 하나의 학습경험을 통해 여러 가지 학습결과(학습성과)를 유발
⑥ 타당성의 원리: 교육목표 달성에 도움을 주는 것 ⇨ 교육목표에 비추어 타당성 있는 내용
⑦ 중요성의 원리: 학문을 구성하는 가장 중요한 것을 교육내용으로 삼아야 함
⑧ 유용성의 원리: 교육내용은 사회생활에 유용한 것 ⇨ 사회에 필요한 지식, 기능, 가치
⑨ 전이의 원리: 전이가가 높은 학습경험을 선정 ⇨ 지식의 구조, 기본개념, 일반원리 등

2 교육내용 조직의 원리 01 중등, 04 중등, 05~06 초등, 06 중등, 09 중등, 10~11 초등, 11 중등, 17 중등論

(1) **수평적(횡적) 조직원리**: 비슷한 시간대에 교육내용을 나란히 배치 → 학습(수업)의 효율성 도모

① 범위(스코프, scope) 01 초등, 04 중등, 22 중등論: 특정한 시점에서 학생들이 배우게 될 내용의 폭과 깊이 결정
② 통합성(integration): 유사한 교육내용들을 서로 밀접히 관련(연결・결합)지어 조직하는 것 ⇨ 교육내용들의 관련성을 바탕으로 이들을 하나의 교과나 단원으로 묶는 것, 또는 수업의 효과를 높이기 위하여 관련 있는 내용들을 동시에 혹은 비슷한 시간대에 배열하는 것
③ 균형성: 여러 학습경험들 사이에 균형이 유지 ⇨ 지・덕・체, 일반교양교육과 전문교육의 조화
④ 건전성(보편타당성): 건전한 민주시민으로서 지녀야 할 공통적인 가치관, 이해, 태도, 기능 등을 기를 수 있도록 건전한 학습경험 조직

(2) **수직적(종적) 조직원리**: 시간적 순서에 따라 교육내용을 순차적으로 배치 → 학습(수업)의 효율성 도모

① 계속성(continuity): 동일한 내용이 계속 반복(← 중요한 내용이므로 망각하지 않도록)
② 계열성(sequence) 22 중등論: 동일한 내용을 수준을 높여 점차 폭과 깊이를 확대・심화 / 교육내용을 가르치는 순서 결정(배열) ⇨ 단순에서 복잡, 전체에서 부분, 구체에서 추상으로, 논리적 선행요건, 연대순, 주제별, 학생의 발달단계
③ 수직적 연계성(연속성, continuity, vertical articulation) 05 초등, 22 중등論: 특정한 학습의 종결점이 다음 학습의 출발점과 잘 맞물리도록 ⇨ 학교급 간・학년・단원의 연속성

개념 쏙쏙

연계성

1. **수평적 연계**: 동일 학년 내 유사한 교과 내용 간에 동일한 수준을 유지하도록 조직
2. **수직적 연계**: 특정 학습의 종결점이 다음 학습의 출발점과 잘 맞물리도록 조직
3. **수평적 연계와 통합의 차이(주된 초점)**: 수평적 연계 ⇨ 내용 간 '수준', 통합 ⇨ 내용 간 '연결(관련)'

03 **타일러**(Tyler)**의 교육과정 개발모형** – 목표중심 모형(합리적 모형)

98 중등, 00 초등보수, 03 초등, 07~09 중등, 12 초등, 25 중등論

1 개념

교육과정 개발은 교육목표 설정, 학습경험 선정·조직, 적절한 평가수단을 마련하는 과정

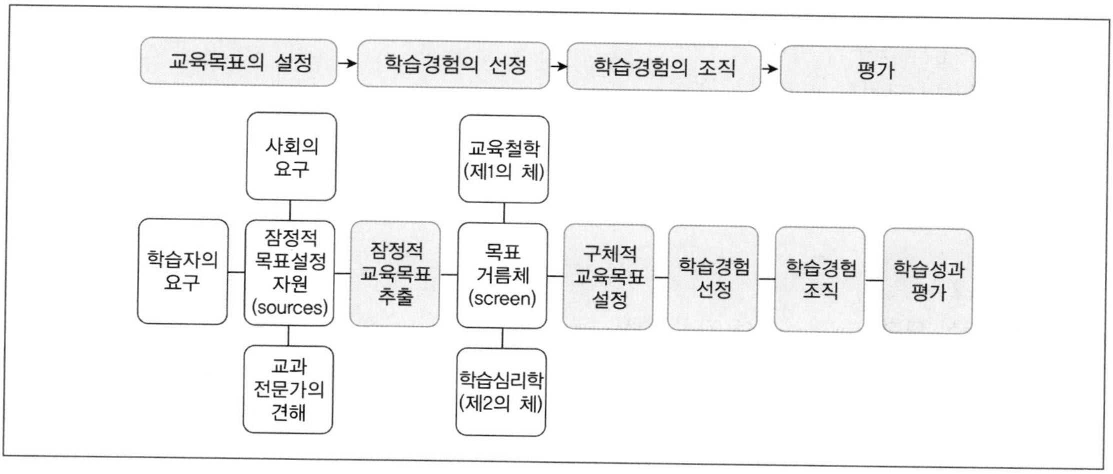

2 절차

(1) 교육목표의 설정

① 잠정적 교육목표 추출(학습자, 사회, 교과)
② 구체적 목표 설정(교육철학, 학습심리학)

(2) 학습경험의 선정(선정 원리)

① 기회의 원리
② 만족의 원리
③ 학습가능성의 원리
④ 일목표 다경험의 원리
⑤ 일경험 다성과의 원리

(3) 학습경험의 조직(조직 원리)

① 계속성
② 계열성
③ 통합성

(4) 평가

① 객관적 평가 도구의 마련
② 교육목표의 달성도 평가
③ 교육목표의 수정

3 특징

① **목표중심 모형**: 교육목표를 가장 중시, 교육과정의 다른 요소는 교육목표 달성의 수단
② **합리적 모형**: 논리적 · 합리적인 일련의 절차를 제시 ⇨ 모든 사람들이 누구나 쉽게 활용
③ **결과중심 모형**: 교육의 과정을 검은 상자(black box)와 같다고 보고, 결과로서의 반응에만 관심
④ **평가중심 모형**: 목표 그 자체가 나중에 평가의 준거
⑤ **가치중립적 모형**: '무엇을 가르칠 것인가'라는 교육과정학의 근본적인 질문에는 전혀 답변 ×, 교육과정 구성 방식을 가치중립적인 입장에서 제시
⑥ **처방적 모형**: 교육과정 개발자가 따라야 할 실제적인 절차를 제시
⑦ **연역적 모형**: 전체 교과에서 단원(unit)의 개발로 진행
⑧ **직선형 모형**: 목표에서 평가로 진행하는 일정한 방향을 가짐[선형적(linear) 모형]

4 장단점

장점	단점
• **실용성(폭넓은 유용성)**: 어떤 수준이나 어떤 교과에서도 활용·적용 • **용이성**: 논리적이고 합리적인 일련의 절차 제시 • **종합성**: 교육과정과 수업을 구분 ×, 통합적으로 '목표–경험 선정–경험 조직–평가'를 포괄 • **평가에 광범위한 지침 제공**: 교육목표를 명세화하고 학생의 행동과 학습경험을 강조	• **내용을 목표 달성의 수단으로 간주**: 목표를 내용보다 우위에 두고 있으므로 • **실질적 내용을 제시하지 않음**: 무엇을 가르쳐야 할 것인가에 대한 대답을 회피 • **부수적·확산적 목표의 중요성 간과(수업의 역동성 간과)**: 목표를 구체화하여 미리 설정하기 때문 • **외적 행동의 변화만 지나치게 강조**: 잠재적 교육과정이나 내면적 인지구조의 변화, 가치와 태도 및 감정의 변화를 확인하는 데 약함 • **교육과정 개발의 실제적 모습을 제시하지 못함**: 교육과정 개발절차를 지나치게 절차적·합리적·규범적으로 처방하여 제시함

개념 쏙쏙

내용모형(Bruner 모형)

1. **개념**: 교육목표를 교육내용이 지닌 가치에서 직접 찾고, 지식의 구조를 교육내용으로 한다.
2. **특징**: 교육을 통해 이루고자 하는 가치를 더 중시하고 이를 실현하는 데 관심을 가진다. 교육의 가치는 교육내용 속에 내재되어 있다. 따라서 교육과정의 제시는 교육내용을 진술하는 방식을 취하며, 가치 있는 교육내용으로 브루너는 '지식의 구조'를, 피터스는 '지식의 형식' 등을 제시한다.

04 타바(Taba)의 교육과정 개발모형 – 교사중심모형 10 중등

1 개념

교사가 교육과정을 개발하여야 함을 강조 ⇨ 교육과정 개발은 교수학습 단원(unit)을 만드는 것부터 시작되어야 한다고 주장

2 절차

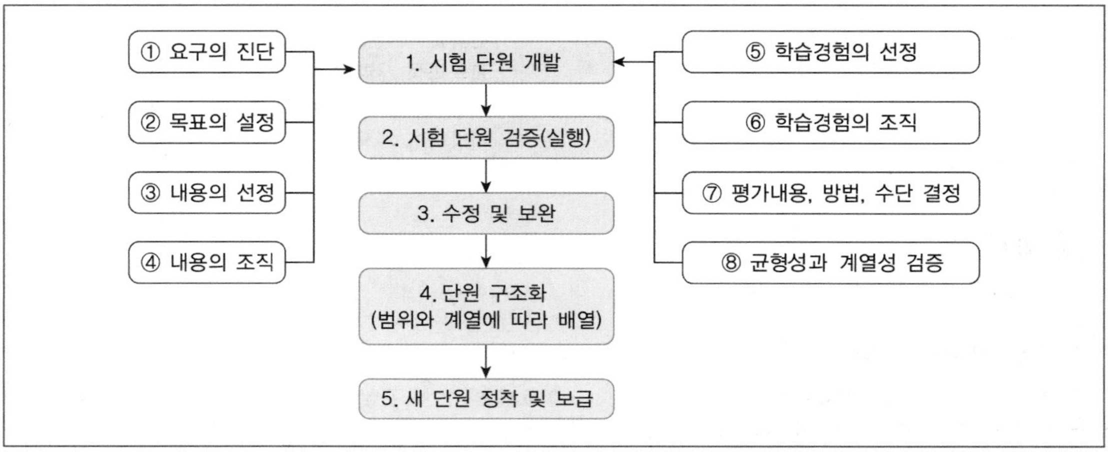

단계	내용
시험 단원 개발	• 교사가 학년별 또는 교과영역별로 시험적인 단원을 개발 • (학습자의) 요구 진단, 목표 설정, 내용 선정, 내용 조직, 학습경험 선정, 학습경험 조직, 평가내용·방법·수단 결정, 균형과 계열성 검증 등 8가지 하위단계가 순차적으로 요구
시험 단원 검증(실행)	시험 단원의 교수가능성과 타당성을 검증 ⇨ 다른 수준의 학년이나 교과영역에 확대 적용
수정 및 보완	개발된 단원들을 수정·통합하여 모든 유형의 학급에도 잘 맞는 보편화된 교육과정을 개발
단원 구조화	여러 개의 단원을 구조화하여 전체 범위(scope)와 계열성(sequence)을 검증
새 단원 정착 및 보급	새 단원을 교실수업에 본격적으로 투입·정착시키기 위해 교사들의 현직연수를 확산

3 특징

① **교사중심모형**: 교사에 의해 만들어지는 현장 지향적인 것
② **귀납적 모형**: 단원 개발 → 교과 형성
③ **처방적 모형**: 일련의 개발절차를 제시
④ **역동적 모형**: 계속적 요구 진단 ⇨ 교육과정 요소들의 상호작용 강조

4 장점

① 교사가 수업을 염두에 두고 교육과정을 개발해 나가므로 실제 수업 수준에 적합한 구체적인 교육과정 개발이 가능하다.
② 계속적인 요구진단을 통해 학생의 요구를 교육과정 개발에 계속 반영해 나가므로 학생의 요구나 필요에 부합하는 교육과정 개발이 가능하다.
③ 귀납적 방식으로 교육과정을 개발해 나가므로 한 단원씩 단계적으로 교육과정을 개발하기에 좋다.
④ 교육과정 개발의 절차가 상세히 제시되어 있어 수업을 염두에 둔 교사가 이용하기 쉽다.

5 문제점

국가나 지역수준의 교육과정 총론 개발을 교사들에게 모두 맡기는 것은 부적절할 수도 있다. 특히 중등교사의 경우 개별 교과를 가르침으로써 개별 교과의 시야에 매몰되어 전체 교육과정을 못 본다는 점, 전반적인 철학보다 구체적인 실천에 주목한다는 점, 교육실천에 많은 관심과 경험이 있기 때문에 지나치게 실제적이고 구체적인 측면에 주목한다는 점, 자신이 가르치는 교과의 이해관계에서 벗어나기 어려운 점 등을 문제점으로 지적하고 있다.

05 스킬벡(Skilbeck)의 학교중심 교육과정 개발모형(SBCD) 07 초등, 11 초등, 12~13 중등

1 개념

학교현장의 교사들이 융통성 있게 교육과정 개발에 참여할 수 있도록 허용하는 SBCD 제시

2 절차

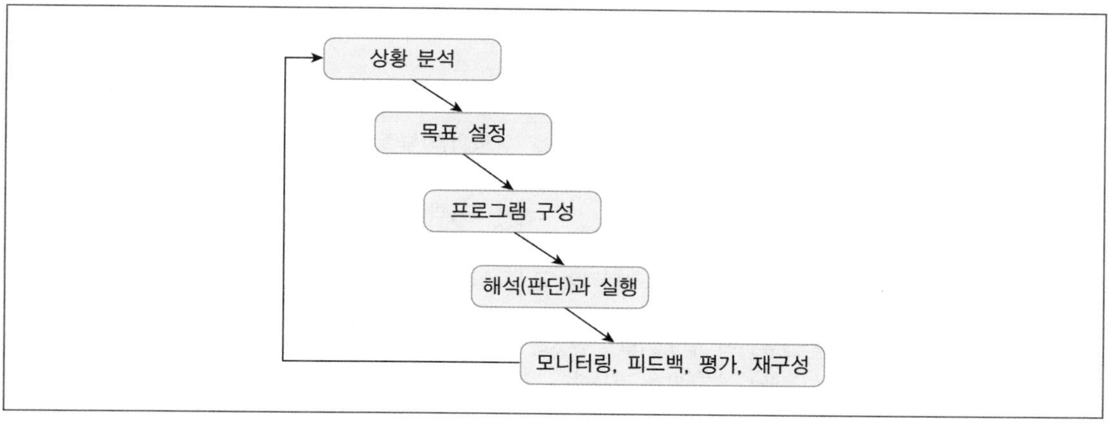

개발절차	내용
상황 분석	상황을 구성하는 내적·외적 요인들을 분석 • 내적 요인 – 학생의 적성·능력·교육적 요구 – 교사의 가치관·태도·기능·지식·경험 – 학교의 환경과 정치적 구조, 공작실·실험실 등과 같은 시설 – 교육과정 내의 문제점 등 • 외적 요인 – 학부모의 기대감, 지역사회의 가치, 변화하는 인간관계, 이데올로기 등과 같은 사회문화적 변화 – 교육체제의 요구, 변화하는 교과의 성격, 교사 지원체제 등
목표 설정	상황분석에 기초하여 예상되는 학습결과를 진술 ⇨ 목표는 교사와 학생의 행동을 담고 있고, 교육활동의 방향에 대한 가치나 판단을 포함
프로그램 구성(구축)	교수·학습 활동의 설계, 수단–자료의 구비, 적절한 시설 환경의 설계, 인적 구성과 역할 분담, 시간표 짜기 등
해석(판단)과 실행	변화된 교육과정에 따라 야기되는 문제점을 예측·판단하고 실행
모니터링, 피드백, 평가, 재구성	모니터링·피드백·평가체제를 설계하고, 연속적인 과정으로 재구성

3 특징

① **학교 현실을 가장 잘 반영하고 실행가능성이 높은 교육과정 개발모형**: 학교 현실이나 상황에 기초하여 교육과정을 개발하므로

② **학교 특성을 고려한 교육과정 개발모형**: 학교, 교사, 학생 등 학교의 개별적 특성을 고려하여 교육과정을 개발하므로

③ **역동적·상호작용적 모형**: 교사, 학생, 학부모, 지역사회의 요구와 필요에 따라 발전적으로 수정할 수 있으므로

4 장단점

장점	단점
• **학교에서 활용하기 적합**: 학교의 현실이나 특성 등을 고려하여 교육과정을 개발하므로 학교에서 활용하기 적합함 • **자율성과 창의성 중시**: 교육과정 개발자들의 자율성과 창의성 발휘를 중시하므로 자율적이며 창의적인 교육과정 개발이 가능함 • **행동적 목표 진술에 따른 교육과정 개발 거부**: 행동적 교육목표의 진술에 따른 교육과정 개발을 거부함	• **방향감 부족**: 교육과정 개발 작업이 나아가는 방향이 일정하지 않아 방향감이 부족함 • **교육과정 개발의 혼란 야기 가능성**: 교육과정 개발의 역동성으로 인해 교육과정 개발 과정에서 혼란이 야기될 가능성이 큼 • **목표 설정 소홀**: 목표를 설정해 두는 일을 소홀히 함으로써, 어디로 나아가고 있는가를 분명하게 이해하기 곤란함

06 위긴스와 맥타이(Wiggins & McTighe)의 백워드 설계모형 10 초등, 12 중등, 15 중등論

1 개념

'바라는 결과의 확인(교육목표 설정), 수용 가능한 증거의 결정(평가 계획), 학습경험과 수업의 계획(수업활동 계획)'의 순서로 진행 ⇨ 학생의 이해력 신장을 강조하는 교육과정 설계(Understanding by Design) 모형

2 절차

<table>
<tr><th>개발절차</th><th>내용</th></tr>
<tr><td>바라는 결과의 확인
(목표 설정)</td><td>• 의미 : 목표 설정 단계 ⇨ 무엇을 이해하고, 알아야 하며, 할 수 있어야 하는지를 밝히는 것
• 목표 설정 : 국가 성취기준 분석, 중요한 개념(big idea) 확인 → 단원의 목표를 설정
• 영속적 이해 결정 : 중요한 개념(big idea)이 어떤 영속적 이해를 요구하는지 살핌 ⇨ 영속적 이해란 학습자들이 비록 상세 내용을 잊어버린 후에도 머릿속에 남아 있는 '큰 개념/중요한 개념(big idea)'을 뜻함
• 본질적 질문 제시 : 영속적 이해를 포괄하는 본질적 질문과 구체적 내용중심의 단원 질문 진술
• 지식과 기능 구체화 : 단원 학습결과 무엇을 알아야 하고, 무엇을 할 수 있어야 하는지 구체화

이해의 6가지 측면
<table><tr><th>이해의 종류</th><th>의미</th></tr><tr><td>설명</td><td>사건과 개념(idea)을 '왜' 그리고 '어떻게'를 중심으로 서술하는 능력</td></tr><tr><td>해석</td><td>의미를 제공하는 서술이나 번역 ⇨ 숨겨진 의미를 도출하는 능력</td></tr><tr><td>적용</td><td>지식을 새로운 상황이나 다양한 맥락에 효과적으로 사용하는 능력</td></tr><tr><td>관점</td><td>비판적이고 통찰력 있는 견해</td></tr><tr><td>공감</td><td>타인의 감정과 세계관을 수용할 수 있는 능력</td></tr><tr><td>자기지식</td><td>자신의 무지를 아는 지혜 혹은 자신의 사고와 행위를 반성할 수 있는 능력</td></tr></table></td></tr>
<tr><td>수용 가능한 증거의 결정
(평가 계획)</td><td>• 의미 : 평가 계획 단계 ⇨ 수행과제와 평가준거를 마련, 그 밖의 다른 증거 결정
• 수행과제와 평가준거 결정 : 바라는 학습결과인 이해의 정도를 확인하기 위한 수행과제(수행평가)와 그 평가준거인 루브릭을 작성
• 다른 증거 결정 : 또 다른 평가 증거(예 퀴즈, 시험, 관찰, 토론, 숙제)를 개발, 자기평가의 기회를 부여하도록 계획</td></tr>
<tr><td>학습경험과 수업의 계획
(수업활동 계획)</td><td>• 의미 : 1, 2단계의 설계 내용과 일관성(일치성)을 고려하여 구체적인 수업활동을 계획
• WHERETO 절차(원리) : 목표를 안내하고(W) 주의집중시키며(H) 경험하고 탐구하도록 하고(E) 재사고의 기회를 제공하며(R) 함축적 의미를 평가하도록 하고(E) 개별화하여(T) 주도적이고 지속적인 참여를 하도록 조직하도록(O) 한다.
⇨ W(Where and Why; 단원의 방향과 목적) → H(Hook and Hold; 주의환기 및 흥미유지) → E(Equip, Experience, Explore; 경험하고 탐구하기) → R(Rethink, Reflect, Revise; 재고, 반성, 교정하기) → E(Evaluate; 작품과 향상도 평가하기) → T(Tailor; 학습자에게 맞추기, 개별화하기 → O(Organize; 효과적인 학습을 위한 내용 조직 및 계열화)</td></tr>
</table>

Plus

이해중심 교육과정 실천을 위한 교사의 역할

1. 교육과정 개발자로서 교사
2. 평가전문가로서 교사
3. 학습촉진자로서 교사
4. 지속적인 학습자로서 교사

3 특징

① **성취기준 강조**: 성취기준이 목표 설정과정에 반영, 목표를 중심으로 평가와 수업활동이 계획
② **영속적 이해 강조**: 학생들에게 기본 개념이나 원리에 대한 매우 높은 수준의 이해와 수행을 요구
③ **구체적인 평가 계획 강조**: 학습내용 선정에 앞서 매우 구체적인 평가계획안 미리 마련

4 장단점

장점	단점
• **국가 교육과정 기준과 현장의 수업 일치**: 국가 교육과정의 성취기준이 목표 설정과 평가 계획, 수업활동 계획에 반영되므로 • **교과서에서 교육과정 중심의 수업으로 전환**: 국가 교육과정의 성취기준을 토대로 단원을 설계하고 수업을 운영하므로 • **성취평가제에 대비한 수업 운영 가능**: 성취기준을 바탕으로 평가를 계획하고 수업을 전개하기 때문에 • **목표, 내용, 평가의 일치**: 목표와 평가에 합치되는 내용 설계가 가능하여 • **교과에 대한 학습자의 심오한 이해나 고등사고능력을 평가 계획에 연결시켜 신장**: 기본 개념, 원리, 핵심적 아이디어를 교수학습의 궁극적 목적으로 삼아 • **교사의 교육에 대한 책무성 강조**: 목표 설정과 동시에 평가 계획을 고려한 통합적 설계 모형	• **교육내용의 목표 달성을 위한 수단**: 목표를 우위에 두고 교육과정을 설계하므로 • **평가 의존적 수업활동 가능성**: 평가 계획을 수업 계획에 앞서 수립하도록 함으로써 • **학생의 관심이나 흥미의 고려 문제**: 이 모형의 목표가 학문적 지식에 기반한 내용의 이해에 있으므로

07 워커(Walker)의 자연주의적 교육과정 개발모형 – 숙의(熟議)모형 00 초등보수, 09 초·중등, 12 초등, 18 중등論

1 개념

실제 상황에서 교육과정이 어떻게 개발되는지 자연스러운 과정을 설명 ⇨ '자연주의적 모형'

2 절차

토대(강령) ⟶ [자료] ⟶ 숙의 ⟶ [정책] ⟶ 설계

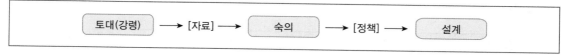

① **토대** : 다양한 견해(강령, Platform) 표방 → 공통된 기반(토대)을 모색(⇨ 공감대 형성하기)
② **숙의** : 다양한 대안들에 대한 논쟁 → 합의 → 가장 유망한(그럴듯한) 대안을 선택
③ **설계** : 선택한 대안을 실천 가능한 것으로 구체화 ⇨ 교육 프로그램의 상세화

3 특징

① **서술적 모형** : 교육과정 개발자들이 실제로 따르고 있는 절차를 서술
② **과정 지향적 모형** : 결과보다는 교육과정 개발에 이르는 의사결정 과정이나 절차를 중시
③ **비선형적·역동적 모형** : 각 단계는 비선형적·역동적이며, 순서에 구애받지 않고 타협과 조정이 강조
④ **대규모 교육과정 개발에 적합** : 교육과정 전문가들이 참여하고, 개발을 위한 자금과 시간이 풍부한 비교적 대규모 교육과정 개발에 적합

4 장단점

장점	단점
• **실제 교육과정 개발과정 묘사** : 교육과정을 계획하는 동안 실제로 일어나는 것을 정확하게 묘사 • **교육과정 개발에 대화가 필요함을 강조** : 계획자가 다른 강령에 반응하고 숙의하기 위해 • **특수한 상황(맥락)을 고려한 교육과정 개발** : 교육과정의 설계를 특수한 상황(맥락)에 맞추어야 할 필요성을 강조	• **소규모의 학교 교육과정 개발에는 부적절** : 전문가, 자금, 시간이 많이 요구되기 때문 • **시간 소요가 많음** : 참여자가 강령을 설정하고 숙의하는 데 상당한 시간이 필요 • **교육과정 설계 완성 후의 문제 언급 ×** : 거의 전적으로 교육과정 계획에만 초점이 맞추어 있으므로 • **입장을 표명하지 않는 교육과정 개발에는 부적절** : 일상적이며 논쟁적이지 않은 경우나 자신의 입장을 드러내지 않는 경우

08 아이즈너(Eisner)의 예술적 교육과정 개발모형(예술적 접근 모형)

99 초등, 04 초등, 06~08 초등, 06 중등, 09 초등, 12~13 중등

1 개념

교육과정 개발이란 예술가가 상상력을 발휘하듯이 교육적 상상력을 발휘하는 과정

2 절차

<table>
<tr><th>개발절차</th><th>내용</th></tr>
<tr><td>목표 설정</td><td>
• 의미: 명백한 교육목표 이외에 잘 정의될 수 없는 목표(예 표현적 결과)도 고려
• 행동목표: 관찰 가능한 행동 용어로 진술된 목표 예 타일러(Tyler)의 목표
• 문제해결목표: 조건을 충족하며 문제를 해결해야 하는 목표(해결책은 여러 가지)
• 표현적 결과: 어떤 활동을 하는 도중이나 끝난 후에 얻게 되는 교육적으로 바람직한 그 무엇
<table>
<tr><th>종류</th><th>특징</th><th>평가방식</th></tr>
<tr><td>행동목표</td><td>• 학생의 입장에서 진술 ⇨ 수업 전 진술
• 행동 용어 사용
• 정답이 미리 정해져 있음</td><td>• 양적 평가
• 결과의 평가
• 준거지향검사 이용</td></tr>
<tr><td>문제해결 목표</td><td>• 일정한 조건 내에서 문제의 해결책 발견 ⇨ 수업 전 진술
• 정답이 정해져 있지 않음</td><td rowspan="2">• 질적 평가
• 결과 및 과정의 평가
• 교육적 감식안 사용</td></tr>
<tr><td>표현적 결과</td><td>• 조건 없음
• 정답 없음
• 목표가 사전에 정해지지 않고 활동하는 도중 형성 가능</td></tr>
</table>
✦아이즈너의 '행동목표' 비판 「교육목표: 조력자인가 아니면 방해꾼인가」(1966)
1. 수업 중에 발생하는 새로운 목표를 반영하기 어렵다: 수업은 아주 복잡하고 역동적인 과정을 거치면서 진행되므로 모든 것을 수업 전에 행동목표로 구체화하여 진술하는 것은 불가능
2. 교과의 특성을 전혀 고려하지 않고 있다: 창의성을 중시하는 예술 영역은 행동목표 진술이 불가능하고 바람직하지도 않음
3. 기준을 적용하는 일과 판단하는 일을 구분하지 못한 것: 호기심, 창조성, 독창성 등의 특성들은 '기준을 적용하여' 측정할 수 있는 것(×), 교사들의 '질적인 눈으로' 판단할 수밖에 없는 것
</td></tr>
<tr><td>내용 선정</td><td>• 학습자의 흥미, 사회의 요구, 교과의 요소 고려: 세 자원으로부터 내용을 추출하여야 한다.
• 영 교육과정 고려: 영 교육과정(null curriculum, 예 대중문화)도 고려하여야 한다.</td></tr>
<tr><td>학습기회의 유형(개발)</td><td>• 교육적 상상력 필요: 교육적 상상력 ⇨ 학생들에게 의미 있고 만족스러운 다양한 학습기회를 제공 ⇨ 교육목표와 교육내용을 학생들에게 적합한 형태로 변형하는 능력
• 의미 있는 학습형태로 다양하게 변형: 교사의 교육적 상상력을 동원하여 목표와 내용을 학생들에게 의미 있는 학습활동으로 다양하게 변형해야 한다.</td></tr>
</table>

학습기회의 조직	• **거미줄 모양으로 조직**: 다양한 학습결과를 유도할 수 있는 비선형적 접근방법을 강조 • **거미줄을 치는 작업**: 교과의 다양한 요소를 다루는 교사의 역할을 '거미줄을 치는 작업'에 비유
내용영역의 조직	내용은 다양한 방법으로 조직되고 통합되어야 함 ⇨ 다양한 교과를 꿰뚫는 내용(cross-curriculum, 범교과학습) 조직이 필요함
제시양식과 반응양식	다양한 의사소통 양식(표현양식) 활용 ⇨ 교육과정을 제시할 때(교사가 학생과 의사소통할 때) 교과서 외에 시적 표현, 은유적 표현 등 다양한 의사소통 양식을 활용 ⇨ 학생들에게 다양한 반응양식을 개발할 교육기회를 넓혀 주어야 함

평가	• **참 평가**: 실제적 과제를 중심으로 실생활의 문제해결능력을 평가 ⇨ 성격상 질적 평가
	• **평가 기술(arts)**
	  – **교육적 감식안**: 학생들의 성취(수행) 형태들 사이의 미묘한 차이를 감식할 수 있는 능력
	  – **교육비평**: 그 미묘한 차이를 그 분야의 비전문가가 이해할 수 있도록 언어로 표현하는 일

3 특징

① **교육적 상상력 중시**: 교육목표와 교육내용을 학생들에게 적합한 형태로 변형

② **교육적 감식안과 교육비평 중시**: 교육현상을 보고 교육활동의 질을 판단

③ **교육과정 개발자로서의 교사**: 교사는 교육과정 실제에 대한 다양한 시각을 표현하는 예술가와 같음 ⇨ 학생들의 학습경험을 관찰하는 교사에 의해 교육과정이 개발

④ **교육과정 개발의 순환적·비선형적 과정**: 어떤 단계에서도 수행될 수 있고 끊임없이 계속됨

4 장단점

장점	단점
• **융통성 강조**: 교육과정 개발의 융통성과 신축성을 강조하고 인정함으로써 역동적인 교육과정 개발을 강조함 • **영 교육과정 주목**: 교육과정 개발 과정에서 영 교육과정에 대해 주목 • **교사의 전문성 강조**: 교육과정 개발에서 교사의 교육적 상상력이 중요하므로	• **대안 제시 부족**: 합리적 모형의 문제점은 잘 파악하지만, 대안을 구체적으로 제시하지는 못함 • **공교육 현실에 적용상 어려움**: 교육과정의 체계성과 통일성 및 사회적 합의를 강조하는 공교육 현실에 적용하는 데 어려움이 많음 • **합리적 모형에 대한 대안으로 부족**: 표현적 결과 목표를 주장하지만, 이것이 목표를 먼저 설정하는 합리적 모형에 대한 대안으로는 부족함

09 파이너(W. Pinar)의 실존적 재개념화 모형 98 중등, 00 중등, 07 중등, 12 초 · 중등

1 개관

(1) 기본 전제

① 교육과정 개발의 합리적 · 실증적 접근이 인간의 구체적 경험을 추상화하여 왜곡
② 기술공학적 논리가 학교교육을 지배하여 학생을 미치게 함
③ 앎 따로 삶 따로의 무의미한 교육을 자행

(2) 기본 주제 – 인간의 실존적 해방

① 교육과정의 목적을 인간의 실존적 해방에 둠
② 개인의 개별적 경험의 특수성을 강조

(3) 학교교육의 비판(12가지 교육병폐)

① 공상적 세계로의 도피와 거부
② 타인의 모방을 통한 자아의 분열과 상실
③ 자율성의 위축과 의존성의 증대
④ 타인으로부터 평가와 자기애의 상실
⑤ 인간관계 욕구의 왜곡
⑥ 자기소외와 감각 마비 현상
⑦ 자기 기준의 상실과 타인 지향성
⑧ 참된 자아의 상실과 객관화된 자아의 수용
⑨ 지배자의 논리 수용과 거짓된 자아의 형성
⑩ 학교교육의 집단성과 개인적 세계의 상실
⑪ 무관심과 존재 확인의 기회 상실
⑫ 미적 · 감각적 지각 능력의 둔화

2 쿠레레 교육과정 탐구 – "교육과정(curriculum)은 그 어원인 쿠레레(currere)에 복귀해야 한다."

개념 쏙쏙

1. 파이너(Pinar)에 따르면, 교육과정(curriculum)은 실존적 체험과 그 반성, 개인의 인생행로에 대한 해석이다. 즉, 교육과정은 교육자나 학습자가 살아오면서 갖게 된 체험들을 자신의 존재 의미와 관련지어서 해석하고 이를 통하여 자기 반성적인 삶을 살아가도록 하는 과정이다.
2. '쿠레레의 방법론'이란 우리가 갖는 교육경험의 본질을 분석하여 그 실존적 의미를 찾는 작업을 지칭한다. '쿠레레'로서의 교육과정 탐구는 그 자체의 독특한 탐구방식을 동원하여 교육경험의 본질을 규명함으로써 스스로 교육과정의 지식을 만들어가는 활동인 것이다. 즉, 교육과정을 재개념화하고 재창조하는 계기가 된다.

(1) 쿠레레(Currere) 방법론 4단계

① **회귀**: 과거를 현재화하는 단계 ⇨ 자신의 실존적 경험을 회상, 과거의 경험을 최대한 생동감 있게 묘사

② **전진**: 미래를 상상하는 단계 ⇨ 아직 현실화되지 않은 자신의 미래 모습을 상상

③ **분석**: 현재로 돌아오는 단계 ⇨ 과거・미래・현재라는 세 장의 사진을 동시에 펼쳐 놓은 후, 이들의 복잡한 관계를 분석

④ **종합**: 생생한 현실로 돌아가 내면의 목소리에 귀를 기울이고, 자기에게 주어진 현재의 의미를 자문

(2) 자아성찰을 통한 교육과정 재개념화의 방법 3단계 – 자서전적 방법론

⇨ 교수-학습 장면에서 학습자의 교육경험을 분석하여 교육상황에 대한 이해와 자아성찰을 촉진하는 방법

① 학생들은 자신이 누구이며, 어떤 환경에서, 어떻게 살아왔는지 등 자신의 교육경험을 있었던 그대로 자서전의 방식으로 글을 작성

② 교사 및 동료 학생들과의 대화를 통해 자신의 삶 속에서 자신의 행동과 사고를 결정하는 데 작용했던 가정이나 논리가 무엇이었는지를 비판적으로 살펴봄

③ 다른 학생들이 쓴 교육경험의 자서전을 분석함으로써 타인과 함께 교육이 갖는 기본 구조를 인식하고 공감

Plus

교사의 역할

1. **교육과정 여행의 가이드**: 교육과정의 단순 전달자가 아니라, 교육과정 여행의 가이드로서 교육과정과 관련된 학생의 경험을 중시하고 학생들이 자신의 경험을 드러내고 공유하는 것을 돕는 자여야 한다. 또, 학생을 과거의 지평 속에서 이해하고 미래의 가능성 속에서 되어가는 존재로 이해해야 한다.
2. **쿠레레 방법의 모범자**: 교사 자신이 교수-학습 과정에서 쿠레레 방법의 모범을 보여야 하며, 변증법적 운동을 통해 살아있는 경험으로서의 교육과정이 되도록 긴장을 늦추지 않을 것이 요구된다.

쿠레레 방법론의 교육적 시사점

1. **교육 경험의 개인화**: 쿠레레 방법론은 교육이 학습자 각자의 삶과 밀접하게 연결되어 있음을 강조한다. 교육은 단순히 지식을 전달하는 과정이 아니라, 개인의 삶 속에서 의미를 찾아가는 과정이다.
2. **반성적 실천**: 쿠레레 방법론은 자신이 겪었던 과거 경험을 반성적으로 돌아보게 하며, 자신의 삶과 실천에 깊은 통찰을 제공해 준다.
3. **교육과정의 재구성**: 교사와 학생은 자신의 경험을 바탕으로 교육과정을 재구성할 수 있으며, 이를 통해 더 의미 있는 학습 경험을 할 수 있다.
4. **미래 지향적 사고**: 쿠레레는 학습자가 미래를 상상하고 그 속에서 자신이 원하는 모습과 역할을 구체화할 수 있도록 돕는다.
5. **통합적 접근**: 쿠레레 방법론은 과거, 현재, 미래를 통합적으로 고려하여 학습 경험을 재구성한다. 이를 통해 교사와 학생들은 단편적인 지식이 아니라, 삶의 전체적인 맥락 속에서 의미를 찾고 성장할 수 있다.

10 애플(M. Apple)의 구조적 재개념화 모형 06 중등

1 개관

(1) 기본 전제

① 학생의 실패의 원인은 사회적・제도적 체제

② 신마르크스주의 입장 ⇨ 교육과 관련되는 지식, 이념, 경제체제, 권력관계의 문제 등에 대한 관련성 분석

(2) 기본 주제 – 인간의 정치적 해방

① 학교 교육과정 속에 내재된 지배적 이데올로기(ideology, 헤게모니)와 그 재생산의 과정을 분석

② 불평등한 사회 구조 속에서 정치적・경제적・사회적으로 구속받는 인간의 삶을 해방

2 학교교육과 교육과정에 대한 비판

① 학교의 문화적 재생산 기능

② 표면적 교육과정을 통해 문화적 자본을 적법화

③ 잠재적 교육과정을 통해 기존의 권력관계를 유지

3 기술공학적 논리의 비판과 교육과정 탐구 – 목표 달성을 위한 효율성과 생산성의 추구가 유일한 관심사

① **교육의 가치창조적인 측면이 도외시**: 교사의 단순 지식 전달과 학생의 학업성취도가 강조되기 때문

② **교사의 관리자 전락 및 소외 현상 발생**: 교사는 외부 전문가에 의해 선정·조직된 교육내용을 학생들에게 전달하며 관리하는 일종의 관리자로 전락 ⇨ 학생이나 동료교사들로부터 소외, 심지어 교육 자체로부터 점점 소외

③ **학생의 비판적 사고와 자율적 판단 능력의 상실**: 구체적으로 명시된 교육목표를 달성한 학생들만이 우수한 학생으로 간주되기 때문

4 컴퓨터 교육에 대한 비판

① **교사의 단순 노동자로의 전락과 탈숙련화 현상 초래**: 교사들이 수업자료를 만드는 과정에서 분리됨 ⇨ '타인의 생각을 단순히 실행하는 단순 노동자'로 전락, 결국 탈숙련화(deskilling) 현상이 발생

② **교사의 관리자 전락 및 소외 현상 발생**: 교사는 외부에서 만든 교육용 소프트웨어를 단순 실행하며 수업을 관리하는 '수업의 관리자'로 전락 ⇨ 학생이나 동료교사들, 심지어 교육 자체로부터 점점 소외

③ **아동들의 계층 간, 성별 간 차별 심화**: 컴퓨터와 인터넷에의 접근가능성이 낮은 가난한 가정의 아동이나 성별의 경우, 컴퓨터 관련 교과의 학습이나 인터넷을 이용한 교과의 학습에서 불리한 위치

④ **대안**: "내 주장의 핵심은 …… 컴퓨터를 당장 때려 부수도록 하려는 것이 아니다. 그것이 교실에 들어올 때에 어떤 힘을 지닌 집단이 그들의 이미지에 따라 우리들의 주된 교육의 목적을 재정의한 결과로 들여오는 것이 아니라 정치적·경제적·교육적으로 현명한 이유를 가지고 들어오도록 하는 것이다."

Plus

교육과정의 층위(層位)

1. **공식화 정도에 따른 분류**: 아이즈너(Eisner)의 교육과정 개념 모형
   ① 표면적(공식적) 교육과정(explicit/official curriculum)
   ② 잠재적(비공식적) 교육과정(latent/hidden/implicit curriculum)
   ③ 영 교육과정(null curriculum)

2. **교육의 진행과정에 따른 분류**: 교육과정의 수준(level)
   ① 계획된 교육과정(의도된 교육과정 = 공약된 교육목표로서의 교육과정, 문서화된 교육과정, 공식적 교육과정)
   ② 실행된 교육과정(전개된 교육과정 = 수업 속에 반영된 교육과정, 가르친 교육과정)
   ③ 경험된 교육과정(실현된 교육과정 = 학습성과로서의 교육과정)

3. **교육과정의 결정주체**(의사결정 수준, 존립 수준)**에 따른 분류**
   ① 국가수준 교육과정
   ② 지역수준 교육과정
   ③ 학교수준 교육과정
   ④ 교실수준 교육과정

개념 쏙쏙

교육과정의 유형 - 교육과정 결정의 3요소

1. 개념: 교과, 학습자, 사회는 교육과정을 결정하는 근원이 된다.

2. 교육과정의 유형

① 교과를 중심으로 한 교육과정

㉠ 교과중심 교육과정: 전래의 문화유산 중에서 보존되어야 할 가장 중요한 내용을 다음 세대들에게 전달하면서 인간의 이성과 합리성의 발달을 목표로 삼는다.

㉡ 학문중심 교육과정: 각 학문을 구성하는 소수의 기본적인 아이디어를 중심으로 한 지식의 구조를 가르침으로써 진짜 탐구활동에 참여하고 학생들로 하여금 자신들의 지적 능력에서의 자신감과 광범위한 현상에 대한 이해를 도모하는 데 중점을 둔다.

㉢ 행동주의 교육과정: 학생들이 특정 교육 프로그램을 끝마쳤을 때 드러내 보이는 행동특성에 중점을 둔다.

② 학습자를 중심으로 한 교육과정

㉠ 경험중심 교육과정: 사회적 존재로서의 개인 경험의 계속적 성장에 관심을 두며, 학교교육이 학생들의 흥미와 문제, 그들의 일상생활의 경험과 더욱 긴밀하게 연결될 때 학생들의 경험은 더욱 성장할 것이고 더 좋은 시민이 될 것으로 본다.

㉡ 인본주의 교육과정: 사람의 온전한 자아실현을 추구하며, 학생들이 가진 인간 잠재력이 발달하는 것을 도와주도록 설계하고, 건정하고, 균형적이며, 책임감 있는 사람으로 성장하게 돕는 교육과정이다.

㉢ 인지주의 교육과정: 학습을 통한 이해의 확장과 인지구조의 변화를 추구한다. 이 교육과정은 학생들이 이미 알고 있는 것을 토대로 해서 자신들의 지식을 구성하고, 의사결정, 문제해결, 판단이 필요한 유목적적인 활동에 그러한 지식을 활용할 수 있도록 하는 데 중점을 둔다.

㉣ 구성주의 교육과정: 지식을 지속적으로 구성되는 것으로 보고, 학습자가 주체적이고 자기반성적으로 학습에 참여할 길을 열어 주며, 학교교육에서는 삶에서 직면하는 진짜 과제(authentic task)를 주체적으로 그리고 교사의 도움을 받아 가며 동료들과 협동적으로 탐구해 가도록 하는 데 중점을 둔다.

③ 사회를 중심으로 한 교육과정

㉠ 생활적응 교육과정: 성인과 학습자가 항상 직면하고 있는 생활 장면을 분석해서 교육과정을 구성하고자 하는 이론이다. 생활적응 교육은 모든 학생들이 스스로 만족스럽게 민주적으로 생활하면서 가족의 일원으로서, 직업인으로서, 또 시민으로서 사회를 위하여 유익한 일을 할 수 있도록 준비시키는 교육을 의미한다.

㉡ 직업 교육과정: 모든 학습자에게 공식적인 최종교육은 직업준비 교육이다. 교육은 미래의 일상생활뿐 아니라 직업생활에의 '준비'로 인식된다.

㉢ 중핵 교육과정: 교육과정을 편성 운영함에 있어 일정한 핵심(core)을 갖는 교육과정이라고 할 수 있다. 이 교육과정은 중핵과정과 주변과정이 동심원적으로 조직되는 것을 특징으로 한다.

㉣ 사회개조 교육과정: 사회유지와 발전을 위한 사회성원 양성을 목적으로 하며, 학생들을 사회적 의식이 깨인 실천가(reflective practitioner), 변화의 주체로 길러 내어 사회의 구조적 모순을 변화시켜 나가는 데 관심을 둔다.

11 교과중심 교육과정 91 중등, 99 초등보수

1 개념

지식의 체계를 존중하는 것으로 학교의 지도하에 학생들이 배우는 모든 교과와 교재

2 특징

① 형식도야설
② 교육목표 : 문화유산의 체계적 전달
③ 교육내용 : 문화유산 – 교과의 논리에 따라 논리적으로 조직
④ 교육방법 : 교사중심 – 설명식 · 강의식으로 진행

Plus

형식도야이론(formal discipline theory) 09 중등, 11 중등

1. **개념** : 운동을 통해 근육을 단련 ⇨ 교과를 통해 몇 가지 마음의 능력을 단련할 수 있다는 이론
2. **기본 전제** : 인간의 마음은 지각, 기억, 상상, 추리, 감정, 의지 등 6가지 능력으로 구성 ⇨ 부소능력(部所能力)
3. **교육내용** : 부소능력은 7자유과와 같은 어렵고 딱딱한 이론적 지식 교과를 통해 단련되고 발달할 수 있다.
4. **교육방법** : 정신 능력을 도야하기 위해서는 지식 교과를 반복 · 훈련해서 학습해야 한다.
5. **교육효과** : 지식 교과를 통해 도야된 정신 능력은 다른 교과는 물론이며 모든 생활사태에 일반적으로 전이된다.

3 장단점

장점	단점
• 체계적으로 조직 ⇨ 문화유산과 지식의 전달이 용이함 • 교사가 교육활동을 주도 ⇨ 교수 · 학습 활동을 통제하기가 쉬움 • 교육과정의 중앙집권적 통제가 용이함 • 객관적 기준에 따라 평가 ⇨ 평가 및 측정이 용이함 • 사전에 계획 ⇨ 교사, 학생, 학부모들에게 안정감을 줌 • 초임교사도 쉽게 운영할 수 있음	• 논리적 · 체계적인 교과를 강조 ⇨ 학생들의 흥미와 필요가 무시됨 • 교사 중심 수업 및 단편적인 지식 주입 ⇨ 수동적인 학습 태도를 형성함 • 지식의 암기에 치중 ⇨ 비판력 · 창의력 등의 고등정신 능력의 함양이 어려움 • 실제 생활문제와 동떨어진 비실용적인 지식을 전달함 • 민주적 태도나 가치 형성이 곤란함

4 유형(내용 조직, 조직 형태)

(1) 분과형 교육과정(subject matter curriculum)

의미	한 교과를 다른 교과와 완전히 독립하여 조직한 것 예 지리, 역사, 물리 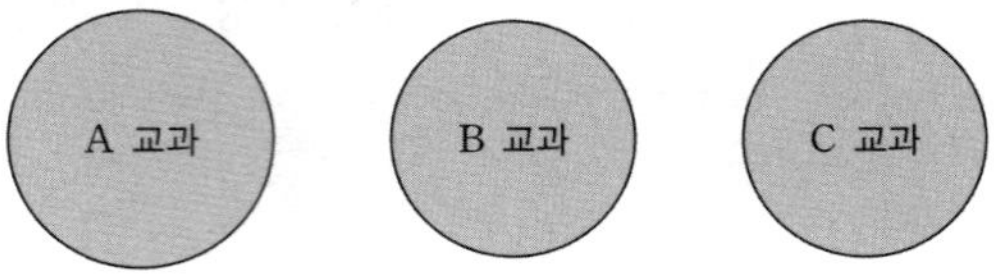
특징	• 각 교과나 과목의 종적 체계는 분명하지만 교과나 과목 간의 횡적 관련은 전혀 없다. • 해당 교과내용에 대한 교사의 심도 있는 지식을 필요로 한다. • 타 교과와 관련성이 없는 완전히 독립된 하나의 교육과정이다.
장점	교과를 조직하고 체계화하는 데 효과적이다.
단점	단편적인 지식으로 학습의 통합적 성과를 기대하기 어렵고, 교과 간의 중복이 나타난다.

(2) 상관형(관련) 교육과정(correlated curriculum)

의미	분과 교육과정의 폐단을 시정하기 위해서 교과선(subject line, 교과의 한계선)을 유지하면서 두 개 이상의 교과나 과목을 서로 관련시켜 조직한 것 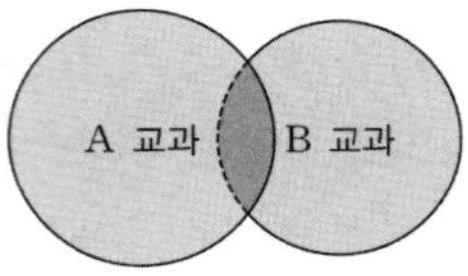
조직 방법 (상관 형식)	• **사실의 상관**: 사실을 중심으로 관련시킴 예 역사적 사실을 배경으로 문학작품을 가르칠 때 역사와 문학을 관련시켜 조직함(국어의 독립선언서와 국사의 3·1운동에 대한 사실을 관련), 세계사에서 문화의 발상을 가르칠 때 지리적 조건을 관련시켜 조직함(지리과목의 지중해와 역사과의 지중해 문화의 상관) • **원리(기술)의 상관**: 한 원리가 두 개 이상의 과목에 활용될 때 예 지리의 침식 작용 원리와 화학의 산·염기 작용 원리를 관련시켜 조직함, 샤를의 법칙이 화학과 물리 과목에 동시에 연관되도록 조직함 • **규범의 상관**: (원리가 규범적이고 도덕적인 경우) 규범을 관련시킴 예 국어의 유관순의 애국심과 세계사의 잔다르크의 애국심을 규범적으로 상관시켜 조직함, 민주주의 원리가 정치나 사회 과목에 연관되도록 조직함
특징	• 교과는 세분화되어 있으나, 교육내용에 있어서는 교과 상호 간에 관련이 깊다. • 인접교과에 대한 교사의 상당한 지식을 필요로 한다.
장점	• 각 교과 간의 중복, 상반, 누락을 방지할 수 있다. • 학습자에게 통합적 학습의 가능성을 증진시킬 수 있다(분과 교육과정의 극단적인 분할을 막음).
단점	• 여전히 분과 교육과정의 결점을 제거하지 못하고, 인공적·작위적으로 무리하게 상관시키기 쉽다. • 한정된 상관성만 보장하기 때문에 계열성·관련성은 있으나, 포괄성·통합성은 부족하다. • 교과선을 그대로 유지하므로 분과형과 같이 학습자의 요구나 사회와의 관련보다는 내용 중심의 학습으로만 일관된다.

(3) 융합형 교육과정(fused curriculum)

<table>
<tr><td>의미</td><td>상관 교육과정에서 광역 교육과정으로 이행하는 과정에서 생긴 것으로, 각 과목의 성질을 유지하면서 (그 사이에 내용이나 성질 면에서) 공통요인을 추출하여 조직한 것이다.
예 사회과에서 일정 기간 동안에 일정한 과목, 즉 지리적 교재를 중심으로 하여 타 과목을 관련시켜서 교수하고, 일정 기간 동안에는 경제적인 교재, 그다음에는 역사적인 교재로 통합 중심을 이행하는 것. 식물학과 동물학을 합쳐서 생물학으로, 대수와 기하를 합쳐서 수학으로 조직하는 것
<table>
<tr><th colspan="5">융합사회</th></tr>
<tr><td>지리</td><td>경제</td><td>사회</td><td>문화</td><td>정치</td></tr>
</table>
</td></tr>
<tr><td>조직 방법</td><td>중심이동법을 활용하여 조직한다.</td></tr>
</table>

(4) 광역형 교육과정(broad fields curriculum)

<table>
<tr><td>의미</td><td>관련 교과들을 하나의 학습영역 속에 통합하는 것으로, 동일 교과영역에 속하는 각 과목 간의 구획화를 깨뜨리고 그 영역 내의 지식들을 포괄적으로 조직한 것이다. 서로 유사한 교과들을 한데 묶어 넓은 영역의 하나의 교과로 조직하는 것이다.
예 물리, 화학, 생물, 지구과학을 통합하여 과학으로 하는 경우. 역사, 지리, 정치, 경제 등을 통합하여 사회로 하는 것
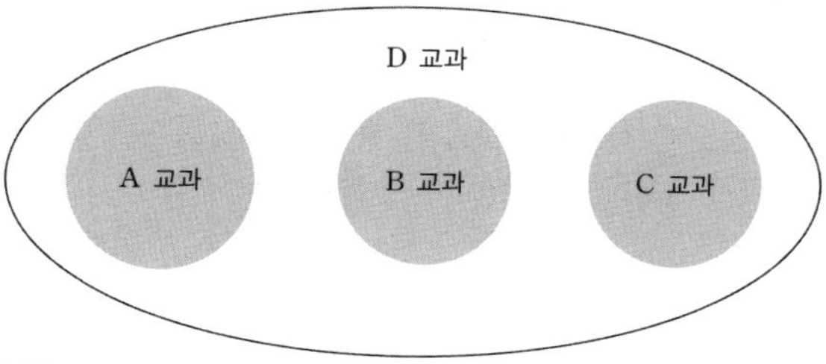
</td></tr>
<tr><td>조직 방법</td><td>주제법을 활용하여 조직한다. → 과목의 체계에 따르지 않고 주요 주제나 제목을 중심으로 조직한다(세부적인 과목들을 포괄할 수 있는 주제를 설정하여 이 주제와 관련하여 지식이나 개념, 원리들을 통합하여 조직한다).</td></tr>
<tr><td>장점</td><td>• 교과목의 통합을 촉진시킨다.
• 지식보다 기능적인 활동을 촉진시킬 수 있다.
• 사실보다는 기본개념과 원리에 충실한 교육과정의 조직을 가능케 한다.</td></tr>
<tr><td>단점</td><td>• 교과목에 가지는 고유의 논리성과 개념 체계를 이해하지 못하게 한다.
• 너무 개괄적인 내용만을 다루어 학습내용의 깊이가 부족하다.
• 추상적이어서 이해가 곤란하다.</td></tr>
</table>

교과중심 교육과정의 조직 방법

조직 형태	조직 방법
분과형	내용해설법
상관형	사실, 기술, 규범상관법
융합형	중심이동법
광역형	주제법

12 경험중심 교육과정 90 중등, 92 중등, 94 중등, 99 초등 · 초등보수, 04 중등, 07 중등, 08 초 · 중등, 12~13 중등, 16 중등論, 20 중등論, 23 중등論

1 개념

학교의 지도하에 학생들이 가지게 되는 모든 경험 ⇨ 학생의 경험을 중심으로 교육과정을 구성하고, 학생의 흥미와 요구를 토대로 운영하는 교육과정

2 특징

① 교육목표 : 전인교육, 문제해결능력, 생활인의 육성
② 교육내용 : 생활경험 – 학생의 흥미와 관심을 토대로 심리적으로 조직
③ 교육방법 : 학습자중심 – 학생의 자발적 활동 강조

3 장단점

장점	단점
• 학생의 흥미와 필요를 토대로 교육과정을 구성 ⇨ 학생의 자발적 활동을 촉진 • 실제 생활문제를 다루므로 ⇨ 실제적 문제해결능력 함양 • 공동의 과제를 협동하여 해결하는 과정에서 ⇨ 민주적 태도와 생활양식 함양 • 학교생활의 여러 국면을 통합시켜 주므로 전인 형성 가능	• 학생의 흥미와 필요가 중심 ⇨ 기초학력 저하 우려 • 직접 경험에 근거한 수업 운영 ⇨ 많은 시간을 소요 ⇨ 교육 시간의 경제성 무시 • 직접 경험에서 얻은 원리나 사실 ⇨ 새로운 장면에 적용 어려움 • 교직 소양과 지도 방법이 미숙한 교사 ⇨ 운영이 어려움

4 유형

유형	내용
활동중심 교육과정	• 의미 : 학습자의 활동을 중시하는 교육과정 ⇨ 학교활동에 포함되는 학습자의 모든 활동경험을 교육과정으로 보고, 학습자의 흥미나 요구에 기초하여 학습경험을 선정하고 조직 예 프로젝트법 • 장점 – 학습자의 필요, 흥미, 문제에 적합함 – 개인의 생활경험에 직접적으로 관련되는 기능적인 학습을 마련해 줌 – 학교가 바라는 많은 목표를 달성할 수 있도록 해 줌 – 교사 · 학생의 공동계획 및 문제해결법의 학습과정을 중시함 – 새로운 학습심리에 적합함 • 단점 – 교육과정에서 강조되는 흥미, 필요, 문제를 결정하기가 쉽지 않음 – 사회의 방향감과 사회적 책임을 등한시하기 쉬움 – 기본 교재의 적절한 이수를 보장하지 못함 – 조직적 · 체계적인 교육계획을 세우기 어려움 – 오늘날과 같은 다인수 학급에서 실현 가능성이 적음 – 내용의 계열성이나 발전성을 보장하기 어려움

생성 (현성)중심 교육과정	• 의미 : 사전에 계획하지 않고, 교사와 학생이 학습현장에서 함께 '만들어 가는 교육과정' • 장단점 – 사전에 계획된 내용이 없음 ⇨ 교사와 학생에게 많은 자유와 융통성 – 자칫하면 내용의 깊이가 없는 피상적인 문제를 다룰 가능성이 높기 때문에 매우 유능한 교사만 운영
광역형 (생활영역중심) 교육과정	의미 : 지식보다는 생활 · 흥미 · 경험 등을 (생활활동 중심 또는 사회기능 중심으로) 넓은 영역으로 묶어서 조직해 놓은 형태(작업단원법). 이 방법은 동일 영역의 학습내용을 학습자의 발달단계에 따른 생활경험 중심으로 단원을 조직하는 것 예 사회생활영역, 자연에 관한 영역, 수학영역, 가정영역, 휴양과 예술 영역, 언어생활영역 등
중핵 교육과정 04 중등, 08 중등, 20 중등論	• 의미 : 중심과정(중핵과정)과 주변과정이 동심원적으로 결합된 교육과정, 교과의 선을 없애고 학습자의 흥미나 요구, 사회문제를 중심으로 조직 • 특징 – 모든 학생에게 공통적 · 필수적인 학습활동으로 구성 ⇨ 어떤 학생이든 지적 흥미와 요구, 사회적 지위에 관계없이 중핵과정에 참여 – 학습활동은 교사와 학생이 상호 협력하여 계획 ⇨ 이 과정에서 학생들 스스로 관련 사회문제를 발견하고 해결하며 자료를 찾는 데 노력 – 학습활동은 종래의 전통적인 교과의 구분을 파기 ⇨ 더 많은 교과를 결합하는 것, 완전히 교과 구분을 없애버리는 것 등 – 토의나 실험, 조사, 야외활동 등 여러 가지 학습활동을 융통성 있게 운영 ⇨ 다른 학습에 방해되지 않도록 비교적 긴 시간을 단위로 편성 • 장점 – 학생들의 개인적 필요와 능력에 적합한 학습경험을 마련하고, 의미 있고 중요한 학습경험 촉진 – 학생들이 현실에서 부딪치는 실제적 과제를 주제로 선정 ⇨ 문제해결력과 비판적 사고력 촉진 – 교과내용의 통합을 통해 지식의 상호 관련성을 이해시키고, 개인의 통합적 성장 촉진 • 단점 – 중심 주제를 이해하고 문제를 해결 ⇨ 교과의 지식을 체계적으로 학습하기 어려움 – 교사는 자신의 담당교과뿐만 아니라 다른 교과와 연관하여 교육과정을 구성하고 수업을 준비 ⇨ 수업준비에 많은 시간이 소요 – 중핵 교육과정을 운영하는 데 필요한 교사들의 적절한 준비 부족

경험중심 교육과정의 조직 방법

조직 형태	조직 방법
활동형	구안법
생성형	현장구성법
광역형	작업단원법
중핵형	동심원법

13 학문중심 교육과정 92 중등, 94 초등, 99 초등보수, 00 초 · 중등, 04 초등, 06 중등, 23 중등論

1 개념

각 학문에 내재해 있는 '지식의 구조와 지식 탐구 과정의 조직'

Plus

지식의 구조

1. **개념**: 각 학문의 기저를 이루고 있는 '일반적 개념과 원리', '기본적 아이디어'들 간의 상호 관련성을 의미한다. 지식의 구조를 학습한다는 것은 일반적 개념과 원리들 간의 상호 관련성을 학습한다는 것을 의미

2. **'지식의 구조를 가르친다'라는 의미**
   ① 학생들로 하여금 해당 분야의 학자들과 똑같은 일(교과언어, subject language)을 하도록 하는 것
   ② 한 가지 현상을 여러 가지 현상과 관련지어 이해하도록 하는 것
   ③ 각 교과를 특정 짓는 안목이나 사고방식을 이해하도록 하는 것

3. **지식의 구조가 갖는 이점**
   ① 학습한 내용을 쉽게 이해
   ② 학습내용을 오래 기억
   ③ 학습 이외의 사태에 적용(일반적 전이 ⇨ 높은 전이가)
   ④ 초보지식과 고등지식의 간극 좁힘

4. **중간언어와 교과언어**
   ① 중간언어(middle language): 학자들의 탐구결과를 그 학문의 탐구과정과 분리된 채로 전달하는 언어 ⇨ 학생들에게 단순한 사실을 암기하도록 하는 결과를 낳으며, 결국 지식이 학생의 내면에 들어가지 못하고 바깥에 머물게 되는 결과를 초래함. 이 경우에, 학생은 '참여자'로서 교과를 배우는 것이 아니라 '관람자'로서 교과에 '관한' 사실들을 배우게 되며, 학생에게 있어서 교과는 '할 줄 알아야 할'(know how to) 그 무엇이 아니라 그것에 '관하여 알아야 할'(know about) 그 무엇이 됨
   ② 교과언어(subject language): 학자들의 생각이나 탐구 과정 자체 ⇨ 학생들이 학자들의 탐구활동과 동일한 일을 하도록 가르치는 것 ⇨ 지식의 구조는 단순히 교육내용만을 의미하는 것이 아니라 교육방법까지도 동시에 포괄한다고 할 수 있음. 지식의 구조는 '발견학습' 또는 '탐구학습'과 불가분의 관계에 있으며, 그와 마찬가지로 종래의 잘못된 교육내용관을 규정하는 '중간언어'는 단순히 교육내용에 대한 지적이 아니라 동시에 교육방법에 대한 비판이라고 할 수 있음

2 특징

① **교육목표**: 지적 수월성 확보
② **교육내용**: 지식의 구조
③ **교육방법**: 발견학습

3 장단점

(1) 장점

① 교육내용을 논리 체계적으로 선정·조직 ⇨ 지식의 경제성과 단순화
② 기본개념과 원리·법칙을 학습하여 얻은 지식 ⇨ 학습전이 ↑
③ 학문 탐구에서 얻는 희열 ⇨ 내재적 동기 유발
④ 학문의 기본적인 내용인 지식의 구조를 학습 ⇨ 초보지식과 고등지식 간의 간극 좁힘
⑤ 탐구와 발견의 활동 강조 ⇨ 교육의 질 향상

(2) 단점

① 지나치게 학문적이고 지적인 교육에 치중 ⇨ 정의적 교육 소홀
② 지식의 구조는 순수 지식만을 협소하게 강조 ⇨ 실생활과 유리되어 실용성 ↓
③ 각 학문에 내재한 지식의 구조를 발견하도록 하는 수업 ⇨ 소수 엘리트에게 유리, 다수 학생에게 적절 ×
④ 교사 ⇨ 지식의 구조를 충분히 이해 ×
⑤ 단절된 교과목의 수가 늘어날 가능성 多 ⇨ 교과 간의 통합성이 결여

14 인간중심 교육과정 92 중등, 99 초등, 10 중등

1 개념

학생들이 학교생활을 하는 동안에 갖게 되는 의도적·비의도적 모든 경험 ⇨ 표면적(공식적) 교육과정, 잠재적 교육과정도 포함 ⇨ 교육은 교과를 가르치는 것이 아니라 인간을 가르치는 것

2 특징

① 교육의 목적은 자아실현 ⇨ 교육의 인간화 강조
② 학교 환경이 인간 중심적으로 조성될 때 인간적인 경험 ⇨ 학교 환경의 인간화 강조
③ 진실성, 학생에 대한 존중과 수용, 공감적 이해 ⇨ 인간주의적 교사 요구
④ 표면적 교육과정은 물론 잠재적 교육과정도 중시
⑤ 교과중심, 경험중심, 학문중심 교육과정을 모두 포괄 ⇨ 통합 교육과정 중시

3 장단점

(1) 장점

① 교육의 인간화 ⇨ 자아실현, 전인적 인간형성 가능
② 교육환경의 인간화 ⇨ 학습자의 개별적인 자기성장 조장
③ 인간주의적 교사 ⇨ 학습자의 긍정적 자아개념 형성에 기여

(2) 단점

① 자유로운 환경조성과 역동적인 인간관계의 유지가 이루어지지 않으면 교육성과의 보장이 어려움
② 교사의 투철한 교직관과 과밀학급의 개선 및 경쟁적 교육풍토 지양 등이 선행되지 않으면 실현이 어려움
③ 개인의 성장만을 중시하고 교육과 사회의 관계를 경시할 수 있음

15 통합 교육과정

1 개념

① 개념 : 학생의 관심이나 흥미, 주제, 개념, 이슈 등을 중심으로 교육내용을 통합하여 조직하는 것
② STEAM(스팀: 융합인재교육): 과학(Science), 기술(Technology), 공학(Engineering), 인문예술(Arts), 수학(Mathematics) 분야의 교과 간 융합을 위한 교육을 의미 ⇨ 스팀교육은 과학기술에 대한 학생들의 흥미와 이해를 높이고, 과학기술 기반의 융합적 사고력과 실생활 문제해결력을 함양하기 위한 교육임

2 특징

① 지식의 분절화 방지
② 학생의 심리적 발달에 상응한 교육 가능
③ 전인격적 성장에 관심
④ 긍정적 자아개념 형성

3 교과 통합 운영의 일반적 원칙

① **중요성의 원칙** : 학생의 흥미와 관심에도 부합되어야 하지만, 각 교과의 중요한 내용이 반영되어야 함
② **일관성의 원칙** : 통합 단원의 목표, 내용 및 활동, 수업전략이 일관성을 유지하여야 함
③ **적합성의 원칙** : 통합 단원이 학습자의 개성과 수준에 맞으며, 학습자의 전인격적 성장을 목표로 해야 함

4 장단점

(1) 장점

① 통합된 내용을 학습 ⇨ 지식의 팽창에 대비
② 중복된 내용을 줄임으로써 필수 교육내용을 배울 시간을 더 늘림 ⇨ 교육과정의 효율적 운영 가능
③ 학교 밖의 실제적 문제를 중요시 ⇨ 지식의 유용성 ↑
④ 교과와 사회 간의 연계성 ↑ ⇨ 학교와 사회 간의 거리 좁힘
⑤ '행함을 통한 학습'을 중요시 ⇨ 학습자의 흥미와 관심 반영
⑥ 여러 교과에 흩어진 정보를 관련짓는 능력 함양
⑦ 학습자의 전인적 성장

(2) 단점

① 교과목을 논리적으로 연결하여 의미 있게 통합해야 하는 통합 교육과정 구성이 어려움
② 현장 교사들에게 각 과목의 모든 내용에 대한 충분한 이해와 전문적 식견을 요구 ⇨ 현실적으로 어려움
③ 일반상식 수준에서 어설프게 통합할 경우 ⇨ 교사의 부담 가중 및 교육의 질 저하 야기
④ 학문적 지식의 체계보다 문제, 주제, 개념, 이슈 등을 중심으로 구성 ⇨ 학생에게 혼란

5 유형 – 학문이 연결되는 방식 또는 통합의 정도에 따른 구분(Drake)

유형	내용
다학문적 통합	• 의미 : 하나의 주제에 대해 여러 학문(교과)의 관점에서 다룰 수 있도록 교육과정을 조직 • 학문(교과)의 독립성(정체성) : 각 학문(교과)의 독립성 유지 • 주된 관심(초점, 목적) : 각 교과의 지식과 기능의 습득(주제 학습은 부차적인 것) • 운영 : 여전히 분과 교과로 진행 • 장점 – 학문의 개별적 성격이 유지되면서 교과목의 통합이 촉진됨 – 주제와 관련된 교과의 지식, 기능, 가치 습득이 쉬움 – 사실보다는 기본개념과 원리에 보다 충실한 교육과정의 조직을 가능하게 함 • 단점 – 학문 간의 결합 정도가 낮아 개별 학문의 전문지식 자체를 학습하는 데 그칠 우려 – 너무 개략적인 내용만 다루어 학습내용의 깊이가 부족 – 추상적이어서 이해가 곤란

간학문적 통합	• 의미 : 여러 학문(교과)에 공통적으로 들어 있는 주제, 개념, 기능 등을 추출하여 이를 중심으로 교육과정을 조직하는 것 • 학문(교과)의 독립성(정체성) : 학문 간의 엄격한 경계가 붕괴 ⇨ 독립성(정체성) 약화 • 주된 관심(초점, 목적) : 주제, 개념, 기능의 습득 • 운영 : 융통성 있는 시간 운영(예 모듈시간, 블록타임, 팀티칭), 지원과 학부모 인식 변화 요구 • 장점 – 종합적인 인식론적 경험을 조성 ⇨ 학생의 학습동기 유발, 이해와 흥미 ↑ – 창의·융합적인 사고력과 종합적인 문제해결능력을 배양 • 단점 – 각 학문에 공통적으로 걸치는 주제를 선정 ⇨ 각 학문의 개별적 성격이 약화 – 각 교과별 지식을 체계적으로 학습하는 데 장애요인이 될 수 있어 자칫 기초교육을 저해
탈학문적 (초학문적) 통합	• 의미 : 특정 분과학문(교과)을 초월하여 실제 생활의 주제나 문제, 쟁점을 중심으로 교육과정을 조직하는 것 예 중핵 교육과정 • 학문(교과)의 독립성(정체성) : 완전히 사라짐 ⇨ 학생의 흥미나 실제 생활과 관련된 주제나 문제를 중심으로 새로운 형태의 통합교과가 형성 • 주된 관심(초점, 목적) : 주제 자체의 탐구 ⇨ 교과지식은 특정 주제를 학습하기 위한 수단으로서 기능 • 운영 : 수업 시간은 고정되어 있지 않고 학생들이 시작한 탐구에 필요한 특정 내용을 공부할 때까지 확보됨 ⇨ 학생들에게 자기주도적 학습과 많은 책임감이 부여되며, 교사는 촉진자의 역할을 함 • 특징 – 개별 학문에서 강조하는 지식은 특정 주제를 학습하기 위한 수단으로서 기능 – 독립된 개별 교과는 사라지고 학생의 흥미를 유발하고 사회생활과 관련된 학습 주제와 자료를 중심으로 새로운 형태의 통합교과가 형성 – 결합의 정도가 가장 높은 형태 – 내용의 깊이가 얕아질 우려 • 장점 – 학생들의 개인적 필요와 능력에 적합한 학습경험을 마련하고, 의미 있고 중요한 학습경험을 촉진 – 학생들이 현실에서 부딪치는 실제적 과제를 주제로 선정함으로써 문제해결력과 비판적 사고력을 촉진 – 교과내용의 통합을 통해 지식의 상호 관련성을 이해시키고, 개인의 통합적 성장을 촉진 • 단점 – 여러 분야의 내용과 연결하여 중심 주제를 이해하고 문제를 해결하기 때문에 특정 교과의 지식을 체계적으로 학습하기 어려움 – 교사는 자신의 담당교과뿐만 아니라 다른 교과와 연관하여 교육과정을 구성하고 수업을 준비해야 하므로 수업준비에 많은 시간 소요

교육과정 통합의 세 가지 유형

유형 특징	다학문적 통합	간학문적 통합	초학문적 통합
조직의 구심점	특정 교과로부터 추출된 주제	여러 교과에 걸쳐 강조될 필요가 있는 중요한 주제나 개념, 혹은 기능	개인적·사회적 의미가 있는 문제나 쟁점 중심의 주제
내용 조직	• 개별 교과의 정체성 유지 • 개별 교과의 내용을 통해 선정된 주제를 다룸 • 교과 내용이 미리 정해진 계열에 따라 다루어짐	• 교과 간 엄격한 경계가 무너짐 • 선정된 주제/개념/기능 중심으로 여러 교과의 관련 내용을 묶음 • 교과 내용의 학습은 미리 정해진 계열을 따를 필요가 없음	• 교과 간의 경계가 사라짐 • 주제와 그 주제를 탐색하는 데 활용될 활동과 관련된 빅 아이디어나 개념 규명 • 주제 탐구에 적절한 방식으로 지식을 계열화하여 활용
학습의 주된 목적	개별 교과의 내용과 기능 습득	간학문적인 주제/개념/기능 습득	문제나 쟁점 중심의 주제 탐구
수업 시간	정해진 교과 시간	블록 타임 활용하여 교과 간 공통 수업 시간 확보	주제에 따라 다양함
교사의 역할	담당 교과 티칭	공동 계획자 팀티칭	공동 계획자 촉진자
학생의 역할	수용자/행위자	행위자	공동 계획자 탐구자

16 역량중심 교육과정

1 개념

① 사회적 삶에서 필요한 역량을 중심으로 교육과정을 구성 ⇨ 역량이란 실제적 삶 속에서 무언가를 할 줄 아는 실질적인 능력, 즉, 지식·기능·태도 등의 총체

② 교과지식은 역량을 발달시키는 데 유용한 도구 혹은 소재

2 역량중심 교육의 자유교육적 성격과 강조점

(1) 자유교육적 성격

구체적인 직업교육보다는 교육받은 결과로 갖추어야 할 능력이나 자질에 교육의 주된 관심 ⇨ 자유교육적 성격을 가짐

(2) 역량중심 교육의 강조점

전통적 자유교육의 이론적 측면보다는 실제적인 기능 측면을 강조. 즉, 교육받은 사람이 무엇을 할 수 있어야 하는지를 강조

3 지식의 형식론 – 자유교육의 전통 계승

(1) 피터스와 허스트(Peters & Hirst)

지식의 형식(forms of knowledge) ⇨ 누적적으로 발전시켜 온 인간 경험에 대한 이해를 체계화해 놓은 것 ⇨ 지식의 형식에 입문함으로써 다양한 경험을 이해할 수 있음 ⇨ 지식의 형식론은 '자유교육'의 정신을 현대적으로 계승한 것

(2) 선험적 정당화

개인이 받아들이는가 아닌가와 무관하게 성립하는 정당화 ⇨ 지식의 형식들은 인간이 오랜 세월 동안 누적적으로 발전시켜온 경험의 상이한 측면, 공적 전통(public tradition)을 개념적으로 체계화한 것 ⇨ 우리가 이 세상을 살아가기 위해서는 좋든 싫든 간에 지식의 형식에 입문하지 않으면 안 되기 때문

4 지식의 형식론에 대한 비판

(1) 주지교과에 대한 특권적 지위를 부여

모든 사회적 실제가 그 나름의 고유한 목적과 가치를 지니고 있으므로 / **(후기) 허스트(1992)** : 이론적 학문이나 지식의 형식이 아니라 '사회적 실제(활동)'(social practice)를 추구하는 교육을 주장 ⇨ 이론적 지식은 실제로부터 추상된 것이고, 실제가 이론적 지식에 우선하므로 교육의 일차적 관심은 사회에서 필요한 다양한 사회적 실제에 관한 것이어야 함 ⇨ 학교 교육과정을 '사회적 실제'의 관점에서 조직할 것을 제안함

(2) 학교교육의 역동적 양상을 충분히 반영하지 못함(소경희, 1997)

지식의 형식은 우리 삶에 구체적으로 작용하는 역동적 양상, 예컨대 사회변화, 교육여건, 학습자의 흥미 등에 관심을 기울이지 않음. 그 결과 학교의 교육내용을 특정한 형태의 교과로 고착화시키는 경향이 있음

5 역량중심 교육과정 설계의 특징 – 교육내용의 선정과 조직

① **역량의 우선적 고려**: 역량을 지식·내용과 구분하되, 교육과정 설계에서 역량을 우선적으로 고려하고, 그러한 역량의 발달을 촉진할 수 있도록 지식이나 내용을 조직. 지식이나 내용은 역량을 발달시키기 위한 수단

② **지식·내용 조직의 결정에서 교사의 자율성 보장**: 교사들은 자신들의 교수 맥락에서 특정 역량을 가장 잘 발달시키는 방법이 무엇인지 고려하여 적절한 지식·내용 조직방식을 결정하게 됨. 때로는 분과적으로, 때로는 간학문적으로 혹은 통합적으로 조직

6 교사의 역할

① **교육과정의 재구성자**: 교육과정을 재구성하여 학생들이 역량을 기를 수 있는 학습경험의 기회를 제공하는 교육과정 재구성자로서의 역할을 수행

② **학습의 조력자·촉진자**: 학습자의 학습을 위한 환경을 조성하며 학습의 과정을 조력하거나 촉진하는 역할을 수행

7 장점과 단점

장점	단점
• 변화하는 사회의 요구와 필요를 반영하는 교육과정 설계가 가능해짐 • 학습의 결과로 성취되어야 하는 역량을 중심으로 교육과정을 재구성할 수 있음 • 교육과정 재구성 및 교수학습 설계의 전문가로서 교사의 역할이 강화됨 • 결과물로서의 지식이 아닌 지식의 창출과 활용을 위한 능력의 함양을 강조함	• 전통적인 교과가 가지고 있는 지식 자체의 가치를 경시하는 경향이 있음 • 특정한 역량이 다른 역량들보다 왜 중요시되어야 하는지에 대한 정당화 논리를 제공하는 데 소홀함 • 특정 역량을 발달시키는 데 적합한 교과내용 및 교수학습 방법에 대한 구체적 대안 제시가 부족함

8 학교교육의 방향

① **수행중심 교육**: '~을 안다'라는 인지중심의 암기위주 교육에서 '~을 할 수 있다'라는 수행으로까지 나아가는 교육으로 변화되어야 함. 인지적 요소와 비인지적 요소가 결합되어 특정 맥락에서 학습자가 스스로 산출물을 만들어 내는 과정이 강조됨

② **역량중심 수업**: 교과중심의 수업에서 역량중심의 수업으로 변화되어야 함. 기존 교과의 틀을 벗어나 교과의 경계를 가로지르거나 교과의 틀을 넘어서는 수업방식이 도입될 가능성이 높음

③ **학생중심 수업**: 교사 주도 수업에서 학습자 개인 또는 집단 지성을 활용한 학습방법으로 변화되어야 함

17 잠재적 교육과정

91 중등, 93 중등, 96 중등, 99 초 · 중등 · 초등보수, 00 중등, 02 초등, 08 중등, 09 초 · 중등, 14 중등論, 19 중등論, 24 중등論

1 개관

(1) 개념

공식적 교육과정(공적인 문서)에 명시 ×, 학교에서 은연중에 학습되는 경험의 총체 ⇨ 애초에 계획되지 않은 것일 수도 있고, 의도가 숨겨져 있기 때문일 수도 있음 ⇨ 제2의 교육과정

(2) 의미

① **공식적 교육과정에서 의도(계획)하지 않았으나 학생이 겪게 되는 경험**(Jackson, Apple) : 학생들은 학교생활을 하는 동안 군집성, 상찬, 권력관계 등을 통해 은연중에 학교생활에 적응하는 방식을 배움(⇨ 공식적 교육과정의 부산물) ⇨ 교사는 자신이 계획하지 않았음에도 학생들이 배우고 있는 것이 무엇인지에 대해 관심을 갖고 이에 대한 적절한 대처 필요

② **공식적 교육과정에 의도적(계획적)으로 숨긴(hidden), 숨어있는(latent) 교육과정**(Apple, Illich) : 공식적 교육과정 속에 교육과정을 만든 사람들의 가치가 의도적으로 숨겨져 있을 경우 학생들은 교육내용을 학습하면서 암암리에 그 숨겨진 가치를 습득(⇨ 공식적 교육과정의 부산물 ×, 공식적 교육과정의 중요한 일부)

2 잠재적 교육의 장(잠재적 교육과정이 나타나는 원천)

① **군집성** : 다양한 계층의 아이들이 학교에 모임으로써 서로 어울리는 방법을 배움
② **상찬(평가)** : 학생 상호 간에 또는 교사에 의해 내려지는 여러 가지 평가 속에서 살아가는 방법을 배움
③ **권력관계** : 학교에 적응하기 위해 교사와 학교 당국의 권위에 적응하는 것을 배움
④ 물리적 조건, 학교의 제도 및 행정 조직, 사회심리적 상황, 학교의 인적 구성, 사회 환경

3 교사의 역할(교사의 문제)

① 교사는 학생들의 동일시 대상 ⇨ 항상 학생들에게 모범 행동 필요
② 교사는 학생들의 가정환경에 따라 차별을 두지 않고 똑같이 인격을 존중하며 자유로운 활동을 보장
③ 교사가 교직에 대하여 긍지와 자부심을 가지고 학생지도 ⇨ 인격적인 영향을 줄 수 있음

4 특징

구분	표면적 교육과정(제1의 교육과정)	잠재적 교육과정(제2의 교육과정)
교육방법	학교의 의도적·계획적 조직 및 지도하의 학습	학교생활에서의 무의도적 학습
학습영역	인지적 영역	정의적 영역(태도·가치관) ⇨ 인간교육
학습경험	교과, 교재	학교의 문화와 풍토, 생활 경험
학습기간	단기적·일시적·비영속적 경향	장기적·반복적·영속적인 경향
교사의 역할	지적·기능적 영향	인격적·도덕적 감화 ⇨ 학생의 동일시 대상
학습내용	가치지향적인 내용(바람직한 내용)만 포함	가치지향적인 것과 무가치적·반사회적인 내용(바람직하지 못한 내용) 모두 학습

5 의의(공헌)

① **교육과정의 개념 확장에 기여**: 교육과정의 '의도'와 '계획'보다는 '결과'와 '산출'을 중시

② **교육평가의 개념 확장에 기여**: 목표중심 평가에서 벗어나 탈목표중심 평가 등장

③ **학교교육과 교육과정의 효율성 제고에 기여**: 공식적 교육과정뿐만 아니라 잠재적 교육과정도 활용

6 잠재적 교육과정을 고려한 교육과정 개발

① **교육목표의 설정**: 설계된 교육과정이 의도하지 않은 결과를 낳을 수 있다는 점을 인식, 인지적·정의적·인성적 측면 등 다양한 관점에서 교육목표를 수립

② **학습경험의 선정 및 조직**: 학습경험이 학생에게 어떠한 영향을 미칠지에 대한 다각도의 분석을 통해 학습경험을 선정·조직하는 신중한 배려가 요구

③ **평가**: 탈목표(goal-free) 평가의 관점에서 의도하지 않은 교육적 결과에 대해서도 종합적으로 평가하려는 자세가 요구

18 영 교육과정 96 중등, 99 초등 · 초등추시, 02 중등, 03 초등, 05 중등, 09 초 · 중등, 10 초등, 20 중등論

1 개관

(1) 개념

영 교육과정은 배울 만한 가치가 있음에도 불구하고 공식적 교육과정이나 수업에서 배제된 교육내용(교육과정) ⇨ 제3의 교육과정, 배제된 교육과정(excluded curriculum)

(2) 의미

① 공식적 교육과정(공적인 문서)에 들어 있지 않아서 학생들이 학습하지 못한 교육내용
② 공식적 교육과정에는 포함되어 있지만 학습할 기회가 없었던 교육내용

2 영 교육과정인 채로 머물러 있는 이유

① 의욕 부족 : 교육과정 개발자나 교사의 의욕이 부족
② 무지 : 교육과정 개발자나 교사의 무지
③ 타성 : 교육과정 개발자나 교사가 갖고 있는 편견이나 경직된 신념과 같은 잘못된 타성 때문

3 특징

① 교육과정을 인본주의적 · 심미적 관점에서 접근하려는 시도
② 교육과정은 선택과 배제의 산물이기 때문에 영 교육과정은 공식적 교육과정의 필연적 부산물
③ 영 교육과정은 공식적 교육과정이나 수업에서 배제되므로 학생의 학습기회를 박탈함
④ 교육과정 사회학의 접근방법 ⇨ 교육과정은 특정 계급의 이데올로기적 산물
⑤ 영 교육과정은 잠재적 교육과정의 특정한 형태로 간주되기도 함(Apple)

잠재적 교육과정과 영 교육과정의 특징 비교

구분	잠재적 교육과정	영 교육과정
의도성의 측면	학교에서 의도하지 않은 교육과정	학교에서 의도적으로 배제한 교육과정
명시성의 측면	교육과정에 명시되어 있지 않음	
초점 측면	교육환경의 잠재적 기능에 초점을 둠	학습기회의 박탈에 초점을 둠

4 의의

① 과목 선택에 대한 중요성을 환기시킴으로써 교육과정 개발에서의 실질적 문제를 제기하였음
② 영 교육과정은 공식적인 교육과정 문서에 담긴 교육목적과 교육내용의 가치를 되묻고, 더욱 중요한 것이 빠지지는 않았는가를 살펴보도록 하였음
③ 학교교육의 내용이 풍부해질 수 있으며, 학생들에게 더 많은 교육적 결과를 기대할 수 있게 하였음
④ 공식적 교육과정뿐만 아니라 교재나 수업의 측면에서도 교육적으로 가치 있는 내용이 빠진 것이 없는가를 살펴보게 하였음

19 교육과정의 결정 98 초등, 02 중등, 05~06 초등

1 중앙집권형

(1) 개념

교육부가 소수 엘리트를 중심으로 결정, 교사 참여 배제 예 국가수준 교육과정

(2) 장단점

① 장점
㉠ 전국적으로 통일된 전국 공통 교육과정
㉡ 풍부한 전문인력 활용, 물적 자원 투입 ⇨ 질 높은 수준의 교육과정을 개발
㉢ 학교급, 학교 간 교육과정의 연계성을 충족
㉣ 국가와 사회의 대변혁 시기에 총체적으로 대응

② 단점
㉠ 교육과정의 운영이 획일화·경직화 ⇨ 지역, 학교, 학생의 특수성에 부합하는 다양한 교육과정의 운영이 어려움
㉡ 교사 배제 교육과정(teacher-proof curriculum) ⇨ '교육과정 사소화' 문제
㉢ 법규적 권위 때문에 즉각적인 수정 곤란
㉣ 권위주의적 교육풍토를 조성

2 지방분권형

(1) 개념

시 · 도 교육청 또는 학교 단위에서 다양한 인사의 참여를 통해 결정, 교사 참여 유도

예 지역수준 교육과정, 학교수준 교육과정

(2) 장단점

① 장점

㉠ 지역과 학교의 특수 상황에 부응하는 다양한 교육과정 개발

㉡ 교사들의 참여 ⇨ 교사들이 주인의식을 가지고 교육과정을 개발 · 운영

㉢ 주변 상황의 급속한 변화에 대응하여 교육과정을 신속하고 유연하게 수정하고 운영

㉣ 교육과정의 맥락적 특성으로 인하여 학습자들의 자발적 학습기회 촉진

② 단점

㉠ 시 · 도 교육청 단위로 교육과정이 개발 ⇨ 전국적으로 합의된 교육과정을 갖기 어려움

㉡ 전문가, 예산, 시간, 인식의 부족 ⇨ 수준 높은 교육과정의 개발이 어려움

㉢ 교육과정 개발의 전문성 부족 ⇨ 학교급, 학교 간 교육과정의 연계가 힘듦

㉣ 지역, 학교 간 격차가 심화될 가능성

3 절충형

(1) 개념

중앙집권형과 지방분권형의 절충을 통해 각각의 결함을 최소화 ⇨ 국가수준, 지역수준, 학교수준의 교육과정이 존재

(2) 우리나라 교육과정

① 중앙집권적 교육과정 체제의 기본 틀 위에서 교육과정의 분권화를 강화

② 단위학교에서는 국가수준 교육과정 기준과 시 · 도 교육과정 편성 · 운영 지침을 근거로 지역의 특수성과 학교의 실정, 학생의 실태에 알맞게 각 학교별로 '당해 학교의 구체적인 실행 교육과정'을 마련하고 운영해야 함

20 학교수준 교육과정

1 개념

국가수준 교육과정 기준과 시·도 교육청의 교육과정 편성·운영 지침을 근거로 지역의 특수성과 학교의 실정, 학생의 실태에 알맞게 학교별로 마련한 의도적인 교육실천 계획 ⇨ 당해 학교의 구체적인 실행 교육과정

2 필요성

(1) 교육의 효율성 제고

국가수준 교육과정을 학교의 실정에 맞게 재구성하여 학교의 교육과정을 탄력적으로 운영 ⇨ 교육의 효율성 ↑(학교 교육과정의 탄력적 운영)

(2) 교육의 적합성 제고

지역의 특수성이나 학교의 실정, 학생·교원·학부모의 요구와 필요를 반영하여 해당 학교의 교육과정을 편성·운영 ⇨ 학교교육의 적합성 ↑

(3) 교육의 다양성 추구

획일화된 '교과서 중심'에서 학생 개개인의 적성을 반영한 '교육과정 중심'의 학교교육으로 전환 ⇨ 교육의 다양성 실현('교육과정 중심'의 학교교육 추구)

(4) 교원의 자율성과 전문성 신장

학생의 능력과 욕구, 학교의 지역적 특수성을 가장 잘 아는 그 학교의 교사들이 학교 교육과정 편성·운영 과정에 적극적으로 참여 ⇨ 교원의 자율성·전문성 신장

(5) 학습자 중심의 교육 구현

학생 개개인의 요구·흥미·적성·능력 등을 수용 ⇨ 학습자 중심의 교육과정을 융통성 있고 탄력적으로 운영

3 학교수준 교육과정 개발의 형태

(1) 교육내용의 재구성

교육과정상의 내용 요소를 중심으로 교사가 그 순서와 내용을 재조정

예 통합형 교육과정 구성, 교과서 내용 순서의 변경, 내용의 압축, 교육과정상의 필수요소를 중심으로 한 내용 엄선 등

(2) 교과목의 탄력적인 편성

여러 학년에 걸쳐 이수하는 교과목을 특정 학년이나 학기에 집중 이수하도록 편성・운영

예 중학교 1~3학년군에 편재된 '과학/기술・가정'을, 과학은 1~2학년에 몰아서 편성하고, 기술・가정은 2~3학년에 몰아서 편성하는 방식으로 운영

(3) 수업 시간의 탄력적인 운영

교과(군)별 20% 범위 내에서 시수를 증감하여 편성・운영하거나 필요에 따라 블록타임제, 전일제 등 교과목 수업 시간을 융통성 있게 운영 예 블록타임제, 전일제 등

(4) 새로운 과목의 신설

중・고등학교는 필요에 따라 국가 교육과정에 없는 과목을 개설

4 학교 교육과정의 재구성

(1) 교육과정 재구성의 의미

교육과정 재구성이란 교사가 이미 만들어진 교육과정을 조정하여 교사 자신의 교육과정으로 재구성하는 것 ⇨ 교사는 교육과정이 요구하는 교육목표를 실현하기 위해 교육목표, 학생의 특성이나 수준 등을 고려하여 수업계획, 수업내용과 방법, 평가방법 등을 조정

(2) 교육과정 재구성의 방법

재구성	내용
교과 내 재구성 22 중등論	한 교과 내에서 교육내용을 재구성하는 방식 예 교육과정이 제시한 핵심성취기준을 중심으로 내용 압축 및 요약, 교과서 순서 변경, 교과집중, 블록타임제 등의 방식으로 교육과정 재구성
교과 간 재구성	특정 교과를 중심으로 다른 교과의 내용을 연계하거나 각 교과에 공통된 주제를 중심으로 교과 간의 공통내용을 추출하여 통합하는 재구성 방식 예 환경문제, 지구온난화, 다문화 등과 같은 주제를 중심으로 프로젝트 수업을 운영하는 경우
교과와 창의적 체험활동의 연계를 통한 재구성	교과와 창의적 체험활동을 연계하여 교육과정을 재구성하는 방식 예 국어 시간에 보고서 작성법을 익히고, 자율활동으로 박물관 견학 프로젝트 학습을 수행하면서 포토보고서를 작성하는 경우(국어 교과 + 창・체의 자율활동 연계)

21 스나이더(Snyder) 등의 교육과정 실행(운영)의 관점 07 전문상담, 10 초등, 21 중등論

1 개념

교육과정의 전개과정을 어떤 시각으로 보는가의 문제

2 교육과정 실행(운영)의 관점(Snyder, Bolin & Zumwalt, 1992)

관점	내용
충실도 관점 (충실한 운영 관점)	• 외부에서 개발된 교육과정(계획된 교육과정)이 학교현장에 충실하게 이행되어야 한다는 입장 • 계획된 교육과정을 강조하며, 교육과정이 계획된 대로 잘 실행되었는지, 그 실행을 촉진하거나 방해하는 요소는 무엇인지를 밝혀내는 데 관심 • 교사는 계획된 교육과정의 전달자, 소비자로서 수동적·소극적인 역할을 담당('교사배제' 교육과정, teacher proof) ⇨ 교육과정 개발자의 의도를 충실하게 운영하는 역할을 맡아야 함 **장점** • 외부에서 계획된 교육과정을 수업에 충실하게 이행할 경우 개발자의 의도가 교실 현장에 잘 구현될 가능성이 높음 • 외부에서 계획된 교육과정을 고도로 구조화하고 교수방법 지침도 구체화하여 제시해 줄 수 있음(쟁점 사항별 실행 수준의 문제와 그에 따른 처방을 구체적으로 제시해 줄 수 있음) • 새로운 교육과정이 실제로 사용되기로 한 시점에서부터 그것이 의도한 대로 사용되고 있는지의 유무를 추적할 수 있음 **단점** • 교사배제(teacher proof) 교육과정으로 설계되어 있어 교육현장의 특수한 상황을 반영하기 어렵고 교사의 능동적 관여를 경시함(교사들이 실제로 일하고 있는 학교현장의 교육 실제는 이론과 다르다는 사실을 인식하지 못함) • 교육과정 개발자의 의도에 맞게 충실하게 운영해야 하므로 교사의 역할을 수동적이고 소극적인 역할로 최소화시킴(교사를 교육 상품의 피동적인 수령자로 간주하고 있음)
상호적응 관점 (조정 또는 재구성 관점)	• 외부에서 개발된 교육과정은 학교현장의 교사에 의해 조정될 수 있다고 보는 관점 • 개발자와 사용자 간 타협과 수정을 강조하며, 새 교육과정이 실제 상황적 맥락과 결부하여 어떻게 실행되었는지에 초점 • 교사는 계획된 교육과정의 적극적인 재구성자의 역할을 담당
생성(형성) 관점 (창조적 실행 관점)	• 교육과정을 교사와 학생에 의해 공동으로 만들어 가는 교육경험으로 봄. 즉, 교실에서 교사와 학생이 함께 교육경험을 생성하는 활동 그 자체가 교육과정 실행인 것 • 외부에서 개발된(계획된) 교육과정은 교실에서 교육경험을 생성할 때 활용할 수 있는 도구로서의 의미만을 지님 • 교사는 교육과정 개발자이자 창안자로서 주체적·능동적인 역할을 담당 • 교사와 학생은 모두 교육과정의 공동 창안자로서 교사와 학생 모두 지속적인 성장과 발달이 가능하도록 교육과정을 운영해야 함 • 교사는 학생의 이익을 위하여 학교와 교실의 복잡하고 특수한 환경에 맞추어 교육과정을 운영해야 함

관점 쟁점	충실도	상호적응	생성
교육과정 개념	교사가 수행해야 할 구체적인 어떤 것으로서 미리 계획된 것	• 계획된 것 • 교사에 의해 실제로 전개된 것	교사와 학생들에 의해 창안되고 경험된 것
교육과정 지식	교실 밖의 교육과정 전문가에 의해 만들어진 것	• 교실 밖의 교육과정 전문가에 의해 만들어진 것 • 교실 실행 과정에서 재구성될 수 있는 것	교실 밖의 전문가들이 만든 산물이 아니라, 교실에서 교사와 학생이 지속적으로 창안하고 있는 것
교육과정 변화	변화는 선형적인 것으로, 계획된 대로 교실에서 실행하면 일어날 수 있음	변화는 예측하기 어려운 복잡한 과정으로, 계획대로 실행이 일어나지 않을 수 있으며, 실행 과정이 변화에 중요함	교사와 학생의 사고와 실천에 있어서의 변화가 진정한 변화임
교사의 역할	계획된 교육과정의 전달자 혹은 소비자	계획된 교육과정의 적극적인 재구성자	교육과정 창안자 혹은 개발자

22 렌줄리(Renzulli)의 교육과정 압축(curriculum compacting)

1 개념

① 이질적 교실에 있는 상위 학생들을 위해 이미 숙달한 학습자료의 반복을 피하고, 보다 도전적인 학습 기회를 마련해 주기 위한 정규 교육과정의 재구성전략

② 일종의 교육과정 '재구성(modifying)' 혹은 '핵심화(streamling)' 과정 ⇨ 정규 교육과정에 대한 학습자의 도전 수준을 높이며, 기초학습 기술을 숙달하면서도 적절한 심화 또는 속진형 학습활동의 기회를 마련

2 교육과정 압축의 목표

① 정규 교육과정을 운영하는 중에도 도전적인 학습환경을 마련하는 것

② 기본 교육과정에 대한 숙달 · 완숙 · 능숙성을 보장하는 것

③ 교육과정 압축을 통해 심화와 속진 경험을 위한 시간을 '벌려는' 것

23 2022 개정 교육과정 총론

1 인간상

가. 전인적 성장을 바탕으로 자아정체성을 확립하고 자신의 진로와 삶을 스스로 개척하는 자기주도적인 사람
나. 폭넓은 기초 능력을 바탕으로 진취적 발상과 도전을 통해 새로운 가치를 창출하는 창의적인 사람
다. 문화적 소양과 다원적 가치에 대한 이해를 바탕으로 인류 문화를 향유하고 발전시키는 교양 있는 사람
라. 공동체 의식을 바탕으로 다양성을 이해하고 서로 존중하며 세계와 소통하는 민주시민으로서 배려와 나눔, 협력을 실천하는 더불어 사는 사람

2 핵심역량

가. 자아정체성과 자신감을 가지고 자신의 삶과 진로를 스스로 설계하며 이에 필요한 기초 능력과 자질을 갖추어 자기주도적으로 살아갈 수 있는 자기관리 역량
나. 문제를 합리적으로 해결하기 위하여 다양한 영역의 지식과 정보를 깊이 있게 이해하고 비판적으로 탐구하며 활용할 수 있는 지식정보처리 역량
다. 폭넓은 기초 지식을 바탕으로 다양한 전문 분야의 지식, 기술, 경험을 융합적으로 활용하여 새로운 것을 창출하는 창의적 사고 역량
라. 인간에 대한 공감적 이해와 문화적 감수성을 바탕으로 삶의 의미와 가치를 성찰하고 향유하는 심미적 감성 역량
마. 다른 사람의 관점을 존중하고 경청하는 가운데 자신의 생각과 감정을 효과적으로 표현하며 상호협력적인 관계에서 공동의 목적을 구현하는 협력적 소통 역량
바. 지역 · 국가 · 세계 공동체의 구성원에게 요구되는 개방적 · 포용적 가치와 태도로 지속 가능한 인류 공동체 발전에 적극적이고 책임감 있게 참여하는 공동체 역량

3 현행 교육과정의 주요 개념

1. 학년군: 현행 교육과정에서 초등학교는 1~2학년, 3~4학년, 5~6학년의 3개 학년군으로, 중학교와 고등학교는 3개 학년을 각각 1개 학년군으로 묶는 것을 말한다. 교육과정 편성 · 운영의 경직성을 탈피하고 학년 간 상호 연계와 협력을 통하여 유연성을 부여하기 위한 것이다.
2. 교과군: 기존의 교과들을 교육목적상의 근접성, 학문 탐구대상 또는 방법상의 인접성, 실제 생활양식에서의 상호 연관성 등을 고려하여 광역군 개념으로 유목화하는 것을 말한다. 예를 들어 '사회/도덕', '과학/실과(기술 · 가정)', '예술(음악/미술)' 등으로 묶는 경우가 그것이다.
3. 집중이수: 여러 학년에 걸쳐 이수하는 과목을 학년별로 집중 이수하거나, 1년 동안 이수하는 과목을 한 학기 동안 집중적으로 이수하는 것을 말한다. 집중 학습이 가능하고 수업의 효율성을 높일 수 있다.
4. 블록타임(Block-time)제: 특정 과목의 수업을 요일별로 나누는 대신 하루에 여러 시간으로 묶어 연속수업을 진행하는 경우를 말한다. 연속수업을 진행할 경우 수업의 완성도를 높일 수 있다. 예를 들어 미술수업이 주당 1~2시간인 경우, 학생들은 주어진 시간 내에 작품을 완성하기 어려울 수 있으나 집중이수제로 3~4시간 연속 수업을 진행할 경우 학생들에게는 작품의 완성도를 높이고, 교사는 효과적인 수업을 운영할 수 있다.

24 자유학기제

1 개념

중학교 과정 중 한 학기 동안(중학교 1학년 1학기, 1학년 2학기, 2학년 1학기 중) 학생들이 시험 부담에서 벗어나 꿈과 끼를 찾을 수 있도록 토론 · 실습 등 학생 참여형으로 수업을 운영하고, 진로탐색 활동 등 다양한 체험활동이 가능하도록 교육과정을 유연하게 운영하는 제도

2 자유학기제 추진 목적

① 자신의 적성과 미래에 대해 탐색하고 설계하는 경험을 통해 ⇨ 꿈 · 끼 탐색
② 지식과 경쟁 중심 교육을 창의성, 인성, 자기주도 학습능력 등 미래 핵심역량 함양이 가능한 교육으로 전환
③ 학교 구성원 간 협력 및 신뢰 형성, 적극적 참여 및 성취 경험을 통해 학생 · 학부모 · 교원 모두가 만족 ⇨ 행복교육 실현

3 중학교 교육과정 편성 · 운영 기준('중학교 교육과정', 교육부 고시 제2015-80호)

9) 학교는 학생들이 자신의 적성과 미래에 대해 탐색하고, 학습의 즐거움을 경험하여 스스로 공부하는 자기주도적 학습 능력과 태도를 기를 수 있도록 자유학기를 운영한다.
  가) 중학교 과정 중 한 학기는 자유학기로 운영한다.
  나) 자유학기에는 해당 학기의 교과 및 창의적 체험활동을 자유학기의 취지에 부합하도록 편성 · 운영한다.
  다) 자유학기에는 지역사회와 연계하여 진로 탐색 활동, 주제 선택 활동, 동아리 활동, 예술 · 체육 활동 등 다양한 체험 중심의 자유학기 활동을 운영한다.
  라) 자유학기에는 협동 학습, 토의 · 토론 학습, 프로젝트 학습 등 학생 참여형 수업을 강화한다.
  마) 자유학기에는 중간 · 기말고사 등 일제식 지필평가는 실시하지 않으며, 학생의 학습과 성장을 지원하는 과정 중심의 평가를 실시한다.
  바) 자유학기에는 학교 내외의 다양한 자원을 활용하여 진로 탐색 및 설계를 지원한다.
  사) 학교는 자유학기의 운영 취지가 타 학기 · 학년에도 연계될 수 있도록 노력한다.

4 자유학기제의 기본 방향

① 자유학기에 집중적인 진로수업과 체험을 실시 ⇨ 진로교육의 강화
② 참여 · 활동중심 수업 강화 및 다양한 수업방법을 마련 ⇨ 교수 · 학습방법 혁신
③ 중간 · 기말고사를 실시하지 않고, 학생의 기초성취수준 확인 및 수업지도 방안을 마련 ⇨ 학생 부담 해소

5 자유학기제 활동

활동	내용
진로탐색 활동	자신의 적성과 소질을 탐색해 스스로 미래를 설계할 수 있도록 하는 활동 예 진로검사, 초청강연, 직업탐방, 일터체험 등
주제선택 활동	학생의 흥미, 관심사에 맞는 체계적이고 심층적인 프로그램 운영으로 학습동기를 유발하고 깊이 있는 학습기회를 제공하고자 하는 활동 예 고전토론, 체험수학, STEAM 과학 등
동아리 활동	학생의 공통된 관심사를 기반으로 운영되며, 이를 통해 학생의 특기와 적성은 물론 자율적인 문제해결력을 키우고자 함 예 문예토론, 과학실험, 천체관측 등
예술 · 체육 활동	다양하고 내실 있는 예술 · 체육 교육으로 학생의 소질과 잠재력을 찾아주는 활동 예 연극 활동, 뮤지컬 활동, 오케스트라 활동, 디자인 활동, 축구 등

6 자유학기제 진로교육 운영방안 – 체계적인 진로탐색 기회의 확대

운영방안	내용
진로학습	학생이 적성과 소질을 탐색하여 스스로 미래를 설계해 나갈 수 있도록 체계적인 진로학습 토대를 마련 ⇨ 「진로와 직업」을 개설, 학교진로교육프로그램을 보급
진로상담 · 검사	학생의 개인별 특성과 역량에 맞는 진로설계를 지원하기 위한 진로상담 · 검사 체제를 구축 ⇨ 진로진학 상담교사를 확충, 학부모들을 학생의 진로 코치로 활용
진로체험	학생의 수요를 반영하여 진로학습 및 상담에서 모색한 자신의 소질과 적성을 직접적인 체험을 통해 확인하는 기회를 다양하게 제공 ⇨ '전일제 진로체험' 또는 '진로캠프' 등 실시
진로탐색 포트폴리오 구성	자유학기를 중심으로 초 · 중 · 고등학교에 걸친 학생의 진로탐색 활동 전반을 체계적으로 기록 · 관리 ⇨ 현행 학생부의 '진로희망사항'란 등에 학생이 희망하는 직업뿐 아니라 희망 이유 및 비전 등도 기술할 수 있도록 개선, 진로지도 및 진로탐색에 활용

7 자유학기제의 기대 효과

① 맞춤형 진로탐색과 협동 · 협업 · 참여 ⇨ 적성에 맞는 자기계발 및 인성 함양
② 학생의 참여활동이 보장되고 학습동기가 유발 ⇨ 만족감 높은 행복한 학교생활
③ 공교육에 대한 불신을 불식, 학교 정상화 ⇨ 공교육의 신뢰 회복

2026 권지수교육학 필수요약집

요점쏙쏙

PART

02

교육심리학

Thinking Map

PART 02

교육심리학

1 학습자의 특성

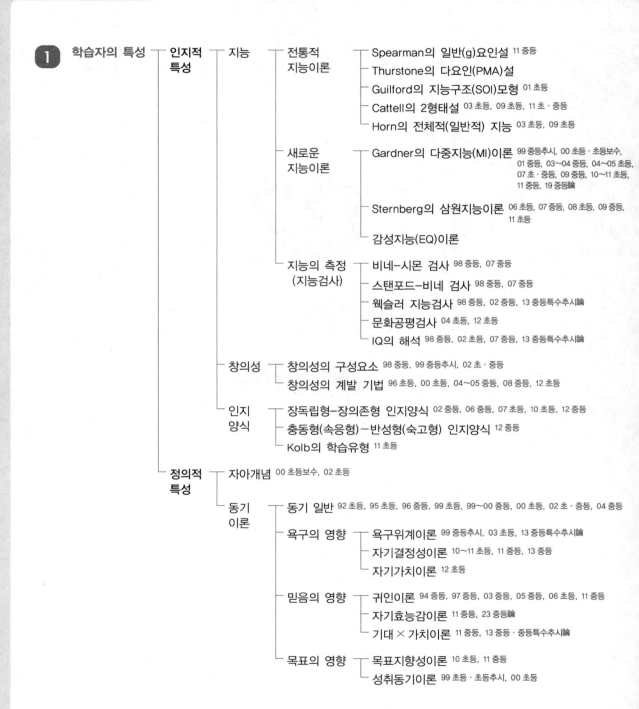

- 인지적 특성
  - 지능
    - 전통적 지능이론
      - Spearman의 일반(g)요인설 11 중등
      - Thurstone의 다요인(PMA)설
      - Guilford의 지능구조(SOI)모형 01 초등
      - Cattell의 2형태설 03 초등, 09 초등, 11 초 · 중등
      - Horn의 전체적(일반적) 지능 03 초등, 09 초등
    - 새로운 지능이론
      - Gardner의 다중지능(MI)이론 99 중등추시, 00 초등 · 초등보수, 01 중등, 03~04 중등, 04~05 초등, 07 초 · 중등, 09 중등, 10~11 초등, 11 중등, 19 중등論
      - Sternberg의 삼원지능이론 06 초등, 07 중등, 08 초등, 09 중등, 11 초등
      - 감성지능(EQ)이론
    - 지능의 측정 (지능검사)
      - 비네-시몬 검사 98 중등, 07 중등
      - 스탠포드-비네 검사 98 중등, 07 중등
      - 웩슬러 지능검사 98 중등, 02 중등, 13 중등특수추시論
      - 문화공평검사 04 초등, 12 초등
      - IQ의 해석 98 중등, 02 초등, 07 중등, 13 중등특수추시論
  - 창의성
    - 창의성의 구성요소 98 중등, 99 중등추시, 02 초 · 중등
    - 창의성의 계발 기법 96 초등, 00 초등, 04~05 중등, 08 중등, 12 초등
  - 인지 양식
    - 장독립형-장의존형 인지양식 02 중등, 06 중등, 07 초등, 10 초등, 12 중등
    - 충동형(속응형)-반성형(숙고형) 인지양식 12 중등
    - Kolb의 학습유형 11 초등
- 정의적 특성
  - 자아개념 00 초등보수, 02 초등
  - 동기 이론
    - 동기 일반 92 초등, 95 초등, 96 중등, 99 초등, 99~00 중등, 00 초등, 02 초 · 중등, 04 중등
    - 욕구의 영향
      - 욕구위계이론 99 중등추시, 03 초등, 13 중등특수추시論
      - 자기결정성이론 10~11 초등, 11 중등, 13 중등
      - 자기가치이론 12 초등
    - 믿음의 영향
      - 귀인이론 94 중등, 97 중등, 03 중등, 05 중등, 06 초등, 11 중등
      - 자기효능감이론 11 중등, 23 중등論
      - 기대 × 가치이론 11 중등, 13 중등 · 중등특수추시論
    - 목표의 영향
      - 목표지향성이론 10 초등, 11 중등
      - 성취동기이론 99 초등 · 초등추시, 00 초등

2 학습자의 발달 (발달이론)

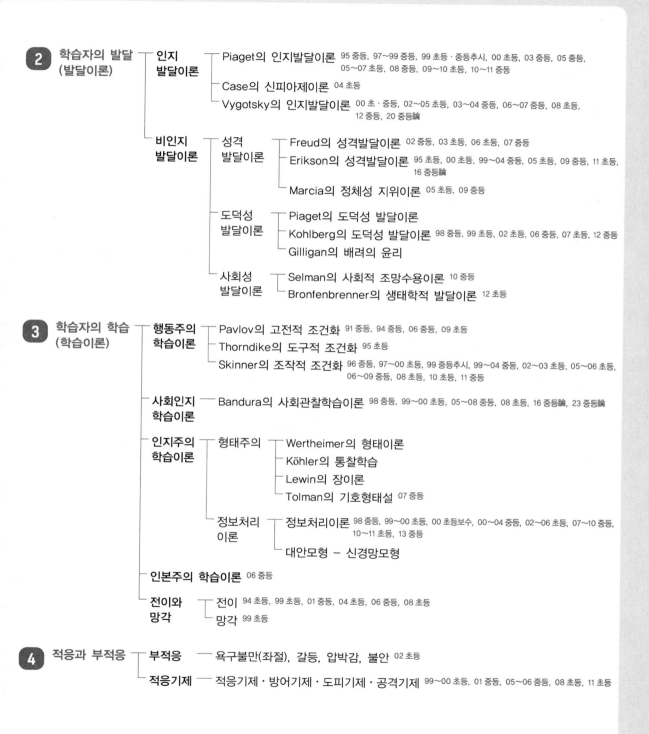

- **인지 발달이론**
  - Piaget의 인지발달이론 95 중등, 97~99 중등, 99 초등 · 중등추시, 00 초등, 03 중등, 05 중등, 05~07 초등, 08 중등, 09~10 초등, 10~11 중등
  - Case의 신피아제이론 04 초등
  - Vygotsky의 인지발달이론 00 초 · 중등, 02~05 초등, 03~04 중등, 06~07 중등, 08 초등, 12 중등, 20 중등論
- **비인지 발달이론**
  - 성격 발달이론
    - Freud의 성격발달이론 02 중등, 03 초등, 06 초등, 07 중등
    - Erikson의 성격발달이론 95 초등, 00 초등, 99~04 중등, 05 초등, 09 중등, 11 초등, 16 중등論
    - Marcia의 정체성 지위이론 05 초등, 09 중등
  - 도덕성 발달이론
    - Piaget의 도덕성 발달이론
    - Kohlberg의 도덕성 발달이론 98 중등, 99 초등, 02 초등, 06 중등, 07 초등, 12 중등
    - Gilligan의 배려의 윤리
  - 사회성 발달이론
    - Selman의 사회적 조망수용이론 10 중등
    - Bronfenbrenner의 생태학적 발달이론 12 초등

3 학습자의 학습 (학습이론)

- **행동주의 학습이론**
  - Pavlov의 고전적 조건화 91 중등, 94 중등, 06 중등, 09 초등
  - Thorndike의 도구적 조건화 95 초등
  - Skinner의 조작적 조건화 96 중등, 97~00 초등, 99 중등추시, 99~04 중등, 02~03 초등, 05~06 초등, 06~09 중등, 08 초등, 10 초등, 11 중등
- **사회인지 학습이론**
  - Bandura의 사회관찰학습이론 98 중등, 99~00 초등, 05~08 중등, 08 초등, 16 중등論, 23 중등論
- **인지주의 학습이론**
  - 형태주의
    - Wertheimer의 형태이론
    - Köhler의 통찰학습
    - Lewin의 장이론
    - Tolman의 기호형태설 07 중등
  - 정보처리 이론
    - 정보처리이론 98 중등, 99~00 초등, 00 초등보수, 00~04 중등, 02~06 초등, 07~10 중등, 10~11 초등, 13 중등
    - 대안모형 – 신경망모형
- **인본주의 학습이론** 06 중등
- **전이와 망각**
  - 전이 94 초등, 99 초등, 01 중등, 04 초등, 06 중등, 08 초등
  - 망각 99 초등

4 적응과 부적응

- **부적응**
  - 욕구불만(좌절), 갈등, 압박감, 불안 02 초등
- **적응기제**
  - 적응기제 · 방어기제 · 도피기제 · 공격기제 99~00 초등, 01 중등, 05~06 중등, 08 초등, 11 초등

01 전통적 지능이론

1 스피어만(Spearman)의 일반요인설(g요인설, 2요인설) 11 중등

(1) 개념

일반요인(g요인)과 특수요인(s요인)으로 구성된 단일능력

(2) 의의

지능이 높은 학생 ⇨ 전 교과에서 높은 성취 기대 예 팔방미인, 다재다능

2 카텔(Cattell)의 유동성 지능과 결정성 지능(2형태설) 03 초등, 09 초등, 11 초·중등

(1) 개념

상층부에 일반요인, 하층부에 특수요인 ⇨ 지능의 일반요인은 유동성 지능과 결정성 지능으로 구성

(2) 일반요인(일반지능)

유동성 지능, 결정성 지능 ⇨ 지능의 변화 가능성

유동성 지능 (Gf)	• 유전적 요인에 영향을 받는 지능으로, 뇌 발달과 비례하는 능력 예 기억력, 지각력, 일반적 추리력, 정보처리속도 등 탈문화적 내용 • 청소년기까지는 발달하나 그 이후부터는 점차 쇠퇴
결정성 지능 (Gc)	• 환경적 요인에 영향을 받는 지능으로, 문화적 환경과 경험에 의해 발달하는 능력 예 독해력(어휘력), 일반지식, 상식, 문제해결력, 논리적 추리력 등 문화적 내용 • 환경적 자극이 지속되는 한(예 교육기회의 확대 등) 청소년기 이후에도 계속 발달

02 새로운 지능이론

1 가드너(H. Gardner)의 다중지능이론(MI : Theory of Multiple Intelligence)

99 중등추시, 00 초등 · 초등보수, 01 중등, 03 중등, 04~05 초등, 04 중등, 07 초 · 중등, 09 중등, 10~11 초등, 11 중등, 19 중등論

(1) 개념

① 별개의 영역별로 구분되는 9개의 상호 독립적인 지능들로 구성(단일능력 ×) ⇨ 각 지능 요인들의 결합 형태에 따라 개인의 독특한 지능이 형성

② 인간은 최소한 1가지 이상의 우세한 지능영역이 있음 ⇨ 학습자에게 약한 영역을 지도할 때 그에게 상대적으로 우세한 영역의 지능을 활용

(2) 가드너의 기본 입장

① 지능은 상호 독립적이며 각각의 상대적 중요성이 동일

② 지능은 특정 영역에서 상호작용

③ 지능은 개별적이고 독특[개인마다 다중지능구성(profile)이 다름]

④ 지능은 교육 및 훈련을 통해 계발(환경이 중요)

⑤ 학교교육에서는 사회에서 중시되는 다양한 능력을 길러주어야 함

⑥ 지능은 문화 의존적이고 상황 의존적

⑦ 지능 측정의 대안적 평가가 필요(예 수행평가 등)

(3) 다중지능 유형

언어 지능	언어의 활용과 관련된 능력
논리수학 지능	논리적 · 수학적 유형에 대한 민감성
대인관계 지능	타인의 기분, 동기, 의도를 구분하고 대응하는 능력
자연관찰 지능	동식물이나 주변 사물을 관찰하여 공통점과 차이점을 분석하는 능력
음악 지능	음정에 대한 민감성
공간 지능	시공간 세계에 대한 예민한 지각
신체운동 지능	신체나 사물을 능숙하게 다루는 능력
개인 내적 지능	자신에 대한 이해, 통찰, 통제능력
실존 지능	인간의 존재 이유, 삶과 죽음, 희로애락, 인간의 본성 및 가치에 대해 철학적 · 종교적 사고를 할 수 있는 능력

(4) 교육적 의의(시사점, 학습전략)

① **교육과정(교육내용)의 다양화와 통합교육**: 9개 다중지능을 골고루 반영
② **약한 영역을 지도할 때 강점 지능을 활용하여 지도**: 최소 1가지 이상의 우세한 지능영역이 있으므로
③ **개인차를 고려한 맞춤형 교육/선택 학습**: 다중지능 구성이 다르므로
④ **지능의 강점과 약점을 파악하는 평가**: 교육내용과 방법을 연결할 수 있도록
⑤ **수행평가**: 소질과 적성을 판단하고 그에 부합하는 학습경험과 학습방법을 제공
⑥ **교사 역할**: 학생–교육과정 중개인, 학교–지역사회 중개인, 평가 전문가 역할

2 스턴버그(R. Sternberg)의 삼원지능이론(성공지능이론) 06 초등, 07 중등, 08 초등, 09 중등, 11 초등

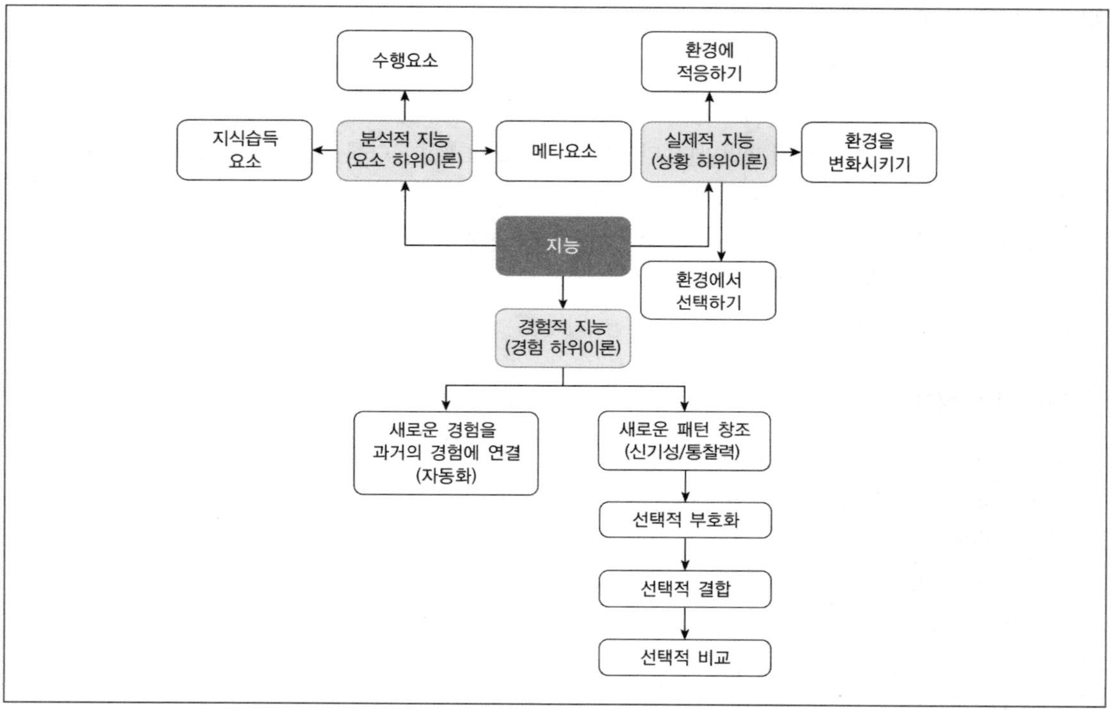

(1) 개념

① **삼원지능이론**: 인간의 지능은 분석적 지능, 경험적 지능, 실제적 지능이 하나의 체계로 통합되어 작용
② **성공지능(SQ)**: 분석적·경험적·실제적 지능 간의 균형을 유지하고, 이를 잘 활용하여 자신의 목표를 성취하고 그에 따른 성공을 경험하게 하는 지능
③ **지능 측면**
㉠ **분석적 지능**: 새로운 지식을 습득하고 그 지식을 논리적인 문제해결에 적용하는 능력 ⇨ 지식습득요소·수행요소·메타요소

㉡ **경험적 지능 :** 인간의 경험과 밀접히 관련되어 있는 창의적 능력 ⇨ 익숙한 과제를 자동적으로 수행하는 자동화와 새로운 과제를 처리하는 통찰력

ⓐ **선택적 부호화 :** 중요하고 적절한 정보에 주의를 기울이는 능력

ⓑ **선택적 결합 :** 서로 관련이 없는 것을 연관시켜 새로운 것을 만들어 내는 능력

ⓒ **선택적 비교 :** 기존의 것에서 새로운 것을 유추해 내는 능력

㉢ **실제적 지능 :** 실제 생활환경에 잘 적응하고, 환경을 변화시키거나 보다 나은 새로운 환경을 선택하는 능력 ⇨ 적응·변화·선택

④ 각 지능에 따른 3가지 사고

㉠ **분석적 사고 :** 비교, 대조, 비평, 판단, 평가 등과 관련

㉡ **창의적 사고 :** 무엇인가를 발견하고 상상하며 고안하고 가정하는 것과 관련

㉢ **실제적 사고 :** 적절한 해결점(아이디어)을 찾아내고 적용·활용하는 것과 관련

(2) 교육적 시사점

① **3가지 지능을 반영한 수업 :** 학생의 지능이 증진될 수 있도록

② **강점의 극대화와 단점의 보완 :** 학생 개개인의 강점과 약점을 확인한 다음 강점을 충분히 활용하고 단점을 보완할 수 있는 교육을 실시

③ **학생의 능력에 맞는 수업과 평가 :** 학생의 능력에 부합한 수업과 평가를 통해 학습이 극대화될 수 있도록

3 감성지능(정서지능)이론(EQ : Emotional Quotient, 감성지수, 정서지수) 99 중등, 02 중등

(1) 개념

① 자신과 타인의 감정을 정확히 인식하고 평가하며 표현하는 능력

② Salovey, Mayer, Goleman

(2) 감성지능(정서지능)의 구성요소(Goleman)

구분		내용
개인내적 지능	(자기) 감정인식능력	자기감정을 재빨리 인식하는 능력 ⇨ 자기이해와 자기통찰의 필수적인 능력
	(자기) 감정조절능력	자신의 감정을 조절하고 전환하는 능력 ⇨ 분노, 흥분, 우울, 불안과 같은 부정적 감정을 쉽게 떨쳐버릴 수 있음
	(자기) 동기화능력	목표 달성을 위해 자기 자신을 동기화시키는 능력 ⇨ 목표 설정능력, 인내력, 만족지연능력을 포함
대인관계 지능	타인의 감정인식능력	타인의 감정을 읽을 줄 아는 공감능력 혹은 감정이입능력 ⇨ 대인관계를 관리하는 능력의 토대가 됨
	대인관계 관리능력(인간관계 기술능력)	타인과 효과적인 대인관계(인간관계)를 유지해 나가며, 타인의 감정에 대처하고 조절할 수 있는 능력

(3) 감성지능(정서지능) 발달을 위한 지도전략

① **자신과 타인의 정서를 인식하고 표현해 보기**: 자신과 타인의 정서를 인식하고 표현하는 다양한 방법을 배워 봄으로써 인식능력, 표현능력, 공감능력을 기를 수 있음. 언어적 표현뿐만 아니라, 예술적 표현, 신체적 표현 등과 같은 비언어적 표현을 통해서도 학습하는 것이 바람직함

② **공감 경험 제공하기**: 타인이 처한 상황을 총체적으로 인식하고 그 속에서 타인이 가진 정서를 공감해 보는 경험을 제공해 줌. 공감능력의 향상은 이타적 행동과 친사회적 행동을 육성하는 효과가 있음

③ **정서조절 경험 제공하기**: 다양한 상황에서 발생하는 부정적 정서를 인식하고 조절하는 경험을 제공해 줌. 시뮬레이션이나 역할연기 등을 통해 학습함으로써 실제성을 높일 수 있음

03 지능의 측정 – 지능검사 96 중등, 98 중등, 99 초등, 02 초등, 07 중등

1 웩슬러 지능검사(Wechsler, 1939) – 편차 IQ(DIQ) 98 중등, 02 중등, 13 중등특수추시論

① 한 사람의 지능을 그와 동일한 연령집단 내에서의 상대적 위치로 규정한 IQ ⇨ 평균 100, 표준편차 15

② 언어성 검사와 비언어성(동작성) 검사로 구성 ⇨ WAIS(성인용), WISC(아동용), WPPSI(취학전 아동용)

2 문화공평검사(문화평형검사, culture–fair test) 04 초등, 12 초등

종류	내용
SOMPA (다문화적 다원사정체제)	아동의 의료적 요소(아동의 키, 몸무게, 시각, 청각, 병력 등)와 사회적 요소(문화・인종・사회경제적 배경 등)를 고려한 지능검사 ⇨ 학생 사정 부분과 부모 면담 부분으로 구분하여 시행
K–ABC	모든 문화권에 공통된 내용을 가지고 모든 피험자에게 표준화된 동일한 검사방식으로 진행 ⇨ 아동의 학습잠재력과 성취도 측정을 위한 지능검사 ⇨ 청각장애자나 언어장애자, 외국인 아동들에게 유용한 검사
UNIT (동작성 보편지능검사)	언어에 기반한 전통적 검사들로 인해 불이익을 받을 수 있는 사람들에게 사용하기 위해 고안된 검사 ⇨ 특수교육 대상자와 정신장애 진단에 유용
CPMT (색채 누진행렬 지능검사, 레이븐 검사)	컬러(color)로 구성된 도형검사자극에 근거하여 추론능력을 측정하는 비언어적 검사 ⇨ 비고츠키의 근접발달영역의 개념에 따라서 쉬운 문제부터 점차 고난도 문제로 진행됨

3 지능지수(IQ)에 대한 올바른 해석(해석상 유의점) 98 중등, 02 초등, 07 중등, 13 중등특수추시論

① 지능과 동일한 것이 아니라 지능을 나타내 주는 하나의 지표일 뿐(⇨ 지능지수 ≠ 지능)
② 개인의 절대적 지적 수준이 아니라 상대적 지적 수준을 나타냄(⇨ 지능지수 = 규준점수)
③ 단일점수보다 점수범위(점수대, 점수띠, 신뢰구간)로 생각하는 것이 합리적(⇨ 측정의 표준오차로 이해)
④ 고정된 점수가 아니라 개인의 일생 동안 상당한 정도로 변화(⇨ 후천적 경험이나 학습)
⑤ 학업성적과 높은 상관($r = 0.50$)이 있지만 절대적인 척도는 아님(⇨ 교사의 수업방법, 가정배경 등도 고려)
⑥ 지능검사는 잠재능력, 인간관계 기술, 창의력, 심미적 능력 등은 측정하지 못함(⇨ 지능검사는 언어능력, 수리력, 유추능력 등 비교적 한정된 지적 능력을 측정할 뿐)
⑦ 지능지수가 동일하더라도 하위요인은 다를 수 있음(⇨ 하위요인 간 격차가 크면 학습장애의 가능성이 있을 수 있으며, 하위요인을 알 때 지능검사의 활용도가 높아짐)
⑧ 지능지수만을 가지고 저능아·천재아 등 개개인에 대하여 중요한 결정을 내리는 것은 바람직하지 못함
⑨ 지능검사는 대부분 언어성 검사로 구성되어 있어 문화적으로 편향되어 있음(⇨ 문화적 편향성을 극복한 검사가 문화공평검사)
⑩ 지능지수만으로 학급을 편성하거나 부모에게 자녀의 IQ를 상세한 해설 없이 알려주는 것을 삼가야 함

04 창의성

개념 쏙쏙

1. **창의성의 개념**: 새롭고 유용하면서도 적절한 가치가 있는 어떤 것을 생산해 내는 능력
2. **창의성과 지능의 관계**: 지능과 창의성의 상관은 0.27로, 두 특성 간 상관은 높지 않다.
3. **창의적 사고과정(Wallas, 1926)** 『생각의 기술(The Art of Thought)』
   ① 준비 단계: 주어진 문제를 여러 각도에서 다양한 방법으로 해결책을 모색하며 정보를 모으는 단계 ⇨ 주의집중과 개방적 사고, 도전적 태도가 요구됨
   ② 배양(부화) 단계: 주어진 문제에 대해 일정 기간 동안 곰곰이 생각하거나 때로는 그 문제를 제쳐 두지만, 무의식 수준에서 아이디어를 탐색하는 단계
   ③ 영감(발현) 단계: 어느 날 갑자기 기발한 아이디어가 번쩍 떠오르는 단계
   ④ 검증 단계: 영감기에서 떠오른 아이디어가 문제해결책으로 적절한지 검증하고, 완전한 해결책을 정리하는 단계 ⇨ 검증과정에는 확산적 사고력 외에 수렴적 사고력이 중요한 역할을 함

1 창의성의 구성요소(특징) 98 중등, 99 중등추시, 02 초 · 중등

요소(특징)		내용
인지적 특성	민감성 (지각의 개방성)	문제 상황을 민감하게 지각하는 능력
	유창성	일정한 시간 내에 한 범주의 아이디어를 많이 산출해 내는 능력(양의 다양성)
	융통성	일정한 시간 내에 다양한 범주의 아이디어를 많이 산출해 내는 능력(질의 다양성, 접근방법의 다양성)
	독창성	참신하고 독특한 아이디어를 산출해 내는 능력
	조직성 (재구성력)	복잡한 문제를 보다 간결하게 재구성하며, 다양한 사물이나 사상을 서로 구조적이고 기능적으로 관련짓는 능력
	정교성	다소 엉성하게 산출된 아이디어에 세부사항(뼈와 살)을 덧붙여 구체화하거나 의미를 명확히 하는 능력
정의적 특성	새롭고 복잡하고 어려운 문제를 선호하는 경향	창의적인 사람은 새롭고, 복잡하고, 어려운 문제를 선호하는 경향이 있음
	모호성을 견디는 역량	창의적인 사람은 모호성을 참는 역량이 있음
	실패에 대한 불안이 적고 위험부담을 즐기는 경향	창의적인 사람은 실패에 대한 불안이 적으며, 약간의 위험부담을 즐기는 경향이 있음
	관행에 동조하기를 거부하는 경향	창의적인 사람은 관행에 동조하기를 거부함
	자신의 경험에 대한 개방성	창의적인 사람은 자신의 경험에 대하여 개방적임

2 창의성 계발 기법

(1) **브레인스토밍**(brainstorming) 96 초등

① 개념 : 오스본(Osborn)이 창안(1963) ⇨ 자유로운 집단사고를 통해 창의적 아이디어를 창출하는 방법

② 기본 원리 : ㉠ 자유분방, ㉡ 양산, ㉢ 비판 금지, ㉣ 결합과 개선

(2) **시넥틱스**(synectics) **교수법**(고든법, 발견적 문제해결법) 00 초등, 04 중등

① 개념 : 고든(Gordon)이 창안 ⇨ 아무 관련이 없어 보이는 요소들을 '비유, 유추'로 연결하여 새로운 생각을 창출하는 방법

② 방법(비유의 유형)

직접 유추	사물이나 현상, 아이디어들을 연결시켜 직접 비교하는 것, 사물이나 사상을 개발하려는 물건과 연결시켜서 유추하는 것
의인 유추 (대인 유추)	사람이 사물의 일부가 되었다고 생각해 보는 것, 사람을 특정 사물에 비유하여 생각하기
상징적 유추	상징을 활용하여 대상들 간의 관계를 기술하는 것, 서로 모순된 단어를 연결하여 특정 현상을 기술하는 것
환상적 유추	현실을 넘어서는 상상을 통해 문제를 해결하는 것

(3) 드 보노(E. de Bono)의 PMI 기법과 육색사고모자(six thinking hats) 기법

① PMI 기법 08 중등, 12 초등 : 어떤 문제(아이디어)의 긍정적인 면(Plus), 부정적인 면(Minus), 흥미로운 면(Interesting)을 생각하도록 하는 방법 ⇨ 문제나 대안을 바라보는 시야를 확대해 줌

② 육색사고모자(six thinking hats, 여섯 가지 사고 모자) 05 중등

㉠ 여섯 가지 색깔의 모자를 바꾸어 쓰면서 자신의 모자가 요구하는 특정한 사고만 하도록 하는 기법

㉡ 한 번에 한 가지씩 사고할 수 있도록 도와줌으로써 여러 측면에서 폭넓은 사고를 가능하게 함

구분	사고 유형	사고 내용
백색(white) 모자	객관적 · 사실적 사고	중립적이고 객관적인 사실, 자료, 정보
적색(red) 모자	감정적 · 직관적 사고	감정, 느낌, 직관
흑색(black) 모자	논리적인 부정적 사고	나쁜 점, 부정적 판단, 실행 불가능한 이유
황색(yellow) 모자	논리적인 긍정적 사고	좋은 점, 긍정적 판단, 낙관적이고 건설적인 사고
녹색(green) 모자	창의적 · 측면적(수평적) 사고	새로운 아이디어, 여러 가지 해결방안
청색(blue) 모자	사고에 대한 사고	요약, 개관, 결론 통제, 메타인지 사고, 사고과정 통제

(4) 속성열거법(attributing listing)

크로포드(Crawford)가 창안 ⇨ 어떤 대상이나 아이디어의 속성을 목록으로 모두 나열한 다음, 그 세분화된 속성을 변경하여 아이디어를 창출하는 기법

(5) 체크리스트(checklist)법

오스본(Osborn)이 창안 ⇨ 타인의 창의적 사고를 유발하는 질문 형태의 점검목록(checklist)을 미리 작성해 놓고 다양한 사고를 능률적으로 전개하는 기법

(6) SCAMPER 기법

오스본(Osborn)의 체크리스트를 보완하여 애벌리(에버를, Bob Eberle, 1971)가 고안 ⇨ 특정 대상이나 문제를 다양한 방법으로 변형하여 새로운 아이디어를 창출하는 방법 ⇨ S(substitute; 대체하기), C(combine; 결합하기), A(adapt; 적용하기), M(modify; 수정하기), P(put to other uses; 다른 용도로 활용), E(elimination; 제거하기), R(rearrange or reverse; 거꾸로 또는 재배열하기)

05 인지양식(cognitive style) – 학습양식, 학습유형, 학습선호도 유형

1 장독립적 · 장의존적 인지양식 – 위트킨(Witkin) 02 중등, 06 중등, 07 초등, 10 초등, 12 중등

(1) **인지양식의 유형** – 인지과정에서 보이는 정보나 자극에 대한 심리적 분화 정도에 따라

① **장독립형**: 정보를 인지할 때 주변의 장(배경)에 영향을 별로 받지 않는 인지양식

② **장의존형**: 정보를 인지할 때 주변의 장(배경)에 영향을 많이 받는 인지양식

(2) **학습자 특성 및 교수전략**

① 학습자의 특성 비교(Jonassen 외)

장독립형	장의존형
분석적 · 논리적: 세계를 보다 분화된 방식으로 경험하며, 주어진 대상을 분석적이고 논리적으로 지각함	**전체적 · 직관적**: 주어진 대상을 있는 그대로 전체적이고 직관적으로 지각하려는 경향이 있음
구조화 능력이 뛰어남: 상황을 분석하여 재조직하고 구조화하는 데 능숙 ⇨ 비구조화된 학습자료 선호	**기존의 구조를 수용함**: 주어진 조직을 그대로 수용하고 재조직 못하는 경향 ⇨ 구조화된 학습자료 선호
내적 준거체계 소유: 자신이 설정한 목표나 강화에 영향을 받는 경향이 있음	**내적 준거체계 없음**: 외부에서 설정한 목표나 강화에 영향을 받는 경향이 있음
내적 동기 유발: 활동의 선택, 개인의 목표 추구를 통해 내적 동기가 유발되는 경향이 있음	**외적 동기 유발**: 언어적 칭찬, 외적 보상 등에 의해 외적 동기가 유발되는 경향이 있음
개별학습 선호: 개별적 · 독립적으로 학습하는 것을 선호함(발견학습, 탐구학습)	**동료학습 선호**: 공동의 목표를 위해 동료와 함께 학습하는 것을 선호함(협동학습, 토의학습)
개인적 성향: 사회적 관계에 관심이 없고 대인관계에 냉담(비사교적)	**사회적 성향**: 사회적 관계에 관심이 많고 대인관계를 중시(사교적)
사회적 내용의 학습에 어려움: 사회적 내용의 자료에 집중하는 데 외부의 도움을 필요로 함	**사회적 내용의 학습을 잘함**: 사회적 내용을 다룬 자료를 잘 학습함
수학, 자연과학 선호: 수학자, 물리학자, 건축가, 외과 의사와 같은 직업 선호	**사회 관련 분야 선호**: 사회사업가, 카운슬러, 판매원, 정치가와 같은 직업 선호
개념이나 원리 지향적 ⇨ 실험적	사실이나 경험 지향적 ⇨ 관습적 · 전통적
학문중심 교육과정에 유리	인간중심 교육과정에 유리
비선형적인 CAI(hyper-media) 학습에 적합	선형적인 CAI 학습에 적합

② 교사 유형(교수 유형)(Garger & Guild)

장독립형 교사	장의존형 교사
수업의 인지적 측면이 강조되는 강의법과 같은 교수상황을 선호	사회적 상호작용이 강조되는 협동과 토론이 허용되는 교수상황을 선호
주제를 소개하기 위해 질문을 사용함	학생들이 교수에 따르고 있는지 확인하는 질문을 많이 이용함

교사에 의해 조직된 학습상황을 이용함	학생중심의 활동을 함
학생들에게 원리 적용을 조장하는 사람으로 인식됨	학생들에게 사실을 가르치는 사람으로 인식됨
정확한 피드백을 주고 부정적 평가도 사용함	피드백을 거의 사용하지 않고 부정적 평가를 피함
학생들에게 학습을 조직화하고 안내하는 데 강함	따뜻하고 인격적인 학습환경을 형성하는 데 강함

③ 동기화 방법(동기화 전략) - Garger & Guild

장독립형 학생	장의존형 학생
• 점수를 이용함 • 경쟁을 적절히 이용함 • 활동의 선택과 개인적 목표를 줌 • 과제가 얼마나 유용한가를 보여줌 • 자신이 구조를 디자인할 자유를 줌	• 언어적 칭찬을 사용함 • 교사의 업무를 돕게 함 • 외적 보상을 함 • 다른 사람에게 과제의 가치를 보여줌 • 학습과제의 윤곽과 구조를 제시함

2 **충동형**(속응형) · **반성형**(숙고형) **인지양식** - 케이건(Kagan) 12 중등

(1) **인지양식의 유형** - 과제 해결에 대한 반응시간과 반응오류(오답 수)를 기준으로

① 충동형(속응형) : 문제에 대한 반응시간은 빠르지만, 반응오류(오답 수)가 많은 유형

② 반성형(숙고형) : 문제에 대한 반응시간은 느리지만, 반응오류(오답 수)가 적은 유형

(2) **학습자 특성**

① 충동형 : 사고보다 행동이 앞섬 ⇨ 문제를 해결할 때 빠른 행동을 좋아하지만 그만큼 실수가 많아 학업성취도가 낮을 가능성이 높음

② 반성형 : 행동보다 사고가 앞섬 ⇨ 행동을 하기 전에 여러 측면에서 검토하는 것을 좋아하며 과제수행에서 실수가 적어 학업성취도가 높게 나타남

(3) **교수전략**

① 충동형 학습자 : 신중하게 사고하도록 하는 전략

㉠ 인지적 자기교수(cognitive self-instruction) : 학습 중에 자신에게 혼잣말로 가르치기(Meichenbaum)

㉡ 훑어보기전략(scanning strategies) : 학습과제 전체를 모두 개괄적으로 파악하기

② 반성형 학습자 : 어려운 문제는 건너뛰게 하는 전략 ⇨ 과제를 시간 내에 완성할 수 있도록 어려운 문제는 건너뛰게 하는 전략을 가르쳐야 함

3 콜브(Kolb)의 학습유형 – 정보지각방식(perception)과 정보처리방식(processing)에 따라 11 초등

구분		정보처리방식	
		활동적 실험	반성적 관찰
정보 지각 방식	구체적 경험	적응형(accommodator, 조절형): 구체적인 경험을 통해 지각하고, 활동적인 실험을 통해 정보를 처리하는 유형 ⇨ 계획 실행에 뛰어나고 새로운 경험을 추구하고 새로운 상황에 잘 적응하며 지도력이 탁월함. 논리적으로 분석하기보다는 감정적이며 느낌에 따라 행동하고, 모험적·감각적·실험적인 특성을 지님	발산형(diverger, 분산형): 구체적인 경험을 통해 지각하고, 반성적으로 관찰하며 정보를 처리하는 유형 ⇨ 상상력이 뛰어나고 상황을 여러 관점에서 조망하며 많은 아이디어를 냄. 흥미 분야가 넓어 다양한 분야의 정보를 수집함. 학습과정에서 교수자나 동료학습자와 좋은 인간관계를 맺을 수 있으며, 정서적인 특징을 가짐
	추상적 개념화	수렴형(converger): 추상적으로 개념화하여 지각하고, 활동적으로 실험하면서 정보를 처리하는 유형 ⇨ 가설 설정과 연역적 추리가 뛰어나고, 이론을 실제에 잘 적용할 수 있으므로 의사결정 능력이나 문제해결능력이 뛰어남. 느낌보다는 이성에 의존하며, 사고지향적이어서 사회문제나 사람들과의 관계에 능숙하지 못한 대신 기술적인 과제와 문제를 잘 다룸	동화형(assimilator, 융합형): 추상적으로 개념화하여 지각하고, 반성적으로 관찰하며 정보를 처리하는 유형 ⇨ 논리성과 치밀성이 뛰어나고 귀납적 추리에 익숙하므로 이론화를 잘함. 여러 아이디어를 잘 종합하고 다각적으로 이해할 수 있어 이론적 모형을 잘 만듦. 과학적·체계적인 사고를 하며, 분석적·추상적 사고에도 강함

06 내재적 동기와 외재적 동기 92 초등, 95 초등, 96 중등, 99 초·중등, 00 초등, 02 초등, 04 중등

1 개념

(1) **내재적 동기**(내적 동기, intrinsic motivation)

① 유기체 내부에서 비롯되는 동기, 즉 과제 수행의 활동 그 자체가 보상인 동기

② 과제에 대한 흥미, 호기심, 성취감, 만족감 등에서 유발됨 ⇨ 장기적 효과

(2) **외재적 동기**(외적 동기, extrinsic motivation)

① 유기체 외부에서 비롯되는 동기, 즉 과제 수행의 결과가 가져다줄 보상이나 벌에서 비롯되는 동기

② 상벌, 경쟁심, 학습결과 제시 등에서 유발됨 ⇨ 단기적 효과

(3) 학습자가 내재적으로 동기화되는 경우

① **학습자의 자율성 촉진**: 자율적인 환경 속에서 학습자 자신이 학습에 영향을 끼칠 수 있다는 느낌을 가질 때 더욱 동기화

② **도전적 과제 제시**: 적당히 어려운 도전적인 과제를 수행할 때 더욱 동기화

③ **호기심 자극**: 새롭고, 놀랍고, 기존의 생각과 모순되는 경험이 내재적 동기를 유발

④ **창의성과 상상력 자극**: 학습자가 상상하면서 창의적 학습과제를 수행하면 자신만의 상상을 사용하여 내용을 자신의 것으로 만들 수 있게 됨

02

2 내재적 동기와 외재적 동기와의 관계

개별적 작용	외재적 동기와 내재적 동기는 개별적으로 작용
상황과 시간	내재적 동기와 외재적 동기는 상황과 시간에 따라 달라질 수 있음
학업성취도	내재적으로 동기화된 학생이 외재적으로 동기화된 학생보다 더 높은 학업성취를 보임
외재적 동기의 부정적 측면과 효과적 사용법	• 이미 내재적으로 동기화된 학생에게 외재적 동기인 보상을 제공하면 오히려 내재적 동기가 손상된다(Deci, 2006). 즉, 내재적 흥미를 느끼는 과제에 외적 보상을 주면 내재적 동기가 감소 ⇨ 따라서 보상은 학생이 흥미를 느끼지 않는 과제에 사용되어야 한다. 이것은 그 과제를 계속해서 하고 싶은 마음이 생기게 하는 내재적 동기를 증가시키는 데 도움을 준다. • 외적 보상은 학생들이 자신의 발전이 아니라 주어질 보상에만 관심을 갖도록 만든다. ⇨ 따라서 보상은 수행한 과제의 질에 따라 주어져야 한다(Deci & Ryan, 1991). 학생의 능력이나 공부의 질이 향상되고 있음에 대한 정보를 제공하는 차원의 보상은 과제의 흥미를 증가시키도록 도움을 줄 수 있다. ✦외재적 보상이 내재적 동기를 감소시키는 경우 1. 내재적으로 동기화된 학생에게 외재적 보상을 제공할 경우(⇨ 내재적 동기 손상) 2. 수행한 과제의 질에 관계없이 외재적 보상을 남용할 경우(⇨ 외적 보상에 집착 ⇨ 내재적 동기 ↓) ✦외재적 보상으로 내재적 동기를 증가시키기 위한 방법 1. 내재적 흥미를 느끼지 않는 과제에 보상을 사용함 2. 과제 수행의 질을 고려하여 보상을 제공함 3. 과제 수행의 향상적 정보를 보상으로 제공함 – 활동에 대한 향상적 정보를 제공하는 정보적 피드백을 제공함(자기결정성이나 유능감의 지각)

07 욕구위계이론 – Maslow 99 중등추시, 03 초등, 13 중등특수추시論

1 기본 입장

① 5단계 욕구 위계(생리적 욕구, 안전의 욕구, 사회적 욕구, 존경의 욕구, 자아실현의 욕구)
② 하위욕구 충족 시 상위욕구 등장

2 욕구 5단계

<table>
<tr><th>욕구 위계</th><th colspan="2">내용</th></tr>
<tr><td>생리적 욕구</td><td>인간의 삶 그 자체를 유지하기 위한 가장 기초적인 욕구
예 의식주 · 성 · 수면 등의 욕구</td><td rowspan="4">결핍욕구 : 부족한 것을 충족하려는 욕구로, 충족되면 더 이상 욕구(동기)로 작용 ×</td></tr>
<tr><td>안전의 욕구</td><td>신체적 위협이나 위험, 공포나 불안으로부터 벗어나고자 하는 욕구 예 불안으로부터의 자유, 구조 · 법 · 질서 · 안정에 대한 욕구</td></tr>
<tr><td>사회적 욕구
(애정 · 소속의 욕구)</td><td>사회적 존재로서 대인관계의 욕구나 애정 · 소속의 욕구
예 집단에의 소속감, 애정, 소속, 우정 등</td></tr>
<tr><td>존경의 욕구</td><td>타인에 의한 존경의 욕구(예 인정, 지위, 명예)와 자기 존중(self-respect)의 욕구(예 자신감, 자기효능감) ⇨ 존경의 욕구가 충족되면 자신감, 권위, 권력 등이 생겨남</td></tr>
<tr><td>자아실현의 욕구</td><td>자신의 잠재력을 최대한 실현하려는 욕구. 지적 욕구와 심미적 욕구 등을 포함
예 최대의 자기발견, 창의성, 자기표현의 욕구</td><td>성장욕구 : 자신의 잠재력을 최대한 실현하려는 욕구로, 완전히 충족될 수 없으므로 계속 욕구(동기)로 작용</td></tr>
</table>

3 교육적 시사점

① 교사는 학생의 결핍욕구가 충분히 채워졌는지 항상 주의를 기울여야 함 ⇨ 결핍욕구가 모두 충족될 때 비로소 성장욕구인 자아실현의 욕구를 충족하기 위해 열성을 보일 수 있음
② 교사는 학생의 자존감에 상처를 입히는 언행을 삼가야 함 ⇨ 교사가 학생의 자존감에 상처를 입히면 학생은 더 이상 학습에 흥미를 유지할 수 없게 되므로 학생의 장점을 부각시켜 주어야 함
③ 학생의 동기유발을 위한 사전작업으로 교사는 학생이 지니고 있는 욕구를 충분히 이해하려고 노력해야 함 ⇨ 학생이 추구하는 하위수준의 욕구와 교사가 학생에게 요구하는 상위수준의 욕구가 서로 갈등을 일으킬 수도 있음

08 자기결정성이론(self-determination theory) - Deci & Ryan 10~11 초등, 11 중등, 13 중등

1 기본 입장

인간은 자신의 행동을 자율적으로 결정하고자 하는 욕구에 의해 동기화된다는 이론 ⇨ 자율성, 유능감, 관계성의 3가지 기본욕구로 구성

2 3가지 기본욕구

유형	내용
자율성 욕구	외적인 보상이나 압력보다는 자신이 원하는 바에 따라 행동하려는 욕구
유능감 욕구	능력 있는 사람이기를 원하고 자신의 능력이 향상되기를 원하는 욕구
관계성 욕구	다른 사람과 긍정적·안정적인 관계를 형성하고자 하는 욕구

3 자기결정성을 높이기 위한 방안(학생이 자기결정적으로 학습하기 위한 방안)

① **자율적인 학습 환경 제공 ⇨ 자율성 욕구 충족**: 학생들이 스스로 학습목표를 설정하고 모니터하도록 격려, 학생의 자발적 학습참여를 보장 ⇨ 학습활동을 내재화하도록 도와줌

② **성공적인 과제 수행의 경험 제공 ⇨ 유능감 욕구 충족**: 학생들에게 도전적 과제를 제시하고 과제 수행에 대해 구체적·긍정적인 피드백을 제공 ⇨ 학생의 능력이 향상되고 있음을 느끼게 함

③ **친밀한 사회관계 형성 ⇨ 관계성 욕구 충족**: 교사와 학생이 긍정적인 관계를 형성하고, 협동학습전략을 사용하여 또래와 친밀한 관계를 형성하도록 함

4 평가의 역할과 자기결정성을 높이기 위한 평가의 활용 방안

(1) 평가의 역할

① 평가를 처벌 또는 통제의 수단이라고 여기면 평가가 학생의 내재적 동기를 손상

② 평가를 자기 능력 증진의 정보 제공으로 여기면 학생의 내재적 동기는 향상될 수 있음 ⇨ 학습과 유능감 증진을 강조하는 환경을 조성하는 것이 학생성취를 평가하는 목표가 되어야 함

(2) 자기결정성을 높이기 위한 평가의 활용 방안

① 학생들에게 분명한 목표수준(기대)을 제공하고 그 목표수준(기대)과 일치하도록 평가를 조정 ⇨ 유능감 욕구 충족
② 평가를 자주 실시하고 평가가 학습에 이득이 됨을 강조 ⇨ 유능감 욕구 충족
③ 평가 결과에 대해 자세한 피드백을 제공하고, 정답뿐만 아니라 그 정답이 나온 근거를 제시 ⇨ 유능감 욕구 충족
④ 평가 결과를 언급할 때, 학생들 간의 사회적 비교를 피함 ⇨ 유능감 욕구 충족
⑤ 최종 등급을 매길 때, 학생들에게 시험이나 퀴즈에서 가장 낮은 점수를 한두 개 제외할 수 있도록 선택권을 부여 ⇨ 자율성 욕구 충족
⑥ 협동학습의 평가 시 집단보상을 실시 ⇨ 관계성 욕구 충족

5 내재적 동기의 형성 과정(동기의 변화 과정) – 무동기 → 외재적 동기 → 내재적 동기

① 동기는 무동기 상태에서 적절한 통제나 외적 보상이 있을 때 외재적 동기 상태로 변화하며, 활동에 대한 정보적 피드백이 제공되면 사회적 규범과 가치를 내면화(internalization)하여 내재적 동기로 발달
② 인간은 내재적 동기를 지닐 때 자기결정성이 제일 높음

Plus

로저스(Rogers)의 실현경향(actualizing tendency)

1. **실현경향이 동기의 원천**
   ① 자아실현 욕구는 선천적인 것이며, 타고난 잠재력을 완전히 계발하기 위한 지속적인 노력의 욕구, 즉 성장욕구임
   ② 성장을 위한 노력에는 '투쟁과 고통'(struggle and pain)이 수반되며, 이러한 고통을 이겨 나가는 것을 '실현경향'이라고 함. 실현경향은 개인에게 새롭게 도전적인 경험을 하도록 하며, '타율성을 벗어나 자율성을 추구'하는 것으로 볼 수 있음
2. **타인의 역할**: 타인과의 상호작용은 개인의 '실현경향'의 과정에서 매우 중요한 역할을 하는데, 이때 타인의 역할은 '무조건적 · 긍정적 관심'(unconditional positive)을 통해 각 개인이 '충분히 기능하는 인간'(fully functioning individual)으로 성장하게 하는 데 있음

09 자기가치이론(self-worth theory) – Covington 12 초등

1 기본 입장

인간은 누구나 자기 자신을 가치 있는 유능한 존재로 인식하기를 원하며, 이러한 자기가치를 보호하려는 욕구가 인간의 행동을 결정한다는 이론 ⇨ 자기존중감과 유사한 개념

2 자기장애전략(self-handicapping strategy)

(1) 개념

자기존중감을 보호하기 위해 사용하는 자기보호전략 ⇨ 학업 실패 시, 자신의 유능함을 유지하고 무능함을 보여주지 않기 위해 구사

(2) 특징

실패의 원인을 능력 부족이 아닌 노력 부족이나 통제 불가능한 외적 요인에 귀인

(3) 예시

① 비현실적인 목표 설정하기
② 실패의 원인을 변명하기(예 노력 부족, 질병이나 가정 사정, 교사의 수업 등)
③ 자해전략 사용하기(예 공부를 하지 않거나 미루거나 꾸물거리기 등)
④ 학습활동에 소극적으로 참여하기(예 실패할 수 있는 장면을 의도적으로 회피 등)
⑤ 부정행위를 하거나 매우 낮은 학습목표를 설정하기

3 학생의 유형

① **완숙 지향형**: 완숙 지향형 학생들은 자기의 능력에 대해 유능감과 자기가치를 유지하고, 실패를 두려워하지 않으며, 학습목표 달성을 위해 열중하는 학생들을 말함
② **실패 회피형**: 실패 회피 학생들은 자신의 능력에 확신이 없기 때문에 자기가치를 보호하기 위하여 여러 가지 전략(자기장애전략)을 사용하는 학생들을 말함
③ **실패 수용형**: 이러한 실패 회피전략들은 결국 자기 파괴적인 실패 수용 학생을 만듦. 그들은 자아존중감과 가치감을 잃어 가고 실패가 자신의 무능력 때문이라고 인식하고 무기력해지며, 더 이상 자신의 가치를 보호할 수 없게 되고 학습을 포기하고 마는 단계에 이르게 됨

4 자기장애전략의 문제점과 자기가치 증진전략

(1) 문제점(실패 수용 학습자)

자기를 실패로 이끄는 자기 파괴적인 것이기 때문에 자기존중감을 잃고 자신의 가치를 보호할 수 없게 되어 결국 자신의 무능력을 인정하고 학업을 포기

(2) 자기가치 증진전략

따라서 교사는 학생들이 현실적인 목표를 세우고, 위험 부담을 안고 도전할 수 있도록 격려하며, 실패에 건설적으로 적응하도록 지도

10 귀인이론(attribution theory) – Weiner 94 중등, 97 중등, 03 중등, 05 중등, 06 초등, 11 중등

1 기본 입장

어떤 상황의 성공과 실패의 원인을 어디로 돌리느냐에 따라 개인의 정서와 행동(학습동기)에 영향을 미친다고 가정하는 이론

2 귀인모형

원인의 종류	원인의 차원		
	소재	안정성	통제 가능성(책임감)
능력	내적	안정적	통제 불가능
노력	내적	불안정적	통제 가능
과제 난이도	외적	안정적	통제 불가능
운	외적	불안정적	통제 불가능

3 학습자에 대한 귀인의 영향

(1) 귀인과 정서 및 행동의 관계

구분	성공/실패	귀인	정서/성공 기대	행동(노력/성취)
바람직한 귀인 유형	성공	높은 능력	유능감, 자기존중감 / 성공 기대 증가	과제에 적극적으로 참여
	실패	노력 부족	죄책감, 수치심 / 성공 기대 유지	과제에 적극적으로 참여
바람직하지 않은 귀인 유형	성공	운	무관심 / 성공 기대 감소	과제 참여 열의 부족해짐 (노력 안 함)
	실패	능력 부족	무능감, 낮은 자존감 / 성공 기대 감소	과제 참여 노력 안 함

(2) 귀인과 학습동기의 관계

① 학습자가 성공과 실패의 원인을 내적, 불안정적, 통제 가능한 요인인 노력으로 귀인 ⇨ 학습동기 가장 증가

② 실패의 원인을 능력 부족으로 돌리면 ⇨ 동기 유발(×), 노력(×)

(3) 귀인과 자아개념의 관계

① 학습자가 성공을 내적 요인(예 '머리가 좋아', '노력을 많이 했어')으로 귀인하고, 실패를 외적 요인(예 '운이 없었어')으로 귀인 ⇨ '긍정적 자아개념'을 형성. 또한 성공은 자신의 능력으로, 실패는 자신의 노력 부족으로 귀인 ⇨ '자기효능감'이 높아짐

② 학습 실패의 원인을 학습자 자신의 '능력 부족'에 귀인 ⇨ '학습된 무기력감(부정적 자아개념)'이 형성

(4) 교사의 귀인

① 교사가 학생의 학업성취도를 자신의 교수법에 귀인 ⇨ 잘 가르치기 위해 더욱 노력

② 학생의 성취 부진을 학생의 배경지식 부족, 열악한 가정환경과 같은 교사의 통제를 넘어서는 다른 원인으로 귀인 ⇨ 그 교사는 가르치려는 노력을 감소할 것

Plus

귀인훈련(귀인변경, attribution training) **프로그램**(Dweck)

1. **의의**: 체계적인 귀인훈련 프로그램은 학습자의 바람직하지 못한 귀인유형을 바람직한 귀인유형으로 변경
2. **귀인훈련 프로그램의 단계별 시행전략**: 노력귀인 ⇨ 전략귀인 ⇨ 포기귀인
   ① [1단계] '노력귀인'으로 유도하기: 노력귀인이란 성공이나 실패의 원인을 자신의 노력으로 돌리는 것. '실패 → 노력 부족 귀인 → 죄책감과 수치심 → 성취증가'
   ② [2단계] '전략귀인'으로 유도하기: 학습자가 충분히 노력했음에도 불구하고 결과가 좋지 않을 때 자신의 학습방법이나 학습전략 등으로 귀인
   ③ [3단계] '포기귀인'으로 변경하기: 만약 충분한 노력과 적절한 전략을 사용했음에도 불구하고 결과가 좋지 않을 때는 '포기귀인'으로 감. 학습자의 기대 자체를 수정하고 새로운 길을 모색

4 학습된 무기력감(learned helplessness) – Seligman, Dweck

(1) 개념

계속되는 실패로 인해 무능력감이 학습된 것으로, 아무리 노력해도 성공할 수 없다는 감정 ⇨ 거듭된 실패로 인해 어떠한 시도조차 하지 않고 학업을 쉽게 포기

(2) 영향

동기, 인지, 정서에 심각한 영향을 초래 ⇨ 동기가 전혀 유발 ×, 인지적 결손을 초래, 우울감이나 불안을 느낌 ⇨ 결과적으로 낮은 성취를 보이고 실패할 것이라고 기대함

(3) 원인

① 계속된 학업 실패
② 실패를 능력 부족에 반복적으로 귀인
③ 학부모의 지나치게 높은 기대수준과 과소평가(좌절감 갖게 됨)
④ 교사의 낮은 기대수준과 과소평가(스스로 무능하다고 생각)

(4) 학습된 무기력감의 극복방안

① **귀인변경 훈련**: 성공했을 때는 능력이나 노력에, 실패했을 때는 노력이나 전략 부족에 귀인
② **자기효능감 증진**: 성공적인 과제 수행 경험 제공, 구체적인 학습전략 지도, 모델의 활용, 협동학습 전략 활용 등
③ **완전학습**: 완전학습을 통해 학습과제 해결에 성공하도록 하며 학습동기를 찾게 됨
④ **준거지향평가**: 경쟁심을 배제하고 학습과제의 성공을 경험하게 할 수 있으므로

11 자기효능감이론(self-efficacy theory) – Bandura 11 중등, 23 중등論

1 기본 입장

개인이 특정한 과제를 성공적으로 수행할 수 있다는 자신의 능력에 대한 믿음 ⇨ 자기효능감은 결과에 대한 성과 기대를 매개로 하여 동기화됨

2 자기효능감의 영향 – 과제선택, 노력의 양, 과제에 대한 지속력(인내심), 학습전략 등에 영향

(1) 자기효능감과 동기 및 학업성취와의 관계

① **자기효능감이 높은 학습자**: 더 도전적인 과제를 선택하고, 목표 달성에 어려움이 있더라도 더 많이 노력하고, 더 오랜 시간 과제를 지속하며, 더 효과적인 학습전략을 사용하여 보다 높은 학업성취를 보임

② **자기효능감이 낮은 학습자**: 쉬운 과제를 선택하고, 목표 달성에 어려움이 있는 경우 덜 노력하고, 쉽게 포기하며, 비효과적인 학습전략을 사용하므로 학업성취가 낮음

(2) 자기효능감과 귀인과의 관계

① 자기효능감이 높은 학습자: 자신의 실패를 노력 부족에 귀인

② 자기효능감이 낮은 학습자: 자신의 실패를 능력 부족에 귀인

3 자기효능감의 형성에 영향을 미치는 요인(자기효능감의 형성 요인)

형성 요인	내용
성공 경험	과거의 성공 경험은 자기효능감을 높이는 반면, 실패 경험은 자기효능감을 낮춤
대리 경험 (모델 관찰)	자기와 유사한 사람의 성공적인 모습을 관찰하면 자기효능감이 높아지고(대리 강화를 받기 때문), 그 모델이 실패하는 것을 관찰하면 자기효능감이 낮아짐
언어적 설득	타인의 칭찬이나 격려와 같은 언어적 설득은 정도가 약하지만 자기효능감에 영향을 줌. 자신이 존경하는 사람, 권위 있는 사람, 친한 사람이 설득할 때 효능감도 높아짐
정서적 상태	정서적 안정감이나 최상의 컨디션은 자신감을 향상시켜 자기효능감을 높여줌. 반면, 불안이나 긴장 등의 부정적 정서 상태는 자기효능감을 떨어뜨림

4 자기효능감의 증진 방안(유발 방안)

증진 방안	내용
성공적인 경험 제공	도전적인 과제를 제시하여 학습자들이 성공할 수 있는 경험의 기회를 제공해 줌
모델의 활용 (대리 경험)	자신과 유사한 모델의 성공적인 수행을 관찰하게 함으로써 자신도 그러한 과제를 수행할 수 있다는 신념을 갖게 함
언어적 설득	언어적 설득은 자신감을 갖게 하므로 칭찬이나 격려를 통해 자기효능감을 증진시킴
정서적 대처 기술 제공	학생의 긴장과 불안을 능력의 부족이 아닌 다른 긍정적인 이유로 귀인하도록 유도하고, 이와 함께 긴장이나 불안에 대처하는 기술을 훈련시킴
귀인 변화 훈련	성공적으로 과제를 수행한 학습자에게 능력이나 노력에 귀인하도록 함으로써 학습자가 자신의 능력을 높게 자각하도록 함
피드백의 제공	성공했을 경우 학습 초기에는 노력과 관련한 피드백을, 학습 후기에는 능력과 관련된 피드백을 제공
구체적인 학습전략 지도	구체적인 학습전략을 가르치고 이를 활용하도록 피드백하면 과제해결능력을 증진시킴
정보적 보상 제공	현재 어느 정도 잘하고 있는가에 대한 정보적 보상을 제공
협동학습 활용	협동학습을 통한 성공적인 과제 수행은 구성원들의 자기효능감을 높여줌
높은 교사효능감 유지	교사 자신이 교과내용에 대한 지식, 수업 능력, 학습전략과 교수능력, 학생의 생활지도 및 도움 제공 능력 등에 대한 능력을 높게 지각한 상태에서 학생들을 대할 때 능률도 높아지며 결과적으로 학생의 효능감을 높여 줄 수 있음

5 교사효능감 – 학생들을 잘 가르칠 수 있다는 교사로서의 능력에 대한 신념, 교사가 교직 수행과 관련한 자신의 능력에 대하여 가지는 믿음

(1) 교사효능감이 높은 교사와 낮은 교사(Ashton, 1984)

교사	교사효능감이 높은 교사	교사효능감이 낮은 교사
개인적 성취에 대한 지각	가르치는 일을 긍정적으로 생각하며, 학생의 학습에 긍정적인 영향을 미칠 수 있다고 봄	자신이 가르치는 일에 대해 자주 실망하고 좌절함
학생의 성취에 대한 기대	학생이 발전하기를 기대하며, 대부분의 학생들이 그 기대를 충족해 준다고 봄	학생이 실패하는 것을 예상하지 못하며, 수업에 노력을 기울이지 않음. 또 부정적인 행동을 많이 함
학생의 학습에 대한 책임감	학생이 학습에 책임감을 가지며, 학생의 실패를 자신의 책임이라 생각하고 학생에게 도움이 되는 방향으로 교수방법을 검토함	학생의 학습에는 책임감을 가지지만, 학생의 실패는 학생의 가정환경이나 능력, 동기, 태도 등의 관점에서 그 이유를 설명함
목표 달성을 위한 전략	교수·학습을 계획하고 목표를 수립하고 달성하기 위한 전략을 세움	특별한 목표를 가지지 않으며, 목표 달성에 대한 확신을 가지지 못하고 전략도 세우지 않음
정서	가르치는 행위와 학생의 존재 가치를 인정함	학생에 대하여 부정적인 태도를 갖고 실망을 자주 표현함
학생 통제관	자신이 학생의 학습에 영향력이 있다고 확신함	학생에 대해 무력감을 경험함
민주적 의사결정	학생의 학습전략과 목표를 정할 때 학생을 포함하여 민주적으로 결정함	학생의 학습전략과 목표를 강제로 부과하고 의사결정을 독단적으로 함

(2) 교사효능감 증진 방안

① **전문성과 교수기술의 향상**: 교사 스스로 학습목표를 갖고 자신의 전문성과 교수기술을 향상하려고 노력해야 함 ⇨ 수업방법 연수프로그램 참여, 전문적 장학 활용, 동료 또는 선배 교사의 코칭과 피드백, 전문적 학습공동체의 구축 등

② **자율성 부여 및 의사결정 참여**: 교사에게 자율성을 많이 부여하고 학교의 의사결정에 참여할 기회를 넓혀주어야 함 ⇨ 학급운영과 교실환경, 교수방법, 학생지도 등에서 교사의 자율성을 강화하고 창의적으로 운영하도록 하며, 학교경영과 관련된 의사결정에 직접 참여시키도록 함

개념쏙쏙

교사의 기대효과

1. **자기충족적 예언**(self-fulfilling prophecy): 어떤 예언이나 기대가 근거가 없는 것이더라도 기대가 실현될 것이라는 믿음을 가지고 노력하면 결국 그 기대가 실현되는 것(사회학자 토마스의 상황 정의, 즉 "누군가가 어떤 상황을 진실이라고 정의하면, 그 상황은 결과적으로 진실이 된다."는 개념을 발전시킨 것) = 자성예언, 피그말리온 효과(Pygmalion effect), 플라시보 효과(placebo effect), 로젠탈 효과
   ✦피그말리온 효과(Pygmalion effect) 교사의 기대에 따라 학습자의 성적이 향상되는 것, 긍정적인 기대나 관심이 사람에게 좋은 영향을 미치는 효과 ↔ 골렘 효과(Golem effect): 교사가 기대하지 않은 학습자의 성적이 떨어지는 효과 / 스티그마 효과(Stigma effect): 부정적으로 낙인찍히면 실제로 그 대상이 점점 더 나쁜 행태를 보이고, 또한 대상에 대한 부정적 인식이 지속되는 현상(= 낙인 효과)
2. **기대유지 효과**(sustaining expectation effect): 학생의 향상을 인정하지 않고 항상 그 수준일 것이라는 교사의 생각이 실제로 학생의 성취를 교사의 기대수준에 머물게 하는 현상

12 기대 × 가치이론(expectancy × value theory) — Atkinson 11 중등, 13 중등 · 중등특수추시論

1 기본 입장

자신이 성공할 것이라는 기대와 그 성공에 부여하는 가치의 곱만큼 동기화

2 동기화 요소 — 기대와 가치에 영향을 주는 요소

(1) 성공 기대에 영향을 주는 요소(기대구인)

① 목표

② 과제난이도

③ 자기도식

④ 정서적 기억

(2) 과제 가치에 영향을 주는 요소(가치요인)

① 내재적 흥미

② 중요성

③ 효용가치

④ 비용

3 기대 × 가치이론에 근거한 학습동기 향상 방안

성공 기대 높이기	• **구체적인 장기 및 단기 목표 설정하게 하기**: 목표 달성을 위한 노력을 증진하게 되어, 성공 가능성에 대한 기대를 높일 수 있음 • **도전적 과제의 제공**: 과제에 대한 성공 기대를 높이면서 자기 능력에 대한 긍정적인 신념도 형성해 줌 • **구체적 · 긍정적 피드백 제공**: 과제 수행에 대한 자신감이 형성되어 성공 기대감을 높일 수 있음 • **과거의 수행과 성취 제시**: 미래의 성공에 대한 기대에 영향을 주므로 성공 기대감을 향상할 수 있음
과제 가치 높이기	• **교과 과목의 중요성 강조**: 학교에서 다루는 교과목이 우리 삶에 얼마나 중요한 의미를 지니는지 강조함으로써 과제 가치에 대한 인식을 높일 수 있음 • **교과 과목의 효용성 강조**: 학교에서 다루는 교과목이 미래의 직업 선택과 목표 성취에 얼마나 필요한지 강조함으로써 과제 가치를 높일 수 있음

13 목표지향성(성취목표)이론(goal orientation theory) – Dweck 10 초등, 11 중등

1 기본 입장

과제 수행의 목표를 어디에 두느냐에 따라 과제 수행의 과정과 결과가 달라진다는 이론

2 목표(목표지향성)의 유형

(1) **숙달목표**(학습목표; mastery goal, learning goal)

과제 숙달 및 이해 증진 등 학습활동 그 자체에 초점을 둔 목표 ⇨ 자신의 유능감을 향상시키는 데 관심

(2) **수행목표**(performance goal)

자신의 능력을 타인의 능력과 비교하는 데 초점을 둔 목표 ⇨ 자신의 능력이 타인에 의해 어떻게 평가받는지에 관심

3 목표지향성의 영향

영향	숙달목표 학습자	수행목표 학습자
귀인	긍정적·적응적 귀인과 관련 ⇨ 성공과 실패를 노력으로 귀인하고, 능력은 노력에 비례한다고 생각함	부정적·비적응적 귀인과 관련 ⇨ 성공과 실패를 능력에 귀인하고, 능력은 노력과 무관하다고 생각함(능력은 변하지 않음)
인지	정교화나 조직화와 같은 심층적인 인지전략을 적극적으로 활용하고, 메타인지전략과 자기조절전략을 적절하게 적용함	피상적이고 기계적인 학습전략을 활용하는 경향이 있음
정서	• 노력으로 성공했을 때 자부심을, 실패했을 때 죄책감을 경험함 • 흥미와 즐거움 등 내재적 동기가 높고, 학습태도가 긍정적이며, 학습과제에 가치를 부여함	• 실패했을 때 공포나 시험불안과 같은 부정적 정서를 경험함 • 외재적 동기가 높고, 학습과제에 가치를 부여하지 않음
행동	• 유능감을 높이기 위해 도전적이고 새로운 과제를 선호함 • 어려운 과제에 직면했을 때 타인의 도움을 적극적으로 요청함	• 위험부담을 피하려고 하기 때문에 쉬운 과제를 선호하고 도전적인 과제를 회피함 • 타인의 도움을 받는 것은 자신의 능력이 부족하다는 것을 드러낸 것이라고 생각하여 타인의 도움을 요청하지 않음

4 수행목표의 유형과 과제회피목표(추가적 연구)

(1) **수행접근목표** – 남보다 유능해 보이려는 목표

(2) **수행회피목표** – 남보다 무능해 보이려는 것을 피하려는 목표

① **자기장애전략**: ㉠ 수행접근목표는 자신이 유능하게 보이는 것에 반복적으로 실패를 경험할 때 수행회피목표로 전환 ⇨ 수행회피목표를 가진 학생은 실패를 변명하고 자기 자신만을 방어하는 실패회피 전략을 씀 ⇨ ㉡ **교사의 지도**: 교사는 그들이 외적 보상에 민감하다는 점을 이용하여, 그들이 새로운 과제에 도전했을 때 더 좋은 성적을 주고, 수행 정도와 상관없이 현재보다 더 도전감 있는 과제를 수행했을 때 칭찬을 함

② **학습된 무기력**: ㉠ 수행회피목표를 가진 학생이 실패를 반복하면 학습된 무기력 상태의 학습자가 됨 ⇨ ㉡ **교사의 지도**: 교사는 이러한 학습자의 수준을 고려한 적절한 과제를 제시해 줌으로써 그들이 성공을 경험하여 자신감을 가질 수 있도록 유도해야 함. 또한 그들이 잘하는 것을 발견하고 그것을 공개하며 그에 맞는 특정한 책임을 부여함으로써 학급에서 그들의 위상을 높여 주어야 함

(3) **과제회피목표**(work-avoidance goals)

그저 최소한의 노력으로 과제를 대충 수행하는 것이 목표임. 그들은 효과적이지 못한 전략을 사용하고, 모둠 활동에 최소한의 공헌을 하며, 도전적인 과제가 주어졌을 때 불평을 함(Dowson & McInemey, 2001)

목표유형이 학습자의 동기와 성취에 미치는 영향(Eggen & Kauchak)

유형	의미	동기와 성취에 미치는 영향
숙달목표 (학습목표)	과제의 숙달과 이해 자체가 목표 예 은유법을 이해하고 응용하여 나만의 동시를 창작하기	• 과제에 대하여 지속적으로 노력을 기울인다. • 높은 자기효능감과 도전을 받아들이는 자세, 높은 성취를 보인다.
수행접근목표	남보다 유능해 보이려는 목표 예 우리 반에서 은유법을 활용한 동시를 가장 잘 쓰기	• 자신감 있는 학생은 계속 노력하고, 높은 자기효능감을 가지며, 높은 성취를 보일 수 있다. • 그러나 도전을 받아들이고자 하는 동기를 저해할 수 있으며, 이것은 곧 낮은 성취로 이어질 수 있다.
수행회피목표	무능해 보이려는 것을 피하려는 목표 예 교사와 다른 학생 앞에서 능력 없어 보이는 것 피하기	• 동기와 성취를 저해한다. 특히 자신감이 부족한 학생의 경우 동기와 성취가 더욱 저조하다. • 자기장애전략을 사용하는 것과 관련된다.
과제회피목표	최소한의 노력으로 과제를 대충 수행하려는 목표 예 그저 최소한의 노력으로 과제 마치기	• 노력하지 않고, 자기효능감이 낮다. • 성취가 심각하게 저해된다.

5 효과적인 목표 사용의 4가지 단계 – 효과적인 목표는 어떤 과정을 거쳐서 설정되는가?

단계	내용
효과적인 목표 설정	적절한 노력으로 성취할 수 있는 구체적이고 도전적인 목표(과제)를 선택하여 지속적으로 성취 경험을 갖도록 함
목표 점검하기	목표의 성취 여부를 학생 스스로 점검(self-monitoring)하도록 하여 성취감과 자기효능감을 높여주고 긍정적 자아개념을 느끼게 함
효과적인 전략 사용	목표 달성에 도움이 되는 효과적인 전략을 찾아 세부 기술을 익히고 적용하도록 함
초인지(메타인지) 전략 사용	목표 수행 전 과정에서 스스로 계획, 점검, 평가할 수 있도록 함

6 숙달목표 지향성을 증진시키기 위한 방안

증진 방안	내용
과제 제시	• 적절히 도전적인 과제 제시: 학생의 능력 범위 안에서 노력하면 해결할 수 있는 적절히 도전적인 과제를 제시하고, 그 과제의 성취 자체에 관심을 가지도록 함 • 실제적(참) 과제 제시: 실제적 문제 상황과 연관된 과제를 제시하여 학습과제 자체를 이해하고 학습하는 것이 중요하다는 인식을 갖게 함 • 과제 및 학습활동에 대한 선택권 부여: 학생들에게 과제나 학습활동에 대해 선택권을 부여하면 과제와 학습활동 자체에 대한 흥미가 증진될 수 있음
숙달에 초점을 둔 피드백이나 보상 제공	숙달에 초점을 둔 피드백이나 보상 제공: 학생들의 학습 진전과 능력 향상, 숙달에 초점을 맞추어 피드백이나 보상을 제공하면 숙달목표를 지향하게 됨
자기비교평가·자기평가	• 사회적 비교평가를 피하고 자기비교평가 실시: 개인의 진보와 숙달 정도를 기준으로 한 자기비교평가를 실시하여 타인과의 경쟁보다 과제의 숙달에 중점을 두도록 함 • 자기평가 방법 활용: 자신의 과제 수행에 대해 학생 스스로 평가하게 하여 과제 수행을 위한 학습에 관심을 갖게 함
협동학습 활용	협동학습의 활용: 협동학습은 구성원 모두의 과제 숙달과 학습수준 향상을 중요시하므로 학생들에게 숙달목표를 지향하도록 함

Plus

드웩(Dweck)의 지능에 대한 암묵이론

1. **개념**: 사람들은 누구나 지능에 대해 암묵적인 신념을 가지고 있는데, 그것이 동기에 영향을 미친다고 봄
2. **지능에 대한 암묵이론의 두 가지 유형**
   ① 고정적 관점: 지능은 고정되어 있으며 불변한다는 관점
      ㉠ 지능과 능력은 변하지 않으며 노력과 무관하다고 생각함
      ㉡ 자신의 능력과 타인의 능력을 비교하는 데 초점을 두는 수행목표를 추구하는 경향이 높음
      ㉢ 실패를 지능과 능력의 부족에 귀인하기 때문에 실패 시 동기가 저하됨
      ㉣ 실패를 지능과 능력의 부족에 귀인하기 때문에 위험부담이 적은 쉬운 과제를 선호하고 도전적인 과제를 회피함
      ㉤ 피상적이고 기계적인 학습전략을 활용하는 경향이 높음
   ② 증가적 관점: 지능은 유연하며 증진될 수 있다는 관점
      ㉠ 지능과 능력은 노력에 따라 변화될 수 있다고 생각함
      ㉡ 과제의 숙달과 이해에 초점을 두는 학습목표(숙달목표)를 추구하는 경향이 높음
      ㉢ 실패를 노력 부족으로 귀인하고 죄책감을 느끼기 때문에 실패는 동기를 촉진시킴
      ㉣ 유능감을 높이기 위해 도전적이고 새로운 과제를 선호함
      ㉤ 심층적인 인지전략을 적극적으로 활용하고, 메타인지전략을 적절히 적용함
3. **교육적 적용**
   ① 교사는 학생의 노력과 발전에 초점을 둔 피드백을 제공함
   ② 학습과정을 중시하는 과정중심평가를 활용함
   ③ 즉, 교사는 학생의 노력에 대한 피드백과 과정중심평가를 활용하여 학생이 지능에 대한 증가적 관점을 갖도록 한 후, 도전적인 과제, 효과적인 학습전략을 제공해 줌

14 성취동기이론(achievement motivation theory) 99 초등추시, 99~00 초등

1 기본 입장

도전적이고 어려운 과제를 성공적으로 수행하려는 욕구 ⇨ 학습된 동기로 학업성취와 밀접한 관계(학교 상황에서는 학업성취에 대한 의욕 또는 동기)

2 앳킨슨(Atkinson)의 성취동기이론

(1) 성취동기가 높은 학생과 낮은 학생의 특징

성공추구동기(Ms)가 높은 학생	실패회피동기(Maf)가 높은 학생
성공가능성이 높은 중간 정도 난이도의 과제 선택: 목표가 달성 가능하면서도 자부심을 느낄 수 있는 과제를 선택하는 경향이 두드러짐	아주 쉬운 과제나 아주 어려운 과제를 선택: 아주 쉬운 과제는 실패할 위험 부담이 없이 성취할 수 있고, 아주 어려운 과제는 성공 가능성이 없더라도 실패에 대한 변명을 과제의 난이도에 귀인시킬 수 있기 때문

(2) 성공추구동기(성취동기)가 높은 사람과 실패회피동기가 높은 사람의 행동특성(McClelland)

성공추구동기(성취동기)가 높은 사람	실패회피동기가 높은 사람
• **과제지향성**: 과제를 성취해 나가는 과정 그 자체를 즐기고 만족스럽게 여기는 성향을 가지고 있다. • **적절한 모험성**: 자신의 능력을 발휘하여 성취할 수 있는 적절한 도전감과 성취감을 맛볼 수 있는 모험적인 과제에 흥미를 느낀다. • **높은 자신감**: 과제의 성취 가능성에 대해 높은 자신감을 갖는다. • **정열적이고 혁신적인 활동성**: 과제를 정열적으로 수행하고, 새로운 과제를 찾아 성취해 가는 활동에 열중한다. • **높은 자기 책임감**: 과제 수행에 대해 일체의 책임을 지며, 실패했더라도 책임을 회피하지 않는다. • **결과에 대한 정보 추구 경향성**: 과제 수행의 진행상황과 예상되는 결과에 대한 정보를 계속 추구하여 정확한 예측을 하려는 경향이 있다. • **미래지향성**: 과제 수행에서 장기적인 계획을 세우고 미래에 얻게 될 성취만족을 기대하면서 끈기 있게 지속해 나간다.	• **아주 쉬운 과제나 아주 어려운 과제를 선택**: 아주 쉬운 과제는 실패할 위험 부담이 없이 성취할 수 있고, 아주 어려운 과제는 성공 가능성이 없더라도 실패에 대한 변명을 과제의 난이도에 귀인시킬 수 있기 때문이다. • **과제 수행의 노력을 게을리함**: 과제를 수행할 때 최선을 다하지 않으며, 꾸물거리거나 늑장을 부린다. • **과욕을 부리거나 속임수를 사용**: 과욕을 부리거나 성공하기 위해 거짓말이나 속임수를 사용하기도 한다.

3 와이너(Weiner)의 성취동기 연구

① **성취동기와 귀인과의 관계**: 성취동기가 높은 학생은 성공과 실패의 원인을 내적으로 귀인시키는 반면, 성취동기가 낮은 학생은 외적으로 귀인시키는 경향

② **성공추구동기와 실패회피동기가 동기수준에 미치는 영향**: 성공추구동기(Ms)가 높은 학생은 과제 실패 시 성취동기가 증가하고, 실패회피동기(Maf)가 높은 학생은 과제 성공 시 성취동기가 증가

구분	$Ms > Maf$	$Ms < Maf$
성공	동기 감소(↓)	동기 증가(↑)
실패	동기 증가(↑)	동기 감소(↓)

15 피아제(Piaget)의 인지발달이론

95 중등, 97~99 중등, 99 중등추시, 99~00 초등, 03 중등, 05~07 초등, 05 중등, 08 중등, 09~10 초등, 10~11 중등

1 개념

인지발달이란 인간과 환경과의 능동적 상호작용을 통해 인지구조가 질적으로 변화되는 과정
⇨ 인지적(개인적) 구성주의

2 주요 개념 98 중등, 99 초등 · 중등추시, 05~06 중등, 11 중등

(1) 인지기능

유기체가 환경에 적응하려는 선천적 · 불변적 경향성 ⇨ 인지기능의 작용이 있어야 인지도식이 형성되고 인지구조가 변화

적응(순응)	동화	새로운 정보(환경자극)를 자신의 기존 인지구조(도식)에 흡수 ⇨ 도식의 양적 성장
	조절	자신의 기존 인지구조(도식)를 새로운 정보(환경자극)에 알맞게 수정 ⇨ 도식의 질적 성장
	평형	동화와 조절을 통해 평형(균형)을 이루는 상태 ⇨ 인지발달의 핵심기제
조직(조직화)		수용된 정보를 구조적으로 관련지어 더 높은 수준의 체계로 통합

(2) 인지도식(schema)

인지구조의 기본 단위 ⇨ 외부 세계에 대한 이해의 틀, 사고 체계, 정신적 표상이나 지식 체계

(3) 인지적 불평형(비평형, 불균형) 11 중등

동화와 조절 간의 인지적 평형(균형)이 깨진 인지갈등 상태 ⇨ 기존의 인지도식으로 새로운 자극이나 정보를 이해하기 어려울 때 발생

(4) 학습 및 언어와 인지발달

① **학습과 인지발달** : 발달이 학습에 선행함. 즉, 발달에 기초하여 학습이 이루어짐. 개인의 발달수준이 사고의 질을 결정하며 현재의 발달수준을 넘어선 교육을 제시한다면 학습이 일어나지 못함

② **언어와 인지발달** : 언어는 인지발달의 부산물로 봄. 즉, 인지발달의 수준에 따라 그에 맞는 언어발달이 자연스럽게 뒤따름

3 인지발달단계

단계	내용
구체적 조작기 (7~11세)	구체적 사물에 대한 논리적 · 조작적 사고 91 중등, 99 초등 · 중등추시 • **탈중심화(decentration)**: 사물이나 현상의 여러 측면을 고려 ⇨ 조망 수용능력 발달, 사회화된 사고와 언어가 발달 • **보존 개념 발달**: 물체가 위치나 모양을 달리해도 본질, 즉 수나 양은 변함이 없다는 개념 ⇨ 동일성, 가역성, 보상성 • **중다분류 · 중다서열(배열)**: 여러 기준을 사용하여 사물을 분류하거나(유목화 능력 발달), 차례대로 배열할 줄 안다.
형식적 조작기 (11세~)	구체적 사물이 없이도 추상적이고 개념적인 사고가 가능한 시기 99 초등, 00 중등, 03 중등, 10 중등 • **추상적 사고**: 추상적 개념을 사용하여 논리적으로 사고하는 능력 ⇨ 속담(격언)의 추상적 · 상징적 의미 이해 • **반성적 추상화(reflective abstraction)** 10 중등: 구체적 경험과 관찰의 한계를 벗어나서, 제시된 정보에 기초해서 내적으로 추리(반성, internal reflection)하는 메타사고(사고에 대한 사고) 과정을 의미. 반성적 추상화의 예는 대상들 간의 관계를 유추하는 사고과정 ⇨ 논리수학적 지식을 획득 • **가설 · 연역적 사고**: 가설을 설정하고 연역적으로 검증 및 결론을 추론 • **이상주의적 사고**: 가설적 사고를 하면서 관념을 통해 이상적인 세계를 구상. 더 나은 사회를 건설하기 위해 기존의 사회를 개혁 또는 파괴하려는 성향 • **자기중심적 사고**: 이상주의적 사고를 하면서 가상적 청중에 대한 과민반응, 개인적 신화, 불사신 신화와 같은 자기중심적 사고가 나타남(Elkind의 청소년기 자아중심성 이론) – **가상적 청중(에 대한 과민반응)**: 남들이 모두 나만을 주시하고 있다는 생각 ⇨ 청소년기의 과장된 자의식으로 인해 자신이 타인의 집중적 관심과 주의의 대상이 된다고 믿는 자아중심성 – **개인적 신화(우화)**: 자신의 경험 · 느낌 · 생각은 오직 자신만이 겪는 것이라는 믿음 ⇨ 자신이 특별하고 독특한 존재로 자신의 감정이나 경험은 다른 사람과는 근본적으로 다르다고 생각하는 자기 과신적인 자아중심성 ⇨ 자기 과신이 심해지면 자기 존재의 영속성과 불멸성을 믿게 되는 불사신 신화에 빠져들 위험이 있음 – **불사신 신화**: 불치병, 재난 등 불행한 사건은 남들에게만 일어난다는 생각 • **조합적 사고**: 몇 가지 변인을 체계적으로 조합하여 문제를 해결하는 사고 ⇨ 문제해결적 사고 · 융합적 사고 • **명제적 사고**: 명제를 구성하고 명제들 사이의 관계에 대해 논리적으로 추론

4 교육적 시사점(적용)

(1) 아동의 사고능력을 키워주는 교육

주입식 수업 대신 아동이 직접 사고하고 탐구하며 발견할 수 있는 환경을 조성

(2) 인지발달 수준에 기초한 교육

발달이 학습에 선행하므로 현재의 발달수준을 넘어선 교육내용을 제시하면 의미 있는 학습 × ⇨ 발달단계를 훌쩍 뛰어넘는 선행학습은 지양

(3) 인지갈등(인지불평형)을 유발하는 교육

적정수준의 곤란도를 가진 과제를 제시하여 이를 해결하도록 함으로써 인지발달을 촉진시켜 주어야 함

(4) 능동적 활동을 강조하는 교육

아동은 환경과 끊임없는 상호작용을 통해 세계에 대한 지식을 구성 ⇨ 아동 스스로 조작하고 탐색하며 문제를 해결할 수 있는 기회를 충분히 부여해 주어야 함

(5) 또래와의 사회적 상호작용을 촉진하는 교육

또래와의 사회적 상호작용은 인지불균형을 쉽게 유발하고 인지발달을 효과적으로 촉진 ⇨ 비슷한 수준의 또래와의 상호작용의 기회를 풍부하게 제공해 주어야 함

(6) 인지발달 수준을 고려한 교육과정의 계열화

구체적이고 단순한 경험에서 추상적이고 일반적인 경험으로 교육내용을 계열화하여 조직하고 제시

16 케이즈(Case)의 신피아제이론(실행제어 구조이론) 04 초등

1 개관

① 정보처리적 접근을 통해 피아제의 이론을 재해석한 것으로, 피아제의 인지발달이론과 정보처리이론을 결합한 것

② Case이론에서 인지발달수준은 작업기억 용량(작업기억의 정보처리용량)의 증가로 봄. Case는 인지가 발달할수록 세련된 방식으로 문제를 해결할 수 있는 작업기억의 용량이 늘어난다고 보았음

③ Case는 아동을 문제해결자로 간주하였으며, 문제해결능력을 '실행제어구조'의 사용을 가정하여 모형화함. 실행제어구조란 아동이 문제를 해결해 나가는 습관적 방법을 대표하는 내적 청사진이자, 새롭게 직면하는 복잡한 문제를 해결하기 위해 형성하는 내적인 개념 연결망이며, Piaget 도식의 개념과는 달리 가르칠 수 있는 특정 과제나 영역에 적용됨

2 케이즈(Case)의 인지발달

(1) 케이즈(Case)의 인지발달

① **인지발달**: 아동이 과제를 처리하는 작업기억 용량(working memory capacity)의 증가를 인지발달로 봄 ⇨ 작업기억(작동기억)은 조작공간과 저장공간으로 구성되어 있으며, 저장공간이 커질수록 아동의 인지능력은 발달

② **자동화(automatization)**: 반복적인 연습으로 과제처리능력이 향상되어 자동화되면, 조작공간은 감소하고 저장공간은 증가하여 인지발달이 촉진됨

(2) 작업기억의 용량을 늘리는 방법

① **자동화**: 하나의 문제해결절차(방법)에 대해 계속적인 연습을 하여 자동화하면, 그 절차는 더 이상 작동기억에 부담을 주지 않기 때문에, 더 많은 내용들을 동시에 처리할 수 있고 다른 의식적인 작업들과 통합이 가능해짐

② **중심개념구조의 습득**: 여러 개념들을 관련시킨 연결망인 중심(핵심)개념구조를 습득하면 작동기억에서 처리할 수 있는 정보의 양이 증가

③ **신경계의 성숙(생물학적 성숙)**: 정보를 처리하는 신경계의 성숙에 따라서도 작동기억의 용량이 증가

3 교육적 시사점

① 새로운 과제에 대한 학습의 초기 단계에서는 학습자가 이해하고 수행할 수 있도록 과제가 학습자의 작업기억에 부담이 되지 않는 수준에서 출발하여 단계적으로 과제의 수준을 높여 나가되, 그러한 과제를 자동적으로 수행할 수 있는 단계까지 연습해야 함 ⇨ 교사의 역할도 새로운 과제를 학습하는 초기 단계에서는 많은 도움을 주지만, 아동의 능력이 향상되어 감에 따라 도움을 점차 감소시켜 나가야 함

② 학습전략을 가르치되 같은 발달단계에 있는 아동 중 성공적인 아동의 학습전략과 실패한 아동의 학습전략을 분석하여 성공적인 학생의 전략을 실패한 학생에게 가르쳐야 함

③ 위계적인 학습과정에서 학생들이 실패하는 이유는 Gagné가 주장하듯이 학습위계상 하위과제를 학습하지 못하는 데에 기인하기도 하지만, 학습전략이 세련되지 못한 데에도 기인함. 따라서 교정학습에서 세련된 학습전략을 개발하여 훈련시켜야 함

17 비고츠키(Vygotsky)의 인지발달이론

00 초 · 중등, 02~05 초등, 03~04 중등, 06~07 중등, 08 초등, 12 중등, 20 중등論

1 개념

사회문화적 맥락 속에서 타인과의 사회적 상호작용을 통해 인지발달이 일어난다고 설명 ⇨ 사회적 구성주의

2 주요 개념 – 인지발달 촉진 요인

(1) 사회적 상호작용과 인지발달

사회적 상호작용이 학습과 인지발달을 가져오는 직접적 요인 ⇨ 사회적 상호작용을 통해 외부의 지식은 내면화됨[내면화(internalization) – 외부의 사회적 활동(mediation, 매개)이 아동의 내부에서 심리적으로 재구성되는 과정 ⇨ 외적 작용의 내적 재구성]

(2) 언어와 인지발달

① 언어발달과 인지발달은 상호 독립적이며, 언어는 학습과 발달을 매개하는 역할을 함

② 기능

㉠ 정신기능이 외부에서 내부로 내면화하는 과정에서 언어가 중추 역할

㉡ 언어는 다른 이들의 지식에 접근할 수 있게 하고(다른 이들의 지식에 접근), 문제를 이해하고 세계에 대해 생각할 수 있게 하는 인식의 도구를 제공하며(인식의 도구 제공), 자신의 사고와 행동을 조절하고 반영하는 수단으로서의 역할을 함(자신의 생각을 조절 · 반영하는 수단)

발달 순서	내용
사회적 언어 (social speech)	다른 사람의 행동을 통제하기 위해 감정이나 사고를 전달하는 초보적 언어 기능(3세 이전)
사적 언어 (자기중심적 언어) (private speech)	• 자신의 사고와 행동을 조절하기 위해 자기 자신에게 하는 혼잣말(3~7세) ⇨ 과제가 어렵고 복잡할 때, 중요한 목표를 달성하려고 할 때 많이 사용 • 외부의 사회적 지식을 내부의 개인적 지식으로 바꾸어 주는 기제 • 자기지시나 자기조절, 문제해결을 위한 사고의 도구
내적 언어 (inner speech)	• 머릿속으로만 하는 들리지 않는 속내말, 내적 자기대화(7세 이후) • 사적 언어는 연령 증가에 따라 사라지는 것이 아니라 내면화되어 내적 언어로 바뀜 • 내적 언어는 사고와 행동을 조절하며 모든 고등정신기능을 가능하게 하는 토대가 됨

(3) 문화와 인지발달

문화는 발달이 일어나는 상황적 맥락을 제공, 사고와 의사소통에 중요한 수단을 제공 ⇨ 아동은 문화적 맥락에서 활용되는 언어, 컴퓨터 등과 같은 문화적 도구를 이용해 논리적으로 사고하며 문제를 해결해 나가게 됨

(4) 학습과 인지발달

학습이 발달에 선행하며 발달을 주도함(즉, 성인이나 유능한 또래의 도움을 받으면 학습은 근접발달영역 내의 발달을 주도) ⇨ 학습을 통해 발달을 주도할 수 있도록 적극적으로 사회문화적 환경을 조성해야 하며, 교사－학생 간의 상호작용이나 학생－학생 간의 상호작용을 중시하는 수업을 해야 함

3 근접발달영역(ZPD : Zone of Proximal Development) 00 초등, 04 초등

(1) 개념

실제적 발달수준과 잠재적 발달수준 사이에 있는 영역으로, 혼자서는 해결할 수 없지만 성인이나 뛰어난 동료의 도움(비계설정, scaffolding)을 받으면 문제를 성공적으로 해결할 수 있는 영역 ⇨ '마법의 중간지대(magic middle)'

(2) 비계설정(발판, scaffolding) – 근접발달영역 내에서 제공되는 성인이나 뛰어난 동료의 도움

① 효과적인 비계설정(유의점)

㉠ 학습자 스스로 할 수 있도록 지원해 주는 것에 국한

㉡ 초기 단계에서는 많은 도움을 제공하다가 점점 지원을 줄여서(fading) 스스로 할 수 있는 단계까지 이끌어 나가야 함

② 비계설정의 유형(방법) : 모델링, 소리 내어 생각하기, 질문하기, 수업자료 조정하기, 조언과 단서 제시

스캐폴딩의 유형과 방법

유형	역할	방법
개념적 스캐폴딩	학습자가 알고 있어야 할 주요 개념이나 수행방법에 대한 이해를 제공함	• 모델링(시범 보이기) • 소리 내어 생각하기(think aloud) • 어려운 내용 질문하기 • 힌트나 단서 제공
절차적 스캐폴딩	주어진 학습환경에서 사용 가능한 자원과 툴을 사용하는 방법을 안내함	• 절차적 촉진자 안내하기 • 학습환경을 효율적으로 활용하는 방법 안내하기
전략적 스캐폴딩	학습과제나 문제에 대해 분석하고 접근하는 전략을 안내하여 대안을 제공함	• 난이도 조절하기 • 절반쯤 해결된 예를 제공하기 • 상호교수 촉진하기
메타인지적 스캐폴딩	메타인지적 질문을 통해 학습자의 학습과정에 대한 성찰을 유도함	• 어려운 분야 예상하기 • 자기점검 체크리스트 제공하기 • 약점에 대해 지적하기

4 비고츠키 이론의 교육적 시사점(적용) 03~04 중등

교육적 시사점	내용
교수·학습	• **수업은 발달에 선행하도록 계획**: 교사는 학생들의 근접발달영역을 확인한 다음 그 영역에 부합되는 학습과제를 제시 • **비계설정 활용**: 학생들이 문제해결에 어려움을 겪을 때 교사는 부분적으로 해답을 제공하거나 적극적으로 시범을 보이는 등 적절한 비계설정을 통해 도움 제공 • **협동학습 적극 활용**: 능력 수준이 다른 이질집단의 협동학습을 통해 근접발달영역 안에서의 성장을 촉진시켜야 함 • **문제해결을 위해 사적 언어를 활용하도록 지도**: 사적 언어는 자신의 사고와 행동을 조절하는 수단이 되며 문제해결을 위한 사고의 도구 → 교사는 학생들이 자신의 사고과정을 소리 내어 말할 수 있도록 하며 조금 소란스러운 교실환경을 허용
평가	**역동적 평가 필요**: 명시적 또는 묵시적 힌트와 피드백을 제공하여 학생의 잠재적 능력을 평가 ⇨ 검사자와 피험자 관계는 양방향적 상호작용 관계가 요구

피아제와 비고츠키 이론의 차이점

구분	피아제	비고츠키
아동관	꼬마 과학자 ⇨ 학습자가 발달에 주체적 역할	사회적 존재 ⇨ 사회적 영향이 발달에 주요한 역할
환경	물리적 환경 중시	사회적·문화적·역사적 환경 중시
지식 형성과정	개인 내적 지식이 사회적 지식으로 확대 또는 외면화	사회적 지식이 개인 내적 지식으로 내면화
인지발달의 형성	인지갈등을 해소하려는 평형화 과정에서 이루어짐(개인 내적 과정)	사회적 상호작용을 통한 내면화에 의해 이루어짐(외부의 개인 간 사회적 과정 → 내부의 개인 내 심리적 과정)
학습과 인지발달	발달에 기초하여 학습이 이루어짐	학습은 발달을 주도함
언어와 인지발달	언어는 인지발달의 부산물(사고가 언어에 반영), 인지발달 후 언어발달이 이루어짐	인지발달과 언어발달은 상호 독립적이며, 언어는 학습과 발달을 매개하는 역할
혼잣말	미성숙하고 자기중심적인 성향을 대변하는 표상	자신의 사고와 행동을 조절하기 위한 수단, 문제해결을 위한 사고의 도구
발달의 양태	발달이 동심원의 확대와 같이 나타나는 발달의 포섭적(동심원적) 팽창	발달이 나선적으로 확대되는 발달의 나선적(심화·확대) 팽창
개인차	발달의 개인차에 관심 없음	발달의 개인차에 관심 있음
학습	현재 지향적 접근 ⇨ 현재 아동의 발달단계에 맞는 내용 제시(⇨ 자기주도적 학습)	미래 지향적 접근 ⇨ 현재 발달수준보다 조금 앞서는 내용 제시
교사 역할	안내자(환경조성자)	촉진자(성장조력자)
평가	정적 평가	역동적 평가
공통점	• 학습자를 능동적 존재로 파악 • 발달은 개체와 환경의 상호작용을 통해 일어남 • 발달을 급격한 변화로 구성된 역동적인 과정으로 간주함	

18 에릭슨(Erikson)의 성격발달이론 – 심리사회적 성격발달이론

95 초등, 99 중등, 00 초등, 00~01 중등, 03~04 중등, 05 초등, 09 중등, 11 초등, 16 중등論

1 개념

성격발달은 심리적 성숙요인과 사회문화적 환경요인의 상호작용의 결과

2 성격발달단계

단계	주요 특징	주요 덕목
신뢰감 대 불신감 (0~18개월)	• 부모로부터 지속적이고 일관성 있는 보살핌(사랑)을 받으면 신뢰감이 형성되고, 부적절하고 일관성이 없으면 불신감을 갖는다. • 유아의 신체적 · 심리적 욕구를 적절히 충족시켜 주는지의 여부에 따라 세상에 대한 기본적인 태도를 형성한다. ⇨ 성격발달에 가장 중요한 시기로 토대를 형성함	희망
자율성 대 수치심 · 의심 (18개월~3세)	• 주변 환경을 자유롭게 탐색하고, 스스로 먹고, 입고, 걷고, 배변활동을 하면서 자율성을 형성하고자 한다. 이때 부모가 유아의 자발적 행동을 칭찬하면 자율성이 형성되지만, 지나치게 통제하거나 과잉보호하면 수치심을 느끼고 자신의 능력에 대해 의심을 품게 된다. • 유아의 자율성 욕구가 충족되지 못하면 성인이 되어 강박증(특정 행동 · 사고 반복)이나 결벽증으로 나타난다.	의지
주도성 대 죄책감 (3~6세)	• 자율성을 바탕으로 새로운 것을 추구하고 무언가 적극적으로 수행하려는 욕구가 작동된다. • 이때 아동에게 탐구 · 실험하는 자유가 주어지고 자기주도적인 활동을 최대한 허용하면 주도성이 발달하지만, 지나치게 통제 · 제한하면 자신의 행동에 대해 죄책감을 형성한다.	목적
근면성 대 열등감 (6~12세) 95 초등, 00 초등, 11 초등	• 자신이 행한 업적에 대해 인정받고 싶은 욕구가 큰 시기이다. 가정이나 학교에서 아동의 성취에 대해 인정하고 격려하면 근면성이 발달하지만, 실패가 반복되거나 노력을 비웃으면 열등감을 갖게 된다. 근면성을 발휘하게 되면 자신감을 갖게 되며, 이 시기를 잘 극복하면 긍정적 자아개념과 유능감을 갖게 된다. ⇨ 자아개념 형성의 결정적 시기 • 교사는 학생이 잘하지 못하는 것을 강조하기보다 잘하는 것을 강조하는 것이 중요하다.	능력
자아정체성 대 역할혼미 (12~18세) 99~01 중등, 03~04 중등, 16중등論	• 급격한 신체적 · 심리적 변화와 사회적 요구에 따라 자기 존재에 대한 새로운 탐색을 시작하는 시기이다. 또래집단과의 상호작용, 개인의 내적 동일성(자기동일성)이 확보될 때 자아정체성(자아정체감)이 형성되지만, 그렇지 않으면 역할혼미(= 정체성 혼미)를 겪게 된다. • 1단계에서 4단계를 잘 형성해 오면, 즉 신뢰감, 자율성, 주도성, 근면성이 잘 발달되면 자아정체감을 쉽게 찾을 수 있다. • 심리적 유예기(psychological moratorium) : 사회적 책임으로부터 유예 ⇨ 자신을 찾아 끊임없이 노력하는 기간, 정체감 형성을 위해 대안적 탐색을 계속 진행하는 시기(자신에 대한 결정을 잠시 보류)	충성 (충실)

친밀감 대 고립감 (19~24세, 성인 초기)	• 사회에 참여하고 자유와 책임을 가지고 자신의 삶을 영위하는 시기이다. 직업과 친구, 애인과 배우자를 선택해야 하는 시기이다. 만족스런 취업과 결혼이 중요한 발달과업이다. • 친구나 애인, 동료 간에 친밀한 인간관계를 형성하면 친밀감이 형성되지만, 그렇지 못하면 사회에 고립감을 경험한다.	사랑
생산성 대 침체감 (25~54세, 중년기)	• 타인과 사회에 무언가 공헌하기 위해 노력하는 시기이다. • 자녀 양육과 직업에서 생산성, 창조성을 나타내고자 하며, 그렇지 못하면 침체감을 느끼게 된다.	배려
자아통합 대 절망감 (54세 이상, 노년기)	• 자신의 지나온 생애를 돌아보며 성찰하는 시기이다. • 최선을 다해 자신의 삶을 살아왔고 후회가 없다고 느끼면 자아통합감(자아통정성)을 이루고, 후회와 자책감을 느끼면 절망감을 갖게 된다.	지혜

3 자아정체감 향상전략

① **직업선택과 성인의 역할에 대한 많은 모델을 제시하기**: 문학과 역사 속의 모델을 지적하거나, 강연자를 초청하여 그가 어떻게, 왜 자신의 직업을 선택했는지를 이야기하도록 함

② **학생이 개인적 문제를 해결하도록 돕기**: 학교 상담 교사와 면담하도록 격려하거나, 학교 외부에는 어떤 서비스가 있는지에 대해 토론함

③ **타인을 불쾌하게 하거나 학습에 방해가 되지 않는 한 십대들의 일시적인 유행에 대해 인내심 갖기**: 지난 시대의 일시적인 유행에 대하여 토론하거나, 엄격한 옷차림이나 머리 모양을 강요하지 않음

④ **학생들에게 실제적 피드백 주기**: 학생이 잘못된 행동을 하거나 잘못 수행할 때, 그 행동의 결과와 그것이 자신과 타인에게 미칠 영향에 대해 확실히 이해시키도록 함. 또는 모범답안을 주거나 다른 학생의 우수한 프로젝트를 보여 주어서 좋은 사례들과 자신의 작업을 비교할 수 있게 함

19 마샤(Marcia)의 정체성 지위(identity status)이론 05 초등, 09 중등

1 개념

'위기(crisis)'와 '참여(전념, commitment)'를 기준으로 정체성 지위를 4가지 유형으로 분류 ⇨ '위기'란 정체성을 찾으려고 고민하고 노력하는가의 문제, '참여'란 무엇인가에 전념하고 있는가의 문제

2 정체감(정체성) 유형

정체성 지위	특징
정체감 혼미 (identity diffusion)	• 의미 : 정체성을 찾으려고 노력하지도 않고 어떤 가치나 활동에 전념하지도 않는 상태 • 특징 – 삶의 방향감이나 뚜렷한 목표도 없고, 어떤 일을 하더라도 왜 하는지 모르며 충동적임 – 자존감이 낮으며, 혼돈과 공허감에 빠져 있는 경우가 많음 – 부모에 대한 애정이 부족 – 이 상태가 지속되면 '부정적 정체성'에 빠질 위험 ⇨ 청소년 초기 또는 대부분의 비행청소년의 정서 상태에 해당
정체감 유실(폐쇄) (identity foreclosure)	• 의미 : 정체성 위기를 경험하지 않았지만 정체성이 확립된 것처럼 행동하는 상태. 남의 정체성을 빌려 쓰면서 자신의 정체성 형성 가능성을 폐쇄하고 있는 유형 • 특징 – 권위에 맹종하므로 정체성을 형성하기 위해 노력하지도 않고 부모가 선택해 준 인생을 그대로 수용 – 사회적 인정의 욕구가 강하고, 부모와 원만한 관계를 유지하며, 부모의 과업을 물려받거나, 일찍 결혼하여 안정된 가정을 꾸려 나가는 경향 – 목표의식이 뚜렷하고 안정적이지만, 목표 달성이 좌절될 경우 자기 존재 자체를 송두리째 무가치한 것으로 여길 수 있음('자살') ⇨ 부모나 성인들의 기대나 가치를 너무 일찍 그대로 수용한 대부분의 모범생들이 이에 해당
정체감 유예 (모라토리움) (identity moratorium)	• 의미 : 정체성 위기를 경험하면서 정체성 확립을 위해 노력하는 단계, 정체성 성취에 도달하기 위한 과도기적 단계 • 특징 – 여러 가지 대안을 탐색하지만 자신의 역할이나 과업에 몰두하지 못함 – 안정감은 없으나 다양한 역할과 정체성을 실험하며 적극적으로 정체성을 탐색 ⇨ 정체성 성취와 함께 건강한 상태로 간주
정체감 성취(확립) (identity achievement)	• 의미 : 정체성 위기를 경험한 후 개인적 정체성을 확립한 단계. 대안적 가능성을 탐색한 후 자아정체성을 성공적으로 성취해 낸 상태 ⇨ 정체성 지위 중 가장 높은 수준 • 특징 : 삶의 방향이 분명하고, 자존감이 높으며, 현실적이고 안정감 있는 대인관계를 형성하고, 스트레스에 대한 저항력도 높음

Plus

부정적 정체성(negative identity)

부정적 정체성(정체감)이란 바람직하지 못한 사회적 모델에 근거하여 형성된 정체성 ⇨ 부모의 가치관이나 사회의 가치관과 정반대의 자아개념을 보임 예 부모가 학교공부가 중요하다고 계속 잔소리를 하면 아예 학교를 그만두는 경우

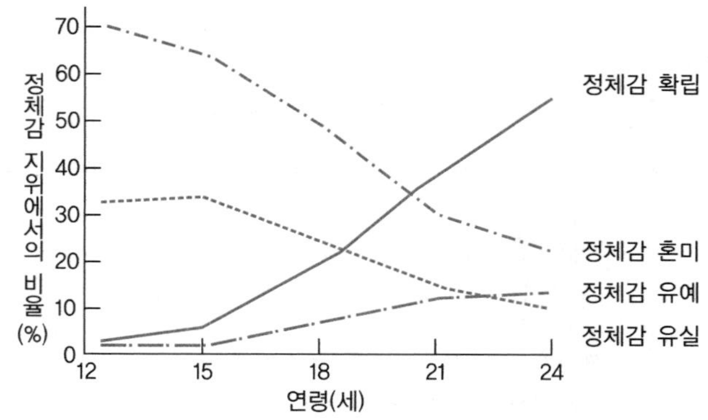

연령에 따른 자아정체감의 성취 상태(메일만, Meilman)

Plus

메일만(Meilman)**의 연령에 따른 정체감 발달지위 ⇨ 횡단적 연구 수행**

1. 12~18세 남성들의 대다수가 정체성 혼란이나 정체성 유실 상태에 있으며, 21세 이후에야 실험대상자 대다수가 유예상태에 도달하거나 안정된 정체성을 성취하였다고 함
2. 청소년기 초기(중학생)나 중기(고등학생)보다는 후기(대학생)에 정체감 발달 수준이 더욱 높아짐. 또한 대학생보다는 사회 초년생들이 정체감 혼란을 훨씬 덜 겪고 있음. 이것은 나이가 들수록, 교육수준이 높아질수록 자아정체감이 차츰 안정적으로 형성되어 가고 있음을 말함
3. **연령에 따른 정체감 발달지위 그래프**: 12~18세에는 대부분이 정체감 혼란이나 유실 지위에 있으나, 21세 이후에는 정체감 성취나 유예가 증가하고 있음

3 정체성 성취를 돕기 위한 방안(교육적 시사점)

① 청소년이 위기를 경험하고 자기 연령 수준에 맞는 무엇인가에 전념하도록 격려해야 함
② 각 분야에 전념하여 성공한 예를 보여 주고, 교사나 다른 성인이 역할모델이 되어 주는 것도 중요
③ 정체성 형성은 일생 동안 지속되므로, 지속적인 자기평가를 통해 정체성을 확고히 하는 노력이 필요

20 콜버그(Kohlberg)의 도덕성 발달이론 98 중등, 99 초등, 02 초등, 06 중등, 07 초등, 12 중등

1 개념

도덕성을 옳고 그름에 대한 도덕적 판단능력으로 보고, 도덕적 갈등 상황(예 Heinz의 딜레마)에서 도덕적 판단능력(추론과정)을 바탕으로 발달과정을 설명

2 도덕성 발달 단계 99 초등, 02 초등, 06 중등, 07 초등

(1) 인습 이전 수준(pre-conventional level) – 전도덕기(힘의 원리)

1단계 : 처벌과 복종 지향	• 도덕적 판단 기준 : 벌의 회피와 힘의 복종 ⇨ 벌을 피하고 힘에 복종하는 것이 옳은 행위라고 판단 예 '힘이 곧 정의다.', '큰 물고기가 작은 물고기를 잡아먹는다.', '적자생존' 등 • 특징 – 물리적(신체적) 결과 중시 : 행위자의 의도는 고려하지 않고 행위의 결과에 따라 선과 악을 판단한다. 처벌받으면 나쁜 행위, 처벌받지 않으면 옳은 행위이다. 예 아무리 나쁜 행동을 해도 처벌받지 않으면 그 행동은 옳다. 부정행위를 해도 들키지 않아서 처벌을 받지 않으면 정당하다. – 자아중심적 사고(관점) : 타인의 입장이나 감정을 고려하지 못하며, 그래서 자신과 타인의 관점을 관련시키지 못한다.
2단계 : 개인적 욕구 충족 지향	• 도덕적 판단 기준 : 욕구 충족 ⇨ 자신과 타인의 욕구를 충족하는 것이 옳은 행위라고 판단 예 '네가 내 등을 긁어주면, 나도 네 등을 긁어줄게.' • 특징 – 자신의 이익과 욕구 우선시(개인적 쾌락주의) : 아무리 나쁜 행동을 해도 자신에게 이익이 되고 들키지 않으면 정당하다고 생각한다. 예 '나한테 좋은 것이 뭐지'를 가장 먼저 고려해서 나에게 이익이 되는가를 보고 행동한다. 부정행위를 하거나 뇌물을 받고 공금을 횡령해도, 아무리 나쁜 행위라도 나에게 이익이 되고 들키지 않을 수만 있다면 정당하다. – 상호 교환관계, 도구적 상대주의 : 대인관계에서 공평성, 상호성 등이 나타나지만 그것은 어디까지나 실용적인 수준에서 이해된다(상호 이익을 주고받는 교환관계). 예 '네가 내 등을 긁어주면, 나도 네 등을 긁어줄게.', '네가 크레파스를 빌려주면, 나는 물감을 빌려주겠다.', '누군가가 차를 훔치다가 들켰다면 차 값이 얼마인가에 따라 벌이 결정된다.', '아동은 자신에게는 잠을 자야 할 시간이라고 하면서 왜 어른은 더 늦은 시간까지 자지 않아도 되는지를 이해하지 못한다.' – 자기중심적(개인주의적) 사고(관점) : 타인에 대한 인도성, 즉 진정한 감정이입을 할 수 있는 능력이 없으며, 신의를 지킨다거나 감사를 느끼는 것도 할 수 없다.

(2) 인습 수준(conventional level) – 타율적 도덕기(가정 · 집단 · 국가의 기대)

3단계 : 대인관계 조화 지향 (착한 소년/소녀 지향)	• 도덕적 판단 기준 : 자기 주변의 대다수의 공통된 생각 ⇨ 주변 사람으로부터 칭찬과 인정을 받는 행위가 도덕적으로 옳은 행위라고 판단["착한 소년 · 소녀(good boy–nice girl)" 지향] 예 부모님을 기쁘게 하기 위해 열심히 공부한다. 부모님을 걱정시켜 드리지 않기 위해 일찍 귀가한다. • 특징 – 대인관계 조화(사회적 조화)가 중심이 됨 : 타인의 인정과 승인을 지향하며, 주변 사람들의 역할기대에 부합하기 위해 착한 행동을 하려고 한다(착한 소년 · 소녀 지향, 비난 회피). 예 부모님을 걱정시켜 드리지 않기 위해 일찍 귀가한다. – 다른 사람의 관점과 의도를 이해할 수 있음 : 자기중심적인 사고에서 벗어나 감정이입을 할 수 있는 능력과 다른 사람을 배려하려는 의식이 강하게 나타난다. 신뢰, 충성, 의리가 대인관계를 유지하는 데 매우 중요하다고 생각한다. 행동은 의도에 의해 판단되기 시작한다.
4단계 : 법과 질서 지향	• 도덕적 판단 기준 : 법이나 질서(의무) ⇨ 법질서를 준수하고 유지하는 행위를 옳은 행위라고 판단. 법과 질서를 준수하며, 사회 속에서 개인의 의무를 다함 예 질서는 아름답다. 다른 사람이 모두 교통신호를 위반하더라도 반드시 신호를 지키고 규정 속도를 준수해야 한다. • 특징 – 법과 질서 유지가 절대적임 : 사회적 인습보다 법과 질서 유지가 절대적이다. 법질서는 절대적인 것이기 때문에 예외 없이 철저하게 지켜져야 한다. 예 악법도 법이다. '이것이 법이다. 만약 모든 사람이 자신이 원하는 대로 행동한다면 세상은 어떻게 될 것인가'라고 생각하면서 주어진 사회질서를 유지하려는 행동을 한다. 전기 회사나 가스 회사는 요금을 지불하지 않는 고객에게 한겨울에도 공급을 중단해 버려도 된다. – 대인관계와 구별되는 사회적 관점 : 사회체제적 관점에서 자신의 행동을 판단한다. 법과 질서를 지키는 것이 자신의 의무라고 생각한다.

(3) 인습 이후 수준(post–conventional level) – 자율적 도덕기(도덕적 가치 · 원리 · 보편적 도덕원리)

5단계 : 사회계약 지향	• 도덕적 판단 기준 : 사회 전체가 합의한 기준 ⇨ 사회 전체가 합의한 기준에 따르는 행위가 옳은 행위라고 판단. 그러므로 옳은 행위는 사회 전체의 비판적인 고려(예 개인의 기본권리 보호, 민주적 과정과 절차)를 통해 합의된 법규와 질서에 부합되는 행위이다. 예 전체 법체계(헌법), 계약정신(개인의 자유와 권리 등), 십계명 • 특징 – 사회 전체의 합의 중시 : 법과 제도를 중요하게 여기면서도 사회적 유용성이나 합리성에 따라 그 법과 제도는 바뀔 수 있다고 생각한다(법과 규칙은 사람들이 합의하여 만든 것이므로). 예 공리주의적 사고, 최대다수의 최대행복, 법의 예외성 인정 예 인간의 기본적 권리를 침해하는 법률이라면 민주적 절차에 의해 변경해야 한다. – 사회적 관점 : 전체 법체계의 사회계약 정신을 중시한다. 문제를 하나의 법으로 해결하는 것이 아니라 전체 법체계를 통해서 해결한다. 예 전체 법체계(헌법)
6단계 : 보편적 도덕원리 지향	• 도덕적 판단 기준 : 자기양심 · 보편적 도덕원리 ⇨ 옳은 행동은 스스로 선택한 보편적 원리와 양심에 따라 결정. 법이나 관습을 넘어서서 정의, 평등, 생명의 가치와 같은 추상적이고 보편적인 원리를 지향함 예 황금률('남에게 대접받고자 하는 대로 남을 대접하라'), Kant의 정언명령(무조건적이고 절대적인 도덕적 명령 : '네 의지의 준칙이 항상 보편적 입법의 원리에 타당하도록 행동하라' – 그 환경에서 모든 사람이 행동할 수 있는 그러한 행동만을 하라), 소크라테스의 행위 • 특징 – 보편적 도덕원리 중시 : 올바른 행동이란 스스로 선택한 도덕원리에 따른 양심의 결단이다. 도덕원리는 인간 생명의 존엄성, 정의, 평등과 같은 추상적 · 보편적인 원리를 말하며, 논리적 · 포괄적이며 일관성이 있어야 한다. – 사회적 관점 : 사회 규칙을 초월한 보편적 도덕원리를 중시한다.

3 교육적 적용(시사점)

(1) 도덕적 판단능력을 길러주는 교육

구체적인 덕목이나 규범을 주입하기보다는 왜 그렇게 해야 하는지를 생각해 보고 스스로 판단하도록 하는 것이 바람직함

(2) 도덕성 발달수준에 기초한 교육

학생의 잘못된 행동에 대한 대응은 그의 도덕적 판단수준에 기초하여 즉각적인 처벌, 사회적 제재, 보편적 도덕원리나 양심에의 호소 등을 달리해야 효과적임

(3) 도덕적 인지갈등을 유발하는 교육(+1 전략)

도덕적 인지갈등을 유발하는 딜레마 상황을 제시하고, 토론을 통해 자신과 타인의 도덕적 사고를 비교하여 자신보다 상위수준의 도덕적 사고에 노출되도록 함으로써 도덕발달을 증진하게 함

(4) 역할극을 활용한 교육

역할극을 활용하여 여러 인물의 입장이 되어 보게 함으로써 다른 사람의 입장을 이해하고 더 높은 수준의 도덕적 추론을 할 수 있도록 도움

(5) 모델링을 활용한 교육

도덕적 귀감이 되는 모델이나 감동적인 모범 사례, 교사의 도덕적 품성 등 다양한 모델을 활용하여 도덕적 가치와 규범을 배우도록 함

21 길리건(Gilligan)의 배려의 윤리

1 개념

인간관계 속에서 배려(care)와 책임(responsibility)을 중심으로 도덕적 판단을 강조하는 배려의 윤리 제시

2 여성의 도덕성 발달 단계

단계	내용
1단계: 자기 이익 지향 (orientation to individual survival)	생존을 위해 자신만을 보살피는 이기적 단계. 갈등 상황에서 어느 쪽이 자신에게 중요한가가 판단의 준거가 됨
전환기 1: 이기심에서 책임감으로 (from selfishness to responsibility)	타인과의 애착과 관계 형성이 중요해지면서 도덕적 판단 기준이 이기적인 것에서 배려와 책임감으로 옮겨 가기 시작함. 책임과 배려를 도덕적 판단 기준으로 통합해 감
2단계: 자기희생으로서의 선 (타인에 대한 책임으로서의 선) (goodness as self-sacrifice)	사회적 조망이 발달하면서 자신의 욕구를 억제하고 타인에 대한 배려와 책임을 지향하며 자기희생을 선(도덕적 이상)으로 간주하는 단계(모성적 도덕성의 단계). 그러나 이 수준에서의 타인은 사적인 관계이며, 공적인 관계를 의미하지는 않음
전환기 2: 선에서 진실로 (from goodness to truth)	왜 다른 사람을 위해서 자신을 희생해야 하는가에 대한 의문을 가짐. 두 번째 전환기는 자아개념과 관련
3단계: 자기와 타인의 역동 조화 (비폭력 도덕성) (the morality of nonviolence)	개인의 권리와 타인에 대한 책임이 조화를 이루는 단계. 타인과 함께 자기 자신도 보살핌의 대상이 되어야 함을 자각하고 자기와 타인을 평등하게 다룸. 의사결정 과정에 적극적으로 참여하고, 다른 사람에게 상처 주는 것을 피함. 비폭력, 평화, 박애 등은 이 시기 도덕성의 주요 지표

22 셀만(Selman)의 사회적 조망수용이론(사회인지 발달이론) 10 중등

02

1 사회적 조망수용능력

타인의 관점, 입장, 사고, 감정 등을 추론하여 이해하는 능력 ⇨ 사회적 조망수용능력의 발달은 사회인지(social cognition)의 발달을 의미

2 발달단계 10 중등

단계	내용
0단계 : 자기중심적 관점수용 (미분화된 조망수용)	자기중심적으로 타인을 보기 때문에 자신과 다른 관점(생각, 느낌)이 있을 수 있다는 것을 전혀 이해하지 못함
1단계 : 사회정보적 조망수용 (주관적 조망수용)	타인의 조망이 자신의 조망과 다를 수 있다는 것까지는 이해하지만, 아직도 자신의 입장에서 이해하려고 함. 그러나 자신의 행동을 타인의 조망을 통해 평가하기 어려움
2단계 : 자기반성적 조망수용	타인의 조망과 자신의 조망을 이해하고, 타인의 입장에서 자신의 생각과 행동을 조망할 수 있음. 그러나 자신의 관점과 타인의 관점을 동시 상호적으로 고려하지는 못함
3단계 : 제3자적 조망수용 (상호적 조망수용)	제3자의 입장에서 객관적으로 자신과 타인의 조망을 동시에 이해할 수 있음. 다른 사람과의 관계 혹은 상호작용 속에서 발생하는 문제에 대해 제3자의 입장에서 객관적으로 생각하게 됨
4단계 : 사회적 조망수용	사회적 가치체계(예 법, 질서, 도덕)에 근거하여 자신과 타인의 조망을 이해하고 판단함. 최상의 사회인지능력을 획득함

3 교육적 시사점

① 조망수용능력의 지도 및 훈련 예 교실에서 서로 돕기, 나누기, 보살피기, 위로하기, 협동하기 등

② 높은 단계의 조망수용능력의 발달 조력(조망수용능력의 발달단계에 따라 타인, 제3자, 사회 안에서 자신의 행동이 어떻게 인식될 것인지 이해하고 생각하도록 함)

23 브론펜브레너(Bronfenbrenner)의 생태학적 발달이론 12 초등

1 개념

① 다차원적인 환경 체계가 상호작용하여 발생하는 힘이 개인의 발달과 행동에 영향을 미침
② 개인을 둘러싼 환경은 미시체계, 중간체계, 외체계, 거시체계, 시간체계로 구분

2 인간을 둘러싸고 있는 생태학적 환경의 구조체계

단계	내용
미시체계 (microsystem)	아동이 직접 접촉하는 환경으로, 미시체계와 아동은 직접 상호작용함(양방향적) 예 가정, 부모(가족), 친구, 놀이터, 학교, 교사 등
중간체계 (mesosystem)	• 미시체계들 간의 연결(연결망)이나 상호관계(양방향적) 예 가정과 학교의 관계, 부모와 교사의 관계, 부모와 친구의 관계, 부모 간의 관계, 형제 관계 등 • 각 미시체계들 간의 관계가 밀접하게 연결될수록 아동의 발달이 순조롭고 바람직하게 이루어지며, 이들 간의 잦은 충돌이나 상호 무교류는 문제 발생의 소지를 높이게 됨 예 부모와의 관계가 원만하지 않은 아동은 친구와의 관계도 원만하지 않을 수 있는데, 이는 중간체계가 아동의 발달에 영향을 미쳤기 때문임
외체계 (exosystem)	• 아동이 직접 접촉하지는 않지만, 아동에게 간접적으로 영향을 미치는 사회적 환경 예 대중매체, 부모의 직업(부모의 실직, 장기간의 빈곤), 부모의 친구, 사회복지기관, 교육기구 등 • 사회적으로 고립된 가족은 외체계의 부족으로 아동발달에 부정적인 영향을 미침. 지역사회가 부모역할교실을 운영하여 부모들이 다른 사람으로부터 정서적 지지를 얻고 다른 부모들을 보면서 서로 부모역할을 학습할 수 있는 기회를 주는 것은 건강한 외체계를 형성
거시체계 (macrosystem)	• 아동이 살고 있는 문화적 환경 예 사회적 가치(관념), 법, 관습 등 • 아동의 삶에 간접적이지만 매우 강력하고 지속적인 영향을 미침
시간체계 (chronosystem)	일생 동안 시간의 경과에 따라 발생하는 사건이나 환경의 변화 예 부모의 이혼, 가족구조의 변화, 사회경제적 지위의 변화, 거주지역의 변화, 결혼관의 변화, 직업관의 변화 등

24 파블로프(Pavlov)의 고전적 조건형성이론 91 중등, 94 중등, 06 중등, 09 초등

구분	행동주의 학습이론	인지주의 학습이론	인본주의 학습이론
인간관	• 자극(환경)에 반응하는 수동적 존재 • 인간은 동물과 양적 차이만 존재할 뿐 질적 차이는 없음	• 인지구조를 재구성하는 능동적 존재 • 인간은 생각하는 존재로서 동물과 질적으로 다름	• 전인적 존재 • 인간은 유일하면서도 통합된 전체로서 동물과 질적으로 다름
학습목표	관찰 가능한 행동의 변화	사고과정의 비연속적 변화(통찰)	전인적 발달, 자아실현
학습관	자극과 반응의 연합을 통한 관찰 가능한 행동의 변화 예 발달: 점진적·누가적인 행동변화의 결과	인지구조(사고)의 변화 ⇨ 인지구조(Piaget), 통찰(Köhler), 장(Lewin), 인지지도(Tolman)의 변화(구조화, 재체계화) 예 발달: 불연속적·비약적 과정	지적·정서적 측면을 포함한 전인적 변화
학습원리	학습목표의 구체적 설정, 학습과제의 세분화, 출발점행동 진단, 외적 동기 유발, 반복적 학습, 적절한 피드백과 강화, 프로그램 학습, 동일요소설	내적 동기 유발, 학습자 수준에 맞게 지식의 구조 제시, 발견학습(탐구학습), 형태이조설	인간성과 자아실현, 교육의 적합성, 정의적 측면 중시(잠재적 교육과정)

1 개념

중립자극(NS)과 무조건자극(UCS)을 결합하여 제시 ⇨ 조건자극(CS)만으로도 조건반응(CR)을 유발하는 수동적 조건형성이론 ⇨ 불수의적인 생리반응이나 정서반응의 학습

2 고전적 조건형성의 원리(학습의 원리)

① 시간의 원리 : 조건자극은 무조건자극과 동시에 또는 조금 앞서서 제시
② 일관성의 원리 : 조건자극이 일관성 있게 같은 자극으로 계속 제시
③ 강도의 원리 : 후속되는 무조건자극의 강도가 처음보다 강할수록 조건화가 잘 이루어짐
④ 계속성의 원리 : 자극과 반응의 결합횟수가 많을수록 조건화가 잘 이루어짐

3 고전적 조건화 이론의 교육적 적용 – 정서적 반응 학습

① **시험불안**: 시험(NS)에 실패(UCS)하여 불안(UCR)을 경험하면, 시험(CS)만 생각해도 불안(CR)해짐 ⇨ 시험(NS) + 실패(UCS) → 불안(UCR) ➡ 시험(CS) → 불안(CR)

② **학습 싫증**: 학습(NS)에 실패(UCS)하여 흥미 없거나 벌(UCR)을 경험하면, 공부(CS)에 대해 혐오감이나 부정적 감정(CR)이 생김

③ **교실 분위기**: 교실(NS)에서 교사의 따뜻한 미소나 태도(UCS)를 경험하면, 교실(CS)은 즐거운 공간(CR)이 됨 ⇨ 교실(NS) + 교사의 따뜻한 미소나 태도(UCS) → 즐거움(UCR) ➡ 교실(CS) → 즐거움(CR)

④ **고차적 조건화**: 교사(NS)가 학생에게 따뜻하고 존중하는 태도(UCS)를 보여주면 교사(CS)에게 좋은 감정(CR)을 가지게 되는데, 교사와 관계되는 학교, 클럽활동, 다른 수업(NS → CS)도 좋은 감정(CR)을 갖게 됨

4 고전적 조건화 이론의 교육적 적용 – 부적응행동의 교정

① **소거**: (문제행동 유발) 무조건자극 제거 + 조건자극만 반복 제시 ⇨ 조건반응 제거

② **체계적 둔감법**: (문제행동 유발) 조건자극 + 이완반응 결합 ⇨ 조건반응(불안 · 공포) 제거

③ **내파치료(내폭요법)**: (문제행동 유발) 조건자극 + 계속 상상 ⇨ 조건반응(불안 · 공포) 제거

④ **홍수법(범람법)**: (문제행동 유발) 조건자극 + 장시간 충분히 경험 ⇨ 조건반응(불안 · 공포) 제거

⑤ **역조건형성(상호제지)**: (문제행동 유발) (무)조건자극 + 더 강력한 새로운 자극 연합 ⇨ 이전의 반응 제거, 새로운 반응 조건화

⑥ **혐오치료**: (문제행동 유발) 조건자극 + 혐오자극 함께 제시 ⇨ 조건자극 회피

25 스키너(Skinner)의 조작적 조건형성이론

96 중등, 97~00 초등, 99 중등 · 중등추시, 00~04 중등, 02~03 초등, 05~06 초등, 06~09 중등, 08 초등, 10 초등, 11 중등

1 개념

유기체의 능동적 행동 뒤에 수반되는 결과에 의해 능동적·조작적 행동을 조건화한다는 이론

2 강화이론 99 중등, 03 초등, 09 중등, 10 초등, 11 중등

(1) 강화

특정 행동의 발생빈도를 증가시키는 것 ⇨ 정적(적극적) 강화, 부적(소극적) 강화

(2) 벌

특정 행동의 발생빈도를 감소시키는 것 ⇨ 제1유형(수여성/정적) 벌, 제2유형(제거성/부적) 벌

(3) 강화의 조건

① 자주, ② 반드시 반응 후, ③ 반응 후 즉시, ④ 반응에 수반 ⇨ 바람직한 반응을 할 때만 강화를 주어야 함 ⇨ 유관강화(contingent reinforcement)

강화의 유형(종류)

분류		강화자(reinforcer)	
		쾌 자극	불쾌 자극
제시 방식	반응 후 제시(수여)	정적 강화 예 프리맥의 원리, 토큰강화, 칭찬	제1유형의 벌(수여성 벌) 예 처벌, 꾸중하기, 청소시키기
	반응 후 제거(박탈)	제2유형의 벌(제거성 벌) 예 time-out, 반응대가, 자유시간 제한	부적 강화 00~01 중등 예 회피학습, 청소 면제, 잔소리 않기

3 강화계획 02 중등

(1) 개념

언제 어떻게 강화를 줄 것인가라는 강화조건의 패턴화(계획) ⇨ 매 행동마다 강화하는 계속적 강화(연속강화)와 가끔씩 부분적으로 강화하는 간헐적 강화(부분강화)

계속적 강화	• 매 행동마다 강화하는 것 예 학생들이 방정식 문제를 풀 때마다 칭찬을 함 • 행동을 빨리 변화시키므로 학습 초기단계에 효과적임. 그러나 학습한 행동에 대해서 계속 강화물을 줄 경우 강화에 대한 포만감이 생겨 학습한 행동을 지속시키는 효과가 감소함

간헐적 강화	간격 강화	고정간격강화	• 정해진 시간마다 한 번씩 강화하는 것 예 정기고사, 월급 • 강화가 주어지는 시점이 가까워지면 반응확률(행동빈도)이 높아지지만, 강화 직후에는 반응확률(행동빈도)이 급격히 떨어짐 ⇨ 강화 후 휴지
		변동간격강화	• 강화를 주는 시간간격을 변화시켜 강화하는 것(평균 시간간격으로는 한 번씩 강화) 예 수시고사(불시에 시험 보기), 낚시, 버스 기다리기 • 언제 강화를 받을지(강화가 주어지는 시점) 예측할 수 없기 때문에 반응확률을 항상 일정하게(꾸준하게) 유지할 수 있는 장점이 있음
	비율 강화	고정비율강화	• 정해진 행동(반응) 횟수마다 강화하는 것 예 성과급, 수학 3문제 풀 때마다 사탕 주기 • 강화 직후에 잠시 휴식과 같이 반응을 중단하는 일시적 중단현상이 있음 ⇨ 강화 후 휴지
		변동비율강화	• 강화를 주는 행동(반응) 횟수를 변화시켜 강화하는 것(일정한 행동에 대해 강화하는 비율이 다름. 평균 횟수의 반응을 보일 때마다 한 번씩 강화) 예 도박, 무작위 출석 체크 • 강화 후에도 반응확률을 가장 높게 유지하며, 학습 후 소거도 가장 늦게 나타남

(2) 강화계획의 효과

① 가장 이상적인 강화계획: 학습 초기단계에서는 '계속적 강화', 후기단계에서는 '간헐적 강화'

② 강화 후 휴지: '고정간격강화'와 '고정비율강화'는 '강화 후 휴지'가 나타남

③ 학습자의 반응 지속성을 높이는 방안: 학습자의 반응 지속성을 높이기 위해서는 고정강화계획보다 변동강화계획을 사용

④ 학습시간(반응확률)을 계속 일정하게 유지할 수 있는 것: '변동간격강화'

4 행동수정기법(응용행동분석) 96 중등, 98 초등, 03 중등, 07 중등, 14 중등추시論

(1) 바람직한 행동의 증가를 위한 행동수정기법 14 중등추시論

① 프리맥(Premack)의 원리: 빈도가 높은 행동(좋아하는 행동)을 이용하여 빈도가 낮은 행동(싫어하지만 바람직한 행동)을 강화하는 방법 ⇨ "~하면 …해 줄게."

② 토큰강화: 토큰(token, 상표, 쿠폰, 포인트, 스티커)을 모아 오면 자기가 좋아하는 강화물과 교환할 수 있게 하여 강화하는 방법

③ 행동조성(행동조형) 99 초등, 08 초등: 차별적 강화를 이용하여 목표행동을 점진적으로 형성하는 기법

④ 행동계약: 특정 행동에 제공될 강화인과 벌인에 관해 사전에 협약을 맺고, 그 협약에 따라 자극을 제공하면서 행동을 수정하는 기법

⑤ 용암법(단서철회): 목표행동을 스스로 할 수 있도록 도움을 점차 줄여나가는 방법

⑥ 차별강화(선택적 강화): 여러 행동 중 어느 하나만을 골라 선택적으로 강화하는 방법

(2) 문제행동의 교정을 위한 행동수정기법

① 소거(강화중단) : 문제행동에 주던 강화를 중단 ⇨ 문제행동 감소 ⇨ 소거폭발(강화물의 제거 이후에 나타나는 일시적인 행동의 증가현상)

② 타임아웃(격리, 퇴장, time-out) 99 초등, 08 초등 : 쾌 자극이 없는 장소로 일시적으로 격리 ⇨ 문제행동 감소

③ 반응대가 : 문제행동을 할 때마다 정적 강화물을 박탈(회수) ⇨ 문제행동 감소

④ 포만법(물리게 하기) : 문제행동을 지칠 때까지 반복 ⇨ 문제행동 감소

⑤ 상반행동강화 : 문제행동과 반대되는 바람직한 행동에 강화 ⇨ 문제행동 감소

⑥ 과잉교정 : 문제행동을 했을 때 원상회복의 방법으로 싫어하는 행동을 하도록 하는 처벌기법

⑦ 자극통제 : 문제행동을 유발할 수 있는 내·외적 조건들을 변화시켜 문제행동을 줄이고 바람직한 행동을 증가시키는 방법

26 반두라(Bandura)의 사회인지 학습이론 98 중등, 99~00 초등, 07~08 중등, 08 초등, 16 중등論

1 개념

(1) 관찰학습(사회학습)이론

인간은 직접적인 자극이나 강화를 받지 않아도 사회적 상황 속에서 타인(모델, model)의 행동을 관찰하고 모방하는 것으로도 학습한다.

(2) 학습은 인지과정의 변화

어떤 행동을 하면 강화나 처벌을 받을 것이라는 기대(expectation)나 신념(믿음), 주의, 파지와 같은 인지과정이 학습에 영향을 미침 ⇨ 학습은 인지과정의 변화

2 기대 불충족의 효과(파급효과, ripple effect)

① 기대했던 강화인의 미발생은 벌인으로 작용 ⇨ 다음에 특정 행동을 하지 않게 됨

② 기대했던 벌인의 미발생은 강화인으로 작용 ⇨ 다음에 문제행동을 할 가능성이 높아짐

3 주요 개념

개념	내용
모델링 (modeling)	특정한 행동을 관찰하고 그대로 흉내 내는 과정이다. 모델링은 직접 모델링, 상징적 모델링, 종합적 모델링 등이 있다. 예 태연하게 주사를 맞는 친구의 모습을 보고 자신도 아무렇지 않게 주사를 맞는 아이. 폭력적인 아버지의 행동을 모방하여 친구에게 그대로 따라 하는 학생. 출생 직후 신생아는 혀를 내미는 어른을 흉내 내고, 이후 부모의 행동을 모방하며 언어, 행동, 습관 등을 학습해 감. 인간 사회의 수많은 아이디어, 습관, 유행 등도 모방을 통해 전파
대리적 조건형성 (vicarious condition)	다른 사람의 행동과 그 결과(강화나 벌)를 관찰함으로써 학습이 일어나는 것이다. 타인의 행동의 결과에 제공되는 강화나 벌을 관찰하면서 다음 행동에 대한 기대나 신념을 가지기 때문이다. 예 오빠가 난로에 손을 데는 것을 목격한 동생은 난로를 함부로 만지면 안 된다는 것을 배우게 된다. 친구가 사용하는 학습전략이 좋은 결과를 얻는 것을 보고, 친구의 학습전략을 모방하면서 자신도 좋은 시험성적을 얻을 것이라는 기대와 신념을 가질 수 있다. 수업 시간에 수업태도가 좋지 않은 학생이 벌 받는 모습을 보고 자신도 비슷한 행동을 하면 처벌을 받을 것이라는 기대를 가질 수 있다.
관찰학습 (observational learning)	사회적 상황 속에서 다른 사람의 행동을 관찰해 두었다가 유사한 행동을 나타내는 학습현상이다. 관찰학습에는 대개 모델링의 개념이 포함된다. 학생들은 모델의 행동을 관찰한 후 그 행동을 그대로 모방했을 때 원하는 결과를 얻을 수 있다는 기대에 의해 동기화된다. Bandura는 관찰학습에는 인지적 과정이 개입된다고 보고, 주의집중 · 파지 · 재생 · 동기화 단계를 통해 관찰학습의 과정을 설명한다. 예 범죄영화에 나오는 범인의 행동을 유심히 관찰해 두었다가 자신이 복수하고 싶은 상대에게 유사한 방법으로 해를 가하는 경우

4 학습에 영향을 주는 강화의 종류

개념	내용
직접 강화	자기 행동의 결과로 직접 강화를 받는 경우 예 아동이 단어를 정확하게 발음할 때 부모가 칭찬하는 경우
대리 강화	타인의 행동에 대한 결과에 간접적으로 강화를 받는 경우(간접 강화) ⇨ 모델이 특정 행동에 대해 강화나 처벌받는 것을 관찰함으로써 간접적으로 강화를 받는 경우 예 TV 광고에서 시원하게 음료수를 마시는 모델을 보고서 동일한 음료수를 사서 마시는 행동
자기 강화	어떤 행동에 대해 스스로 자신에게 내적 강화를 주는 경우 예 과제에 대해 높은 수준의 흥미를 느끼거나 스스로 높은 가치를 부여하는 경우

Plus

대리 강화의 역할 07 전문상담

개념	• 모델이 보상이나 처벌을 받는 것을 관찰함으로써 간접적으로 강화를 받는 경우 • 모델의 행위를 모방하는 것이 어떤 결과를 가져올 것인지 모델이 행한 결과를 보고 예기하는 것
역할	• 정보제공 기능: 모델이 행한 일의 결과는 자신의 행동 여부를 결정짓는 정보로 사용된다. • 동기유발 기능: 모델이 강화받는 것을 보고 자신도 같은 일을 하면 보상받을 것이라는 기대감을 갖게 됨으로써 동기를 유발한다. • 정서학습 기능: 관찰을 통해 모델이 보이는 정서상태도 학습한다. 반응결과의 관찰을 통해 두려움과 제지를 획득시킬 수도 있고 감소시킬 수도 있으므로 이는 심리치료 과정에서도 많이 활용된다. • 영향가능성 기능: 강화받는 모델의 반응을 관찰함으로써 관찰자의 직접 강화에 대한 민감성이 증가되어 그 일을 수행할 가능성을 높여준다. • 모델의 지위변화 기능: 보상 또는 처벌의 결과에 따라 모델의 가치가 상승 또는 하락한다. • 가치평가 기능: 관찰자의 개인적 가치관은 모델 행위의 강화에 따라 달라질 수 있다.

5 관찰학습이론

모델에 대한 관찰을 통해 일어나는 인지적·정의적·행동적 변화를 지칭하는 일반적 용어 ⇨ 사회인지 학습이론의 핵심적인 개념

(1) 모델링의 유형

유형	내용
직접 모델링	실제 모델의 행동을 단순하게 모방하려는 시도 예 현수는 시험공부를 할 때 수진이를 따라 한다. 1학년 아동은 교사와 똑같은 필체로 글자를 쓴다.
상징적 모델링	책, 연극, 영화 또는 TV에 등장하는 주인공들의 행동을 모방 예 10대는 10대 취향의 인기 있는 TV쇼에 나오는 연예인처럼 옷을 입기 시작한다.
종합적 모델링	관찰한 행동의 부분들을 종합하여 행동을 발전시키는 것 예 형이 책을 꺼내기 위해 의자를 사용하는 것과 엄마가 찬장 문을 여는 것을 보고, 의자를 사용해 혼자 서서 찬장 문을 연다.
인지적 모델링	학습자가 전문가의 사고를 모방 예 교사가 자신의 생각을 소리 내어 말로 표현할 때나, 학생들에게 자신의 생각을 표현하도록 지도할 때, 교사는 문제에 대해 어떻게 생각하고 어떻게 해결하는지를 학습자에게 구체적인 예로 제시한다.
자기 모델링	자기 자신의 행동을 관찰하고 반성한 결과로 일어나는 모방 예 자기장학

(2) 관찰학습의 과정 05~06 중등

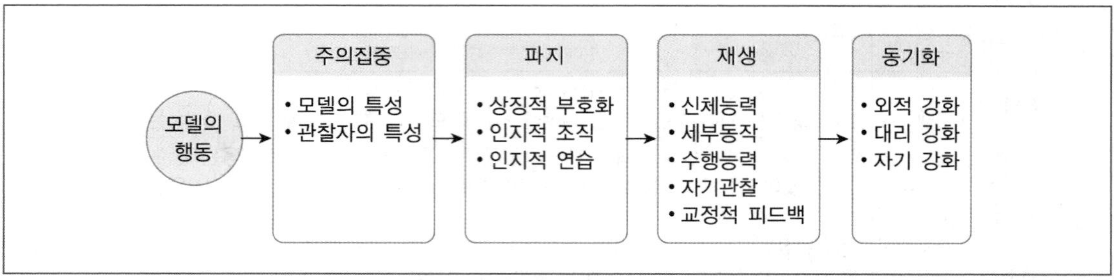

과정	내용
주의집중 (attention)	모델의 행동에 주의를 기울이는 단계 ⇨ 모델이 학습자와 유사성이 있거나, 능력이나 지위가 높거나, 매력적일 때 더욱 집중하는 경향이 있음 예 수영을 배울 때 유능한 코치가 보여주는 수영 동작 시범에 집중하는 경우
파지 (retention)	모델의 행동을 기억하는 단계 ⇨ 모델의 행동은 시각적 또는 언어적 형태의 상징적 부호로 저장됨 예 수영 코치의 수영 동작의 순서를 차례대로 말로 되뇌거나 시각적 영상으로 생각해 내는 경우
재생 (reproduction)	기억된 모델의 행동을 능숙하게 수행할 수 있도록 연습하는 단계 ⇨ 모방한 행동을 능숙하게 재생하려면 연습과 피드백을 통해 수행기술을 갖추어야 함 예 수영 코치가 보여 준 수영 동작 중 자유형 동작을 기억하고 호흡, 손동작, 발동작 하나하나를 직접 해 보고 수영 코치의 수영 동작과 비교하여 수정하고 그 동작이 자연스러워질 때까지 연습하는 경우
동기화 (motivation)	강화를 기대하면서 학습한 행동을 동기화하는 단계 ⇨ 긍정적 강화가 기대되면 행동은 수행으로 나타나지만 그렇지 않으면 기대되는 행동은 수행되지 않음. 조건화에서는 강화가 학습의 조건이 되지만, 사회인지 학습이론에서는 강화가 수행의 조건이 됨 예 3개월간 수영 동작을 연습한 이후 전보다 더욱 건강해졌거나, 기대한 만큼의 효과가 있어서 주위 사람으로부터 긍정적 피드백을 받았다면, 이 사람은 계속해서 수영강습을 계획하게 된다.

(3) 관찰학습에 영향을 미치는 요인

① **결과의 일관성**: 모델의 행동을 일관되게 강화하거나 처벌하면, 관찰학습이 더 효과적으로 형성
② **모델의 특성**: 모델이 자신과 유사하거나, 능력 있고, 매력적이며, 지위가 높을 때 관찰학습 더욱 촉진
③ **모델 행동이 가진 기능적 가치**: 모델의 행동이 자신에게 얼마나 유용한가에 따라 모델링 여부 결정

(4) 관찰학습의 효과

① 새로운 행동의 학습
② 이미 학습한 행동의 촉진
③ 억제 변화시키기[강화 또는 약화 ⇨ 억제효과, 탈억제(억제약화) 효과]
④ 정서 유발(정서적 각성 효과)

6 자기조절(self-regulation) 04 초등, 11 초등, 23 중등論

(1) 자기조절(self-regulation)의 개념

① 자기조절이란 자신의 인지, 정서, 행동을 스스로 조절하고 통제하는 것

② 자기조절학습은 스스로 설정한 목표를 달성하기 위해 인지, 정서(동기), 행동을 스스로 조절하고 통제하는 것 ⇨ 자신의 학습과정을 계획, 조절, 통제함

(2) 자기조절 과정에 영향을 미치는 요인 – 자기평가와 자기효능감

① **자기평가**: 자기가 스스로 설정한 수행기준에 따라 자신의 행동(수행정도)을 평가하는 것 ⇨ 만족할 만하다고 평가되면 내적 강화가 수반됨

② **자기효능감**: 자기가 무엇을 할 수 있다는 능력에 대한 신념

(3) 자기조절의 구성과 전략

① 자기조절학습의 구성(Bandura, 1986): 인지적 행동수정

구성요소	내용
목표 설정 (goal setting)	자신의 학습목표 설정하기 ⇨ 학습자 스스로 적절한 목표를 설정하고 구체적인 계획을 세운다(goal setting). 학습자가 스스로 설정한 도전적 목표가 교사에 의해 부과된 목표보다 자기조절학습에 훨씬 효과적이다. 그러나 일반적으로 학생들은 쉬운 목표를 설정하는 경향이 있기 때문에 교사의 조력이 필요하다.
자기 관찰 (진행 점검) (self monitoring)	자신의 행동 관찰하기 ⇨ 학습을 진행하면서 자신의 전략 사용, 동기수준, 행동을 스스로 관찰하며 점검한다(self monitoring). 예를 들어 최종목표를 구성하는 하위 행동요목들을 체크리스트로 만든 후, 이를 체크하면서 자신이 현재 어떤 상태에 있는지를 모니터링할 수 있다.
자기 평가 (자기 판단) (self evaluation)	자신의 행동 평가하기 ⇨ 학습자는 자신이 설정한 목표를 기준으로 자신의 수행 정도(목표 달성 정도)를 평가한다(self evaluation). 메타인지를 적극적으로 활용해야 한다. 예를 들어, 바람직한 행동을 하고 있는지, 동기가 적절히 유지되고 있는지, 효과적인 인지전략을 사용하고 있는지에 대해 스스로 평가한다.
자기 강화 (자기 반응) (self reinforcement)	자신에게 상 주기 ⇨ 자기 평가를 토대로 목표 달성 여부에 따라 스스로 강화하거나 처벌한다. 또, 자기 평가를 토대로 새로운 자기 반응을 계획하고 실천한다. 만약 부적절한 목표 설정, 비효과적인 전략 사용으로 인해 학습에 성공하지 못했다면 성공적인 다음 학습을 위해 목표와 전략을 수정해야 한다.

② 자기조절학습 전략의 구성요소(구성변인) 04 초등

전략		내용
인지 변인	인지전략	학습자가 정보를 이해하고 기억하는 데 사용하는 실제적 전략 ⇨ ㉠ 시연(rehearsal, 암송), ㉡ 정교화(elaboration), ㉢ 조직화(organization) 전략
	메타인지 전략	인지에 대한 인지로서 자신의 인지과정을 계획·점검·조절·통제하는 전략 ⇨ ㉠ 계획하기, ㉡ 점검하기(모니터링), ㉢ 조절하기(교정하기), ㉣ 평가하기 등

동기전략 (동기변인)	학습목적에 대한 동기유발 전략 ⇨ ㉠ 과제 가치(학습자가 자신의 학습과제가 가치 있다고 생각하는 것), ㉡ 숙달목표 지향성(새로운 지식과 기능을 습득하는 것에 대한 내재적 가치를 우선시하는 것), ㉢ 자기효능감(자기능력에 대한 자신의 평가), ㉣ 통제인식(학업성취의 성공과 실패의 책임이 자기에게 있다고 이해하는 것) 등
행동전략 (행동변인)	학습행동(수행)과 관련된 것 ⇨ ㉠ 행동통제(어려움이 있어도 포기하지 않고 노력하기), ㉡ 도움 구하기(동료나 선생님에게 도움을 구하는 것), ㉢ 학습시간관리, ㉣ 물리적 환경 구조화하기 등

7 사회인지 학습이론의 교육적 시사점 및 적용

(1) 교육적 시사점

① 조작적 조건형성의 보완

② 새로운 행동의 학습과 이미 학습한 행동의 촉진

③ 억제 변화시키기

④ 정서적인 면의 학습

⑤ 모델의 언행일치

(2) 교육적 적용

① **교사의 모범**: 학생들은 교사의 행동과 태도를 관찰하고 모방하여 학습하므로 교사 스스로 좋은 모델링이 되어야 함. 긍정적인 정서와 태도, 교과목에 대한 열의, 학습전략에 대한 시범 등을 보여줌으로써 학생들의 본보기가 되어야 함

② **효과적인 모델의 활용**: 모델은 유능하거나 매력적인 모델을 선정하도록 함. 교사 자신이나 또래, 위인들을 효과적인 모델로 사용할 수 있음

③ **잠재적 교육과정에 주의**: 학생들은 모델이 전혀 의도하지 않은 것을 모방하여 학습할 수 있기 때문에 잠재적 교육과정에 주의하여야 함

④ **학생의 기대를 충족시켜 주기**: 바람직한 행동에 대해 기대했던 강화인이 발생하지 않으면 벌인으로 작용하여 다음에 특정행동을 하지 않게 됨. 또, 문제행동에 대해 기대했던 벌인이 발생하지 않으면 강화인으로 작용하여 다음에 문제행동을 할 가능성이 높아짐

27 쾰러(Köhler)의 통찰학습

1 개념

문제 상황을 구성하는 요소들 간의 관계를 완전한 형태(gestalt)로 파악하여(수단과 목적의 관계) 문제를 해결하는 것 ⇨ 이 순간 학습자는 '아하 현상(a-ha phenomenon)'을 경험함. 통찰(insight)을 통해 획득된 지식은 다른 상황에 쉽게 전이되며 오랫동안 기억됨

2 교육적 의의

(1) 학습

학습은 자극-반응의 연합(조건화)이나 시행착오의 결과처럼 점진적으로 이루어지는 것이 아니라 순간적인 통찰(insight)에 의해 이루어짐

(2) 전이

통찰은 순간적으로 일어나는 비약적 문제해결의 과정이자 비약적 사고의 과정임. 통찰은 다른 상황에 쉽게 전이되며, 수행상 오차가 없고 원활하며, 그 효과도 상당 기간 유지됨

(3) 문제의 해결

문제해결은 단순한 과거 경험의 집적이 아니라 그 경험적 사실을 재구성하는 인지구조의 변화 과정

28 톨만(Tolman)의 기호-형태설(sign-gestalt theory) 07 중등

1 개념

학습은 수단과 목표의 의미관계를 파악하고 인지지도(cognitive map)를 형성하는 것 ⇨ 기호(sign) - 형태(Gestalt) - 기대(expectation)를 인지구조 속에 형성하는 것

2 학습이론

(1) 잠재학습(latent learning)

잠재학습이란 유기체에 잠재되어 있지만 행동(수행)으로 나타나지 않는 학습 ⇨ 강화물에 의해 동기화될 때 잠재된 학습이 수행으로 전환됨. 강화(보상) 없이도 학습이 일어나며, '강화'는 학습변인이 아니라 수행변인 ⇨ 행동주의의 비판 근거, Bandura와 같은 견해

(2) 장소학습(place learning)

유기체는 목표물이 어디에 있는가에 대한 장소를 학습 ⇨ 유기체가 어떤 장소에 가면 어떤 강화를 받을 것이라는 기대가 경험을 통하여 검증되면서, 장소에 대한 인지지도를 형성하여 획득된 과정

(3) 보상기대(reward expectancy)

유기체는 '어떤 행동을 하면 어떤 결과가 나타날 것'이라는 기대를 가지며, '보상'이란 기대에 대한 확인을 말함 ⇨ 기대에 못 미치는 보상은 수행을 감소시킴

29 정보처리이론(information-processing theory)

98 중등, 99~00 초등, 00 초등보수, 00~04 중등, 02~06 초등, 07~10 중등, 10~11 초등, 13 중등

1 개념

인간의 인지과정을 컴퓨터의 정보처리과정에 비유하여 새로운 정보가 투입되고 저장되며 인출되는 과정을 설명하는 이론

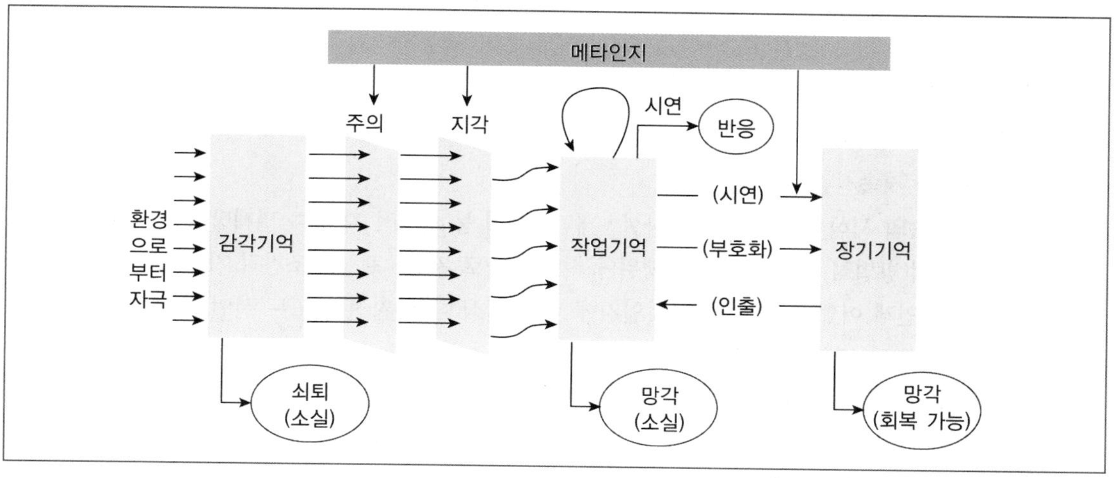

2 정보 저장소 99~00 초등, 01 중등, 02~03 초등, 04 중등, 07 중등, 10 중등, 13 중등

구분	감각기억	작업기억	장기기억
정보의 투입	외부자극	주의집중, 지각	시연, 부호화
저장 용량	무제한	제한(7 ± 2 unit)	무제한
기억 지속시간	순간적(1~4초 이내)	일시적(20~30초 이내)	규정할 수 없음(무제한)
정보원	외부환경	감각기억과 장기기억	단기기억에서의 전이
부호 형태	원래의 물리적 형태	이중부호(언어적, 시각적)	일화적, 의미적
정보 상실	소멸	치환 또는 소멸	인출실패
컴퓨터 / 두뇌활동		RAM, CPU / 의식	HARD, USB / 사고(思考)

(1) 작업기억의 한계용량을 극복하는 방법 – 인지과부하 줄이기 전략 ⇨ 인지부하이론(cognitive load theory)

청킹(chunking, 의미 덩이짓기) 06 초등	개별적인 정보를 보다 의미 있는 큰 단위로 묶는 것(예 'u, r, n'을 'run'이라는 1개의 단어로 결합하는 경우) ⇨ 청킹화하면 보다 많은 정보를 동시에 처리할 수 있음

자동화 (automatization)	의식적인 노력 없이도 정보를 능숙하게 처리하는 것(예 걷기, 운전하기) ⇨ 자동화되어 있으면 인지부하를 줄여 주므로 보다 많은 정보를 처리할 수 있고, 복잡한 문제해결에도 도움을 줌
이중처리 (dual processing) 00 초등, 13 중등	작업기억에서 시각과 청각을 함께 활용하는 방법(예 식물의 뿌리에 대해 언어로 설명하면서 동시에 실제 뿌리의 사진을 보여 줌) ⇨ 시각과 청각은 각기 독립적으로 작업하는 동시에 공동으로 작업하면서 서로를 보충함. 시각적 과정은 청각적 과정을 보충하고, 역으로 청각적 과정은 시각적 과정을 보충함 ⇨ 언어적 설명과 함께 시각자료를 활용하면 인지부하를 극복할 수 있고 재생도 쉽다. ※ 파이비오(Paivio)의 이중부호화 이론

⑵ **장기기억**(long-term memory) 99 초등, 07 중등

① 정보의 영구 저장소

② 저장용량과 지속시간 무제한

③ **장기기억 속의 지식**: 선언적 지식(사실·개념·원리 등 명제적 지식 ⇨ 명제망의 형태로 저장·표상), 절차적 지식(방법적 지식 ⇨ 조건－행위 규칙인 산출로 저장·표상), 조건적 지식(선언적 지식과 절차적 지식을 언제 어떻게 왜 적용할 것인지에 대한 지식 ⇨ 인지전략 또는 선언적 지식과 절차적 지식이 서로 연결된 명제망의 형태로 저장·표상)

④ **장기기억의 유형**: 일화기억(개인적 경험에 대한 기억 ⇨ 심상의 형태로 저장·표상), 의미기억(선언적 지식에 관한 기억 ⇨ 도식과 명제망, 심상의 형태로 저장·표상), 절차기억(절차적 지식에 관한 기억 ⇨ 조건－행위 규칙인 산출로 저장·표상)

⑶ **도식이론**(schema theory) 10 중등

장기기억 속의 지식들은 서로 연관을 맺으면서 조직화된 도식들로 저장됨

의미	도식(schema)은 인간의 기억 속에 축적된 지식의 구조 혹은 인지구조, 이해의 틀을 의미 ⇨ 개인이 세계를 범주화하고 지각하는 방식, 심리적인 이해의 틀이므로 도식이 다르면 동일한 현상도 서로 다르게 해석함
특징	• 도식은 기억 속에 존재하는 조직화된 구조를 의미 • 도식은 직접적인 경험이 아니라 추상적인 표상 • 도식은 교육이나 경험에 따라 다르게 형성되고, 성장함에 따라 더욱 발달
기능	• 도식은 수많은 정보 중에서 중요한 정보에 선택적 주의를 기울이도록 함 • 도식은 기억 속에 저장된 정보를 회상하는 데 영향을 줌 • 도식은 새로운 정보를 지각하고 이해하는 데 영향을 줌 • 도식은 문제를 적절히 표상하는 데 영향을 주어 문제해결을 촉진함 • 새로운 정보는 기존 도식과 연결하면 더 쉽게 이해되고, 기억되며, 또 많은 정보를 정리해서 저장하기 때문에 그 정보의 인출도 쉽게 이루어짐 • 도식은 어떤 사실을 추론하는 역할도 함 • 도식은 지엽적인 사항의 누락, 정보 왜곡 등 인지과정에 부정적인 영향을 줄 수도 있음(인지 왜곡)
각본 (script)	도식의 한 종류, 사람들이 알고 있는 일상적인 활동에 대한 조직화된 지식 예 레스토랑에 대한 각본: 레스토랑에 들어가기(빈자리 찾기, 앉을 자리 정하기, 자리로 가서 앉기), 음식을 주문하기(메뉴판 보기, 음식 선택하기…), 먹기, 떠나기로 구성되며 다시 하위 구성요소로 구성된다.

3 인지과정(인지전략, cognitive process) 00 중등, 04~05 초등, 11 초등

(1) 주의(attention)

① 정보자극에 선택적으로 주의를 집중하는 것 ⇨ 선택적 주의(selective attention) 예 칵테일파티 효과

② **학습자의 주의를 유도하는 전략**: 강조, 흥미유발 자료, 특별한 자극, 시범, 도표·그림·사진, 문제제기, 사고를 자극하는 질문, 호명하기 등

(2) 지각(perception)

① 주의집중한 자극을 해석하고 의미를 부여하는 과정

② 배경지식 영향, 정보의 왜곡, 동일한 자극에 다르게 지각

③ **지각 확인의 효과적인 방법**: 개방형 질문 사용 ⇨ 다양한 답 유도

(3) 시연(rehearsal)

① 정보를 변형하지 않고 계속 반복하여 되뇌는 것

② **효과적인 시연 방략**: 시연 반복, 분산학습, 중요 내용을 학습의 처음(초두효과)과 마지막 부분(최신효과)에 배치(초두최신 효과, 계열위치 효과)

(4) 부호화(기호화, encoding) – 새로운 정보를 유의미하게 전환하여 장기기억 속에 정보를 파지

① **정교화**: 새로운 정보에 의미를 추가(부여)하거나 새로운 정보를 기존 지식과 연결(연합)하는 전략

예 구체적 사례, 유추하기, 논리적 결합, 기억술 활용하기, 문답법, 노트정리 등

② **조직화**: 관련 있는 정보끼리 묶어(범주화·유형화), 체계화·구조화하는 것

예 개념도/위계도, 도표작성, 개요작성 등

③ **심상화**: 정보를 시각적인 형태(심상형태)로 변형하는 것

예 사진이나 그림, 시청각자료나 멀티미디어 자료를 활용, 장소법 등

④ **맥락화**: 정보를 장소나 사람, 감정 등 물리적·정서적 맥락과 함께 학습하는 것

예 문법과 철자법을 익히도록 할 경우 문법과 철자법이 요구되는 글을 쓰게 하는 것

(5) 인출(retrieval)

① 장기기억 속의 정보를 의식 수준으로 떠올리는 것 ⇨ 장기기억에 있는 정보가 잘 인출되려면, ㉠ 부호화(encoding)가 잘 되어 있어야 하고, ㉡ 적절한 인출단서(retrieval clue)가 있어야 함(정보가 장기기억에 저장되어 있어도 인출단서가 없으면 접근할 수 없음)

② 설단현상(생각이 날 듯 말 듯 혀끝에서 맴도는 현상)

③ 부호화 특수성(부호화 특정성: 정보를 부호화할 때 사용된 맥락이 중요한 인출단서가 된다는 원리) ⇨ 상황학습(장의존학습)과 상태의존학습

4 메타인지(초인지, meta-cognition) — Flavell(1979) 99 중등, 00 초등보수, 03 중등, 06~07 초등, 09 중등, 10 초등

(1) 개념

'자신의 인지과정에 대해 알고(self awareness), 그것을 토대로 자신의 인지과정을 조절하고 통제하는 것(self regulation)'을 의미 ⇨ '인지에 대한 인지', '사고에 대한 사고'

① 메타인지적 지식(metacognitive knowledge) : 인지과정에 대한 지식

구성	내용
개인 지식 (사람 변인)	자신의 인지능력과 한계에 대한 지식 ⇨ 자신의 학습능력 및 기억능력과 그 한계를 인식하고 있어야 함
과제 지식 (과제 변인)	과제 특성과 관련된 지식 ⇨ 학습과제에 대해 어느 정도 파악하고 있어야 하며, 학습과제가 다를 경우 전략도 달라야 한다는 것을 이해하고 있어야 함
전략 지식 (전략 변인)	메타인지전략 자체에 관한 지식 ⇨ 학습과제의 성질에 따라 부호화, 저장, 인출 등 적절한 전략을 선택할 수 있어야 함

② 메타인지적 기술(metacognitive skill) : 인지과정을 조절하고 통제하는 능력

주요 기술	내용
계획 (planning)	과제해결에 필요한 전 과정을 계획하는 것 ⇨ 학습목표를 설정하고, 학습활동을 계획하며, 과제를 훑어보고, 적절한 인지전략을 선택하는 것
점검 (monitoring)	• 과제의 진행상황, 선택한 전략의 적절성, 계획과 실제 수행의 효율성 등을 점검하는 것 • 인식의 착각(illusion of knowledge) 또는 제2의 무지(secondary ignorance) : 과제 내용을 제대로 이해하지 못하고 있으면서도 이해하고 있는 것으로 착각하는 경우 ⇨ 과제 내용을 제대로 이해하고 있는지, 무엇을 알고 무엇을 모르는지 수시로 점검하는 것이 중요 예 시험공부를 열심히 했는데 시험점수가 낮게 나왔다고 불만을 터뜨리는 학생들의 대부분은 이러한 인식의 착각에 빠진 경우라고 볼 수 있음 • 이해점검(comprehension monitoring)을 위한 방안은 ㉠ 스스로 질문하고 대답해 보는 것(예 핵심내용은 무엇인가, 사례를 들어 설명할 수 있는가, 다른 내용과의 공통점과 차이점은 무엇인가, 어떤 효과와 문제점이 있는가, 원인은 무엇인가 등), ㉡ 학습자료를 그림이나 도표로 나타내 보는 것이 있음
조절 (regulation)	부적절한 인지전략과 학습방법을 수정함
평가 (evaluation)	목표 달성 정도, 자신의 인지상태의 변화 정도, 사용한 인지전략의 유용성 등을 평가함

③ 메타인지(초인지)전략(Mayer, 1975; 박성익 외, 2006) 09 중등

전략	내용
발췌 (abstracting)	학습내용의 핵심을 추출해 내는 기법 ⇨ 발췌의 목적은 내용을 이해하기 쉽게 양을 줄이는 것 예 책을 읽고 주요 내용을 요약하는 것
정교화 (elaborating)	정보를 더 구체적이며 실제적으로 나타내는 것 ⇨ 발췌와는 달리 정보를 더 늘려가는 것 예 사례나 삽화 등을 추가하여 정리하거나 내용을 자신의 말로 다시 적어보는 것 등
도식화 (schematizing)	도식(schema)은 정보를 구조화할 때 사용하는 기본 틀(사고 틀) ⇨ 도식은 학습하고 있는 것을 이해하고 기억하도록 돕는 사고의 틀과 같음 예 학습자료에서 주요 개념들을 찾아 개념도를 그려보기
조직화 (organizing)	정보의 위계적 관계를 파악하여 자료에 구조를 부과하려는 노력(정보처리를 쉽게 하기 위해서 내용을 묶음으로 나누고 도식화를 하는 하나의 방법) ⇨ 조직화의 부수적인 특징은 장, 절, 머리말 등과 같이 위계적 관계를 가지는 것 예 책의 목차를 훑어보면서 내용의 위계를 파악하기
인지적 점검 (monitoring)	자신의 학습상황을 계속적으로 추적하고 통제하는 활동 ⇨ 인지적 점검(감지)에는 자기질문(self-questioning), 목표 설정, 자기검사(self-testing), 환경점검, 피드백 활용 등이 있음 예 오답노트를 만들어 부족한 부분을 확인하고 그 원인을 분석하기

(2) 메타인지의 개인차와 학업성취도 차이(메타인지가 학업성취에 영향을 미치는 이유)

주의집중 증진	메타인지는 학습자 스스로 주의집중에 효과적인 학습환경을 만들도록 함으로써 학습의 효율성을 높여줌
정확한 지각 증진	메타인지는 학습자가 필요한 정보를 찾게 하고, 자신의 이해가 정확한지를 점검하도록 함으로써 학습내용에 대한 정확한 지각과 이해를 높여줌
유의미한 부호화 전략 사용	메타인지는 학습자가 학습과제에 맞는 효율적인 부호화 전략(인지전략)을 사용할 수 있도록 함
학습의 과정 통제 증진	메타인지는 목표와 학습과정을 계획, 조절, 통제, 평가하도록 하기 때문에 학습효과를 증진시켜줌

5 인지주의 학습이론의 교육적 시사점

학습자의 선행지식 활성화	교사는 학습자의 선행지식을 활성화해 주어야 함. 학습자는 자신의 선행지식을 토대로 새로운 정보를 부호화함. 교사는 학생의 선행지식 정도를 파악하고 새로운 학습을 그들의 기존 지식과 연결해 주는 장치를 만들어야 함
학습자의 주의를 끄는 수업 계획	학습자의 주의를 끄는 수업을 계획해야 함. 주의를 받은 새로운 정보라야 작업기억을 거쳐 장기기억에 저장될 기회를 갖게 됨 예 유머 사용하기, 학습자의 수업 참여 기회 높이기, 학생의 이름 부르기, 음악 사용하기, 그림 또는 도표 제시 등
작업기억에 인지적 과부하 유의	작업기억에 인지적 과부하가 걸리지 않도록 수업을 해야 함. 작업기억은 기능적 한계가 있음. 수업목표의 정보량이 학생의 기억저장 용량을 넘지 않을 때, 학생은 자신이 학습한 것을 더 많이 기억하게 됨

30 인본주의 학습이론

개관	• 실존주의 철학과 인본주의 심리학에 이론적 토대를 둔 학습이론 • **학습에 대한 현상학적 접근**: 학습은 지식과 정의(情意)가 결합된 유의미한 실존적(now & here) 경험 ⇨ 특정 사태에 대한 개인의 지각·해석·의미 등 주관적 경험을 강조 • **대표자**: 올포트(Allport), 매슬로우(Maslow), 로저스(Rogers), 콤즈(Combs)
인간에 대한 기본가정	• 인간이란 부분의 합보다 크다. ⇨ 인본주의의 전체적인 관점을 나타냄 • 인간은 인간관계의 상황에 존재함. 인간의 실존은 다른 사람들과의 관계 속에서 나타남 • 인간은 자기 자신과 자기의 존재를 의식함 • 인간은 자신의 삶에서 수동적인 방관자가 아니라 스스로의 삶을 선택하는 존재 • 인간은 목적 지향적 존재
학습이론의 특징	• 인간의 내면세계(내적 행동, 내적 동기)에 관심을 가짐 • 학습자는 긍정적 자기 지향성과 자유의지를 가지고 스스로 동기화되는 열정적인 존재 • 교육의 궁극적 목표는 성장과 자아실현에 있으며, 인간적인 환경 조성을 위해 노력 • 학습자 중심의 교육활동을 전개 • 교사의 역할은 학습자의 학습활동 안내자 또는 촉진자, 조력자, 보조자, 동료
학습원리	• 자기주도적 학습, 학습방법에 대한 학습, 자기평가, 감성의 중요성, 인간적 환경 • 감수성 집단(sensitivity group)과 만남 집단(encounter group) 같은 집단과정을 교육방법으로 채택 • 정의적 학습과 인지적 학습을 통합하려는 융합교육(confluence education)을 중시 • 학습자 중심 교육과 심층적인 교사, 학습자 관계를 지향하는 열린교육(open education)을 중시 • 수업방법, 교육과정, 시간계획 등을 학생의 학습양식(learning style)에 맞추는 교육을 지향 • 개별학습보다 협동학습(cooperative learning)을 선호

02

31 전이와 망각

1 전이의 종류(유형)

(1) 긍정적 전이(정적 전이)와 부정적 전이(부적 전이)

긍정적 전이	선행학습이 후행학습을 촉진하는 현상 예 한문학습이 일어학습을 촉진하는 경우
부정적 전이 93 초등	선행학습이 후행학습을 방해하는 현상(≒ 선행간섭), 매우 비슷하지만 전혀 다른 반응을 요구하는 과제 사이에서 발생 예 예전에 학습했던 영어 단어가 프랑스어 단어의 학습에 혼란
영(zero) 전이	선행학습이 후행학습에 아무런 영향을 주지 못하는 현상 예 학교교육이 일상생활과 아무런 관련이 없는 경우

(2) 수평적 전이와 수직적 전이

수평적 전이	선행학습과제와 후행학습과제의 수준이 비슷한 경우에 나타나는 전이. 특정 교과의 학습이 다른 교과의 학습에 영향을 미칠 때 발생 예 역사시간에 학습한 3·1 운동에 대한 지식이 국어시간의 독립선언문 학습에 영향을 미치는 경우
수직적 전이	내용이나 특성 면에서 위계 관계가 분명할 때의 전이. 선행학습이 후행학습의 기초가 될 때 발생 예 구구단 학습이 분수학습에 영향을 주는 경우

(3) 특수적 전이와 일반적(비특수적) 전이

특수적 전이	선행장면에서 학습한 지식·기능·법칙 등을 매우 유사한 장면에 적용할 때 발생. 학습과제의 구체적 특수성이 유사하기 때문에 발생 예 동일요소설(프랑스어 학습이 스페인어 학습에 영향을 미치는 경우), 상황학습설
일반적 전이	선행장면에서 학습한 지식·기능·법칙을 완전히 새로운 장면에 적용할 때 발생. 선행학습과제와 후행학습과제에 동일한 인지전략을 사용하기 때문에 발생 예 형식도야설, 일반화설, 형태이조설

2 전이이론

(1) 전통적 전이이론

형식도야설 (Locke) 01 중등, 06 중등	• 교과라는 형식을 통해 일반정신능력이 잘 훈련되면 자연스럽게 전이가 발생 • 능력심리학에 기초, 교과중심 교육과정에서 강조 예 수학을 열심히 공부하면 추리력이 길러짐
동일요소설 (Thorndike)	• 선행학습과 후행학습 간 동일한 요소가 있을 때 전이가 발생 예 영어를 잘하면 독일어도 잘함 • 경험중심 교육과정 ⇨ 학습 상황과 실제 상황이 일치할 때 교육효과가 큼
일반화설 (동일원리설) (Judd) 08 초등	• 두 학습과제 간에 원리가 동일하거나 유사할 때 전이가 발생 ⇨ 새로운 상황에 일반화하여 적용할 수 있는 일반적인 원리를 학습하도록 함 예 수학적 원리를 잘 알면 물리나 화학도 잘함 • 학문중심 교육과정(브루너의 지식의 구조 ⇨ 기본개념과 원리를 학습해야 새로운 상황에 전이가 잘 일어남) ※ Judd의 수중표적 적중 실험(물통실험)
형태이조설 (Koffka)	• 두 학습과제 간에 형태(gestalt)가 비슷할 때 전이됨. 즉, 요소와 요소의 전체적인 관계나 형태를 이해하는 것이 전이에 영향을 미친다는 것 ⇨ 형태주의 심리학의 원리에 기초함 • 학문중심 교육과정[브루너의 발견학습 ⇨ 브루너의 발견학습(탐구학습)은 지식의 구조를 가르치는 방법상의 원리를 나타내는 것으로 형태이조설과 관련] 예 수중 표적 적중 실험에서 목표물의 위치, 물의 깊이, 창의 사용법, 원리 간의 관계를 완전하게 이해하는 것이 전이를 촉진 ※ 쾰러(Köhler)의 닭 모이 실험

(2) 정보처리이론의 전이이론

메타인지이론	자신의 인지과정을 인식하고 점검·조절할 수 있어야 하고, 다양한 인지전략을 언제 어떻게 활용할 수 있는가를 학습해야 전이가 촉진됨
인출이론	새로운 장면에 존재하는 인출단서가 장기기억 속의 관련 정보와 긴밀하게 관련될수록 관련지식이 잘 인출되어 새로운 장면으로 전이가 일어날 가능성이 높아짐

(3) 구성주의이론의 전이이론 – 상황학습이론

학교학습 활동이 실생활 장면과 상황맥락적으로 유사할 때 전이가 잘 일어남 ⇨ 새로운 장면이 원래 학습장면과 다르면 전이가 잘 일어나지 않음

3 망각이론

(1) 개념

망각은 기억 속에 저장되어 있는 정보를 소실하거나 인출하지 못하는 현상 ⇨ 모든 기억 저장소에서 일어남

(2) 망각의 원인을 설명하는 학설

학설	내용
흔적쇠퇴설	• 의미 : 기억이란 학습내용이나 정보가 뇌(대뇌 피질의 기억중추) 속에 기억흔적(memory trace)으로 남는 것이며, 망각은 이 기억흔적을 연습 또는 재생하지 않고 그대로 둘 때 나타나는 소멸현상 예 비석에 새겨진 문자가 시간이 지남에 따라 소멸 • 망각의 주요 원인 : 시간의 경과 예 최근 경험보다 과거 경험을 잘 기억하지 못함 • 망각 방지 방법 : 충분한 반복 연습 • 문제점 – 과거 특정한 사건이 생생히 기억나는 파지개선현상이나 최신 경험이 기억나지 않는 현상을 설명하지 못함 – 사용하지 않는다고 반드시 망각이 발생하는 것은 아니며, 오히려 학습 직후보다도 일정한 시간이 경과한 후에 기억이 잘 되는 '파지개선현상'을 설명할 수 없음 – 학습이 일어나고 잠시 지난 후에 기억이 약간 증가하는 상기효과(reminiscence effect 예 처음 학습한 경우보다 학습하고 나서 하루가 지난 후에 기억이 더 잘 되었다.)를 설명하지 못함
간섭설 (제지설) 99 초등	• 의미 : 망각은 기억이 손실된 것이 아니고 학습 이전이나 이후의 정보에 의해 기억정보가 방해를 받았기 때문에 생기는 현상 ⇨ 기억 속에 저장된 정보들 사이의 혼동으로 인해 망각이 발생 • 종류 – 선행간섭(proactive interference, 순행간섭, 순행제지) : 선행학습내용이 후행학습내용의 기억을 방해. 부정적(부적 · 소극적) 전이와 유사, 선행학습과 후행학습이 유사할수록 많이 발생 예 선생님이 비슷한 이름의 학생들을 잘 기억하지 못하는 경우 – 후행간섭(retroactive interference, 역행간섭, 역행제지) : 후행학습내용이 선행학습내용의 기억을 방해 예 새로 사귄 친구의 전화번호는 잘 기억되는데 예전 친구의 전화번호가 잘 기억되지 않는다. unlearning(새로운 것을 학습하는 과정에서 이미 학습한 것을 잊어버리는 것)으로 발생 • 교육적 의의 : 유의미하게 학습된 정보의 망각보다 기계적으로 학습된 정보의 망각을 더 적절하게 설명한다. 혼동으로 인한 간섭이 일어나지 않도록 학습과제를 차별화하여 제시
인출실패설	• 의미 : 망각은 장기기억 속에 저장되어 있는 정보를 제대로 인출(retrieval, 장기기억 속에 저장된 정보를 탐색하여 그 정보에 접근하는 과정)할 수 없을 때 발생함 • 망각 발생원인 : 정보를 부호화시킬 때 체계적으로 조직하지 못한 경우나 저장된 정보를 인출할 적절한 단서가 존재하지 않는 경우에 발생함. 단서의존적 망각(clue-dependent forgetting) • 설단현상(tip of the tongue phenomenon) : 찾아야 할 정보가 혀끝에서 맴돌면서 바로 회상되지 않는 현상 예 분명히 아는 사람 이름이 잘 기억나지 않는 경우 • 교육적 시사점 : 적절한 단서[예 학습환경이나 맥락, 냄새, 특정 생리적 상태나 정서적 상태(상태의존학습)]가 존재하면 정보 인출이 촉진. 다양한 맥락에서 정보를 부호화함으로써 망각 방지

32 부적응

1 개념

부적응이란 사회의 질서·규범에 적응하지 못하여 바람직하지 못한 상태에 놓인 것 ⇨ 부적응의 징후로 스트레스(stress)가 나타남

2 스트레스의 유형

(1) **욕구불만**(욕구좌절, frustration)

욕구의 결핍 상태나 불균형 상태에서 오는 정신적 긴장 상태

(2) **갈등**(conflict)

상반되는 여러 욕구가 동시에 대립할 때 선택이 망설여지는 심리 상태

접근·접근갈등	2개의 긍정적 욕구가 동시에 나타나는 심리적 갈등. 행복한 고민 예 영화도 보고 싶고 여행도 가고 싶은 경우, 부르뎅의 나귀
회피·회피갈등	2개의 부정적 욕구가 동시에 나타나는 심리적 갈등. 딜레마, 진퇴양난, 사면초가 예 학교는 가기 싫고 부모님께 혼나는 것도 싫은 경우
접근·회피갈등	어떤 자극이 긍정적인 것(매력적인 것)과 부정적인 것(불쾌한 것)을 동시에 갖추고 있을 때의 심리적 갈등 예 시험에 합격하고 싶지만 공부는 하기가 싫은 경우, 친구는 경쟁자이자 협력자
이중접근·회피갈등	긍정적(매력적인 것)·부정적(불쾌한 것) 가치를 모두 포함하고 있는 두 가지 욕구 간의 갈등 예 심순애의 갈등

(3) **불안**(anxiety)

심리적인 긴장 상태를 의미하며, 인지적 측면(걱정), 정서적 측면, 행동적 측면으로 구성

① **특성불안(일반불안, 성격불안)과 상태불안(특수불안, 상황불안)**

특성불안	일반불안으로서 보다 넓은 범위에서 강하게 느끼는 불안. 선천적 불안, 광범위한 불안 ⇨ 불안을 느끼는 상황에서 손에 땀이 배며, 심장박동이 빨라지거나, 불길한 예감을 갖는 등 신체적·정서적 특징을 보임
상태불안	특수불안으로서 특수상황에서 느끼는 불안. 특수상황에서 학습된 불안 예 시험불안, 대인불안, 고소(高所)불안

② 현실적 불안(ego)과 신경증적 불안(id), 도덕적 불안(super-ego) : Freud

현실적 불안	자아(ego)가 외부에 존재하는 현실적인 위험을 인지했을 때 느끼는 불안 예 사나운 개, 어두운 골목길
신경증적 불안	본능(id)으로부터 오는 위험을 자아(ego)가 인지했을 때 느끼는 불안 예 낯선 남자에게서 성적 충동을 경험하는 여자, 사람들이 보는 자리에서 원초적 욕구를 노출할지도 모른다고 걱정하는 남자
도덕적 불안	자아(ego)와 초자아(super-ego)의 갈등에서 비롯되는 불안 예 높은 표준에 맞추어 살지 못하는 데에서 비롯되는 죄책감, 수치심으로 고통을 겪는 남자

③ 촉진적 불안(적응적 불안)과 방해적 불안(부적응적 불안) : Alpert & Haber

촉진적 불안	적응적 기능을 하는 불안 예 높은 수준의 불안이 쉽고 자동화된 과제의 수행을 향상시키는 것 ⇨ 학습동기 및 학업성취도 증가
방해적 불안	부적응 기능을 하는 불안 예 높은 수준의 불안이 어려운 과제의 수행을 방해하는 것 ⇨ 지나친 긴장 유발, 부정적 사고 및 자신감 감소, 회피적 행동의 증가

④ 시험불안 : 시험이라는 특수 상황에서 발생하는 상태불안 ⇨ 시험불안과 학업성취도와의 관계 – 역 U자 형태(불안이 너무 낮거나 너무 높은 것보다는 적정수준으로 유지될 때 가장 효과적인 학업성취)

Plus

1. **예크스-도슨 법칙(Yekes-Dodson law)** : 시험불안과 학업성취도와의 관계
   ① 개념 : 과제 수행이 불안수준과 과제곤란도의 상호작용에 의해 결정된다는 법칙
   ② 대부분의 과제 : 대부분의 과제에서는 불안수준이 중간 수준일 때 과제 수행이 높다.
   ③ 어렵거나 쉬운 과제 : 어려운 과제에서는 불안수준이 낮을 때 과제 수행이 높고, 쉬운 과제에서는 불안수준이 높을 때 과제 수행이 높다. 그러므로 어려운 시험의 경우 불안수준이 높은 학생이 불안수준이 낮은 학생보다 성적이 낮다.
2. **시험불안이 높은 학생을 위한 조력 방안**
   ① 에겐(Eggen)
   ㉠ 시험의 경쟁적인 측면들을 최소화하기 위해 준거참조평가(criterion-referenced evaluation)를 사용한다.
   ㉡ 성적이나 등급을 공개하는 것과 같은 학생 간 비교를 피한다.
   ㉢ 퀴즈와 시험의 횟수를 증가시킨다.
   ㉣ 시험 전에 시험의 내용과 절차에 대해 토의한다.
   ㉤ 분명한 지침서를 제공하고, 학생들이 시험의 형태와 요구조건들을 이해하고 있는지 확인한다.
   ㉥ 학생들에게 시험 보는 기술을 가르친다.
   ㉦ 대안적인 평가와 같은 다양한 측정방법을 사용해서 학생들의 이해와 기술을 측정한다.
   ㉧ 시험을 치룰 때 충분한 시간을 준다.

   ② 울포크(Woolfolk)
   ㉠ 경쟁을 신중하게 사용한다.
   • 어떤 학생도 지나친 압력하에 놓이지 않도록 하기 위해 활동을 감독한다.
   • 경쟁적인 게임 동안, 참여한 모든 학생들이 성공할 기회를 가질 수 있도록 한다.
   • 협동학습 활동을 활용한다.

㉡ 고도로 불안한 학생이 많은 학생들 앞에서 수행해야 하는 상황을 피한다.
- 불안한 학생들에게 질문을 할 때는 예, 아니오, 또는 다른 간단한 대답으로 답할 수 있는 것을 묻는다.
- 불안한 학생들에게 소규모 집단 앞에서 얘기하는 것을 연습할 기회를 준다.

㉢ 지시를 명확히 하도록 한다. 불확실성이 불안으로 이끌 수 있다.
- 시험 지시는 구두로 하는 대신에 칠판에 쓰거나 시험지에 써 준다.
- 학생들이 이해했는지 점검한다. 몇몇 학생들에게 첫 번째 질문 혹은 연습 문제를 어떻게 할 것인지를 묻는다. 잘못 이해한 것이 있으면 고쳐준다.
- 만약 여러분이 새로운 양식을 사용하고 있거나 혹은 새로운 유형의 과제를 시작하고 있다면, 그것을 어떻게 해야 하는지를 보여주는 예를 들거나 모델을 학생들에게 제시한다.

㉣ 불필요한 시간적인 압박은 피한다.
- 때로는 집에서 풀어오는 시험을 낸다.
- 주어진 시간 안에 모든 학생들이 학급 시험을 끝낼 수 있는지 분명히 한다.

㉤ 주요 시험에서 일부 압력 요소를 제거한다.
- 시험 치기 기술을 가르치고, 연습시험을 주고, 학습지침을 제공한다.
- 한 시험에 의존해서 성적을 주는 것을 피한다.
- 학기말 성적에 가산점을 받을 수 있는 가외 과제를 준다.
- 특정 유형의 문제에 어려움을 겪는 학생들이 있으므로 여러 유형의 문제가 섞여 있는 시험문제를 낸다.

㉥ 지필 검사에 대한 대안을 개발한다.
- 구술시험, 교과서를 보고 치는 시험(open-book test), 집단시험 등을 시도한다.
- 학생들에게 프로젝트를 하게 하거나 발표를 시킨다.

㉦ 학생들에게 자기조절전략을 가르친다.
- 시험 전에: 학생들이 대비할 수 있는 중요하고 도전할 만한 과제로서 시험에 임하도록 장려한다.
- 시험 중에: 학생들에게 그 시험이 중요한 것이라는 것을 상기시킨다(하지만 지나치게 중요한 것은 아니다). 과제에 집중하도록 돕는다. 질문에서 요점을 뽑아내고, 서두르지 말고, 편안한 마음을 갖도록 한다.
- 시험 후에: 무엇을 잘했는지, 무엇을 향상시킬 수 있는지 돌이켜 본다. 통제할 수 있는 내용들 즉, 학습전략, 노력, 질문을 주의 깊게 읽기, 이완전략 등에 초점을 맞춘다.

33 방어기제와 도피기제

1 방어기제 – 자아(ego)를 보호하기 위해 사용하는 자아(ego)의 전략 99~00 초등, 01 중등, 05~06 중등, 08 초등

보상 (compensation)	자신의 약점을 감추기 위해 장점을 개발하는 경우(약점을 장점으로 보충하여 본래의 열등감으로부터 자아를 보호하려는 기제) 예 성적이 낮은 아이가 운동을 열심히 함. 외모에 열등감을 느낀 학생이 공부를 열심히 함. 자기의 약점이나 결함을 극복하기 위하여 반사회적인 행동을 함
승화 (sublimation)	성적 충동이나 공격적인 충동 등 바람직하지 못한 욕구를 사회적으로 바람직한 방식으로 전환하는 경우 ⇨ 가장 바람직한(건강한) 방어기제 유형, 창의성의 원천이 되는 방어기제 예 공격적인 충동을 가진 사람이 격투기 선수가 되는 경우, 동성연애의 욕구나 에너지를 사회적으로 용인되는 음악이나 예술작품으로 표현하는 경우, 성적 충동을 예술이나 과학, 종교, 스포츠 등과 같이 사회적으로 승인된 활동으로 변형하여 충족하기, 성직자의 고행, 학생이 공부에 전념하기, 학자의 연구 몰두
합리화 (rationalization)	• 그럴듯한 변명을 들어 난처한 입장이나 실패를 정당화하려는 자기기만전략 • 여우와 신포도형(sour grape) : 불만족한 현실을 부정하거나 과소평가하는 전략 ⇨ 불만족한 현실을 과소평가하는 전략 예 A대학에 떨어진 학생이 그 대학은 가기 싫었다고 말함 • 달콤한 레몬형(sweet lemon) : 불만족한 현상을 긍정하거나 과대평가하는 전략 예 지방으로 좌천된 A는 지방은 공기가 좋아 살기가 더 좋다고 말한다. "오늘의 고난은 내일의 행복을 위한 시련이다.", "팔자소관이다." 등 자기 입장을 숙명적으로 합리화시키는 행위 • 투사형(전가형, projection) : 변명거리를 들어 자신이 한 행동을 정당화 예 시험문제가 결석한 날 공부한 것에서 나왔다. 테니스 선수가 시합에 지고 나서 라켓을 집어 던짐 • 망상형 : 자기가 원하는 일이 마음대로 되지 않았을 때 완전히 허구적인 자신의 능력에 대한 생각으로써 실패의 원인을 합리화시키는 경우 예 위대한 과학자나 의사가 되겠다고 한 학생이 성적이 불량할 때 자신은 충분한 자질이 있음에도 불구하고 교사가 학생의 눈부신 업적이 두려워 성적을 나쁘게 준다고 믿고 있는 경우
투사 (projection)	• 자신의 잘못이나 결점을 인정하지 않고 타인이나 환경의 탓으로 돌리는 것 ⇨ 주관의 객관화 현상, 남에게 뒤집어씌우기, 책임 전가, 감정 전이가 일어남 예 "잘되면 내 탓, 못되면 조상 탓", "못난 목수 연장 나무란다." • 책임 전가 : 다른 사람에게 책임을 전가하는 것 예 시험에 실패한 학생이 실패의 원인을 교사의 탓으로 돌린다. 컨닝을 하다 들킨 학생이 교사가 감독을 소홀히 하여 부정행위를 조장했다고 교사를 비난함 • 감정 전이 : 자신의 감정 상태를 다른 사람에게 떠넘기는 경우 예 선생님을 싫어하는 학생이 선생님이 자기를 미워한다고 주장함
반동형성 (reaction formation)	자기 욕구와 정반대되는 감정이나 행동을 드러내 보이는 것 예 "미운 자식 떡 하나 더 준다.", 경쟁자를 지나치게 칭찬한다. 아버지를 미워하는 아들이 아버지가 자기 집에 방문했을 때 극진히 모신다. 환경파괴자가 환경운동에 앞장선다. 지나친 겸손은 오만이다. 성적 욕구가 강한 사람이 성을 혐오한다. 음주 욕구가 강한 사람이 금주운동에 참여한다. 빈 수레가 요란하다. 빛 좋은 개살구
치환(전위) (displacement)	충동이나 욕구를 다른 대상(제3자)으로 바꿔 충족시키려는 경우 예 "종로에서 뺨 맞고 한강에서 화풀이한다.", 선생님에게 꾸중을 들은 형이 만만한 동생을 때린다. 직장 상사에게 야단맞고 집에 와서 반찬 투정한다.
대리형성(대치) (substitution)	• 목표하던 것을 가질 수 없을 때 원래 대상과 비슷한 사회적으로 용납되는 다른 대상으로 만족하는 기제. 즉, 성취할 수 없는 혹은 받아들여질 수 없는 소망, 충동, 감정 또는 목표 등으로 인한 좌절감에서의 불안을 줄이기 위해 원래의 것과 비슷한 것을 취해 만족을 얻는 것 예 "꿩 대신 닭", 오빠에게 매력을 느끼는 여동생이 오빠와 비슷한 외모를 가진 오빠의 친구와 사귀는 것, 어머니에 대한 애정욕구를 어머니를 닮은 여인에게서 충족시키려 하는 것 • 감정전위(displacement, 치환)와 비슷한 기제로서 전위(치환)에서보다는 좀 더 용납될 수 있는 형태로 대치됨(예 살인의 충동이 조그만 공격적 행동으로 대신되거나 다른 행위로 그 충동이 배설되는 경우). 대리형성과 전위(치환)는 서로 비슷하긴 하지만 대리형성은 대체물이 되는 '대상'에 중점을 두고, 전위는 '감정'에 중점을 둔다는 점에서 차이가 있음

동일시 (identification)	• 무의식적으로 다른 사람의 특성을 내면화하는 과정, 다른 사람의 뛰어난 특성을 끌어들여 인정을 얻고자 하는 기제, 자기의 것이 아님에도 불구하고 자기의 것으로 된 듯이 행동하는 것 예 "친구 따라 강남 간다.", "윗물이 맑아야 아랫물이 맑다." / 자기 친구가 현직 국회의원이라고 자랑한다. 자기 아들이 외국 명문대학을 나왔다고 자랑한다. 연예인의 사진을 벽에 붙여 놓고 그의 행동을 흉내낸다. • 오이디푸스 콤플렉스(Oedipus complex)를 겪는 남근기(phallic stage, 3~5세)의 남아는 거세불안(castration anxiety)으로부터 자아를 보호하기 위해 아버지를 동일시함으로써 아버지에 대한 적대감을 해소하고 애정을 획득함
지성화 (intellectualization)	• 감정이 아니라 이성이나 원칙에 따라 행함으로써 문제를 해결하거나 욕구를 해결하는 방법 • 어쩔 수 없이 불쾌한 경험을 할 수밖에 없는 전문가들이 많이 사용 예 암으로 자녀를 상실한 어머니가 학술적인 이야기만 하면서 감정을 전혀 보이지 않는다. 불법주차 단속요원이 불법주차의 이유가 있지만 불법주차된 차에 스티커를 발부한다. 은행원은 돈을 돈으로 보지 않는다. 응급실의 간호사는 환자의 고통에 태연하게 반응함으로써 스트레스를 통제한다. 검시관들은 사체(死體)를 시신(屍身)으로 보지 않고 중립적인 탐구대상으로 간주하여 사인(死因)을 규명한다.
취소 (withdrawal)	허용될 수 없는 상상이나 행동을 반증하거나 물리는 것 예 어린아이가 동생이 밉고 화가 나서 동생을 때리고 난 후 이러한 행동이 가져올 부정적 결과가 두려워 때렸던 동생에게 금방 입맞춤을 하는 경우, 엄마가 아이를 때리고 나서 금방 미안하다며 안아주는 경우, 부인과 싸운 후 저녁에 꽃을 사서 가는 경우

2 도피기제 – 비현실적 세계로 도피함으로써 불안과 긴장을 해소하려는 행동양식 11 초등

억압 (repression)	문제가 발생했을 때 의식적으로 표출되지 않도록 무의식의 세계로 감추려는 것 ⇨ 의도된(동기적) 망각, 현실의 문제 상황을 수용 예 다른 사람이 눈치채지 못하도록 분노를 겉으로 드러내지 않는 경우, 기억상실증 환자의 경우
부정(거부) (denial)	위협이 되는 현실을 부정(거부)함으로써 안정을 유지하려는 기제 예 "나는 화가 나지 않았다.", "우리 애는 그럴 리가 없어.", 평가결과가 나쁠 때 책임을 인정하지 않고 평가 자체가 잘못되었다고 부인하는 경우, 골초가 담배는 폐암과 직접적인 관련이 있다는 증거를 부정하는 경우
고립 (isolation)	문제가 발생했을 때 숨어버림으로써 적응하려는 기제 ⇨ 자기 내부로 숨기 예 사업에 실패한 사람이 두문불출하는 경우, 자신의 견해와 일치하지 않거나 사회적으로 성공하지 못했다고 느끼는 사람이 동창회에 참석하지 않는 경우
퇴행 (regression)	문제가 발생했을 때 이전 발달단계나 유치한 행동으로 되돌아가는 것 예 부모의 관심이 갓 태어난 동생에게 집중될 때 부모의 관심을 얻기 위해 어리광을 부리는 경우, 하찮은 일에 자주 우는 경우, 동창회에 참석해서 학생처럼 행동하는 경우
고착 (fixation)	다음 단계로 발달하지 못하고 현행 단계에 그대로 머물러 있는 현상 ⇨ 독립적인 행동을 학습하는 것을 불안해하는 지나치게 의존적인 아동에게 주로 발생함
백일몽(白日夢)	현실적으로 만족시킬 수 없는 욕구나 소원을 공상이나 상상의 세계에서 만족을 얻으려는 것. 심해지면 환상이 되고 나아가 정신분열증을 유발 예 사업에 실패한 철수가 백만장자가 되는 꿈을 꾼다.

3 공격기제 – 욕구충족의 방해요인에 대한 공격으로 정서적 긴장을 해소하려는 능동적 기제

직접 공격기제	욕구불만 시 물리적 공격으로 욕구불만을 해소하려는 유형 예 폭행, 싸움, 기물파괴
간접 공격기제	욕구불만 시 간접적 공격으로 욕구불만을 해소하려는 유형 예 욕설, 비난, 조소, 중상모략, 야유

MEMO

2026 권지수교육학 필수요약집

요점쏙쏙

PART

03

교수방법 및 교육공학

Thinking Map

PART 03

교수방법 및 교육공학

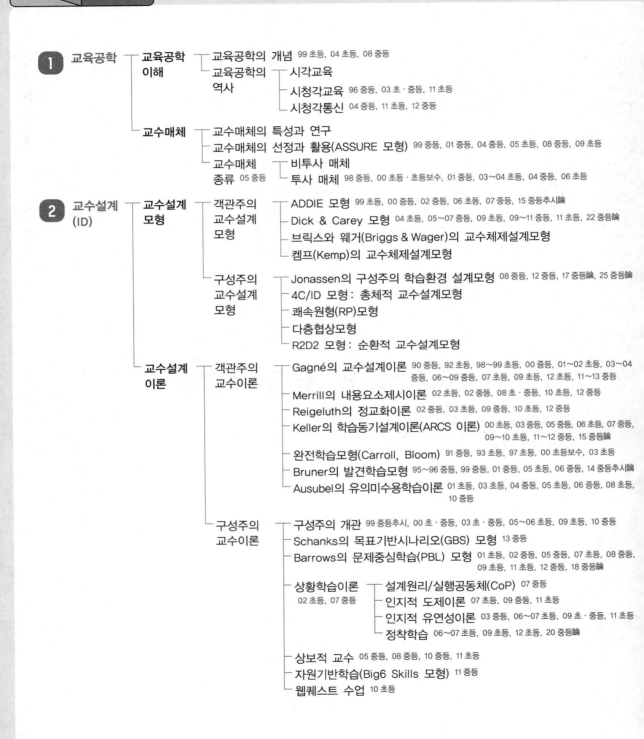

1 교육공학

- **교육공학 이해**
  - 교육공학의 개념 99 초등, 04 초등, 08 중등
  - 교육공학의 역사
    - 시각교육
    - 시청각교육 96 중등, 03 초·중등, 11 초등
    - 시청각통신 04 중등, 11 초등, 12 중등
- **교수매체**
  - 교수매체의 특성과 연구
  - 교수매체의 선정과 활용(ASSURE 모형) 99 중등, 01 중등, 04 중등, 05 초등, 08 중등, 09 초등
  - 교수매체 종류 05 중등
    - 비투사 매체
    - 투사 매체 98 중등, 00 초등·초등보수, 01 중등, 03~04 초등, 04 중등, 06 초등

2 교수설계(ID)

- **교수설계 모형**
  - 객관주의 교수설계 모형
    - ADDIE 모형 99 초등, 00 중등, 02 중등, 06 초등, 07 중등, 15 중등추시論
    - Dick & Carey 모형 04 초등, 05~07 중등, 09 초등, 09~11 중등, 11 초등, 22 중등論
    - 브릭스와 웨거(Briggs & Wager)의 교수체제설계모형
    - 켐프(Kemp)의 교수체제설계모형
  - 구성주의 교수설계 모형
    - Jonassen의 구성주의 학습환경 설계모형 08 중등, 12 중등, 17 중등論, 25 중등論
    - 4C/ID 모형: 총체적 교수설계모형
    - 쾌속원형(RP)모형
    - 다층협상모형
    - R2D2 모형: 순환적 교수설계모형
- **교수설계 이론**
  - 객관주의 교수이론
    - Gagné의 교수설계이론 90 중등, 92 초등, 98~99 초등, 00 중등, 01~02 초등, 03~04 중등, 06~09 중등, 07 초등, 09 초등, 12 초등, 11~13 중등
    - Merrill의 내용요소제시이론 02 초등, 02 중등, 08 초·중등, 10 초등, 12 중등
    - Reigeluth의 정교화이론 02 중등, 03 초등, 09 중등, 10 초등, 12 중등
    - Keller의 학습동기설계이론(ARCS 이론) 00 초등, 03 중등, 05 중등, 06 초등, 07 중등, 09~10 초등, 11~12 중등, 15 중등論
    - 완전학습모형(Carroll, Bloom) 91 중등, 93 초등, 97 초등, 00 초등보수, 03 초등
    - Bruner의 발견학습모형 95~96 중등, 99 중등, 01 중등, 05 초등, 06 중등, 14 중등추시論
    - Ausubel의 유의미수용학습이론 01 초등, 03 초등, 04 중등, 05 초등, 06 중등, 08 초등, 10 중등
  - 구성주의 교수이론
    - 구성주의 개관 99 중등추시, 00 초·중등, 03 초·중등, 05~06 초등, 09 초등, 10 중등
    - Schanks의 목표기반시나리오(GBS) 모형 13 중등
    - Barrows의 문제중심학습(PBL) 모형 01 초등, 02 중등, 05 중등, 07 초등, 08 중등, 09 초등, 11 초등, 12 중등, 18 중등論
    - 상황학습이론 02 초등, 07 중등
      - 설계원리/실행공동체(CoP) 07 중등
      - 인지적 도제이론 07 초등, 09 중등, 11 초등
      - 인지적 유연성이론 03 중등, 06~07 초등, 09 초·중등, 11 초등
      - 정착학습 06~07 초등, 09 초등, 12 초등, 20 중등論
    - 상보적 교수 05 중등, 08 중등, 10 중등, 11 초등
    - 자원기반학습(Big6 Skills 모형) 11 중등
    - 웹퀘스트 수업 10 초등

3 교수방법

- **교수방법**
  - 전통적 교수법
    - 강의법 99 초등, 03 초등, 문답법 99 초등추시, 팀티칭 99 중등추시, 00 서울초보, 게임 02 초등, 사례연구 00 강원초보, 역할놀이 99 초등추시, 01 중등, 토의법 93 중등, 98 중등, 00~01 초등, 04 중등, 07 중등, 11 중등, 문제해결학습 99 중등, 프로젝트 학습 99 중등, 00 초등보수, 01 중등, 자기주도학습 99 중등, 01 중등, 04 초등, 05 중등, 11 초등, 개별화학습 92 중등, 94 중등, 99 초등, 02 초등, 04~05 초등, 10 중등
    - 협동학습
      - 개관 96 중등, 99 초등 · 초등추시, 00 초등 · 초등보수 · 중등, 01 초등, 04 중등, 06 초 · 중등, 14 중등論
      - 직소모형(Jigsaw) 99 초등추시, 01 초등, 05 중등, 08 중등, 10~11 중등
      - 팀성취분담모형(STAD) 03 초등, 07 중등, 11 중등
      - 팀경쟁학습(TGT)
      - 자율적 협동학습(Co-op, Co-op) 02 중등, 10 중등
      - 집단조사(GI)
      - 함께 학습하기(LT)
      - 팀보조개별학습(TAI) 04 초등
    - 웹기반 협동학습
  - 교수방법의 혁신
    - 컴퓨터보조수업(CAI)
    - 멀티미디어 99 중등추시, 99~00 초등, 02~03 중등, 04~06 초등, 06 중등, 11 중등
    - 원격교육 · 온라인 수업 21 중등論, 22 중등論, 24 중등論
    - 액션 러닝
    - 블렌디드 러닝 07 중등
    - 플립드 러닝
    - 디지털 교과서
    - 디지털 리터러시
    - 미디어 리터러시
    - 테크놀로지 활용 수업
    - 스마트 교육
    - 소셜 미디어
    - 메타버스
- **교수실행**
  - 질문하기와 청취하기
  - 설명하기
  - 마이크로티칭

01 시청각통신(audio-visual communication, 교육통신) - 커뮤니케이션 모델(이론)

04 중등, 11 초등, 12 중등

1 벌로(D. Berlo)의 SMCR 모형(1960)

(1) 개념

송신자(S)로부터 메시지(M)가 통신수단(C)을 통해 수신자(R)에게 전달되는 통신과정과 그 과정 속의 요소들 간의 상호 관계를 나타내는 모형

(2) 모형도(⇨ 선형적 모형)

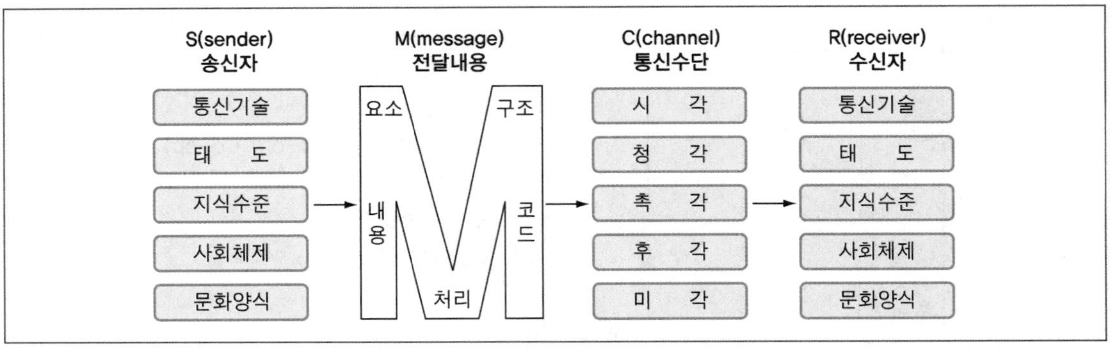

(3) 통신과정 요소

① 송신자(S)

② 메시지(M)

③ 채널(C)

④ 수신자(R)

✦메시지(M) 내용(전달하고자 하는 전달내용), 요소(많은 전달내용 중에서 어떤 내용을 선택할 것인가와 관련된 것), 구조(선택된 내용을 어떤 순서로, 어떻게 조직하여 전달할 것인가와 관련된 것), 코드(언어적 코드와 비언어적 코드), 처리(어떤 형식으로 전달할 것인가와 관련된 것)

(4) 의의(특징)

① 송신자와 수신자의 하위영역이 일치할수록 통신이 완벽해지고 학습효과가 극대화 ⇨ 경험의 장 확대

② 교육내용을 메시지로 파악하며, 메시지는 내용, 요소, 구조, 코드, 처리로 구체화

③ 통신수단을 '5감각'(예 시각, 청각, 촉각, 후각, 미각)으로 확대 ⇨ 메시지는 5감각을 통해 전달

④ 선형적 모형 ⇨ 피드백 제시 ×, 통신의 역동성이 잘 나타나지 않음

2 쉐논과 슈람(Schannon & Schramm)의 통신과정모형(커뮤니케이션 과정모형)(1964)

(1) 개념

송신자와 수신자 사이의 의사소통과정을 강조한 모형

(2) 모형도(⇨ 비선형적 모형)

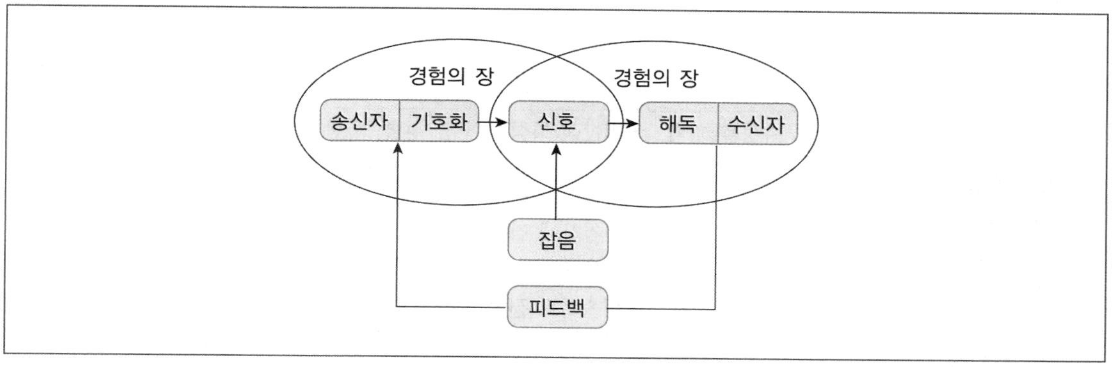

(3) 통신과정 요소

① 경험의 장
② 기호화
③ 신호
④ 해독
⑤ 잡음
⑥ 피드백

(4) 효과적인 통신(커뮤니케이션)이 일어날 수 있는 조건

① 송신자와 수신자 간에 공통된 경험의 장이 많을수록 ⇨ 학생 경험의 장 쪽으로 메시지 영역을 넓혀야 함
② 메시지의 전달과정에 잡음이 적으면 적을수록 ⇨ 학습에 필요한 최적의 환경을 구축하여 잡음을 최소화
③ 피드백이 원활하게 많이 발생할수록 ⇨ 피드백, 해석, 재전달 등이 요구

02 하이니히(Heinich)의 ASSURE 모형 99 중등, 01 중등, 04 중등, 05 초등, 08 중등, 09 초등

– 교수매체와 자료를 효과적 · 체계적으로 활용하기 위한 지침

학습자 분석 → 목표 진술 → 매체와 자료의 선정 → 매체와 자료의 활용 → 학습자 참여 요구 → 평가와 수정

단계	의미	내용
학습자 분석 (Analyze learners)	학습자의 특성을 파악하고 분석	• **일반적 특성**: 연령, 성별, 학년, 지적 특성, 문화, 사회경제적 배경 등 ⇨ 생활기록부, 관찰, 면담, 동료교사로부터 자료 수집 • **출발점능력(행동)**: 학습자의 선수 지식, 기능, 태도 등의 정도 ⇨ 사전검사나 질문 등을 통해 선수학습 정도 측정 • **학습양식**: 지각적 선호, 정보처리습관, 동기 등
목표 진술 (State objectives)	학습자가 달성해야 할 학습목표를 명세적으로 진술	• **학습목표 진술**: 학습자가 달성해야 할 학습목표를 명세적으로 진술 • **목표 진술 기법**: 수업이 끝난 후 학습자가 무엇을 할 수 있는가의 관점에서 관찰 가능한 행동동사(행위동사)로 진술 예 메이거(Mager)의 ABCD 진술 기법: 학습자(Audience), 행동(Behavior), 조건(Condition), 준거(Degree)의 4요소
매체와 자료의 선정 (Select media & materials)	학습자 특성과 목표 진술을 토대로 가장 적합한 교수방법과 매체, 자료 선정	• **교수방법 결정**: 학습목표 달성에 가장 적합한 교수방법(수업방법) 결정 • **교수매체 선정**: 교수방법을 수행하기에 가장 적합한 매체 유형 선정 • **교수자료 선정**: 선정된 매체에 사용할 교수자료를 선택, 수정, 제작
매체와 자료의 활용 (Utilize media & materials): 5P	선택한 매체와 자료를 교사나 학생이 실제 수업에서 어떻게 사용할 것인지를 계획하는 것	• **자료의 사전 검토(preview the materials)**: 자료가 수업에 적합한지, 화질이나 음질에 이상이 없는지 등 수업자료를 미리 확인하여 그 자료를 충분히 효과적으로 활용할 수 있도록 함 • **자료의 준비(prepare the materials)**: 계획한 수업활동에 필요한 매체와 자료를 모으고 사용할 순서를 정함 • **환경의 준비(prepare the environment)**: 매체와 자료를 활용하기에 적합하도록 전원이나 전선의 길이, 조명, 교실 채광, 기자재 작동 상태 등 주변 환경을 점검하고 준비 • **학습자의 준비(prepare the learners)**: 학습자에게 학습준비를 위해 학습내용과 교수매체에 관한 정보를 제공 ⇨ 학습자에게 수업내용에 대한 전반적인 개요, 학습목표, 주의 깊게 봐야 할 부분 등을 안내함으로써 수업에 대한 기대감과 동기를 갖게 함 • **학습경험의 제공(provide the learning experience)**: 매체를 활용하여 수업을 진행함으로써 학습자에게 학습경험을 제공 ⇨ 교사 중심형이면 교사가 전문가로서 주도하며(강의와 같은 방법으로 자료를 제시), 인터넷과 같은 학습자 중심형이면 학생들이 자유롭게 경험하고 탐구하며 토론하는 것을 도움

학습자 참여 요구 (Require learners participation)	매체와 자료 활용의 효과를 높이기 위해 학습자의 능동적 참여 요구	• **학습자의 능동적인 참여 요구 :** 배운 지식과 기능을 연습할 기회를 주어 학습자의 능동적인 참여를 요구 ⇨ 연습문제 연습, 토의, 과제 부여 등(예 새로운 철자나 어휘 연습, 수학문제 풀기, 운동경기 연습하기, 컴퓨터 보조수업, 게임활동 등) • **피드백을 통한 학습행동 강화 :** 학습자의 반응에 즉각적인 피드백을 제공하여 올바른 학습행동을 강화(피드백은 교사, 동료, 컴퓨터 등이 제공)
평가와 수정 (Evaluate & revise)	수업이 끝난 후 매체를 활용한 수업의 효과를 평가하고 다음 수업계획에 반영	• **학습자의 성취도 평가 :** 학습자의 학습목표 달성 정도 평가 ⇨ 지필검사(인지적 영역), 수행평가(정의적・심동적 영역) 등 • **방법과 매체, 자료의 평가 :** 교수방법과 매체 및 자료의 효과성 평가 ⇨ 설문지, 관찰, 면담 등 • **수정 :** 평가결과가 만족스럽지 않은 부분은 다음 수업을 위해 수정

03 **교수설계**(수업설계) **3대 변인** – Reigeluth & Merrill 12~13 중등

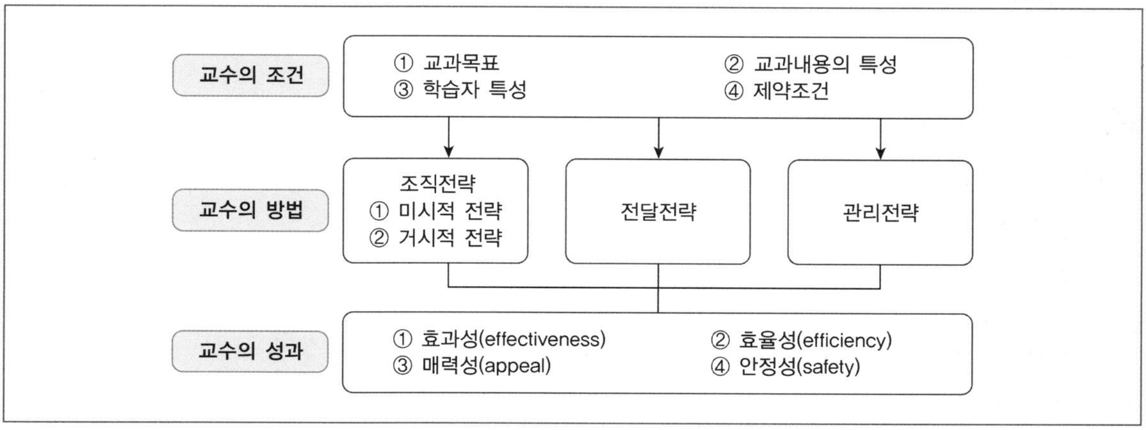

1 교수조건(conditions) 변인

교수방법과 상호작용을 하지만 교수설계자나 교사에 의해 통제될 수 없는 제약조건 ⇨ 교사라면 누구나 이 요소들을 완벽하게 갖추어야 하는 조건

① **교과목표**: 교과를 통해서 학생을 어떻게 변화시킬 것인가에 대한 거시적인 목적의식
② **교과내용 특성**: 교과의 내용이 어떤 지식을 다루는지와 관련된 것
③ **학습자 특성**: 학습자의 현재 상태 예 적성, 동기, 흥미와 태도, 학습유형, 선수학습 정도 등
④ **제약조건**: 교수 상황의 여러 요인 예 시간, 교수매체, 교수자료, 인적·물적 자원, 교실환경 등

2 교수방법(methods) 변인

서로 다른 조건하에서 의도한 성과(학습결과)를 성취하기 위하여 사용되는 다양한 교수전략(방안) ⇨ 교사가 필요에 따라 조정할 수 있으며, 교사 간의 역량 차이를 드러나게 하는 요인

① **조직전략**: 교과의 내용을 그 구조와 학습자의 수준에 적합하게 조직하는 방법 ⇨ 미시적 전략과 거시적 전략
② **전달전략**: 조직한 내용을 효과적·효율적으로 학생에게 전달하는 방법
③ **관리전략**: 조직전략과 전달전략을 교수과정에서 언제 어떻게 활용할 것인지를 결정하는 전략

3 교수성과(outcomes) 변인

서로 다른 교수조건하에서 사용된 여러 가지 교수방법이 어떤 면에서 어느 정도 효과가 있었는지를 나타내는 교수활동의 최종 산물

① **효과성**: 학습자가 특정 교수목표를 달성했는지의 여부
② **효율성**: 목표 달성을 이루는 데 가능한 최소 시간과 노력, 비용의 정도
③ **매력성**: 학습자가 지속적으로 학습하기를 원하는 동기 수준
④ **안정성**: 학습자가 습득한 지식이나 기능이 물리적·정서적 안정은 물론, 도덕적·정치적·지역적·종교적·신체적으로 위험이 없을 것

04 **교수체제설계**(체제적 교수설계, ISD : Instructional Systems Design)

1 개념

교수체제의 하위요소를 상호 유기적으로 관련지어 효과적 · 효율적인 교수프로그램을 개발하려는 것(체제의 관점을 분석, 설계, 개발, 실행, 평가의 과정에 적용하여 효과적 · 효율적인 교육프로그램을 개발하려는 것)

2 체제적 교수설계의 필요성과 특징

(1) **체제적 교수설계가 효과적인 이유**(필요성) – Dick & Carey(2011)

① 교수설계 초기부터 명확한 목표 진술에 초점을 두기 때문에 후속되는 활동들을 보다 효과적으로 이끌 수 있다.

② 교수설계의 각 단계들을 서로 관련지어 설계하므로 목표에 가장 적합하고 효과적인 교수전략(또는 학습조건)들을 고안할 수 있다.

③ 교수설계과정에서 발생하는 오류를 지속적으로 수정 · 보완하여 보다 효과적인 교수프로그램을 완성할 수 있다.

(2) **체제적 교수설계의 특징**

① **문제해결 지향적이다** : 교수체제설계는 교수와 관련된 문제를 규명하고 해결하는 것을 목적으로 한다. 이를 위해 요구분석을 하며 이를 토대로 체제의 목적을 구체적으로 설정한다.

② **총체적인 접근이다** : 교수체제설계는 문제의 원인을 규명하고 해결방안을 고안할 때, 교수체제의 여러 구성요소들을 유기체적인 관계에서 총체적으로 접근한다.

③ **맥락을 중시한다** : 교수체제설계는 사회문화적 혹은 역사적인 맥락을 문제분석 및 해결과정 전반에 반영한다.

④ **가치지향적이다** : 교수체제설계에서는 개발자나 관련 이해집단의 가치를 적극적으로 수용한다.

05 객관주의 교수설계모형

1 ADDIE 모형 – 일반적 교수체제설계모형(ISD : Instructional Systems Design)

99 초등, 00 중등, 02 중등, 06 초등, 07 중등, 15 중등추시論

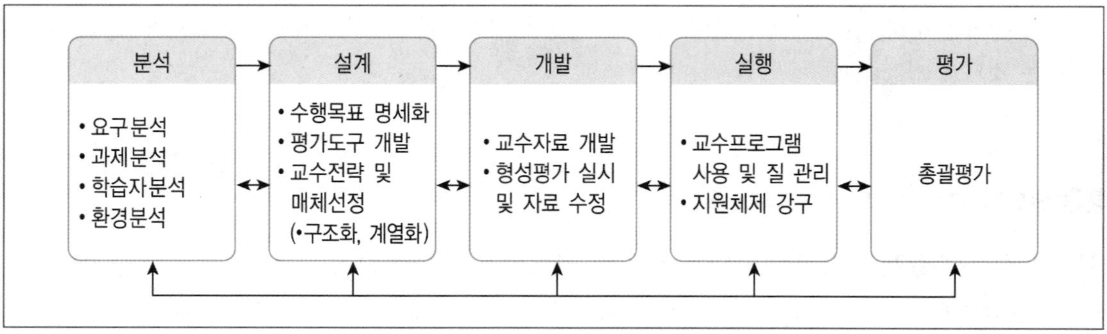

구분	주요 활동
분석 (Analysis)	• 요구분석 : 바람직한 상태와 현재의 상태 간의 차이(gap)를 분석 ⇨ 최종 교수목적(목표) 도출 • 과제분석 : 최종 교수목적을 달성하기 위해 필요한 지식, 기능, 태도 등이 무엇인지 위계적으로 분석하는 것 ⇨ 교수목표(학습목표)의 유형과 그 목표의 하위기능 분석 ⇨ 학습목표 도출 • 학습자분석 : 일반적 특성(성, 연령, 경험, 지능 등), 출발점행동(선수학습능력), 학습양식, 동기나 태도 등 학습자의 특성을 파악하는 것 ⇨ 학습자 특성에 적합한 교수전략 설계 가능 • 환경분석 : 교수·학습에 영향을 미치는 제반 환경을 분석하는 것 ⇨ 학습공간, 매체, 시설 등
설계 (Design)	• 수행목표 명세화 : 수행목표는 수업을 마쳤을 때 학습자가 할 수 있기를 기대하는 성과를 구체적인 행동 용어로 진술(수행목표 = 성취목표, 학습목표, 수업목표) 예 타일러(Tyler), 메이거(Mager) 등 • 평가도구 개발 : 수행목표를 준거로 수업 후 학습자의 성취 수준(목표도달 여부)을 평가할 수 있는 준거지향평가(절대평가) 문항 개발 ⇨ 사전검사, 학습증진도검사, 사후검사 등 • 교수전략 및 매체 선정 : 수행목표를 효과적으로 달성하기 위한 교수전략과 교수매체 선정 (구조화·계열화 : 학습내용이나 학습활동의 제시 순서를 구조화·계열화)
개발 (Development)	• 교수자료 개발 : 실제 수업에 활용할 교수자료(교수프로그램)를 개발(제작) • 형성평가 실시 : 개발된 교수자료에 대해 형성평가를 실시하고 수정·보완하여 완성된 자료를 제작 ⇨ 일대일 평가, 소집단 평가, 현장 평가, 전문가 평가 등
실행 (Implementation)	• 교수프로그램 사용 및 질 관리 : 완성된 교수자료나 교수프로그램을 실제 수업에 적용해 보고, 질을 계속적으로 유지 관리 • 지원체제 강구 : 프로그램의 원활한 실행을 위해서는 행정적·제도적·재정적 지원(예 시설, 기자재, 예산, 인적 자원 등)이 요구
평가 (Evaluation)	총괄평가 : 실제 수업 현장에 실행된 교수자료나 교수프로그램의 효과성과 효율성을 평가 ⇨ 교수자료나 프로그램의 계속적 사용 여부, 문제점 수정 등 결정

2 딕과 캐리(Dick & Carey)의 교수체제설계모형 04 초등, 05~07 중등, 09 초등, 09~11 중등, 11 초등, 22 중등論

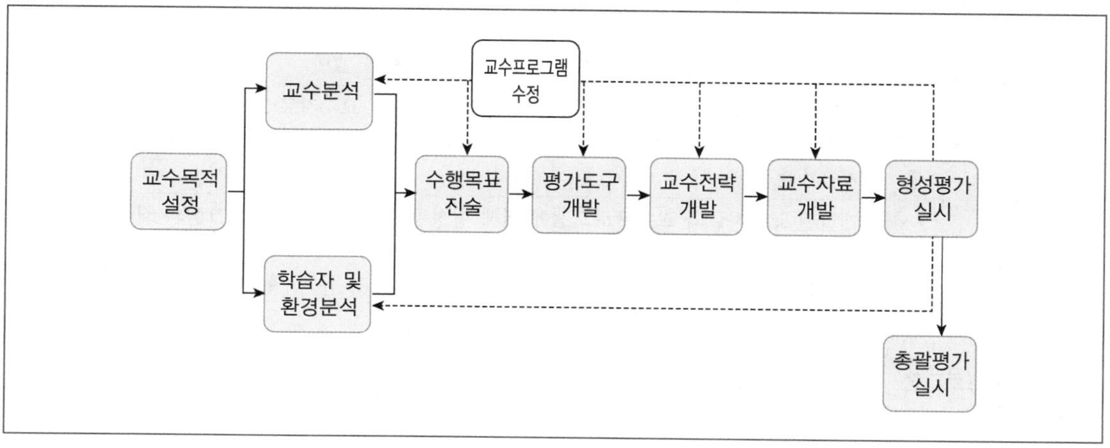

단계	내용	ADDIE 모형
① 교수목적 설정 (요구분석)	• 요구분석을 통해 최종 교수목적(goal)을 도출하는 단계(교육과정 · 교과학습 목표의 분석을 통해 도출하기도 함) • **최종 교수목적(교수목표)**: 수업을 모두 끝마쳤을 때 학습자가 할 수 있기를 기대하는 구체적인 행동 ⇨ 수행목표보다 포괄적인 목적	
② 교수분석 (과제분석)	• 최종 교수목적을 달성하기 위해 필요한 지식, 기능, 태도 등이 무엇인지 위계적으로 분석하는 것 ⇨ 교수목표(학습목표)의 유형과 그 목표의 하위기능 분석 • **목표유형 분석**: 그 목표가 어떤 종류의 학습영역인가를 분석하는 것 • **하위기능 분석**: 목표와 관련된 기능의 관계를 분석하는 것 ⇨ 군집분석, 위계분석, 절차분석, 통합분석	분석(A)
③ 학습자 및 환경분석	• 교수전략 수립에 영향을 주는 학습자 특성과 환경을 분석하는 단계 • **학습자 특성**: 출발점행동(선수학습능력), 지능, 적성, 학습양식, 동기, 태도 등 ⇨ 학습자 특성에 적합한 교수전략 설계 가능 • **환경분석**: 교수 · 학습에 영향을 미치는 제반 환경을 분석 ⇨ 개발환경, 전달환경, 적용환경, 학습환경 등	
④ 수행목표 진술	• 수행목표 진술은 수업을 마쳤을 때 학습자가 할 수 있기를 기대하는 성과를 구체적인 행동 용어로 진술(수행목표 = 성취목표, 학습목표, 수업목표) ⇨ 과제분석, 학습자 및 환경분석을 토대로 수행목표 도출 • 수행목표는 메이거(Mager) 진술방식에 따라 도착점행동(성취행동), 조건(상황), 준거(수락기준, 성취기준)의 3가지 요소로 구성	
⑤ 평가도구 개발	수행목표를 준거로 수업 후 학습자의 성취 수준(목표도달 여부)을 평가할 수 있는 준거지향평가(절대평가) 문항 개발 ⇨ 사전검사, 학습증진도검사, 사후검사 등	설계(D)
⑥ 교수전략 개발 (선정)	• 최종 목표를 달성하기 위한 교수전략(수업운영방법)을 개발(선정)(즉, 목표에 적합한 교수학습모형을 선정하고 이를 진행할 방법과 절차를 개발하고, 적합한 교수매체를 선정하고 활용계획을 수립) ⇨ 동기유발 전략, 학습내용 제시 전략, 연습과 피드백 전략, 추후활동 전략 등이 고려	

	• **구체적인 교수전략 :** 교수 전 활동(동기유발, 목표 제시, 출발점행동 확인), 정보 제시(교수계열화, 교수단위의 크기 결정, 정보와 예 제시), 학습자 참여(연습과 피드백), 검사(사전검사, 학습증진검사, 사후검사), 추후활동(교정학습, 심화학습) 등으로 구성 ⇨ Gagné의 9가지 교수사태를 요약	
⑦ 교수자료 개발	개발된 교수전략에 근거하여 실제 수업에서 활용할 교수자료(교수프로그램)를 개발(제작) ⇨ 학습자용 지침서, 교사용 지침서, 멀티미디어를 포함한 각종 교수자료 개발	
⑧ 형성평가 실시	개발된 교수자료와 교수프로그램에 대해 형성평가를 실시하고 프로그램의 질을 개선하는 데 필요한 자료를 수집(실제 수업에 투입하기 전에 시범적으로 적용) ⇨ 일대일 평가, 소집단 평가, 현장 평가, 전문가 평가 등 ⇨ 형성평가의 목적 : 개발된 교수프로그램의 수정 · 보완	개발(D)
⑨ 교수프로그램 수정	형성평가의 결과를 토대로 교수프로그램의 결점을 수정 · 보완 ⇨ 교수분석, 학습자 및 환경 분석, 수행목표 진술, 평가도구, 교수전략 및 교수자료 등의 전반적인 수정을 하여 프로그램의 완성도를 높임	
⑩ 총괄평가 실시	교수프로그램을 수업에 실행하고 난 후 프로그램의 효과를 검증하기 위해 총괄평가를 실시 ⇨ 보통 외부평가자에게 의뢰 ⇨ 총괄평가는 외부평가자에 의해 실시되므로, 엄격히 말해서 교수설계과정에 포함시키기는 어려움	평가(E)

3 교수체제설계의 주요 사항

(1) 교수목적 설정과 요구분석

① **교수목적 설정 :** 수업결과 기대되는 일반적 수준의 포괄적 진술 ⇨ 요구분석을 통해 교육목적 도출

② **요구분석**(needs analysis) 03 초등, 07 중등, 10 중등, 12 중등

㉠ **개념 :** 바람직한 상태와 현재의 상태 간의 차이(gap) 분석 ⇨ 근본적인 문제의 원인 규명, 가장 적합한 해결방안 찾는 것

㉡ **필요성(목적, 의의) :** ⓐ 요구의 우선순위 결정, 한정된 자원을 합리적으로 배분, ⓑ 불확실한 문제의 원인 규명, 가장 적절한 해결방안 제안, ⓒ 요구분석의 결과를 토대로 교수프로그램의 목적(goal)을 도출, 교수프로그램을 효과적으로 개발

㉢ **요구분석 기법(도구) :** 현존자료 분석, 면담, 관찰, 설문조사, 그룹회의 등

㉣ **요구분석 절차(과정) :** 바람직한 상태 결정 → 현재의 상태 측정 → 요구의 크기 계산(요구 산정) → 요구의 우선순위 결정 → 요구 발생의 원인 분석 → 교수프로그램 개발

(2) **교수분석**(과제분석, task analysis)

① **개념 :** 최종 교수목적을 달성하기 위해 필요한 지식, 기능, 태도 등을 위계적으로 분석 ⇨ '목표유형 분석', '하위기능 분석'

② **필요성**: 교수설계에 주는 도움

㉠ **성취목표 확인**: 과제분석을 통해 교육에서 성취하고자 하는 지식, 기능, 태도 등 모든 성취목표를 확인 ⇨ 학습요소(학습내용)의 확인

㉡ **계열화와 조직화**: 학습내용을 논리적으로 계열화·조직화 ⇨ 학습의 순서를 밝힘, 학습요소의 중복이나 누락 방지

㉢ **의사소통 원활화**: 교육 프로그램을 개발하는 전문가들이나 수업 관련자들 간의 의사소통이 원활

㉣ **교육비용 절감**: 부적절한 수행을 방지해 주어 교육비용을 절감

㉤ **기타**: 형성평가의 기준을 설정, 본시학습에 필요한 선수학습요소를 확인

③ **학습목표 유형**

㉠ **블룸**: 인지적·정의적·심동적 영역

㉡ **가네**: 언어 정보, 지적 기능, 인지 전략, 태도, 운동 기능

㉢ **메릴**: 내용 차원 – 사실, 개념, 절차, 원리 / 수행 차원 – 기억, 활용, 발견

④ **과제분석의 주요 기법(하위기능 분석)**

㉠ **군집분석**: 학습과제를 군집별로 묶는 기법 ⇨ 언어 정보

㉡ **위계분석**: 상위기능과 하위기능으로 분석하는 기법 ⇨ 지적 기능

㉢ **절차분석**: 학습과제의 절차적 순서를 분석하는 기법 ⇨ 운동 기능

㉣ **통합분석**: 군집분석, 위계분석, 절차분석을 혼합하여 분석하는 기법 ⇨ 태도 영역

(3) 수행목표(학습목표) 진술 90 중등, 92 중등, 95 중등, 96 초등, 99 초등추시, 00 초등보수, 01~02 초등

① **학습목표 진술방식**

㉠ **타일러**: 내용요소와 행동요소

㉡ **메이거**: 도착점행동(behavior), 조건(상황, condition), 준거(수락기준, criterion)

㉢ **그론룬드**: 일반적 수업목표를 진술한 후 명세적 수업목표 진술

㉣ **가네**: 상황, 도구, 내용, 행동, 학습능력

㉤ **메릴**: 내용 차원과 수행 차원의 조합

② **목표 진술의 유의점**

㉠ 교사의 입장 ×

㉡ 학습과정 ×

㉢ 주요 제목이나 학습내용 나열 ×

㉣ 하나의 학습목표에 둘 이상의 학습결과를 포함 ×

③ **행동목표 진술의 장단점**

㉠ **장점**: 수업의 방향과 활동을 구체적으로 제시, 수업내용과 방법을 계열화하여 조직, 교육효과를 정확히 측정, 교육 참여자들 간에 의사소통의 정확성

㉡ **단점**: 수업 중에 발생하는 새로운 목표 반영 ×, 교과의 특성을 고려 ×, 총체적인 지식의 통합성 기하기 ×

06 구성주의 교수설계모형

1 조나센(Jonassen)의 구성주의 학습환경 설계모형(CLEs) 08 중등, 12 중등, 17 중등論, 25 중등論

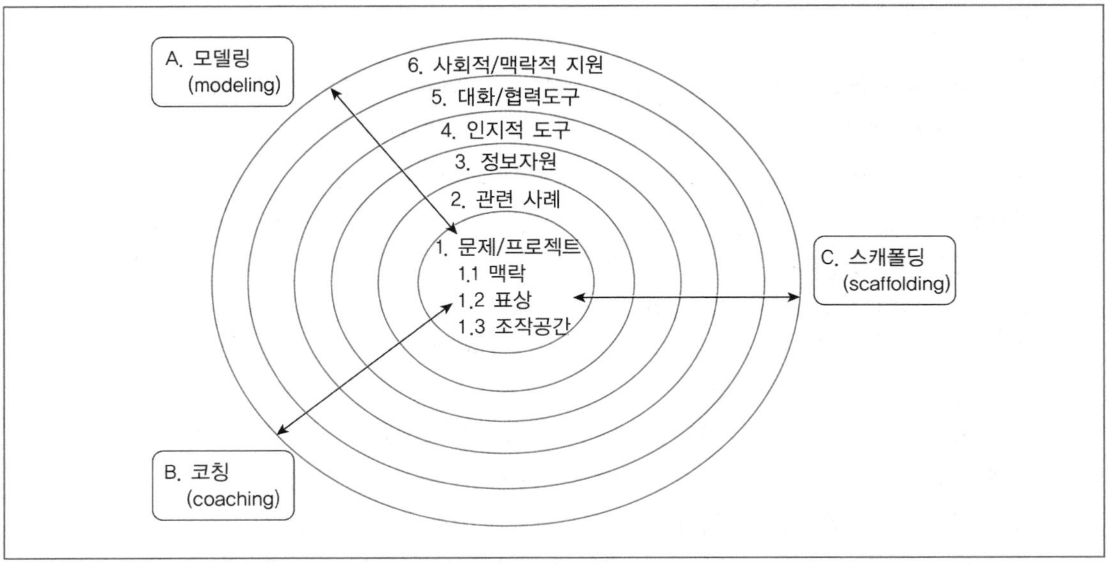

설계요소	문제/프로젝트	'문제(problem)'가 학습을 주도하며, 문제해결과정에서 관련된 지식을 학습함. 문제는 복잡하고 비구조적(ill-structured)인 실제적 문제여야 함
	관련 사례	'관련 사례'를 충분히 제공하여 학습자가 문제를 보다 명확히 이해하고 인지적 융통성을 높일 수 있도록 함
	정보자원	문제해결에 필요한 '정보자원'을 충분히 제공해 주어야 함. 학습자는 정보를 활용하여 문제해결을 위한 가설을 설정하고 검증하면서 자신의 지식구조를 정교화해 나감
	인지도구	'인지도구'는 학습자가 문제를 원활하게 해결할 수 있도록 학습자의 인지활동을 지원·촉진하는 것을 말함 예 시각화 도구, 조직화 도구, 수행지원 도구, 정보수집 도구 등
	대화/협력도구	'대화/협력도구'를 제공하여 학습자들이 사회적으로 공유된 지식을 협력하여 구성할 수 있도록 도와야 함 예 학습커뮤니티, 전자게시판, 이메일, SNS, 채팅 등
	사회적/맥락적 지원	'사회적/맥락적 지원'을 통해 교수자와 학습자가 구성주의 학습환경이 실행될 맥락적 요인을 이해하고 수용할 수 있도록 지원함 예 사전 오리엔테이션과 워크숍 등
교수활동 (학습지원)	모델링	전문가가 과제수행의 시범을 보여주는 것. 모델링은 바람직한 수행을 시연하는 외현적 행동 모델링(예 바람직한 수행의 시연 또는 사례 제시)과 능숙한 추론과정이나 의사결정방법 등 내재적 인지과정을 명료화해 주는 내재적 인지 모델링(예 소리 내어 생각하기 제공, 중요한 과정에 대한 단서 제시, 다른 표상으로 다시 설명하기 등)이 있음. '모델링'은 전문가의 수행에 초점을 맞춤

	코칭	학습자의 과제수행을 관찰하고 돕는 것. 코칭은 학습자를 동기화하고, 수행을 분석하여 피드백을 제공하고, 학습한 내용에 대해 반성적 사고를 유발함. '코칭'은 학습자의 수행에 초점을 맞춤
	스캐폴딩	학습자가 자신의 능력 수준을 넘어서는 수행을 할 수 있도록 임시 발판을 제공하는 것(예 과제 난이도 조정하기, 과제 재구성하기, 점차 스캐폴딩 제거하기, 대안적 평가 제공하기 등). '스캐폴딩'은 학습자가 수행하는 과제(task)에 초점을 맞춤

2 4C/ID 모형 – 총체적 교수설계모형 ⇨ 반 메리엔보어(Van Merriënboer)

(1) 개념

복합적 인지기능의 학습을 위해 제시한 교수설계모형 ⇨ 학습자들이 과제를 진행하는 동안 복잡한 인지기능 및 메타인지 기능을 습득

(2) 특징

① ㉠ 유의미하고 전체적인 학습과제(meaningful, whole learning tasks)에 초점을 맞추고, ㉡ 학습자들이 전체적 과제의 다양한 측면들을 조합하도록 도와주기 위해 스캐폴딩(scaffolding)을 사용하며, ㉢ 학습의 전이를 지원하기 위해 학습을 유도하기 위한 방법(mathemagenic methods)을 사용하는 것

② ㉠ 분석과 설계에 초점, ㉡ 미시적 수준의 설계, ㉢ 객관주의적 관점과 구성주의적 관점

(3) 4C/ID 모형의 4가지 구성요소(four component)

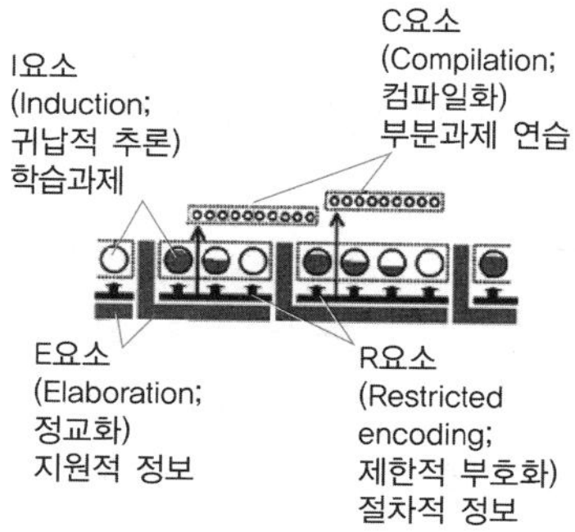

구성요소	내용
학습과제 (I요소)	• 문제나 프로젝트 등의 형태로 실제적(authentic)인 전체과제로 제공 • 과제는 간단한 것에서 복잡한 순으로 계열화하여 조직하고, 각 과제해결에 대한 안내와 지원(스캐폴딩)을 점진적으로 줄이도록 설계 • 구체적인 문제나 사례로부터 귀납적 추론을 통하여 인지적 쉐마를 획득하도록 설계
지원적 정보 (E요소)	• 문제해결에 필요한 비순환적 · 선언적 지식의 학습을 지원하는 정보 • 학습자가 과제 계열별로 언제나 활용할 수 있도록 풍부하고 구체적으로 설계 • 지원적 정보는 정보의 정교화를 통해 인지적 쉐마를 획득할 수 있도록 설계
절차적 정보 (R요소)	• 문제해결에 필요한 순환적 · 절차적 지식의 학습을 지원하는 정보 • 학습과제별로 구체화하고, 가능하면 적시에 제시될 수 있도록 설계 • 절차적 정보는 절차적 기능의 습득을 돕기 위한 정보를 분석하여 설계
부분과제 연습 (C요소)	• 높은 자동화 수준으로 숙달되어야 할 부분과제의 반복 연습 • 매우 많은 반복 연습이 제공되도록 설계

3 쾌속원형(속성원형, rapid prototyping)모형

(1) 개념

교수설계 의뢰인이나 학습자의 요구를 적극적으로 반영하여 교수설계 초기에 빠르게(rapid) 최종 결과물의 형태를 가진 프로토타입(prototype; 원형, 최종 산출물의 초기 형태)을 개발하는 교수개발방법론(비선형적인 교수설계방식)

(2) 특징 또는 장점

① **순환적 · 반복적 과정**: 전통적인 객관주의 교수설계모형처럼 각 단계가 끝난 후 다음 단계로 진행되는 것이 아니라, 각 단계가 동시적 · 순환적 · 반복적으로 이루어짐으로써 탄력적으로 교수프로그램을 개발할 수 있다.

② **학습자의 요구와 사용성 반영**: 프로토타입(prototype; 원형)의 사전 실험을 통해 학습자의 요구와 사용성(교수설계모형이 사용되는 현장 상황)을 역동적으로 반영할 수 있다.

③ **신속한 프로토타입의 개발과 수정 · 보완**: 설계자와 사용자가 신속한 커뮤니케이션을 통해 협력적으로 참여하며, 프로토타입(prototype; 원형)을 개발한 후 문제점을 발견하고 수정 · 보완하면서 최종 단계에 이를 수 있다.

(3) 진행절차와 각 단계별 특징

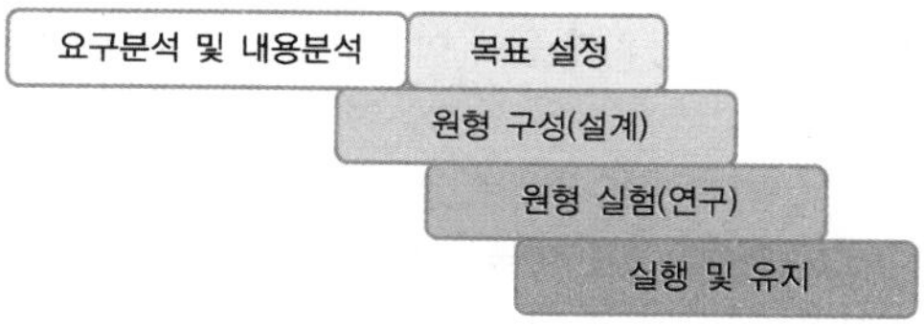

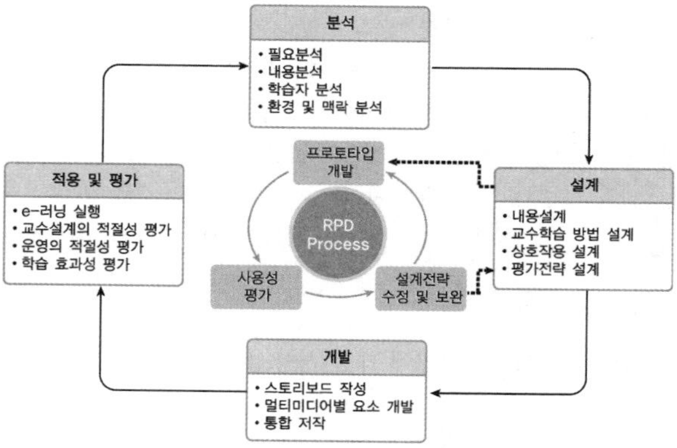

쾌속원형(rapid prototyping)모형 (1)

쾌속원형(rapid prototyping)모형 (2)

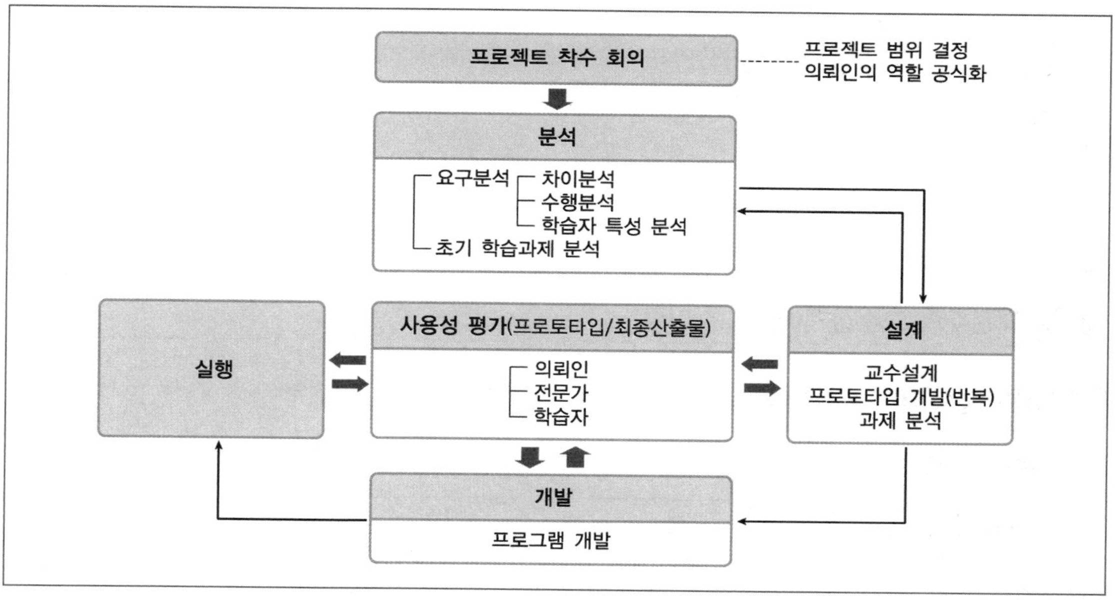

교육과정설계를 위한 rapid prototyping 방법론(임철일)

단계	활동
분석	학습과 관련된 여러 가지 요인들에 대한 분석 활동을 한다. 필요분석, 내용분석, 학습자분석, 학습환경 및 교수학습맥락분석 등이 이루어지며, 이 과정을 통해 이러닝 콘텐츠를 설계하기 위한 각종 요구조건과 필요조건을 파악하게 된다.
설계	분석 단계에서 확인한 분석 자료들을 바탕으로 이러닝 콘텐츠를 구성하고 있는 각종 설계요소인 내용설계, 교수학습방법설계, 상호작용설계, 평가전략설계 등의 활동이 이루어진다. 교수학습방법 및 전략설계 시 효과적으로 동기를 유발·유지시킬 수 있는 방안도 함께 고려될 필요가 있다.
쾌속원형설계	가장 핵심적인 단계로서, 프로토타입 개발, 사용성 평가, 설계전략 수정 및 보완 등 세 가지 단계를 거친다. 먼저, 프로토타입 개발 단계는 단위 수업을 표준으로 교육목표를 달성하기 위한 교육내용과 교수학습요소들을 신속하게 원형, 즉 프로토타입 형태로 개발하는 활동이 이루어진다. 다음, 프로토타입에 대한 사용성 평가를 실시한다. 사용성 평가란 개발된 프로토타입을 활용하면서 사용자로서 학습자와 교사의 의견을 수집하고 분석하는 활동을 말한다. 마지막으로, 프로토타입에 대한 사용성 평가결과를 체계적으로 분석한 뒤 수정 및 보완을 한다. 프로토타입에 대한 설계전략 수정은 물론 필요한 경우 전반적인 설계전략의 방향을 바꾸거나 보완할 필요가 있을 수도 있다.
개발	설계전략을 스토리보드로 상세하게 옮기고 텍스트, 그래픽, 이미지, 애니메이션, 동영상 등 멀티미디어요소들을 개발하고 이들을 통합하여 페이지 단위로 저작하는 활동이 진행된다. 프로토타입의 특성을 최대한 고려하여 체계적으로 개발활동을 수행하는 것이 바람직하다.
적용 및 평가	이러닝 콘텐츠를 실천적으로 적용하며, 그 후 이러닝 교수설계의 적절성, 운영의 적절성, 이러닝을 통한 학습의 효과성 등을 평가한다.

07 객관주의 교수설계이론(교수이론)

1 가네(Gagné)의 교수설계이론 90 중등, 92 초등, 98~99 초등, 00 중등, 01~02 초등, 03~04 중등, 06~09 중등, 07 초등, 09 초등, 11~13 중등

(1) 학습결과(학습영역, learning outcomes)의 유형 90 중등, 92 초등, 07 초·중등, 09 초등, 11 중등

학습결과	내용
언어 정보	• 개념 : 사실, 개념, 원리 등을 기억하여 언어로 표현할 수 있는 능력 ⇨ 명제적(선언적) 지식 예 국가의 수도 기억하기, 사물의 이름 기억하기, 음식의 재료 열거하기 등 • 학습방법 : 오수벨(Ausubel)의 선행조직자를 제공하여 유의미 수용학습을 통해 학습
지적 기능	• 개념 : 언어, 숫자, 부호 등 상징적 기호를 사용하여 환경과 상호작용할 수 있는 능력 ⇨ 방법적(절차적) 지식 예 빨간색과 파란색을 구별하기, 수동태를 능동태로 바꾸기 • 학습방법 : 위계학습을 통해 학습 • 지적 기능의 하위범주 ⇨ 지적 조작의 복잡성 수준에 따라 위계화(계열화)되어 있음

지적기능	내용
변별학습	대상들 간의 속성(차이)을 구별하는 능력 예 여러 모양의 다각형 중에서 삼각형 구별하기, 식물·동물 구별하기

	개념학습	• 의미 : 사물들의 공통적인 속성에 의해 사물들을 분류하는 능력 • 구체적 개념학습 : 사물, 형태 등 지각적인 외형적 특성에 따라 분류하는 개념 예 나무, 바위, 포유류, 사각형 등 • 정의된 개념학습 : 단순히 지각적으로 구분하는 것이 아니라, 합의된 정의에 따라 분류된 개념 예 민주주의, 평화, 자유 등
	원리학습 (규칙학습)	2개 이상의 개념을 사용하여 어떤 현상에 내재된 규칙과 법칙을 설명하는 능력(개념 간의 관계에 대한 진술) 예 그림자가 생기는 현상을 통해 빛의 직진 원리를 이해하기, 기단의 생성 원리를 알기
	문제해결학습 (고차적 규칙학습)	1가지 이상의 원리(규칙)를 적용하여 문제를 해결하는 능력 ⇨ 적용력, 전이력과 관계 예 삼각형과 사각형의 넓이 구하는 방법을 통해 사다리꼴의 넓이 계산하기, 동위각의 원리와 각에 따른 호의 길이가 비례한다는 원리를 알아 지구 둘레 측정하기
인지 전략		• 개념 : 학습자가 기억하고 사고하며 학습하는 방법에 대한 능력 ⇨ 학습자 개인의 학습, 기억, 사고 행동을 조정 · 통제하는 능력 예 암기방법, 효과적인 노트정리, 조직화 전략, 정교화 전략, 인지리허설 전략 등 • 학습방법 : 비교적 장시간에 걸친 연습을 통해 발달
태도		• 개념 : 어떤 대상이나 활동을 선택하는 학습자의 내적 · 정신적 경향성 예 미술관에 가지 않고 대신 콘서트에 가는 것을 선택하기, 무단횡단하지 않는 행동, 노인에게 자리를 양보하는 행동 등 • 학습방법 : 강화, 대리 강화(관찰학습), 동일시 등을 통해 학습
운동 기능		• 개념 : 신체의 근육을 활용하여 특정한 동작을 수행하는 능력 ⇨ 블룸의 심동적 영역과 동일한 학습능력 예 수영하기, 그림 그리기, 컴퓨터 문서 작성하기, 라디오 조립하기 등 • 학습방법 : 장기간에 걸친 반복 연습을 통해 학습

(2) 학습의 조건(condition of learning)

내적 조건은 효과적인 학습을 위해 필요한 학습자의 내적 상태(인지적 · 정의적 요소)를 말하며(⇨ 9가지 학습사태와 관련), 외적 조건은 학습자의 내적 학습과정을 활성화하고 지원하는 데 필요한 환경자극(⇨ 교수사태와 관련)을 말함

학습조건	내용
내적 조건	• 선행학습능력 : 학습이 성공하기 위해서는 이전에 학습한 내적 능력이 있어야 함 • 학습동기 : 학습이 성공하기 위해서는 학습하려는 능동적 자세인 동기가 있어야 함(내재적 동기) • 자아개념 : 학습에 대한 자신감, 즉 긍정적 자아개념이 있어야 함 • 주의집중 : 학습에 주의를 집중할 수 있어야 함
외적 조건	• 강화 : 새로운 행동의 학습은 그 행동에 대해 보상이 주어질 때 잘 일어남 • 접근 : 자극과 반응이 시간적으로 근접할 때 학습이 더 잘 일어남(자극과 반응의 시간적 근접성) • 연습 : 반복 연습을 하면 학습이 증진되고 파지가 확실해짐

(3) 9가지 수업사태(학습사태, Event of Instruction) – 학습의 인지처리과정 9단계

00 중등, 01 초등, 08~09 중등, 12 초등, 13 중등

정보처리과정에 근거하여 학습자의 내적 학습과정을 지원하는 일련의 외적 교수활동을 말함 ⇨ 학습자의 학습을 촉진하기 위해서는 학습자 내부에서 발생하는 내적 과정을 이해하고, 이를 촉진하기 위한 외적 조건인 수업사태를 제공해야 함

구분	학습과정(학습사태)	수업사태	기능
학습준비	1. 주의집중	주의집중시키기	학습자의 주의를 집중시킨다. ⇨ 학습자는 감각등록기의 선택적 주의를 통해 정보에 주의를 기울인다. 예 흥미나 호기심 유발의 질문, 시청각자료의 활용
	2. 기대 (동기화)	수업목표 제시 (학습목표 제시)	학습자에게 학습목표를 알려주도록 한다. ⇨ 학습자는 학습이 끝났을 때 성취할 수 있는 능력이 무엇인지에 대해 기대감을 갖게 된다. 예 학습이 끝났을 때 수행할 수 있는 결과 알려줌
	3. 인출 (장기기억에서 단기기억으로 정보 인출)	선수학습 회상 (선수학습 확인)	새로운 정보를 학습하는 데 필요한 선수학습내용을 확인한다. ⇨ 학습자는 선행학습내용을 장기기억에서 단기기억으로 불러오게 된다. 예 선수학습요소 확인(Asubel의 포섭자에 해당)
정보 획득과 수행	4. 선택적 지각	자극 제시 (학습내용 제시)	• 학습자에게 학습할 새로운 내용을 제시한다. ⇨ 학습자는 자극 제시에 따라 선택적 지각을 한다. ⇨ 학습과제를 다루는 구체적 활동이 시작되는 첫 단계 • 새로운 정보가 적절한 자극의 형태로 제시되는 것이 매우 중요하다. 예 학습내용의 핵심요소를 설명하기(개념이나 명칭 제시), 학습내용의 예를 설명하기(개념의 사례 제시), 학습내용과 관련된 영상자료 보여주기, 하이라이트 표시나 밑줄 사용, 운동기능의 시범 등
	5. 의미론적 부호화	학습안내 제시	이전 정보와 새로운 정보를 적절히 통합시키고 그 결과를 장기기억에 저장할 수 있도록 '통합교수(integrating instruction)'를 한다. ⇨ 학습자는 통합된 정보를 유의미하게 부호화하고 장기기억에 저장한다. ⇨ 학습안내는 스캐폴딩이라고 할 수 있어서 학습자의 인지적 구성활동을 지원한다. 예 도표, 규칙, 모형, 순서도, 조직화, 연결된 사례, 암시나 단서 제시 등
	6. 반응 (재생과 반응)	수행 유도 (연습 유도)	• 연습기회를 제공하여 학습자가 실제로 학습했는지 확인한다. ⇨ 학습의 진척상황 확인 단계 • 수행 유도는 단기기억의 내용이 장기기억에 저장되었는지 확인할 수 있어야 하며, 충분하게 학습되었는지를 확인할 수 있어야 한다. 예 질문을 통해 반응(답변)을 유도하거나, 실험 또는 실습의 연습기회 제공 등
	7. 강화 (피드백을 통해 강화받기)	피드백 제공	• 수행이 얼마나 성공적이었고 정확했는지에 대해 정보적 피드백을 제공한다. • 성공적인 수행에는 긍정적 피드백을 제공하여 수행을 강화하고, 개선이 필요할 때는 정확한 구체적 피드백을 제공한다.
재생과 전이 (학습전이)	8. 단서에 의한 인출 (재생을 위한 암시)	수행평가 (성취행동평가 / 형성평가)	성취행동을 평가하여 학습목표의 도달 정도를 측정한다. ⇨ 수업의 마무리 단계
	9. 일반화	파지와 전이 증진	새로운 상황에 적용하게 하여 파지와 전이력을 높이고 일반화하게 한다.

2 메릴(Merrill)의 교수설계이론 – 내용요소제시이론(CDT : Component Display Theory)

02 초 · 중등, 08 초 · 중등, 10 초등, 12 중등

(1) 개관

① **미시적 교수설계이론 :** 인지적 영역 내에서 특히 하나의 아이디어(예 사실, 개념, 절차, 원리)를 효과적으로 가르치는 데 초점을 두고 있는 미시적 교수설계이론

② **내용요소제시이론 :** 학습결과의 범주를 내용×수행 행렬표(matrix)로 나눈 다음, 각각에 적절한 교수방법을 제시(display)하는 이론

(2) 특징

① 내용×수행 행렬표(matrix)

내용 차원	• 사실 : 사물, 사건, 장소의 이름과 같은 단편적인 정보 ⇨ 임의적 · 단편적 정보 • 개념 : 공통적인 속성을 지닌 사물, 사건, 기호들의 집합 ⇨ 공통적 속성을 지닌 집합 • 절차 : 문제를 해결하는 데 필요한 단계들을 순서화한 계열 ⇨ 순서화한 계열 • 원리 : 어떤 현상을 설명하고 예측하기 위해 사용하는 인과관계나 상호 관련성 ⇨ 현상 설명, 예측
수행 차원	• 기억 : 이미 저장된 언어 정보(예 사실, 개념, 절차, 원리)를 재생하는 것 ⇨ '언어 정보'의 습득 수준 • 활용 : 추상성(예 개념, 절차, 원리)을 구체적인 상황에 적용하는 것 ⇨ '지적 기능'의 수준 • 발견 : 새로운 추상성(예 개념, 절차, 원리)을 찾아내는 것 ⇨ '인지 전략'의 수준

② 자료제시형태(교수방법, display) : 교수목표에 도달하기 위해 학습자에게 제시되는 수업의 형태나 방법

㉠ 1차 자료제시형(primary presentation forms) : 학습목표 도달을 위한 가장 최소한의 기본적인 자료제시형태, 수업의 뼈대 역할 ⇨ 일반성 설명식(EG), 사례 설명식(Eeg), 일반성 탐구식(IG), 사례 탐구식(Ieg)

예 일반성(Generality)이나 사례(Instance)를 설명식으로 제시하거나(설명식 1차 제시형), 탐구식(질문식)으로 제시함(탐구식 1차 제시형)

	설명식 [Expository(E)]	탐구식 [Inquisitory(I)]
일반성 [Generality(G)]	EG(법칙) 법칙 혹은 일반성을 말하고, 보여주고, 설명하고, 시범을 보여줌	IG(회상) 일반적 진술문을 완성하게 함으로써 일반성의 이해를 연습하고, 평가함
사례 [Instance(eg)]	Eeg(예시) 특정 사례나 예를 말하고, 보여주고, 설명하고, 시범을 보여줌	Ieg(연습) 특정 사례에 일반성을 적용함으로써 사례의 이해를 연습하고, 평가함

ⓛ **2차 자료제시형**: 필수적인 요소는 아니지만 학습을 보다 쉽게 지원해주는 부가적인 자료제시형태, 1차 제시형을 보다 정교화시켜 줌 ⇨ 맥락, 선수학습, 기억술(암기법), 도움말, 표현법, 피드백 등 ⇨ EG(법칙), Eeg(예시)의 설명식 1차 제시형에서는 맥락, 선수학습, 암기법, 도움말, 표현법의 5가지 정교화 유형만이 타당성을 가지며, IG(회상), Ieg(연습)의 탐구질문식 1차 제시형에서는 맥락, 도움말, 표현법, 피드백의 4가지 정교화 유형만이 타당성을 가짐

맥락	교수내용에 맥락이나 역사적 배경을 제시하여 정교화하는 방식
선수학습	새로운 학습을 위해 알아야 할 선수지식을 같이 제시하는 전략
기억술	법칙이나 공식 등을 암기할 수 있는 방법을 같이 제시하여 기억을 촉진시키는 전략
도움	학습자의 학습을 돕기 위해 화살표, 다양한 색상, 굵은 활자 등을 같이 제시하여 주의를 집중시키는 전략 ⇨ 학습촉진 도움말
표현법	일반적인 내용을 공식, 표, 그림, 다이어그램, 차트 등으로 표현하여 학습을 정교화하는 방식
피드백	학습자가 수행한 내용에 대해 도움을 주거나, 정답에 대한 정보를 제공하거나, 활용에 대한 정보를 주어 학습을 정교화하는 방식

(3) 시사점

① 학습활동을 구조화할 때 일반성, 예, 연습활동을 제시하는 순서로 진행

예 '녹색소비'의 개념을 가르칠 때, 제일 먼저 그 정의를 제시한 뒤, 녹색소비의 구체적 예를 제공하고, 마지막으로 여러 보기 중 녹색 소비에 해당하는 사례를 찾는 연습활동을 진행함

② 특정 학습과제 유형을 가르칠 때 보다 쉽게 10가지 범주로 학습유형을 분류하고, 이에 적합한 교수전략을 1차 제시형과 2차 제시형의 결합으로 적절히 선택

3 라이겔루스(Reigeluth)의 교수설계이론 – 정교화이론(elaboration theory)

02 중등, 03 초등, 09 중등, 10 초등, 12 중등

(1) 교수설계전략

단일 아이디어(개념학습, 원리학습, 절차학습)를 가르치는 '미시적 전략'과 여러 아이디어들을 어떤 순서로 가르칠 것인가와 관련된 '거시적 전략'을 제시함

(2) 미시적 조직전략 – 개념학습을 중심으로

단계	내용
제시	• **개념의 전형 형성**: 개념의 전형적 사례 제시 ⇨ 일반적이며 다수의 사례를 대표할 수 있는 것 • **변별**: 개념 정의, 개념의 결정적 속성 검토, 개념의 예인 것과 예가 아닌 것 제시(사례와 비사례 제시) • **일반화**: 무시하여도 좋은 가변적 속성을 반영한 다양한 사례 제시
연습	개념을 정확히 이해했는지 확인하기 위해 다양한 새로운 사례에 개념을 적용(⇨ 개념의 이해도 검증) ⇨ 연습은 매우 발산적 성격을 띠어야 함

피드백	• 동기화(칭찬/격려) : 옳은 응답에 대해 칭찬과 격려 • 유도 : 옳지 않은 응답에 대해 힌트를 제공하여 재시도하게 하거나, 정답과 설명 제공. 이때 부드러운 표정과 함께 격려를 함

(3) 거시적 조직전략(정교화 전략) – 정교화이론의 7가지 교수전략

전략	내용
정교화된 계열화	학습내용을 단순에서 복잡, 일반적인 것에서 세부적인 것으로 계열화(순서화)하여 조직하는 원리 ⇨ 줌렌즈의 방법
선수학습요소의 계열화	새로운 내용을 학습하기에 앞서 반드시 학습해야 하는 선수학습요소를 순서화하여 가르치는 원리
요약자의 사용	이미 학습한 내용을 망각하지 않도록 복습하는 데 사용되는 전략. 학습단원 요약자와 교과전체 요약자 ⇨ 교수에서 다룬 각 아이디어나 사실에 대한 간결한 설명, 사례, 자기평가적인 연습문제를 제공
종합자의 사용	학습한 내용요소들을 서로 연결하여 통합시키기 위하여 사용하는 전략. 학습단원 종합자와 교과전체 종합자 ⇨ 한 가지 혹은 그 이상의 지식구조의 유형으로 일반성 제시, 학습한 아이디어들의 관계를 나타내는 통합적 사례 제시, 자기평가적인 연습문제를 제공 ⇨ **장점** : 학습자에게 필수적이고 가치 있는 지식 제공, 이미 학습한 개개의 아이디어들에 대한 깊이 있는 이해를 제공, 개개의 아이디어들을 수업의 전체적 윤곽 속에서 상호 연관성 있게 제시함으로써 학습의 의미와 동기를 제고
비유의 활용	새로운 학습내용을 친숙한 아이디어(내용)에 연결시켜 좀 더 쉽게 이해할 수 있도록 도와주는 전략(예 인간의 두뇌는 컴퓨터이다.) ⇨ 학습자에게 사전에 경험한 구체적인 지식을 회상시킴으로써 학습자가 추상적이고 복잡한 아이디어를 받아들일 수 있도록 준비시킴
인지전략 촉진자	학습내용을 이해하고 처리할 수 있도록 학습자의 인지전략을 자극하고 도와주는 촉진자(인지전략 자극자·활성자) ⇨ 그림이나 도표, 도식, 기억술, 비유 등 활용
학습자 통제	학습내용, 학습전략, 인지전략 등을 학습자 스스로 선택하고 통제할 수 있도록 하는 전략 ⇨ 메타인지전략

4 켈러(Keller)의 학습동기설계이론(ARCS model)

00 초등, 03 중등, 05 중등, 06 초등, 07 중등, 09~10 초등, 11~12 중등, 15중등論

동기유발요소	의미	하위 전략	구체적 적용방법 예시
주의집중 (Attention)	주의와 호기심을 유발·유지시킨다.	① 지각적 주의환기 전략 (perceptual arousal) – 주의를 유발·유지하는 전략	㉠ 시청각 매체의 활용(단순한 그림, 그래프, 도표에서부터 각종 애니메이션이나 소리, 반짝거림, 다양한 글씨체 등을 사용) ㉡ 비일상적인 내용이나 사건의 제시(사건, 역설, 학습자의 경험과는 다른 사실, 괴상한 사실, 믿기 어려운 통계 등을 제시) ㉢ 주의분산의 자극 지양(너무 많은 자극의 남용 ×)

		② 탐구적 주의환기 전략(inquiry arousal) – 호기심 · 탐구심을 자극하여 학습에 대한 기대감을 갖게 하는 전략	㉠ 능동적 반응 유도(질문과 응답을 통해 적극적인 사고를 유도하거나, 흔치 않은 비유를 해보라고 요구하거나, 내용과 관련된 연상을 만들어 보도록 요구) ㉡ 문제해결활동의 구상 장려(학습자 스스로 문제를 내어서 풀어보게 한 후, 적절한 피드백이나 결과를 제시해 줌으로써 지적 호기심을 계속 유지) ㉢ 신비감 있는 문제 제시(탐색과정에서 문제상황을 제시하면서 필요한 지식을 부분적으로만 제공) ㉣ 과제를 문젯거리로 만들어 제시
		③ 다양성 전략(variability) – 수업의 요소를 변화시켜 학습자의 흥미 · 주의를 계속 유지시키는 전략	㉠ 간결하고 다양한 교수형태의 사용(교수의 한 단위를 간결하고 짧게 구성하되, 정보제시, 연습, 평가 등의 다양한 형태를 적절히 사용) ㉡ 일방적 교수와 상호작용적 교수의 혼합(강의식과 토론식 수업의 혼합) ㉢ 교수자료의 다양한 변화 추구(여백 두기, 글자 크기, 밑줄, 그림, 표 등 활용)
관련성 (Relevance)	교수를 주요한 필요와 가치에 관련시킨다.	① 친밀성 전략(familarity) – 수업과 학습자의 경험을 친밀하게 관련시키는 전략	㉠ 친밀한 인물이나 사건 활용 ㉡ 친밀한 예문이나 배경지식 활용(뺄셈 개념을 가르칠 때 상점에 가서 과자를 사는 상황을 예로 사용) ㉢ 구체적이고 친숙한 그림 활용(추상적 개념을 가르칠 경우)
		② 목적지향성 전략(goal orientation) – 수업에서 학습자의 목적을 충족시키는 전략	㉠ 실용성에 중점을 둔 목표 제시(학습목표가 미래의 실용성과 연관되어 있음을 인식시킴) ㉡ 목적지향적인 학습형태 활용(실용성을 제시하기 어려운 학습과제일 경우, 게임, 시뮬레이션 등과 같이 그 자체로 어떤 목적을 지향하는 학습형태 이용) ㉢ 목적의 선택 가능성 부여(다양하게 제시된 목적 중에서 자신에게 적합한 목적을 선택하도록 함)
		③ 필요나 동기와의 부합 전략(motive matching) – 수업을 학습자의 동기와 관련시키는 전략 : 성취욕구와 소속감 욕구 중시	㉠ 어렵고 쉬운 다양한 수준의 목표 제시(자신의 능력이나 특성에 따라 적절한 수준의 목표를 선택하도록 하여 성취욕구 자극함) ㉡ 협동적 학습상황 제시(비경쟁적 학습상황에서 학습과정에 몰두하며 소속감의 욕구가 충족)

			㉢ 비경쟁적 학습상황의 선택 가능(높은 수준의 과제를 성취할 때, 비경쟁적 학습환경을 선택할 수 있도록 수업을 설계하면 학습자의 필요나 동기에 부합될 수 있으므로 수업의 관련성을 높일 수 있음) ㉣ 학업성취 여부의 기록체제 활용(학업성취 여부를 계속적으로 기록하고 그에 따라 적절한 피드백을 제공함으로써 성취욕구 자극)
자신감 (Confidence)	성공에 대한 자신감과 긍정적 기대를 갖도록 한다.	① 학습의 필요조건 제시 전략 (성공기대 증가 전략, learning requirement) – 학습의 필요조건과 평가기준을 제시하여 성공기대감을 높여주는 전략	㉠ 수업의 목표와 구조 제시(수업목표를 분명하게 제시, 어려운 목표는 작은 단계로 나누어 제시) ㉡ 명확한 평가기준 및 피드백의 제시(평가기준을 분명히 제시하고 또 수업목표를 달성할 수 있도록 연습의 기회와 반응에 따른 적절한 피드백을 제공) ㉢ 선수학습능력의 판단(학습자의 성공을 돕기 위해 미리 선수지식, 기술이나 태도 등을 진술해 줌) ㉣ 시험의 조건 알려줌(시험문제 수나 그 성격, 시간제한 등을 미리 알려줌으로써 학업수행의 필수요건이 무엇인지를 인식하도록 도와줌)
		② 성공기회 제시 전략 (성공체험 전략, success opportunities) – 성공을 경험할 수 있도록 적절한 수준의 도전감을 제공하는 전략	㉠ 쉬운 것에서 어려운 것으로 과제 제시(다양한 수준의 난이도로 계열화하여 제시) ㉡ 적정 수준의 난이도 유지(지나친 도전이나 권태를 방지하도록 학습자의 수준에 맞는 적절한 정도의 난이도 유지) ㉢ 다양한 수준의 시작점 제시(학습자의 능력 수준을 평가하여 그 능력 수준에 맞는 내용을 선택적으로 제시) ㉣ 어려운 과제에 대해 충분한 도움 제공
		③ 개인적 조절감 증대 전략 (자기책임, personal responsibility) – 학습자 스스로 자신을 조절·통제하도록 하는 전략	㉠ 학습속도를 적절히 조절할 수 있는 기회 제공(학습자에게 다음 내용으로 스스로 진행하도록 조절의 기회를 줌) ㉡ 학습의 끝을 조절할 수 있는 기회 제시(언제든지 학습상황에서 빠져나갈 수 있고, 돌아오고 싶을 때 다시 돌아올 수 있도록 함. 컴퓨터나 기타 시청각 매체 사용의 학습에서 더욱 필요) ㉢ 원하는 부분으로의 재빠른 회귀 가능(학습하고 싶은 부분으로 쉽사리 가도록 허락함) ㉣ 노력이나 능력에 성공 귀착(성공의 이유를 자신의 노력이나 능력에서 찾도록 유도함)

만족감 (Satisfaction)	강화를 관리하고 자기통제가 가능하도록 한다.	① 자연적 결과 강조 전략(내재적 강화 전략, intrinsic reinforcement) – 학습자의 내적 동기를 유지시키기 위해 학습의 내재적 즐거움을 제공하는 전략	㉠ 연습문제를 통한 적용 기회 제공 ㉡ 모의 상황을 통한 적용 기회 제공 ㉢ 후속 학습상황을 통한 적용 기회 제공
		② 긍정적 결과 강조 전략(외재적 보상 전략, extrinsic rewards) – 바람직한 행동을 계속 유지시키기 위해 강화와 피드백(외적 보상)을 제공하는 전략	㉠ 적절한 강화계획의 활용(학습시작 단계에서는 학습자의 반응 뒤에 매번 긍정적 피드백이나 보상을 제공하고, 적용해보는 연습 단계에서는 간헐적 강화를 사용) ㉡ 수준에 알맞고 의미 있는 강화의 제공(너무 쉬운 과제에 대해 긍정적 보상을 자주 하는 것은 피드백의 긍정적 동기효과를 저하시킬 우려) ㉢ 정답에 대한 보상 강조(옳은 반응에만 긍정적 외적 보상을 주고, 틀린 반응에는 어떤 보상도 주지 않아야 함) ㉣ 외적 보상의 사려 깊은 사용(외적 보상이 실제 수업상황보다 더 흥미를 끄는 것이어서는 안 됨) ㉤ 선택적 보상체제 활용(보상의 종류를 선택하게 함)
		③ 공정성 강조 전략(equity) – 공정하게 대우받고 있다고 느끼게 하는 전략	㉠ 수업목표와 내용의 일관성 유지 ㉡ 수업내용과 시험내용의 일치 ㉢ 학업수행에 대한 공정한 판단

5 완전학습모형 – Carroll, Bloom

(1) 캐롤(Carroll)의 학교학습모형 91 중등, 93 초등, 97 초등, 03 초등

학습의 정도는 학습에 필요한 시간에 대한 학습에 사용한 시간의 비율로 결정

$$\text{학습의 정도} = f\left\{\frac{\text{학습에 사용한 시간}}{\text{학습에 필요한 시간}}\right\} = f\left\{\frac{\text{학습기회, 학습지속력}}{\text{교수의 질, 적성, 교수이해력}}\right\}$$

① 개인차 변인(학생 변인)

적성 (aptitude)	최적의 학습조건에서 주어진 과제를 완전히 학습하는 데 필요한 시간 ⇨ 특정한 과제수행과 관련되는 특수능력
교수(수업) 이해력	수업내용이나 교사의 설명을 이해하는 학습자의 일반적 능력 ⇨ 학습자의 일반지능과 언어능력에 의해 결정
학습지속력 (지구력)	학습자가 인내를 발휘하여 실제로 노력한 시간(적극 참여한 시간) ⇨ 학습동기와 밀접

② 수업 변인(교사 변인)

교수의 질 (수업의 질)	• 교사의 학습과제 제시나 수업방법에서의 적절성 ⇨ '교수이해력'을 보완할 수 있는 변인 예 교수방법, 교수매체의 사용 • 수업의 질을 높이기 위해서는 학습목표와 학습방법을 사전에 알려주어 학습과제의 가치를 인식하게 함으로써 학습동기를 유발시키고, 학습과제를 적절하게 계열화하여 제시 • 또한 학습자의 능동적 참여를 유도하기 위하여 가능하면 개개 학습자의 흥미와 욕구를 충족시킬 수 있도록 수업을 계획하고 실행해야 하며, 수업결과에 대해 적절한 피드백을 제공
학습기회	• 학습과제를 학습할 수 있도록 학습자에게 허용된 시간 ⇨ 개인의 학업적성에 차이가 있기 때문에 학습자들에게 주어지는 학습기회는 달라져야 함 • 지구력이 학습자 스스로의 의지에 따라 학습에 투입한 시간이라면, 학습기회는 학습자의 의사와 관계없이 외부에서 학습자에게 주어진 학습시간을 말함

③ 시사점

㉠ 학습에 필요한 시간은 줄이고, 학습에 사용한 시간을 늘리면 학습의 정도가 최대치가 됨

㉡ 학습에 필요한 시간인 교수의 질을 높이면 학생들의 교수이해력이 높아지고, 학습지속력도 높일 수 있기 때문에 학습의 정도를 높일 수 있음

㉢ 학습에 사용한 시간을 늘려 학습기회를 충분히 허용하면 적성이 낮은 학생일지라도 완전학습에 이를 수 있음

㉣ 한편, 학습지속력이 다소 낮더라도 적성이 높으면 학습과제를 일정한 시간 내에 달성할 수 있다. 그러나 적성이 낮은 학생이 다른 학생과 동일한 시간 내에 주어진 과제를 달성하려면 교수의 질을 적절히 재구성하여 교수이해력을 높여주고, 학습지속력과 학습기회도 증대시켜야 함

(2) 블룸(Bloom)의 완전학습모형 00 대구 · 경북초보

Bloom은 학급의 95% 학생들이 학습과제의 90% 이상 학습하는 것을 완전학습이라고 보고, 이를 달성할 수 있는 수업전략을 제시

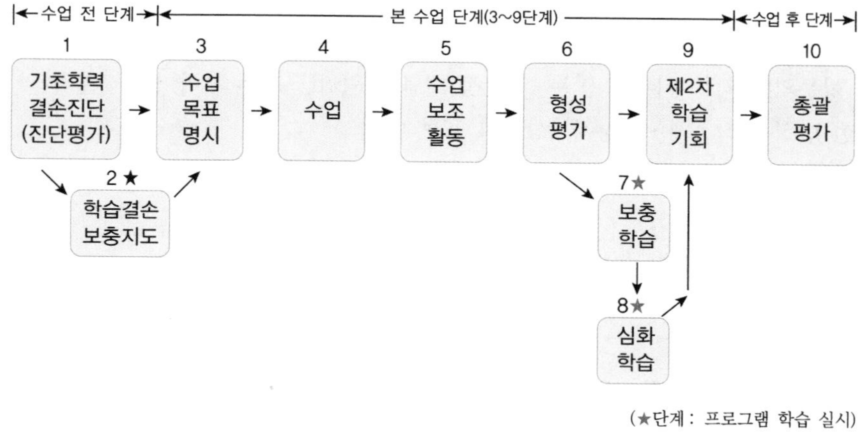

① **학습시간(학습기회) 가장 중시 :** 교수의 질, 적성, 교수이해력을 높여 학습에 필요한 시간을 줄이고, 보충학습을 포함한 학습기회를 충분히 제공하여 학습에 사용한 시간을 늘리면 완전학습에 이를 수 있음

② **형성평가와 보충·심화학습 강조 :** 형성평가를 통해 보충학습군과 심화학습군으로 구분하고 계속적인 보충학습과 심화학습의 기회를 제공

③ **철저한 개별화 수업 및 교정학습 강조 :** 학습단계마다 따라가지 못하는 학습자에게 철저한 개별화 수업(즉, 프로그램 학습)을 통해 보충학습과 교정학습의 기회를 제공하면 완전학습에 이를 수 있음

6 브루너(Bruner)의 발견학습모형(discovery learning) 95~96 중등, 99 중등, 01 중등, 05 초등, 06 중등, 14 중등추시論

(1) 개념

교사의 지시를 최소화하고 '학습과제의 최종적 형태(structure of knowledge)'를 관찰, 토론, 실험 등을 통해 '학습자 스스로 찾아내게 하는 방법' ⇨ 문제인식, 가설설정, 가설검증, 결론도출

(2) 발견학습의 특징

① **'지식의 구조'에 대한 철저한 학습 강조 :** 교과의 중간언어나 단편적인 지식을 가르치는 것이 아니라 각 학문을 구성하는 핵심 아이디어나 기본개념과 원리를 강조

② **학습자의 능동적 학습 강조 :** 학습자 스스로 개념이나 원리를 발견해 내는 능동적·주체적 학습을 강조. 이 과정에서 교사는 학습자의 발견과정을 촉진하고 안내하는 역할

③ **학습의 결과보다 학습의 과정 강조 :** 교과의 최종 형태를 학습자가 스스로 발견하도록 한다는 점에서 학습의 결과보다 학습의 과정이나 학습방법을 강조

④ **학습효과의 전이 중시 :** 요소와 요소의 관련성을 파악할 수 있도록 함으로써 기본원리에 의한 학습의 전이를 강조

(3) 수업이론(교수이론)의 요소

① 지식의 구조(structure of knowledge)
- ㉠ 각 학문의 기저를 이루고 있는 '일반적 개념과 원리', '기본적 아이디어'들 간의 상호 관련성
- ㉡ 표현 방식은 작동적·영상적·상징적 표현 방식
- ㉢ 나선형 교육과정

② 계열화(서열, sequence)
- ㉠ 학습과제를 순서대로 조직하여 제시하는 것
- ㉡ 나선형 교육과정
- ㉢ 고려해야 할 사항
  - ⓐ 학습자의 학습경험, 발달단계, 개인차 등에 따라 다르게 조직
  - ⓑ 학습과제는 '작동적 표현, 영상적 표현, 상징적 표현' 순으로 표현
  - ⓒ 적절한 수준의 불확실성과 긴장감을 유지할 수 있는 학습계열을 조직

③ 학습경향성(predisposition to learn)

㉠ 학습하고자 하는 의욕이나 경향을 의미 : 준비성(Thorndike), 출발점행동(Glaser), 적성(Carroll)과 유사

㉡ 학습의욕을 극대화하기 위한 방법 : ⓐ 적절한 수준의 불확실성을 가진 문제를 제시(도전감 자극), ⓑ 실패에 대한 불안감이 없어야 하며, ⓒ 학습과제가 어떤 목표를 향해 나아가고 있다는 점과 진행 중인 학습활동이 그 목표와 관련된다는 것을 학생들이 알아야 한다.

④ 강화(reinforcement)

㉠ 수업은 강화계획을 명시해야 한다.

㉡ 강화는 내적 보상과 외적 보상이 있는데, 효과적이고 지속적인 학습을 위해서는 내적 보상이 매우 중요하다.

⑤ 학습자의 사고 자극

㉠ 학습자 스스로 발견하는 발견자가 될 수 있도록 학습자의 사고과정을 자극

㉡ 유의점 : 교사는 ⓐ 학습자의 사고를 자극할 수 있는 문제를 제시하고, 학습자는 이에 대해 의문을 갖고 탐구하고 실험할 수 있도록 한다. ⓑ 또, 학습자들이 예감을 사용하고, 심지어 대담하고 돌발적이며 비현실적인 아이디어까지도 제안할 수 있도록 격려해야 한다.

(4) 발견학습의 조건

① 학습태세(set) : 학습자가 학습상황에서 정보들 간의 관계를 발견하려는 내적 경향성(학습경향성). 발견학습을 촉진하기 위해서는 발견하도록 하는 지시를 자주 하며, 학생 스스로 발견할 기회를 충분히 제공

② 요구상태(need state) : 학습자의 동기 수준. 너무 높거나 너무 낮은 동기 수준보다 보통의 동기 수준이 발견에 도움을 줌

③ 관련 정보의 학습(mastery of specifies) : 학습자가 관련된 구체적 정보를 알고 있는 정도. 학습자가 관련된 구체적인 정보를 많이 가지고 있을 때 발견이 잘 일어남

④ 연습의 다양성(diversity of training) : 같은 정보라 하더라도 그 정보에 접촉하는 사태가 다양할수록 발견의 가능성이 높아짐

(5) 교사의 역할

① 탐구자료 제시 : 지식의 구조인 교과의 기본개념과 원리가 내재된 다양한 탐구자료를 제시

② 해답을 발견하도록 단서 제공 : 학생 스스로 탐구하여 교과의 기본개념과 원리를 발견할 수 있도록 적절한 단서를 제공하면서 안내

③ 학습자와 함께 탐구하는 동료로서의 역할 : 교사는 최종적인 답변을 주지 않으면서 학습자와 함께 탐구하는 동료로서의 역할을 함

④ 적절한 강화 제공 : 수업은 강화에 관한 계획을 명시해야 함. 강화는 내적 보상과 외적 보상이 있는데, 효과적이고 지속적인 학습을 위해서는 내적 보상이 매우 중요

⑤ **비계설정**: 근접발달영역(ZPD)에서 학습자는 처음에는 교사의 도움을 받아 학습하면서 점차 스스로 문제를 해결하고 새로운 개념과 이론을 터득할 수 있도록 해야 함

(6) 발견학습의 장단점

① 장점

㉠ **내재적 동기 유발**: 발견 그 자체가 하나의 보상이 되어 내적 만족감과 유능감을 높이므로 내재적 동기를 유발함

㉡ **고등정신능력 함양**: 탐구적인 사고방법이나 유추능력과 같은 고등정신능력과 문제해결능력을 증진시켜 줌

㉢ **학습의 전이효과 증가**: 발견학습을 통해 획득된 지식은 더 오래 기억(파지)되고, 다양한 장면으로 전이됨

② 단점

㉠ **방만한 수업**: 발견학습은 학습자의 능동적 학습과정을 중요시한 나머지 방만한 수업이 될 위험이 높음

㉡ **학습노력의 비경제성**: 개념과 원리를 발견하는 데 많은 시간이 소요되어 학습노력의 경제성이 낮음

㉢ **학습자 능력의 한계**: 모든 지식을 학생 스스로 발견할 수 없다는 문제가 있고, 특히 지적 능력이 낮은 학생들은 학습에서 소외될 가능성이 높음

7 오수벨(Ausubel)의 유의미수용학습이론(meaningful reception learning)

01 초등, 03 초등, 04 중등, 05 초등, 06 중등, 08 초등, 10 중등

(1) 개념

새로운 지식을 학습자의 기존 인지구조에 의미 있게 연결하는 학습 ⇨ 교사 중심의 설명식 수업

(2) 유의미학습의 조건

학습과제, 인지구조, 학습태세의 3가지 조건을 충족시켜야 함

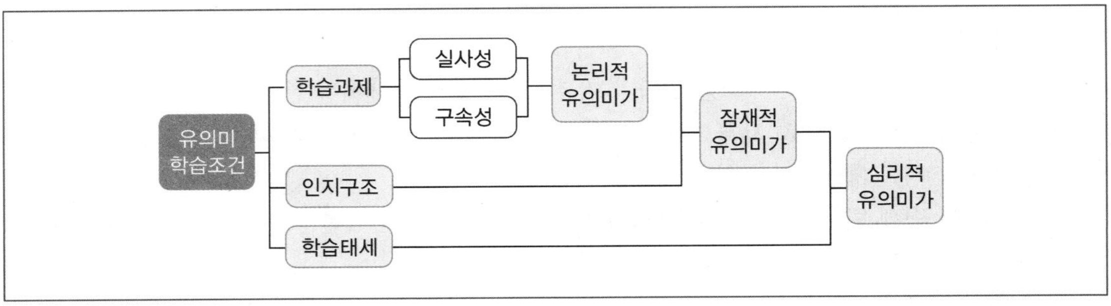

① 유의미 학습과제 : 실사성(명제가 어떻게 표현되더라도 그 의미가 불변)과 구속성(임의적으로 연결된 관계가 변하지 않는 것) ⇨ 논리적 유의미가

② 인지구조 속 관련정착지식 : 학습과제를 포섭하는 포섭자 역할 ⇨ 잠재적 유의미가

③ 유의미 학습태세 : 학습과제를 인지구조에 포섭하려는 학습자의 성향(의도) ⇨ 심리적 유의미가

(3) 유의미 학습의 과정(명제학습의 종류) 08 초등

유의미 학습이 일어나는 현상을 포섭(subsumption)이라는 개념으로 설명 ⇨ 포섭이란 새로운 학습내용을 기존 인지구조에 통합·일체화하는 과정 ⇨ 포섭은 곧 학습을 의미

포섭의 유형	내용
종속적 포섭 (하위적 포섭)	새로운 학습내용이 기존 인지구조의 하위에 포섭되는 것(기존 인지구조가 새로운 학습내용보다 포괄적인 경우에 발생하는 포섭) ⇨ 연역적 학습 • **파생적 포섭** : 새로운 학습내용이 기존 인지구조(이미 학습한 개념이나 명제)의 특수사례이거나 파생적인 내용일 때 발생하는 포섭 ⇨ 피아제(Piaget)의 '동화'에 해당 예 채소의 개념 : 무·파·배추 등 뿌리·줄기·잎을 채소로 알았던 학생이 '뿌리'를 먹는 당근도 채소로 아는 과정 • **상관적 포섭** : 새로운 학습내용이 기존 인지구조(이미 학습한 개념이나 명제)를 수정·확장·정교화하는 포섭 ⇨ 피아제(Piaget)의 '조절'에 해당 예 채소의 개념 : 뿌리·줄기·잎을 채소로 알았던 학생이 '열매'를 먹는 토마토도 채소의 한 종류로 아는 과정
상위적 포섭	새로운 학습내용이 기존의 인지구조보다 포괄적인 경우에 발생하는 포섭(새로운 학습내용이 관련정착지식의 상위에 포섭되는 경우) ⇨ 귀납적 학습 예 개·토끼·고양이·소 등을 아는 학생에게 '포유동물'이라는 새로운 개념을 제시할 경우
병위적 포섭 (병렬적 포섭)	새로운 학습내용이 기존의 인지구조(이미 학습한 내용)와 동일한 수평적(병렬적) 관계에 있을 때 발생하는 포섭 예 기독교 학습 후에 불교 학습을 할 경우, 민주주의 학습 후에 독재정치나 전제정치 등을 학습할 경우, 전기의 저항과 전류를 제시한 다음 전압을 제시할 경우

(4) 유의미 학습의 수업 원리

① **선행조직자(advance organizer)의 원리** : 수업의 도입단계에서 추상성, 일반성, 포괄성의 정도가 높은 입문적 자료를 새로운 학습과제에 앞서 제시 ⇨ 인지구조 내에서 관련정착지식의 역할을 수행하며 유의미 학습을 촉진

예 개념도, 산문체의 문장, 시각적 자료(사진·그림·지도·도표·삽화·모형 등)

종류	내용
설명 선행조직자	학습자의 인지구조 속에 새로운 학습과제와 관련된 선행지식이 전혀 없을 때, 즉 생소한 학습과제를 학습할 때 사용하는 조직자 ⇨ 새로운 학습과제를 학습자의 인지구조 속에 끌어들이기 위한 발판으로 사용 ⇨ 정착지, 개념적 부착지(ideational scaffolding) 역할
비교 선행조직자	학습자의 인지구조 속에 새로운 학습과제와 유사한 선행지식이 있을 때, 즉 친숙한 학습과제를 학습할 때 사용하는 조직자 ⇨ 기존 개념과의 유사성과 차이점을 비교하여 파악하도록 하기 위해 제공 ⇨ 인지적 다리(cognitive bridge) 역할

② **점진적 분화(progressive differentiation)의 원리** : 가장 일반적·포괄적인 개념을 먼저 제시하고, 그 다음에 구체적이고 세분화된 자료를 제시

③ **통합적 조정(integrative reconciliation)의 원리** : 새로운 개념은 이전에 학습한 내용과 긴밀한 관련성을 맺으며 통합되도록 제시

④ **선행학습 요약·정리의 원리** : 새로운 학습을 시작할 때 지금까지 학습한 내용을 요약·정리해 주면 학습이 촉진

⑤ **내용의 체계적 조직의 원리** : 학습내용이 계열적·체계적으로 조직되어 있으면 학습효과를 극대화

⑥ **학습준비도의 원리** : 학습과제는 학습자의 인지구조를 포함한 발달 수준에 맞게 제공

(5) **오수벨의 선행조직자 교수모형**(교수 3단계, 수업의 과정; Joyce & Weil, 2004) [12 중등]

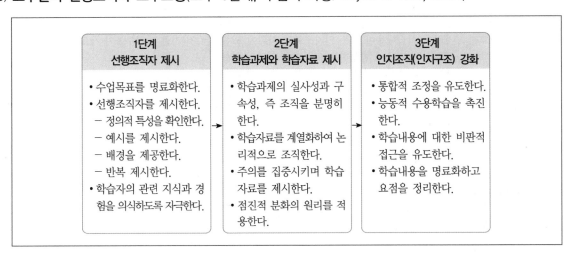

1단계 선행조직자 제시	→	2단계 학습과제와 학습자료 제시	→	3단계 인지조직(인지구조) 강화
• 수업목표를 명료화한다. • 선행조직자를 제시한다. – 정의적 특성을 확인한다. – 예시를 제시한다. – 배경을 제공한다. – 반복 제시한다. • 학습자의 관련 지식과 경험을 의식하도록 자극한다.		• 학습과제의 실사성과 구속성, 즉 조직을 분명히 한다. • 학습자료를 계열화하여 논리적으로 조직한다. • 주의를 집중시키며 학습자료를 제시한다. • 점진적 분화의 원리를 적용한다.		• 통합적 조정을 유도한다. • 능동적 수용학습을 촉진한다. • 학습내용에 대한 비판적 접근을 유도한다. • 학습내용을 명료화하고 요점을 정리한다.

(6) **교육적 의의와 장단점**

① 교육적 의의

㉠ **유의미 수용학습** : 설명식 교수법이라고 해도 학습과제를 학생들의 인지구조와 잘 일치시켜주기만 하면 기계적 암기학습이 아닌 유의미한 능동적 정보처리가 가능

㉡ **학습자의 인지구조의 중요성** : 학습자 개인의 기존 인지구조가 새로운 학습과제를 조직하고 제시하는 방법을 결정하는 첫 번째 요인임

㉢ **선행조직자의 중요성** : 구체적인 학습과제의 제시에 앞서 그 과제보다 포괄적인 수준의 선행조직자를 제시하는 것이 학습에 효과적임

㉣ **선행학습의 중요성** : 선행학습의 중요성에 대한 이론적 근거를 제공함. 새로운 학습과제가 기존의 인지구조와 너무 상충하거나 무관할 때 학습은 불가능함

② 장단점

㉠ **발견학습의 단점 보완과 학습노력의 경제성 향상** : 발견학습의 단점 중 하나인 발견하느라 쓸데없이 많은 시간을 낭비하는 것과 같은 폐단을 줄여줌으로써 학습에 기울이는 노력의 경제성을 높여줌

㉡ **안정된 파지와 높은 학습전이** : 학습과제가 학습자의 인지구조 속에 있는 기존의 지식과 연결되어 유의미하게 파지되도록 하기 때문에 학습한 내용을 새로운 문제해결에 쉽게 전이할 수 있게 함

③ 문제점

㉠ **무비판적인 기계적 수용학습의 가능성 존재**: 학습자에게 비판적 능력이 없을 경우 지식의 의미와 본질을 따져보지 못하고 그대로 수용하는 기계적 수용학습이 발생할 수 있음

㉡ **보완책**: 소크라테스식 문답법의 활용

ⓐ 다양한 구체적 사례를 제시하여 학습자가 가지고 있는 개념이 정확한지를 확인하도록 하는 반어법

ⓑ 질문과 답변의 과정을 통해 정확한 개념 정의에 도달하도록 하는 산파술

08 구성주의 교수설계이론(교수이론)

개념 쏙쏙

구성주의 개관

1. 구성주의의 인식론적 특징

① 지식의 상대성
② 지식의 맥락 의존성
③ 지식의 잠정성(변화 가능성)
④ 사회적 협상을 통한 지식 형성 가능

2. 구성주의의 교육적 적용[구성주의 교수-학습(수업설계)의 원리]

① 학습자 중심의 학습환경 설계
② 복잡하고 비구조화된 실제적 과제와 맥락 강조
③ 협동학습(collaborative learning) 강조
④ 자기성찰(self-reflection)
⑤ 중다관점(multiple perspectives)

객관주의와 구성주의 비교

구분	객관주의	구성주의
지식의 정의	인식주체와 독립하여 객관적이고 절대적으로 존재하는 진리 ⇨ 지식의 객관성, 절대성, 고정성	개인의 개인적·사회적 경험에 바탕을 둔 개별적 의미의 구성 ⇨ 지식의 상대성, 상황성(맥락의존성), 잠정성(가변성)
교육목표	진리와 일치되는 보편타당한 지식 습득	개인의 개별적 의미 구성 개인이 구성한 의미의 사회적 적합성과 융화성
주요 용어	발견, 습득	구성, 창조
지식의 특성	초역사적, 범사회적, 범문화적	상황적, 사회적, 문화적, 역사적
학습자관	지식의 수동적 수용자	지식의 능동적 창조자
교사 역할	지식의 전달자	지식 구성의 촉진자, 안내자, 조력자, 동료학습자
교육방법	강의, 암기, 반복, 대집단 학습	협동학습, 소집단활동, 문제해결학습, 비판적 사고 학습
교육평가	준거지향평가, 총괄평가, 양적 평가 강조	과정중심의 성찰적 평가, 질적 평가, 형성평가 강조

1 목표기반시나리오 모형(GBS : Goal-Based Scenarios) – Schanks 13 중등

(1) 개념

정해진(구조화된) 목표를 중심으로 시나리오에 따른 역할을 실제 수행하는 과정에서 자신도 모르게 정해진 목표를 성취하도록 하는 교수학습모형

(2) 목표기반시나리오(GBS)의 구성요소

① **목표(goal)** : 학습자들이 획득하기를 원하는 지식과 기능 ⇨ 과정지식(절차적 지식)과 내용지식(선언적 지식)

② **미션(임무, mission)** : 학습자들이 설정된 목표를 성취하기 위해 수행해야 하는 과제 ⇨ 목표와 밀접하게 관련되어야 하며, 실제 상황과 유사하고 흥미롭게 설정되어야 함

③ **표지 이야기(cover story)** : 미션과 관련된 상황맥락과 장면을 이야기 형식으로 설명하고 구체화한 것 ⇨ 실제적이고도 흥미롭게 구성되어야 함

④ **역할(role)** : 학습자들이 표지 이야기 속에서 맡게 되는 인물 ⇨ 학습자는 표지 이야기 내의 역할에 따라 미션을 수행 ⇨ 목표를 성취하는 데 최선의 것이라야 하며, 실제적이고 흥미롭게 설정되어야 함

⑤ **시나리오 운영(scenario operation)** : 학습자들이 임무를 수행하는 모든 구체적인 활동 ⇨ 목표와 미션에 긴밀하게 관련되도록 설계하여야 함

⑥ **자원(resources)** : 학습자가 미션을 수행할 때 필요한 정보 ⇨ 잘 조직되어 있어야 하며, 어렵지 않게 접근할 수 있도록 준비되어야 함

⑦ **피드백(feedback)** : 학습자들이 미션 수행과정에서 겪는 어려움을 해결하는 데 필요한 교수자의 도움 ⇨ 학습자의 미션 수행의 맥락에서 이루어져야 하며, 적절한 시기에 제공될 수 있어야 함

(3) 목표기반시나리오(GBS)의 주요 특징

① **학습은 목적 지향적(goal-directed)이다** : 실제 상황들이 부여하는 목적 지향성으로 인해 그 상황에 주목하고 추론하면서, 결국 학습하게 된다는 것

② **목적 지향적 학습은 기대 실패(expectation failure)라는 계기를 통해 촉진된다** : 현재의 지식이 부족하여 발생한 기대 실패를 분석하고, 부족한 지식을 채우는 과정 속에서 효과적인 학습이 이루어짐

③ **문제해결은 사례 기반(case-based)으로 이루어진다** : 문제상황을 해결하는 과정에서 축적된 해결 사례는 추후 유사한 문제에 보다 효과적인 답을 찾을 수 있도록 해 줌

(4) 목표기반시나리오(GBS) 설계 시 유의사항

① 학습목표를 정의할 때 내용지식(선언적 지식)의 목표와 과정지식(절차적 지식)의 목표를 구분하여 제시

② 내용지식과 과정지식이 모두 포함된 실제적인 사례를 바탕으로 가상의 시나리오를 만듦

③ 학습자들이 목표지식과 기술의 사용을 요구하도록 미션을 만들기 위해 실제 사례 현장에서 발생했던 이슈들을 분석

④ 학습자들이 수행해야 할 활동과 주요 절차를 설계함
⑤ 학습자들이 수행하는 절차별 코치의 활동(주요 활동별 중간 피드백 / 최종 피드백 등)을 설계
⑥ 학습자들이 절차마다 주요 활동을 기록하고 색인화하여 향후 업무에 적용할 수 있도록 지원
⑦ 학습자들이 공개적 · 양적으로 평가받기보다는 개별적 · 주관적 · 질적으로 평가받을 수 있도록 함

2 문제중심학습(PBL : Problem-Based Learning) - Barrows

01 초등, 02 중등, 05 중등, 07 초등, 08 중등, 09 초등, 11 초등, 12 중등, 18 중등論

(1) 개념

실제 생활과 관련된 비구조화된(ill-structured) 문제를 중심으로 이를 해결해 나가는 과정에서 문제해결력 및 관련 지식과 기능을 학습하도록 하는 방법

(2) 문제중심학습(PBL)의 주요 기능(학습목표)

① **문제해결을 위한 추론기능(reasoning process skill)** : 복잡한 문제를 해결하기 위해 가설을 설정하고, 자료를 수집 · 분석 · 종합하여 복잡한 문제를 해결함(가설-연역적 방법)
② **자기주도적 학습기능(self-directed learning skill)** : 학습자 스스로 문제해결에 필요한 새로운 지식을 끊임없이 익혀 나가야 하므로 자기주도적 학습기능이 필수적으로 요구

(3) 문제중심학습(PBL)의 특징

① **비구조화된 실제적인 문제로 시작** : 문제중심학습에서 사용하는 문제는 복잡하고 비구조화된 실제적인 문제이며, 다양한 접근과 해결이 가능한 문제임
② **학습자 중심 학습환경(협동학습 + 자기주도적 학습)** : 전체적인 학습과정은 소그룹을 통한 협동학습과 자기주도적 학습을 병행하며, 그 학습과정에서 학습자들은 주인의식을 갖고 학습활동을 주도함
③ **교사는 교육과정 설계자, 학습 진행자, 촉진자의 역할을 수행** : 교사는 교육과정 설계자로서 문제상황을 설계하고, 학습자원을 준비하고, 그룹의 학습과정을 지원하고 촉진하며, 지속적인 모니터링을 통해 학습과정을 관찰하고 평가함
④ **맥락 중심적** : 학생이 졸업 후에 현실 세계에서 만날 수 있는 문제와 매우 유사한 문제를 제시하여 학생의 동기를 유발함
⑤ **과정중심의 성찰적 평가도 강조** : 학습결과에 대한 평가는 물론 학습과정에 대한 성찰적 평가도 중시함. 또 교사 평가는 물론 학생 자신의 평가와 동료 학생들의 평가도 포함함

(4) 문제중심학습(PBL)의 구성요소

① **문제** : 실제 생활과 관련된 복잡하고 비구조화된 것이어야 하며, 다양한 접근과 해결이 가능한 것이어야 함
② **학습자** : 협동학습(소그룹활동)과 자기주도적 학습(개별활동) ⇨ ㉠ 문제가 제시되면 소그룹별로 협동학습(그룹활동)을 통해 문제와 관련된 가설을 설정하고, 사실을 확인하며, 문제를 해결하기 위해 알아야 할 학습과제를 설정한 후, 문제해결에 필요한 구체적인 실천계획을 수립함 ㉡ 문제확인을 위한 그룹활동이 끝나면, 학생들은 자기주도적 학습을 통해 여러 자원으로부터 효과적인 정보를 수집하고 분석함
③ **교사** : 문제상황을 설계하고, 그룹의 학습과정을 지원하고 촉진하는 학습의 지원자·촉진자이며, 지속적인 모니터링을 통해 학습과정을 관찰하고 평가함
④ **학습자원** : 학습자가 교재, 저널, 인터넷, 비디오, 교사, 친구 등 가능한 많고 다양한 자원을 지식의 습득에 활용함

(5) 문제중심학습(PBL)의 절차

① **강좌 소개** : 5명 정도의 소집단 구성, 각 소집단마다 학습을 도와줄 튜터 배당, 수업 소개
② **문제 제시**
㉠ **문제 제시** : 해결해야 할 문제를 제시 ⇨ 텍스트, 비디오, 모의실험, 역할극, 컴퓨터 시뮬레이션 등
㉡ **문제 확인** : 협동학습 ⇨ 문제와 관련된 가설 설정 → 사실 확인 → 학습과제 설정 → 실천계획 수립
㉢ **문제해결을 위한 자료수집** : 자기주도적 학습 ⇨ 여러 자료로부터 효과적인 정보를 수집하고 분석
③ **문제 재확인** : 문제에 대한 재평가 실시 ⇨ 개별학습 후 다시 팀별로 모여 학습결과를 발표하고 종합하여 가설(아이디어), 사실, 학습과제, 실천계획을 재조정 ⇨ 최적의 진단과 해결안을 도출
④ **결과물 발표** : 최종적인 학습결과인 '문제해결안'을 발표하고 다른 팀의 대안적 아이디어와 비교
⑤ **문제결론** : 학습자 스스로 자신의 탐구능력과 사고과정을 반성(reflection), 학습결과 정리 및 평가 ⇨ 문제해결적 추론능력, 자기주도적 학습, 협동학습능력, 새로운 지식의 습득이라는 4가지 영역에서 자기평가와 동료평가, 튜터평가를 실시하며 마침

(6) 문제중심학습(PBL)의 교육적 가치

① **창의적 문제해결력 신장** : 비구조화된 문제를 해결하는 과정에서 학습자는 창의적 문제해결력을 기를 수 있음
② **자기주도적 학습능력의 신장** : 문제중심학습에서는 학습자가 주인의식을 가지고 끝까지 문제를 해결해 가도록 함으로써 자기주도적 학습능력을 신장시킬 수 있음
③ **협동심 함양** : 문제중심학습에서는 소집단별로 탐구할 문제를 선정하고, 함께 자료를 찾아 문제해결책을 생각해 나가기 때문에 협동심을 함양할 수 있음
④ **학습자의 흥미 유발** : 문제중심학습은 실제적이고 맥락적인 문제를 접하게 하기 때문에 학습자의 흥미를 유발하기에 적합함
⑤ **지식의 습득과 전이의 활용** : 문제중심학습에서는 지식을 배워야 하는 동기를 자연스럽게 부여함으로써 지식의 습득뿐만 아니라 장기간의 파지와 적용까지의 효과를 기대할 수 있음

3 상황학습이론(situated learning theory, 상황인지이론) – Lave & Wenger 02 초등, 07 중등

(1) 개념

실제적인 과제(authentic tasks)를 실제 사용되는 맥락(context)과 함께 제시 ⇨ 지식이 일상생활에 적용되고 전이될 수 있도록 하는 방법

(2) 상황학습의 설계원리

① 학습내용 및 과제 설계

㉠ 실제 생활에서 사용되는 실제적인 과제(authentic tasks)를 제시해야 한다.

㉡ 지식이나 기능은 그것이 사용되는 상황이나 맥락(context)과 함께 제시해야 한다.

㉢ 전문가처럼 실제 문제해결상황에 참여할 수 있도록 전문가의 수행과 사고과정을 반영해야 한다.

㉣ 특정한 맥락과 관련된 구체적이고 다양한 사례(cases)를 활용해야 한다.

㉤ 실제적인 지식과 기능을 평가하는 실제적인 평가를 설계해야 한다.

Plus

상황학습에서 평가의 원리 3가지

1. 평가는 학습에 통합되어야 하고 실제적인 지식과 기능을 평가해야 한다.
2. 측정 기준은 문제해결의 다양성과 다양한 시각을 반영해야 한다.
3. 평가는 아이디어의 생성과 계획, 수행, 수정과 같은 문제해결과정의 표현을 강조해야 한다.

② 교수방법 설계

㉠ 학습자가 교사의 수행을 관찰하고 모델링할 수 있도록 인지적 전략의 시연과 관찰의 기회를 제공해야 한다.

㉡ 교사는 학습자의 문제해결과정을 코칭(coaching)하고 스캐폴딩(scaffolding)을 제공하는 학습 촉진자의 역할을 담당해야 한다.

㉢ 학습자들이 협동학습을 통해 의미를 공유하고, 자신의 아이디어를 반성하고 명료화하는 기회를 제공해야 한다.

(3) 실행(실천)공동체(학습공동체)와 정당한(합법적) 주변적 참여 – 레이브와 웬거(Lave & Wenger) 07 중등

① 개관

㉠ 상황학습에서 학습은 실행공동체의 정당한 주변적 참여로부터 핵심적인 구성원이 되어가는 과정에서 이루어진다. 학습자는 학습의 주변 참여자로서 전체 과정을 관찰하고 전체 그림을 이해하게 되면, 기존의 경험 있는 구성원들에게 지속적인 피드백을 받으면서 점차 공동체의 중심 구성원으로 활동할 수 있게 된다.

㉡ 실행공동체란 공동의 목적을 가진 사람들이 서로 간의 신뢰를 바탕으로 상호작용하면서 배우고 성장하는 공동체를 말한다. 정당한 주변적 참여란 학습의 주변 참여자로서 주로 관찰을 통해 학습을 시작하는 것을 말한다.

② **실행(실천) 공동체의 교육을 위한 시사점(Smith, 1999)**

㉠ 학습은 사람들과의 관계에서 발생한다. 사람들과의 관계 속에서 관련된 정보를 공유하고 대화하는 상황 속에서 학습이 존재한다.

㉡ 학습자들이 실천공동체의 참여자가 될 수 있도록 교육해야 한다. 교육자는 학생들이 공동체에 온전히 참여할 수 있도록 학생들의 관심과 흥미를 높이고 학습을 촉진해 나가야 한다.

㉢ 지식과 활동 간에 밀접한 관계가 있음을 인식해야 한다. 학습은 매일 삶의 일부분이다. 교사는 무엇이 지식과 실천을 구성하는지에 대한 자신의 이해를 숙고해 볼 필요가 있다.

4 인지적 도제이론(cognitive apprenticeship theory) — Collins, Brown & Holum 07 초등, 09 중등, 11 초등

(1) 전문가-초보자 이론

초보적인 학습자가 전문가인 교사의 과제수행을 관찰하고 모방함으로써 전문가의 문제해결능력과 사고과정을 습득하도록 하는 것(→ 인지적 도제이론의 핵심원리 : 학습자와 전문가의 사회적 상호작용) ⇨ 실천공동체에 참여할 수 있는 수단으로 제시

(2) 인지적 도제학습의 과정(수업절차) — MCSARE

모델링 (Modeling)	교수자가 과제수행의 시범을 보여주는 것 ⇨ 전문가의 수행에 초점을 맞추어 외현적 행동을 시연하거나 내재적 인지과정을 명료화해 줌
코칭 (Coaching)	학습자의 과제수행을 관찰하고 돕는 것 ⇨ 학습자의 수행에 초점을 맞추어 학습자를 동기화하고, 수행을 분석하며, 피드백을 제공하고, 배운 내용에 대해 반성적 사고를 유도함
스캐폴딩 (Scaffolding)	학습자가 자신의 능력 수준을 넘어설 수 있도록 임시 발판(도움)을 제공해 주는 것 ⇨ 이때 교사는 암시나 힌트 등 간접적인 도움을 제공하는 것이 중요. 학습자의 과제수행이 익숙해지면 점차 도움을 감소시켜(fading) 나감. 스캐폴딩은 학습자가 수행하는 과제에 초점을 둠
명료화 (Articulation)	학습자가 자신의 지식, 기능, 태도, 사고 등을 명백하게 설명하도록 함 ⇨ 학생들에게 자신의 생각을 명확히 말하게 하거나, 협동학습에서 비판자나 감독자의 역할을 하게 함으로써 자신의 생각을 명료화
반성(성찰) (Reflection)	학습자는 자신의 문제해결과정을 전문가인 교수자의 방법과 비교하여 성찰함 ⇨ 이를 통해 학습자는 자신의 문제점을 찾고 수정함
탐색(탐구) (Exploration)	학습자는 자기 나름의 지식과 문제해결전략을 새로운 문제상황에 적용하고 전이할 수 있도록 함으로써 학생들이 전문가다운 자율성을 획득하도록 함

5 인지적 유연성(융통성)이론(cognitive flexibility theory) – Spiro, Coulson

03 중등, 06~07 초등, 09 초 · 중등, 11 초등

(1) 개념

복잡하고 비구조화된 실제 과제와 학습환경을 제공하여 다차원적인 개념의 지식을 재현 → 인지적 유연성을 획득하도록 하는 방법 ⇨ '상황의존적인 스키마의 연합체' 형성이 목적

(2) 교수 원칙

① **주제 중심의 학습**: 상황의존적 스키마 연합체를 형성할 수 있도록

② **복잡성을 지닌 과제를 세분화하여 제시**: 상황과 맥락에 유동적으로 대처할 수 있도록

③ **다양한 소규모의 사례 제시**: 실제 상황맥락에 적용 · 전이할 수 있도록

✦임의적 접근(십자형 접근) 학습 다양한 맥락과 관점에서 접근할 수 있도록(하이퍼텍스트)

(3) 교육적 의의와 한계

교육적 의의	• 복잡하고 다원적이며 비구조적인 특성을 지닌 고차원적 지식 형성에 유용하다. • 교사는 지식의 지나친 단순화를 피하고, 주제에 대한 다양한 사고를 할 수 있도록 해 주어야 한다. • 교수-학습환경의 설계에 있어서 지식을 다양하게 표현할 수 있는 환경을 마련해 주어야 한다.
한계	• 인간 두뇌의 인지적 작용과 과정에만 초점을 두기 때문에, 지식 구성의 사회적 측면을 무시할 수 있다. • 비구조적인 지식(예 인문사회 계통)이나 특정 학문의 고급단계에만 적용될 수 있기 때문에 잘 짜인 구조적인 지식(예 자연과학 계통)이나 특정 학문의 초보단계의 지식을 가르칠 때는 적합하지 않다. ⇨ 다양한 학습상황에 적용될 수 없다. • CFH(인지적 유연성 하이퍼미디어) 프로그램은 주로 개별적 학습을 위해 사용된다는 한계를 지닌다.

6 정착학습(상황정착수업, 맥락정착적 교수, 정황교수; anchored instruction theory)

06~07 초등, 09 초등, 12 초등, 20 중등論

(1) 개념

실제 문제상황을 영상매체의 이야기로 제시 ⇨ 이를 해결하도록 하는 방법 ⇨ 문제해결과정에서 학생들은 현실 상황에서 활용할 수 있는 유용한 지식을 학습, 협동학습을 통해 문제해결

(2) 과제의 성격

① 과제는 학습자들에게 친숙한 이야기 형태로 구성

② 과제 속에는 과제를 해결하는 데 필요한 모든 단서들이 함축

③ 과제는 실제를 더욱 생동감 있게 전달해 주는 시각적 형태의 자료(예 비디오디스크)로 제시

(3) 정착학습의 특징

① **정황 중심으로 학습이 전개 :** 문제나 쟁점이 들어 있는 이야기, 모험담, 상황 등과 같은 정황(anchor)이 학습과정의 중심이 됨

② **테크놀로지 중심적 :** 학습은 실제 상황을 모사한 영상매체의 이야기를 통해 전개됨

③ **과제는 학습자들에게 친숙한 이야기 형태로 구성 :** 이야기 속에는 과제해결에 필요한 모든 정보와 단서들이 함축되어 있음

7 상보적 교수(reciprocal teaching theory) – Palincsar & Brown 05 중등, 08 중등, 10 중등, 11 초등

(1) 개념

교사와 학생, 학생들 간의 대화를 통해 독해전략을 배우는 방법 ⇨ 주어진 교재의 의미를 보다 정확히 이해하려는 독해(읽기이해)능력 향상이 목적

(2) 수업전략

요약하기 (summarizing)	읽은 글의 내용을 학생 각자가 자신의 용어로 요약하기 ⇨ 가장 중요한 단어를 찾고 단어와 단어 사이, 문장과 문장 사이, 문단과 문단 사이의 관계를 정립할 수 있는 기회를 제공
질문 만들기 (questioning)	교사와 학생, 학생과 학생이 번갈아가며 질문을 만들고 대답하기(내용 이해 확인 전략) ⇨ 단순사실의 확인부터 이해, 적용, 분석, 종합, 평가에 이르기까지 다양한 수준의 질문을 직접 만들어 보고 대답
명료화하기 (clarifying)	대답에 근거하여 요약을 명료화하기 ⇨ 어휘의 뜻을 잘못 이해하고 있거나 어려운 개념일 때, 다시 읽어보게 하거나 어휘의 정확한 뜻을 사전이나 질문을 통해 명확히 파악할 수 있도록 해야 함
예측하기 (predicting)	다음에 이어질 내용을 예측하기 ⇨ 주어진 교재를 읽고 말하는 이가 다음에 무엇을 논의하고자 하는지 예측하도록 함

8 자원기반학습(resources-based learning) 11 중등

(1) 개념

학습자 스스로 다양한 학습자원과 직접적인 상호작용 ⇨ 최종 결과물을 만들어 내는 학습자 중심의 학습방법 ⇨ 문제해결력, 비판적 사고력, 정보활용능력의 향상이 목적

(2) 자원기반 학습환경 설계(방법)(Hannafin & Hill, 2008)

① **상황맥락적 문제상황(context) 제시 :** 학습자 개개인이 다양한 관점에서 문제상황을 조사할 수 있도록 상황맥락적 관점에서 문제상황을 제시한다.

② **자원(resource) 제공 :** 자원은 학습을 지원하는 자료로서, 인쇄매체, 전자매체, 인간자원 등에 이르기까지 다양할 수 있다.

③ **학습도구(tool) 제공** : 학습도구는 정보가 있는 장소를 찾아내고, 접근하고, 조작하고, 정보의 효용성을 해석하고 평가하는 것을 지원해 준다.

유형	내용	예
탐색도구(조사도구) (searching tools)	다양한 학습자원들을 탐색하고 접근하도록 돕는 도구	구글과 같은 웹기반 검색엔진, 도서관의 카드 카탈로그 등
처리도구 (processing tools)	정보를 수집하고 조직하고 통합하고 생성하는 것을 돕는 도구(수집도구, 조직도구, 통합도구, 생성도구)	워드프로세서, 스프레드시트, 인지맵, 차트 등 ⇨ 스프레드시트를 시뮬레이션 도구로 활용하여 서로 다른 시나리오의 영향을 조사해 보는 것
조작도구 (manipulating tools)	신념이나 가설, 이론을 검증하도록 돕는 도구	시뮬레이션 생성프로그램 ⇨ 롤러코스터의 변수를 조작함으로써 움직임, 힘, 속력, 에너지, 중력 간의 관계를 확인하기
의사소통도구 **(커뮤니케이션도구)** (communication tools)	정보와 아이디어의 교환을 돕는 도구 ⇨ 비실시간 의사소통을 지원하는 비동시적 의사소통도구와 실시간 의사소통을 지원하는 동시적 의사소통도구가 있다.	• **비동시적 의사소통도구** : 이메일, 게시판 등 • **동시적 의사소통도구** : 문자, 메신저 등

④ **스캐폴딩(scaffolding) 제공** : 학습자가 자신의 학습을 주도해 나갈 수 있도록 스캐폴딩을 제공하여 학생의 학습을 체계적으로 지원해 주어야 한다.

유형	내용	예
개념적 스캐폴딩	• (문제에 관련된 지식을 확인하도록 지원함으로써) 무엇을 고려해야 하는지를 안내하는 것 • 학습과제와 관련된 주요 개념의 이해를 돕기 위해 안내하는 것	개념설명, 개념사전, 관련 자료 등 제공
절차적 스캐폴딩	• 어떻게 학습해야 하는지를 안내하는 것 • 주어진 자원과 도구의 활용방법에 대한 안내 • 정보처리과정에서 받게 되는 인지적 부하를 줄여줌으로써 과제 자체에 집중할 수 있게 해 줌	각종 도구의 기능(예 온라인 화면에 표시되는 메뉴의 기능)에 대한 도움말이나 학습경로 안내 등
전략적 스캐폴딩	과제해결에 필요한 전략과 접근방법, 대안적 방법 등을 안내함으로써 다른 관점과 방향을 고려할 수 있도록 안내하는 것	질문 프롬프트, 전문가 모델링, 과제해결을 위한 전략적 조언, 다른 사람의 해결방법 예시 등 제공하기
메타인지적 스캐폴딩	학습이 잘 진행되도록 지속적으로 계획, 점검, 조절하며 진행결과를 평가하도록 안내하는 것	학습과정을 성찰하도록 돕는 체크리스트, 개념화 지도, 팀활동 기록노트 등의 제공, 학습자 자신의 이해 상태 점검하기, 자신의 사고과정 되돌아보기, 문제해결의 방법과 전략 검토 등

(3) 특징

① 학습자가 필요한 자원을 적절히 활용할 수 있도록 다양한 자원을 관리하고 제공 ⇨ 학습자는 인쇄매체, 전자매체(인터넷 웹), 인간자원 등을 활용

② 학습자에게 학습양식에 따라 다양한 자원을 선택할 수 있는 기회를 제공 ⇨ 다양한 학습양식에 따른 융통성과 학습자의 능동성을 촉진

③ 학습자에게 학습하는 방법과 필요한 기술을 개발할 수 있는 적절한 기회를 제공 ⇨ 학습자는 다양한 자원과 상호작용하면서 자료를 수집하고 분석하며 이해하는 능력(기능)을 향상

(4) **대표적인 학습모형** – Big6 Skills 모형: 정보리터러시 모형(information literacy model) 11 중등

① **개념**: 정보문제해결의 단계를 블룸의 인지적 영역 단계를 적용하여 제시한 모형

② **단계**

블룸의 인지적 영역 단계	단계	내용
지식	① 과제 정의	해결할 과제를 인식하고 정의한다.
이해	② 정보탐색 전략	정보원을 이해하고 최적의 정보원을 선택한다.
적용	③ 소재 파악과 접근	정보원의 소재를 파악하여 정보를 찾는다.
분석	④ 정보활용	찾아낸 정보를 분석하여 적합한 정보를 가려낸다.
종합	⑤ 종합 정리	가려낸 정보들을 체계적으로 정리하여 최종 결과물을 만든다.
평가	⑥ 평가	결과물의 유효성과 과정의 효율성을 평가한다.

9 웹퀘스트 수업(웹기반 탐구학습, web-quest instrution) – 닷지 등(Bernie Dodge) 제안 10 초등

(1) 개념

인터넷 정보를 활용한 과제해결 활동 ⇨ 인터넷을 사용하여 진행하는 일종의 프로젝트로, 학생들은 자신들에게 부여된 과제를 해결하기 위해 인터넷 탐색을 한 뒤 최종 리포트를 작성 ⇨ **장점**: 학생들에게 학습동기를 부여하고 흥미로운 수업으로 이끌 수 있다.

(2) 특징

① **교사의 지시와 안내에 기초한 수업**: 웹퀘스트는 교사가 학습과제, 활동과정, 정보자원 등을 제공하고 안내하는 방법으로 진행

② **실생활과 관련된 과제를 제공**: 웹퀘스트에서는 학생들이 실생활과 관련된 주제에 대해 적합한 자료를 탐색하고 문제를 해결하도록 함

③ **협동학습으로 진행**: 웹퀘스트는 주로 학습자들이 역할 분담을 통해 과제를 해결할 수 있도록 협동학습 방식으로 진행

⑶ 교수과정(단계)

단계	내용
소개(도입) (instruction)	학습자들에게 무엇을 학습하게 될지를 소개하며 학습자들의 흥미를 야기 ⇨ 학습내용과 관련된 배경을 제시하되, 학습자들을 대상으로 학습활동이나 학습내용에 관해 간략하게 제시
과제 (task)	학습자들이 학습이 끝난 후 제출해야 하는 과제를 자세히 설명 ⇨ 학습과제로 제시된 문제에 대한 해결책, 설득력 있는 신문기사, 예술작품 등 학습자들이 수집한 정보를 이용해 만들어 낼 수 있는 다양한 형태의 학습과제를 제시할 수 있음
과정 (process)	학습과제를 완수하기 위해 필요한 학습과정을 단계적으로 제시 ⇨ 과제를 다시 세세하게 나누거나 각 학습자가 맡아야 할 역할이나 취해야 할 관점에 대한 설명일 수 있음
자원 (resource)	학습자가 과제를 해결하는 데 필요한 자료를 교수자가 찾아 모아 놓은 부분 ⇨ 관련된 학습사이트들을 연결시켜 주며, 사진, 동영상, 또는 학습자용 연습문제 파일 등 디지털화된 학습자료들을 제공
평가 (evaluation)	학습자들이 학습한 결과를 측정, 평가하는 부분 ⇨ 단순한 지필시험이나 선다형 문제가 아니라 평가기준표(rubrics)을 이용하여 측정
결론 (conclusion)	제공된 학습활동을 마친 후 학습자들이 배운 내용에 대해 요약하여 설명 ⇨ 이론적인 질문이나 부가적인 학습링크를 제공함으로써 심화학습이나 다른 학습으로 관심을 확장시킬 수도 있음

09 전통적 교수법

1 팀티칭(협동교수, team teaching) 99 중등추시, 00 서울초보

(1) 개념

2명 이상의 교사들이 협력하여 함께 가르치는 교수방법

(2) 장단점

장점	단점
• 교사는 자신의 전문성을 최대한 살려 학생들에게 풍부한 경험을 제공할 수 있다. • 교사들이 교육과정 계획과 준비에 적극적으로 참여할 수 있어 수업자료의 중복을 피하고 새로운 자료를 개발할 수 있다. • 교사들은 학생들의 개별능력에 맞추어 다양한 학습집단을 편성하고 다양한 교수방법을 제공할 수 있다. • 학생들은 다양한 교사들의 다양한 교수-학습전략이 실행되는 역동적인 수업에 참여할 수 있게 된다.	• 교사들 간의 의견이 일치하지 않는 경우 교사자와 학습자 모두 혼란을 줄 수 있다. • 학생들이 다양한 교사들의 특성에 적응하려면 적응할 수 있는 시간이 요구될 수 있다. • 자료의 제작이나 사전 협의를 하기 위해 충분한 시간이 필요하다. • 교사들 간에 개인적인 충돌이나 팀워크에 문제가 발생할 수 있다.

(3) 성공적인 팀티칭 수업을 위한 고려사항

① 교수자들 간의 팀워크가 중요하다. 그러므로 교수자가 자신의 대인관계 스타일을 알고 단점을 보완하려는 노력을 해야 한다.

② 교수자들 간의 의사소통이 원활해야 한다. 이를 위해 효율적이고 열린 의사소통이 가능한 조직문화를 구축하도록 노력한다.

③ 다른 교수자의 수업을 참관하고 건설적인 피드백을 주고받음으로써 팀티칭의 효과를 극대화한다.

2 토의법 93 중등, 98 중등, 00~01 초등, 04 중등, 07 중등, 11 중등, 12 초등

(1) 개념 93 중등, 98 중등, 00 초등

공동학습의 한 형태 ⇨ 어떤 주제에 대해 구성원 간의 언어적 상호작용을 통해 결론을 이끌어 내는 방법

(2) 장단점

장점	단점
• **민주적 태도와 가치관 함양**: 타인의 의견을 존중하고, 협력·타협하는 사회적 기능과 태도를 형성하므로 • **고등정신능력의 습득**: 문제해결과정에서 비판적 사고력, 문제해결력 등 고등정신능력을 습득 • **학습동기와 흥미 유발 및 자율성 향상**: 학습자가 자발적이고 적극적으로 참여하게 되므로 • **사고능력과 의사표현능력의 함양**: 스스로 사고하는 능력과 의사표현능력을 길러줌	• **많은 시간이 소요**: 토의를 준비하기 위해서는 준비와 계획뿐만 아니라 진행과정에서도 많은 시간이 소요 • **소수에 의한 토론의 주도**: 이 경우 나머지 학습자들은 토의과정에 방관하거나 무관심한 상태에 빠질 위험이 있음 • **평가불안이나 사회적 태만의 문제**: 일부 학습자의 경우 평가불안이나 사회적 태만을 보일 수 있음 • **산만하고 초점을 잃을 가능성**: 토의가 원래 목적에서 벗어나 산만하고 초점을 잃은 채 무의미한 것으로 전락할 수 있음

(3) 유형

원탁토의 (round table discussion) 04 중등	• **참가자 전원의 대등한 관계**: 5~10명 정도의 참가자 전원이 상호 대등한 관계 속에서 둥글게 둘러앉아 정해진 주제에 대해 자유롭게 서로의 의견을 교환하는 좌담 형식 • **장점**: 타인의 의견을 존중하고 합의를 모색하는 과정에서 민주적인 태도를 학습. 모두에게 만족하는 효율적인 학습효과를 기대. 귀속감, 집단의식, 공동체의식이 고양. 집단학습효과가 증대 • **단점**: 토론이 지나친 사견으로 흐르지 않도록 해야 함. 의사소통의 문제가 생기면 갈등의 여지. 결론 없는 탁상공론으로 그칠 우려
배심토의 (panel discussion)	• **상반된 견해를 가진 패널들 간의 토론**: 특정 주제에 대해 상반된 견해를 가진 패널(배심원, panel)들이 다수의 청중 앞에서 사회자의 진행에 따라 토의하는 형태(⇨ 패널토의, 찬반토의) • **장점**: 특정 문제나 쟁점에 대해 이해를 증진시키고 다양한 의견을 광범위하게 수렴하는 데 효과적임. 또, 전문지식이 없는 학습자에게도 최적의 학습효과를 기대 • **단점**: 패널의 선정이 학습효과에 결정적 영향. 비공식적 대화를 중심으로 이루어지므로 논리정연한 지식이나 정보의 제시는 어려움. 자칫하면 토론의 방향이 패널들의 관심과 흥미로만 진행
공개토의 (forum discussion) 07 중등	• **전문가의 공개 연설 후 청중과 질의 응답하는 방식의 토의**: 1~3인 정도의 전문가가 10~20분간 공개 연설을 한 후, 이를 중심으로 청중과 질의 응답하는 방식의 토의 형태 • **장점**: 모든 청중(학습자)이 직접 토의에 참여할 수 있다는 점에서 직접적이고 효과적인 학습 성과를 기대. 청중(학습자)의 다양한 의견 수렴을 통해 집단지혜를 수렴. 전문가의 의견 개진과 청중(학습자)의 질의응답을 통해 체계적이고 깊이 있는 학습이 가능. 청중(학습자)의 욕구와 필요를 충족 • **단점**: 주제선정과정에서 청중의 흥미와 욕구를 충분히 검토하지 않으면 학습효과는 없음. 청중이 다수이다 보니 토의가 산만하거나 비체계적으로 흐를 위험
대담토의 (colloquy)	• **청중 대표와 전문가 대표 간의 토의**: 특정 주제에 대해 청중 대표(3~4명)와 전문가 대표(3~4명)가 청중 앞에서 사회자의 진행으로 토의하는 형태 • **장점**: 적극적·능동적인 학습자의 참여가 가능. 자유로운 의사소통이 가능하여 학습효과가 큼 • **단점**: 각 구성원의 역할이 충분히 숙지되지 않으면 학습효과가 떨어짐. 학습자 집단의 참여가 적극적이지 않으면 배심토론과 차이가 없음

단상토의 (symposium) 01 초등	• **특정 주제에 대한 전문가의 강연식 토의**: 특정 주제에 대해 다양한 의견을 가진 전문가들(3~4인)이 각각 강연식으로 의견을 발표한 후 발표자 간 좌담식 토론을 하는 방식 • **장점**: 짧은 시간에 특정 주제에 관한 체계적 · 전문적인 지식과 정보를 학습. 하나의 특정 주제에 대해 다양한 관점에서의 해석과 논의가 가능. 특정 주제에 대해 다양한 관점을 이해함으로써 총체적 안목 형성이 가능. 청중은 간접적인 참여를 통해서도 학습효과를 증대. 자신의 지식과 견해 등을 비판적으로 검토 · 수정 • **단점**: 준비된 자료의 연속적인 발표 형식으로 인해 발표 내용이 중복될 가능성. 청중의 직접 토론 참여가 허용되지 않으므로 학습자가 수동적이 되기 쉬움. 의견 교환 기회가 거의 없어 자신의 발표 내용을 수정 · 보완 · 재검토할 기회가 없음
세미나 (seminar)	• **전문가 간의 토의**: 해당 주제 분야에 전문적 식견을 갖춘 5~30명 정도의 권위 있는 전문가나 연구가들로 구성된 소수집단 토의(해당 주제 분야에 대한 전문적 연수나 훈련) • **장점**: 해당 분야에 대한 전문적 연구나 훈련의 기회를 제공. 전 구성원의 적극적 · 능동적 참여가 가능 • **단점**: 일반 대중은 이해하기 어려움. 동일 분야가 아닌 다양한 전공 분야 구성원들은 세미나로 학습효과를 얻기 힘듦
버즈토의 (buzz group) 11 중등, 12 초등	• **소집단 분과 토론**: 전체집단을 몇 개의 소집단으로 나누어 분과토의를 진행하고, 최종적으로 집단구성원 전체가 모여 전체토의에서 소집단토의 결과를 종합 · 정리하고 결론을 도출해 내는 방식 예 Phillips의 6 · 6법 • **장점**: 집단구성원 모두에게 직접 토의에 참여할 기회가 제공되어 집단구성원의 참여의식과 공동체의식을 높일 수 있음. 학급 내의 인간관계와 사회적 협동심을 높일 수 있음. 다양한 의견을 폭넓게 수렴할 수 있음. 대주제가 여러 개의 하위주제로 분화 · 토의됨으로써 보다 심층적이고 다양한 논의가 가능 • **단점**: 소집단별로 분과토의가 진행되기 때문에 복잡한 주제를 토의하기에는 적합하지 않음. 또, 토론 주제를 잘못 이해하여 소집단의 토론 주제가 대토론 주제와 직결되지 않을 경우 토론이 불분명해짐. 수많은 소집단을 다 통제하기가 어려움

개념 쏙쏙

하브루타(Chavruta)

1. 개념

① 유대인의 전통적인 토론 수업 방식으로, 문자적 의미는 함께(together), 친구 · 동료, 우정 등을 뜻한다.
② 두 명이 짝을 이루어 공부한 것에 대해 질문을 주고받으며 대화와 논쟁을 통해 진리와 지식을 찾아나가는 방식이다.
③ 교사는 학생이 마음껏 질문하고 스스로 답을 찾을 수 있도록 유도하는(도와주는) 역할을 한다.

2. 장점

① 대화를 하며 답을 찾아가는 과정에서 다층적으로 지식을 이해하고 문제를 해결할 수 있다.
② 하나의 주제에 대한 찬반양론을 동시에 경험하게 되므로 이를 통해 새로운 아이디어와 해결법을 이끌어 낼 수도 있다.
③ 학생들이 서로 대화함으로써 자기주도 학습능력, 고차적 사고력, 창의력 등을 함양할 수 있다.

3 문제해결학습(problem method) – Dewey 99 중등

(1) 개념

학생이 생활의 장면에서 당면하는 여러 문제들을 해결해 나가면서 지식, 기술, 태도 등을 획득하는 학습방법

(2) 절차

1단계: 문제인식	학습자가 당면한 문제를 자세히 검토하고 정확히 인식한다.
2단계: 문제해결의 계획	문제를 어떻게 해결할 것인지 방법이나 절차를 연구한다.
3단계: 자료의 수집 및 연구	문제해결을 위해 필요한 자료를 수집하여 연구한다.
4단계: 문제해결의 시도	수집된 자료를 조사, 관찰, 비교하여 문제해결을 시도한다.
5단계: 결과 발표 및 검토	결과를 정리하여 발표하고 검토한다.

(3) 문제해결학습 사용 시 유의사항

① 학습자의 능력, 경험, 흥미 등을 고려하여 문제상황을 설정해야 한다.
② 문제해결의 결과보다는 문제해결과정을 더 중시하여 지도할 필요가 있다.
③ 문제를 정확히 이해하기 위해서는 학습자 스스로 주어진 문제를 재조직하도록 요구한다.
④ 문제해결 과정에서 대안적 해결방법을 모색하는 기회를 제공해야 한다.

(4) 문제해결학습의 장단점

장점	단점
• 학습자의 자발적 학습이 이루어진다(학습자의 자발적인 활동에 의해 자율성과 능동성을 기를 수 있다). • 학습자의 구체적 행동과 경험을 토대로 한 교육으로, 사회적 생활화 과정이 이루어진다. • 문제해결력, 비판적 사고력, 창의력 등 고등정신기능이 길러진다. • 통합된 지식경험을 형성할 수 있으며, 협동적인 학습으로 민주적 생활태도를 배양한다.	• 문제를 중심으로 학습을 진행하다 보니 교과지식을 체계적으로 습득할 수 없다. • 학습의 노력과 시간에 비해 능률이 낮다.

4 프로젝트학습(구안법, project method) – Kilpatrick 99 중등, 00 초등보수, 01 중등

(1) 개념

실제 생활과 직결될 수 있는 주제를 학습자 스스로 선정하여 수행하면서 구체적인 결과물을 만들어 내는 교수방법 ⇨ 현실적·실천적 문제해결과 구체적인 결과물 산출에 중점을 둠

(2) 특징

① **학습자가 선정한 실제적 주제나 문제를 중심으로 진행**: 프로젝트법은 교사가 부과한 활동이 아니라 학습자 자신이 선정한 실제적 주제나 문제를 중심으로 진행

② **실제적 주제나 문제에 대한 자율적인 계획과 실행 강조**: 프로젝트법은 실제적 주제나 문제에 대해 학습자가 스스로 계획을 세워 실행할 것을 강조

③ **학습에 대한 학습자의 책임 강조**: 학습자는 학습의 전 과정을 스스로 결정하며, 학습에 대한 책임도 동시에 지님

(3) 프로젝트학습의 단계(학습과정)

목표 설정 → 계획 → 실행 → 평가

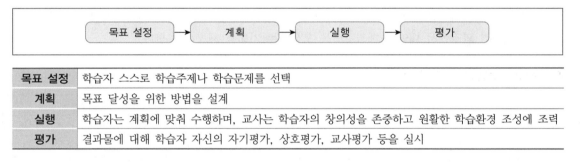

목표 설정	학습자 스스로 학습주제나 학습문제를 선택
계획	목표 달성을 위한 방법을 설계
실행	학습자는 계획에 맞춰 수행하며, 교사는 학습자의 창의성을 존중하고 원활한 학습환경 조성에 조력
평가	결과물에 대해 학습자 자신의 자기평가, 상호평가, 교사평가 등을 실시

(4) 프로젝트학습의 장단점

장점	단점
• **학교생활과 실생활의 연계**: 현실 생활에서 부딪치는 문제를 실천적으로 해결함으로써 학교생활과 실제생활을 연결시킬 수 있다. • **학습자의 자발적이고 능동적 학습활동 촉구**: 학습자가 계획하고 실천하는 것이므로 학습자의 자발적이고 능동적인 학습활동을 촉구할 수 있다. • **창조적·구성적 태도 함양**: 구체적 결과를 만들어 내는 실천적 측면을 중시함으로써 창조적·구성적 태도를 기를 수 있다. • **사회성 및 민주적 생활태도 함양**: 협동심, 지도성, 봉사성 등 사회성과 민주생활태도를 기를 수 있다.	• **수업의 무질서 우려**: 학습자의 자율적 활동이 보장되므로 수업이 무질서하게 될 우려가 있다. • **논리적 지식 습득의 어려움**: 문제중심의 학습이므로 논리적 지식 습득이 어렵다. • **비경제적 가능성**: 자기 구성 및 실천력이 부족한 학생에게는 시간과 노력이 낭비되며 비경제적이다.

5 자기주도적 학습(SDL : Self-Directed Learning) – 노울즈(Knowles)가 성인학습의 한 형태로 주장

99 중등, 01 중등, 04 초등, 05 중등, 11 초등

(1) 개념 01 중등, 05 중등

① 학습자가 스스로 자신의 학습요구를 진단하고 학습목표를 설정하며, 학습에 필요한 인적·물적 자원을 파악하고 적절한 학습전략을 선택·실행하며, 자신이 성취한 학습결과를 스스로 평가하는 과정

② 학습목표, 학습수준, 학습내용, 학습방법, 학습평가 등 학습의 전 과정을 학습자 스스로 결정

(2) 특징 99 중등

① **학습의 자기주도성** : 학습자가 학습의 주도권을 갖고 학습을 능동적이고 적극적으로 수행

② **학습자의 자기관리** : 학습자가 학습과정을 스스로 관리한다. 학습목표 설정, 학습에 필요한 자원 선택, 학습과정 계획, 실천, 학습평가를 자율적으로 책임감 있게 해 나가는 과정

③ **학습자의 자기통제·자기조절** : 학습과정을 스스로 비판 및 반성·성찰하면서 자기 행동과 사고를 통제하여, 의미 있고 가치 있는 학습을 만들어 감

④ **학습의 개인차 중시** : 학습자는 자신의 능력에 따라 학습속도를 조절

⑤ **자기평가 중시** : 학습결과에 대한 책임은 학습자에게 부여되므로 학습자의 자기평가가 중시

(3) 자기주도적 학습의 필요성

① **인간 본성의 존중** : 인간은 자기주도적 성향을 갖고 있으므로 자기주도적 학습은 인간주의 교육의 본령이다.

② **교육 본연의 임무** : 자기주도적 학습능력은 인간 성장과 발달에 가장 기본적인 능력이며, 교육의 본질적·핵심적 목표이므로, 교육에 부여된 고유한 임무와 역할이다.

③ **사회 변화에 따른 교육기회의 확대** : 지식정보화 사회에서는 학생들이 새로운 지식·기술·태도 등을 언제 어디서나 지속적으로 습득할 수 있는 자기주도적인 평생학습능력을 필요로 한다.

④ **교육조건의 변화** : 새로운 커리큘럼, 개방교실, 무학년제, 학습자원센터, 독학, 학외학위제, 비전통적 학습프로그램 등 교육의 새로운 발전은 학습자 개인에게 학습에 대한 주도권을 갖도록 촉구한다.

(4) 자기주도적 학습능력을 기르기 위한 방안

교수 · 학습과정의 개선	• **학생 참여형 수업 활성화(학생 중심 교육으로 전환)**: 교사의 가르치는 활동보다 학생의 학습 활동을 더 중시하는 학생 중심의 교육으로 전환해야 한다. • **교육과정의 탄력적 운영**: 정규교과 시간이나 창의적 체험활동, 방과 후 교육활동 시간을 최대한 활용하여 자기주도적 학습을 할 수 있는 기회를 제공한다. • **교육과정 및 교과서의 구조 개선**: 교과목 수나 교육내용을 축소하여 다양한 방식의 자기 주도적 학습이 가능하도록 하고, 교과배당 수업 시간의 일정비율을 자기주도적 학습에 배정하며, 교과서가 자기주도적 학습에 활용될 수 있도록 토픽(topic) 중심의 교과서로 개편한다.
평가방법의 개선	• **평가의 개별화**: 자기주도적 학습은 개별 학생들의 학습내용과 수준, 진도가 다름을 전제로 하므로 평가도 개별적으로 시행되어야 한다. • **평가의 다양화**: 개별 학생의 수만큼 다양한 방식의 평가를 시행한다. • **평가의 자율화**: 학습자가 자신의 속도와 진도에 맞춰 학습과정이나 성취결과를 자발적으로 평가하도록 한다.

6 개별화학습(individualized instruction) 92 중등, 94 중등, 98~99 초등, 02 초등, 04~05 초등, 10 중등

무학년제 98 초등	• **학년의 구별 없음**: 학년의 구분 없이 개별 학생의 능력에 맞게 학습이 이루어지는 교수법 • **의의**: 교육과정을 수준별로 편성 · 운영, 학생 개인의 능력에 적합한 학습을 통해 학습목표 달성을 극대화
달톤 플랜 (자율계약학습법) 99 초등	• **학습 계약 중심**: 교수자와 학습자 간의 학습 계약을 중심으로 이루어지는 개별화 교수법 • **사전 계약**: 학습자가 학습목표, 학습내용, 학습방법, 학습진도, 평가기준 등을 스스로 정한 다음 교수와 계약을 맺는다. 사전에 합의된 내용이 준거가 되어 학생의 성취도를 평가 • **자기주도적 학습과 능력에 따른 학습**: 학생은 독립적 · 자기주도적으로 학습을 이끌어 가며, 학생 능력의 차이에 따른 학습이 가능
프로그램 학습 (PI) 92 중등, 94 중등, 99 초등	• **개념**: 학습자가 자신의 능력과 속도에 따라 스스로 학습하면서 점진적으로 학습목표에 도달하도록 하는 학습방법 ⇨ **교육공학**: CAI 수업 • **프로그램 학습의 원리** – **자기속도(pace)의 원리**: 학습자의 능력에 맞는 속도로 학습을 진행 – **small step(점진적 접근, 단계적 학습)의 원리**: 학습내용을 세분화하여, 쉬운 것에서 어려운 것으로 점진적으로 나아가게 함 – **적극적(능동적) 반응의 원리**: 학습자의 수준에 맞는 문제에 적극적으로 참여하여 반응 – **즉각적 강화(즉시확인, feedback)의 원리**: 학습결과에 대해 즉각적인 피드백을 주면서 즉각적인 강화를 제공 – **자기검증의 원리**: 무엇이 어떤 이유로 맞고 틀렸는지 스스로 검증할 수 있도록 함 • **유형** – **직선형 프로그램(Skinner)**: 단지 한 개의 경로를 통해 목표에 도달할 수 있도록 설계된 프로그램. 전 단계를 성공적으로 거치지 않고서는 다음 단계로의 진행이 불가능함 – **분지형 프로그램(Crowder)**: 목표에 도달하는 경로가 여러 개 있는 프로그램. 오답에 반응하면 보충학습 경로를 통해 목표에 도달하도록 안내함. 우수한 경우엔 주 계열을 건너뛰어 빨리 진행할 수 있는 방법도 있음. 학습자의 능력에 따른 상이한 경로를 설정함

개별처방식 수업 **(IPI)**	• **개별처방** : 학생들의 개인차에 적합한 학습프로그램을 제시함으로써 학습의 개별화를 통해 학습효과를 극대화시키려는 것 • 스키너의 프로그램 학습에 기초한 교수법 • **절차** : 계속적 진단 → 처방 → 평가를 통한 완전학습을 지향. 정치(배치)검사(진단평가) → 개별화학습(PI) → 정착검사(목표 달성 여부 확인, 보충학습) → 사후검사(성취 수준 85% 이상이면 새로운 프로그램 실시)
개별화 교수체제 **(PSI)** 10 중등	• **스키너의 프로그램 학습법의 다인수 학급에의 적용(일명 Keller Plan)** : 프로그램 학습법을 발전시켜 다인수 학급에 적용하고자 한 것 • **절차** – 자기 진도에 따른 개별학습(스스로 공부할 수 있는 몇 개의 단원으로 나누어진 분절된 학습과제와 학습지침을 바탕으로 학습자는 자기의 속도에 맞추어 자율적으로 학습) – 한 단원 학습 후 평가(한 단원을 학습하면 평가를 보고 이를 통과하면 다음 단계로 나아가며, 그렇지 않을 경우 보충학습을 한 후 다시 평가를 보고 통과해야 다음 단계의 학습으로 나아감) – 학습보조원(proctor, 보조관리자) 활용(동료학습자 중 우수한 학습자나 지원자를 이용하여 다른 학습자의 개별학습을 돕고 강화하며, 결과를 평가하고 오답을 교정해 줌) – 필요 시 강의 실시(학습자들의 동기를 강화시켜 주고, 학습자들의 개별학습을 풍요롭게 하기 위해 강의도 실시) • **특징** – 자기 진도대로 학습 – 완전학습을 지향 – 학습보조원을 활용
적성처치 **상호작용모형** **(ATI, TTI)** 94 중등, 99 초등, 02 초등, 04~05 초등	• **학습자의 적성에 따른 수업처치를 달리함** : 학습자의 적성과 교수방법인 처치 간에는 상호작용이 존재하므로, 학습자의 적성(특성)에 따라 수업처치(수업방법)도 달리해야 한다는 것 • **기본개념** – **적성(Aptitude)** : 학생 개인이 가지고 있는 모든 능력 예 일반지능, 특수지능, 성적, 포부 수준, 인지양식, 성격유형, 자아개념, 학습유형, 성취동기, 학습불안, 자신감, 사회계층, 인종, 성별 등 – **처치(Treatment)** : 학생들에게 투입되는 교수 프로그램이나 교수방법 예 수용학습–발견학습, 프로그램 수업–전통적 수업, 학생 중심–교사 중심, 개별적 수업–협동적 수업, 연역적 교수–귀납적 교수, 구조화된 학습–비구조화된 학습 – **상호작용(Interaction)** : 적성과 처치가 나타내는 상승적 효과 또는 상쇄적 효과 예 학습자의 적성에 따라 최적의 수업방법이 적용될 때, 학습자의 적성과 수업방법 간에 상호작용 효과가 있다. • **적용방법** – **이상적인 형태(교차적 상호작용모형)** : 학습적성이 높은 학생과 낮은 학생에게 똑같은 교수방법을 적용시킬 수 없으므로 각 개인이 지닌 특성에 따라 그에 알맞은 교수방법을 이용하는 것이 효과적이다.

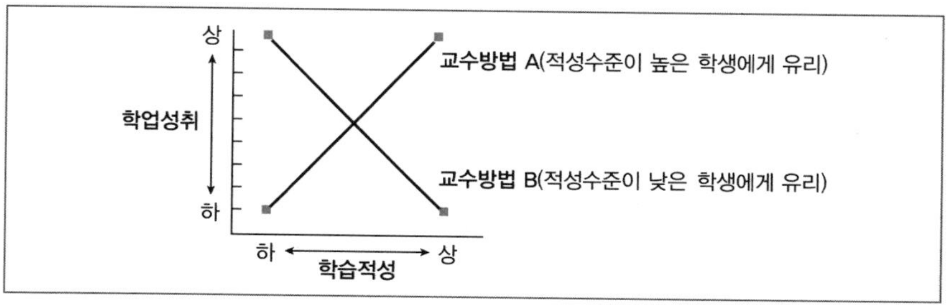

– 현실적인 형태(비교차적 상호작용모형): 사실상 학습적성이 낮은 학생에게 효과가 있는 교수방법이 학습적성이 높은 학생에게 효과가 없다는 것은 현실적으로는 존재하기 어렵다. 따라서 교수방법 A처럼 다양한 교수변인을 투입하여 학생들 간의 개인차를 줄인 교수방법이 보다 현실적이다. ⇨ 적성과 수업처치 간 상호작용이 없다. 교수방법 A가 적성 수준과 상관없이 언제나 교수방법 B보다 더 효과적이다.

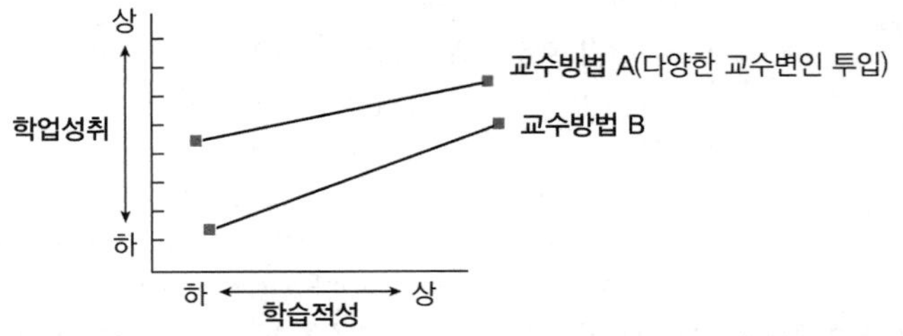

7 협동학습(cooperative learning) 96 중등, 99 초등 · 초등추시, 00 초등 · 초등보수 · 중등, 01 초등, 04 중등, 06 초 · 중등, 14 중등論

(1) 개념

학습능력이 다른 학습자들로 소집단을 구성하여 공동의 학습목표를 달성하기 위해 협동하는 수업방법

(2) 협동학습의 특성

① **이질적인 학생들로 구성**: 구성원의 개인적 특성(예 학습능력, 지능, 흥미 등)이 있으므로 이질적으로 구성

② **구성원 간의 긍정적 상호 의존성에 기초**: 구성원 간의 상호 의존성에 기초하여 공동의 목표를 달성

③ **개별 책무성 존재**: 과제 숙달의 책임이 학생 개개인에게 있음 ⇨ '무임승객 효과'와 '봉 효과' 방지

④ **구성원 간 지도력 공유**: 개개인이 책무를 지니므로 구성원 모두가 리더가 될 수 있음

⑤ **교사의 적극적 개입**: 교사가 학습활동을 관찰하고 적절한 피드백을 제공하는 등 적극적으로 개입

(3) 전통적 소집단학습 및 협동학습의 문제점과 극복방안

구분	문제점	극복방안
부익부 현상 (rich-get-richer effect)	학습능력이 높은 학습자가 더 많은 활동을 통해 소집단을 장악하는 현상	• 각본협동(소집단구성원들의 역할을 각본으로 규정해 놓음) • 집단보상
무임승객 효과 (free-rider effect)	• 학습능력이 낮은 학습자가 적극적으로 학습에 참여하지 않고도 높은 학습성과를 공유하는 현상 • 링겔만 효과(Ringelmann effect) : 집단에 참여하는 사람의 수가 늘수록 '나 하나쯤은 대충해도 되겠지'라는 인식을 갖고 전력투구하지 않는 현상 예 줄다리기 게임	집단보상과 개별보상을 함께 실시
봉 효과 (sucker effect)	학습능력이 높은 학습자가 자기의 노력이 다른 학습자에게 돌아갈까봐 소극적으로 학습에 참여하려는 현상	집단보상과 개별보상을 함께 실시
집단 간 편파 현상	외집단의 차별과 내집단의 편애 현상으로 외집단의 구성원에게는 적대감을, 내집단의 구성원에게는 호감(好感)을 가지는 현상	• 주기적인 소집단 재편성 • 과목별로 소집단을 다르게 편성
사회적 태만	사회적 빈둥거림 현상	• 개별 책무성 인식 • 협동학습기술 습득
자아존중감 손상	다른 학습자로 인해 자기가치(자아존중감)가 상처를 받는 현상	협동학습기술 습득

(4) 협동학습의 원리(요소) – 협동학습의 효과를 극대화하기 위해 반드시 포함되어야 할 기본 요인

① 개별 책무성(individual accountability) : 집단목표의 성공적 성취를 위해 과제 숙달의 책임이 학생 개개인에게 있다는 것을 의미 ⇨ '무임승객 효과'와 '봉 효과' 방지

② 긍정적 상호 의존성(positive inter-dependence) : 학생들 개개인이 집단의 성공을 위해 자신뿐만 아니라 동료들도 성취할 수 있도록 서로 도움을 주는 관계를 의미

③ 사회적 기술(social skill) : 집단구성원들이 서로 배려하고 존중하면서 상호작용할 수 있도록 사회적 기술을 발달시켜야 한다는 것을 의미

④ 대면적 상호작용(face-to-face interaction) : 집단구성원 각자가 집단의 목표를 성취하기 위해 다른 구성원들과 얼굴을 맞대고 서로 격려하고 촉진시켜 주는 것을 의미

⑤ 집단 과정(group processing) : 특정한 집단이 의도한 목표를 성취하기 위해서는 집단구성원의 노력과 행위에 대한 토론과 평가가 필요

(5) 협동학습의 효과

① **학업성취도 향상**: 집단구성원 전체가 서로 협력하여 교과지식을 습득하므로 혼자 학습할 때보다 학업성취도를 향상시킬 수 있다.

② **사회적 관계 기술의 발달**: 집단구성원들이 서로 배려하고 존중하면서 협동하는 등 학생들의 사회적 관계 기술을 발달시킬 수 있다.

③ **자신감과 자존감의 향상**: 집단의 과제해결에 적극 참여함으로써 모든 구성원들이 자기 집단을 위해 공헌할 수 있다는 자신감과 자아존중감을 높일 수 있다.

(6) 협동학습의 문제점

① **과정보다 결과 중시 버릇 발생**: 집단의 목표 달성이 강조되다 보면 일의 과정보다 결과를 중시하는 버릇이 생길 수도 있다.

② **잘못된 이해 가능성**: 집단구성원 전체가 잘못 이해한 내용을 마치 옳은 것인 양 오해할 우려가 있다.

③ **능력이 부족한 학생의 소외나 수치심 문제**: 소집단 내에서 능력이 떨어지는 학생은 자신이 집단에서 불필요한 존재라고 느끼게 되어 소외되거나 수치심을 느낄 수 있다.

④ **기타**: 무임승차 효과, 봉 효과, 링겔만 효과 등이 나타날 수 있다.

(7) 협동학습의 유형

① 직소모형(Jigsaw) 99 초등추시, 01 초등, 05 중등, 08 중등, 10~11 중등	
개관	• 집단 내 동료들로부터 배우고, 또 동료들을 가르치는 모형(⇨ 모집단이 전문가 집단으로 갈라져서 학습한 후 다시 모집단으로 돌아와서 가르치는 형태의 학습모형) • 집단 간 상호 의존성과 협동성을 유발함
직소 I 모형	• 1978년 미국 텍사스대학교의 애론슨(Aronson)과 그의 동료들이 학교의 인종차별문제 해결방안으로 개발한 모형 • **절차**: 5~6명의 학습능력이 이질적인 학생들로 소집단(모집단) 구성한 후 집단구성원의 수에 맞게 학습과제를 소주제로 분할하여 할당 → 같은 과제를 맡은 학생들끼리 전문가 집단을 형성한 후 학습 → 모집단으로 돌아와 학습한 내용을 구성원들에게 설명 → 개별시험(퀴즈)을 보고 개별성적 처리(개별보상) • 집단보상이 없으므로 과제해결의 상호 의존성은 높으나 보상의 상호 의존성은 낮다.
직소 II 모형	• 1983년 슬래빈(Slavin)이 개발한 모형. 직소 I 모형에서 집단보상(팀 점수)을 추가한 모형 ⇨ 집단구성원 개개인의 기준점수에 비해 향상된 점수를 합산하여 팀 점수를 산정하고(개인별 향상점수를 팀 점수에 반영), 이를 토대로 개별보상과 집단보상을 제공(⇨ STAD 평가방식 도입) • 집단보상으로 인해 집단구성원들의 보상의 상호 의존성을 높일 수 있는 방법

직소Ⅲ모형	• 스타인브링크와 스탤(Steinbrink & Stahl)이 개발한 모형 • **절차** : 직소Ⅰ, Ⅱ모형과 같이 '모집단(과제분담) → 전문가 집단(소주제학습) → 모집단(상호교수・동료학습)'의 방식은 같다. 그러나 학습한 것을 정리할 수 있도록 일정한 평가유예기간을 두어 평가를 잘 치를 수 있도록 모집단에서 서로 도와주는 소집단활동을 하도록 함(소집단 협동학습). 평가방식은 STAD 방식을 도입하여 개별보상과 집단보상을 실시함 • 집단보상으로 인해 보상의 상호 의존성이 높다.
직소Ⅳ모형	• 홀리데이(Holliday, 1995)가 개발한 모형 • '모집단(과제분담) → 전문가 집단(소주제학습) → 모집단(상호교수・동료학습)'의 방식으로 진행되는 점은 이전 직소모형과 같다. 직소Ⅳ모형의 특징은 다음과 같다. '전체 수업내용에 대한 소개'라는 도입단계 설정(⇨ 수업내용에 대한 학생 흥미 올림), 전문가 집단에서 '전문과제에 대한 평가' 단계 설정(⇨ 각 전문가 집단의 정확성과 이해도 점검하기 위해), 개별평가에 앞서 모집단 구성원의 '전체학습과제에 대한 평가' 단계 설정(⇨ 전체 학습과제에 대한 정확성과 이해도 점검하기 위해 퀴즈 제시), 개별평가에서 어떤 문항을 놓치게 되어 전체 학습과제에 대한 재교수가 필요할 때 '선택적으로 재교수' 실시(⇨ 새로운 학습자료로 넘어가기 전에 이전 학습과제에 대해 학생들이 확실하게 이해하도록 함)
② 성취과제분담모형(STAD : Student Team Achievement Division) 03 초등, 07 중등, 11 중등	
개관	• 1986년 미국 존스홉킨스대학의 슬래빈(Slavin)이 수학교과와 같은 지식의 이해와 기본기능의 습득을 촉진시킬 목적으로 개발한 것 ⇨ 성취과제분담모형(STAD)은 개인의 성취가 팀의 성취로 연결(분담)되도록 하여 협동학습을 촉진시키는 모형 • STAD 모형은 집단구성원의 역할이 분담되지 않은 공동학습구조이면서 동시에 개별보상과 더불어 집단보상(팀 점수가 가장 높은 팀에게 보상)이 추가되는 구조 • 이질적인 학생들로 팀을 구성하여 과제를 공동학습한 후 형성평가를 실시하고, 개인별 향상점수를 계산하여 팀 점수를 산출하며, 이를 토대로 개별보상과 집단보상을 제공하는 방식 • '개별 책무성, 집단보상, 성취결과의 균등분배'라는 협동전략 사용 • 팀경쟁학습(TGT)와 함께 가장 성공적인 모형
절차	• **교사의 수업내용 소개(학습안내)** : 새로운 단원의 전체 개요 안내 • **팀 구성(소집단 조직)** : 학습능력의 수준에 따라 이질적인 학생들로 소집단 구성 • **팀 학습(소집단 학습)** : 퀴즈에 대비하여, 팀별로 나누어 준 학습지의 문제를 협동학습으로 해결함 • **개별평가** : 개별시험(퀴즈) → 개인 점수 부여 → 개인별 향상점수 부여(과거 점수와 비교하여 향상점수 계산) • **팀 점수(소집단 점수) 산출** : 개인별 향상점수를 평균내서 팀 점수로 산출 • **팀 점수(소집단 점수) 게시** : 팀 점수(소집단 점수)를 근거로 우수팀 선정 • **보상** : 우수한 개인과 집단에게 보상(개별보상, 집단보상)

③ 팀경쟁학습(TGT : Team Games Tournaments)	
개관	• STAD와 유사하게 소집단별 보상을 실시하나, 개인별 시험(퀴즈)을 실시하지 않고 토너먼트식 퀴즈게임을 이용하여 각 팀 간의 경쟁을 유도하는 학습모형 ⇨ 집단 내 협력학습, 집단 간 경쟁 유도. 1973년 드바이스와 에드워드(Devices & Edward)가 개발 • 이 모형은 공동작업구조이고, 보상구조는 집단 내 협동과 집단 외 경쟁구조 • 학습능력이 다른 학습자들로 팀 구성 ⇨ 학습자들은 학습지를 개별적으로 학습한 후 팀원끼리 협력하여 학습을 마무리 ⇨ 매주 각 팀별로 비슷한 수준의 학생들을 모아 토너먼트 퀴즈게임 ⇨ 매주 최우수팀 선정 보상
절차	• **교사의 수업내용 소개**: 교사가 학습지를 각 소집단에게 나누어 주고 해당 학습단원에 대해 강의중심으로 수업을 함 • **소집단 학습**: 강의가 끝나면 학습자들은 소집단별로 배포한 학습지에 나와 있는 문제를 풀면서, 소집단구성원들과 서로 맞추어 보고 필요하면 도움을 주고받음 • **토너먼트 게임 선수 배정**: 각 학습자들은 토너먼트 테이블로 가서 게임에 참여하며, 각 테이블은 각기 다른 소집단에서 나온 학업성취도가 비슷한 구성원들로 구성함 • **퀴즈**: 각 토너먼트 참여자들은 테이블 위에 있는 문제 카드를 뽑아 읽고 이에 답하는 활동을 교대로 해 나감. 정답을 말한 횟수에 따라 참여자들에게 점수를 부여함 • **팀 점수 산출 및 보상**: 모든 테이블의 토너먼트가 종료되면 각 참여자들은 원래의 소집단에 모여 각자가 받은 점수를 합한 후, 구성원의 수로 나누어 평균을 구해서 팀 점수를 산출함
④ 자율적 협동학습(Co-op Co-op) 02 중등, 10 중등	
개념	• 학급의 전체 학습과제를 여러 팀(소집단)으로 구성된 학급 전체가 협동해서 해결하는 모형 ⇨ 케이건(Kagan)이 개발 • 학급의 전체 학습과제를 소주제로 나누고 같은 소주제를 선택한 학생들끼리 팀을 구성하여 팀별로 학습한 후 동료 및 교사에 의한 다면적 평가를 실시하는 모형 • 교사와 학생이 토의를 통해 학습과제 선정 → 학습과제를 소주제로 분류 → 팀 구성(각자 하고 싶은 소주제를 선택하고, 같은 소주제를 선택한 학생들끼리 팀 구성) → 팀 활동(소주제를 하위 미니주제로 분담, 개별적으로 정보수집, 개별활동 종합, 팀 보고서 작성 후 학급 전체에 발표) → 다면적 평가(팀 동료에 의한 팀 기여도 평가, 교사에 의한 소주제 학습기여도 평가, 전체 학급동료들에 의한 팀 보고서 평가)
특징	• 팀 구성원 개인의 노력과 팀의 결과물을 다른 팀과 공유하여 학급 전체의 결과물을 산출하는 협동을 위한 협동에 초점을 둠(소집단 경쟁 체제가 아닌 소집단 협력 체제를 지향함) • 분업의 원리를 활용하여, 전체 학습과제를 각 팀(소집단)별로 나누어 학습함으로써 학급 전체에 공헌하는 구조 • 팀(소집단) 내의 협동과 팀(소집단) 간의 협동으로 얻은 이익을 학급 전체가 공유하는 경험을 함 • 무임승객 효과와 봉 효과를 최소화시킬 수 있으며 협동기술을 기르는 데 유용함
절차	• **교사의 학습안내**: 강의나 강연, 인쇄물, 비디오 등을 이용한 학습동기 유발 • **학생중심 학급 토론**: 교사와 학생이 토의를 통해서 학습과제를 선정함. 학습과제를 소주제로 분류함(주제에 대해 알게 된 것, 더 알고 싶은 것에 대해 '브레인스토밍'을 하고 교실 전체 토론을 함. 학생들의 토론과정에서 다양한 소주제들이 만들어짐) • **소집단 구성을 위한 하위주제 선택**: 학생들은 학습주제 중에서 자신이 학습하고자 하는 주제를 선택 • **하위주제별 소집단 구성**: 학생들이 선택한 주제를 중심으로 소집단을 편성하고 소집단별로 효과적인 집단활동을 위해 팀워크를 다짐

	• **하위주제의 정교화** : 하위주제별로 모인 소집단은 소집단 내 토의를 통해서 자신들이 맡은 하위주제를 보다 정교한 형태로 구체화하고 연구 범주를 정함 • **소주제 선택과 분업** : 소집단구성원들은 하위주제(subtopic)를 몇 개의 소주제(minitopic)로 나누고 이를 구성원 모두가 자신이 원하는 소주제를 맡아 분담 • **개별학습 및 준비** : 각 학생들은 자신이 맡은 소주제를 개별학습하고 소집단 내에서 발표할 준비를 함 • **소주제 발표 및 보고서 작성과 발표** : 소집단 내에서 자신이 맡은 소주제에 대한 학습 및 조사결과를 발표하고, 전체 학급에서 발표할 보고서를 준비하여 발표하고 전체 토의를 진행함 • **평가와 반성** : 다면적 평가(팀 동료에 의한 팀 기여도 평가, 교사에 의한 소주제 학습기여도 평가, 전체 학급동료들에 의한 팀 보고서 평가)
장점	• 학생들이 관심(흥미) 있는 주제를 선택하여 학습하기 때문에 과제 가치가 증진되고 자율성이 증대됨 • 자료를 수집, 분석하고 해석하면서 다양한 사고기술과 고차적 인지기능이 발달함 • 협동을 위한 협동을 통해 관계성 욕구가 충족되고 과제 자체를 추구하는 숙달목표를 지향하므로 학습동기를 자극할 수 있음 • 혼자서는 해결하기 힘든 학습과제를 성취함으로써 유능감이 증진되어 학습동기를 높일 수 있음
⑤ 집단조사(GI : Group Investigation)	
개념	• 1976년 이스라엘 텔아비브(Tel Aviv)대학의 샤란(Sharan)이 개발한 모형 • 전체 학습과제를 주제별로 나누어 소집단별로 조사학습을 한 후 평가하는 방식
특징	• 학습과제의 선정에서부터 학습계획, 집단의 조직, 집단과제의 분담, 집단보고에 이르기까지 학생들 스스로의 자발적 협동과 논의로 학습이 진행되는 개방적인 협동학습모형(학생들에게 과제 선택의 기회를 부여했다는 점이 기존 조별 발표수업과 가장 차별되는 지점임) • 작업구조는 작업분담구조와 공동작업구조의 혼합되어 있고, 보상구조는 개별보상과 집단보상을 자유로이 선택할 수 있는 구조임
절차	• **소주제 범주화와 소집단 구성** : 교사가 탐구주제를 제시하면, 학생들은 그 주제와 관련된 보다 구체적인 질문들을 제기하며, 이러한 질문들을 토대로 소주제를 범주화하여 설정함. 학생들은 각자 소주제를 선택하고 그 소주제를 중심으로 소집단을 구성함 • **탐구 계획 수립 및 역할 분담** : 각 모둠별로 자신들이 선택한 소주제에 대해 누가, 무엇을, 어떻게 탐구할 것인지 구체적인 연구 계획을 세우고 세부적인 역할 분담을 함 • **모둠별 탐구 실행 및 발표 준비** : 학생들은 각자의 역할에 따라 정보를 모으고 조직한 뒤에, 정보를 공유하고 토의를 함. 모둠별로 조사한 탐구주제를 정리하고 구체적인 발표방법을 정한 뒤 발표를 준비함 • **발표** : 각 모둠은 조사한 내용을 학급 전체를 대상으로 발표함(예 전시, 구두보고, 비디오 상영 등). 발표가 끝나면 각 모둠의 보고서를 종합하여 학습보고서를 작성함 • **평가** : 교사와 학생은 각 집단의 전체 학습에 대한 기여도를 평가함. 최종 성적에 대한 평가는 개별평가나 집단평가를 함
⑥ 함께 학습하기(어깨동무학습, LT : Learning Together)	
개관	• 1975년 미국 미네소타대학의 존슨과 존슨(Johnson & Johnson)이 개발한 모형 • 주어진 과제를 집단별로 공동으로 수행하고 보상도 집단별로 부여하는 방식 • 협동과제구조와 협동보상구조를 사용함 • 시험은 개별적으로 시행하나, 성적은 소속된 집단의 평균점수를 받게 되므로 자기 집단 내 다른 학생의 성취 정도가 개인 성적에 영향을 줌
한계	하나의 집단보고서에 집단보상을 함으로써 무임승차 효과나 봉 효과가 나타나 다른 협동학습모형에 비해 덜 효과적일 수 있음

⑦ 팀보조개별학습(TAI : Team Assisted Individualization) 04 초등	
개관	• 미국 존스홉킨스대학의 슬래빈(Slavin)이 수학교과 학습을 위해 개발한 것으로, 개별학습과 협동학습이 결합(혼합)된 모형 • 작업구조는 개별작업과 작업분담의 혼합구조이고, 보상구조도 개별보상과 협동보상의 혼합구조
절차	• 프로그램화된 학습자료를 이용하여 개별 진단검사를 실시한 후, 각자의 수준에 맞는 단원을 개별적으로 학습함(개별학습). 과제해결과정에서 곤란을 느낄 때 동료의 도움을 받아 문제를 해결함(협동학습) • 단원이 끝나면 그 단원의 최종적인 개별시험을 보고, 이 개별시험 점수를 합산하여 평균을 내고 이것을 팀 점수로 규정한다. 미리 설정해 놓은 팀 점수를 초과하면 팀이 보상을 받게 됨

8 웹기반 협동학습

(1) 개념

인터넷과 소집단 협동학습을 결합한 수업의 형태 ⇨ 학생들은 웹을 기반으로 팀원과 상호협력하며 공동의 목표를 달성하게 됨 ⇨ 웹기반 협동학습은 웹페이지에 개설된 게시판, 채팅, 이메일, 화상대화 등을 통해 협동학습을 진행하는 방법 ⇨ SNS 기반 협동학습

(2) 장단점

장점	단점
• **학습기회의 확대**: 시공간의 제약을 극복하여 언제, 어디서나 협동학습이 가능하므로 • **학습 수준의 향상과 학습효과의 극대화**: 웹(SNS)이 가지는 편의성과 접근성에 기초해 볼 때 반복적이며 집중적인 협동학습이 가능하므로 • **능동적이면서 균등한 학습참여 보장**: 팀원들의 목소리나 얼굴 표정, 분위기 등에 영향을 받지 않고 자신의 의견을 쉽게 제시할 수 있으므로 • **학습자의 선택에 기초한 자율학습 가능**: 학습자들이 학습내용, 시간, 자원, 매체들을 직접 선택할 수 있기 때문에	• **팀원 간 의견 조율에 많은 시간 소요**: 학습활동이 전자우편, 게시판, 채팅 등 온라인을 통해 진행되므로 • **정보의 과부하 초래**: 인터넷을 이용하여 다양한 자원에 접근할 수 있으므로 • **학습동기가 낮은 학습자의 학습참여 저조**: 시간과 공간의 제약을 받지 않고 학습자가 자율적으로 학습활동을 해야 하기 때문에 • **쓰기능력이 부족한 학생에게 거부감 유발**: 게시판, 채팅, 전자우편 등을 이용하여 학습활동이 진행되므로

10 교수방법의 혁신

1 인지부하이론(CLT : Cognitive Load Theory) – Sweller(2010)

(1) 개관

① 개념 : 작업기억의 한계 용량으로 인해 인지부하가 발생 ⇨ 인지부하를 효율적으로 조절할 수 있는 교수처방을 제시하는 이론

② 인지부하(cognitive load) : 과제를 수행할 때 학습자의 인지체계에 부과되는 정신적(인지적) 노력

③ 인지과부하(cognitive overload) : 과제해결에 요구되는 인지부하의 총량(내재적 인지부하 + 본질적 인지부하 + 외생적 인지부하)이 학습자의 작업기억의 용량을 초과할 때 인지과부하가 발생

(2) 인지부하의 종류 – 인지부하의 발생 원인에 따라

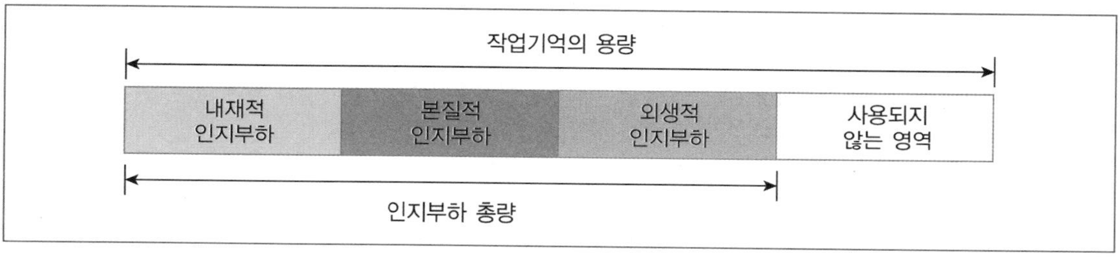

학습과정에서 작업기억 용량의 활용

내재적 인지부하 (intrinsic cognitive load)	학습과제 자체의 난이도에 의해 결정되는 인지부하 ⇨ 학습 난이도에 따라 내재적 인지부하의 수준이 비례
본질적 인지부하 (germane cognitive load)	학습내용을 이해하거나 적용하기 위해 새로운 스키마(지식체계)를 생성하거나 새로운 지식을 기존의 스키마(지식체계)에 통합시키려는 인지적 노력 ⇨ 양을 늘리는 것이 좋은 긍정적 인지부하
외생적 인지부하 (extraneous cognitive load)	학습과정에서 불필요하게 투입된 인지적 노력 ⇨ 양을 줄이는 것이 좋은 부정적 인지부하 ⇨ 외생적 인지부하는 부적절한 학습자료나 자료제시방식 등으로 인해 발생

(3) 멀티미디어 설계원리 10 초등

① 외생적 인지부하를 줄이기 위한 설계원리 : 학습과정에서 발생하는 불필요한 인지과정을 줄이는 방법

근접성 원리 (contiguity principle)	글(텍스트)과 그림(그래픽), 시각과 청각은 시공간적으로 서로 가깝게 제시해야 한다는 원리 ⇨ 이 둘을 서로 분리해서 제시하면 학습자의 주의가 분산되고 부가적인 정신적 노력을 투입해야 하기 때문
양식 원리 (modality principle)	시각 채널과 청각 채널을 모두 활용할 수 있도록 제시 ⇨ 시각적인 글(텍스트)과 그림만 제시하면 시각처리에 의한 인지부하만 높아지므로 그림과 그에 상응하는 내용의 내레이션을 동시에 제공하면 인지부하를 적절하게 관리할 수 있음 예 애니메이션 + 자막(×), 애니메이션 + 내레이션(○)
중복 원리 (redundancy principle)	동일한 내용을 담고 있는 시각(텍스트)과 청각(내레이션)의 중복을 피해야 함[예 화면에 제시된 그림(그래픽)을 설명하기 위해 텍스트를 음성으로 읽어주는 것] ⇨ 이들을 동시에 제공하면 주의집중이 분산되어 인지부하를 효율적으로 관리할 수 없다. 중복적인 정보를 제거하여 주의분산과 인지부하를 줄여야 한다. 예 그림, 텍스트, 텍스트의 내레이션을 함께 제공하면 텍스트와 동일한 내레이션이 중복되어 학습자의 주의집중이 분산될 수 있다.
일관성 원리 (coherence principle)	학습내용에 관련된 내용만으로 구성해야 함 ⇨ 학습과 관련 없는 불필요한 배경음악, 그림, 텍스트 정보 등을 추가해서는 안 된다.

② 본질적 인지부하를 촉진하기 위한 설계원리 : 스키마 획득을 촉진시키기 위한 방법

개인화 원리 (personalization principle)	학습자와 대화하듯이 내용을 전달하는 방법(문어체보다 구어체) 예 학습내용을 설명할 때 학습자의 이름을 불러주는 것도 개인화의 적용 사례 ⇨ 이처럼 직접 대화를 하듯이 정보를 제공하면 학습자는 동기 수준이 더 높아지고 학습에 더욱 집중하게 됨
자기설명 및 인지 리허설 원리 (self-explanation & cognitive rehearsal principle)	학습내용을 학습자 스스로 점검하도록(메타인지) 유도하는 방법 ⇨ 학습내용이나 학습과정을 스스로 설명해 보게 하거나, 과제수행의 절차와 순서를 스스로 따져 보도록 하는 인지 리허설을 하게 함 ⇨ 이런 방법을 적용하면 학습자는 학습과정을 스스로 점검함으로써 학습내용에 대한 이해를 높이게 됨

③ 내재적 인지부하를 조절하기 위한 설계원리 : 학습과정을 조절함으로써 내재적 인지부하 관리

완성된 예제의 활용 (worked-out example)	• 문제해결 과정을 단계별로 명료하게 제시해 주는 완성된 예제를 활용하여 수업을 진행 예 3단계로 구성된 학습내용이 있을 때, 완성된 예제(1, 2, 3단계)를 가장 먼저 제시하고, 어느 정도 이해가 되었으면 맨 마지막 단계부터 그다음 단계의 순서로 학습자가 과제를 스스로 완성하도록 한다(단계 3 → 단계 2 → 단계 1). 후방 페이딩(backward fading)이라고 함 • 장점 – 과제 완성에 필요한 절차를 쉽게 이해할 수 있다. – 점진적으로 학습과정을 완성할 수 있기 때문에 내재적 인지부하를 조절하기 쉽다.
사전 훈련 (pretraining principle)	학습내용을 이해하기 위해서 알고 있어야 하는 구성을 먼저 이해하도록 하는 방법 ⇨ 각 구성 부분을 이미 이해하고 있다면 학습내용에 대한 종합적인 이해가 빨라질 수 있다. 예 카약의 각 구성 부분에 대한 명칭을 먼저 설명하고, 복잡한 조작 방법에 대해 설명한다. 심장의 기능을 설명하기에 앞서 심장의 위치와 구성요소의 역할을 강의한다.

2 원격교육(distance education) · 온라인 수업 21 중등論, 22 중등論, 24 중등論

(1) 원격교육

① 개념

㉠ 교수자와 학습자가 직접 대면하지 않고 방송교재나 오디오 · 비디오 교재 등을 매개로 하여 교수-학습활동을 전개하는 교수전략

㉡ 비면대면(non-face to face) 수업형태 : 모든 종류의 교육공학적 매체들을 종합적으로 사용하는 '다중매체 접근방식(multimedia approach)'의 장점을 최대한 활용, 평생교육에서 중시

② 원격교육을 위한 매체선정 준거 - 베이츠(A. W. T. Bates)의 ACTIONS 모형

ACTIONS 모형에서는 A와 C를 우선적으로 중요시함. ACTIONS 모형은 SECTIONS 모형으로 불리기도 하는데, 이때 S는 Student(학습자), E는 Ease of Use and Reliability(사용의 용이성과 신뢰성, 즉 접근성)를 말함

기준	내용
A(Access) (접근, 수신, 접속)	• 학습자에게 얼마나 접근성이 좋은가? 학습자가 얼마나 접근하기 쉬운가? • 학습자가 특정 매체에 어느 정도 접근 가능한지를 파악함 • 그 매체가 목표집단에 얼마나 융통성이 있는지를 파악함
C(Costs) (비용)	• 비용이 얼마나 효율적인가? • 학생 수, 강좌 수, 초기 투자비용과 운영비용 등에 관한 고려가 필요함
T(Teaching and learning) (교수와 학습)	• 교수-학습 지원성이 있는가? 하고자 하는 교수-학습에 맞는 매체인가? • 매체가 가지는 교육적 특성, 제시형태뿐만 아니라 학습목표에 대한 분석을 통해 매체를 선정해야 함
I(Interactivity and user-friendliness) (상호작용과 학습자 친화)	• 상호작용을 원활하게 하는가? 학습자가 사용하기 쉬운가? • 특정 매체로 가능한 상호작용의 형태와 그 사용이 용이한지에 대한 고려
O(Organizational issue) (조직의 문제)	• 이 매체를 적용하기 위해 조직에 어떤 변화가 필요한가? • 매체가 성공적으로 활용되기 위해 사전에 조직이 갖추어야 할 필요요건은 무엇이며, 제거되어야 할 장애요소는 무엇인가? ⇨ 매체가 성공적으로 활용되기 위해 고려해야 할 조직의 특성 ⇨ 조직 내의 장애요소 제거, 즉 조직개편과 인적 자원의 확충 등을 말함
N(Novelty) (참신성)	• 얼마나 새로운 매체인가? • 학습자에게 얼마나 새롭게 인식되는가의 고려
S(Speed) (신속성)	• 얼마나 빨리 매체가 작동하는가? • 얼마나 빠르게 학습내용을 전달하는가의 고려

③ 특성

㉠ 교수자와 학습자 간의 물리적 격리 : 비접촉성 커뮤니케이션

㉡ 교수매체의 활용 : 인쇄자료, TV, 라디오, 컴퓨터 코스웨어 등

㉢ 교수자와 학습자 간의 상호작용(쌍방향 의사소통) : 학습자-내용, 학습자-교수자, 학습자-학습자 간의 상호작용

㉣ 다수 대상의 개별학습 가능

ⓜ 학습자의 책임감 및 지원 조직이 필요

ⓗ **평생학습 체제 구현에 기여** : 융통성의 이념 구현을 통해 교육기회 확대에 기여

④ 장단점

장점	단점
• 학습자들이 원하는 시간과 장소에서 원하는 내용을 학습할 수 있다. ⇨ 적시훈련(just-in-time training) 상황에 유용 • 각 지역에 있는 학습자원을 공유할 수 있다. • 서로 다른 장소에 있는 다수의 학습자를 대상으로 동시에 교육할 수 있다. • 온라인 멀티미디어 코스웨어를 제공한다. • 최신 정보를 입수할 수 있고, 원거리에 있는 교사나 전문가의 도움을 얻을 수 있다. • 학습자 간의 상호작용을 통해 학습을 할 수 있다.	• 원격지의 학습자를 직접적으로 통제할 수 없기 때문에 학습의 질(質)이나 평가관리가 어렵다. ⇨ 혼합교육(blended learning)으로 보완 • 시스템 환경 구축에 필요한 초기 비용 부담이 크며, 계속적인 투자가 요구된다. • 교수매체에 의존하는 의사소통으로 인해 교수자와 학습자 간에 심리적인 거리감이 생기고, 상호작용이 감소될 수 있다.

(2) 온라인 수업 24 중등論

① 온라인 수업에서 학습자 상호작용의 어려운 점

㉠ 온라인상에서의 상호작용을 위한 활용도구 및 전략에 대한 정보가 부족하거나, 플랫폼, 앱 등의 테크놀로지에 대한 지식과 활용능력이 부족함

㉡ 온라인 수업 상황에서 어떤 유형의 상호작용이 가능하고, 어떤 방식으로 상호작용 활동을 수행해야 하는지에 대한 경험이 거의 없기 때문에, 수업의 유형이나 학습상황 등을 고려한 상호작용 활동을 제대로 수행하고 있지 못하고 있는 것이 현실임

㉢ 실시간 온라인 학습에서 학습자가 비디오 화면을 끄면 목소리만으로 학습자의 심리를 추측해야 하는 것처럼 제스처, 몸짓, 목소리 크기, 억양 등을 통한 비언어적 상호작용이 제한적으로 이루어짐

㉣ 비실시간 온라인 학습에서는 학습자의 질문에 교수자가 응답을 하는 데 많은 시간이 소요되고 즉각적인 상호작용이 어려움

② 온라인 수업 상호작용 유형과 그 기능

㉠ **교수자-학습자 간 상호작용** : 수업내용에 질의응답, 과제에 대한 피드백 제공 등 지식과 정보를 공유 → 학생의 학습이해력 점검, 학생의 학습동기 유발, 교수자와 학습자 간의 심리적 거리 줄이는 기능

㉡ **학습자-학습자 간 상호작용** : 학습내용에 대한 의견교환, 토론수행, 협동학습 등을 공동으로 수행 → 친밀감과 소속감을 높이고 협력적으로 지식을 구성하는 데 도움

㉢ **학습자-내용 간 상호작용** : 콘텐츠 요구에 반응하고 몰입하며 학습 → 학습내용을 이해, 조직, 정교화하며 고차적 사고를 촉진

㉣ **학습자 내적 상호작용** : 학습자 스스로 자신의 학습수행과 학습내용 이해 정도를 점검, 성찰, 개선 → 자기조절학습 능력, 자기주도학습 능력 신장

3 액션 러닝(action learning)

(1) 개념

행함으로써 배운다(learning by doing)라는 학습원리를 기반으로 팀원들과 함께 실제적인 문제를 해결하는 과정에서 학습이 이루어지는 역량개발의 교육방식 ⇨ 개인 또는 팀워크를 기반으로 실제적인 문제를 해결하는 과정에서 동료와 촉진자의 도움을 받아 아이디어를 도출하고 적용하는 실천학습

(2) 액션 러닝의 특징(박수홍 외, 2010)

① 액션 러닝에서 해결하는 문제는 학습팀이 실제로 겪고 있는 어려움이나 주변의 문제들이기 때문에 학습경험이 실시간이고 현재진행형이다.

② 액션 러닝 학습자 개인의 학습 역량뿐만 아니라 학습팀과 소속된 집단 전체의 역량을 향상시킨다.

③ 액션 러닝은 교수자가 학습자를 의도적으로 조직하여 권위적으로 운영하는 것이 아니라 학습자의 자발적이고 민주적인 참여로 진행된다.

④ 서로 다른 경험과 학습을 수행하는 동료 팀으로부터 다양한 관점을 공유함으로써 최적의 해결방안을 도출할 수 있다.

(3) 액션 러닝의 효과

① 조직구성원의 문제해결력을 향상시킬 수 있다. 액션 러닝은 현업과 밀접한 관련이 있는 실제적 문제를 해결하는 과정에서 학습이 일어나므로 그를 통해 자연스럽게 문제해결력이 커진다.

② 리더십을 발휘할 수 있다. 액션 러닝은 교수자가 일방적으로 진행하는 수업방식이 아니라 학습자에 대한 임파워먼트를 통한 자기주도적 학습방식이기 때문에 미래지향적 리더십이 함양될 수 있다.

③ 뛰어난 성과를 내는 고성과 팀을 만들 수 있다. 학습자들은 협업과 팀워크를 통해 강한 결속력으로 뛰어난 성과를 낼 수 있기 때문이다.

④ 학습조직을 구축해 갈 수 있다. 향상된 학습스킬 및 능력, 변화된 조직문화 및 구조, 전 직원의 참여, 지식관리능력 향상을 통해 액션 러닝 학습팀은 자생적인 학습조직으로 지속할 수 있기 때문이다.

(4) 액션 러닝의 구성요소(Marquardt, 1999)

실제적 문제 (과제)	• 개인 또는 팀이 해결해야 할 실제적인 문제(과제)를 발견하거나 선택한다. 실제적 문제는 과제, 프로젝트, 문제, 이슈 등으로 불린다. • 문제(과제) 선정기준 – 중요성 : 개인 또는 팀에게 중요한 문제이어야 한다. – 실제성 : 개인 또는 팀에게 실제적인 문제이어야 한다. – 복잡성 : 다각적인 관점에서 해결될 수 있는 복잡하고 비구조적인 문제이어야 한다. – 학습기회 : 학습목표를 충분히 달성될 수 있는 학습기회가 제공되어야 한다. – 해결가능성 : 해결가능한 결과물들이 도출될 수 있는 문제이어야 한다.
학습팀 (실행팀)	4~8명 정도로 학습팀(실행팀)을 구성하며, 문제해결에 대한 창의적 접근이 가능하도록 다양한 시각과 경험을 가진 이질적인 집단으로 구성한다(예 성별, 연령, 국적, 전공, 학습 스타일, 성격유형 등). 다만, 한두 사람이 팀 활동을 주도하는 것을 방지하고, 토론과 비판을 자유롭도록 하기 위해 구성원의 능력 수준이 비슷하도록 팀을 구성할 필요가 있다.
실행의지 (실천행위)	문제해결을 위한 실행의지와 실천행위가 필요하다. 실천행위는 문제해결을 위한 자료조사, 설문조사, 인터뷰 등 현장활동을 할 수도 있고, 해결안을 제시하여 직접 실천하는 행위를 하기도 한다.
질문과 성찰	문제해결과정에서 문제의 본질과 효과적인 문제해결방법에 대해 팀 구성원의 상호 질문과 성찰, 피드백이 이루어져야 한다. 성찰방법은 대화, 성찰일지 쓰기, 성찰시간 갖기 등으로 이루어질 수 있다.
지식획득	• 문제해결과정에서 문제내용 관련 지식과 문제해결과정 관련 지식을 획득한다. • 내용 관련 지식은 과제의 성격, 내용에 따라 천차만별이다. 과제해결과정 관련 지식은 다양한 문제해결 기술과 방법, 의사소통 기술, 보고 및 발표 기술, 팀 리더십, 팀원 간의 갈등관리 기술, 토론 및 회의운영 기술, 실행 기술, 경청·질문·상호작용 기술, 신념·가치·관점의 변화 등이 있다.
러닝코치	• 학습팀이 문제(과제)를 명확히 정의하고 타당한 해결방법을 탐색해서 올바른 의사결정을 할 수 있도록 조력하는 역할을 한다. • 러닝코치는 중립적인 입장을 취해야 하며, 반드시 질문을 통해 팀 활동을 조장하거나 최종 목표 달성의 방향으로 유도해야 한다.

(5) 액션 러닝에 사용되는 학습도구

① 아이디어 도출 도구 : 문제해결을 위한 다양한 아이디어를 도출하는 방법

브레인스토밍 (brainstorming)	• 오스본(Osborn)이 창안한 것으로, 3인 이상이 모여 하나의 주제에 대해 자유롭게 의견을 제시하며 최대한 많은 아이디어를 생성하는 기법(Osborn, 1963) • 4가지 규칙 : 자유분방(Silly), 양산(Speed), 비판금지(Support), 결합과 개선(Synergy)
브레인라이팅 (brainwriting)	• 집단별로 모여서(6명 1팀) 정해진 용지에 다양한 아이디어를 적고 다른 사람이 추가하도록 하는 기법(아이디어 릴레이) • 유의점 : 팀원들이 생성한 아이디어를 읽고 보다 발전된 아이디어를 결합하거나 개선함. 자유로운 분위기 속에서 진행되도록 함, 팀원들 중 한 명도 빠짐없이 참여해야 함
디딤돌	주제와 관련된 단어를 전지 한가운데 붙이고, 그 단어와 관련된 아이디어들을 디딤돌로 삼으면서 새로운 아이디어를 확장시켜 나가는 방법

스캠퍼(SCAMPER) 기법	• 오스본(Alex Osborn)의 체크리스트를 보완하여 에벌리(Bob Eberle, 1971)가 고안한 창의적 기법으로, 기존의 것을 다양한 방법으로 변형하고 개선하여 새로운 아이디어를 생성하는 기법 • S(Substitute, 대체하기), C(Combine, 결합하기), A(Adapt, 적용하기), M(Modify, 수정하기), P(Put to other uses, 다른 용도로 활용), E(Elimination, 제거하기), R(Rearrange or Reverse, 거꾸로 또는 재배열하기)

② **의사결정 도구**: 여러 가지 대안이나 아이디어들 중에서 가장 적절하거나 효과적인 것을 선택하기 위한 도구. 주로 평가나 분석, 분류의 역할을 함

의사결정 그리드 (decision grid)	• 표를 가로, 세로 각각 세 칸으로 그리고(낮음－보통－높음), 자기 팀의 의사결정 기준에 따라 제안된 의견들을 분류하여 가장 합리적인 최종 의견을 선택하는 것 • 의사결정 기준은 중요도, 긴급도, 실행가능성, 기대효과, 빈도, 강도, 재미 등으로 주제나 아이디어에 따라 취사선택함
의사결정 매트릭스 (decision matrix)	• 중요성, 시급성, 효과성, 자원활용성 등의 기준을 정해놓고, 가장 적절한 아이디어나 대안을 기준별로 점수를 부여하는 방법 • 가장 높은 합계 점수를 부여받은 아이디어를 우선으로 선정한다.
PMI 기법	• 긍정적인 면(Plus), 부정적인 면(Minus), 흥미로운 면(Interesting)을 고려하여 의사결정을 하는 방법 • 5점 척도로 산정하여 최대 15점까지 획득할 수 있으며, 가장 점수가 높은 아이디어를 선정한다.
어골도 (fish bone diagram)	• 해결하고자 하는 문제를 생선의 머리뼈 부분에 기록하고, 그 문제의 직접적인 원인(주요 원인)이나 범주를 몸통의 큰 뼈에, 세부적인 원인을 잔뼈에 적는다. • 어골도는 해결해야 할 문제의 원인을 밝혀내고, 인과관계를 전체적인 측면에서 이해하는 데 매우 유용한 도구이다.

4 블렌디드 러닝(blended learning: 혼합교육, 혼합형학습) 07 중등

(1) 개념

일반적으로 온라인 학습과 오프라인 학습이 혼합된 교육방식을 가리킴 ⇨ 주로 e-러닝 방식에 전통적인 면대면 교육이 갖는 교육적 장점을 결합·활용함으로써 학습효과를 증진시키기 위한 전략

(2) 블렌디드 러닝의 장단점(특징)

① 장점

㉠ **학습 효과의 극대화**: 온·오프라인의 다양한 방법이 결합되므로 학습 효과를 극대화할 수 있다.

㉡ **학습 기회와 학습 공간의 확대**: 온라인 학습을 통해 시간과 장소에 구애받지 않고 학습할 수 있어 학습 기회와 학습 공간이 확대된다.

㉢ **학습자 중심의 학습 가능(개별화 학습/자기주도적 학습 촉진)**: 학습자의 수준과 필요에 맞게 온라인 학습 자료를 조정할 수 있어 개별화 학습을 촉진하고 자기주도적 학습 능력을 신장시킬 수 있다.

㉣ 다양한 의사소통 채널을 통한 교수・학습활동 가능: 면대면 강의식 수업과 온라인 수업을 결합하므로 다양한 커뮤니케이션 채널을 통한 교수-학습 활동이 가능하다.

② 단점

㉠ 자기 관리 필요: 온라인 학습의 비중이 높아지면서 학습자 스스로 시간을 관리하고 학습 동기를 유지하는 것이 중요해지며, 이 부분에서 어려움을 겪을 수 있다.

㉡ 사회적 상호작용 부족: 전통적인 교실 환경에서 자연스럽게 이루어지는 사회적 상호작용이 부족해질 수 있으며, 학습자들이 고립감을 느낄 수 있다.

㉢ 교사 부담 증가: 교사가 온라인 콘텐츠를 제작하고 학습자들과의 온라인 상호작용을 관리하는 데 추가적인 시간이 필요할 수 있다.

㉣ 기술적 문제: 인터넷 접속, 전자기기 등에 기술적인 문제가 발생하면 학습에 차질이 생길 수 있다.

㉤ 디지털 격차: 모든 학생이 디지털 기기와 인터넷에 동등하게 접근할 수 있는 것은 아니며, 이로 인해 학습 격차가 발생할 수 있다.

㉥ 학습의 질 차이: 온라인 학습 콘텐츠의 질이 교실 수업에 비해 낮을 수 있으며, 모든 학습자가 동일한 수준의 학습 경험을 얻지 못할 수 있다.

(3) 블렌디드 러닝의 학습효과성을 높이기 위한 온라인 학습의 활용방법

① 주 학습을 사전에 맛보거나 주 학습 관련 정보를 알려줄 때 온라인 학습을 제공한다.

② 주 학습을 한 후 실제적인 의사결정에 대한 연습을 하거나 배운 내용을 회상하는 용도로 온라인 학습을 이용한다.

③ 토론을 통하여 학습자 간 상호작용을 활성화시키거나 학습의 보조수단으로 학습 중이나 이후에 온라인 교육을 활용하는 경우에도 효과가 크다.

④ 학습자가 온라인 교육방법을 통해서 교수자 혹은 전문가에게 질문과 피드백할 수 있는 기회를 주는 경우다.

⑤ 이 외에도 사전 테스트로 온라인 교육을 활용하는 경우, 학습자가 이전에 배웠던 내용을 회상하고 최신 관련 자료 등과 같은 참고자료를 제공하는 틀로 온라인 수업을 활용하는 경우, 학습자들의 사후 검사도구로서 사용하는 경우 등에 온라인 학습이 다른 학습과 통합되어 효과성을 높일 수 있다.

5 플립드 러닝(플립 러닝; flipped learning)

(1) 개념

기존 방식을 '뒤집는(flip)' 학습으로, 교실수업 이전에 동영상이나 오디오로 미리 학습하고, 수업 시간에는 토의, 토론, 실습, 프로젝트, 문제해결 등의 다양한 활동을 하는 방식을 말한다.

(2) 플립드 러닝의 특징(Bergman & Sams, 2012) – 전통적 교실수업 환경과 비교한 특징

① 학생들이 단순히 수업을 듣는 수동적인 수강자에서 선행학습을 수행하는 능동적이며 활발한 학습자로 바뀐다.

② 배울 내용에 대해 스스로 학습하는 것이 선행되고, 실제 수업 시간에는 본인이 학습한 내용 및 수준을 바탕으로 개별화된 수업을 진행할 수 있는 형태로 바뀐다. ⇨ 수업 시간과 과제를 하는 시간의 개념이 바뀐다.

③ 수업 시간은 학생들이 도전적인 개념에 접근하거나, 고차원적인 문제해결을 위한 시간으로 활용될 수 있다. ⇨ 학습한 내용이 부족할 경우 수업 시간을 통하여 본인의 학습에 대한 보충학습을 수행할 수 있지만, 그와 반대로 본인의 학습수준이 일반적인 학생들에 비해 뛰어날 경우 수업 시간을 통하여 교사의 도움을 받아 심화학습을 수행할 수 있다.

(3) 플립드 러닝의 장단점

① 장점

㉠ **학습자 중심의 수업 확대**: 교실 수업 전에 미리 학습 내용을 익히고 참여하므로 교실에서는 프로젝트 학습, 토론학습, 협동학습 등 다양한 학습자 중심의 수업을 운영할 수 있다. / 학생들에게 스스로 학습할 수 있는 기회를 제공하여 자기주도적 학습 능력을 향상시킨다.

㉡ **학습의 효과 극대화**: 수업 시간에 토론, 문제해결, 협력 활동 등 더 많은 상호작용과 활동적 학습을 할 수 있어 더 깊이 있는 학습이 가능하며 학습 효과가 극대화된다.

㉢ **학습의 자신감 고취**: 이미 학습한 내용을 수업에서 다루므로 학습에 대한 자신감을 고취시킬 수 있다.

② 단점

㉠ **사전 학습 의존성**: 학생들이 사전 학습을 하지 않을 경우 수업에서 소외될 수 있으며, 이는 학습 효과를 저해할 수 있다.

㉡ **교사 준비 시간**: 효과적인 수업 자료 제작과 수업 계획에 많은 시간이 소요될 수 있다.

㉢ **기술적 문제**: 학생이 상황에 따라 컴퓨터, 인터넷 등 필요한 기술과 자료에 접근할 수 없는 경우가 발생할 수 있다.

(4) **플립드 러닝 설계 주요 고려사항**(주요 특징, 플립드 러닝의 요소, 플립드 러닝의 성공적 실현을 위한 4가지 핵심요소 : F-L-I-P)

– Hamdan, McKnight, McKnight & Arfstrom

① **유연한 환경**(Flexible Environments) : 플립드 러닝에서는 학생들의 학습시간이나 학습공간에 대해서 유연하고 탄력적인 환경을 허용해야 한다. 이를 위해서 교사는 기존의 정형화된 강의식 수업에 비해 매우 혼돈스럽고 시끄러운 교실수업 환경에 대해서도 받아들일 수 있어야 한다.

② **학습 문화의 변화**(Shift in Learning Culture) : 플립드 러닝에서는 교사 중심의 수업에서 학습자 중심의 수업으로의 변화가 나타난다. 특히 수업 시간은 학생들의 수업내용에 대한 준비도를 바탕으로 보충학습이나 심화학습과 같은 보다 의미 있는 시간으로 변화한다.

③ **의도된 내용**(Intentional Content) : 플립드 러닝을 수행하는 교사는 수업 시간에 어떤 내용을 가르칠 것인지와 학생들에게 사전에 어떤 내용을 학습해 오게 할 것인지에 대한 의도적이고 분명한 계획이 있어야 한다.

④ **전문성을 갖춘 교사**(Professional Educators) : 플립드 러닝에서 교사는 기존의 전통적인 수업에서의 단순한 지식 전달자에 비해 다양한 전문성을 갖추고 더욱 중요한 역할을 수행해야 한다(안내자, 조력자, 발판제공자). 플립드 러닝에서 교사는 학습자에게 피드백을 제공하고, 학습자 중심의 교수법을 효과적으로 활용할 수 있어야 한다.

(5) **플립드 러닝을 처음 실시하는 교수자가 직면할 어려움**

① **불충분한 사전 학습** : 학생들이 사전에 충분히 학습하지 않을 경우, 수업 참여에 어려움을 겪을 수 있고 교실 수업이 원활하게 진행되지 못할 수 있다.

② **학생 참여 유도의 어려움** : 학생들이 사전 학습에 적극적으로 참여하도록 유도하는 것이 어려울 수 있다. 특히 동기 부여가 부족한 학생들에게는 더욱 힘들 수 있다.

③ **수동적 참여의 문제** : 학습자가 수동적으로 동영상 강의를 시청할 경우 깊이 있는 학습이 이루어지지 않는다.

④ **온・오프라인의 연계성 문제** : 온라인 학습은 전통적인 방식으로 지식 획득에 초점을 두고 교실 수업은 학습자 중심의 그룹 활동으로 이루어질 경우, 온라인과 면대면 활동의 연계성이 부족할 수 있다.

⑤ **학습량 증가 문제** : 학습자 입장에서는 가정에서 이루어지는 사전 학습으로 인해서 전체적으로 학습량이 증가되었다고 느낄 수 있다.

⑥ **기술적 문제** : 교사가 비디오 제작, 온라인 플랫폼 활용 등의 기술적 요소에 어려움을 느낄 수 있으며, 학생들 또한 기술에 대한 접근성 문제가 발생할 수 있다.

⑦ **교사의 추가적인 업무 부담** : 수업 전 자료 제작과 수업 중 활동 관리 등 많은 시간이 소요되므로 교사가 추가적인 업무 부담을 느낄 수 있다.

6 디지털 교과서 / AI 디지털 교과서(AIDT)

(1) 디지털 교과서

① 개관

㉠ 서책형 교과서를 디지털 형태로 바꾼 뒤 유무선 통신망을 이용하여 그 내용을 읽고, 보고 듣을 수 있도록 한 교과서를 말한다.

㉡ 디지털 교과서는 기존의 서책형 교과서를 디지털화하여 서책이 가지는 장점과 아울러 검색, 내비게이션 등의 부가편의 기능과 멀티미디어, 학습지원 기능을 구비하여 편의성과 학습효과성을 극대화한 디지털 학습교재이다.

㉢ 디지털 교과서는 이동의 편리함을 추구하고, 서책형 교과서와 같은 사용 편의성을 도모하기 위하여 현재는 태블릿 PC 환경에서 개발되고 있다.

② 장단점

장점	단점
• **접근성 향상**: 인터넷만 있으면 언제 어디서나 학습할 수 있어 장소와 시간에 구애받지 않음 • **다양한 멀티미디어 활용**: 텍스트, 이미지, 영상, 음성 등 다양한 멀티미디어 자료를 활용해 학습 효과를 극대화할 수 있음 • **업데이트 용이성**: 수정과 업데이트가 쉽기 때문에 최신 정보나 변경 사항을 빠르게 반영할 수 있음 • **상호작용적 학습 지원**: 퀴즈, 문제풀이 등을 통해 학습자가 능동적으로 참여할 수 있음 • **실시간 피드백**: 실시간 피드백을 통해 학습 성과를 즉시 확인하고 개선할 수 있음 • **환경 보호**: 종이를 사용하지 않기 때문에 환경에 미치는 영향을 줄일 수 있음	• **기기 의존성**: 전자기기와 인터넷 접속이 필요해 접근에 제약이 있을 수 있고, 기술적인 문제나 기기의 고장 등이 발생할 경우 학습에 방해가 될 수 있음 • **눈의 피로**: 오랜 시간 화면을 보면 눈의 피로를 유발할 수 있음 • **집중력 저하**: 다양한 콘텐츠와 알림 등이 오히려 방해요소가 되어 학습 집중도를 떨어뜨릴 수 있음 • **디지털 기기 과의존**: 디지털 교과서 사용으로 인해 스마트폰이나 게임 등 다른 디지털 기기에 과도하게 의존할 수 있음 • **기술 격차 문제**: 모든 학생이 동일한 기술적 접근을 갖는 것은 아니므로 디지털 교과서 도입이 학생의 학습 격차를 더 벌릴 수 있음

(2) AI 디지털 교과서(AIDT)

① 도입 배경

㉠ **기술 발전**: 인공지능(AI)과 디지털 기술의 발전은 교육 콘텐츠를 보다 혁신적이고 접근 가능하게 만들고 있다. AI는 학습자의 개인적 필요에 맞춰 맞춤형 학습을 제공할 수 있다.

㉡ **교육의 디지털화**: 전 세계적으로 교육의 디지털화가 진행되면서, 종이 교과서에서 디지털 교과서로의 전환이 가속화되고 있다.

㉢ **효율성 및 접근성**: 디지털 교과서는 물리적 공간을 절약하고, 학습 자료를 언제 어디서든 접근할 수 있도록 한다. AI는 이러한 교과서에 인터랙티브(interactive: 상호활동적인, 쌍방향)한 요소를 추가하여 학습의 효율성을 높인다.

② 장단점

장점	단점
• **맞춤형 학습**: AI는 학습자의 학습 스타일, 진도, 이해도 등을 분석하여 개인화된 학습경로를 제공할 수 있다. • **즉각적인 피드백**: 학습자가 문제를 해결하는 과정에서 즉각적인 피드백을 받을 수 있어 학습 효과를 높일 수 있다. • **학습의 흥미 제고**: AI 기반의 교과서는 퀴즈, 게임, 시뮬레이션 등 다양한 상호작용적 학습 도구를 제공하여 학습의 흥미를 높일 수 있다. • **효율적인 학습 관리**: 교사들은 AI의 데이터를 통해 각 학생의 학습 상태를 더 쉽게 파악하고, 개인별로 필요한 지원을 제공할 수 있다. 또한, AI는 반복적인 관리 업무를 자동화하여 교사의 부담을 줄여준다. • **적응형 학습**: 학습자의 성과와 이해도에 따라 난이도를 조정하는 적응형 학습이 가능해지며, 이는 학습자가 포기하지 않고 지속적으로 도전할 수 있도록 동기를 부여한다. • **업데이트 용이성**: 디지털 교과서는 최신 정보와 자료로 신속하게 업데이트할 수 있다. • **비용 절감**: 종이 교과서에 비해 제작 및 배포 비용이 절감될 수 있다.	• **문해력 및 사고력 저하**: 학생들이 AI 시스템에 지나치게 의존하게 될 경우, 스스로 문제를 해결하거나 비판적으로 사고하는 능력이 저하될 위험이 있다. • **디지털 피로**: 화면을 오래 보는 것이 눈의 피로를 유발할 수 있으며, 장시간의 디지털 장치 사용이 학습과 건강에 부정적인 영향을 미칠 수 있다. • **기술 의존성**: 디지털 기기에 대한 의존도가 높아질 수 있으며, 기술적 문제나 오류가 발생할 경우 학습에 지장이 생길 수 있다. • **프라이버시 및 보안 문제**: AI 시스템이 학생들의 데이터를 수집하고 분석하기 때문에 개인정보 보호와 데이터 보안 문제가 발생할 수 있다. • **정보 과부하**: 너무 많은 정보와 기능이 제공될 경우 학습자가 오히려 혼란을 느낄 수 있다. • **접근성 문제**: 모든 학생이 고품질의 디지털 기기나 안정적인 인터넷 연결을 갖추고 있지 않을 수 있다. • **비용 문제**: AI 디지털 교과서를 도입하고 유지하는 데 드는 초기 비용이 높을 수 있으며, 일부 학교나 가정에서 경제적 부담이 될 수 있다.

7 디지털 리터러시(digital literacy)

(1) 개념

디지털 리터러시(digital literacy)는 디지털 기술을 활용하여 정보를 찾고, 평가하고, 활용하는 능력을 의미한다. 현대 사회는 디지털 기술과 정보가 넘쳐나는 만큼, 디지털 리터러시는 개인의 학습과 사회적 참여에 필수적인 역량으로 자리 잡고 있다.

(2) 디지털 리터러시의 필요성

① **정보의 홍수**: 다양한 정보가 넘쳐나는 시대에 정확하고 신뢰할 수 있는 정보를 찾는 것이 중요하다.

② **사회적 참여**: 디지털 기술이 사회 전반에 깊숙이 자리 잡고 있어 이를 이해하고 활용하는 것이 시민으로서의 역할에 필수적이다.

③ **학습 효과 향상**: 디지털 도구와 리터러시 능력은 학생들이 효과적으로 학습하고 협력할 수 있는 기반이 된다.

④ **직업적 요구**: 많은 직업에서 디지털 기술과 정보 활용 능력이 기본 요구사항이 되고 있다.

(3) 디지털 리터러시의 구성 요소

① **정보 검색 능력**: 필요할 때 적절한 정보를 효과적으로 찾고, 검색 엔진과 데이터베이스를 활용하는 능력
② **정보 평가 능력**: 정보를 비판적으로 분석하고, 출처의 신뢰성과 정확성을 판단하는 능력
③ **정보 활용 능력**: 찾은 정보를 적절하게 활용하고, 이를 바탕으로 문제를 해결하거나 의사 결정을 내리는 능력
④ **디지털 도구 사용 능력**: 워드 프로세서, 스프레드시트, 프레젠테이션 소프트웨어 등의 디지털 도구를 사용하는 능력
⑤ **온라인 커뮤니케이션 능력**: 이메일, 소셜 미디어 등을 통해 효과적으로 소통하고 협력하는 능력
⑥ **사이버 보안 및 윤리적 사용**: 개인정보 보호, 저작권 이해, 안전한 온라인 행동 등 디지털 환경에서의 윤리적 책임을 인식하는 능력

(4) 디지털 리터러시 함양 방안

① **디지털 도구 활용 교육**: 검색 기술, 데이터 분석, 미디어 제작 등의 실습을 통해 학생들이 다양한 디지털 도구를 능숙하고 효과적으로 활용할 수 있도록 교육해야 한다.
② **비판적 사고 교육 강화**: 학생들이 디지털 환경에서 접하는 정보의 출처, 신뢰성(진위 여부), 편향성 등을 판단할 수 있도록 비판적 사고 능력을 키우는 교육이 중요하다.
③ **실습과 경험 제공**: 학생들이 스스로 디지털 도구를 활용하여 프로젝트를 계획하고 실행하는 기회를 풍부하게 제공하고, 디지털 리터러시를 실생활에 적용할 수 있는 경험(예 인턴십, 자원봉사 등)을 제공한다.
④ **교육과정 통합**: 모든 교과의 교육과정에 디지털 리터러시 관련 내용을 통합하여 모든 학생이 이를 배우도록 한다. 예를 들어, 정보 검색, 데이터 분석, 소셜 미디어 활용 등을 포함시킨다.
⑤ **온라인 안전 및 윤리 교육**: 개인정보 보호, 저작권, 사이버 보안 등의 온라인 안전 교육을 강화하고, 온라인에서의 올바른 행동과 윤리에 대한 교육을 통해 건전한 디지털 시민으로 성장할 수 있도록 한다.
⑥ **디지털 리터러시 평가 및 피드백**: 학생들의 장점과 약점을 파악하고 필요한 부분을 보완하는 학습 기회를 제공할 수 있도록 디지털 리터러시 능력을 체계적으로 평가하고 피드백을 제공하는 시스템을 구축한다.

(5) 디지털 리터러시 향상을 위한 수업방법

– 영국의 Becta(British Educational Communication and Technology Agency)의 권장

① **정의하기**: 디지털 테크놀로지를 활용하여 과제나 문제를 정의한다. 학생들은 자기주도적으로 과제를 분석하고 디지털 환경에서 어떤 정보와 자료를 찾을 것인지 계획을 세우도록 한다.
② **발견하기**: 디지털 테크놀로지를 활용하여 문제해결에 필요한 정보와 자료를 찾도록 한다. 사전에 어떤 정보를 검색할지 목적을 분명히 하고, 검색한 정보의 신뢰성과 타당성, 저작권 등에 유의하도록 한다.

③ **평가하기**: 발견한 정보를 서로 비판적으로 비교·분석하고 평가한다. 디지털 정보와 자료에 대해서 비판적으로 사고할 수 있도록 지원한다.

④ **창작하기**: 다양한 정보를 종합하여 새로운 해결안을 만든다. 테크놀로지를 활용하여 창작물을 만들도록 함으로써 창의적 사고와 컴퓨팅 사고를 촉진한다.

⑤ **의사소통하기**: 디지털 환경에서 아이디어나 창작물(결과물)을 다른 학습자와 공유하고 의견을 주고받는다.

8 미디어 리터러시(media literacy)

(1) 등장 배경

미디어 리터러시는 20세기 중반부터 정보통신 기술의 급속한 발전과 함께 주목받기 시작하였으며, 다음과 같은 사회적 변화가 그 배경이 되었다.

① **정보의 양 증가**: 인터넷과 디지털 매체의 발전으로 정보의 양이 폭발적으로 증가하면서, 소비자는 신뢰할 수 있는 정보를 찾는 데 어려움을 겪고 있다.

② **가짜 뉴스와 정보의 왜곡**: 소셜 미디어의 확산으로 인해 허위 정보가 쉽게 퍼질 수 있게 되었고, 이는 비판적 사고의 필요성을 더욱 강조한다.

③ **미디어 환경의 변화**: 전통적인 매체에서 디지털 매체로의 전환이 이루어지면서 사람들이 접하는 정보의 형식과 내용이 다양해졌다.

(2) 개념

미디어 리터러시는 단순히 정보를 소비하는 능력을 넘어서 정보를 이해하고, 해석하며, 비판적으로 분석하고, 평가하는 능력이며, 이는 자신의 생각을 효과적으로 표현하는 능력을 포함한다. 이는 개인이 정보사회에서 능동적이고 책임 있는 시민으로 살아가는 데 필수적인 역량이다.

(3) 주요 구성 요소

① **메시지 해석**: 다양한 미디어에서 전달되는 메시지를 이해하고, 그 의미를 해석하는 능력

② **비판적 사고**: 미디어 메시지를 분석하고, 그 이면의 의도나 이데올로기, 편향성을 이해하는 능력

③ **정보 평가**: 미디어에 담긴 정보의 출처, 정보의 정확성과 신뢰성을 평가하는 능력

④ **생산 및 창작**: 자신의 의견이나 아이디어를 다양한 미디어 형식으로 표현하는 능력

⑤ **소통 능력**: 타인과의 상호작용에서 효과적으로 의견을 전달하고 논의할 수 있는 능력

(4) 미디어 리터러시 교육의 필요성

① **메시지 해석 능력**: 다양한 미디어 형식과 콘텐츠에 대한 이해가 필수적이다. 디지털 매체의 다양화로 인해 사람들은 다양한 장르와 형식의 정보를 접하게 되며, 이를 효과적으로 해석하는 능력이 필요하다.

② **비판적 분석 능력 :** 정보의 홍수 속에서 신뢰할 수 있는 정보를 선택하는 능력이 중요하다. 인터넷과 소셜 미디어의 발달로 가짜 뉴스와 정보의 왜곡이 빈번하게 발생하고 있으며, 이에 대한 비판적 분석 능력이 요구된다.

(5) 미디어 리터러시 함양 방안

① **교육과정 통합 :** 학교 교육과정에 미디어 리터러시 관련 내용을 포함하여 학생들이 자연스럽게 이 능력을 기를 수 있도록 한다. / 언어, 사회, 과학 등 다양한 과목에 미디어 리터러시 요소를 통합하여 가르친다. 예를 들어, 사회 과목에서 뉴스 분석, 과학 과목에서 연구 결과의 출처 검증 등을 다룬다.

② **프로젝트 기반 학습 :** 실제 미디어 콘텐츠를 제작하거나 분석하는 프로젝트를 통해 비판적 사고와 창의성을 키울 수 있도록 한다.

③ **미디어 제작 경험 제공(프로젝트 기반 학습) :** 학생들이 직접 블로그, 팟캐스트(포드캐스트), 동영상 등을 제작하게 한다. 미디어 콘텐츠 제작 과정에서 윤리적 고려와 사실 확인의 중요성을 배우게 된다.

④ **토론 및 논의 :** 다양한 미디어 콘텐츠에 대한 토론을 통해 학생들이 서로 다른 시각을 이해하고 비판적으로 사고할 기회를 제공한다.

⑤ **비판적 사고 훈련 :** 학생들이 정보를 평가하고 분석할 수 있도록 유도하는 질문을 제공하는 질문 중심 학습을 통해 비판적 사고 훈련을 한다. 예를 들어, "이 기사는 어떤 관점을 가지고 있는가?", "출처는 신뢰할 수 있는가?" 등의 질문을 던진다.

⑥ **실제 사례 연구(사례 분석) :** 최신 뉴스 기사, 광고, 소셜 미디어 포스트 등을 활용해 학생들이 직접 사례를 분석하게 한다. 학생들은 사례를 통해 미디어의 영향력과 비판적 분석 기술을 기른다.

⑦ **디지털 시민 교육(온라인 행동 규범 교육) :** 학생들에게 사이버 안전, 개인정보 보호, 디지털 커뮤니케이션의 윤리와 안전한 온라인 행동을 교육한다.

⑧ **미디어 리터러시 워크숍 :** 외부 전문가를 초청하거나 워크숍을 통해 심층적으로 미디어 리터러시를 교육한다. 다양한 미디어 형식과 플랫폼에 대한 이해를 넓힐 수 있다.

⑨ **정보 검증 툴(도구) 사용 :** 학생들에게 사실 확인 사이트(예 Snopes, FactCheck.org)나 이미지 검증 도구(예 TinEye)를 사용하여 정보의 신뢰성을 평가하는 방법을 가르친다.

⑩ **디지털 플랫폼 활용 :** 디지털 도구와 플랫폼을 활용하여 정보 검색, 평가, 생산 능력을 향상시킨다.

⑪ **부모와 커뮤니티의 참여(가정 연계 프로그램) :** 부모를 대상으로 한 워크숍이나 정보 세션을 개최하여 가정에서도 미디어 리터러시의 중요성을 강조하고, 자녀와 함께 미디어 콘텐츠를 분석하는 등 학생들이 배운 내용을 일상생활에서 적용할 수 있도록 지원한다.

9 테크놀로지 활용 수업

(1) 모바일 러닝(mobile learning)

① 개념

㉠ 모바일 테크놀로지(예 태블릿 PC, 스마트폰)를 활용한 이러닝의 한 형태. 이러닝은 인터넷 네트워크 기술을 바탕으로 다양한 매체를 활용하여, 시간과 장소의 제약 없이 학습자가 다른 학습자, 교수자, 학습내용과 활발한 상호작용을 하면서, 다양한 학습경험을 할 수 있도록 지원하는 체제

㉡ 모바일 러닝은 언제 어디서나 학습이 이루어지는 교육적 이상을 달성하려는 목적에서 등장. 또한 스마트폰을 활용하여 교실 밖에서 다양한 형태의 협동 및 탐구 학습을 할 수 있다.

② 모바일 러닝의 특성

㉠ **맥락성**: 맥락적(context-sensitive, context aware)이다. 실제적인 맥락 속에서 학습이 이루어지도록 돕는다. 예컨대, 미술관을 관람할 때 특정 작품에 다가가면 그 작품과 관련된 정보나 학습활동(예 퀴즈, 게임)을 자동으로 스마트폰에 전달함으로써 실제적인 학습을 촉진할 수 있다.

㉡ **개별성**: 학습자의 개별성을 지원해 준다. 모바일 기기를 휴대하면서 언제 어디서나 필요한 정보를 검색하고 중요한 내용을 메모하거나 사진 및 동영상으로 기록할 수 있다. 이는 학습자의 관심과 요구를 반영한 개별화 학습을 촉진하며, 학습자가 자신의 학습을 주도하도록 하여 궁극적으로 효과적인 학습을 돕는다.

㉢ **공유성**: 개별 학습의 결과를 학습자 간의 사회적 상호작용을 통해 공유하도록 하는 공유성의 특징을 가진다. 페이스북, 엑스(X), 네이버 밴드 등의 SNS를 이용해서 모바일 러닝 활동과 결과물을 교수자 및 다른 학습자와 쉽게 공유할 수 있다.

(2) 게임화(gamification)

① 개념

㉠ 게임화는 게임이 아닌 것에 게임의 요소나 원리를 적용하는 것을 의미 예 계단을 피아노 건반처럼 흰색과 검은색으로 칠하고 발을 디딜 때마다 특정 음이 들리도록 설계하면 평소 계단을 싫어하는 사람도 건반을 밟는 재미에 더 자주 계단을 오르내릴 것이다.

㉡ 게임화를 위해서는 수업에 게임 요소를 효과적으로 통합하는 것이 필요. 게임을 구성하는 요소에는 목표, 규칙, 피드백, 보상, 레벨, 이야기 등이 있다.

㉢ 수업에 게임 요소를 적용하기 위해 테크놀로지를 효과적으로 활용할 수 있다. 카훗(Kahoot!)이라는 학습 플랫폼은 수업 중에 학습자가 스마트 기기를 활용하여 게임처럼 퀴즈 활동에 참여하도록 돕는다. 교수자는 퀴즈 문제에 이미지나 동영상을 삽입할 수 있고 학습자가 사지선다형 답안 중에 하나를 제한된 시간 안에 선택할 수 있도록 설계할 수 있다. 학습자는 자신의 스마트 기기에서 카훗 앱을 이용하여 응답을 한다. 한 문제에 응답을 할 때마다 즉각적으로 학습자의 응답 결과가 교수자 화면에 막대그래프 형태로 제시되고, 리더보드(leader board)에 지금까지 문제를 가장 빠르고 많이 맞힌 학습자의 이름이 점수와 함께 제시된다. 이처럼 카훗은 게임의 설계 요소 중에서 피드백과 보상 체계를 잘 반영하고 있다.

② 게임의 요소를 수업에 적용할 때 고려해야 할 여섯 가지 원리
㉠ 수업 초기에 게임의 규칙을 명확하게 설명한다.
㉡ 게임화 전략이 수업목표 및 학습 활동과 일치하도록 수업을 설계한다.
㉢ 학습자가 과제를 수행했을 때 성취감을 느끼도록 수업을 설계한다.
㉣ 학습자가 쉬운 과제에서 시작하여 점차 어려운 과제를 수행할 수 있도록 레벨을 설정한다.
㉤ 과제를 수행할 때 모든 학습자가 동등한 기회를 가질 수 있도록 한다.
㉥ 게임화가 지나친 경쟁을 유도하지 않도록 학습자 간의 상호의존성을 높인다.

(3) 인공지능 활용 수업

① 개념
㉠ 인공지능은 인간처럼 지적으로 행동하는 컴퓨터 시스템을 의미한다.
㉡ 인공지능 기술이 급격히 발달하면서 우리 생활 주변에서 인공지능 스피커, 챗봇을 쉽게 발견할 수 있다.

② 인공지능을 수업에 활용하는 방법
㉠ 지능형 튜터링 시스템(ITS : intelligent tutoring system)
ⓐ 언어, 수학, 과학 등의 교과에서 학습자의 문제해결 과정을 점검하고 오답을 분석하여 학습자에게 필요한 지원과 피드백을 제공한다. ⇨ ITS는 맞춤형 콘텐츠와 문제를 제공한다.
ⓑ 카네기멜론 대학교의 연구에 기반하여 개발된 매시(MATHia)는 학습자가 수학문제를 해결하는 동안 학습자의 지식과 기술 수준을 평가해서 학습자에게 최적화된 문제를 추천하고, 학습자가 문제해결에 어려움을 겪으면 적응적으로 피드백과 힌트를 제공한다.
ⓒ 우리나라에서 개발한 수학교육 플랫폼인 노리(Knowre)도 학습 데이터를 분석하여 학업 성취도를 높이기 위한 다양한 지원을 제공하고 동일한 실수를 반복하지 않도록 맞춤형 콘텐츠를 제공한다.

㉡ 챗봇(chatbot) 활용 수업
ⓐ 챗봇은 채팅(chatting)과 로봇(robot)의 합성어로서 문자와 음성을 통해 학습자와 상호작용을 할 수 있다.
ⓑ 챗봇은 사용자의 요청에 자동화된 응답을 제공할 뿐만 아니라 사용자와 대화를 나눌 수 있다.
ⓒ 사용자는 스마트폰이나 컴퓨터와 같은 장치를 통해 챗봇과 상호작용을 할 수 있을 뿐만 아니라 아마존의 알렉사(Alexa), 카카오 미니, 네이버 클로바 등의 인공지능 스피커를 이용해서 음성으로 챗봇과 대화를 할 수도 있다.
ⓓ 챗봇은 시간과 장소의 제약 없이 문자와 음성을 통해 학습자를 개별적으로 지원하는 데 활용할 수 있다. 챗봇은 학습자의 반응에 따라서 맞춤형 질문과 응답을 하고 각 학습자의 특성에 맞게 개별화된 학습 안내와 도움을 제공함으로써 개별 학습자를 맞춤형으로 지원해 줄 수 있다.

ⓒ 지능형 학습환경

ⓐ 인공지능 기반의 지능형 학습환경은 학습자가 스스로 지식을 구성하고, 원리를 탐구하고, 자기주도적으로 학습하도록 돕는다. ITS가 학습자에게 지식을 효과적으로 전달하는 데 초점을 두고 있는 반면에 지능형 학습환경은 구성주의에 기반하여 학습자 중심 학습을 지원한다. 지능형 학습환경에서는 인공지능은 교수자를 도와서 모델링, 코칭, 스캐폴딩과 같은 학습 지원을 실제적인 과제와 함께 제공할 수 있다.

ⓑ 베티의 두뇌(Betty's Brain)라는 인공지능 프로그램은 학습자가 베티라는 가상 에이전트를 가르치면서 배우도록(learning by teaching) 지원한다.

ⓒ 인공지능은 자기주도학습 능력이 부족한 학습자를 위해 학습과정을 지속적으로 점검하고 학습자의 능동적 참여를 촉진할 수 있다.

10 스마트 교육(smart learning)

(1) 개념

① 일반적으로 스마트 기기, 즉 스마트폰, 태블릿, PC, e-Book, 단말기 등을 활용하는 학습자 중심의 지능형 맞춤 학습

② 자기주도적 학습(S), 동기가 부여되는 학습(M), 자신의 수준과 적성에 맞는 학습(A), 풍부한 자료에 기반한 학습(R), 정보기술을 활용한 학습(T)(교육부, 2011)

스마트 교육의 개념(교육부, 2011)

용어		의미
S	Self-directed (자기주도적)	• (지식생산자) 학생은 지식 수용자에서 지식의 주요 생산자로, 교사는 지식 전달자에서 학습의 조력자(멘토)로 그 역할의 변화 • (지능화) 온라인 성취도 진단 및 처방을 통해 스스로 학습하는 체제
M	Motivated (흥미)	• (체험 중심) 정형화된 교과 지식 중심에서 체험을 기반으로 지식을 재구성할 수 있는 교수·학습 방법 강조 • (문제해결 중심) 창의적 문제해결과 과정 중심의 개별화된 평가 지향
A	Adaptive (수준과 적성)	• (유연화) 교육체제의 유연성이 강화되고 개인의 선호 및 미래의 직업과 연계된 맞춤형 학습 구현 • (개별화) 학교가 지식을 대량으로 전달하는 장소에서 수준과 적성에 맞는 개별화된 학습을 지원하는 장소로 진화
R	Resource Enriched (풍부한 자료)	• (오픈마켓) 클라우드 교육서비스를 기반으로 공공기관, 민간 및 개인이 개발한 풍부한 콘텐츠를 교육에 자유롭게 활용 • (소셜네트워킹) 집단지성, 소셜러닝 등을 활용한 국내외 학습자원의 공동 활용과 협력학습 확대
T	Technology Embedded (정보기술 활용)	• (개방화) 정보기술을 통해 언제, 어디서나 원하는 학습을 할 수 있고, 수업 방식이 다양해져 학습 선택권이 최대한 보장되는 교육환경

(2) 기존의 제한된 교육 영역의 확장

① **공간의 확장** : 교실이라는 물리적 공간이 디지털교과서, 온라인 수업의 활성화 등을 통해 박물관, 지하철 등 교실 밖, 학교 밖, 이동하는 공간 등 어디서나 배움이 이루어지는 공간으로 확대된다. 즉, ICT를 통해 언제 어디서나 원하는 학습을 할 수 있고, 학습선택권이 최대한 보장되는 교육 환경이 마련된다.

② **시간의 확장** : 특정 시간에 학교로 등교하여 하교할 때까지 이루어지던 기존의 교육활동은 이제 온라인 수업으로, 클라우드 교육서비스를 통해 언제나 원할 때 학습의 기회를 제공받게 된다.

③ **교육내용의 확장** : 기존의 제한된 내용을 다루는 서책형교과서와 참고서, 문제집 대신, 디지털교과서를 통해 언제 어디서나 개개인의 수준과 적성에 맞는 풍부한 학습자료에 접근하고 공부할 수 있게 된다. 스마트 교육 추진전략에서는 클라우드 교육서비스를 기반으로 공공 기관, 민간 및 개인이 개발한 풍부한 콘텐츠를 교육에서 자유롭게 활용할 수 있도록 하는 오픈마켓 조성을 기획하고 있다. 또한, 소셜네트워킹을 통한 집단지성, 소셜러닝 등을 활용한 국내외 학습자원의 공동 활용과 협력학습 기반이 확대된다.

④ **교육방법의 확장** : 기존의 지식을 전달하는 교사주도의 강의식 수업에서 학교의 무선인터넷 환경 구축 등 ICT가 내재화되어 모든 정보의 흐름이 원활하게 이루어지는 교육 환경에서 협력학습, 체험학습, 개별학습 등 다양한 교수-학습 방법이 적용된다.

⑤ **교육 역량의 확장** : 과거 산업사회에서 요구되어 왔던 3R(Read, wRite, aRithmetic)을 넘어서 이제는 미래사회에 필요한 역량(7C : Critical thinking and problem solving, Creativity and innovation, Collaboration and leadership, Cross-cultural understanding, Communication, ICT literacy, Career and life skills)을 스마트 교육을 통해 기르게 된다.

(3) 스마트 교육의 특징

① **자기주도적 학습** : 학습자 스스로 학습목표를 세우고, 개인의 능력에 따라 학습속도를 조절하며, 필요에 따라 콘텐츠를 검색, 저장, 활용 및 재가공하는 등 자기주도적 학습이 가능하다.

② **개인별 맞춤학습** : 학습자의 수준, 능력, 선수학습의 정도 및 학습양식 등을 고려하여 개인에게 알맞은 맞춤형 학습을 제공한다.

③ **협력적 학습** : 스마트 학습은 교실뿐만 아니라 온라인으로 연결된 공간에서 교수자와 학습자, 학습자와 학습자 간의 협력적 학습이 광범위하게 이루어지도록 돕는다. 또, 서로 다른 공간의 교수자와 학습자 간의 협력학습을 가능하게 한다.

④ **상호작용적 학습** : 클라우드 컴퓨팅과 소셜 네트워크 서비스(SNS)는 정보의 개방과 공유를 통해 교수자와 학습자, 학습자와 학습자 간의 쌍방향 상호작용을 촉진한다.

11 소셜 미디어(social media)

(1) 소셜 미디어(social media)

소셜 미디어란 사용자가 직접 만드는 정보, 콘텐츠를 말함(사용자가 그림, 음악, 동영상 등을 직접 만든 사용자 콘텐츠) ⇨ 소셜 미디어는 쌍방향테크놀로지를 통해서 텍스트, 이미지, 오디오, 비디오 등을 전송하거나 제작할 수 있는 다양한 멀티미디어의 구성요소와 사회적 상호작용을 통해 참여자들이 정보와 지식, 의견을 공유하고 통합하는 다양한 활동임. 소셜 미디어는 웹 2.0이 강조하는 참여, 공유, 개방의 개념이 기술적으로 발전되어 사용자들 스스로 제작한 콘텐츠를 통한 커뮤니케이션으로 인하여 자신들의 경험, 정보, 지식 그리고 다양한 의견의 공유와 상호작용이 가능하도록 도와주는 온라인 서비스임

예 X(트위터), 페이스북, 유튜브 등

(2) 엑스(X)

① 개념

㉠ 엑스(X)는 간단한 글을 손쉽게 쓸 수 있는 단문 전용 사이트이다.

㉡ 140자의 단문으로 이루어지며 글을 작성하면 글쓴이의 페이지와 글쓴이의 팔로워들에게 글이 보내진다. 팔로워들은 다시 그 글을 친구들에게 보내거나, 볼 수 있도록 허용할 수 있다.

② 특징

㉠ 엑스(X)는 메신저와 같은 신속성을 가지고 있다. 엑스(X) 웹사이트나 스마트폰의 애플리케이션을 이용해서 글을 실시간으로 빠르게 보내거나 받을 수 있다.

㉡ 언론을 통해서만 전달되던 연예인이나 정치인, 기업인의 발언, 공지들도 여과 없이 빠르게 들을 수 있다는 점에서 기존의 인터넷보다 한층 발전된 소통을 보여준다.

③ 엑스(X)의 교육적 활용 방법

㉠ 교실 안에서나 교실 밖에서 지속적인 대화가 가능하며 이를 통해 교사와 학생 간, 학생 상호 간에 교류가 활발해진다.

㉡ 교사와 학생 간, 학생 상호 간에 질문과 답변이 오갈 수 있고, 스마트폰의 푸시기능을 이용하면 즉각적인 피드백이 가능하다.

㉢ 수업 전에 준비사항에 대해 학생들에게 공지할 수도 있고, 학습내용과 관련된 질문이나 과제 등을 부여할 수 있다.

㉣ 학생들이 과제를 하다가 의문사항을 물어볼 수도 있고, 이를 교사나 다른 학생들이 답변할 수도 있다.

㉤ 팔로워들에게 자신의 글이 전달되기 때문에 교수자나 학습자를 팔로잉할 수 있을 뿐만 아니라 전문가들을 팔로잉해서 그들의 글을 실시간으로 확인할 수 있으며, 교수자 외에 다양한 전문가가 간접적으로 교실상황에 투입될 수 있다.

㉥ 학습자들 간에 협력학습을 통해 협동심을 배양하고 학습내용에 대한 이해를 도울 수 있다.

엑스(X)의 교육적 활용 방법(조민경, 2011)

활용형태	세부내용
채팅 (class chatter)	교실 안과 밖에서 지속적인 대화가 가능하고 학습의 경험이 교실 밖에서도 연결되어 이어진다.
커뮤니티 (class community)	학생들의 대화는 이어지며 발전하고 생산적이게 되며, 교수자는 더불어 학생들의 성향을 파악할 수 있다.
즉각적인 피드백 (instant feedback)	교수자의 즉각적인 피드백이 가능하며(특히 스마트폰이 있다면 푸시기능을 이용), 학생들 간에 질문과 답변이 오갈 수도 있다.
전문가 팔로잉 (follow a professional)	전문가들을 팔로잉해서 그들의 글을 실시간으로 확인할 수 있으며, 교수자 외에 다양한 전문가가 간접적으로 교실상황에 투입될 수 있다.
현실 인식 (get a sense of the world)	퍼블릭 타임라인(public timeline)을 통해 지구상에 일어나는 다양한 일들과 관심사, 주목하고 있는 사건들을 알 수 있다.
학습의 극대화 (maximization the teachable moment)	엑스(X)라는 공간에서 벌어지는 실제적인 일들을 통해 맥락적인 학습이 가능하다.
공공의 메모장 (public notepad)	영감이나 생각을 짧게 공유하기에 좋으며 다른 사람의 생각들도 좋은 정보가 된다.
트랙 기능 (track a world)	관심 있는 단어를 트랙기능을 통해 포스팅하거나 정보를 얻을 수 있다.

(3) 유튜브(YouTube)

① 개념 : 사용자가 영상 클립을 업로드하거나 보거나 공유할 수 있는 무료 동영상 공유 사이트 ⇨ 유튜브의 다양한 동영상 자료는 수업 자료나 동기부여 자료로 쓰일 수도 있고, 실제 제작해서 업로드하는 활동을 통해서 적극적이고 활동적인 수업을 구성할 수도 있다. 또, 복사를 위한 소스코드와 링크 주소가 있어 이를 자신의 블로그나 엑스(X) 등으로 옮겨 갈 수도 있다. 또, 회원 가입을 하면 자신의 기호에 맞게 목록에 저장시켜 놓을 수도 있다.

② 유튜브의 장단점

㉠ 장점

ⓐ 동영상은 강력한 동기부여의 도구이기 때문에 유튜브의 다양한 동영상 자료는 학생들의 학습 동기유발의 자료로 활용할 수 있다.

ⓑ 유튜브의 콘텐츠를 중심으로 학생들 자신의 경험, 정보, 지식 그리고 다양한 의견의 공유와 상호작용이 가능해진다.

ⓒ 학생들이 자신의 경험과 지식 등을 유튜브 동영상으로 직접 제작하여 업로드함으로써 학습활동에 대한 참여의식을 높일 수 있다.

㉡ 문제점

ⓐ 모티브를 찾기 위해 자료를 검색할 경우 특히 영상이나 이미지에서 음란물, 폭력물을 비롯한 비교육적인 정보에 접촉할 수 있다.

ⓑ 기존의 자료를 패러디하거나 편집하는 과정에서 원 저작자의 권리를 침해할 수 있다.

③ 유튜브의 교육적 활용 방법

유튜브의 교육적 활용 방법(조민경, 2011)

활용형태	세부내용
학습 커뮤니티 (learning community)	전원이 참여하여 의견을 내고, 공통의 창조물을 만들고 공유할 수 있다.
과제 (assessment item)	전통적인 과제에서 벗어나 짧은 영상물이 과제를 대신할 수 있다.
미디어에 대한 경험 (experiment in new media)	새로운 미디어를 경험하면서 정보와 지식을 습득할 수 있다.
토론을 위한 도구 (discussion tool)	자신의 콘텐츠에 대한 코멘트들이나 서로 다른 관점의 2-3개의 영상물을 비교함으로써 토론을 촉진시킬 수 있다.
가상 도서관 (virtual library)	기존의 텍스트가 갖고 있지 못하는 다양한 요소들이 유튜브 영상물에는 포함되어 있으므로 학생들에게 강의를 비롯하여 다양한 정보를 제공해 줄 수 있다.

12 메타버스(Metaverse)

(1) 개념

① **유래**: 1992년 닐 스티븐슨(Neal Stephenson)의 소설 『Snow Crash』에서 처음 등장한 용어로서, 가상의 세계 메타버스에 진입하기 위해서 사람들이 아바타(Avatar)로 구현되어 활동한다는 내용이 담겨 있다.

② **개념**: 가상, 초월을 뜻하는 메타(Meta)와 현실, 세계를 뜻하는 유니버스(Universe)의 합성어로 온라인상에서 인간의 경제, 문화, 사회 활동이 가능하도록 구현한 가상세계를 의미한다. 메타버스는 기존의 일반적인 프로그램과 달리 학생들이 아바타를 통해 '같은 공간'으로 함께 접속을 한다는 큰 차이점을 가지고 있다.

(2) 메타버스(Metaverse)의 유형(기술; tech)과 특징

① **메타버스의 유형**: 미국의 미래 가속화 연구재단(ASF: Acceleration Studies Foundation, 2007)은 메타버스의 기술을 크게 4가지, 증강현실(Augmented Reality), 라이프로깅(Lifelogging), 거울세계(Mirror World), 가상세계(Virtual World)로 제안하였다.

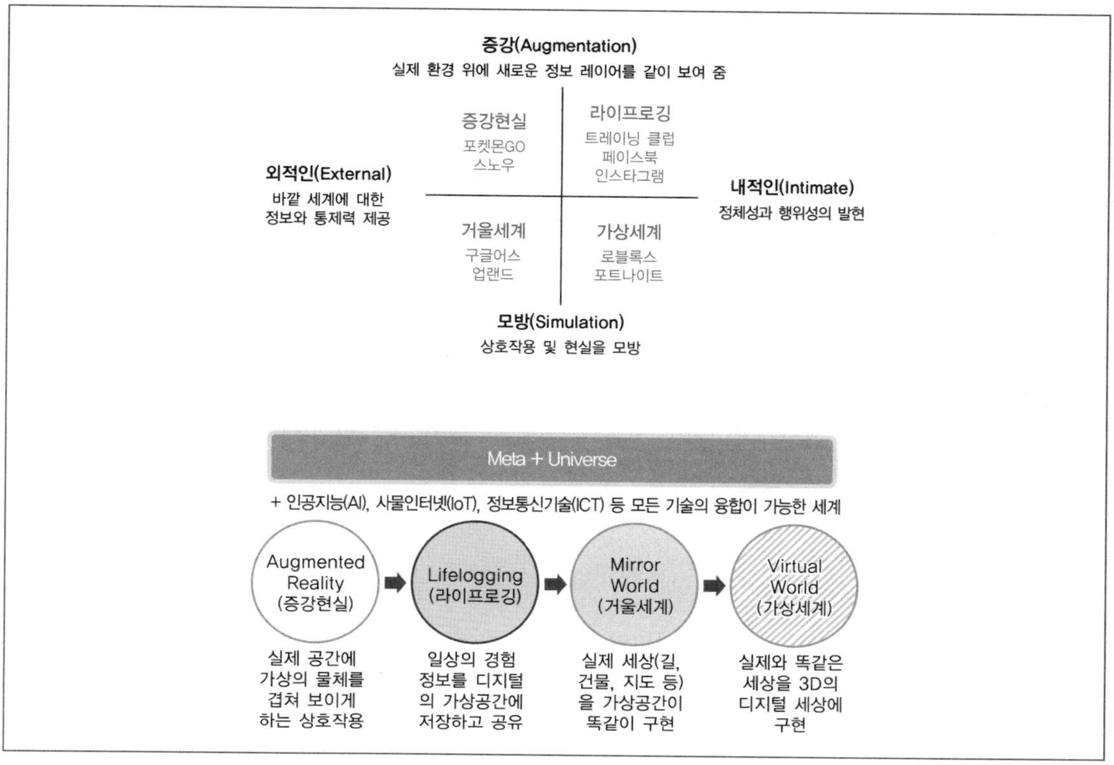

메타버스 기술의 종류 및 특징

구분	정의 및 특징	활용 서비스 예
증강현실 (Augmented Reality)	현실 공간인 일상에서 인식하는 물리적 환경에 가상의 사물 및 인터페이스 등을 겹쳐 놓아 현실을 증강시키는 기술	포켓몬GO, 디지털교과서, HUD(Heads Up Display)
라이프로깅 (Lifelogging)	'삶의 기록'이라는 뜻의 라이프로깅은 취미, 건강 등 개인생활 전반을 기록하는 것으로 인간의 신체, 감정, 경험, 움직임과 같은 정보를 기기를 통해 기록하고 가상의 공간에 재현하는 기술/활동	페이스북 · 인스타그램 등 SNS 공간, 싸이월드, 블로그, 나이키 트레이닝 클럽, 삼성헬스, 스마트워치
거울세계 (Mirror World)	실제 세계의 모습이나 정보, 구조 등을 복사하듯이 만들어낸 세계로, 물리적 세계를 사실적으로 재현하고, 외부 환경 정보를 통합하여 제공하는 기술	구글어스, 구글맵, 네이버 지도
가상세계 (Virtual World)	디지털 기술을 통해 현실의 경제 · 사회 · 정치적 세계를 확장시켜 현실과 매우 유사하거나 혹은 대안적으로 구축한 세계	제페토, 로블록스, 마인크래프트, 포트나이트, 세컨라이프

② 메타버스의 특징

㉠ 가상공간에서 사용자는 자기 모습과 성격을 투영한 아바타를 통해 '사회적 상호작용'이 가능하다.

㉡ 사용자는 가상공간을 자유롭게 이동하면서 가상의 상황에 '몰입'하게 된다.

㉢ 자신의 아바타와 타인의 아바타가 함께 같은 공간에 있으면서 학습자들 서로가 함께 학습 활동하며, 이를 지각하는 '사회적 실재감(social presence)'이 높아진다.

㉣ 현실세계와 가상공간을 연결하여 현실세계와 유사한 실재감을 제공할 수 있다.

㉤ 메타버스 내에서 디지털통화(가상화폐)가 통용되어 생산과 소비가 가능하다.

㉥ 메타버스 환경에서의 몰입과 상호작용은 학습자의 학습동기 내면화 과정에 긍정적인 영향을 미치며, 학습자에게 흥미감을 제공하므로 학습동기 촉진 또한 가능하다는 이점을 지닌다. 이에 따라 메타버스를 교육 현장에서 적용한다면 학생들의 수업 참여에 대한 흥미를 제공하고, 동기부여를 제공할 것이며, 가상세계이지만 실제 현장에서 이루어지는 수업에 참여하듯이 사회적 상호작용 측면에서도 이점이 있을 것이다.

(3) 교육적 효과 및 문제점

① 교육적 효과

㉠ 현실과 가상이 자연스럽게 연결되면서 학습상황에 대한 학생의 몰입감과 흥미도를 높인다.

㉡ 메타버스가 새로운 사회적 소통의 공간이 되어 아바타를 중심으로 사회적 상호작용이 활발하게 일어나며 수업 참여도를 높인다.

㉢ 학습내용과 관련된 다양한 간접적인 경험과 체험을 하며 즐겁게 학습함으로써 학습의 효과를 높인다.

㉣ 개인의 존재를 대신하는 '아바타'를 통해 가상세계 속 학습 활동에 보다 주체적으로 참여할 수 있다.

㉤ 학생의 수준과 능력에 맞게 개별화 학습과정이나 수준별 수업을 구현할 수 있다.

② 문제점

㉠ 가상과 현실의 경계가 사라진 세계에서 현실의 정체성과 다른 정체성으로 타인과 상호작용하면서 정체성의 혼란이나 가상과 현실의 혼동을 불러올 수 있다.

㉡ 메타버스는 가상의 세계에서 익명성을 띠고 활동하므로 타인을 속이거나, 사생활을 침해하는 등 윤리적인 문제가 발생할 수 있다.

㉢ 학생의 스마트 기기 활용 능력이 미숙할 경우 메타버스 활용 수업을 더 어렵게 느끼게 되며 교사의 수업을 잘 따라갈 수 없게 된다. 또, 교사의 메타버스 플랫폼 활용을 위한 테크놀로지 역량이 부족할 경우 수업 준비에 대한 부담감이 크고 메타버스의 효과적 활용도 어렵게 된다.

㉣ 메타버스 세계에서는 자유로운 공간 이동이 가능하므로 학생들이 수업과 무관한 다른 공간을 탐색하거나 배회하는 등의 문제가 발생할 수 있다(학생 통제의 어려움).

㉤ 교육적으로 활용 가능한 메타버스 플랫폼이 부족하고, 교사들마다 적용하는 플랫폼도 제각각이며, 교육과정과 연계된 내용으로 구축된 플랫폼도 없다. 또 VR을 사용하기 위해 헤드마운트 디스플레이를 구입할 경우 가격이 너무 비싸서 많이 구비하지도 못한다(교육적으로 활용 가능한 플랫폼의 부족 및 비싼 장비).

㉥ 메타버스에 포함된 상업적 요소로 인해 학생들이 무분별한 아이템을 구매하는 문제도 있다.

(4) 교육적 활용 방안

① **동기유발 도구로 활용**: 메타버스 안에서 재미와 연대를 경험하게 하고 지속적으로 참여하고 싶은 공간을 마련해 줌으로써 학습욕구와 동기유발의 도구로 활용한다.

② **수업의 참여와 성취향상 도구로 활용**: 메타버스 플랫폼에 가상 강의실을 구현하여 학생의 참여도를 높이고, 아바타(Avatar)를 통한 실시간 상호작용으로 수업을 듣는 것과 같은 실재감을 제공한다면 학습효과 및 성취감을 향상시키는 데 일조할 수 있다.

③ **가상 도서관의 도구로 활용**: 메타버스 플랫폼에 가상 도서관을 구축하여 제공하면 학생들이 실제 도서관을 방문한 듯한 몰입감으로 인해 흥미로운 독서 환경을 제공해 줄 수 있다.

④ **소속감 제고와 친밀감 형성 수단으로 활용**: 메타버스 플랫폼에 가상 학교와 교실 공간을 구축하고 아바타를 중심으로 상호 교류하며 다양한 학교활동을 하도록 하면 학생들이 소속감과 친밀감을 형성할 수 있다.

⑤ **학습자 중심의 학습 환경으로 활용**: 메타버스에서는 학생이 자신을 대표하는 아바타를 통해 수업에 참여하므로 적극적인 참여가 가능하고 학습자 간의 상호작용이 활발하게 전개되므로 문제해결형 수업이나 토론 수업 등 학습자 중심의 학습이 가능할 수 있다.

2026 권지수교육학 필수요약집

요점쏙쏙

PART

04

교육평가

Thinking Map

PART 04 교육평가

1 교육평가

- **교육평가의 이해**
  - 개관 93 초등, 25 중등論
  - 평가관
    - 검사관 97 초등
    - 교육관과 평가관 22 중등論
  - 평가절차와 평가오류
    - 일반적 절차
    - 평가의 오류 08 중등, 11 초등
- **교육평가의 모형**
  - 목표중심모형
    - Tyler의 목표중심평가모형 05 중등, 11 초등, 13 중등
    - Provus의 괴리(격차)모형
  - 판단중심모형
    - Scriven의 탈목표평가모형 11 초등
    - Stake의 종합실상모형
    - Eisner의 예술적 비평모형
  - 의사결정모형
    - Stufflebeam의 CIPP 평가모형 99 초등보수, 08 중등, 11 초등
- **교육평가의 유형**
  - 평가기준에 따른 유형
    - 준거참조평가 90 중등, 94 초등, 97 중등, 99 초등보수, 99~00 중등, 00 초등, 02 초등, 04 초등, 06 초 · 중등, 15 중등추시論, 18 중등論, 22 중등論, 25 중등論
    - 규준참조평가 99 중등, 04 중등, 06 중등, 07 초등, 10 초등, 12 초 · 중등
    - 자기참조평가 09~10 초등, 12 중등, 18 중등論, 22 중등論, 24 중등論
  - 평가시기에 따른 유형
    - 진단평가 93 초등, 02 초등, 06 중등, 12 초등
    - 형성평가 91 중등, 94 중등, 96 초등, 97 중등, 99~00 초등보수, 02 중등, 03 초등, 14 중등論, 16 중등論, 23 중등論
    - 총괄평가 04 초등, 06 중등
  - 평가방법에 따른 유형
    - 양적 평가
    - 질적 평가
  - 표준화 유무에 따른 유형
    - 표준화검사
    - 교사제작검사
  - 수행평가
    - 수행평가의 개관, 특징 98 중등, 99 초등보수, 99~00 중등, 00 초등, 03~04 중등, 05 초등, 07 중등, 방법 99 초등 · 초등보수, 01~02 중등, 조건 및 고려사항, 장단점 09 초등
  - 성취평가제
  - 기타 평가
    - 정적 평가와 역동적 평가
    - 정의적 특성의 평가 19 중등論
    - 창의 · 인성 교육을 위한 평가
    - 메타평가 00 교대편입, 12 초등
    - 컴퓨터화 검사 24 중등論

2 평가도구(검사도구)

- **평가도구**
  - 평가도구의 양호도
    - 타당도 91 중등, 93 중등, 96~00 중등, 99~00 초등보수, 03~04 초등, 04 중등, 06~08 초등, 07 중등, 11 중등, 17 중등論, 23 중등論
    - 신뢰도 91 중등, 99 초등 · 초등추시, 00 초등, 01 중등, 02 초등, 03 중등, 05 중등, 10 초등, 19 중등論
    - 객관도 95 중등, 02 초등
    - 실용도
  - 평가도구의 제작
    - 평가문항의 제작 절차
    - 평가문항의 유형
      - 선택형 문항 98 중등, 99 초등추시, 00 초등 · 초등보수, 03 초등, 06 초등
      - 서답형 문항 01 초 · 중등, 08 초등
      - 표준화검사
- **문항분석**
  - 고전검사이론 07 초등
    - 문항난이도 97 초등, 99 초등보수, 00 중등, 02 중등, 03 초등, 03~04 중등, 11 중등
    - 문항변별도 94 중등, 99~00 중등, 03~04 초등, 03 중등, 05~06 중등, 10 초 · 중등
    - 문항반응분포
  - 문항반응이론 01 중등, 08 초등
    - 문항난이도
    - 문항변별도 07 중등
    - 문항추측도

01 교육평가의 기본 가정 25 중등論

(1) 인간의 잠재능력 개발 가능성

교육평가는 인간의 무한한 잠재능력의 개발 가능성을 전제한다. 교육이 인간 발달의 가능성을 제한하면 교육평가의 기능은 극대화될 수 없다.

(2) 계속성

교육평가는 계속적이어야 한다. 시험, 수업, 대화 등 언제나 모든 장면에서 평가가 이루어져야 한다.

(3) 종합성

교육평가는 종합적이어야 한다. 평가대상의 모든 자료를 종합적으로 수집하여 평가하여야 한다. 지필검사에서 벗어나 관찰, 면접, 수행평가 등 다양한 평가방법을 동원하여 평가를 실시하여야 한다.

(4) 자료의 다양성

교육평가의 자료는 다양하다. 그림 한 장, 일기 한 줄, 대화 한마디 등이 모두 평가 자료가 될 수 있다.

(5) 교육활동에 도움

교육평가는 교육활동에 도움을 주어야 한다. 교육평가의 결과가 다시 교육활동과 연결되어야 한다. 교육평가의 결과 학생의 학습 개선, 교사의 교수 개선 등에 기여해야 한다.

02 교육평가관(검사관) 97 초등, 22 중등論

구분		측정관(measurement)	평가관(evaluation)	총평관(assessment)
의미		일정한 규칙에 따라 어떤 대상의 속성에 수치를 부여하는 것 ⇨ 학습자의 특성을 양적으로 표현하는 과정	학습자의 변화를 알아보는 것 ⇨ 교육목표에 비추어 학습자의 성취도를 알아보는 것	인간의 특성을 종합적·전체적으로 평가하는 것(전인적 평가)
관련 교육관		선발적 교육관	발달적 교육관	인본주의적 교육관
특징	기본 전제(가정)	인간행동 특성은 안정성이 있고 불변한다고 전제함	인간행동 특성은 안정성이 없고 변한다고 전제하며, 이 변화를 교육적으로 가치 있게 생각함	인간행동 특성은 환경과의 역동적 상호작용을 통해 변화함
	환경 변인	측정의 정확성을 저해하는 오차 변인으로 간주 ⇨ 환경의 영향을 통제하거나 극소화하려 함	행동변화의 중요한 자원으로 간주 ⇨ 환경 변인의 적극적 이용	행동변화를 강요하는 압력으로 간주(행동변화의 한 변인으로 간주) ⇨ 환경과 개인의 상호작용을 이용
	검사의 강조점	신뢰도와 객관도 중시 ⇨ 실재의 안정성을 가정하므로 얼마나 오차 없이 정확히 측정하느냐가 가장 중요	내용타당도 중시 ⇨ 학습자의 변화 정도를 목표에 비추어 평가해야 하기 때문	구인타당도 중시 ⇨ 인간의 행동특성의 구성요인을 얼마나 충실하게 측정하느냐가 중요
	증거 수집 방법	• 표준화검사(지필검사) • 양적(객관적) 방법	• 변화의 증거를 얻을 수 있는 모든 방법 • 양적·질적(주관적·객관적) 방법	• 상황에 비춘 변화의 증거를 얻을 수 있는 모든 방법 • 양적·질적(주관적·객관적) 방법

03 교육관과 평가관

구분		선발적 교육관	발달적 교육관	인본주의적 교육관
기본 입장		유전론에 입각하여 인간의 지적 능력은 타고났으며 변하지 않는다고 전제하며, 소수 학습자만 교육을 받을 수 있다. ⇨ 개인차는 극복 불가능	환경론에 입각하여 모든 학습자에게 적절한 교수·학습 환경만 제공하면 누구나 의도한 교육목표에 도달할 수 있다. ⇨ 개인차는 극복 가능	인간은 환경과 능동적으로 상호작용하는 존재로, 교육을 자아실현의 과정이라고 믿는다. ⇨ 학습자의 자율적·적극적인 학습 참여 중시
관련 검사관(testing)		측정관(measurement)	평가관(evaluation)	총평관(査定, assessment)
특징	평가 목적	개인차 변별에 중점을 두며, 교육목표에 도달 가능한 소수의 우수자를 선발하는 것을 평가의 목적으로 삼는다.	수업목표 달성도에 중점을 두며, 가장 적절한 교수방법을 제공하여 완전학습에 이르는 데 평가의 목적이 있다.	학습자의 전체적 특성 이해에 중점을 두며, 전인형성(자아실현)에 평가의 목적을 둔다.
	연관된 평가 유형	규준지향평가 ⇦ 우수자 선발을 위한 개인차 변별에 중점을 두므로	목표지향평가 ⇦ 수업목표 달성도에 중점을 두므로	수행평가 ⇦ 종합적·전인적 특성에 중점을 두므로
	학업 실패의 책임	학업실패의 책임은 학생에게 있다. ⇦ 유전론	학업실패의 책임은 교사에게 있다. ⇦ 환경론	학업실패의 책임은 학습자와 교사 모두에게 있다. ⇦ 상호작용론
	강조되는 평가관	학습자의 개별 특성 평가	교수-학습방법 평가	전인적 특성 평가
	학업성취도	상대평가에 의한 정상분포를 이룬다.	절대평가에 의한 부적 편포를 이룬다.	

04 평가(평정)의 오류 08 중등, 11 초등

1 평가(평정)의 오류

유형	내용	극복방안
인상의 오류 (후광효과) 08 중등, 11 초등	평가대상의 인상이 평정에 영향을 주어 좋게 또는 나쁘게 평가하는 오류('선입견에 따른 오차') 예 인상이 좋은 학생에게 평가결과에 관계없이 면접점수를 좋게 주는 경우	• 채점기준에 따른 평가 • 여러 사람이 공동으로 평가 • 모든 피험자를 한 번에 한 가지 특성만 평정 • 강제선택 평정척도의 활용
논리적 오류 08 중등	논리적으로 관련이 없는 두 가지 행동특성을 관련이 있는 것으로 판단하여 평가하는 오류('관련의 착각') 예 적용력을 측정해야 하는데 분석력을 측정하고 있는 경우, 지능지수가 높으면 창의력이 높다고 평가하는 경우, 지능지수가 낮으면 학업성적이 낮을 것이라고 평가하는 경우, 공부를 잘하면 성격도 좋다고 보는 경우, 사회성이 높으면 협동성도 높다고 보는 경우	• 객관적 사실과 자료에 기초한 평가 • 특성의 의미론적 변별을 명확히 함 • 평가요소에 대한 명확한 정의 • 평가요소 간에 시간차 평가
집중경향의 오류 08 중등	극단적인 점수를 피하고 평가결과가 중간 부분에 모이는 경향	• 평가기준의 명확화 • 중간 평정의 간격을 넓게 잡음 • 평가자의 교육·훈련과 소양 함양
관용의 오류와 엄격의 오류	• **관용의 오류 :** 전반적으로 높은 점수를 주는 오류 ⇨ 평가자의 평가기준이 후하여 발생 • **엄격의 오류 :** 전반적으로 낮은 점수를 주는 오류(인색의 오류) ⇨ 평가자의 평가기준이 인색하여 발생 ✦개인적 편향성 오차(personal bias error) 모든 피평가자들에게 비슷한 점수를 주려는 경향 ⇨ 관용의 오류, 엄격의 오류, 집중경향의 오류	• 채점기준의 구체화 • 평가자의 교육·훈련과 소양 함양 • 절삭평균값 활용하여 극단값 처리
대비의 오류	평가자 자신의 특성과 비교하여 과대 혹은 과소 평가하는 오류 예 평가자에게 없는 특성이 학생에게 있으면 좋게 평가하고, 평가자에게 있는 특성이 학생에게 있으면 나쁘게 평가하는 경우	• 채점기준의 명확화 • 평가자의 교육·훈련과 소양 함양
근접의 오류	비교적 유사한 항목들이 시간적으로나 공간적으로 가까이 있을 때 비슷하게 평가하는 오류 예 학생의 정직성, 타인 배려, 준법성을 연속적으로 평정하는 경우 정직성에 높은 점수를 준다면 이후 타인 배려와 준법성 평정에도 높은 점수를 주는 경향성이 발생할 수 있음	• 비슷한 성질을 가진 평가요소에 대한 평정은 시간적으로나 공간적으로 간격을 두어 평가
표준의 오류	점수를 주는 표준이 평가자마다 달라서 발생하는 오류	• 평가기준의 구체화 • 평가자 교육·훈련 및 소양 함양 • 척도에 대한 개념을 새로 정립시키고 평정 항목에 관한 오차를 줄임

의도적 오류	특정 학생에게 특정한 상을 주기 위해 관찰결과와 다르게 과장하여 평가하는 오류	• 평가기준의 객관화 • 평가자의 소양 함양
무관심의 오류	평가자가 무관심하여 피평가자의 행동을 면밀하게 관찰하지 못할 때 발생하는 오류	• 평가기준의 구체화 • 평가자의 소양 함양

2 평가(평정)의 오류 최소화 방안

① **채점기준 구체화(명확화)**: 평가대상이 되는 행동특성에 대한 명확한 정의를 내리고 관찰 가능한 구체적인 채점기준을 명시함. 명확한 채점기준으로 구성된 루브릭(rubric)을 활용하고 채점기준의 객관성을 확보함

② **채점자 훈련 및 소양 함양**: 평가목적, 평가도구, 평가대상, 평가내용, 평가기준, 평정 시 범할 수 있는 오류 등에 관해 충분한 정보를 제공하여 채점자를 훈련시키고 채점자의 소양을 높임

③ **채점자 신뢰도 검증**: 채점자 내 신뢰도, 채점자 간 신뢰도 등을 산출하여 평가결과의 신뢰도·객관도를 확인하고, 불일치 정도가 높은 자료는 분석에서 배제하거나 결과 해석에 신중을 기함

05 타일러(Tyler)의 목표중심평가모형(objective-oriented evaluation) 05 중등, 11 초등, 13 중등

1 개념

평가를 미리 설정된 프로그램의 목표 달성 정도를 확인하는 것이라고 보고, 명세적으로 진술된 행동목표를 기준으로 교육성과(예 학생의 학업성취도로 평가)를 평가한다(⇨ 이원목표 분류).

2 특징(김석우)

① 교육목표의 달성 정도를 평가하는 것이므로 교육목표가 평가의 핵심적인 기준이 된다.
② 행동적 용어로 진술된 교육목표를 기준으로 평가하므로 측정 및 평가가 쉽다.
③ 교육목표와 학생 성취 간의 합치 여부를 체계적이고 논리적으로 검증할 수 있다.

3 장단점

장점	단점
• 교육목표를 행동적 용어로 진술하여 명확한 평가기준을 제시한다. 명확한 평가기준에 근거하여 평가함으로써 평가를 과학적으로 접근할 수 있다. • 교육목표를 기준으로 교육성과를 평가하므로 평가를 통해 교육목표의 실현 정도를 명확히 파악할 수 있다. • 교육목표를 기준으로 교육내용을 구성하고 교육내용에 대한 평가가 뒤따르므로 교육목표, 교육내용, 교육평가 간의 논리적 일관성을 유지해 준다. • 교육목표를 중시함으로써 교사들이나 교육프로그램 개발자들에게 목표 달성 여부의 확인을 통해 교육활동에 대한 책무성을 가지도록 자극한다.	• 행동적 용어로 진술하기 어려운 교육목표에 대한 평가가 어렵다. • 사전에 목표로 설정되지 않은 부수적·잠재적 교육효과에 대한 평가가 불가능하다. 예 잠재적 교육과정 • 교육성과에만 관심을 가지므로 교육의 과정 자체에 대한 평가를 소홀히 하며, 교육과정의 본질적인 개선에도 한계가 있다. • 교육이 이루어지는 과정에 대한 평가는 하지 않기 때문에 수단과 방법을 가리지 않고 목표성취라는 결과만 좋으면 그만이라는 비교육적 사태를 초래한다.

06 스크리븐(Scriven)의 탈목표평가모형(goal-free evaluation) 07 중등, 11 초등

1 개념

평가를 프로그램의 가치를 판단하는 과정이라고 보고, 프로그램이 의도한 효과뿐만 아니라 부수적 효과까지 포함하여 실제 효과를 판단한다.

2 평가방안(특징)

① 목표중심평가와 탈목표평가
② 비교평가와 비(非)비교평가
③ 내재적 준거와 외재적 준거에 의한 평가
④ 형성평가와 총괄평가
⑤ 목표 자체의 가치 평가

3 장단점

장점	단점
• 의도한 목표의 달성 정도뿐만 아니라 교육의 과정 중에 발생하는 잠재적 결과까지 포함하여 교육의 실제 효과를 평가한다. • 다양한 평가방법을 활용하여 교육의 결과를 총체적으로 판단하는 전문적 평가를 중시한다.	• 각기 다른 판단 준거를 사용하여 내린 성과를 같게 생각하는 문제를 낳을 수 있다. • 판단의 타당성을 평가하는 방법이 없다.

07 아이즈너(Eisner)의 예술적 비평모형(connoisseurship and criticism model)

1 개념 『교실생활 평가 시 교육적 감식안과 교육비평의 사용에 대하여(1977)』

예술작품을 감정하고 비평할 때 그 분야의 전문가가 사용하는 방법과 절차를 교육평가에 원용(援用)하려는 접근 ⇨ '감식안(감정술) 및 교육비평 모형'

2 특징

① 평가대상을 전문가의 입장에서 비판적으로 기술·사정·조명
② 자료에 대한 통계적 분석을 지양하고, 평가자의 전문성에 입각한 질적 평가를 중시
③ 평가자는 '교육적 감식안'과 '교육비평' 능력이 요구

3 구성요소

① 교육적 감식안(감정술; connoisseurship) : 평가대상의 미묘하면서도 중요한 자질을 인식하는 능력 ⇨ 사적인 성격이 강한 감상의 예술
② 교육비평(educational criticism) : 전문가의 인식을 글로 표현하는 일 ⇨ 공적인 성격이 강한 표출의 예술 ⇨ 비평에는 은유, 비유, 제안, 암시 등의 방법이 사용

✦교육비평의 구성 기술, 해석, 평가 ⇨ 기술(기술적 측면의 비평)은 교육현상을 사진을 보듯이 생생하게 사실 그대로 묘사하는 것이고, 해석(해석적 측면의 비평)은 교육현상이 지닌 의미와 중요성을 설명하는 것이며, 평가(평가적 측면의 비평)는 기술하고 해석한 현상에 대해 교육적 가치를 판단하는 것을 의미

4 장점과 한계

① 장점 : 평가과정에서 전문가의 자질과 통찰력을 충분히 활용한다. 그 결과 일반인들이 자칫 간과할 수 있는 교육현상의 특성과 질을 인식하는 데 도움을 준다.
② 한계 : 평가활동을 어떻게 수행해야 하는가에 대한 구체적인 지침을 제공하지 못한다. 또, 평가과정이 전문가의 자질에 전적으로 좌우되므로 주관성을 배제하기 어렵고, 편견과 부정이 개입될 소지가 있으며, 엘리트주의에 빠질 우려가 있다.

08 스터플빔(Stufflebeam)의 CIPP 평가모형 99 초등보수, 08 중등, 11 초등

1 개념

평가를 의사결정자에게 유용한 정보를 제공하여 의사결정을 돕는 과정으로 보고, 상황, 투입, 과정, 산출의 측면에서 4가지 평가유형을 제시

2 의사결정 유형과 그에 따른 평가유형

의사결정 유형	평가 유형	특징
계획 의사결정 (planning decisions) – 목표를 설정하려는 의사결정	상황평가 (맥락/요구평가) (Context evaluation)	• 목표 설정을 위한 계획 의사결정에 도움을 주기 위한 평가 ⇨ 목표 • 내외적 상황(맥락), 대상집단의 요구를 분석함 예 체제분석, 조사, 문헌연구, 면접, 진단검사, 델파이 기법 등 • 의사결정자에게 교육목표를 결정하는 합리적 기초나 이유를 제공함
구조화 의사결정 (structuring decisions) – 설정된 목표 달성에 적합한 전략과 절차를 설계	투입평가 (Input evaluation)	• 구조화 의사결정에 도움을 주기 위한 평가 ⇨ 계획 • 목표 달성에 적합한 전략과 절차, 인적·물적 자원, 예산, 시기 등에 관한 정보를 수집하여 제공함
실행 의사결정 (implementing decisions) – 수립된 전략과 절차를 실행	과정평가 (Process evaluation)	• 실행 의사결정에 도움을 주기 위한 평가 ⇨ 실행 • 프로그램이 계획한 대로 실행되고 있는지 정보를 수집하여 피드백을 제공함 예 참여관찰, 토의, 설문조사
재순환 의사결정 (recycling decisions) – 목표 달성 정도의 판단 및 프로그램의 존속·변경 여부 판단	산출평가 (Product evaluation)	• 재순환 의사결정에 도움을 주기 위한 평가 ⇨ 결과 • 프로그램의 목표 달성의 정도를 정확히 판단하여 프로그램의 계속 사용 여부를 결정하도록 도와줌(의도한 효과와 의도하지 않은 효과, 긍정적 효과와 부정적 효과 모두를 점검)

3 장단점

장점	단점
• 프로그램의 여러 상황 및 국면을 평가할 수 있고, 프로그램의 어떤 단계에서도 평가가 가능하다. • 피드백에 민감하여 의사결정과 평가 간에 체계적 접근이 가능하다. • 의사결정권자에게 유용한 정보를 제공해 주므로 의사결정과정에서 평가가 중요한 역할을 한다. 올바른 의사결정을 도와주는 평가모형이므로 학교현장에서도 중요한 의사결정을 내릴 때 필요한 모형이다. • CIPP 평가와 책무성 간의 관계를 정립하는 데 기여할 수 있다.	• 의사결정자에게 필요한 정보를 수집하여 제공해줄 뿐 평가대상의 가치에 대해 평가하지 않는다. • 의사결정과정이 명확하지 않고, 의사결정방법도 정의되지 않았다. • 전체 과정을 모두 이용할 경우 비용이 많이 들고 복잡해진다.

09 평가기준에 따른 유형

1 준거참조평가(준거지향평가, 절대평가, criterion-referenced evaluation)

90 중등, 94 초등, 97 중등, 99~00 중등, 99 초등보수, 00 초등, 02 초등, 04 초등, 06 초 · 중등, 15 중등추시論, 18 중등論, 22 중등論, 25 중등論

(1) 개념

① 평가기준을 학습목표(수업목표)에 두고 학습목표를 얼마나 달성하였는지 성취수준을 확인하는 평가방법 ⇨ 개인의 점수를 절대적 기준인 '준거(criterion)'에 비추어 해석하는 평가

② 학생의 성취수준을 확인하고 교수-학습방법을 개선하는 데 목적

(2) 특징

① **발달적 교육관에 토대**: 적절한 교수·학습환경만 제공하면 거의 모든 학습자가 의도한 학습목표에 도달할 수 있다.

② **검사의 타당도를 중시**: 평가도구가 교육목표를 얼마나 충실히 측정하고 있는지가 중요한 과제가 되기 때문이다.

③ **부적 편포를 전제**: 거의 모든 학생들이 학습목표에 도달할 수 있다고 기대한다.

④ 기타

㉠ 절대평가의 결과로 얻어진 점수(원점수)는 점수 그 자체로 중요한 의미

㉡ 교수기능을 강화하고 수업 개선의 촉진을 도모

㉢ 학생들 간의 경쟁심을 제거하고 협동적 학습을 가능하게 해줌

㉣ 인간의 무한한 가능성과 교육의 효과에 대한 신념을 기초로 함

㉤ 학생들에게 보다 많은 성취감과 성공감을 갖게 하므로 내재적 동기가 촉진됨

(3) 장단점

장점	단점
• 교수 · 학습이론에 적합(무엇을 알고 무엇을 모르는지에 대한 직접적인 정보를 제공해 주므로) • 교수 · 학습 개선에 공헌(교수 · 학습프로그램이 어느 정도 효과가 있었는지에 대한 정보를 제공해 주므로) • 경쟁보다는 협동적 학습 조성(과제의 숙달과 이해, 목표의 성취 그 자체를 중시하므로)	• 개인차 변별이 어려움(각 학생의 집단 내에서의 상대적 위치를 알 수 없으므로) • 준거 설정이 어려움(절대적 기준인 교육목표를 누가, 어떻게 정하느냐는 고도의 전문성이 요구) • 점수의 통계적 활용이 불가능(정상분포를 부정하므로)

(4) 준거참조평가의 활용방안

① 수업을 시작하기 전 또는 새로운 프로그램을 투입하기 전에 선수학습의 정도나 제반 특성 등 학생의 현 상태를 진단하는 데 활용(진단평가)

② 학습부진아의 학습장애 및 결손, 학습실패의 교육 외적 요인을 진단하는 데 활용(진단평가)

③ 수업 진행 중에 학생들이 무엇을 얼마나 잘 알고 있는지 학습목표의 달성 정도를 점검하는 데 활용(형성평가). 학생들의 단위 학습과제나 수업에서의 성공 여부를 판단하는 데 활용

④ 시간의 경과에 따른 학생의 학업성장 정도를 파악하는 데 활용

⑤ 자격증 수여를 위한 자격시험의 형태로 활용

(5) 준거참조평가가 학습동기를 촉진하는 이유

① **자기효능감 증진**: 학습목표 도달에 성공한 학생에게는 직접적인 성공감을, 목표 도달에 실패한 학생에게는 교정의 기회를 제공해 주므로

② **숙달목표 지향**: 학생들에게 '무엇을 알고 무엇을 모르는지'에 대한 직접적인 정보를 제공해 주므로

③ **자기결정성 증진**: 또래와의 비교나 경쟁보다는 목표의 성취 그 자체를 강조하므로

⑹ 준거설정방법 25 중등論

① **규준적 준거설정방법** : 피험자의 상대적 서열이나 피험자 집단의 일정 비율로 준거를 설정하는 방법이다. 예컨대, 어떤 검사에서 피험자 집단의 상위 20% 학생들에게 자격증을 부여한다면 20%가 준거가 된다.

② **피험자의 집단 특성평가에 의한 절대적 준거설정방법**

㉠ **집단비교방법** : 피험자 집단 개개인을 주관적으로 완전학습자 혹은 불완전학습자로 구분하여 검사를 실시한 후 완전학습자의 점수분포와 불완전학습자의 점수분포가 교차되는 점을 준거로 설정하는 방법이다.

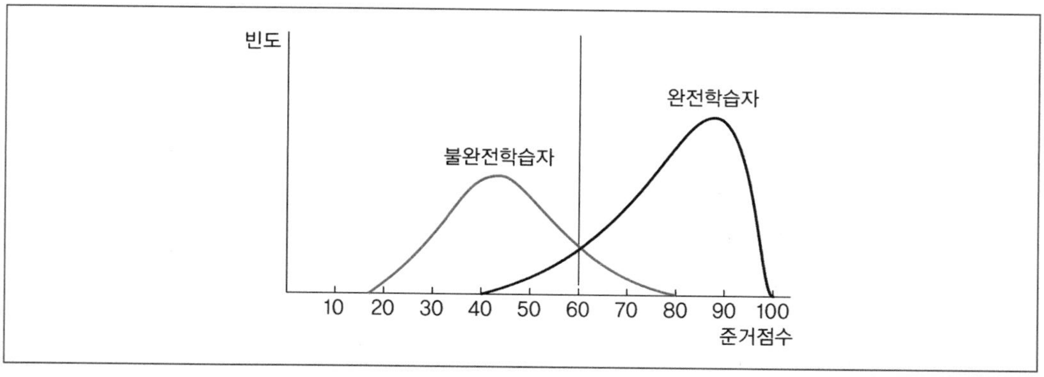

두 집단 비교에 의한 준거점수 설정방법

㉡ **경계선 방법** : 완전학습자로 분류되는 최저점수(예 100점 만점에 80점 이상)와 불완전학습자로 분류되는 최고점수(예 100점 만점에 60점 미만)를 설정하고, 두 점수 사이에 있는 피험자들의 검사점수의 중앙값을 준거점수로 설정한다.

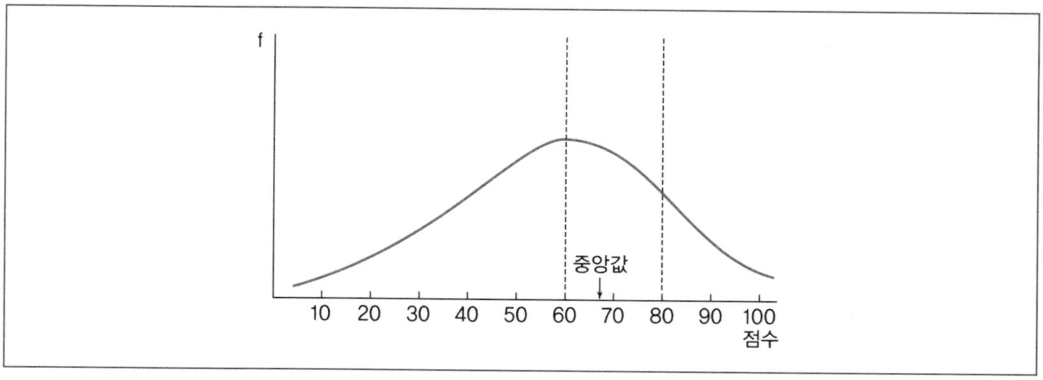

Mills에 의한 경계선 방법

ⓒ 검사도구 내용분석평가에 의한 절대적 준거설정방법

ⓐ Angoff 방법 : 최소능력 보유 피험자들로 구성된 가상 집단에서 어느 정도 비율로 피험자가 문항의 정답을 맞힐 수 있는가를 판정한 다음, 각 문항의 답을 맞힐 피험자 비율의 합을 준거 점수로 설정하는 방법이다.

Angoff 방법에 의한 준거설정방법

문항	P
1	.5
2	.8
3	.7
4	.9
5	.1

C = 3.0

ⓑ Jaeger 방법 : 최소능력을 보유한 피험자가 각 문항을 맞힐 수 있는지 없는지를 판정한 후, 맞힐 수 있는 문항의 수를 합한 것이 준거점수가 된다.

Jaeger 방법에 의한 준거설정방법

방법 / 문항	Angoff	Jaeger
1	.5	0
2	.8	1
3	.7	1
4	.9	1
5	.1	0

C = 3

ⓒ 북마크(bookmark) 방법 : 문항난이도에 따라 문항을 배열한 문항순서집에 의해 준거를 설정한다. 북마크한 문제들을 기준으로, 최소능력 보유자가 몇 개의 문제를 풀 수 있는지에 따라 준거점수를 설정한다.

2 규준참조평가(규준지향평가, 상대평가, norm-referenced evaluation)

99 중등, 04 중등, 06 중등, 07 초등, 10 초등, 12 초 · 중등

(1) 개념

① 평가기준을 집단 내부에 두고 개인의 성취수준을 집단 내에서의 상대적 위치로 나타내는 평가방법 (예 규준점수: 연령점수, 석차점수, 백분위점수, 표준점수) ⇨ 개인의 점수를 상대적 기준인 '규준(norm)'에 비추어 해석하는 평가

② 개인차 변별에 목적

(2) 특징

① **선발적 교육관에 토대**: 학생의 개인차를 당연시하며, 우수한 학생을 선발

② **검사의 신뢰도를 중시**: 학생들의 개인차를 오차 없이 얼마나 정확하게 측정하는지가 중요한 과제가 되므로

③ **정상분포를 전제**: 개인차의 변별에 관심을 두기 때문에 평균을 중심으로 좌우대칭형

④ **기타**: 원점수 자체보다는 순위나 서열 등 상대적 비교가 가능한 규준점수(예 연령점수, 석차점수, 백분위점수, 표준점수)를 중시

(3) 장단점

장점	단점
• 개인차의 변별이 가능(각 학생의 집단 내에서의 상대적 위치를 명확히 파악할 수 있으므로) • 교사의 주관적 편견을 배제(신뢰도가 높은 객관적 평가를 사용하게 되므로) • 경쟁을 통해 외재적 동기를 유발(학생들을 비교하기 때문에)	• 교수·학습 이론에 부적절(무엇을 알고 무엇을 모르는지에 관심을 두지 않으므로) • 교수-학습 개선이 곤란(학생의 상대적 위치에 대한 정보만 제공해 줄 뿐) • 경쟁으로 인한 정서적 불안과 비인간화를 초래(학생들 간의 상대적 비교와 우열을 강조하기 때문에)

(4) 규준참조평가에 학습동기에 미치는 부정적 영향

① **자기효능감 저하**: 소수의 우수한 학생을 제외한 대다수의 학생들에게 실패자라는 인식을 갖게 하므로

② **수행회피목표 지향**: 대다수가 소수에게 질 수밖에 없는 구조이므로 학생들은 자신이 무능해 보이는 것을 피하고자

③ **자기결정성 저하**: 성적이 압력요소로 작용하므로

3 자기참조평가

(1) 성장지향평가(성장참조평가, growth-referenced evaluation) 09~10 초등, 12 중등, 18 중등論, 22 중등論

① 개념 : 초기 성취수준에 비추어 얼마나 성장하였느냐(얼마나 능력의 향상을 보였느냐)에 관심을 두는 평가

② 장단점

장점	단점
• 개인의 능력 향상 정도를 중시하므로 학생들에게 학업증진의 기회를 부여하고, 개별화 학습을 촉진할 수 있다. ⇨ 개인을 위주로 하는 개별화 평가, 개별화 학습 • 능력의 변화과정(성장 정도)에 대한 정보를 얻을 수 있으므로 평가의 교수적 기능을 촉진할 수 있다. ⇨ 평가의 교수적 기능	• 일반적으로 성적을 성취수준과 동일시하므로 진보나 성장 정도를 기준으로 성적을 줄 경우 성적의 의미를 왜곡시킬 가능성이 있다. • 학생들이 좋은 성적을 받기 위해 사전검사에서 일부러 틀릴 가능성도 있다. • 일반적으로 성취도 검사는 신뢰도가 낮고, 과거 점수와 현재 점수는 상관이 높기 때문에 차이점수의 신뢰도는 낮은 경향이 있다. • 이상과 같은 문제점으로 인해 능력지향평가와 마찬가지로 영향력이 큰 고부담평가에서는 공정성 문제가 제기되어 적용하기 어렵다.

(2) 능력지향평가(능력참조평가, ability-referenced evaluation) 09 초등, 18 중등論, 22 중등論, 24 중등論

① 개념 : 학생 자신의 능력을 기준으로 얼마나 최선을 다했느냐(얼마나 능력을 발휘하였느냐)에 관심을 두는 평가. 개인의 능력과 수행결과를 비교하여 성적을 판정하는 평가방식

② 장단점

장점	단점
• 개인의 능력 발휘 정도에 관심을 두므로 개인을 위주로 하는 개별적 평가이다. ⇨ 개별화 평가, 개별화 학습 • 능력의 발휘 정도에 대한 정보를 얻을 수 있으므로 평가의 교수적 기능을 촉진할 수 있다. ⇨ 평가의 교수적 기능 • 능력이 낮은 학생이라도 자신의 능력에 비추어 최선을 다하면 더 좋은 점수를 받을 수 있어 학습동기가 유발된다. • 능력이 탁월함에도 불구하고 노력이 많이 하지 않은 학생에게는 낮은 평가를 함으로써 경각심을 주어 최대한 노력을 이끌어 낼 수 있다.	• 능력지향평가를 실시하려면 능력을 정확히 측정해야 하는데, 능력을 정확하게 측정하기가 매우 어렵다(⇨ 학생의 능력수준을 막연히 짐작할 뿐 이를 정확하게 추정하기가 매우 어렵다). • 능력지향평가는 학습자의 능력이 변하지 않는다고 가정하고 있으나, 이 가정에도 오류가 있다. • 학생의 능력에 대한 정확한 정보가 없을 경우 평가자가 알고 있는 능력에만 국한하여 학생의 수행을 해석하게 되는 한계가 있다. • 학습과제에 관련된 필수적인 능력이 무엇인지 명확하게 규정할 수 없다.

(3) 노력지향평가(노력참조평가, effort-referenced evaluation) 22 중등論

① 개념 : 학생이 기울인 노력의 정도를 기준으로 얼마나 노력을 하였는가에 관심을 두는 평가

② 문제점

㉠ 이 방식으로 부여한 성적은 노력의 정도만 나타낼 뿐 성취도를 나타내지 못하므로 성적의 의미를 왜곡시킬 가능성이 있다(일반적으로 성적은 성취도를 나타낸다).

㉡ 따라서 노력지향평가를 할 경우 성취도와 노력에 대해 각각 별도의 성적을 주는 것이 합리적이다.

10 평가시기에 따른 유형

1 진단평가(diagnostic evaluation) – 투입(input)평가 93 초등, 02 초등, 06 중등, 12 초등

(1) 개념

① 일반적으로 교수·학습(수업) 전에 학생의 수준과 특성을 진단하기 위해 실시하는 평가

② 학습자의 특성에 적절한 교육내용과 교수전략을 투입함으로써 교수·학습의 효과를 극대화하기 위해 실시

(2) 기능(목적, 특징)

① 선수학습의 정도 진단 : 수업목표 달성에 필요한 선수학습의 정도를 확인

② 교과목표의 사전 성취수준 진단 : 앞으로 가르치려는 교과목표를 어느 정도 성취했는지 파악

③ 학습실패의 교육 외적 원인 진단 : 학생이 학습과정에서 계속적인 결함을 보일 경우

④ 학습자의 전반적 특성 확인 : 학생의 전반적 특성, 즉 지능, 적성, 흥미, 동기, 태도, 자아개념, 기초기능 등을 확인

(3) 효과적인 시행 전략

① 준거지향평가 활용 : 학습자의 선수학습의 정도나 교과목표의 사전 성취수준을 파악하기 위해

② 다양한 평가도구 활용 : 표준화 학력검사나 표준화 진단검사, 교사제작검사, 관찰법, 체크리스트 등

③ 종합적인 진단 : 인지적·정의적·심동적 영역도 진단하고, 신체적·심리적·환경적 요인도 확인

2 형성평가(formative evaluation) – 과정(process)평가

91 중등, 94 중등, 96 초등, 97 중등, 99~00 초등보수, 02 중등, 03 초등, 14 중등論, 16 중등論, 23 중등論

(1) 개념

① 교수・학습(수업) 진행 중에 학생들이 학습목표를 제대로 달성하고 있는지(학습내용을 얼마나 잘 이해하고 있는지) 수시로 점검하기 위해 실시하는 평가
② 수업 중 학생에게 피드백을 제공함으로써 학생의 학습을 촉진하고, 수업을 개선할 목적으로 실시

(2) 기능(목적, 특징)

① 학생의 학습활동 촉진 : 학생들에게 시기적절한 피드백을 수시로 제공
② 교사의 교수방법 개선 : 학습 진전 상황에 대한 정보를 수집・분석
③ 학생의 학습곤란 진단과 교정 : 학생의 학습 성공과 실패 등을 확인
④ 학생의 학습진행 속도 조절 : 교과내용이 분량이 많거나 일정한 앞뒤 관계에 의해 조직되어 있을 때 적절한 횟수로 평가를 실시

(3) 효과적인 시행전략 및 동기유발방안

① 준거지향평가 실시 : 학습목표 달성 정도를 수시로 점검하는 활동이므로
② 수시로 평가 실시 : 수시로 평가를 실시하여 학생의 능력이 향상되고 있음을 확인하도록 함
③ 적절한 피드백 제공 : 학생의 오류를 분명히 밝혀주고 그 오류를 교정할 수 있도록
④ 교정학습의 기회 제공 : 학생이 학습목표에 미달되었을 때에는 교정학습의 기회를 제공
⑤ 교사 제작 검사 실시 : 학생 상황과 수업전략을 가장 잘 알고 있는 수업담당 교사가 직접 평가문항을 제작하여 시행
⑥ 평가결과의 최종 성적에 미반영 : 학생에게 평가 부담을 줄여주면서 평가와 학습에 능동적으로 반응할 수 있도록

(4) 형성평가의 피드백 기능

① 학생의 학습 개선 : 피드백은 학생이 자신의 학습을 수정・개선하는 데 필요한 구체적인 정보를 제공
② 학생의 학습동기 유발 : 피드백이 보상 또는 강화의 기능을 함
③ 교사의 교수 개선 : 교사는 피드백을 통해 수업 개선에 필요한 정보를 얻을 수 있으므로

(5) 바람직한 피드백의 수행전략

① 학생에 대한 의견이 아니라, 학생이 수행한 과제(결과)에 대해 의견을 제공해야 한다.
② 결과 확인 형태보다 주어진 문제의 무엇, 어떻게, 왜에 대해 피드백을 주는 것이 좋다.
③ 학생의 잘못을 고치기에 적절하도록 구체적이며 적정량의 피드백을 주는 것이 좋다.
④ 너무 복잡한 피드백 대신에 간결한 형태로 피드백을 제공하는 것이 학생에게 더 도움이 된다.

⑤ 학생의 수행과 학습목표를 잘 연계하여 학생이 무엇을 학습해야 하는지에 대한 불확실성을 줄여주어야 한다.
⑥ 피드백은 반드시 학생이 과제를 수행한 후에 제공되어야 한다.

(6) **형성평가를 통한 진단**(성태제, 2014) – 학생의 학습을 정확히 진단하기 위한 자료수집 방법

① **관찰을 통한 진단** : 수업 도중 관찰을 통해 학생의 행동을 파악한다. 몸짓, 표정, 자세, 눈맞춤 등 비언어적 행동이나 목소리의 높낮이, 어조 등은 학생의 학습 정보를 얻을 수 있는 중요한 자료이다.
② **평가도구를 활용한 진단** : 시험, 질문, 퀴즈뿐만 아니라 스마트폰, 클리커(clicker), 응답카드 등 다양한 평가도구를 활용하여 학생의 학습수준을 진단한다.

(7) **형성평가를 통한 피드백**(성태제, 2014) – 수집된 정보(형성평가 결과)를 토대로 피드백 방법

① **교사의 교수방법 개선을 위한 피드백** : 형성평가 결과를 바탕으로 교수방법을 개선하고자 피드백할 때에는 학생의 특성 및 수준을 고려해야 한다.
㉠ **학습수준(성취수준)이 낮은 학생을 위한 대안적 교수방법** : 동료와의 공동수행 허락, 오픈 북 허용, 대표 답안이나 예 제공, 과제해결 단계마다 힌트나 답 제공, 능력에 따른 과제 수행시간 차별화 등
㉡ **학습수준(성취수준)이 높은 학생을 위한 대안적 교수방법** : 고난이도 과제 제시, 다양한 정답 요구, 사고의 연계성 요구, 다양한 관점 제시, 문항이나 과제 제작, 해설서 제작 등
② **학생의 학습향상을 위한 피드백** : 학생에게 어떤 종류의 피드백을 언제 제공해야 하는지는 학습목표와 학생의 특성(수준)에 따라 다르다.
㉠ **목표참조 피드백** : 학생에게 도전적이지만 달성 가능한 목표를 설정하고 이를 기준으로 피드백을 제공한다(학생의 능력에 따라 달리하는 목표). 너무 높은 목표는 실패, 사기 저하를 초래하며, 너무 낮은 목표는 효능감 향상에 도움을 주지 않는다.
㉡ **비계식 피드백** : 학생이 학습목표를 달성할 수 있도록 교사가 과제를 단계적으로 제시하거나 학생이 해결하기 어려워할 때 힌트나 관련 정보를 제공한다. 여기서 교사는 조력자 역할을 하는 것이 중요하다.
㉢ **자기참조 피드백** : 과거에 비해 얼마나 향상되었고 앞으로 어떻게 나아가야 할지에 대한 피드백을 제공한다. 자신의 약점을 개선할 수 있고, 노력과 관심도 함께 피드백으로 제공할 수 있으므로 학습동기 유발에 효과적이다.
㉣ **성취기준참조 피드백** : 해당 학년이 해당 학기에 달성해야 할 성취기준에 비추어 피드백을 제공한다. 이는 학생이 교수·학습과 평가를 연계할 수 있고 스스로 자기평가를 할 수 있게 한다.

(8) 형성평가의 도구 제작 시 고려할 사항

① **중요한 학습요소와 행동요소 모두 포함**: 형성평가는 학습목표의 달성 정도를 확인하기 위해 실시하는 만큼 학습단원 중 중요한 학습요소와 각각의 행동수준(행동목표)을 모두 포함하여 제작해야 한다.

② **다양한 형식의 문항 혼용**: 선다형과 서답형은 물론이며 쪽지시험, 퀴즈, 질문 등 다양한 형식의 문항을 적절히 혼용하여 각종 정보를 수집하도록 한다. 다만, 논문형 문항은 종합적 사고력을 요하기 때문에 총괄평가에 적합한 것으로 형성평가의 문항으로는 부적절하다.

③ **학습위계에 따른 문항 제작**: 학습단원을 하위단계로 분할하여 각 단계의 학습이 끝나면 형성평가를 실시하도록 한다. 하위단계의 문항에 정답을 맞히는 것이 상위단계의 문항을 학습하는 필요조건이 될 수 있도록 문항위계가 형성되어 있어야 한다.

④ **최소성취기준(minimum criterion)에 근거한 문항 출제**: 학습목표를 달성했는가의 여부를 판단할 수 있는 최소성취기준(minimum criterion, 교육목표)에 근거하여 문항을 출제한다.

3 총괄평가(summative evaluation) — 산출(output) · 성과(outcome)평가 04 초등, 06 중등

(1) 개념

① 일정한 교수 · 학습이 끝난 후에 교육목표의 달성 여부(성취수준)를 종합적으로 판정하는 평가

② 학생이 의도된 교육목표를 어느 정도 성취하였는지에 주된 관심이 있음

(2) 기능(목적, 특징)

① **학생의 학업성적 판정**: 학생의 학업성적을 판정하는 역할

② **학생의 미래 학업성적 예언**: 총괄평가의 결과는 다음 학습에서 학생의 성공 여부를 예언하는 데 중요한 역할

③ **집단 간의 학업성적 비교**: 총괄평가의 결과는 집단 간의 성적을 비교할 수 있는 정보를 제공

④ **학생의 자격 부여**: 학생이 어느 정도의 지식, 능력, 기능을 갖추고 있는지 평가함으로써 관련된 자격을 인정하는 데 사용

진단평가, 형성평가, 총괄평가의 비교

구분	평가의 유형		
	진단평가	형성평가	총괄(종합)평가
평가시기	교수-학습활동이 시작되기 전 또는 학습의 초기 단계에 학생의 수준과 특성을 확인하는 평가	교수-학습활동 진행 중 학생의 학습목표 도달도를 확인하는 평가	교수-학습활동이 끝난 후 학생의 학습성취도(교수목표 달성 여부)를 종합적으로 확인하는 평가
목적	학생의 특성 파악, 출발점행동 진단, 수업방법 선정	교수-학습 지도방법 개선	학업성취도(성적) 결정
기능	• 선행학습의 결손 진단 · 교정 • 출발점행동의 진단 • 학습 실패의 교육 외적/장기적 원인 파악 • 학생기초자료에 맞는 교수전략 구안 • 교수의 중복 회피	• 학습 진행 속도 조절 • 보상으로 학습동기 유발 • 학습 곤란의 진단 및 교정(학습 실패의 교육 내적/단기적 원인 파악) • 교수-학습 지도방법 개선	• 학생의 성적 판정 및 자격 부여 ⇨ 고부담 평가로 인식되기도 함 • 학생의 장래 학업성적 예언 • 집단 간 학업효과 비교 • 학습지도의 장기적 질 관리에 도움
대상	학습준비도(선행학습 및 기초 능력 전반)	수업의 일부	수업의 결과
방법(채점)	상대평가 + 절대평가	절대평가	일반적으로 절대평가(필요에 따라 상대평가)
평가 중점	• 지적 + 정의적 + 심리운동적 영역 • 신체적 · 심리적 · 환경적 요인	지적 영역	일반적으로 지적 + (교과에 따라 정의적 + 심리운동적 영역)
문항 난이도 (곤란도)	선수기능 및 능력의 진단 : 대부분 쉬운 문항으로 65% 이상의 난이도	미리 구체화할 수 없음	대체로 다양한 수준의 난이도를 갖는 문항의 표본, 미리 구체화할 수 없음(평균난이도 35~70%)
검사 형태	표준화 학력검사, 표준화 진단검사, 교사제작검사도구, 관찰법, 체크리스트	학습목적에 맞게 고안한 교사제작검사(예 쪽지시험, 구두 문답)	교사제작검사(예 중간고사, 학기말 검사, 종합평가 검사), 표준화 학력검사

11 평가방법에 따른 유형 – 수집된 자료의 특성과 분석방법에 따라

1 양적 평가

(1) 개념

① 수량화된 자료를 수집하여 통계적 분석을 통해 평가하는 방법

② 평가대상을 어떤 형태로든지 수량화하며, 평가결과는 대개 수치로 제시된다.

(2) 장단점

장점	단점
• 과학적이고 체계적이어서 신뢰성을 보장받을 수 있다. • 주관성을 배제하고 객관성을 확보할 수 있다. • 간결 · 명료하고 분명하다.	• 평가대상을 전체적으로 조망하거나 심층적으로 평가하지 못한다. • 결과중심의 평가에 관심을 기울인다.

2 질적 평가

(1) 개념

① 질적 자료를 수집하여 분석 · 이해 · 판단하는 평가방법

② 평가대상을 있는 그대로 기술하고 해석하며, 평가결과는 평가자의 주관적 판단에 의존하며 언어로 서술된다.

(2) 특징

① 전체적 관점(holistic view)을 갖는다. 어떤 현상을 구성요소로 분석하지 않고 전체로서 이해하고자 한다.

② 자연 상황적 탐구(natural inquiry)를 한다. 평가대상에 어떤 조작을 가하지 않고 있는 그대로 평가한다.

③ 귀납적(inductive) 방법을 사용한다. 개방적 태도로 개별적 자료를 수집하고 이를 분석 · 종합하여 의미를 찾아내고자 한다.

(3) 장단점

장점	단점
• 평가대상에 대해 전체적이며 종합적인 평가가 가능하다. • 결과뿐만 아니라 과정에도 관심을 기울인다.	• 평가자의 주관이 개입될 소지가 많고, 객관성을 확보하기 어렵다. • 평가결과를 일반화하기가 어렵다.

양적 평가와 질적 평가의 비교

구분	양적 평가	질적 평가
탐구방법	경험적 · 실증적 탐구	현상적 · 해석적 탐구
평가도구	신뢰도 강조 ⇨ 측정을 통한 수량화에 관심	타당도 강조 ⇨ 수집된 자료의 의미 이해에 관심
객관성 여부	객관성 강조 ⇨ 양적 정확성을 기하기 위해 주관성을 배제하고 객관성을 확보하고자 함	상호주관성 강조 ⇨ 필연적으로 가치판단이 개입되므로 다수가 공감할 수 있는 상호주관성과 상호주관적 이해를 강조함
평가목적	일반성 강조 ⇨ 법칙 발견을 위한 노력으로 일반성을 강조 ⇨ 더 큰 표집, 더 많은 연구사례, 연구대상과의 일정한 거리 유지, 자료의 수량화 등을 강조	특수성 강조 ⇨ 이해증진을 위한 노력으로 특수성 강조 ⇨ 평가대상이나 프로그램이 지니고 있는 독특성과 개인차를 중시
탐구논리	연역법 ⇨ 자료수집 전에 특정 이론적 틀에 근거하여 연역적으로 평가	귀납법 ⇨ 개방적 태도로 개별적 자료를 수집하고 이를 분석 · 종합하여 의미를 찾아냄
결과분석	통계분석	해석적 분석
부분과 전체	부분 중심 ⇨ 평가대상을 여러 구성요소로 분석하고자 노력 ⇨ 각 부분 간의 관계나 상호관련성에 대한 이해 어려움	전체 중심 ⇨ 구성요소로 분석하지 않고 있는 그대로 전체로서 이해하고자 노력
과정과 결과	결과 중심 ⇨ 결과평가가 관심의 대상이 됨	과정 중심 ⇨ 결과뿐만 아니라 그러한 결과에 도달하기까지의 과정평가에도 많은 관심을 기울임
자료수집방법	실험적 방법, 질문지 등	참여관찰, 심층면접

12 표준화 유무에 따른 유형

1 표준화검사(standardized test)

(1) 개념

① 전문가들이 제작하고 표준화된 절차에 따라 실시·채점·해석하는 검사

예 표준화 학력검사, 표준화 지능검사, 표준화 성격검사, 표준화 흥미검사 등

② 그래서 누가 언제 어디서 사용하더라도 동일한 방식으로 실시되고 해석된다.

(2) 특징

① 관계 분야의 전문가가 검사 목적에 따라 엄격한 절차를 거쳐 제작하고, 피검자가 일정한 방향으로 반응할 수 있도록 엄격하게 규정된 일련의 검사문항을 제시한다.

② 일정한 지시사항, 검사시간, 검사환경 등 표준화된 조건하에서 실시된다(실시·조건의 표준화).

③ 검사결과를 누구나 동일하게 해석할 수 있도록 표준화된 해석절차와 방법을 규정한다(해석의 표준화). 해석의 균일성을 유지하기 위해 백분위, 표준점수 등으로 나타낸다.

(3) 기능

① 진단 기능: 인간의 성격, 흥미, 지능 등을 진단할 수 있다. ⇨ 진단검사

② 예측 기능: 현재의 검사결과로 장래의 행동특성을 잠정적으로 추정할 수 있다.

③ 조사 기능: 검사를 이용해서 어떤 집단의 일반적 경향을 알아볼 수 있다.

예 학급이나 학교의 상태를 전국적인 경향과 비교한다든지, 지역차·민족차를 비교하는 경우

④ 개성 또는 적성의 발견: 개성이나 적성을 발견해서 거기에 맞는 지도와 적성 배치를 할 목적으로 검사를 이용하는 것이다. 예 군대에서 인원의 배치나 병과를 결정하는 데 적성검사·특수조사를 실시

⑤ 프로그램 평가 기능: 프로그램 평가에 대한 정보도 제공할 수 있다. 각종 프로그램의 효과를 평가하고 그 결과에 따라 정책 결정을 할 때 검사를 통해 좀 더 체계적인 자료를 얻을 수 있다.

(4) 유형

① 표준화 학력검사

② 표준화 지능검사

③ 표준화 적성검사

④ 표준화 흥미검사

⑤ 표준화 창의성검사

(5) 표준화검사 선정 · 실시 · 해석상의 유의사항(이은혜, 1995; 이정환, 박은혜, 1996)

① 표준화검사의 선택은 연구자의 목적과 대상에 알맞은 것이어야 한다.
② 신뢰도와 타당도가 높은 검사도구를 사용해야 한다.
③ 검사 실시상의 특별한 훈련이나 전문지식이 필요한지의 여부를 확인해야 한다.
④ 검사의 소요시간 및 비용이 적절한지를 고려해야 한다.
⑤ 검사 실시 장소는 조용해야 하며, 책상 간격, 실내 온도와 광선, 통풍 상태 등 물리적 조건이 점검되어야 한다.
⑥ 표준화된 검사절차를 준수해야 한다.

2 교사제작검사(teacher-made test)

① 교사가 비공식적으로 제작한 검사 예 교사가 출제한 중간 · 기말고사, 수업만족도 설문지, 교우관계 설문지 등
② 출제범위, 문항형식, 배점, 검사실시조건, 채점기준 및 방식이 교사마다 다르다.
③ 일반적으로 규준이 없고, 신뢰도나 타당도와 같은 정보를 제공하지 않으므로 검사의 질을 판단하기 어렵다.

표준화검사와 교사제작검사의 비교

구분	표준화검사	교사제작검사
제작자	전문가	교사
출제범위	모든 학생이 공통으로 학습한 내용	특정 학급에서 학습한 내용
문항	고정되어 있어 임의로 추가 · 삭제 · 수정 불가능	필요시 추가 · 삭제 · 수정 가능
실시 및 채점	전문가가 결정하며, 검사요강에 제시된 방식을 엄격히 준수해야 함	교사가 결정하며, 필요할 경우 조정할 수 있음
규준	전문가가 제작한 규준이 있음	규준이 없음, 교사가 학급 내에서 규준을 작성할 수는 있음
규준의 단위	지역단위, 국가단위	학급단위, 학교단위
검사의 질	신뢰도나 타당도와 같은 검사의 질을 판단할 수 있는 정보가 있음	교사가 검사의 질을 판단함
사용과 목적	개인의 상대적 서열뿐만 아니라 학교, 지역, 국가 간 비교 가능	개인의 상대적 서열에 초점 맞춤, 어떤 준거(목표)에 대한 성취 여부

13 수행평가(performance assessment)

1 개념

① 학생이 자신의 지식이나 기능을 산출물이나 행동 또는 답으로 나타내도록 요구하는 평가방식 ⇨ 지식과 기능을 실제 활용할 수 있는 능력에 대한 평가

② 교사가 학생이 학습과제를 수행하는 과정이나 결과를 보고, 그 학생의 지식이나 기능, 태도 등을 전문적으로 판단하는 평가방식

2 필요성

① 사고의 다양성과 창의성 신장을 위하여
② 인지하는 것과 동시에 적용하는 것을 파악하기 위하여
③ 의미 있는 학습활동이 이루어지기 위하여
④ 지속적인 평가와 교수-학습의 개선을 위하여
⑤ 교수-학습과 평가를 통합시키기 위하여

3 수행평가의 특징 98 중등, 99 초등보수 · 중등, 00 초 · 중등, 03~04 중등, 05 초등, 07 중등

① 전문적 · 주관적 평가
② 정답을 구성하거나 행동으로 나타내는 평가
③ 실제 상황에서의 수행능력평가
④ 종합적이고 전인적인 평가
⑤ 과정과 결과를 모두 중시하는 평가
⑥ 전체적이면서 지속적인 평가
⑦ 개인과 집단평가
⑧ 학생의 개별학습을 촉진하는 평가
⑨ 수업과 평가의 통합

4 수행평가의 유형 99 초등 · 초등보수, 01~02 중등

서술형 및 논술형 검사, 구술시험, 토론법, 실기시험, 실험 · 실습법, 면접법, 관찰법, 자기평가 및 동료평가 보고서법, 연구보고서법, 완성형, 포트폴리오법(portfolio)

5 수행평가(수행평가과제)가 갖추어야 할 조건

(1) 실제성

수행평가과제는 학생의 지식과 능력을 실제 상황에서 평가할 수 있도록 실제적이어야 한다.

(2) 다양한 학습성과

수행평가과제는 채점에 시간과 노력이 많이 소요되므로 다양한 학습성과를 평가할 수 있는 것이어야 한다.

(3) 공정성

수행평가과제는 성별이나 계층과 같은 학생의 배경특성에 따라 편향되지 않고 공정해야 한다.

(4) 채점 가능성

수행평가과제는 채점 가능해서 신뢰할 수 있고 정확하게 채점할 수 있어야 하며, 채점준거를 명시해야 한다.

6 수행평가의 고려사항

(1) 시간과 비용

수행평가는 전통적인 지필검사보다 검사의 개발 · 실시 · 채점에 시간과 노력이 많이 소요되므로 시간과 비용을 확보할 수 있어야 한다.

(2) 채점기준

수행평가는 다양한 평가방법으로 점수를 부여하므로 채점기준에 대한 전체적인 틀과 구체적인 채점기준을 마련해 놓아야 한다.

(3) 신뢰도

수행평가는 주관적 평가이므로 오차가 개입될 소지가 많으므로 신뢰도를 확보할 수 있도록 다수의 채점자 확보, 명확한 채점기준, 채점자 훈련 등이 요구된다. 또, 학생에 의한 자기평가, 동료에 의한 상호평가도 활용할 필요가 있다.

(4) 타당도

수행평가는 학생들의 능력과 기술을 직접 측정하므로 전통적 검사도구에 비해 타당도가 중시된다. 수행평가는 내용타당도와 결과타당도를 확보하는 일이 중요하다. 내용타당도를 확보하기 위해서는 수행과제가 교육목표 및 교육내용과의 관련성이 있어야 하고, 학생의 능력과 기술을 충분히 나타낼 수 있는 것이어야 한다. 또, 결과타당도를 확보하기 위해서는 수행평가를 실시하고 난 후에 원래 의도한 학생 행동 변화의 교육효과가 잘 나타나도록 시행하여야 한다.

7 수행평가의 장단점 09 초등

장점	단점
• **종합적 · 전인적 평가**: 수행평가는 학생의 인지적 영역뿐만 아니라 정의적 영역, 심동적 영역까지 모두 평가할 수 있는 종합적이며 전인적 평가이다. • **과정과 결과의 동시 평가**: 수행평가는 학생 자신의 지식과 기능을 이용하여 과제를 수행하는 과정과 그 결과를 평가하는 것이므로 수행과정과 결과를 모두 평가할 수 있다. • **학습동기와 흥미 유발**: 수행평가는 실제 상황에서 학생의 실생활과 밀접한 과제를 수행하도록 요구하므로 학습동기와 흥미를 유발할 수 있다. • **자기주도적 학습능력의 신장**: 수행평가는 학생들이 과제를 스스로 선택할 수 있고 수행과정과 결과에 대해 스스로 평가하며 자신의 학습을 개선할 수 있는 기회를 제공하므로 학생들의 자기주도적 학습능력을 신장시킬 수 있다. • **협동학습 유도**: 수행평가는 개인 평가뿐만 아니라 집단 평가도 중시하며 수행과제의 성격상 협동학습을 유도하므로 학생들의 협동과 배려, 의사소통능력 등 사회기술 능력을 함양하고 전인교육을 도모할 수 있다. • **고등사고능력 증진**: 수행평가는 실제적 과제 수행에서 정보의 탐색, 분석력, 종합력, 평가력과 같은 고등사고능력이 요구되므로 21세기 정보화 사회가 요구하는 고등정신능력의 증진에 도움을 준다.	• **평가도구 개발의 어려움**: 수행평가는 교과내용은 물론 학습자의 인지구조, 학습과제의 실생활 적용범위까지 고려해야 하므로 전통적 방법에 의한 평가문항의 개발보다 수행평가도구의 개발이 더 어렵다. • **시간과 노력이 많이 소요**: 수행평가는 평가도구 개발, 평가 실시, 채점(점수부여) 등에 이르기까지 매우 많은 시간과 노력이 소요된다. • **채점과 평가의 어려움**: 수행평가는 수행과정과 결과 모두 평가해야 하므로 평가항목이 많으며, 그 각 항목에 어느 정도의 점수를 부여해야 할지 채점과 평가에 어려움이 많다. • **신뢰도가 낮음**: 수행평가는 채점자의 주관이 개입될 소지가 많아 평가결과의 신뢰도가 낮고 불공정할 소지가 많다.

수행평가의 신뢰도 추정

1. 채점자(평가자) 내 신뢰도
2. 채점자(평가자) 간 신뢰도

Plus

수행평가의 평가방식: 채점규정[루브릭(rubric)]

1. **루브릭의 개념**: 루브릭은 학생들의 수행과정과 결과를 측정하기 위해 고안된 평가척도이다(Batzle, 1992).
2. **개발절차**: 채점준거 결정 → 수행수준을 구체적으로 명시한 표준기술 → 채점방식 결정
3. **루브릭의 장점(Wiggins, 1995)**
   ① 루브릭은 학생의 수행 특성을 여러 단계의 수준으로 세분화하여 제시해 주기 때문에 학생이 도달한 수행의 현재 상태를 진단하고, 발전의 가능성과 방향감을 제공해 준다.
   ② 루브릭은 학생이 목표에 맞추어 어떻게 학습해 나가야 하는지를 구체적으로 안내해 주므로 자기조절 학습태도를 증진시킨다.
   ③ 루브릭은 구체적인 채점기준을 제시해 주므로 기존 수행평가의 약점인 객관도와 신뢰도를 높여줄 수 있다.

8 포트폴리오(portfolio) 평가 99 초등 · 초등보수, 01~02 중등

(1) 개념

포트폴리오 평가는 지속적이면서도 체계적으로 모아 둔 개인별 작품집 혹은 서류철을 이용한 평가방법

(2) 포트폴리오 평가의 특징

조한무	권대훈
• 장시간에 걸친 학생의 성장과 학습의 성과를 표현한다. • 교수 · 학습목적에 의하여 만들어지며 교수 · 학습의 정리와 반성의 기회를 제공한다. • 학생들에게 구성방법 등을 정할 기회를 제공한다. • 학생들이 학습을 지배하고 몰두할 수 있는 기회를 제공한다. • 학생들에게 학습의 목표와 과정 · 결과를 점검하고 비교할 기회를 제공한다.	• 포트폴리오 평가는 수업과 평가를 유기적으로 관련짓는다. • 포트폴리오는 개별화 수업에 적절하다. • 포트폴리오는 작품 또는 성과물로 구성되므로 과정보다 성과를 평가하는 데 주안점을 둔다. • 포트폴리오 평가는 학생의 약점이 아니라 강점을 확인하는 데 주안점을 둔다. • 포트폴리오 평가는 평가과정에 학생을 적극적으로 참여시켜 스스로 강점과 약점을 평가하도록 한다. • 포트폴리오는 학생의 성취도를 다른 사람들에게 효과적으로 전달한다.

(3) 포트폴리오 평가의 장단점

장점	단점
• 수업과 평가가 연계: 포트폴리오 평가는 수업과 관련된 내용을 선정하여 스스로 수행하고 성취한 결과물을 평가하기 때문에 수업과 평가가 자연스런 상황에서 실제적으로 연계된다. • 성장과 발달과정의 파악: 포트폴리오는 장시간에 걸친 학생의 성장과 발달을 나타내므로 포트폴리오를 통해 학생의 성장과 발달과정을 자연스럽게 파악할 수 있다. • 자신의 강점과 약점의 파악: 포트폴리오의 수행과정에서 지속적인 자기평가가 이루어지므로 학생 스스로 자신의 강점과 약점을 평가할 수 있으며, 자기평가능력을 신장시킬 수 있다. • 자기주도적 학습능력의 신장: 포트폴리오를 위한 목적 설정부터 계획 작성, 내용(작품 선정), 점검 및 평가에 이르기까지 모두 학생에게 주어져 있으므로 학생의 자기주도적 학습 및 자기조절능력의 신장에 도움을 줄 수 있다.	• 시간과 노력이 많이 소요: 평가도구 개발, 채점기준표 작성, 평가 실시, 채점 등에 이르기까지 매우 많은 시간과 노력이 소요된다. • 채점과 평가의 어려움: 장시간에 걸친 포트폴리오를 모두 평가해야 하므로 평가항목이 많고, 그 각 항목에 어느 정도의 점수를 부여해야 할지 채점과 평가에 어려움이 많다. • 신뢰도가 낮음: 채점자의 주관이 개입될 소지가 많아 평가결과의 신뢰도가 낮고 불공정할 소지가 많다.

(4) 포트폴리오 평가방법

분석적 평가방법(analytic scoring)	총체적 평가방법(holistic scoring)
학생의 작품이 지니고 있는 여러 가지 특성이나 차원에 따라 각각 점수를 할당하는 방법(**분석적 채점**: 답안을 구성요소로 나눈 다음 구성요소별로 채점하여 합산하는 채점방식)	학생의 포트폴리오를 전체로서 이해하고 전반적인 것에 대해 점수를 부과하는 방법(**총체적 채점**: 답안의 전반적인 질을 전체적으로 판단하여 단일점수를 주는 채점방식)

Plus

과정 중심의 평가: 학생의 학습과 성장을 지원하는 과정 중심의 평가

1. 유형
   ① 형성평가: 형성평가는 교수·학습의 진행 과정에서 학생 및 교사 자신에게 수시로 피드백을 제공하여 교육과정 및 수업을 개선하기 위한 평가이다.
   ② 협력기반 수행평가: 2인 이상의 학생들이 서로 협력하여 수행하면서 그들의 지식과 기능을 산출물로 나타내도록 하는 평가이다.
   ③ 포트폴리오 평가: 포트폴리오는 일정 기간 동안 구체적인 목적에 따라 계획적으로 학생들의 수행 정도와 성취 정도, 그리고 향상 정도를 표현하는 산출물들의 축적이라고 할 수 있다.
   ④ 자기평가(자기성찰 평가): 자기평가(자기성찰 평가)는 학생 스스로 자신의 학습과정이나 수행수준을 모니터링하고 평가하는 활동을 총칭한다.
   ⑤ 동료평가(상호평가): 동료평가(상호평가)는 동료 학습자가 평가자가 되어 상대 학습자의 학습과정이나 결과물을 평가하는 것(동료끼리 서로의 학습에 대해 점검하는 평가)으로서, 이를 통해 서로 협력하고 함께 성장하는 경험을 키울 수 있다.
2. **자기평가가 학생에게 제공할 수 있는 장점** 21 중등論
   ① 자기성찰적 평가활동을 통해 자신의 인지수준이나 학습전략을 돌아보는 과정에서 메타인지를 향상시킬 수 있다.
   ② 학생이 스스로 학습목표를 세우고 학습달성에 대한 계획을 수립하고 스스로 점검해볼 수 있는 기회를 제공할 수 있다.

③ 학생의 자기성찰을 통한 학습과정의 일부로 인식하게 된다.
④ 학생이 스스로 자신의 수행결과를 평가하면서 학습과정을 이해할 수 있는 대안적 평가방식이다.
⑤ 학습에 대한 인지적 능력과 함께 학습동기 및 태도와 같은 정의적 능력을 통합적으로 개선할 수 있다.
⑥ 자신의 학습 및 평가를 통제함으로써, 보다 독립적으로 자신의 학습 및 발달을 관리할 수 있는 기회를 주는 등 궁극적으로 학생의 자기조절학습역량 개발에 유용하다.
⑦ 자기평가는 교사의 평가 부담을 분담하는 하나의 방법이 될 수 있다.

3. 자기평가방법을 학교 장면에서 적용할 때, 교사들이 겪을 수 있는 어려움

① 자기평가에 대한 학생대상 사전교육의 필요성과 평가준비를 위한 많은 시간 소모 가능성: 대체로 성취도가 낮거나 자기평가에 대한 경험이 낮은 학생들은 자신의 성취도를 과대추정하는 경향이 있다. 따라서 교사들은 자기평가 방법이 개별 학생들에게 익숙해질 수 있도록 충분한 교육을 제공해야 한다.
② 학생의 평가권 거부: 평가는 교사의 업무라고 생각하거나, 자신의 평가능력에 대한 자신감 부족으로 일부 학생들의 경우는 자기평가자의 역할을 거부할 수도 있다.
③ 평가결과의 신뢰성: 자기평가에 의한 평가결과와 기타 다른 평가방법(예 지필검사, 동료나 교사평가 등)의 평가결과가 일치하지 않을 때, 혼란이 야기될 수 있다.

4. 학생 자기평가 실시 원리

① 개별 학생들을 위한 교사의 지원과 훈련이 필요하며, 자기평가 경험이 없는 학생들에게는 자기평가에 대한 자료를 제공하고 적절한 교육을 실시해야 한다.
② 학습목표와 평가기준을 분명하게 설정하고, 학생들이 충분히 이해하고 내면화할 수 있도록 교사들은 충분한 설명과 예시를 제공해야 한다.
③ 학생들이 자기성찰을 통해 자신이 무엇을 알고, 무엇을 배웠는지 생각해볼 수 있는 기회를 제공해야 한다.
④ 학생의 반성, 학습태도, 학습전략, 학습내용 등으로 구성되지만 평가의 목적에 따라 자기평가의 내용이 달라질 수 있다.
⑤ 평가내용과 학생수준에 따라 구조화/비구조화된 평가지를 사용할 수 있다.

5. 동료평가(상호평가)의 장단점

① 장점
㉠ 자기주도적 학습 촉진: 동료평가는 학생들이 평가 과정의 주체로서 스스로 학습 과정에 적극적으로 참여하도록 유도하므로 자기주도적 학습을 촉진한다.
㉡ 책임감과 협력 증진: 동료평가를 통해 학생들은 서로에게 책임감을 느끼고, 서로 협력하고 함께 성장하는 경험을 키울 수 있다.
㉢ 자신의 학습 성찰과 개선: 여러 동료로부터 다양한 피드백을 받을 수 있어, 학생들은 다각적인 시각에서 자신의 학습을 성찰하며 개선할 수 있다.
㉣ 비판적 사고력 향상: 학생들이 동료의 학습을 평가하면서 비판적 사고와 분석 능력을 기를 수 있다.
㉤ 학습에 대한 긍정적 효과: 동료평가에서 학생들은 평가자와 피평가자로 활동하여 학습에 대한 긍정적 효과를 얻을 수 있다(동료평가는 학습자가 평가 과정의 주체가 되고, 학습 과정에 대한 평가를 수행한다는 측면에서 자기주도적 학습자가 되는 것으로 학습에 긍정적인 영향을 미친다./ 피드백 과정에서 동료 간 활발한 상호작용을 유도하여 학습에 도움을 준다.) / 동료 학습자의 학습 행동을 평가하여 학습에 대한 관심과 흥미가 높아지고 긍정적 학습태도를 기를 수 있다.
㉥ 평가에 대한 긍정적 태도: 평가에 대한 긍정적인 태도를 가질 가능성이 크며, 학급의 분위기가 협조적이고 우호적일 수 있다.
㉦ 교사의 업무 부담 경감: 동료평가는 교사의 입장에서 평가 업무에 대한 부담을 줄여주는 긍정적인 효과가 있다.

② 단점
㉠ 객관성 부족: 학생 간의 관계나 감정이 평가에 영향을 미칠 수 있어 객관적인 평가가 어려울 수 있다.
㉡ 전문성 부족: 모든 학생이 동일한 평가 능력을 가지고 있지 않기 때문에 평가 결과의 신뢰성이 떨어질 수 있다.
㉢ 경쟁과 갈등 심화: 동료평가가 학생 간의 불필요한 경쟁을 유발하거나, 오히려 갈등을 촉발할 수 있다.
㉣ 피드백의 질: 평가자가 피드백을 제공하는 데 익숙하지 않거나 비판을 꺼리는 경우, 피드백의 질이 낮거나 유용하지 않은 피드백을 줄 수 있다.

14 성취평가제

1 의미

① 국가 교육과정에 근거하여 개발된 교과목별 성취기준과 성취수준에 따라 학생의 학업성취 수준을 평가하는 준거지향평가를 가리킨다.

② 성취평가제 도입은 학생들 간 상대적 서열 중심의 규준참조평가에서, 학생들이 성취해야 할 목표 중심의 준거참조평가로의 전환을 의미한다.

2 성취평가(준거참조평가)의 특징

① 미리 선정된 수행준거에 따라 평가하고 그 결과를 해석한다.

② 학생이 무엇을 알고 무엇을 할 수 있는지에 대한 정보를 제공해 준다.

③ 내용과 과정에 대한 심층적 분석으로 교수-학습 개선이 용이하다.

3 성취평가와 상대평가의 비교

구분	성취평가(준거참조평가)	상대평가(규준참조평가)
평가방식	사전에 잘 정의된 준거에 비추어 특정 영역의 성취 여부나 정도에 따라 평가	개인이 얻은 점수를 비교집단의 규준에 맞추어 상대적인 서열에 의해 판단하는 평가
목적	학생이 무엇을 알고 무엇을 할 수 있는지에 대한 정보 제공	개인차 변별 및 상대적인 위치 파악
비교 대상	준거와 수행	개인과 개인
점수 기록	A-B-C-D-E 등	석차 9등급, 과목별 석차
장단점	• 내용과 과정에 대한 심층적 분석으로 교수·학습 개선 용이 • 협동학습 분위기 조성 • 탐구정신의 발휘와 지적 성취 유발 통한 창의·인성 위한 수업방식 활성화 • 경쟁을 통한 외적 동기유발 부족	• 상호경쟁으로 발전 유도 • 학습결과 중심으로 평가함에 따라 학습 촉진 곤란 및 교수·학습이론 부적절 • 집단 내 지나친 배타적 경쟁 유발하여 인성교육에 부적절 • 학생들 간의 협동학습 통한 나눔과 배려의 학습경험 저해 • 교육의 질적 수준 분석이 어려움

4 성취평가의 기록 방식

① 교과와 과목의 특성에 따라 성취수준을 A-B-C-D-E, A-B-C, P 등으로 구분하여, 학교생활기록부의 '성취도'란에 입력한다.

② 석차 등급 또는 석차 등 서열 정보는 중·고등학교 모두 삭제되고, 원점수/과목평균(표준편차)을 성취도(수강자 수)와 함께 입력한다.

15 기타 평가 유형

1 정적 평가(static assessment)와 역동적 평가(dynamic assessment)

정적 평가	• 전통적 평가(실제적 발달 수준의 평가, 혼자 수행하는 평가)로서, 학생의 완료된 발달 정도를 평가하는 것 ⇨ 피아제(Piaget) 이론에 기초 • 평가자(교사)와 학생 간의 표준적인 상호작용을 제외하고는 거의 상호작용 없이 이루어지는 평가
역동적 평가	• 평가자(교사)와 학생 간의 역동적 상호작용을 중시하는 평가 ⇨ 비고츠키(Vygotsky)의 '근접발달 영역(ZPD)'이론에 기초하여 전개된 평가 • 역동적 평가에서는 명시적 또는 묵시적으로 힌트와 피드백을 제공하면서(비계설정) 미래에 나타날 발달 가능성(잠재적 능력)을 평가한다. • 역동적 평가의 예 – 표준적 접근 : 학생이 정확한 문제해결에 이르지 못했을 때 가장 일반적인 힌트로부터 매우 구체적인 힌트에 이르기까지 점진적인 연속성을 지닌 힌트를 제시하면서 학생이 문제를 정확히 해결하기까지 어느 정도의 힌트를 필요로 하는지를 평가하는 것 – 임상적 접근 : 문제해결의 과정에서 학생의 동기·인지양식·인지기능·인지전략 등을 관찰하고 이를 조정함으로써, 문제해결이 가능하도록 이끌어주면서 학생의 수행을 평가하는 것

고정적 평가와 역동적 평가

구분	고정적 평가(Piaget)	역동적 평가(Vygotsky)
평가목적	교육목표 달성도 평가	향상도 평가
평가내용	학습결과 중시	학습결과 및 학습과정 중시
평가방법	• 정답한 반응 수 중시 • 일회적·부분적 평가	• 응답의 과정이나 이유도 중시 • 지속적·종합적 평가(준거지향평가)
평가상황	• 획일적이고 표준화된 상황 • 탈맥락적인 상황	• 다양하고 융통성 있는 상황 • 맥락적인 상황
평가시기	특정 시점(주로 도착점행동)	출발점 및 도착점을 포함한 교수-학습 전 과정
평가결과 활용	선발·분류·배치	학습활동 개선 및 교육적 지도·조언
교수-학습활동	교수-학습과 평가활동 분리	교수-학습과 평가활동 통합

2 정의적 특성의 평가

(1) 개념

학습자의 태도, 자아개념, 학습동기, 자기효능감, 대인관계, 성격, 도덕성 등 정의적 특성을 평가하는 것을 말한다. 정의적 특성의 평가는 인간으로서의 학생에게 관심을 가지고, 그들의 성질을 이해하고 돕고자 하는 것이 주된 목적이다.

(2) 중요성(필요성)

① **전인교육의 이상 실현**: 정의적 특성은 학생의 전인적 발달을 꾀하는 핵심적 구성요소의 하나로서 전인교육의 이상을 실현할 수 있는 중요한 교육적 영역이다.

② **학업성취의 중요한 요인**: 정의적 특성은 학습의 촉진제 역할을 수행하므로 지적 학업성취의 성공과 실패를 결정짓는 중요한 요인으로 작용한다.

③ **교육프로그램의 개선**: 정의적 영역의 평가는 교육과정과 교수방법 등 교육프로그램의 개선에 중요한 정보를 제공해 준다.

④ **학생지도의 중요한 역할**: 정의적 영역의 평가는 학생의 학습을 진단하고 도와주며, 문제행동을 교정하고 치료하는 데 중요한 역할을 한다.

(3) 정의적 평가의 방향

정의적 특성의 평가는 학습자의 정의적 특성의 강점과 약점을 파악하여 이를 바람직한 방향으로 성장시킬 수 있도록 피드백을 제공하는 데 초점을 두어야 한다.

(4) 정의적 특성의 평가방법

관찰법	• 개념: 학생의 행동을 관찰하고 해석하여 학생의 정의적 특성을 평가하는 방법 • 관찰 시 유의점 – 우발된 관찰이 아니라 계획된 관찰이어야 한다. – 객관적인 태도로 관찰에 임해야 하며, 타당도, 신뢰도, 객관도가 높아야 한다. – 관찰결과는 반드시 기록되고 분석되어야 한다. 사전에 기록방법(예 일화기록법, 체크리스트, 평정기록법 등)을 치밀하게 정해 놓아야 한다. • 관찰결과의 기록방법 – **일화기록**: 학생의 특성을 이해하기 위해 자연스러운 장면에서 유의미한 행동사례를 구체적으로 기록하는 방법 – **체크리스트**: 관찰하려는 행동이나 특성을 열거한 목록(list)을 보고 행동이나 특성의 존재 여부를 체크하도록 하는 방법 – **평정척도**: 행동이나 특성의 정도·수준·빈도를 평가할 수 있는 방법 예 숫자평정척도, 도식평정척도, 기술식 평정척도
면접법	• 개념: 언어적 상호작용을 매개로 학생으로부터 정보를 수집하는 방법 • 유형: 직접 대면 여부에 따라 면대면 면접, 전화면접, 화상면접이 있고, 피면접자의 수의 따라 개별면접, 집단면접이 있으며, 면접의 구조화 정도에 따라 구조화된 면접, 비구조화된 면접, 반구조화된 면접이 있다.

자기보고법	• 개념 : 자신의 감정 · 태도 · 신념 · 가치 · 신체상태를 스스로 표현하거나 기술하도록 하는 방법 • 유형 – 질문지 : 일련의 질문에 응답하도록 하는 자기보고식 방법 예 개방형, 선택형 – 척도법 i) 리커트(Likert) 척도 19 중등論 : 모든 진술문에 반응하도록 한 다음 모든 진술문의 평정점수를 합산하여 정의적 특성 점수로 간주하는 종합평정법(연속선상의 양극단에 해당하는 긍정–부정의 진술문으로 구성 ⇨ 종합평정법). 특정 대상에 대해 긍정적 태도를 나타내는 긍정적 진술문과 부정적 태도를 나타내는 부정적 진술문으로 구성되며, 중립적 진술문은 포함하지 않는다. ii) 의미변별척도 : 연속선상의 양극단에 해당하는 형용사쌍의 진술문으로 구성하는 방법
사회성 측정법	• 개념 : 학생이 자기 동료에게 어떻게 수용되고 있는가를 평가하는 방법 • 교육적 가치 – 개인의 사회적 적응력을 향상할 수 있다. – 학교 또는 학급 내에 존재하는 비형식적 여러 집단을 파악하여 집단의 사회적 구조를 개선하는 데 도움을 준다. – 집단을 새로이 조직하거나 재조직(예 좌석배치, 위원회 조직, 모둠편성 등)하는 데 도움을 준다. – 특수한 교육문제(예 집단 따돌림, 왕따 등)의 해결에 이용할 수 있다.

(5) 관찰과 면접을 활용할 때 발생할 수 있는 평가(평정)의 오류

집중경향의 오류, 인상의 오류, 논리적 오류, 대비의 오류, 근접의 오류, 무관심의 오류, 의도적 오류, 표준의 오류

(6) 정의적 영역의 평가 시 고려사항

① 행동이 발생하는 환경적 조건과 결부시켜 평가되어야 한다.

② 행동특성의 이해는 단일한 환경조건이나 우연적 상황에 의존해서는 안 된다.

③ 행동의 평가는, 바람직한 행동은 발전시키고 잘못된 행동은 수정함을 전제로 진행한다.

④ 행동특성에 대해 미리부터 가치개념과 척도를 전제해서는 안 된다.

⑤ 평가영역에 따라 적절한 평가방법을 선택하여야 한다.

3 창의 · 인성 교육을 위한 평가방안

(1) 수행평가의 내실화

수행평가과제는 정답이 하나로 정해져 있지 않은 비구조적인 실제적 과제이므로 이를 협력적으로 해결하는 과정에서 창의성과 인성을 신장시킬 수 있다.

(2) 실생활과 연계한 평가

실생활과 연계한 평가를 실시하면 지식정보처리 역량, 창의적 사고 역량, 의사소통 역량 등이 요구되므로 창의성과 바른 인성을 증진할 수 있다.

(3) 수업과 연계한 평가

수업 중간에 학생의 성취수준을 점검하기 위한 평가를 실시하면 평가가 학습의 연장이 되며, 평가 과정에서도 학습이 이루어질 수 있다.

(4) 형성평가의 활용

형성평가를 통해 학생의 성취수준과 강·약점, 학습결손 및 오류 등에 대해 구체적인 피드백을 제공하면 올바른 학습태도와 창의적이며 자율적인 사고역량 형성에 이바지할 수 있다.

4 메타평가(meta evaluation) 00 교대편입, 12 초등

(1) 개념

평가에 대한 평가(evaluation about evaluation), 평가의 평가(evaluation of evaluation)를 의미하며, 평가의 질적 수준을 향상시킬 목적으로 실시한다.

(2) 유형

① **진단적 메타평가** : 평가가 실시되기 전 단계에서 이루어지는 평가이다. 평가를 어떻게 준비하고 계획했는가를 평가 관련 변인들과의 관련성을 중시하면서 평가해 보는 것이다.

② **형성적 메타평가** : 평가를 실시하는 과정에서 이루어지는 평가이다. 평가의 실행과정에서 평가자에게 피드백을 제공함으로써 평가활동을 개선하는 데 목적을 둔다.

③ **총괄적 메타평가** : 평가활동이 종료된 후 그 평가의 가치와 장단점을 총체적으로 판단하는 평가이다. 관련 당사자들에게 평가의 질에 대한 정보를 제공하기 위한 목적으로 실시한다.

(3) 메타평가의 기능

① 의사결정을 내리는 데 유용하다.

② 평가과정에서 지켜야 할 윤리가 준수될 수 있다.

③ 평가에 사용된 이론과 기술이 적합한지 판단할 수 있다.

④ 관련정보 또는 자원을 사용할 때 실용성을 높일 수 있다.

(4) 평가에 대한 판단기준

① **실현성(feasibility)** : 평가가 실현 가능하였는지 여부

② **실용성(utility)** : 평가가 실제로 필요하였는지 여부(평가의 필요성에 얼마나 부합하였는지)

③ **적합성(propriety)** : 평가가 도덕적으로 적합하게 실시되었는지 여부(도덕적으로 실시되었는지)

④ **정확성(accuracy)** : 정확한 정보를 전달하였는지 여부(정확하게 실시되었는지)

5 컴퓨터화 검사(Computerized Testing)

(1) 컴퓨터 이용검사(CBT : Computer Based Testing)

① 개념

㉠ 컴퓨터를 이용하여 실시하는 지필검사이다.

㉡ 컴퓨터의 신속하고 정확한 자료처리능력을 이용하여 검사 답안지를 채점하거나 그 결과를 분석하여 해석하는 데 활용하는 방식이다.

㉢ CBT를 실시하기 위해서는 기본적으로 검사에 필요한 컴퓨터 하드웨어 및 소프트웨어를 갖추고 있어야 하며, 실시하고자 하는 검사와 관련된 문제은행이 사전에 구축되어 있어야 한다. 또한 피험자는 컴퓨터 문해력(computer literacy)을 갖추고 있어야 한다.

② 장점

㉠ 응답결과나 검사결과에 대한 즉각적인 피드백이 이루어지기 때문에, 학습능력에 대한 신속한 진단이나 교정이 용이하다(학습능력 향상을 촉진할 수 있다). 또한 채점과 결과 통보에 걸리는 인력과 시간, 경비를 절약할 수 있다.

㉡ 사진, 동영상, 음성, 그래프 등 다양한 형태의 문항을 제시하여 지금까지 지필검사로는 측정하지 못했던 능력들을 측정할 수 있다.

㉢ 컴퓨터만 있으면 시기와 장소를 불문하고 언제, 어디서든지 검사를 실시할 수 있다.

㉣ 문항과 피험자에 대한 다양한 정보가 지속적으로 제공, 저장, 관리되기 때문에 문항의 적절성을 평가하거나 학습자의 능력을 정확하게 파악하는 데에도 유용한 정보를 제공해 줄 수 있다. 지필검사에서는 피험자의 응답 자료만을 얻을 수 있지만, CBT에서는 피험자의 응답결과뿐만 아니라 학생의 전체 검사 소요시간 및 문항별 응답시간, 문항의 재검토나 수정 여부 등 피험자와 관련된 다양한 정보들이 제공되므로 피험자의 능력에 대한 정확한 추정이 가능하다.

㉤ 지필검사보다 인쇄, 시험감독, 채점 등 전체적인 평가 시스템을 관리하기가 훨씬 간편하며, 검사 내용에 대한 비밀보장도 용이하다.

㉥ 실시상의 어려움이 따르던 수행평가도 컴퓨터를 이용한 모의실험(simulation)을 통하여 다양하고 편리한 방법으로 실시할 수 있다. 예컨대, 환자의 증상을 컴퓨터로 보고 그 증상에 대한 진단과 치료 방법을 서술하기, 키보드나 마우스와 같은 컴퓨터의 입력장치를 치료도구로 하여 환부의 치료를 시행하기 등이 가능하다.

㉦ 제시문을 읽지 못하는 시각장애자나 유아에게도 음성을 이용하여 검사를 실시할 수 있는 등 장애 정도에 따라 적절한 평가환경을 제공하는 것이 가능하다.

③ 한계

㉠ 지필검사와의 동등성이 완전히 검증되지 않았다. 특정 문항의 경우에는 양식효과(mode effect)가 있을 수 있다.

✦양식효과 지필이나 컴퓨터와 같이 검사를 제시하는 방식이 검사 자체에 미치는 영향을 의미한다.

㉡ 컴퓨터의 조작 능력이 검사 결과에 영향을 미칠 수 있으며, 이에 따라 새로운 측정오차가 발생할 수 있다.

㉢ 컴퓨터의 시스템이 시행 가능한 문항의 형태를 제한하는 경우가 있으며, 교과에 따라 적합하지 않을 수도 있다. 예를 들어, 복잡한 계산 과정이 요구되는 문항이나 집중적인 독해를 요구하는 문항은 컴퓨터로 제시할 경우 가시성이 떨어질 수 있다.

(2) 컴퓨터 능력적응검사(CAT: Computer Adaptive Testing) 24 중등論

① 개념

㉠ 컴퓨터를 이용하여 피험자의 능력수준에 맞는 문항이 자동으로 출제되는 방식의 검사이다. 즉, 모든 피험자에게 동일한 검사를 실시하는 것이 아니라, 사전에 만들어진 문제은행으로부터 개별 피험자의 능력에 맞는 문항을 제시하여 문항을 맞히면 더 어려운 문항을, 틀리면 더 쉬운 문항을 제시하여 피험자의 응답결과에 적응하는 방식으로 실시하는 검사이다.

㉡ 문항반응이론과 컴퓨터공학이 서로 긴밀하게 연결되면서 발전된 하나의 검사방법이다. 컴퓨터의 연산기능을 충분히 활용하는 CAT는 되도록 짧은 시간 내에 적은 수의 평가문항을 사용하면서도 학습자의 능력에 대한 측정오차가 최소가 되도록 정확하게 측정할 수 있으며, 필요에 따라 측정오차의 크기나 검사의 길이 그리고 검사의 신뢰도 등과 같은 변인들을 개별적으로 조정할 수 있다.

② 특징

㉠ **능력수준을 고려한 검사**: 모든 피험자에게 동일한 문항을 제시하는 것이 아니라 피험자의 능력수준에 따라 각기 다른 문항이 제시된다.

㉡ **개별적인 검사**: CAT의 실현을 위해서는 즉각적인 채점과 다음 문항 선택을 위한 컴퓨터의 빠른 실시간 계산능력이 필수적이며, 이를 통해서 피험자 능력수준에 적합한 보다 효율적이고 개별적인 검사가 가능하다.

③ 장점

㉠ **정확하고 공정한 검사**: 피험자 개인의 능력 수준에 맞는 문제가 자동 출제되므로 피험자의 능력을 정확하게 측정할 수 있다.

㉡ **측정 오차 감소**: 피험자의 능력에 맞는 문제를 제시함으로써 동기를 유발하고 사기를 진작시켜, 검사 상황에서 유발되는 측정오차를 감소시킬 수 있다.

㉢ **검사 시간 단축**: 피험자의 능력 수준에 적합한 효율적인 검사이므로 검사 시간을 단축할 수 있으며, 검사 실시에 따르는 경비절감에도 기여한다.

㉣ **부정행위 방지**: 개인마다 다른 형태의 검사를 시행함으로써 검사 도중에 발생하는 부정행위를 방지할 수 있다.

㉤ **정보 유출 최소화**: 검사문항 내용에 대한 정보 유출의 가능성을 최소화할 수 있다.

㉥ **개별 평가 가능**: CAT 도입으로 인해 개인의 학습능력이나 진도에 따른 개별 평가가 가능해졌다는 점도 컴퓨터 이용검사의 장점이 될 수 있다.

④ 문제점

㉠ **비전공자 활용상 어려움** : CAT의 기본원리가 되는 이론적 배경이 수학과 통계학에서 시작되었기 때문에 일반 실무자들이나 비전공자들이 접하기가 어려워서 쉽게 활용할 수 없다.

㉡ **좋은 CAT 모형 판단 어려움** : 현재 연구된 CAT 모형들이 아주 다양해서 어떤 모형이 좋은지 현장의 교사와 활용자들이 구별하여 사용하기 힘들다.

㉢ **장시간 체계적인 연구가 요구됨** : 문항반응이론에 의하여 출제 문항의 모수들을 계량해야 하는 CAT 모형은 사전에 많은 양의 데이터를 모으고 분석하여 정리할 것을 요구하고 있어 장시간 체계적인 연구를 할 수 없는 일반 실무자들의 경우에는 활용의 제한이 많다.

㉣ **실제 개발에 많은 제한이 존재함** : 대부분의 CAT 모형이 구체적으로 어떻게 검사를 개발해야 하며 컴퓨터 프로그램으로 어떻게 구현해야 되는지에 대한 지침을 제공하지 못하고 있으므로, 설계를 위해 표준화된 자료의 부족으로 실제 개발에 많은 제한이 있다.

04

16 평가도구의 양호도

1 타당도(validity) 91 중등, 93 중등, 96~00 중등, 99~00 초등보수, 03~04 초등, 04 중등, 06~08 초등, 07 중등, 11 중등, 17 중등論, 23 중등論

(1) 개념

'무엇(what)'을 재고 있느냐의 문제이다. 검사가 본래 재고자 하는 것을 얼마나 충실하게 측정하고 있는가의 정도를 말한다. ⇨ 검사대상(what)의 충실성 · 정직성

(2) 종류

내용타당도		• 내용의 충실성 정도 ⇨ 평가하려는 내용, 즉 교육목표를 얼마나 충실히 측정하고 있는가와 관련된 타당도 ⇨ 표집타당도, 주관적 타당도 • '이원목표 분류표'를 활용 • **내용타당도를 높이는 방법** – '이원목표 분류표'를 사용하여 교육목표를 세분화하고, 그에 따라 문항이 제작되었는지를 확인함 – 전체 내용(전집, population)을 잘 대표할 수 있도록 표집하여, 검사가 측정하고자 하는 내용을 골고루 측정함
준거 타당도	공인 타당도	• 현 시점에서 관련된 두 검사와의 일치(공인) 정도 ⇨ 새로이 제작된 검사도구로 기존의 검사도구를 대체하고자 할 때 사용 • 상관계수(correlation coefficients)로 나타냄
	예언 타당도	• 미래의 행동특성을 예언하는 정도 • 회귀분석을 주로 활용
구인타당도		• 조작적으로 정의한 구인(construct)을 재는 충실성의 정도 • 요인분석, 상관계수법, 실험설계법 등을 사용
결과타당도		• 검사결과의 교육효과 달성 정도 • 검사나 평가를 실시하고 난 결과에 대한 가치판단

2 신뢰도(reliability) 91 중등, 99 초등 · 초등추시, 00 초등, 01 중등, 02 초등, 03 중등, 05 중등, 10 초등, 19 중등論

(1) 개념

'어떻게'(how) 재고 있느냐의 문제이다. 검사가 얼마나 오차 없이 정확하게 측정하고 있는가의 정도를 말한다. ⇨ 검사점수의 일관성 · 안정성

(2) 신뢰도 추정방법

<table>
<tr><td>재검사 신뢰도</td><td colspan="2">한 검사를 같은 집단에 시간적 간격(예 2주 내지 4주)을 두고 두 번 실시하여 그 전후(前後) 검사의 결과에서 얻은 점수를 기초로 상관계수를 산출하는 방법</td></tr>
<tr><td>동형검사 신뢰도</td><td colspan="2">검사문항의 내용은 다르지만 동일한 능력을 측정하는 2개의 동형검사를 미리 제작하여 같은 집단에 두 번 실시하여 상관계수를 산출하는 방법</td></tr>
<tr><td rowspan="5">반분 신뢰도</td><td colspan="2">1개의 검사를 어떤 대상에게 실시한 후 이를 적절히 두 부분으로 나누어서 독립된 검사로 취급하여 이들의 상관계수를 산출하는 방법</td></tr>
<tr><td>기우법</td><td>홀수 문항과 짝수 문항으로 나누는 방법 ⇨ 속도검사에는 신뢰도가 과대추정되는 경향이 있음</td></tr>
<tr><td>전후법</td><td>전체 검사를 문항 순서에 따라 전과 후로 나누는 방법 ⇨ 속도검사에는 사용하지 말아야 함</td></tr>
<tr><td>단순무작위법</td><td>무작위로(random) 분할하는 방법</td></tr>
<tr><td>문항특성법</td><td>문항특성(문항난이도와 문항변별도)에 의하여 나누는 방법 ⇨ 가장 바람직한 방법</td></tr>
<tr><td>문항 내적 합치도</td><td colspan="2">검사 속의 문항을 각각 독립된 1개의 검사 단위로 생각하고 그 합치성 · 동질성 · 일치성을 종합하여 상관계수로 나타내는 방법</td></tr>
</table>

(3) 신뢰도에 영향을 주는 요인

검사에 관련된 요인	• 검사의 길이(문항 수) : 검사의 길이가 증가함에 따라 신뢰도가 높다. 문항의 수가 늘어남에 따라 신뢰도가 높아진다(단, 문항의 질이 동등하게 유지되어야 함). • 문항표집의 적부성 : 학습한 내용 중에서 골고루 출제될 때 신뢰도가 높다. • 문항의 동질성 : 검사문항이 동질적일 때 신뢰도가 높다. • 검사내용의 범위 : 시험범위가 좁을수록 문항의 동질성이 유지되므로 신뢰도가 높다. • 문항난이도 : 문항난이도가 적절할수록(30~80%) 신뢰도가 높다(50%일 때 신뢰도는 +1). • 문항변별도 : 문항변별도가 높을 때 신뢰도가 높다. • 가능점수 범위 : 반응점수 범위(상이한 점수가 나올 수 있는 범위)가 클수록, 답지 수(선택문항 수)가 많을수록 신뢰도가 높다.
검사집단(혹은 치른 집단)에 관련된 요인	• 집단의 동질성 : 동질집단은 이질집단보다 신뢰도가 낮다. • 검사요령 : 모든 학생들이 일정 수준 이상으로 검사요령을 숙지하고 있을 때 신뢰도에 도움이 된다. 즉 검사요령을 터득하고 있을 때 신뢰도가 높다. • 동기유발 : 모든 학생들이 일정 정도의 성취동기를 가지고 검사를 치를 때 신뢰도에 도움이 된다.
검사 실시와 관련된 요인	• 시간의 안정성 : 시간의 변화에 따라 검사 점수가 달라진다. 검사시간이 충분히 주어져야 한다. • 부정행위 : 부정행위의 유발은 신뢰도를 떨어뜨린다.

신뢰도와 타당도의 관계

- 타당도는 측정하려는 것을 얼마나 충실하게 측정하고 있는가와 관계가 있다.
- 신뢰도는 무엇을 측정하든 측정의 정확성과 관계가 있다.
- 신뢰도는 타당도의 필요조건이지 충분조건은 아니며, 타당도는 신뢰도의 충분조건이다.
  - 타당도가 높으면 신뢰도도 높으나, 신뢰도가 높다고 타당도가 높은 것은 아니다.
  - 타당도가 낮아도 신뢰도는 높을 수 있으나, 신뢰도가 낮으면 타당도도 낮다.
  - 높은 신뢰도는 높은 타당도의 선행조건이다. 신뢰도는 타당도의 중요한 선행요건으로서 타당도가 높기 위해서는 신뢰도가 높아야 한다.

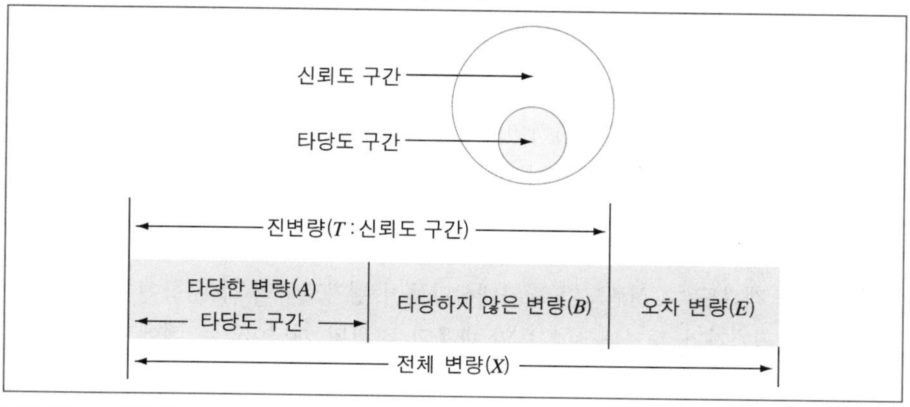

- 전체 변량(X) = 진변량(T) + 오차 변량(E)
- 신뢰도 계수(R) = $\frac{T}{X} = \frac{A+B}{X}$
- 타당도 계수(V) = $\frac{A}{X}$

⑷ 신뢰도를 높이는 방법

① 시험의 문항 수를 많이 출제한다.

② 객관식 문제에서 답지 수(선택문항 수)를 많이 한다.

③ 학습내용 중에서 골고루 출제한다.

④ 검사문항을 동질적으로 구성한다.

⑤ 문항난이도를 적절하게(50% 내외) 유지한다.

⑥ 문항변별도를 높인다. 문항이 공부를 잘하는 학생과 못하는 학생을 구분할 수 있어야 한다.

⑦ 시험을 실시하는 상황이 적합해야 한다. 시험문항의 지시문이나 설명이 명확해야 하고, 부정행위 방지 및 시험환경의 부적절성으로 인한 오답 가능성을 배제해야 한다.

⑧ 객관적인 채점방법(예 컴퓨터 채점)을 사용한다.

⑨ 시험시간이 충분히 주어져야 한다(∵ 문항반응의 안정성이 보장되어야 하기 때문에). 신뢰도는 속도검사에는 적용되지 못한다.

⑩ 시험범위가 좁아야 한다(∵ 문항의 동질성이 커지기 때문에).

⑪ 집단의 점수분포의 변산도, 즉 표준편차가 커야 한다(∵ 능력의 범위가 넓으면 전체 점수 변량에 대한 진점수 변량 부분이 상대적으로 커지기 때문에).

3 객관도(objectivity) 95 중등, 02 초등

(1) 개념

채점자(평정자) 신뢰도로서, 채점자가 주관적인 편견을 얼마나 배제하였느냐의 문제 ⇨ 채점의 일관성

① **채점자 내 신뢰도 :** 한 채점자가 모든 측정대상을 계속해서 일관성 있게 측정하였느냐의 문제. 동일한 평가자가 얼마나 일관성 있게 평가하는지의 문제

예 어떤 교사가 특정 학생의 논술형 검사를 채점할 경우 처음 채점한 점수와 어느 정도 시간이 경과한 후 채점한 결과가 다르다면 채점자 내 신뢰도가 낮다.

② **채점자 간 신뢰도 :** 여러 채점자들이 얼마나 일치되게 채점하였느냐의 문제. 한 채점자가 다른 채점자와 얼마나 유사하게 평가하였느냐의 문제. 평가자 사이에서의 유사성을 의미

예 여러 명의 교사가 특정 학생의 논술형 검사를 채점할 경우에 서로의 채점결과가 크게 다르다면 채점자 간 신뢰도가 낮다.

(2) 신뢰도와 객관도의 관계

신뢰도 ⊃ 객관도 ⇨ 신뢰도가 평가대상자들이 평가도구의 각 문항에 보인 반응과 관련된 개념이라면, 객관도는 평가자가 평가대상에 보인 반응과 관련된 개념이라는 점에서 구분

(3) 객관도 향상방법

① 평가도구를 객관화시켜야 한다. ⇨ 주관식 검사의 경우 검사자의 개인적 편견이나 감정이 작용될 가능성이 높다.

② 평가자의 소양을 높여야 한다.

③ 명확한 평가기준(예 루브릭)이 마련하여야 한다. ⇨ 검사자의 인상, 편견, 감정, 어림짐작, 착오 등 주관적 요소를 최소한으로 줄여야 한다.

④ 가능하면 여러 사람이 공동으로 평가해서 그 결과를 종합하는 것이 좋다.

⑤ 반응 내용에만 충실한 채점을 한다. ⇨ 논술답안을 채점할 때 수험생의 이름을 가리고 채점한다.

⑥ 답안지는 학생단위로 채점하지 말고 문항단위로 채점한다.

4 실용도(usability)

(1) 개념

검사의 경제성 정도를 의미하며, 하나의 평가도구가 문항제작, 평가실시, 채점에서 비용, 시간, 노력 등을 적게 들여 소기의 목적을 달성하는 정도 ⇨ 실용도를 지나치게 강조하다 보면 타당도가 낮아질 수 있다.

(2) 실용도의 조건

① 검사실시와 채점방법이 쉬워야 한다.

② 비용 · 시간 · 노력 등이 절약되어야 한다.

③ 해석과 활용이 용이해야 한다.

17 평가문항의 유의점

1 객관식 선택형(선다형) 문항 제작 시 유의할 점

① 정답은 분명하게, 오답은 그럴듯하게 만든다.
② 답지 사이의 중복을 피한다.
③ 답지의 길이는 비슷해야 한다. ⇨ 추측요인의 제거
④ '모두 정답' 또는 '정답 없음'이 정답이 되는 답지도 사용하되, 제한적으로 한다. '모두 정답' 또는 '정답 없음'과 같은 답지는 계산이나 철자문제 등 필요한 경우에만 사용해야 하고, 정답형의 문항에서 '정답 없음'과 최선답형에서 '모두 정답'의 답지는 논리적으로 모순이므로 사용할 수 없다.
⑤ 문항은 자세하게, 답지는 간결하게 표현한다.
⑥ 정답에 대한 단서를 주지 말아야 한다.
⑦ 문항은 가급적 긍정문으로 진술한다.
⑧ 정답의 위치는 다양성이 있어야 한다.
⑨ 문항과 답지는 내용상 관련이 있어야 한다.
⑩ 한 문항 내의 답지는 상호 독립적이어야 하고, 다른 문항의 답지와도 상호 독립적이어야 한다.
⑪ 전문적인 용어 사용을 피한다. 전문적인 용어의 사용은 문항의 적절한 난이도 유지를 곤란하게 할 수 있다.
⑫ 형용사, 부사의 질적 표현을 많이 사용하지 않는다. 형용사나 부사의 사용은 그 의미나 해석이 다를 수 있으므로 질문의 내용이 모호해질 수 있다.

2 주관식 논문형(서술형) 문항의 채점 시 유의점

① 채점기준을 미리 정한다(예 모범 답안지를 만들어 보기). ⇨ 내용불확정성 효과 방지
② 채점 시에 편견이나 착오가 작용하지 않도록 한다. ⇨ 후광효과 방지
③ 가급적 여러 사람이 공동으로 채점한다. ⇨ 내용불확정성 효과 방지 또는 답안과장 효과 방지
④ 충분한 시간을 갖고 채점한다. ⇨ 피로효과 방지
⑤ 답안 작성자 단위별로 채점하지 말고 평가문항별로 채점한다. ⇨ 순서효과 방지

내용불확정성 효과 (content indeterminancy effect)	채점자가 논술형 문항이 요구하는 반응을 정확하게 이해하지 못하거나 여러 채점자가 바람직한 반응에 대한 의견이 다를 경우 채점결과에 영향을 주는 현상 ⇨ 채점기준을 명확히 제시함으로써 예방
후광효과 (halo effect)	채점자가 학생에 대해 갖고 있는 인상이 채점결과에 영향을 주는 현상 ⇨ 학생의 인적 사항을 모르는 상태에서 채점

순서효과 (order effect)	답안지를 채점하는 순서가 채점에 영향을 주는 현상으로, 일반적으로 먼저 채점되는 답안지가 뒤에 채점되는 답안지보다 더 높은 점수를 받는 경향이 있다. ⇨ 학생별로 채점하지 말고 문항별로 채점하여 예방
피로효과 (fatigue effect)	채점자의 육체적, 심리적 피로가 채점결과에 영향을 주는 현상 ⇨ 충분한 시간을 갖고 채점하여 예방
답안과장 효과 (bluffing)	논술형 문항이 측정하는 지식이나 기능을 갖고 있지 않은 학생이 지식이나 기능을 갖고 있는 것처럼 보이기 위해 허세를 부리거나 의도적으로 답안을 조작하는 현상 (예 작문능력, 일반지식, 시험책략 등)으로 부분점수 또는 채점자가 주의하지 않으면 고득점을 받기도 함 ⇨ 가능하면 같은 답안지를 최소 2회 이상 채점하거나 두 사람 이상이 채점한 결과를 평균하여 산출함으로써 예방

18 문항분석

1 고전검사이론(classical test theory) 07 초등

(1) 문항난이도(문항곤란도, P) 97 초등, 99 초등보수, 00 중등, 02 중등, 03 초등, 03~04 중등, 11 중등

① 개념 : 한 문항의 쉽고 어려운 정도, 문항의 배열 순서 결정 시 사용 ⇨ 전체 사례 수 중에서 정답을 한 학생의 비율

② 공식

㉠ 추측요인 배제

$$P=\frac{R}{N}\times 100$$

• R : 정답 학생 수 • N : 전체 사례 수

㉡ 추측요인 고려

$$P=\frac{R-\left(\frac{W}{n-1}\right)}{N}\times 100$$

• W : 오답 학생 수 • n : 문항의 답지 수

✦ $S=R-\frac{W}{n-1}$ 를 교정점수라고 한다.

③ 변산범위 : $0\% \leqq P \leqq 100\%$ ⇨ 30~70%이면 양호, 50%가 이상적

④ 해석 : 문항난이도가 높을수록 쉬운 문항

(2) 문항변별도(DI) 94 중등, 99 중등, 00 중등, 03~04 초등, 03 중등, 05~06 중등, 10 초 · 중등

① **개념(문항변별도 = 문항타당도)**: 문항 하나하나가 피험자의 상하능력을 변별해 주는 정도, 상위집단과 하위집단의 구별 정도 ⇨ 상위집단의 학생이 하위집단의 학생보다 정답 확률이 높을 때, 그 문항의 변별도가 높다.

② 공식

㉠ **정답비율 차(정답률 편차)에 의한 문항변별도 계산방법**: 상위집단의 정답률에서 하위집단의 정답률을 빼어 산출한다.

$$DI = \frac{RH - RL}{\frac{N}{2}}$$

• RH: 상위집단 정답자 수 • RL: 하위집단 정답자 수 • N: 전체 사례 수

㉡ **상관계수에 의한 문항변별도 계산방법**: 문항점수와 검사점수 총점 간의 상관계수에 의한 방법

ⓐ 정답지의 상관계수는 높으며 정적이고, 오답지의 경우는 상관이 매우 낮거나 부적 상관계수를 나타낸다.

ⓑ 이는 각 답지의 선택 여부와 총점과의 상관계수이므로 정답지의 경우 정답지 선택 여부와 총점의 상관계수 추정에서 정답지를 선택한 피험자의 경우 일반적으로 총점이 높으므로 상관계수가 양수이다. 그러나 각 오답지의 선택 여부와 총점의 상관계수는 오답지를 선택한 피험자들의 총점이 낮고 오답지를 선택하지 않은 피험자들의 총점이 높으므로 상관계수는 음수이거나 0에 가깝다.

㉢ **변산범위**: $-1 \leqq DI \leqq +1$ ⇨ $+0.3 \sim +0.7$이면 양호

㉣ 해석

ⓐ 상위집단 정답자 수 = 하위집단 정답자 수 ⇨ 변별도는 0이다.

ⓑ 상위집단이 전원 정답, 하위집단이 전원 오답 ⇨ 변별도는 +1이다.

ⓒ 상위집단이 전원 오답, 하위집단이 전원 정답 ⇨ 변별도는 −1이다(−값을 가지면 '역변별 문항'에 해당).

ⓓ 변별도가 0 이하인 경우는 나쁜 문항이다.

③ 문항반응분포

㉠ 문항별 학생들의 반응분포, 정답과 오답이 제 구실을 하고 있는가를 알아보는 것이다.

㉡ 정답지에 50% 반응, 나머지 오답지에 골고루 반응할 때, 정답지에는 하위집단 학생 수보다 상위집단 학생 수가 많을 때 이상적이다.

2 문항반응이론(item response theory) 01 중등, 08 초등

(1) 문항특성곡선(ICC: Item Characteristic Curve)

① 학생(피험자)의 능력 수준에 따라 문항을 맞힐 확률을 나타내는 S자형 곡선

② **피험자의 능력(가로축)**: Θ(theta)로 표기 ⇨ −3.0에서 +3.0 사이에 위치

③ (각 능력 수준에서 그 능력을 가진) 피험자가 각 문항에 정답을 할 확률(세로축) : P(Θ)로 표기 ⇨ 0에서 1 사이에 위치

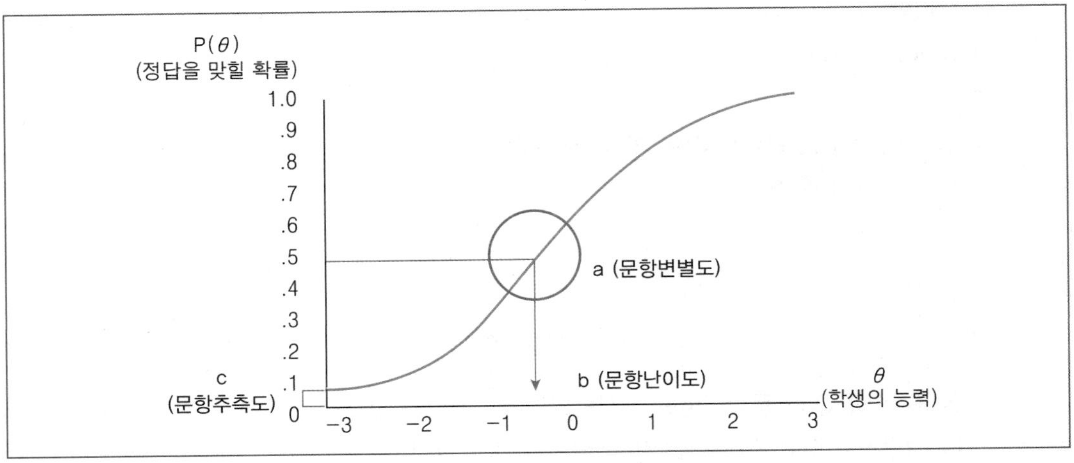

(2) **문항난이도와 문항변별도, 문항추측도** – 문항특성곡선에 의해 규정

① **문항난이도(b 또는 β)** : 문항의 답을 맞힐 확률이 0.5에 대응하는 능력 수준

㉠ 문항특성곡선이 오른쪽으로 위치할수록 어려운 문항이다.

㉡ 문항난이도는 −2에서 +2 사이에 위치하며 값이 커질수록 어려운 문항이다.

② **문항변별도(a 또는 α)** : 문항특성곡선상의 '문항난이도를 표시하는 인접 지점(b ± 0.5인 지점)'에서 문항특성곡선의 기울기 07 중등

㉠ 문항특성곡선의 기울기가 가파르면 문항변별도가 높아지는 반면에 기울기가 완만하면 낮아지게 된다.

㉡ 문항변별도는 일반적으로 0에서 +2의 값을 가지며 높을수록 좋은 문항이다.

③ **문항추측도(c)** : 능력이 전혀 없음에도 불구하고 문항의 답을 맞히는 확률

⇨ 높을수록 좋지 않은 문항이며, 4지 선다형 문항에서 일반적으로 문항추측도는 0.2를 넘지 않는다.

(3) 고전검사이론과 문항반응이론의 비교

구분	고전검사이론	문항반응이론
문항 난이도	• 총 피험자 중 정답을 맞힌 피험자의 비율 • 0 ≦ P ≦ 100 • 값이 커질수록 쉬운 문항	• 문항의 답을 맞힐 확률이 0.5에 대응하는 능력 수준 • −2 ≦ b ≦ +2 • 값이 커질수록 어려운 문항
문항 변별도	• 문항점수와 피험자의 총점 간 상관계수에 의해 추정 • −1.00 ≦ DI ≦ +1.00 • '+'부호이며 값이 클수록 좋은 문항	• 문항특성곡선상의 '문항난이도를 표시하는 인접 지점(b ± 0.5인 지점)'에서 문항특성곡선의 기울기 • 0 ≦ a ≦ +2 • 기울기가 가파를수록 좋은 문항

MEMO

2026 권지수교육학 필수요약집

요점쏙쏙

PART

05

교육행정학

Thinking Map

PART 05

교육행정학

1 교육행정의 이론

- **교육행정 이해**
  - 교육행정의 개념
    - 개념 02 초등, 04 초등, 07 중등, 12 중등, 성격 99 초등추시, 02 초등, 07 중등, 원리 99 초등추시, 04 중등
  - 교육행정학의 발달과정
    - 고전이론
      - 과학적 관리론 03 중등, 06 중등, 09 초등
      - 행정관리론 04 초등
      - 관료제론 98 중등, 99 초등보수, 03 초등, 04 중등
    - 인간관계론 99 중등추시, 00~01 중등, 07 중등, 10 중등
    - 행동과학론
    - 체제이론 96 중등, 97 초등, 99 초등추시, 02 중등, 04 중등, 09 중등
    - 대안적 관점 03 초등
- **조직론**
  - 조직이해
    - 조직의 구조
      - 공식조직과 비공식조직 99 초등추시, 16 중등論
      - 계선조직과 참모조직
    - 조직의 유형(Parsons 10 중등, Katz & Kahn, Blau & Scott, Carlson 03 중등, 05 초등, 11 중등, Etzioni 10 중등, Hall 08 초등, Minzberg 02 중등, 07 초등, 10 중등)
    - 학교조직의 특성 04 초등
      - 전문적 관료제 96 초등, 99 초등보수, 01 초등, 02~04 중등, 07 초등, 15 중등추시論, 23 중등論
      - 이완결합체제 99 중등추시, 00 중등, 04 초등, 07 중등, 10 중등, 15 중등추시論
      - 이중조직
      - 조직화된 무질서 03 중등, 04 초등, 06 초등, 10 중등
      - 학습조직 09 초등, 15 중등論
      - 전문적 학습공동체 22 중등論
  - 조직문화
    - 조직문화의 수준
    - McGregor의 X-Y이론 95 중등, 98 중등, 06 초등
    - Ouchi의 Z이론
    - Argyris의 미성숙-성숙이론 95 중등
    - Steinhoff & Owens의 학교문화유형론 07 전문상담, 20 중등論
    - Sethia와 Glinow의 문화유형론
  - 조직풍토
    - Likert의 관리체제 91 중등, 07 초등
    - Halpin & Croft의 학교조직풍토론 02 초등, 07 중등
    - Hoy & Miskel의 학교조직풍토론 11 초등
  - 조직갈등
    - 갈등의 순기능과 역기능
    - Thomas의 갈등관리전략 99 중등추시, 00 초등, 02~03 초등, 06 초등

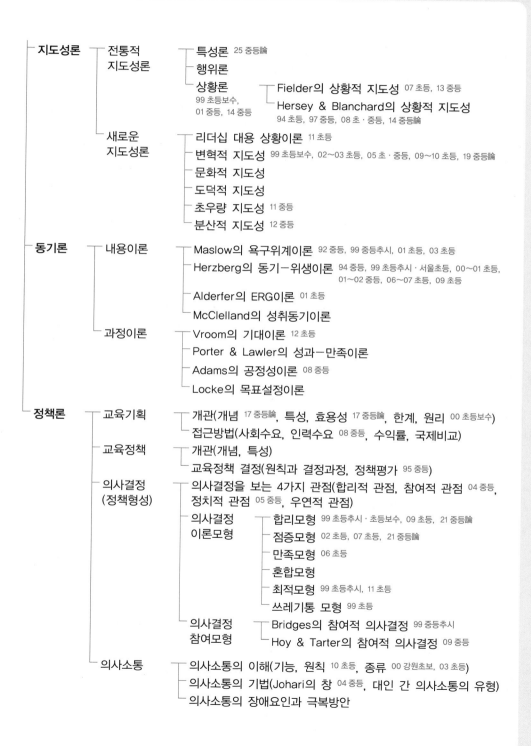

- **지도성론**
  - 전통적 지도성론
    - 특성론 25 중등論
    - 행위론
    - 상황론 99 초등보수, 01 중등, 14 중등
      - Fielder의 상황적 지도성 07 초등, 13 중등
      - Hersey & Blanchard의 상황적 지도성 94 초등, 97 중등, 08 초 · 중등, 14 중등論
  - 새로운 지도성론
    - 리더십 대용 상황이론 11 초등
    - 변혁적 지도성 99 초등보수, 02~03 초등, 05 초 · 중등, 09~10 초등, 19 중등論
    - 문화적 지도성
    - 도덕적 지도성
    - 초우량 지도성 11 중등
    - 분산적 지도성 12 중등
- **동기론**
  - 내용이론
    - Maslow의 욕구위계이론 92 중등, 99 중등추시, 01 초등, 03 초등
    - Herzberg의 동기-위생이론 94 중등, 99 초등추시 · 서울초등, 00~01 초등, 01~02 중등, 06~07 초등, 09 초등
    - Alderfer의 ERG이론 01 초등
    - McClelland의 성취동기이론
  - 과정이론
    - Vroom의 기대이론 12 초등
    - Porter & Lawler의 성과-만족이론
    - Adams의 공정성이론 08 중등
    - Locke의 목표설정이론
- **정책론**
  - 교육기획
    - 개관(개념 17 중등論, 특성, 효용성 17 중등論, 한계, 원리 00 초등보수)
    - 접근방법(사회수요, 인력수요 08 중등, 수익률, 국제비교)
  - 교육정책
    - 개관(개념, 특성)
    - 교육정책 결정(원칙과 결정과정, 정책평가 95 중등)
  - 의사결정 (정책형성)
    - 의사결정을 보는 4가지 관점(합리적 관점, 참여적 관점 04 중등, 정치적 관점 05 중등, 우연적 관점)
    - 의사결정 이론모형
      - 합리모형 99 초등추시 · 초등보수, 09 초등, 21 중등論
      - 점증모형 02 초등, 07 초등, 21 중등論
      - 만족모형 06 초등
      - 혼합모형
      - 최적모형 99 초등추시, 11 초등
      - 쓰레기통 모형 99 초등
    - 의사결정 참여모형
      - Bridges의 참여적 의사결정 99 중등추시
      - Hoy & Tarter의 참여적 의사결정 09 중등
  - 의사소통
    - 의사소통의 이해(기능, 원칙 10 초등, 종류 00 강원초보, 03 초등)
    - 의사소통의 기법(Johari의 창 04 중등, 대인 간 의사소통의 유형)
    - 의사소통의 장애요인과 극복방안

Thinking Map

PART 05

교육행정학

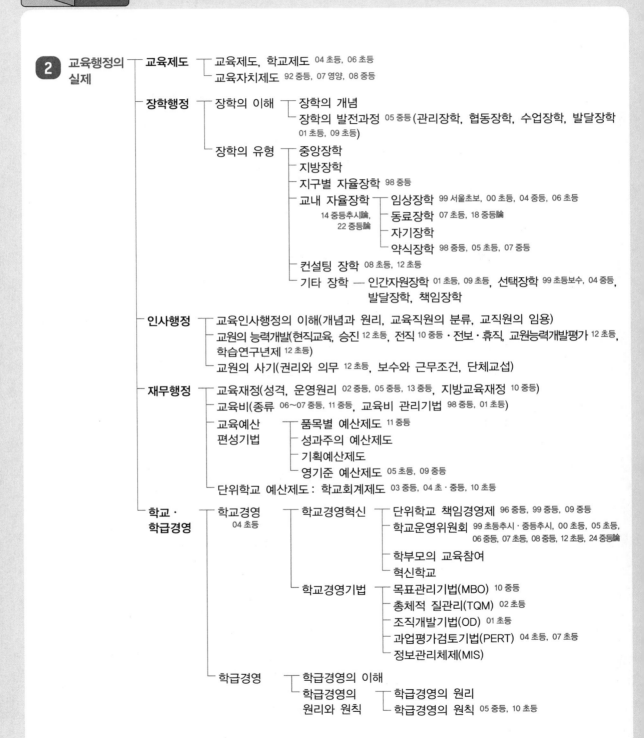

2 교육행정의 실제

- **교육제도**
  - 교육제도, 학교제도 04 초등, 06 초등
  - 교육자치제도 92 중등, 07 영양, 08 중등
- **장학행정**
  - 장학의 이해
    - 장학의 개념
    - 장학의 발전과정 05 중등(관리장학, 협동장학, 수업장학, 발달장학 01 초등, 09 초등)
  - 장학의 유형
    - 중앙장학
    - 지방장학
    - 지구별 자율장학 98 중등
    - 교내 자율장학 14 중등추시論, 22 중등論
      - 임상장학 99 서울초보, 00 초등, 04 중등, 06 초등
      - 동료장학 07 초등, 18 중등論
      - 자기장학
      - 약식장학 98 중등, 05 초등, 07 중등
    - 컨설팅 장학 08 초등, 12 초등
    - 기타 장학 — 인간자원장학 01 초등, 09 초등, 선택장학 99 초등보수, 04 중등, 발달장학, 책임장학
- **인사행정**
  - 교육인사행정의 이해(개념과 원리, 교육직원의 분류, 교직원의 임용)
  - 교원의 능력개발(현직교육, 승진 12 초등, 전직 10 중등 · 전보 · 휴직, 교원능력개발평가 12 초등, 학습연구년제 12 초등)
  - 교원의 사기(권리와 의무 12 초등, 보수와 근무조건, 단체교섭)
- **재무행정**
  - 교육재정(성격, 운영원리 02 중등, 05 중등, 13 중등, 지방교육재정 10 중등)
  - 교육비(종류 06~07 중등, 11 중등, 교육비 관리기법 98 중등, 01 초등)
  - 교육예산 편성기법
    - 품목별 예산제도 11 중등
    - 성과주의 예산제도
    - 기획예산제도
    - 영기준 예산제도 05 초등, 09 중등
  - 단위학교 예산제도 : 학교회계제도 03 중등, 04 초 · 중등, 10 초등
- **학교 · 학급경영**
  - 학교경영 04 초등
    - 학교경영혁신
      - 단위학교 책임경영제 96 중등, 99 중등, 09 중등
      - 학교운영위원회 99 초등추시 · 중등추시, 00 초등, 05 초등, 06 중등, 07 초등, 08 중등, 12 초등, 24 중등論
      - 학부모의 교육참여
      - 혁신학교
    - 학교경영기법
      - 목표관리기법(MBO) 10 중등
      - 총체적 질관리(TQM) 02 초등
      - 조직개발기법(OD) 01 초등
      - 과업평가검토기법(PERT) 04 초등, 07 초등
      - 정보관리체제(MIS)
  - 학급경영
    - 학급경영의 이해
    - 학급경영의 원리와 원칙
      - 학급경영의 원리
      - 학급경영의 원칙 05 중등, 10 초등

01 교육행정의 원리 99 초등추시, 04 중등

(1) 민주성의 원리

국민의 의사를 행정에 반영하고 국민을 위한 행정을 해야 한다.

(2) 효율성의 원리

효율성이란 효과성(effectiveness)과 능률성(efficiency)을 동시에 추구하는 원리이다.

(3) 합법성의 원리(법치행정의 원리)

모든 교육행정은 법률에 근거해서 법이 정하는 범위 내에서 이루어져야 한다.

(4) 기회균등의 원리

모든 국민은 능력에 따라 균등하게 교육받을 권리를 가진다는 것이다.

(5) 지방분권의 원리

교육은 지역주민의 적극적인 참여와 공정한 통제에 의해 실시되어야 한다.

(6) 자주성의 원리

교육이 그 본질을 추구하기 위하여 일반행정에서 분리 · 독립되고 정치와 종교로부터 중립성을 유지해야 한다.

(7) 안정성의 원리

교육정책이나 프로그램은 장기적인 안목에서 계속성과 일관성을 유지해야 한다.

(8) 전문성 보장의 원리

교육활동은 전문적 활동이므로 전문적 지식과 기술을 습득한 전문가가 담당해야 한다.

02 교육행정학의 발달과정

1 과학적 관리론 03 중등, 06 중등, 09 초등

① 개념: 인간의 작업과정을 분석하여 과학적으로 관리하면 조직의 능률과 생산성을 극대화할 수 있다는 이론 ⇨ 생산과정의 표준화(시간연구와 동작연구) → 1일의 공정한 표준작업량 설정 → 작업관리의 과학화 → 생산성 향상 도모

② 내용: ㉠ 1일 최대 작업량, ㉡ 표준화된 조건, ㉢ 성과급의 원리, ㉣ 실패에 대한 책임, ㉤ 과업의 전문화, ㉥ 계획(경영자)과 작업수행(노동자)의 분리

③ 과학적 관리론의 교육적 적용상의 문제점 ⇨ '공장제 모델'의 적용

가능성	• 학교조직과 학교업무가 과학화·표준화되고 교육활동에서의 낭비가 최대한 제거 ⇨ 교육의 능률성 ↑ • 학교업무가 보다 분업화·전문화 ⇨ 교사의 숙련된 기술과 전문성을 향상 • 과업수행의 정도에 따라 성과급이 부여 ⇨ 구성원의 동기를 유발
문제점	• 교육목표와 교육내용, 교육방법 등이 규격화·획일화 ⇨ 학생의 개성과 다양성 상실 • 학교교육에 공장제 모델이 적용 ⇨ 전인형성을 목적으로 하는 교육의 특성이 무시, 장기적으로는 교육의 발전을 저해 • 교장, 교사, 학생 간의 상하 위계관계가 강조 ⇨ 학교관료제를 심화, 교육의 비인간화를 촉진 • 교육은 공장의 생산라인과 다르므로 학생의 학업성취도를 공장의 생산품처럼 주기적으로 평가하여 능률을 측정 ⇨ 부적절

2 인간관계론 99 중등추시, 00~01 중등, 07 중등, 10 중등

(1) 개관

① 개념: 경제적 보상보다 인간의 정서적·사회적·심리적인 측면을 중시하여 작업능률의 향상을 도모하고자 하는 관리법

② 내용

㉠ 경제적 측면보다 인간의 사회적·심리적 측면 중시

㉡ 비공식조직의 중요성 강조

㉢ 교육행정의 민주화에 크게 공헌

(2) 인간관계론의 교육적 적용

① 구성원의 사회·심리적 측면 중시: 개인의 사회·심리적 욕구를 충족시켜 줌으로써 안정감과 만족감을 갖도록 한다.

② 비공식조직 중시: 비공식조직의 의견을 의사결정과정에 반영하고, 비공식조직이 관리자와 일체감을 갖도록 한다.

③ **민주적 교육행정 실시**: 학교의 의사결정과정에 구성원들을 적극적으로 참여시키고, 각종 인사제도(예 인사상담제도, 고충처리제도, 제안제도 등)를 창안하여 구성원들의 욕구를 충족시키고 사기를 진작해야 한다.

3 체제이론 96 중등, 97 초등, 99 초등추시, 02 중등, 04 중등, 09 중등

학교사회를 하나의 체제(體制, system)로 보고 학교사회를 구성하고 있는 요소들과 그것의 구조와 기능을 파악하여 학교를 체계적으로 이해하려는 접근방법

(1) 카우프만(Kaufman)의 체제접근모형

문제해결을 위해 여러 가지 대안으로부터 최적의 해결방안을 얻어내고 이를 실천·평가하는 일련의 과정 제시

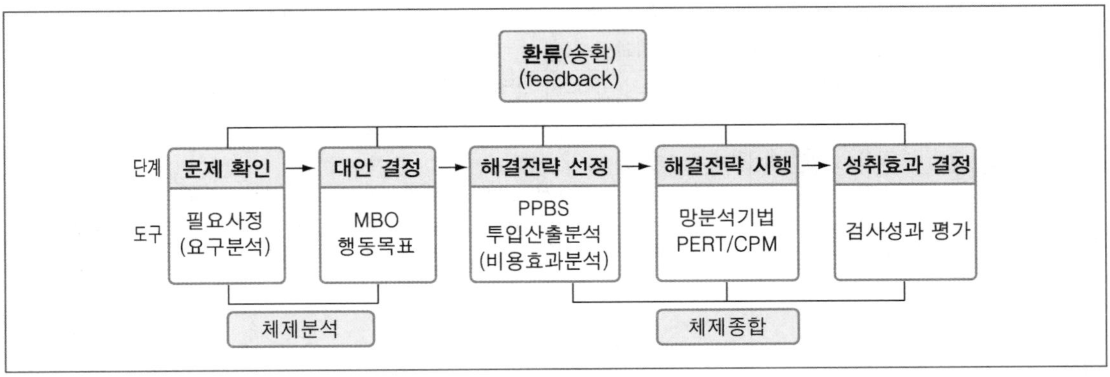

① **문제 확인**: 요구분석을 통해 문제를 확인하고 문제해결을 위한 요건을 구체적으로 서술
② **대안 결정**: 문제를 해결할 수 있는 목표를 설정. 목표관리기법(MBO)을 사용하여 목표를 결정
③ **해결전략 선정**: 대안(목표)을 실현할 수 있는 해결전략 선택. 투입－산출 분석, 기획예산제도(PPBS) 등 활용
④ **해결전략 시행**: 해결전략과 도구를 실행하고, 적절한 실행자료를 수집. 과업평가검토기법(PERT), 비판적 경로분석기법(CPM) 등과 같은 망 분석기법 활용
⑤ **성취효과 결정**: 문제해결과정의 성과가 어느 정도 성취되었는지를 평가
⑥ **수정**: 5단계에서 성과가 있는 것으로 평가되면 체제접근의 단계가 일단 끝나지만, 실행대로 이루어지지 않았을 경우 언제든지 필요한 수정을 함

(2) 겟젤스와 구바(Getzels & Guba)의 사회과정모형

학교조직을 사회체제로 보고, 그 사회체제 속에서 이루어지는 인간의 사회적 행동에 관한 일반적인 개념모형을 제시

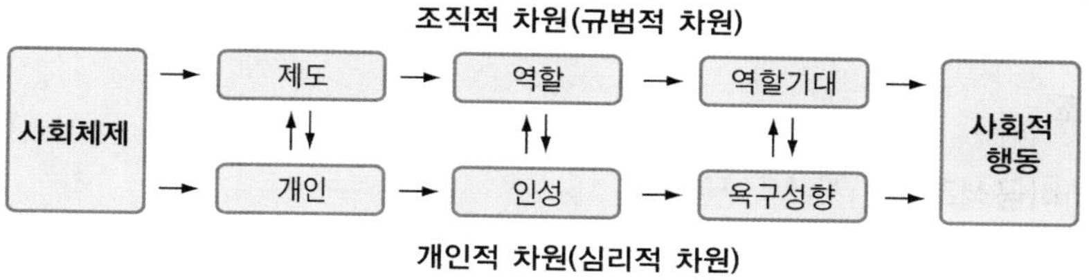

① 겟젤스와 구바는 사회체제 속에서 인간의 행동은 조직의 규범적 차원과 개인의 심리적 차원의 상호작용의 결과로 나타난다고 봄
② 조직의 규범적 차원은 제도, 역할, 역할기대로 구성되며, 개인의 심리적 차원은 개인, 인성(성격), 욕구성향으로 구성됨
③ 사회체제 속에서 개인의 사회적 행동은 이 두 차원의 동시적 상호작용의 결과로 나타남. 가장 이상적인 것은 양 차원의 균형, 즉 조직의 목표 달성과 개인의 욕구충족이 적절히 조화를 이루는 것

(3) 겟젤스와 셀렌(Getzels & Thelen)의 수정모형

겟젤스와 구바 모형에 인류학적 · 조직풍토적 · 생물학적 차원을 추가하여 보다 다양한 사회적 행동을 설명

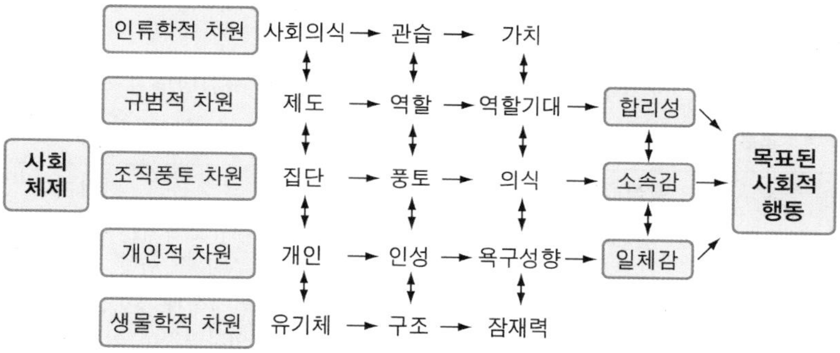

- 인류학적 차원: 사회의식에 내재된 관습과 가치 ⇨ 사회의식(ethos)은 다른 조직의 집단문화에서부터 전체사회의 시대정신에 이르기까지 한 개인이 소속한 집단을 둘러싸고 있는 사회체제의 문화를 의미
- 생물학적 차원: 유기체로서 인간의 신체구조와 잠재력 ⇨ 이것이 개인의 인성과 욕구성향에 영향을 주고, 사회적 행동까지 영향을 미친다는 것
- 조직풍토 차원: 집단의 풍토(분위기)와 의식(의도) ⇨ 인간은 집단의 풍토와 의식으로 구성된 사회 · 심리학적 차원에 영향을 받음

- 합리성: 역할기대와 제도적 목표가 논리적으로 일치
- 일체감: 개인의 욕구성향과 제도적 목표가 일치
- 소속감: 개인의 욕구성향과 역할기대가 일치하여 제도적 목표 달성에 의식적으로 참여하는 것

① 개인적 차원과 제도적 차원이 일치하면 조직의 목표를 고도로 성취할 수 있게 됨
② 한 개인의 행위가 목표로 하는 사회적 행동으로 나타나기 위한 조건(구성원의 사기진작 요인)

03 조직의 이해

1 조직의 구조

(1) 공식조직과 비공식조직 99 초등추시, 16 중등論

① 공식조직 : 일정한 목적을 달성하기 위해 인위적으로 구성한 조직 ⇨ 공식적인 조직표에 나타나는 조직

② 비공식조직 : 공식조직 속에서 현실의 인간관계를 중심으로 형성되는 자연발생적 조직

순기능	• 구성원들의 누적된 심리적 욕구불만의 해소처 ⇨ 귀속감과 안정감을 부여 • 공식조직에 융통성을 부여, 개방적 풍토가 형성 ⇨ 공식조직의 경직성 완화에 기여 • 공식적 구조만으로는 불충분한 의사전달을 보충 ⇨ 의사전달의 원활화에 기여 • 구성원 간의 협조와 지식 및 경험의 공유가 자유로움 ⇨ 직무의 능률적 수행에 기여 • 구성원 간에 서로 권하고 조언함 ⇨ 구성원 간에 어떤 행동기준을 제공 • 공식조직의 책임자에 대한 자문기관이나 협조자의 역할 ⇨ 공식조직의 책임자에 대한 능력보완에 기여
역기능	• 비공식조직 관계로 파벌이 조성되면 ⇨ 정실인사의 계기, 구성원 간의 갈등과 소외가 초래 • 비공식조직 간에 적대감정이 야기될 경우 ⇨ 공식조직의 기능이 마비 • 왜곡된 정보 및 가십, 소문 등 ⇨ 비공식적 의사전달의 역기능, 이로 인해 구성원의 사기 저하

(2) 계선조직과 참모조직

① 계선조직(직계조직) : 조직의 목표 달성을 위해 상하위계의 지휘명령계통에 따라 움직이는 수직적인 조직(예 교장－교감－부장－교사, 장관－실·국장－과정·계장－계원) ⇨ 실제 집행하는 기능

장점	단점
• 권한과 책임의 한계가 명확하여 업무수행의 효율성을 제고할 수 있다. • 단일기관으로 구성되어 의사결정(정책결정)이 신속하게 이루어질 수 있다. • 상하위계가 엄격하여 강력한 통솔력을 발휘할 수 있다. • 업무처리가 간편하여 조직 운영비가 적게 든다.	• 조직이 대규모화되는 현대조직에서는 관리자의 업무량이 과중될 수 있다. • 전문가의 지식과 경험을 활용할 수 없어 관리자의 독단적인 의사결정이 이루어질 수 있다. • 명령계통을 주축으로 한 수직적 조직이므로 조직의 경직성을 초래할 수 있다.

② 참모조직(막료조직, staff organization) : 계선조직이 원활하게 목적을 달성할 수 있도록 기획·연구·자문·정보제공 등 지원·보조해 주는 수평적인 조직(예 교육부 기획관리실, 교육정책실, 장학편수실) ⇨ 지원·보조하는 기능(명령·결정·집행 ×)

장점	단점
• 전문적인 지식과 경험을 활용함으로써 합리적인 의사결정을 할 수 있다. • 수평적 업무의 조정과 협조를 가능하게 한다. • 계선조직의 업무를 지원해 줌으로써 조직의 신축성을 기할 수 있다. • 기관장의 통솔범위를 확대시켜준다.	• 조직의 복잡성으로 조직 구성원이나 부서 간의 갈등·불화가 생길 수 있다. • 계선과 참모 간에 책임 전가의 사태를 빚을 우려가 있다. • 조직 운영을 위한 경비지출이 많이 든다. • 의사전달과 명령계통에 혼란을 일으킬 수 있다.

③ **보조조직**(auxiliary organization) : 계선조직과는 별도로 그 내외부에서 계선조직의 기능을 부분적으로 심화·보조하는 조직(예 학교의 행정실, 중앙교육연수원, 교원소청심사위원회, 국립특수교육원, 국사편찬위원회 등) ⇨ 간접적인 보조활동(계선조직의 주요 시책에 관여 ×)

2 조직의 유형

(1) 파슨스(Parsons)의 사회적 기능 유형 – 사회적 기능을 기준으로 분류 10 중등

① **생산조직** : 사회의 적응기능(adaptation)을 수행하는 조직 예 회사, 기업 등의 경제체제

② **정치적 목표지향조직** : 사회 공동의 목표 달성기능(goal-attainment)을 수행하는 조직 예 정부, 정당 등의 정치체제

③ **통합조직** : 사회 구성원 간의 통합기능(integration)을 수행하는 조직 예 법원, 경찰 등의 사회체제

④ **유형유지조직** : 사회의 문화를 유지·존속하는 잠재적 유형유지기능(latent pattern maintenance)을 수행하는 조직 예 학교, 가정, 종교 등의 문화체제

(2) 카츠와 칸(Katz & Kahn)의 분류 – 조직의 본질적 기능을 기준으로 한 분류 ⇨ 파슨스(Parsons)의 AGIL 이론에 토대

① **생산·경제조직**(productive or economic organizations) : 사회를 유지하기 위해 물자와 서비스를 제공하는 조직 예 1차 산업, 2차 산업, 3차 산업으로 분류

② **적응조직**(adaptive organizations) : 사회 변화에 적응할 수 있도록 새로운 지식을 창출하고 이론을 개발하고 문제해결의 정보를 제공하는 조직 예 대학, 연구소, 조사기관

③ **관리·정치조직**(managerial or political organizations) : 인적·물적 자원의 배분과 여러 하위체제의 조정·통제를 통해 사회를 관리·통합하는 기능을 수행하는 조직 예 정부, 정당, 노동조합, 압력단체

④ **유지조직**(maintenance organizations) : 사회의 현상을 유지하고 개인의 사회화 기능을 수행하는 조직 예 학교, 가정, 종교단체, 문화기관

(3) 블라우와 스콧(Blau & Scott)의 1차 수혜자 유형 – 조직의 1차 수혜자를 기준으로 분류

① **호혜조직** : 조직의 구성원이 조직의 1차 수혜자인 조직 예 정당, 노동조합, 교원단체, 전문가 단체, 학생회

② **사업조직** : 조직의 소유자가 조직의 1차 수혜자인 조직 예 기업체, 금융기관

③ **공공조직** : 일반대중 전체가 조직의 1차 수혜자인 조직 예 군대, 경찰, 소방서

④ **봉사조직** : 조직을 이용하는 고객이 조직의 1차 수혜자인 조직 예 학교, 병원, 사회사업기관

(4) 칼슨(Carlson)의 봉사조직 유형 03 중등, 05 초등, 11 중등

— 조직과 고객의 선택 여부를 기준으로 '봉사조직'의 유형 분류

		고객의 조직 선택권	
		유	무
조직의 고객 선택권	유	유형 1(야생조직) 예 사립학교, 사립대학, 특목고, 자율형사립고 ⇨ 시장원리 지배, 생존경쟁 치열	유형 3(강압조직) 예 군대 ⇨ 이론적으로는 가능하지만, 실제로는 존재하지 않음
	무	유형 2(적응조직) 예 미국의 주립대학, 자유등록제의 학교	유형 4(온상조직, 사육조직) 예 공립학교, 정신병원, 형무소, 고교평준화 지역고교 ⇨ 법에 의해 조직이 고객을 선발하고, 고객도 의무적으로 참여해야 함

유형	내용
유형 1 (야생조직)	• 조직과 고객이 독자적인 선택권을 갖고 있는 조직 • 사립학교, 사립대학, 특목고, 자율형사립고, 개인병원 등 ⇨ 시장원리 지배, 생존경쟁 치열
유형 2 (적응조직)	• 조직이 고객을 선발할 권리는 없고 고객이 조직을 선택할 권리만 있는 조직 • 미국의 주립대학, 자유등록제의 학교
유형 3 (강압조직)	• 조직은 고객선발권을 가지나 고객은 조직선택권이 없는 조직(예 군대) • 봉사조직으로 존재하기 어려우므로, 이론적으로는 가능하나 실제로는 존재하지 않음
유형 4 (온상조직)	• 조직과 고객 모두 선택권을 갖지 못하는 조직 • 공립학교, 고교평준화지역 고교, 정신병원, 형무소 등 ⇨ 고객은 자신의 의사와 상관없이 지정된 학교에 다녀야 함

(5) 에치오니(Etzioni)의 분류 — 권력유형과 참여유형을 기준으로 10 중등

		참여유형		
		소외적	타산적	도덕적(헌신적)
권력유형	강제적	강제조직		
	보상적		공리조직	
	규범적			규범조직

① **강제조직**: 물리적 제제나 위협 등 강제적인 통제수단을 사용하며, 구성원들은 소외감을 가지고 참여 예 교도소, 정신병원

② **공리조직**: 보수, 성과급 등 물질적 보상체제를 이용하여 구성원들을 통제하며, 구성원들은 타산적으로 참여 예 회사, 기업

③ **규범조직**: 사명감, 신념, 존경 등 규범적 권력을 사용하여 구성원들의 높은 도덕적·헌신적 참여를 유도 예 학교, 종교단체, 대학, 자원단체, 종합병원

(6) **민츠버그**(H. Minzberg)**의 조직이론** – 조직의 구성요소(핵심부분)와 조정기제(조정방법)를 기준으로

02 중등, 07 초등, 10 중등

조직형태	내용
단순구조 (simple structure)	• 최고관리층(조직의 핵심부분), 직접감독(주요 조정기제) 예 도서벽지 소규모 학교, 영세 소규모 기업 ⇨ 집권화되고 유기적인 소규모 조직(소규모 학교) : 최고관리층과 핵심운영층의 2계층으로 구성 / 중간관리자, 기술구조층, 지원부서층이 거의 없음, 분업과 전문화도 거의 없음 • 단순하고 동태적인 환경에 적합하며, 대부분의 의사소통은 비공식적임 • 학교 운영이 집권화되어 학교장이 규칙이나 규정에 얽매이지 않고 강력한 지도성을 발휘
사업부제 (divisionalized form)	• 중간관리층(조직의 핵심부분), 산출의 표준화(주요 조정기제) 예 종합대학교(각 단과대학), 종합병원(각 전공분과), 대기업(각 사업부) • 각 사업부는 자율적으로 활동하지만, 각 부문 간 영업영역의 마찰이 일어날 수 있음
전문적 관료제 (professional bureaucracy)	• 핵심운영층(조직의 핵심부분), 기술의 표준화(주요 조정기제) 예 체계화된 학교나 전문가 조직 ⇨ 기능에 따라 조직이 형성된 것은 기계적 관료제와 유사하나 업무핵심층이 전문직이라는 것이 특징 • 복잡하고 안정적인 환경에 적합한 전문가 조직 • 수평·수직적으로 분권화된 조직형태로서 분권화와 표준화가 동시에 허용되는 구조 • 높은 분화와 전문성을 바탕으로 전문가에게 많은 자율성이 보장되며, 핵심작업층 간의 관계가 느슨하게 결합되어 있음 • 학교의 운영이 분권화되어 교사들 간의 민주적인 관계가 형성됨
기계적 관료제 (machine bureaucracy)	• 기술구조층(조직의 핵심부분), 작업과정의 표준화(주요 조정기제) ⇨ 대규모 조직 예 Weber의 관료제 • 단순하고 안정적인 환경에 적절한 대규모 조직으로서 Weber의 관료제와 가장 유사 ⇨ 높은 집권화, 과업의 세분화(분업화), 규칙과 규정의 강조, 위계적인 의사결정 등이 이루어짐 • 기술구조층에서 학교의 업무를 표준화하여 교사들의 업무 내용이 표준화 • 대량생산에 적합하고 기술합리성을 추구하지만, 비인간적이고 유연성이 떨어진다는 단점 ⇨ 높은 경직성으로 인해 환경변화에 부적합
임시체제 (adhocracy)	• 지원부서층(조직의 핵심부분), 상호조절(주요 조정기제) ⇨ 수평적인 전문 조직 예 광고회사, 컨설팅 회사 • 평상시에는 조직이 일정한 형태로 움직이다가 특별한 사건이 발생하면 그것을 담당할 수 있도록 조직을 재빨리 구성하여 업무처리가 이루어지는 형태 • 고도의 수평적 직무전문화가 이루어지며, 빠르게 변화하는 환경에 신속히 대응할 수 있다는 장점 • 최고관리층과 중간관리층, 핵심운영층이 혼합되어 책임소재가 불분명하여 갈등과 혼동 유발 가능

조직형태	의의	환경	규모	권한소유, 분화 기타
단순구조	최고관리층(핵심부분), 직접감독(업무조정)	단순하고 동태적 환경에 적합	소규모 영세 조직	높은 집권화 / 낮은 분화, 낮은 공식화, 높은 융통성
사업부제	중간관리층(핵심부분), 산출표준화(업무조정)	상대적으로 안정적 환경에서 운영	대규모 조직	각 사업부는 자율적으로 활동 / 부문 간 영역의 마찰 발생 가능
전문적 관료제	핵심운영층(핵심부분), 기술표준화(업무조정)	복잡하고 안정적 환경에 적합	중·소규모 조직	• 높은 수평·수직적 분권화 ⇨ 분권화와 표준화가 동시에 허용 • 높은 분화(전문화), 낮은 공식화 ⇨ 전문가에게 많은 자율성 보장·민주적 관계 형성

기계적 관료제	기술구조층(핵심부분), 작업과정표준화(업무조정)	단순하고 안정적 환경에 적합	대규모 조직	• 높은 집권화 / 높은 분화(전문화), 높은 공식화 • 높은 경직성 ⇨ 환경변화에 부적합
임시체제 (애도호크라시)	지원부서층(핵심부분), 상호조절(업무조정)	빠르게 변화하는 환경(복잡 · 동태적 환경)	소규모 조직	• 분권화된 유기적 구조 / 높은 수평적 분화 · 전문화, 낮은 공식화, 높은 융통성 • 최고관리층과 중간관리층, 핵심운영층이 혼합되어 책임소재가 불분명하여 갈등과 혼동의 유발 가능

04 학교조직의 특성

1 전문적 관료제 – Hoy & Miskel 96 초등, 99 초등보수, 01 초등, 02~04 중등, 07 초등, 15 중등추시論, 23 중등論

(1) 전문적 관료제

학교조직은 관료적 성격과 전문적 성격을 공유

(2) 관료적 성격

① 학교관료제의 특성

학교관료제의 특징	특징
분업과 전문화	교무, 연구, 학생업무 등과 같은 업무를 분화해서 전문적으로 처리
권위의 계층화	업무 분화에 따라 교장–교감–보직교사–교사 등 상하의 위계에 따라 권한과 직위를 배분
경력 지향성	조직의 안정성을 위해 승진은 경력과 같은 연공서열주의가 기본
규칙과 규정	복무지침, 내규, 업무편람 등의 규칙과 규정을 제정 · 활용
몰인정성	개인적인 감정이나 편견에 치우치지 않고 합리적으로 직무를 수행

② 학교관료제의 순기능과 역기능

학교관료제의 특징	순기능	역기능
분업과 전문화	숙련된 기술과 전문성 향상	피로, 권태감 누적
권위의 계층화	원활한 순응과 조정	의사소통의 장애
경력 지향성	동기유발, 유인가	업적(실적)과 연공제 간의 갈등
규칙과 규정	계속성, 통일성, 안정성 확보	목표전도(동조과잉) 현상, 조직의 경직성
몰인정성	의사결정의 합리성 증대	구성원의 사기 저하

(3) 전문적 특성

① **자유재량권 부여**: 교사들은 독립적인 교실에서 상당한 자유재량권을 가지고 학생들을 가르침

② **직무수행의 통일된 표준과 엄격한 감독 없음**: 교사들은 직무수행의 통일된 표준을 갖기 어렵고 엄격한 감독을 받지도 않음

③ **의사결정의 참여 보장**: 학교는 교사들이 전문가임을 인정하고 의사결정에 보다 많은 참여를 보장함

> **Plus**
>
> 교직의 전문성
>
> 1. **장기간의 교육**: 교사가 되기 위해서는 장기간의 직전교육이 있고, 교사가 된 이후에도 현직교육을 계속 받아야 함
> 2. **고도의 지식과 이론체계(심오한 학문의 이론적 배경)**: 교사는 담당할 전공교과는 물론이며, 교수-학습, 생활지도 등 교육학에 대한 이론적 배경, 그리고 넓고 깊은 교양지식도 갖추고 있어야 함
> 3. **고도의 자율성·윤리성·봉사성 필요**: 교사는 직무수행에 있어 높은 자율성이 보장되며, 도덕적 윤리성을 갖추고, 국가·사회 발전에 무한한 봉사기능을 수행한다. 사도강령과 사도헌장 등 윤리강령을 마련하고 있음
> 4. **전문적 단체**: 교직의 전문성을 제고하고 교직의 사회경제적 지위와 교권을 신장하기 위한 전문적인 교원단체도 존재함

2 **이완조직**(이완결합체제, loosely coupled system) — Weick 99 중등추시, 00 중등, 04 초등, 07 중등, 10 중등, 15 중등추시論

(1) 개념

부서들 간에 상호 관련성은 있지만 구조적으로 느슨하게 결합 ⇨ 각각 독립성을 유지하고 있는 조직 ⇨ 신뢰의 논리(logic of confidence)가 통제의 기제

(2) **이완조직의 특성**(Campbell, Corbally & Nystrand)

① 학교 구성원들에게 보다 많은 자유재량권과 자기결정권을 부여한다. 교사는 전문가로서 자율권을 행사하며, 상부나 상사의 권위에 순종하지 않는다.

② 각 부서 및 학년 조직의 국지적(局地的) 적응을 허용한다. 한 부분의 성공이나 실패가 다른 부분의 성공이나 실패와 별로 연결되지 않는다.

③ 환경변화에 적응하기 위해 학교조직에서 이질적인 요소들이 공존하는 것을 허용한다.

④ 기발한 해결책의 개발을 장려한다.

⑤ 광범한 환경변화에 대해 민감하여야 한다.

⑥ 다른 부분에 영향을 주지 않는 한 체제의 일부분이 분리되는 것을 용납한다.

⑦ 부분 간의 조정을 위하여 비교적 소액의 경비가 요구된다.

(3) 이완조직의 장점과 제한점

① **장점**: 교사의 역할 수행상의 안정성·자율성·전문성을 존중할 수 있으며, 신뢰의 논리를 충족시키고, 어떤 한 부분의 문제나 결손이 다른 부분에 확산되지 않고 국지화하여 위험부담을 줄이는 데 기여한다.

② **제한점** : 교사들의 본질적 과업인 교수활동의 자율성과 전문성만을 지나치게 강조한다는 데 문제점이 있다. 비교수 분야의 활동, 즉 출결관리, 학급편성, 입·퇴학 등은 엄격하게 통제되며, 교사의 자격, 채용, 전보, 승진, 시간표 운영, 회계관리와 물품 및 시설관리 등은 엄격한 법적·행정적 규제를 받아야 하는 것을 무시해서는 안 된다.

3 이중조직 ⇨ 느슨한 결합 + 엄격한 관료제 – Meyer & Rowan

① 학교는 교수활동의 측면에서는 느슨한 결합구조, 행정관리라는 측면에서는(예 수업 시간 운영, 인사관리, 학생관리, 시설관리, 사무관리, 재무관리 등) 엄격한 결합구조를 가짐

② 때때로 지나친 독립성이 조직의 생산성과 효율성을 떨어뜨릴 수 있는 반면, 엄격한 경직성도 교사의 사기를 떨어뜨려 과업수행의 효과를 감소시킬 수 있음. 그러한 점에서 교육행정가는 느슨한 결합과 엄격한 결합의 단점을 극복하고 양자의 순기능을 최대한 확보할 수 있는 안목과 전략수립능력을 갖추어야 함

4 조직화된 무질서(조직화된 무정부, organized anarchy) – Cohen, March, Olsen

03 중등, 04 초등, 06 초등

(1) 개념

조직화는 되어 있지만 구조화되어 있지 않거나 합리적·과학적·논리적으로 파악될 수 없는 조직

(2) 특징

① **불분명한 목표(목표의 모호성)** : 교육조직의 목표가 분명하지 않다. 목표는 추상적인 단어로 진술되어 있으며 교육주체들마다 다르게 규정한다.

② **불확실한 기술(불분명한 과학적 기법)** : 목표를 달성하기 위해 사용하는 방법도 분명하지 않다. 교사들마다 각기 상이한 교수방법과 기술을 사용하고 있지만, 그 어느 것이 효과적인 것인가를 분명하게 말할 수 없다.

③ **유동적 참여** : 학교조직의 구성원인 학생, 교사, 행정가 등이 고정적이지 못하고 유동적이다.

5 학습조직(learning organization) – Senge 09 초등, 15 중등論

(1) 개념

교사들이 학교 내외의 지식과 정보를 공유하고, 협력적인 학습활동을 전개하며, 지속적으로 새로운 지식을 창출하여 학교의 환경변화에 적응해 나가는 조직

(2) 학습조직의 원리(Senge) – 「The Fifth Discipline」

① **개인적 숙련(전문적 소양, personal mastery)**: 개인이 추구하는 지식, 기술, 태도를 형성하기 위해 개인적 역량을 지속적으로 키워 가는 행위 ⇨ 교사는 개인의 비전을 달성하기 위해 끊임없이 학습활동을 전개해야 함

② **정신 모델(정신 모형, mental model)**: 주변에서 발생하는 현상들을 이해하는 인식체계 ⇨ 교사는 성찰과 탐구를 통해 사고의 틀을 새롭게 하는 훈련을 해야 함

③ **공유 비전(비전 공유, shared vision)**: 조직이 추구하는 방향과 그 중요성에 대해 모든 구성원들이 공감대를 형성 ⇨ 교사는 조직 구성원들이 함께 만들기 원하는 미래에 대한 이미지를 개발해야 함

④ **팀 학습(team learning)**: 구성원들이 팀을 이루어 학습하는 것으로, 개인 수준의 학습을 증진시키고 조직학습을 유도하게 함 ⇨ 교사는 팀 학습을 통해 복잡한 문제를 해결하며, 서로의 학습을 촉진해야 함

⑤ **시스템 사고(체제 사고, system thinking)**: 조직에서 일어나는 여러 가지 사건들을 부분적으로 이해하고 해결하기보다는 전체적 관점에서 역동적인 상호작용 관계로 이해하고 사고하는 접근방식

6 전문적 학습공동체(교사학습공동체, professional learning community) 22 중등論

(1) 개념

교사의 전문성 신장과 학생의 학습 증진을 위해 협력적으로 배우고 탐구하며 실천하는 교육전문가 집단 ⇨ 공동연구, 공동실천, 집단성장

(2) 필요성

① **학생의 학업성취도 향상**: 학생의 학습 증진에 중점을 두고 협력하여 공부하고 새로운 아이디어를 적용 ⇨ 학생들의 성취도를 향상시키는 데 효과적임

② **교사의 전문성 신장**: 교사들이 협력하여 학습하고 배운 것을 현장에서 실천함 ⇨ 교사의 수업 개선 및 전문성 신장에 효과적임

③ **학교조직문화 개선**: 교사들이 전문적 학습공동체의 협력적 학습활동에 자발적으로 참여함 ⇨ 협력적 학교조직문화를 형성, 이로 인해 교육의 상향식 개혁이 가능함

(3) 특징

① **가치와 비전의 공유**: 모든 구성원들이 조직이 추구하는 방향과 목적에 대해 합의나 공감대를 형성함

② **협력적 학습 및 적용**: 교사들은 학생의 학습 증진을 위해 함께 협력하여 공부하고, 새로운 아이디어와 정보를 적용하여 문제를 해결하고자 함

③ **개인적 경험의 공유 및 반성적 대화**: 교사들은 서로의 교실을 방문하거나 각자 적용한 것에 대해 결과를 공유하고 토론하면서 자신의 실천을 반성함

④ **지원적이고 공유적인 리더십**: 전문적 학습공동체 구성원들은 학교문제에 대해 리더십을 공유하고 지원적 리더십을 발휘하며 민주적인 결정을 내리게 됨

⑤ **지원적 상황 :** 전문적 학습공동체에서는 교사가 학교의 문제를 연구하고 동료들과 토론할 수 있도록 교사의 활동을 지원하는 인적 · 물적 환경을 제공함

05 조직문화(organizational culture)

1 조직문화의 수준(Hoy & Miskel)

구체적 · 표면적 수준에서부터 추상적 · 심층적 수준까지

조직문화 유형	문화수준	특징
공유된 규범으로서의 문화	표면수준 구체수준	• 공유된 규범은 문화의 가장 구체적이고 표면적이며 가시적인 수준 • 규범은 조직 구성원들이 마땅히 따르도록 할 원리나 법칙을 의미하며, 구성원들의 행동을 규제함 예 수업 시간에 떠들어서 수업을 방해해서는 안 된다. 동료를 지원하라. 학생들에게 교과 외 도움을 주어라. 교장을 비판하지 마라. ⇨ 학칙이나 규정에는 성문화되어 있지 않지만 모든 구성원은 이런 기대 속에서 행동함
공유된 가치로서의 문화	중간수준	• 공유된 가치는 문화의 중간수준으로서 구성원이 공유하는 가치관이며 바람직한 것을 의미 ⇨ 조직을 바로 그 조직으로 만드는 조직의 기본적 특성 • 공유된 가치를 공유함으로써 구성원들은 조직의 일원으로서 자부심을 느끼고, 조직생활의 참 의미를 알게 됨 예 개방성, 협력, 친밀감 ⇨ 오우치(Ouchi)가 중시한 문화
묵시적 가정으로서의 문화	심층수준 추상수준	• 묵시적 가정은 문화의 가장 추상적이고 심층적 수준 • 묵시적 가정이란 조직 구성원들이 아주 당연시 하는 가정을 의미. 가정을 해독하고 구체적인 문화의 형태로 실현한 것이 가치관과 규범임 예 인간 · 인간관계 · 진리 · 환경 등에 대한 관점

2 맥그리거(McGregor)의 X-Y이론 95 중등, 98 중등, 06 초등

인간본성에 대한 2가지 기본가정에 기초하여 X-Y이론 제시 ⇨ X이론적 문화는 타율적인 통제 문화를, Y이론적 문화는 자율적인 통제의 문화를 만들어 냄

구분	X이론	Y이론
기본 가정	[성악설(性惡說)의 인간관] • 인간은 선천적으로 일을 싫어하며, 가능한 한 일을 피하려고 한다. • 인간은 지시받기를 좋아하고, 책임을 회피하려고 하며, 야망이 없고, 무엇보다도 안전을 원한다. • 인간에게 동기를 부여할 수 있는 유일한 수단은 돈이다. 일에 대한 만족감이나 보람이 돈보다 우선되는 경우는 없다.	[성선설(性善說)의 인간관] • 인간은 본래 일을 싫어하지 않고, 자연스럽게 받아들인다. • 인간은 맡은 일을 수행하기 위하여 자기지시와 자기통제를 할 수 있다. • 인간은 책임을 맡아 일하기를 좋아하고, 최상의 보상을 자기만족과 자기실현에 둔다.

	[과학적 관리론적 접근]	[인간관계론적 접근]
경영 전략	• X이론의 행정가(경영자)는 인간은 적극적인 개입이 없으면 저항하거나 수동적이게 된다고 믿는다. • 그래서 행정가(경영자)는 구성원을 설득하고 경제적 보상을 주거나(온건한 방법), 강압과 처벌, 통제 등 권위주의적이고 강압적인 지도성을 발휘한다(적극적 방법). ⇨ 당근과 채찍	• Y이론의 행정가(경영자)는 인간을 동기와 잠재력, 책임감, 목표성취의지 등을 가진 자아실현적 존재로 본다. • 따라서 행정가(경영자)는 구성원의 사회 · 심리적 욕구를 충족하여 자발적 근무의욕과 동기를 유발시켜 주거나, 조직의 제반 여건과 운영방법을 정비하여 구성원의 노력을 촉진하고 지원한다.

3 아지리스(Argyris)의 미성숙 - 성숙 이론 95 중등

관료적 가치체제(X이론에 근거한 조직)과 인간적 가치체제(Y이론에 근거한 조직)를 비교 연구하여 미성숙 －성숙의 연속선(continuum)을 제시

(1) 관료적 가치체제를 따르는 조직(미성숙 조직풍토)

X이론에 근거하여 인간을 부정적이고 미성숙한 존재로 취급 ⇨ 따라서 의심 많은 인간관계가 형성되어 대인관계능력을 저하시키고 집단 간 갈등을 야기하며, 결국 조직의 문제해결력을 저하시킴

(2) 인간적 가치체제를 따르는 조직(성숙 조직풍토)

Y이론에 근거하여 인간을 긍정적이고 성숙한 인간으로 취급 ⇨ 따라서 신뢰하는 인간관계가 형성되어 대인관계능력을 증가시키고 집단 간 협동, 융통성이 증가되어, 결과적으로 조직의 효과성이 증대됨

(3) 개인의 성숙이 곧 조직의 성장을 촉진시킨다. ⇨ 개인(자아실현)과 조직(목적달성)이 서로 상생하는 방법 추구

① 조직 관리자는 구성원을 성숙한 인간으로 취급하고 그러한 문화풍토를 조성하는 데 최선의 노력을 기울여야 함

② 조직 내의 구성원에게 자율성과 책임의 폭을 넓혀 주고 믿음으로 대해 주며, 직장에서 성숙할 수 있는 기회를 부여하면, 구성원의 자아실현욕구와 함께 조직의 목표도 달성됨

4 스타인호프와 오웬스(Steinhoff & Owens)의 학교문화 유형론 07 전문상담, 20 중등論

공립학교에서 발견될 수 있는 4가지 특유한 문화형질을 통해 학교문화를 분류 ⇨ 비유(metaphor)를 사용하여 설명

(1) 가족문화(family culture)

이 학교는 '가정'이나 '팀'에 비유 ⇨ 가족으로서 학교는 애정어리고 우정적이며, 때로는 협동적이고 보호적이다. 예 교장은 부모나 코치로 묘사

(2) 기계문화(machine culture)

이 학교는 '기계'에 비유 ⇨ 모든 것을 기계적인 관계로 파악하며, 학교의 목표 달성을 위해 교사들을 기계와 같이 취급하며 이용한다. 예 교장은 일벌레, 기계공으로 묘사

(3) 공연문화(cabaret culture)

이 학교는 쇼를 시연하는 '공연장'에 비유 ⇨ 학생의 반응을 중시하며, 훌륭한 교장의 지도 아래 탁월하고 멋진 가르침을 추구한다. 예 교장은 곡마단 단장, 공연 사회자, 연기 주임으로 간주

(4) 공포문화(horrors culture)

이 학교는 전쟁터와 같은 '악몽'에 비유 ⇨ 구성원들은 고립된 생활을 하며, 서로를 비난하고 적대적이며 냉랭하다.

5 세티아(Sethia)와 글리노(Glinow)의 문화유형론

조직의 주된 관심이 인간과 성과 중 어디에 있느냐에 따라

		성과에 대한 관심	
		낮음	높음
인간에 대한 관심	높음	보호문화	통합문화
	낮음	냉담문화	실적문화

Sethia와 Glinow의 조직문화유형

(1) 보호문화

구성원의 복지를 강조하지만 높은 성과를 요구하지 않는다(온정주의적 문화). ⇨ 구성원이 충성심과 애정이 있어 조직이 생존하고 번영함. 팀워크와 협동, 상사에 대한 복종 등이 중요한 가치

(2) 냉담문화

인간과 성과 모두에 무관심한 조직이다. ⇨ 음모, 파당, 분열로 사기 저하와 냉소주의가 만연하고, 기득권과 이해관계에 의해 조직이 운영

(3) 실적문화

구성원의 복지는 소홀히 하면서도 높은 성과를 요구한다. ⇨ 성공추구문화의 대표적인 경우. 인간은 소모품으로 간주, 높은 성과를 낼 때만 보상. 성공, 경쟁, 적극성, 혁신 등이 중요한 가치

(4) 통합문화

성과와 인간 모두에 높은 관심을 나타내는 조직문화이다. ⇨ 인간의 존엄성을 바탕으로 하며, 구성원 스스로 잠재력을 최대한 계발, 조직발전에 크게 공헌하기를 기대. 협동, 자율성, 창의성, 모험 등이 주요 가치

06 조직풍토(organizational climate)

1 리커트(Likert)의 관리(경영)체제 91 중등, 07 초등

상・하급자 간의 관계가 어떠하냐에 따라 조직관리유형(조직풍토)을 체제 1(system 1)에서 체제 4(system 4)에 이르기까지 하나의 연속선(continuum)으로 표시

체제 1 : 수탈적 관리체제 (착취적 권위주의적 풍토・관리)	체제 2 : 자비적 관리체제 (자선적 권위주의적 풍토・관리)
관리자는 부하를 신뢰하지 않음 • 의사결정은 하향적이고 일방적임 • 부하의 동기유발은 공포, 위협, 처벌에 의함 • 통제는 최고 관리자에게 집중됨 • 상사와 부하 간의 상호 관계는 별로 없음 • 비공식적으로 관리자의 목적에 반대함	관리자는 부하에게 자비를 베풀 듯 신뢰함 • 의사결정에 부하는 별로 관여하지 않음 • 부하의 동기유발은 보상과 처벌임 • 상사와 부하 간의 관계는 자비를 베풀 듯함 • 부하는 두려움과 경계를 나타냄 • 통제는 최고 관리자에게 집중, 더러 위임도 함
체제 3 : 자문적 관리체제 (협의적 풍토 : 자문적 관리・경영)	**체제 4 : 참여적 관리체제 (참여적 풍토 : 참여적 관리・경영)**
관리자는 부하를 중요한 존재로 인식하나 완전히 신뢰하지는 않음 • 부하가 낮은 수준의 한정된 의사결정을 함 • 의사소통은 상하로 이루어짐 • 동기유발은 보상, 때로는 처벌 및 약간의 참여에 의함 • 상사와 부하 간에는 온건한 관계와 상당한 신뢰가 있음 • 통제는 하향적으로 위임됨	관리자는 부하를 전적으로 신뢰함 • 의사결정이 널리 확산됨 • 의사소통은 상하, 좌우로 됨 • 동기유발은 참여와 보상에 의함 • 상사와 부하 간의 관계는 광범위하고 우호적임 • 고도의 신임과 신뢰가 있음 • 통제과정에는 광범위한 책임이 존재함

체제 1과 체제 2를 채택하는 교장이나 교사는 학교의 목적 달성을 위해 고도의 통제와 지위를 이용한 압력과 권한을 행사한다. 리더와 부하 관계는 1 대 1의 관계를 강조한다. 체제 3은 부하와 개인적으로 상의하여 의사결정을 하는 참여적 리더십을 보인다. 그러나 학교 목적의 극대화, 학생의 자아실현, 교사의 자아충족에는 못 미친다. 체제 4는 중요한 조직의 모든 과정에 팀워크를 강조한다. 교장이나 교사는 자아통제적 방법으로 커다란 집단 충성심과 높은 목표완수, 고도의 협동을 이룬다.
요컨대, 효과적인 학교일수록 참여적 분위기인 체제 4에 더 접근하고 덜 효과적인 학교일수록 체제 1의 관리형태(경영형태)에 접근한다.

맥그리거	아지리스	리커트	허즈버그	동기
X이론	미성숙	체제 1	위생요인	외재적 동기
↕	↕	체제 2	↕	↕
		체제 3		
Y이론	성숙	체제 4	동기요인	내재적 동기

2 핼핀과 크로프트(Halpin & Croft)의 학교조직풍토론 02 초등, 07 중등

교사의 행동특성과 교장의 행동특성에 대한 교사들의 '지각'을 토대로 학교조직풍토를 6가지 유형으로 분류

개방 – 폐쇄의 연속선상에서 조직풍토를 위한 원형 프로필(M = 50, SD = 10)

조직풍토 \ 하위요인	교사의 행동특성				교장의 행동특성			
	사기	방해	친밀	일탈	추진	배려	냉담	과업
개방적	63 (높음)	43 (낮음)	50 (중간)	43 (낮음)	61 (높음)	55 (중간)	42 (낮음)	43 (낮음)
자율적	55 (높음)	41 (낮음)	62 (높음)	40 (낮음)	53 (중간)	50 (중간)	61 (높음)	39 (낮음)
통제적	54 (높음)	59 (높음)	40 (낮음)	38 (낮음)	51 (중간)	45 (낮음)	55 (높음)	63 (높음)
친교적	50 (중간)	42 (낮음)	58 (높음)	60 (높음)	52 (중간)	59 (높음)	44 (낮음)	37 (낮음)
간섭적	45 (낮음)	46 (낮음)	46 (낮음)	65 (높음)	51 (중간)	55 (높음)	38 (낮음)	55 (높음)
폐쇄적	38 (낮음)	58 (높음)	54 (중간)	62 (높음)	41 (낮음)	44 (낮음)	55 (높음)	54 (높음)

개방적 풍토 (open climate)	교사의 사기와 교장의 추진성이 매우 높아 아주 활기차고 생기 있는 조직풍토. (교장이 과업을 강조하지 않아도) 교사들이 학교의 목표 달성에 헌신하며 개인의 사회적 욕구도 충족 ⇨ 가장 바람직한 풍토
자율적 풍토 (autonomous climate)	교장은 냉담하지만 과업을 강조하지 않고, 교사들은 (높은 사기와 친밀성을 바탕으로) 매우 자유롭게 업무를 수행하며 사회적 욕구를 충족하는 자유보장적 풍토
통제적 풍토 (controlled climate)	교장은 냉담하며 과업을 강조하지만, 교사는 방해로 느끼며 (친밀성이 낮아) 사회적 욕구 충족이 소홀히 되는 지시적인 풍토. (하지만 목적 달성에서 오는 성취감이 높아 친교적 풍토보다 사기가 더 높게 나타난다.) ⇨ 과업수행이 강조되는 반면 교사의 사회적 욕구 충족은 소홀히 되는 지시적 풍토
친교적 풍토 (familiar climate)	(교장은 극히 배려적이고 과업을 강조하지 않으며, 교사도 친밀성을 추구하며 업무에는 일탈적이다.) 교장과 교사들 간에 우호적 태도가 형성되고 사회적 욕구는 잘 충족되나, 조직의 목표 달성을 위한 집단 활동이 부족한 사교적인 풍토
간섭적 풍토 (paternal climate)	교장은 (배려적이면서) 과업을 강조하지만(공정성 결여), 교사는 (업무에 무관심하고 친밀성도 낮아) 과업성취나 사회적 욕구 충족 모두에 부적합한 풍토
폐쇄적 풍토 (closed climate)	교사는 (사기가 극도로 떨어져 있고) 업무에는 무관심한데, 교장은 (극히 냉담하며) 불필요한 일과 과업만 지나치게 강조하는 비효율적인 풍토 ⇨ 가장 바람직하지 못한 풍토

3 호이와 미스켈(Hoy & Miskel)의 학교조직풍토론 11 초등

개정된 조직문화풍토척도(OCDQ-RE)를 사용하여 학교조직풍토를 4가지로 구분하고 개방-폐쇄의 연속선상에서 설명

행동특성		풍토 유형			
		개방풍토	몰입풍토	일탈풍토	폐쇄풍토
교사 행동	협동적	고	고	저	저
	친밀적	고	고	저	저
	일탈적	저	저	고	고
교장 행동	지원적	고	저	고	저
	지시적	저	고	저	고
	제한적	저	고	저	고

개방풍토 (open climate)	교사와 교장이 모두 개방성을 나타내는 풍토 ⇨ 교장은 교사의 제안과 전문성을 존중하며, 교사는 높은 협동성과 친밀성을 유지하며 과업에 헌신하는 풍토 ⇨ 학교 구성원 간 협동, 존경, 신뢰가 형성되어 있는 풍토
몰입풍토 (참여풍토) (engaged climate)	교사는 개방적이나 교장은 폐쇄성을 나타내는 풍토 ⇨ 교장은 비효과적인 통제를 하며 교사의 업무를 방해하지만, 교사는 높은 협동성과 친밀성을 바탕으로 높은 전문적인 업무 수행을 하는 풍토
일탈풍토 (disengaged climate)	교사는 폐쇄적이나 교장은 개방성을 나타내는 풍토 ⇨ 교장은 교사들에게 관심이 많으며 지원적인 데 반하여, 교사는 교장을 무시하거나 협조하지 않을 뿐만 아니라, 교사 간에도 불화와 분열을 보이며 헌신적이지 않은 풍토
폐쇄풍토 (closed climate)	교사와 교장 모두가 폐쇄성을 나타내는 풍토 ⇨ 교장은 일상적이거나 불필요한 잡무만을 강조하고 엄격한 통제를 하고, 교사는 교장과 불화하고 업무에 관심과 책임감이 없으며 헌신적이지 않은 풍토

07 조직갈등(organization conflict)

1 갈등의 순기능과 역기능

순기능	역기능
• 조직의 변화와 혁신을 촉진하여 새로운 화합의 계기가 될 수 있다. • 조직 내 문제에 대한 정보와 자기반성의 기회를 제공한다. • 조직 내의 갈등을 관리하고 방지할 수 있는 방법을 학습할 수 있는 기회를 제공한다. • 갈등을 극복하려고 노력하는 가운데 구성원의 재능과 능력이 발휘된다.	• 목표 달성에 필요한 시간과 자원을 낭비할 수 있다. • 구성원에게 정신적·육체적·정서적으로 긴장과 불안, 고통, 스트레스 등을 유발한다. • 조직이나 타인에 대해 부정적인 태도와 적개심, 불만, 참여 기피 등을 야기한다. • 조직의 안정성, 조화성, 통일성을 깨뜨릴 수 있다.

	• 침체된 조직을 거기에서 벗어나 더욱 생동하게 하는 계기가 될 수 있다. • 구성원들의 다양한 심리적 욕구를 충족시키는 계기가 될 수 있다.

2 토마스(Thomas)의 갈등관리전략 99 중등추시, 00 초등, 02~03 초등, 06 초등

독단성과 협조성을 기준으로 조직 상황에 따른 갈등관리 방식

경쟁형 (competing)	• **관리방법**: 상대방을 희생시키고 자신의 이익이나 관심사를 충족하려는 전략으로, 한쪽이 이익을 얻는 반면 다른 쪽이 손해를 보는 승패(勝敗, win－lose) 전략 ⇨ 행정가는 조직의 목표 달성을 강조하며 구성원들의 개인적 필요에 대해서 협력하지 않는 방식 • **적절한 상황**: ㉠ 신속한 결정이 요구되는 긴급한 상황일 때, ㉡ 조직의 성장에 매우 중요한 문제일 때, ㉢ 중요한 사항이지만 인기 없는 조치를 실행할 때, ㉣ 타인을 부당하게 이용하는 사람에게 대항할 때
회피형 (avoiding)	• **관리방법**: 자신과 상대방의 관심사 모두를 무시함으로써 갈등으로부터 탈피하고자 하는 방식. 어떠한 행태로든 갈등을 해결하려고 하지 않는 접근 ⇨ 조직의 목표를 강조하지도 않고 구성원들의 필요에 대해서 협력하지도 않는다. • **적절한 상황**: ㉠ 쟁점이 사소한 것일 때, ㉡ 해결책의 비용이 효과보다 훨씬 클 때, ㉢ 다른 문제가 해결되면 자연스럽게 해결될 수 있는 하위갈등일 때, ㉣ 사태를 진정시키고자 할 때, ㉤ 다른 사람들이 문제해결을 더 효과적으로 해결할 수 있을 때
수용형 (순응, 동조, 조정) (accomodating)	• **관리방법**: 좋은 인간관계를 유지하기 위해서 자신의 욕구충족은 포기하고 상대방의 주장에 따름으로써 갈등을 해소하는 방법 ⇨ 행정가는 구성원의 필요에 양보하고 자기를 희생 • **적절한 상황**: ㉠ 자기가 잘못한 것을 알았을 때, ㉡ 보다 중요한 문제를 위해 좋은 관계를 유지해야 할 때, ㉢ 조화와 안정이 특히 중요할 때, ㉣ 패배가 불가피하여 손실을 최소화할 때, ㉤ 다른 사람에게 더 중요한 사항일 때
협력형 (협동형) (collaborating)	• **관리방법**: 양쪽의 관심사를 모두 만족시키려는 접근으로, 양자 모두에게 이익을 주는 승승(勝勝, win－win) 전략 ⇨ 양쪽이 다 만족할 수 있는 갈등해결책을 적극적으로 찾는 최선의 방법 • **적절한 상황**: ㉠ 목표가 학습하는 것일 때, ㉡ 합의와 헌신이 중요할 때, ㉢ 양자의 관심사가 매우 중요하여 통합적인 해결책만이 수용될 때, ㉣ 관계 증진에 장애가 되는 감정을 다루고자 할 때, ㉤ 관점이 다른 사람들로부터 통찰력을 통합하기 위하여
타협형 (compromising)	• **관리방법**: 양쪽이 조금씩 상호 양보하여 절충안을 찾으려는 방법 ⇨ 다수의 이익을 위해 조직의 목표와 개인의 필요 간에 균형을 찾아 수용 가능한 해결책을 찾는 방법 ⇨ 양쪽이 다 손해를 보기 때문에 앙금이 남아 다른 갈등의 원인이 될 수 있음 ⇨ 현실적으로 가장 많이 활용 • **적절한 상황**: ㉠ 복잡한 문제에 대한 일시적인 해결책을 얻고자 할 때, ㉡ 당사자들의 주장이 서로 대치되어 있을 때, ㉢ 목표가 중요하지만 목표 달성에 따른 잠재적인 문제가 클 때, ㉣ 협력이나 경쟁의 방법이 실패할 때, ㉤ 시간 부족으로 신속한 행동이 요구될 때

08 지도성론(leadership theory)

1 특성론(trait theory) – 과거~1950년 25 중등論

(1) 개관

① 지도자로서 선천적으로 타고난 특성이 있다고 보고 지도자의 특성과 자질을 분석하려는 접근이다.
② 그러나 리더만이 관심의 대상이 되었으며 그 구성원에 대한 관심은 없었다는 점에서 한계가 있다.

(2) 대표자

스톡딜(Stogdill)	카츠와 칸(katz & Kahn) 25 중등論
• 재능(capacity): 지능, 기민성, 언어의 유창성, 독창력, 판단력 • 성취(achievement): 학문, 지식, 운동경기의 성취 • 책임감(responsibility): 신뢰, 솔선, 인내력, 적극성, 자신감, 성취욕 • 참여(participation): 활동성, 사교성, 협동성, 적응성, 유머 • 지위(status): 사회경제적 위치와 인기	• 실무적 기술(사무적 기술): 어떤 일을 수행하는 데 필요한 지식과 기술. 어떤 활동의 방법, 과정, 절차, 기법 등을 이해하고 활용할 수 있는 능력 예 작업관리층(하위계층), 교사, 서무과장 등 하위직 행정가에게 필요한 기술 • 인간적 기술(인화적 기술): 구성원들과 인화를 조성하고 협동적으로 일할 수 있는 기술 예 중간관리층(중간계층), 교감, 장학사에게 필요 • 종합적 기술(전체파악 기술, 통합적 · 구상적 기술): 조직을 하나의 전체로 파악할 수 있는 능력. 조직 전체의 복합성을 이해하고 자기활동이 전체로서의 조직 어디에 관련되는가를 파악하는 능력 ⇨ 교육활동 전반을 통합적 · 대국적 · 장기적 견지에서 일관하여 선견지명을 가지고 사업을 구상 예 상위관리층(상위행정가), 교육감, 교장에게 필요

2 행위론(behavior theory) – 1950~1970년

(1) 개관

① 지도자가 어떤 행동을 하느냐를 분석하여 지도자가 나타내는 행동을 기술하였다.
② 효과적인 지도자와 비효과적인 지도자의 행위를 비교하여 지도자의 행위양식을 유형화하였다.

(2) 레빈(Lewin) 등의 지도성 연구(아이오와 대학의 연구)

① 연구

㉠ Lewin, Lippitt, White은 지도자의 행동 유형을 권위적 지도자, 민주적 지도자, 자유방임적 지도자로 구분하고 각 유형이 집단의 태도와 생산성에 미치는 영향을 분석하였다.

㉡ 권위적 지도자는 명령적이고 참여를 허용하지 않으며 칭찬이나 비판을 개인적으로 행하되 중립적인 태도를 취하였으며, 민주적 지도자는 집단의 결정을 권장하고 칭찬이나 비판 시에는 객관적

입장을 취하였으며, 자유방임적 지도자는 집단에게 완전한 자유를 주었다(권위적 ⇨ 과업지향적, 과학적 관리론 / 민주적 ⇨ 관계지향적, 인간관계론).

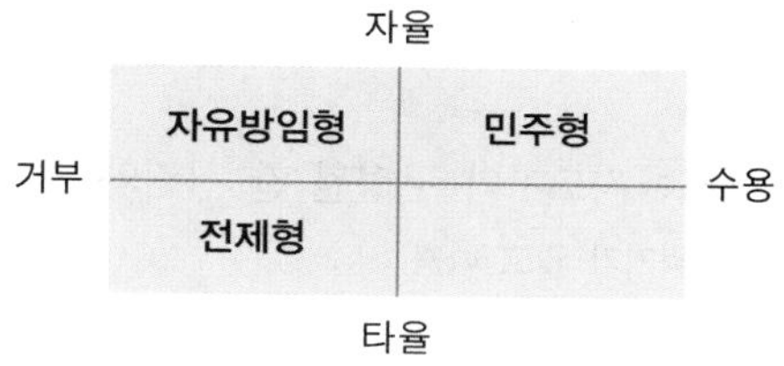

② 결과

㉠ 민주적 지도자를 가장 선호하고, 권위적 지도자를 가장 싫어한다는 결과가 나왔다.

㉡ 권위적 지도자는 공격적인 행동이나 냉담한 행동을 유발하였고, 자유방임적 지도자는 좌절과 방향 감각의 상실, 우유부단한 행동이 관찰되었다.

(3) **핼핀과 위너**(Halpin & Winer)**의 지도성 연구**(오하이오 주립대학의 연구)

① 연구

㉠ '구조성(과업 중심, task-oriented)'과 '배려성(인간관계 중심, relationship-oriented)' 차원을 기준으로 지도자의 행동을 인화형, 효율형, 비효율형, 과업형으로 분류하였다. 지도자행동기술척도(LBDQ : Leader Behavior Description Questionnaire)를 사용하였다.

㉡ 구조성을 중시하는 지도자는 구성원 각자에게 기대되는 역할을 분명히 하고, 업무를 배정하고, 사전에 계획을 세우고, 일처리 방법과 절차의 확립을 중시하며, 결실을 보기 위해 일을 추진한다(구조성 ⇨ 과학적 관리론).

㉢ 배려성을 중시하는 지도자는 구성원의 아이디어를 청취하고, 친절하고, 사람들과 자주 만나며, 모든 직원을 공평하게 취급하고, 피고용자의 아이디어를 자주 활용한다(배려성 ⇨ 인간관계론).

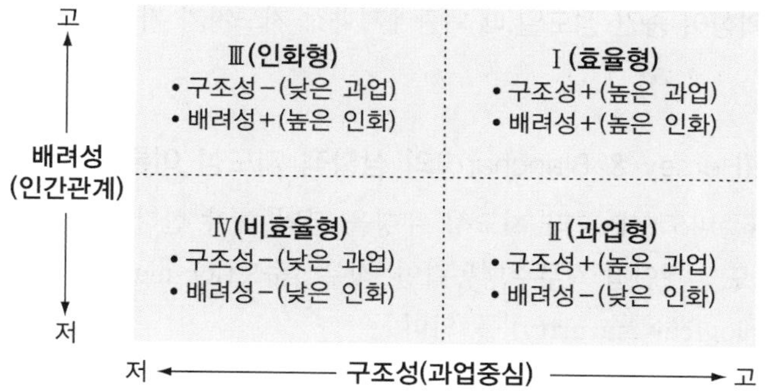

② 결과 : Ⅰ형(높은 구조성 · 높은 배려성 : 효율형)이 가장 효과적인 지도자 유형이다.

3 상황론(situation theory) 99 초등보수, 01 중등, 14 중등

(1) 피들러(Fiedler)의 상황적 지도성 이론 07 초등, 13 중등

'상황의 호의성'에 따라 지도성 유형을 달리 해야 한다.

① 상황의 호의성

㉠ **지도자와 구성원의 관계**: 지도자와 구성원 간 신뢰와 존경의 정도

예 지도자와 구성원 간의 분위기가 좋고 나쁨

㉡ **과업구조**: 과업이 명확하게 규정되고 수행방법이 체계화·구조화되어 있는 정도

예 과업이 분명하면 지도자의 통제는 증가하고, 그렇지 않으면 지도자의 통제는 감소

㉢ **지도자의 지위권력**: 조직이 지도자의 지위에 부여한 권력의 정도

예 지도자의 보상(승진, 월급·상여금 인상) 및 처벌권 등

② 지도성 유형

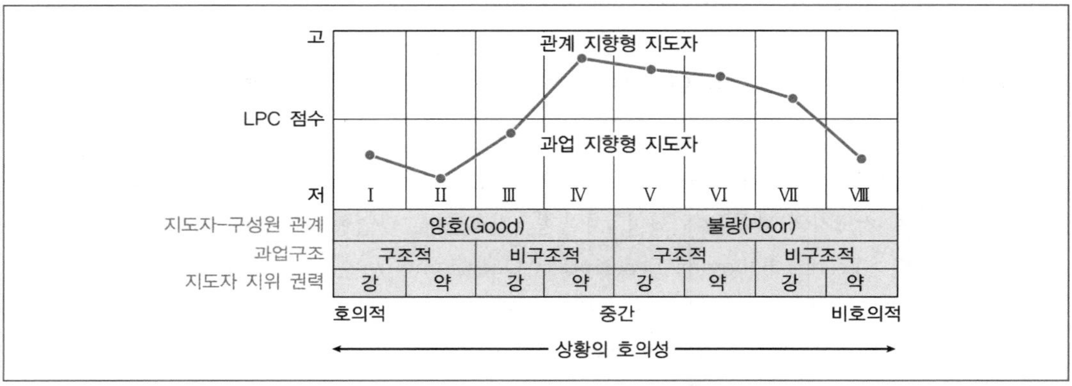

피들러의 상황에 따른 효과적인 리더십 유형(윤정일)

㉠ **상황이 호의적이거나, 비호의적일 때**: 과업지향적 지도자가 가장 효과적(지도자의 영향력이 대단히 크거나 작은 극단적인 상황)

㉡ **상황의 호의성이 중간 정도일 때**: 관계지향적 지도자가 가장 효과적(지도자의 영향력이 중간 정도인 상황)

(2) 허시와 블랜차드(Hersey & Blanchard)의 상황적 지도성 이론 94 초등, 97 중등, 08 초·중등, 14 중등論

'구성원의 성숙도(준비도)'에 따라 지도성 유형을 달리 해야 한다.

① **구성원의 성숙도**: 개인적 직무수행능력인 '직무성숙도(job maturity)'와 개인적 동기수준인 '심리적 성숙도(psychological maturity)'를 의미

② **지도성 유형**: 구성원의 성숙도와 지도성 행위를 조합하여 4가지 지도성 유형 제시

구성원의 성숙도	낮다(M_1)	중간이다		높다(M_4)
		M_2(중간 이하)	M_3(중간 이상)	
직무성숙도(능력 or 전문성)	저	저	고(적절)	고
심리적 성숙도(동기)	저	고(적절)	저	고
효과적 지도성 유형	지시형(설명형)	지도형(설득형)	지원형(참여형)	위임형
과업	고	고	저	저
관계	저	고	고	저
특징	구성원의 성숙도 수준이 낮을수록 과업지향성을 높이고, 성숙도 수준이 높을수록 과업지향성을 낮추는 방향으로 지도성을 발휘한다.			

㉠ **지시형(directing)**: 구성원의 능력과 동기가 모두 낮을 경우(M_1), 일방적인 과업설명이 요구되는 상황이어서 높은 과업행위와 낮은 관계성 행위가 효과적이다(Q_1).

㉡ **지도형(coaching)**: 구성원이 능력은 낮으나 적절한 동기를 가지고 있는 경우(M_2), 능력을 높여주기 위한 높은 과업행위와 고양된 동기를 계속 유지하기 위한 높은 관계성 행위가 효과적이다(Q_2).

㉢ **지원형(supporting)**: 구성원이 적절한 능력을 갖되 낮은 동기를 가지고 있는 경우(M_3), 일방적인 지시인 과업행위는 낮추고 동기를 높여줄 수 있는 높은 관계성 행위가 효과적이다(Q_3).

㉣ **위임형(delegating)**: 구성원의 능력과 동기가 모두 높을 때(M_4), 과업과 관계성 행위를 모두 줄이고 권한을 대폭 위임하는 것이 효과적이다(Q_4).

4 리더십 대용 상황이론(substitutes for leadership model) – Kerr & Jermier 11 초등

지도자의 리더십이 상황에 따라 대체되거나 억제될 수 있다는 이론(⇨ 리더십 대체이론)

(1) 상황

① **대용(substitute) 상황**: 지도자의 능력을 대신하거나 감소시키는 상황적 측면(⇨ 지도자의 행동을 대체하거나 불필요하게 만드는 상황)

예 구성원의 높은 수준의 능력과 전문성, 구조화된 과업특성, 공식적인 역할과 절차 등으로 인해 지도자의 지도성이 필요하지 않은 상황

② **억제(neutralizer) 상황**: 지도자가 특정한 방식으로 행동하지 못하게 하거나 지도자 행동의 영향력을 무력화시키는 상황적 측면(⇨ 지도자의 행동을 억제하거나 무력화시키는 상황적 측면)

예 학교장이 우수한 교사를 보상할 수 있는 권력을 가지고 있지 않은 경우(⇨ 학교장의 지도자 행동을 제약하는 상황적 조건), 학교장이 제공하는 인센티브에 교사들이 무관심한 경우(⇨ 학교장의 행동을 무력화시키는 상황적 조건)

(2) 리더십 대용 상황으로 작용할 수 있는 상황 변인 – 구성원 특성, 과업 특성, 조직 특성

① **구성원 특성**: 구성원의 능력, 훈련, 경험과 지식, 전문성 여부, 보상에 대한 무관심 등

② **과업 특성**: 구조화된 일상적 과업, 내재적 만족을 주는 과업, 과업에 의해 제공되는 피드백 등

③ **조직 특성**: 역할과 절차의 공식화, 규정과 정책의 신축성, 구성원의 응집력, 지도자와 구성원의 공간적 거리, 지도자의 권력 강약, 조직의 목표나 계획의 분명성 등

5 변혁적 지도성 이론(transformation leadership theory) – Burns, Bass

99 초등보수, 02~03 초등, 05 초·중등, 09~10 초등, 19 중등論

구성원의 성장욕구를 자극하여 동기화시킴으로써 구성원의 태도와 신념을 변화시키고 기대 이상의 성과를 달성하게 하는 지도성

(1) 거래적 지도성과 변혁적 지도성의 차이(Bass, 1990) 00 서울초보

거래적 지도자(교환적 지도자)	변혁적 지도자
• **조건부 보상**: 노력에 대해 보상을 한다는 교환적 계약. 업적이 높으면 많은 보상을 약속함 • **적극적 예외관리**: 규칙과 기준으로부터의 이탈을 감시하고 찾아내어 올바른 행동을 취하도록 함 • **소극적 예외관리**: 규정과 표준에 맞지 않을 때만 개입 • **자유방임**: 책임을 포기하고 의사결정을 회피함	• **이상적 영향력(카리스마)**: 구성원에게 비전과 사명감을 제공하고 자부심을 부여하여 존경과 신뢰를 얻음 • **영감적 동기화(감화력)**: 구성원에게 높은 기대를 전달하고 노력에 초점을 두는 상징을 사용하며, 중요한 목적을 단순한 방법으로 표현함 • **지적 자극**: 지식, 합리성 및 문제해결능력을 증진함 • **개별적 배려**: 개인적인 관심(능력, 배경, 상황 등)을 보이며, 각자를 개인적으로 상대하고 지도·충고함

(2) 변혁적 지도성의 특징(핵심요소) – 4I(Bass)

① **이상적인 완전한 영향력(idealized influence)**: 지도자가 구성원들에게 비전을 제시하고 신뢰와 존경을 받으며 동일시와 모방의 대상이 되어 이상적인 영향력을 행사한다(Bass).

② **영감적 동기화(감화력, inspirational motivation)**: 지도자는 구성원들에게 비전을 공유하도록 하고, 조직의 과업이 달성되고 조직이 발전할 수 있다는 기대와 도전감을 주어 구성원들을 동기화한다(Bass).

③ **지적 자극(intellectual stimulation)**: 지도자는 구성원들이 기존 상황에 대해 새로운 방식으로 혁신적이며 창의적으로 사고하도록 자극한다(Bass).

④ **개별적 배려(individualized consideration)**: 지도자는 구성원들의 개인적 욕구에 관심을 보이고 새로운 학습기회를 제공하여 구성원들이 자신의 잠재력을 계발하도록 배려한다(Bass).

6 문화적 지도성 이론(cultural leadership theory) – Sergiovanni, Cunningham & Gresso

구성원의 의미추구 욕구를 만족시킴으로써 그 구성원을 학교의 주인으로 만들고, 조직의 제도적 통합을 가능하게 하는 지도성 ⇨ 독특한 학교문화를 창출하는 데에서 나오는 지도성

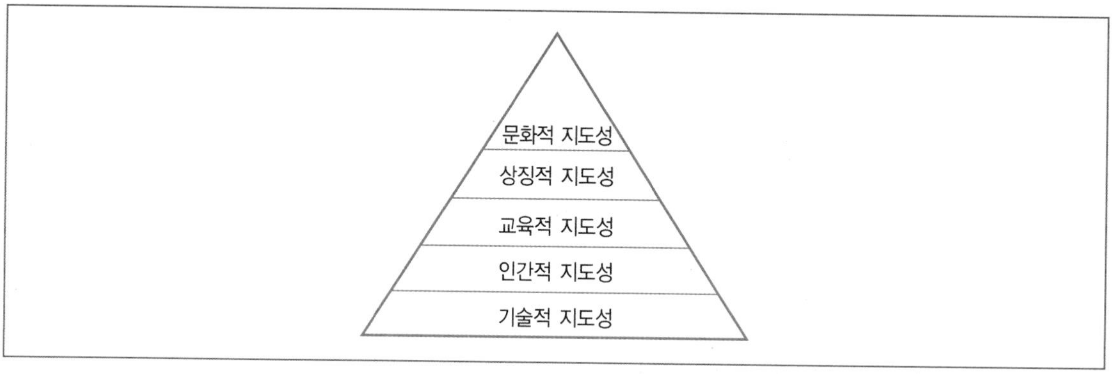

리더십 영향력 위계

(1) 서지오바니(Sergiovanni)의 학교지도성 유형 – 문화적 지도성을 가장 중시

① **기술적 지도성**: 견고한 경영관리기술을 구비한 지도성. 계획, 조직, 조정, 시간관리 등을 강조하고 그에 대한 우수한 능력을 가지고 있음 ⇨ 전문경영자(management engineer)로 간주

② **인간적 지도성**: 유용한 사회적·인간적 자원을 활용하는 인간관리자의 역할을 구비한 지도성. 인간관계, 사교능력, 동기화 능력, 지원, 참여적 의사결정 등을 통해 사람들의 사기를 높이고 조직의 성장을 도모함 ⇨ 인간공학 전문가(human engineer)

③ **교육적 지도성**: 교육에 대한 전문적 지식과 능력을 구비한 지도성. 효과적인 교수–학습, 교육 프로그램 개발, 교육과정 개발, 장학, 평가 등을 효율적으로 수행함 ⇨ 현장교육 전문가(clinical engineer)

④ **상징적 지도성**: 학교의 중대사에 대해 주의를 환기시키고 '무엇이 중요한 가치인가'를 알려주는 지도성. 학교 견학, 교실 방문, 행사나 의식 관장, 학생과의 간담회 등 상징적 행사와 언사를 통해 학교의 비전과 목표에 주의를 환기시키고 특별한 행동을 유도함 ⇨ 대장(chief)의 역할

⑤ **문화적 지도성**: 학교가 추구하는 '영속적인 가치와 신념'을 규정하고, 독특한 학교문화를 창출하는 지도성. 독특한 학교 정체성의 확립 및 전통 수립에 기여함 ⇨ 성직자(priest)의 역할

7 도덕적 지도성 이론(moral leadership theory) – Sergiovanni, Owens

지도자의 도덕성과 구성원의 자율성을 바탕으로, 구성원 각자를 '셀프리더(self-leader)'가 되도록 자극하여 '도덕적이고 효과적인 조직'이 될 수 있도록 하는 지도성

선의 \ 성공	아니오	예
예	Ⅰ 도덕적인 학교	Ⅱ 도덕적이고 효과적인 학교
아니오	Ⅲ 비도덕적이고 비효과적인 학교	Ⅳ 정략적인 학교

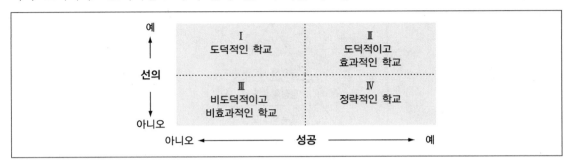

(1) 서지오바니(Sergiovanni)의 학교 유형 분류

① 학교는 바람직한 가치를 전수하는 곳이고 행정이란 도덕적 기술이므로 Ⅰ과 Ⅱ유형만이 본질적인 의미에서의 학교이다.

② 결국, 도덕적 지도성은 성공보다는 선의를 중시하는 Ⅰ, Ⅱ의 학교를 만드는 지도성이라 할 수 있다.

(2) Ⅰ, Ⅱ유형의 학교 만들기 전략 – 전문직업적 사회화, 목적 설정과 공유가치, 동료의식과 상호 의존성을 제시

① 전문직업적 사회화, 목적 설정과 공유가치, 동료의식과 상호 의존성이 강조될 경우 이것들은 리더십을 대신할 수 있으며 리더의 지도력은 그만큼 필요가 없게 됨. 수업이 교사들 자신의 지혜와 동료들에 의존하여 자율적으로 해결되기 때문

② 행정가들은 지시적 리더십을 발휘하는 대신 교사들이 리더가 되도록 자극하고 조건을 확립하는 데 노력을 투자할 수 있게 됨. 결국 학교 지도자는 교사들을 셀프리더(self-leader)로 변혁시킬 수 있는 지도력을 발휘해야 할 것임. 도덕적 리더십은 이러한 조직 운영을 효율적으로 달성할 수 있는 전략임

8 초우량 지도성 이론(슈퍼리더십, super-leadership theory) – Manz & Sims 11 중등

지도자가 구성원 각자를 지도자로 성장시켜 스스로를 자율적으로 지도할 수 있도록 만드는 지도성 ⇨ 도덕적 리더십이 지향하는 바와 상당히 유사

(1) 구성원의 자율적인 통제와 동기 강조

외적인 통제보다는 구성원들의 자기지도적인(self-leading) 내적 통제를 무엇보다 중시한다.

(2) 구성원 스스로 지도자로서의 능력 개발 강조

지도자만의 능력이나 특성보다는 구성원들이 스스로 지도자로서의 능력을 개발하도록 하는 데 초점을 둔다.

(3) 지도자는 지도자들의 지도자

지도자가 '구성원의 지도자'가 아니라 '지도자들의 지도자'로서 모든 구성원들을 지도자로 변혁시키는 리더십이다.

9 분산적 지도성 이론(distributed leadership theory) — Elmore, Spillane, Harris 12 중등

지도자, 구성원, 상황 간의 상호작용에 의해 지도성이 분산되어 실행되는 것(리더십 실행; leadership practice)을 의미 ⇨ 조직의 효과성과 개인적 전문성 및 역량을 극대화하는 것이 목표

(1) 분산적 지도성의 특징

① **집단 지도성 강조**: 조직 내 다수의 공식적·비공식적 지도자들의 집단 지도성을 강조한다.
② **네트워크 형성을 통한 공동 실행 촉진**: 다수의 지도자들이 네트워크를 형성하여 상호 의존 및 신뢰와 협력을 기반으로 지도성이 공동 실행된다.
③ **학교 개선과 책무성 도모**: 학교 구성원 간의 전문적 지식의 공유, 상호 의존, 신뢰를 바탕으로 조직학습(팀 학습)을 하며 학교개선과 책무성을 도모한다.

(2) 분산적 지도성의 구성요소(분산적 지도성 실행을 위한 필수조건) — Spillane(2006)

① **지도자**: 공식적·비공식적 지도자를 포함한 다수의 지도자들에 의해 지도성이 실행된다. 지도자들은 공통의 목표를 위해 서로 상호작용하면서 지도성을 실행한다.
② **구성원**: 구성원은 구성원인 동시에 지도성 실행의 주체로서 서로에게 영향력을 행사하면서 상호 의존 및 신뢰와 협력의 조직문화를 만들어 낸다.
③ **상황**: 지도자들은 상황과 상호작용한다. 상황은 정례화된 활동(routine, 예 주·월 단위 조직활동, 정기적 회의 등), 도구(예 학생시험 성적, 생활기록부, 교사평가도구), 제도[예 비전, 목표, 학교(조직) 규칙, 학교운영계획서], 구조(예 학년 담임회의, 교사회의, 위원회 등 공식적 또는 임의적 형태) 등을 포함하는 요소이다.

09 동기론(motivation theory)

1 욕구위계이론(need hierarchy theory) — Maslow 92 중등, 99 중등추시, 01 초등, 03 초등

(1) 개념

인간의 욕구를 생리적 욕구, 안전의 욕구, 사회적 욕구, 존경의 욕구, 자아실현의 욕구 등 5단계로 위계화하여 제시 ⇨ 하위욕구가 충족되어야 상위욕구가 등장

(2) 욕구 5단계

① **생리적 욕구**: 인간의 삶 그 자체를 유지하기 위한 가장 기초적인 욕구
  예 기본급여, 근무조건, 작업환경(냉난방 시설) 등

② **안전의 욕구**: 신체적 위협이나 위험, 공포나 불안으로부터 벗어나고자 하는 욕구
  예 신분보장, 직업안정, 안전한 근무조건, 의료혜택, 연금제도, 보험, 종교 등

③ **사회적 욕구(애정 · 소속의 욕구)**: 사회적 존재로서 대인관계의 욕구나 애정 · 소속의 욕구
  예 전문적 친선, 경쟁적 작업집단, 감독의 질 등

④ **존경의 욕구**: 타인에 의한 존경의 욕구와 자기 존중의 욕구
  예 승진, 지위상징, 직책 등

⑤ **자아실현의 욕구**: 자신의 잠재력을 최대한 실현하려는 욕구
  예 일의 성취, 조직 내에서의 발전, 도전적인 직무 등

(3) 시사점

① '인간중심 경영'의 학교문화와 조직풍토가 필요하다. 학생의 자아실현을 돕기 위해서는 교사들이 직무를 통해 자아실현의 욕구를 충족할 수 있어야 한다.

② 교사들의 동기유발을 위한 단계적 · 복합적인 접근이 필요하다. 경제적 지원이나 교권을 세우는 일, 가르치는 일에 긍지와 보람을 가질 수 있도록 사회적 · 제도적 장치를 마련하는 일 등 종합적인 접근이 필요하다.

③ 교사들이 긍정적 자아개념을 갖고 고차적 욕구를 충족할 수 있도록 배려해야 한다. 교사가 긍정적 자아개념과 발전하려는 욕구를 가질 때 학생들에게도 역할 모델이 될 수 있다.

④ 학교경영자들은 교사들이 바라는 욕구가 무엇인지 체계적으로 알아야 한다. 그럴 때만이 교사들이 가르치는 일에 만족하며 학교조직의 목적 달성에 더 헌신할 수 있도록 지원할 수 있다.

2 동기 - 위생이론(motivation－hygiene theory) － Herzberg

94 중등, 99 초등추시 · 서울초등, 00~01 초등, 01~02 중등, 06~07 초등, 09 초등

(1) 개념

인간의 욕구를 동기요인과 위생요인의 이원적 구조로 설명 ⇨ 동기요인과 위생요인은 별개의 차원으로 존재

(2) 내용 – 동기요인과 위생요인

① 동기요인(motivators)

㉠ '직무 그 자체'와 관련된 것으로, 직무만족에 기여하는 요인

예 성취, 인정, 책임, 직무 자체, 승진, 성장 가능성(발전감) 등

㉡ 동기요인은 충족되지 않아도 불만은 없으나, 충족되면 강력한 동기를 부여하며 직무만족에 긍정적인 영향을 줌

② 위생요인(hygiene factors)

㉠ '직무환경'과 관련된 것으로, 직무불만족에 기여하는 요인

예 정책과 행정, 감독, 보수, 대인관계(상사 · 하급자 · 동료와의 관계), 근무조건, 지위, 직업 안정성(직무 안정성), 개인생활에의 영향 등

㉡ 위생요인은 충족되지 않으면 직무에 불만족을 가져오지만, 충족되더라도 강력한 동기를 부여하거나 직무만족에 기여하지는 못함

(3) 학교조직에의 시사점 – 직무재설계(job redesign) – 일 그 자체와 관련된 교사의 동기화 전략

① **직무 풍요화(job enrichment)**: 교사들에게 직무수행상의 권한을 대폭 이양하고, 자율성과 책임감을 많이 부여하여, 자신의 능력을 발휘하며 성장할 기회를 갖도록 직무내용을 재편성하는 것

② **자율성 증대**: 직무수행에 관련된 의사결정과정에 구성원을 적극적으로 참여시켜 구성원의 자율성을 증대시켜 주는 것

③ **경력단계 프로그램(인사행정 확대)**: '교사 → 교감 → 교장'으로 이어지는 단순한 교직의 직위를 다단계(다층구조)로 재설계하는 것 예 수석교사제

Plus

수석교사제

1. **개념**: 교사 본연의 가르치는 업무가 존중되고, 수업 전문성을 가진 교사가 우대 받는 교직풍토를 조성하기 위한 제도
2. **수석교사의 역할**
   ① 학생을 직접 가르치는 일(학생교육 담당: 주당 수업시수 50% 경감) 이외에 수업을 연구하고, 교육과정 · 교수학습 · 평가방법을 개발하고 보급
   ② 동료교사들의 교수 및 연구활동을 지원하며, 신임교사를 지도하는 멘토 등의 역할을 수행
   ③ 학교 · 교육청 단위에서 수업 컨설팅(코칭)을 하거나 생활지도 컨설팅을 실시
   ④ 학교 내 학습조직 구축을 위한 구심점 역할
3. **수석교사의 목표**: 계속적인 자기연마와 전문성 개발을 통해 교직수행능력을 증진하고, 그 결과 교직의 보람과 만족을 얻을 수 있도록 하는 것

3 생존－관계－성장이론(ERG이론) – Alderfer 01 초등

(1) 개념

인간의 욕구를 생존욕구(E), 관계욕구(R), 성장욕구(G)로 구분

(2) 내용 – 생존욕구(E)－관계욕구(R)－성장욕구(G)

매슬로우(Maslow)의 욕구계층이론	앨더퍼(Alderfer)의 ERG이론
5 자아실현 4 존경(자기 자신)의 욕구	성장욕구(G)
4 존경(대인관계)의 욕구 3 애정・소속・사회적 욕구 2 안전(대인관계)의 욕구	관계욕구(R)
2 안전(물리적) 욕구 1 생리적 욕구	존재욕구(E)

① **생존욕구(Existence)**: 인간의 생존에 필요한 욕구 ⇨ Maslow의 생리적 욕구(1단계), 안전의 욕구 중 일부(2단계) 예 보수, 작업환경, 직업안정, 근무조건 등

② **관계욕구(Relatedness)**: 사회적 존재로서 타인과 인간관계를 맺고자 하는 욕구 ⇨ Maslow의 안전한 대인관계의 욕구(2단계), 사회적 욕구(3단계), 타인의 존경을 받고 싶은 욕구(4단계)

③ **성장욕구(Growth)**: 인간이 성장하고 잠재력을 최대한 발휘하고자 하는 욕구 ⇨ Maslow의 자존의 욕구(4단계), 자아실현의 욕구(5단계)

(3) Maslow 이론과의 비교

① **공통점**: 하위수준의 욕구가 충족되면 상위수준의 욕구가 동기유발의 힘을 얻게 됨

② **차이점**

㉠ Maslow는 하위수준의 욕구가 충족되면 그 다음 단계의 욕구로 진행('만족－진행 접근법') / Alderfer는 상위수준의 욕구가 충족되지 않거나 좌절될 경우 그보다 낮은 하위수준의 욕구로 이행('좌절－퇴행 접근법')

㉡ Maslow는 강도가 큰 하나의 욕구만이 동기요인으로 작용 / Alderfer는 2가지 이상의 욕구가 동시에 나타날 수 있다.

㉢ Maslow는 하위수준의 욕구가 충족되어야 상위수준의 욕구가 나타난다. / Alderfer는 하위수준의 욕구가 충족되지 않더라도 상위수준의 욕구가 발생할 수 있다.

(4) 시사점

① Alderfer는 2가지 이상의 욕구가 동시에 작용할 수 있다고 주장

② 따라서 교사의 직무수행 과정에서 생존욕구가 완전히 충족되지 않더라도 자율성을 부여하고 일 자체를 흥미롭고 도전감 있게 제시해 주면 성장욕구를 자극하게 되어 동기부여가 될 수 있다.

4 성취동기이론 – McClelland

(1) 개념

성취동기는 어떤 어려운 일을 수행하는 것, 장애를 극복하고 높은 수준에 도달하려는 것, 자기 자신을 초월하는 것, 과업 혹은 과제 수행에 있어 다른 사람과의 경쟁에서 이겨 성공을 추구하려는 인간의 심리 특성으로 정의됨(Murray)

(2) 성취동기가 높은 사람의 주요 특성 3가지

① **중간 정도 난이도의 목표나 과업**: 성취동기가 높은 사람은 적절히 어려운 목표와 중간 정도의 위험 수준을 설정하는 경향이 있음

② **과업 수행에 대한 개인적 책임감**: 성취동기가 높은 사람은 어떤 과업을 수행하거나 문제를 해결하는 데 있어서 개인적으로 책임을 지려는 강한 바람을 가지고 있음

③ **과업 수행에 대한 강한 피드백**: 성취동기가 높은 사람은 과업 수행에 대한 강력한 피드백을 원함

(3) 성취동기를 함양하기 위한 시도(성취동기를 높이는 상황 · 조건)

첫째, 개인이 성공할 수 있는 상황을 조성하고, 둘째, 합리적이고 성취 가능한 목표를 설정하도록 강조하며, 셋째, 과업 수행에 대한 개인적인 책임감을 부여하여 수용하도록 하고, 넷째, 과업 수행에 대한 분명한 피드백을 제공함

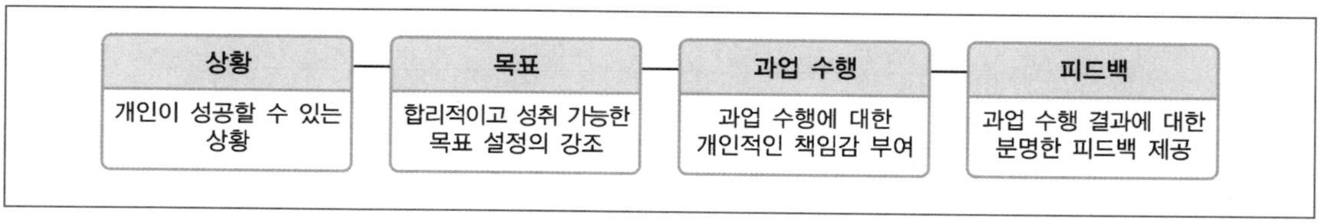

성취동기를 키우기 위한 구성요소와 활동

5 기대이론(expectancy theory, VIE이론) – Vroom 12 초등

(1) 개념

동기부여 = Σ유인가 × 기대 ⇨ 인간의 동기는 성과기대, 보상기대, 유인가 간의 함수관계

(2) 동기요인 – 성과기대, 보상기대, 유인가

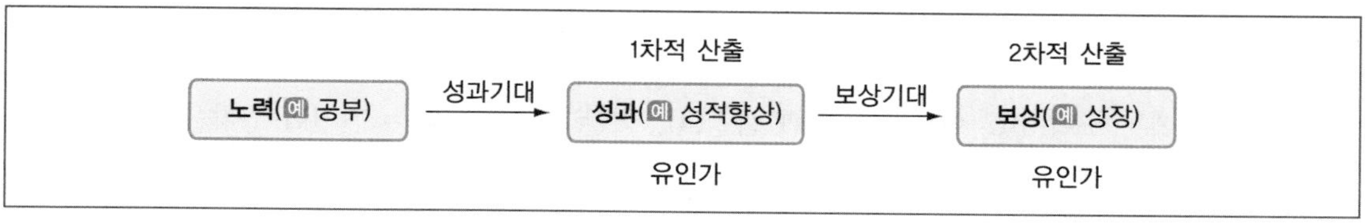

① **성과기대(expectancy) :** 노력과 성과의 관계 ⇨ 일정한 노력을 하면 어떤 성과가 나올 것이라는 주관적 믿음(지각된 확률)
② **보상기대(instrumentality, 수단성) :** 성과와 보상의 관계 ⇨ 일정한 성과(1차 산출)를 내면 어떤 보상(2차 산출)을 받을 것이라는 주관적 믿음(지각된 확률)
③ **유인가(valence) :** 목표 매력성 ⇨ 어떤 결과나 보상이 주는 매력성 혹은 선호의 정도

(3) 교육적 시사점 – 동기유발

① **높은 성과기대 :** 교사들이 노력만 하면 성과를 얻을 수 있다는 큰 믿음을 심어 주어야 함. 이를 위해 교사를 위한 훈련 프로그램이나 멘토링, 안내, 지원, 후원 그리고 결정에 참여하는 것 등이 중요
② **높은 보상기대 :** 교사들이 노력을 하여 성과를 내면 성과가 보상으로 이어질 수 있다는 보상기대를 분명히 하고 구체화하여야 하고, 보상체계의 공정성을 증진시켜야 함
③ **높은 유인가 :** 교사들이 생각하는 보상이 주는 매력의 정도를 증진하여야 함. 이를 위해 교사들이 더 매력적으로 생각하는 보상내용이 무엇인가를 생각해야 함

6 성과 - 만족이론(performance-satisfaction theory) – Porter & Lawler

(1) 개념

브룸(Vroom)의 기대이론을 발전시켜 성과와 만족에 영향을 주는 요인을 제시

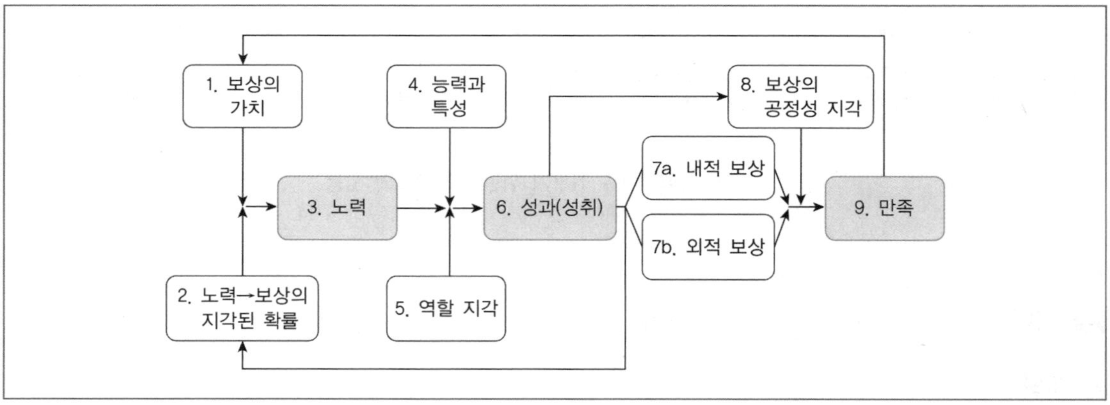

성과 - 만족이론 모델

(2) 내용(특징)

① 노력(3)은 보상의 가치(1)와 노력 대 보상의 지각된 확률(2)에 의해 결정됨. 그렇다고 노력이 성과에 직접적으로 연결되는 것은 아님
② 성과(6)에는 노력(3)뿐 아니라 능력과 특성(4), 역할 지각(5)이라는 변인이 영향을 미침
③ 성과(6)는 내적 보상(7a)과 외적 보상(7b)을 수반하는데, 그 보상에 대해 공정하다고 지각하는 정도에 의해 만족이 결정됨 ⇨ 지각된 공정한 보상이 만족의 요인

(3) 시사점 – 동기유발

① **높은 성과기대**: 기대이론과 동일

② **높은 보상기대**: 기대이론과 동일

③ **높은 유인가**: 기대이론과 동일

④ **분명한 역할기대**: 역할기대를 분명히 할 필요가 있다. 자신이 해야 할 역할이 분명하면 노력을 집중할 수 있고, 성과가 높아져 보다 나은 보상을 받을 수 있다.

7 공정성이론(equity theory) – Adams 08 중등

(1) 개념

사람들은 자신의 투입과 성과의 비율을 타인의 그것과 비교하여 동일하면 직무에 만족을 느끼지만, 불공정하다고 느끼면 공정성을 회복하는 방향으로 어떤 행동을 동기화한다.

(2) 공정성 회복(불공정성 감소)을 위한 행동유형

① **투입 변경(조정)**: 불공정성이 유리한 것이냐 불리한 것이냐에 따라 투입을 증가시키거나 감소시킴. 과소보상의 경우 개인은 노력을 감소시킬 것이고, 과대보상의 경우 노력을 증가시킬 것임

② **성과 변경(조정)**: 투입의 증가 없이 임금인상이나 근무조건의 개선을 요구(예 노조의 압력 등)

③ **투입이나 성과의 인지적 왜곡**: 실제로 투입이나 성과를 변경시키지 않고, 자신 또는 타인의 투입이나 결과를 인지적으로 왜곡시켜 공정성을 회복함

④ **비교 대상의 투입과 성과의 변경(비교 대상의 투입과 성과에 대한 영향력 행사)**: 비교 대상이 되는 타인에게 투입이나 산출을 감소 또는 증가하도록 압력을 가하거나 조직을 떠나도록 압력을 넣을 수 있음

⑤ **비교 대상의 변경**: 비교 대상을 다른 대상으로 변경하여 불공정성을 줄일 수 있음

⑥ **조직 이탈**: 전보를 요청하여 부서를 옮기거나 조직을 완전히 떠날 수 있음

(3) 교육적 시사점

① 학교경영자는 교사들을 공정하게 대우하도록 노력해야 함

예 성과급을 결정할 때 교직의 특성상 그 성과를 객관적으로 정하기 곤란하다는 사실을 염두에 두고, 교사들이 최대한 합의할 수 있는 안을 만든다.

② 학교경영자는 교사의 동기부여에 있어서 지각의 중요성을 고려하여 건설적인 조직풍토나 문화를 구축해야 함

예 냉소적이거나 적대적인 학교풍토가 형성되면, 그에 속한 교사들은 서로에 대해 부정적으로 지각하며, 이것이 동료의 성과를 왜곡되게 지각하도록 하는 요인이 될 수 있다.

③ 교사들은 자신들의 보수를 다른 직종의 종사자와 비교한다. 교사들의 보수체계는 교사들의 직무만족과 사기진작을 위해 국가적인 차원에서 정책적인 배려가 필요하다.

8 목표설정이론(goal setting theory) – Locke

(1) 개념

목표가 실제 행위나 성과를 결정하므로 목표가 동기를 형성하는 가장 중요한 요인

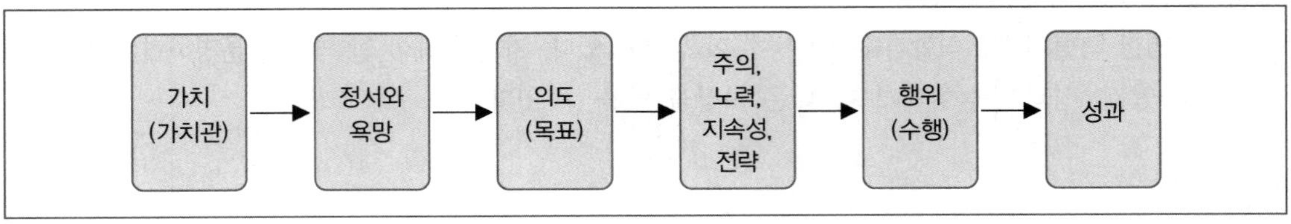

목표설정이론의 일반모델

(2) 목표가 지녀야 할 속성

① **구체성**: 막연한 목표보다는 구체적인 목표가 성과를 더 높여줌 ⇨ 모호성을 감소시켜 주고 행동방향을 명확히 제시해 주기 때문

② **곤란성**: 쉬운 목표보다는 다소 어려운 목표가 성과를 높이는 데 유리함 ⇨ 도전감을 주고 많은 노력을 집중하도록 자극하기 때문

③ **참여**: 구성원들이 목표 설정 과정에 참여하면 직무만족도를 높여 주므로 성과를 높일 수 있음

④ **수용성**: 일방적으로 강요된 목표보다는 구성원이 자발적으로 수용한 목표가 더 큰 동기를 유발시킬 수 있음

⑤ **피드백**: 노력에 대해 구체적이고 긍정적인 피드백을 주면 성과를 높일 수 있음

⑥ **동료 간 경쟁**: 동료들 간의 경쟁이 성과를 높일 수 있음. 그러나 지나친 경쟁은 해가 될 수도 있음

(3) 결론(시사점)

① 목표달성이론은 구체적이고 도전적이지만 달성 가능한 목표가 구체적인 과업수행전략의 개발뿐만 아니라 집중력, 노력 및 지속성을 증가시키기 때문에 동기를 증가시킬 수 있고, 실제로 증가시키고 있다는 것을 시사

② 목표 달성과정에서 제공하는 피드백은 주의력, 노력, 지속성을 강화시키고, 나아가 목표 달성전략을 재정립하고 변경할 수 있는 정보를 제공해 줌

(4) 영향

① **목표관리기법(MBO: Management By Objectives)**: 조직의 구성원들이 조직의 목표 설정에 공동으로 참여하고, 각 구성원의 활동 성과에 대해 평가하고 보상하는 경영기법

② **조직개발기법(OD: Organizational Development)**: 행동과학적인 지식과 기술을 활용하여 조직의 목적과 개인의 욕구를 결부시켜서 조직 전체의 변화와 발전을 도모하려는 노력

③ 정보관리체제(MIS : Management Information System, 경영정보관리, 경영정보시스템) : 조직의 계획, 운영 및 통제를 위한 정보를 수집－저장－검색－처리하여 적절한 시기에 적절한 형태로 구성원에게 제공해 줌으로써 조직의 목표를 보다 효율적·효과적으로 달성할 수 있도록 조직화된 통합적 인간－기계시스템(man－machine system)·컴퓨터 기반시스템

10 정책론(policy-making theory)

1 교육기획(educational planning) － 미래의 교육활동에 대한 사전 준비과정 17 중등論

(1) 교육기획의 효용성(긍정적 역할)

① 교육행정의 안정화에 기여
② 교육행정의 효율성과 타당성 제고
③ 한정된 재원의 합리적 배분
④ 교육변화의 촉진
⑤ 합리적 통제

(2) 교육기획의 원리(학교교육계획 수립 시 고려요소) 00 초등보수

① 민주성의 원리
② 중립성의 원리
③ 효율성의 원리
④ 전문성의 원리
⑤ 타당성의 원리
⑥ 적응성(융통성)의 원리
⑦ 안정성의 원리
⑧ 균형성의 원리
⑨ 통합성의 원리
⑩ 계속성의 원리

(3) 교육기획의 접근방법

사회수요에 의한 접근법	• 개념 : 교육에 대한 개인적·사회적 수요를 기초로 교육계획을 수립하는 방법 예 대표적 지표 : 인구성장률, 취학률 • 장점 － 사회의 교육적 수요에 부응함으로써 적어도 단기적으로는 사회적·정치적 안정에 기여 － 인구성장률을 활용하여 비교적 손쉽게 교육계획을 세울 수 있음 － 균등한 교육의 기회를 보장할 수 있음 • 단점 － 사회수요라는 개개인의 심리적 욕구 충족에 주안점을 두기 때문에 교육에 대한 사회적 필요와는 동떨어진 교육계획을 수립할 가능성이 있음(사회의 경제적 인력수요와 상충되는 경우 실업 문제 등을 야기)

	– 재정적 제약 등을 고려하지 않은 사회수요의 충족은 교육의 질적 수준을 하락시키는 요인이 되기도 함 – 모든 교육수요를 충족시킬 만큼 자원의 여유가 없을 때 어떻게 해야 되는가에 대한 방안을 제시하지 못한다는 치명적인 약점을 가지고 있음
인력수요에 의한 접근법 08 중등	• 개념 : 경제성장에 필요한 인력의 수요를 예측하여 교육(인력)의 공급을 조절하는 방법. 산업사회의 필요와 요구를 반영하고, 교육투자 간의 우선순위를 제시하는 교육기획방법 • 장점 – 교육과 취업, 나아가 교육과 경제성장을 보다 긴밀하게 연결하여 교육에 대한 계획을 수립할 수 있음(⇨ 경제인력의 안정적 공급) – 교육운영에 낭비를 줄여 효율성을 높일 수 있음 • 단점 – 교육과 취업이 반드시 1 : 1 대응관계를 갖지 않음 – 급변하는 사회에서는 교육수요나 인력수요의 구조도 역시 급변하기 때문에 추정 자체가 대단히 어려움 – 교육과 취업 간의 시차 때문에 수급에 차질을 빚기 쉬움 – 교육의 기획이 경제성장을 위한 인력공급이라는 외적 목적에 초점을 맞춤으로써 기본적으로 교육의 본질을 훼손할 수 있음
수익률에 의한 접근법	• 개념 : 교육투자에 대한 경제적 효과를 분석하는 방법. 교육투입(교육에 투입되는 비용)에 대한 교육산출(교육받은 후 기대되는 수입), 즉 수익률을 추정하여 이루어지기 때문에 비용–수익(편익) 접근방법 혹은 비용–효과분석이라고도 함 • 장점 – 교육운영의 경제적 효율성을 제고시킬 수 있다. – 비용–수익분석을 통해 교육투자의 합리성을 제고할 수 있다. • 단점 – 교육투입과 교육산출을 계산하는 방식이 너무 다양하고 학자 간에도 합의된 것이 없기 때문에 그 측정이 용이하지 않다. – 수익률 계산에 따르는 어려움과 과거의 소득을 가지고 미래의 소득을 추정하는 기법 자체의 문제 등 기술적 한계를 가지고 있다.
국제비교에 의한 접근법	• 개념 : 선진국이나 유사한 다른 국가의 교육정책을 비교하여 교육기획하는 방법 • 장점 : 유사한 외국의 경험을 모방하여 교육기획을 수립하기 수립 때문에 일차적으로 그 과정을 단순화할 수 있음. 즉, 외국의 선행경험을 간접적으로 활용하기 때문에 계획수립 자체가 쉽고 문제 예측이나 처치를 효율적으로 할 수 있음 • 단점 – 국가마다 교육제도나 운영방식이 다르기 때문에 한 국가에서 효과적인 방법이었다고 하더라도 자국에서는 비효과적인 방법이 될 수도 있다. – 각 나라의 전통과 사회문화적 배경이 다르고, 삶의 양식과 가치체계 등도 다르기 때문에 모방의 장점을 거의 활용하지 못하는 경우도 발생할 수 있다. – 과거에 선진국에서 성공한 발전모형을 미래에 후발국에서 채택할 때, 그것이 타당하다 할지라도 시차에 따른 변화와 조건의 차이에 의해 그 효과가 반감될 수 있다.

2 교육정책(educational policy) – 교육에 관한 기본적인 지침 혹은 의사결정

(1) 교육정책의 특성

① 정책행위의 측면(의사결정) : 교육에 관한 공적인 의사결정
② 형성과정의 측면(정치적 과정) : 정치적 과정을 통해 이루어지므로 본질적으로 권력의 문제와 깊은 관련을 맺음
③ 효과의 측면(교육목적의 실현) : 교육활동에 대한 기본 지침을 제시하여 교육목적을 실현하고자 하는 데 근본적인 목적을 가짐

05

(2) 교육정책 결정의 원칙

① 민주성의 원리 : 국민의 참여와 민주적 절차에 의하여 수립되어야 한다.
② 중립성의 원리 : 정치적·종교적·사회적 압력에 좌우되지 않고, 교육정책 자체의 타당성과 효율성에 기초하여 수립되어야 한다.
③ 효율성의 원리 : 형성과정·집행·결과에 있어서 능률적이고 효과적이어야 한다.
④ 합리성의 원리 : 가치지향적인 정책에 객관성과 과학성을 부여하고 현실에 입각한 합리적 원리에 기초해야 한다.

(3) 교육정책 결정론(교육정책의 결정과정) – 캠벨(Campbell)

1단계 : 기본적 힘의 작용단계	지역적·전국적·전세계적 범위에서 발생하는 중요한 정치적·경제적·사회적·기술공학적 힘(영향력)이 작용 ⇨ 국민의 교육에 대한 열망 정도, 국민의 경제력 수준, 국제적 긴장상태, 기술공학의 발전, 새로운 지식의 발전 등 제 요인에 의해 교육정책이 영향을 받음
2단계 : 선행운동단계	건의서, 연구보고서 등 교육에 대하여 상당한 주의를 끄는 각종의 운동이 선행적으로 전개
3단계 : 정치적 활동단계	공공의제에 관한 토의나 논쟁이 이루어지며, 매스컴을 통하여 일반시민의 여론을 조직화하고 교육정책 형성의 분위기가 조성
4단계 : 공식적인 입법단계	행정부나 입법부에 의해 정책형성이 이루어지는 최종단계

(4) 교육정책의 평가(정책평가) 95 중등

① 개념 : 주로 정책집행이 일어난 이후에 집행과정이나 정책결과를 사후적으로 검토하는 지적 활동
② 교육정책평가의 종류 : 대상에 따라 크게 집행과정을 대상으로 하는 과정평가(process evaluation)와 정책결과, 즉 정책이 집행된 후에 과연 의도했던 정책효과가 발생했는지를 평가하는 총괄평가(summative evaluation)가 있음. 총괄평가는 정책효과뿐만 아니라 부수효과나 부작용까지 포함하여 정책이 사회에 끼친 영향이나 충격을 확인하려는 사실판단 활동임

③ 평가기준(Dunn, 1994) : Dunn은 6가지 평가기준을 제시함

효과성 (effectiveness)	정책 목표의 달성 정도 ⇨ 정책의 성공 여부를 판단하는 가장 중요한 기준이 됨
능률성 (efficiency)	정책 효과 대비 투입 비용의 비율 ⇨ 비용과 효과가 화폐적으로 측정되지 않으면 능률성 자체가 의미 없게 되는 경우가 많음
적합성(적절성) (appropriateness)	정책 목표가 어느 정도 바람직한가의 정도 ⇨ 사회 전체의 입장에서 가장 바람직하다고 판단되는 것을 정책 목표로 결정하면 그 목표는 적합하다고 할 수 있음
대응성 (responsiveness)	특정 정책이 정책수혜집단의 요구와 필요를 만족시키는 정도 ⇨ 대상집단들에 대한 조사결과와 일치되어야 함
공평성(형평성) (equity)	사회집단 간 정책효과와 정책비용 배분 등에서의 형평성 ⇨ 정책의 집행에 따르는 비용(cost)과 편익(benefit)이 여러 집단에 평등하게 배분되어 있는 정도
적정성(충족성) (adequacy)	특정 정책이 정책 문제를 해결한 정도 ⇨ 정책 목표의 달성이 문제해결에 얼마나 공헌했는가를 측정하는 것

3 의사결정(정책결정, decision-making)

(1) 의사결정을 보는 관점 – 선택을 보는 관점에 따라 04~05 중등

구분	합리적 관점	참여적 관점	정치적 관점	우연적 관점
중심개념	합리적 판단에 의한 선택 / 목표 달성을 극대화하는 선택	합의에 의한 선택	타협·협상에 의한 선택	우연에 의한 선택
목적	조직목표 달성	조직목표 달성	이해집단의 목표 달성	상징적 의미
적합한 조직형태	관료제, 중앙집권적 조직	전문적 조직	다수의 이익집단이 존재하고 협상이 용이한 조직	조직화된 무질서 조직
조직환경	폐쇄체제	폐쇄체제	개방체제	개방체제
특징	규범적	규범적	기술적	기술적

(2) 의사결정모형(의사결정 이론모형, 정책형성 기본모형)

합리모형 (Reitz) 99 초등추시·초등보수, 09 초등, 21 중등論	• 개념 : 목표 달성을 위해 모든 대안을 탐색 후 최선의 대안을 찾는 모형 ⇨ 인간의 전지전능함, 합리적 경제인, 최적 대안의 합리적 선택, 이상적·낙관적 모형 • 비판 : ㉠ 의사결정자의 전지전능함을 전제로 하고 있으나 인간능력의 한계로 인해 비현실적임 ㉡ 이성적 판단과 감성적 심리 사이에 불일치가 생길 수도 있어 오히려 구성원들이 수용하기 어려운 최종대안을 선택하는 경우도 발생 ㉢ 대안을 과학적으로 비교 평가하는 데 요구되는 정보를 충분히 구하지 못하는 경우가 많음 ㉣ 일상적이고 반복적인 정형적 문제해결에는 적용될 수 있지만, 전례가 없는 새롭고 비구조적인 비정형적 문제해결에는 적용 가능성이 매우 희박함 ㉤ 지나치게 이상적이고 규범적이기 때문에 사실세계의 정책결정 상황에는 잘 부합하지 않음

점증모형 (Lindbloom, Snyder, Wildavsky) 02 초등, 07 초등, 21 중등論	• **개념**: 기존의 틀 속에서, 기존 정책보다 약간 개선된 대안을 선택하는 모형 ⇨ 정치적 합리성, 문제가 불확실하고 구성원 간의 갈등이 커 대안의 개발이 어렵고 결과 예측이 어려운 경우 • **장점**: 안정적인 정책결정과 집행이 가능하며, 정책에 대한 폭넓은 지지를 받기 쉽고, 실현 가능성이 높은 대안을 선택할 수 있음 • **비판**: ㉠ 문제나 불만의 해소에만 주력함으로써 적극적인 선(善)의 추구보다는 소극적인 악(惡)의 제거에만 관심을 쏟음 ㉡ 점진적인 개선을 도모하기 때문에 지나치게 보수적이고 대증적(對症的)인 정책결정모형 ㉢ 점진적·보수적 성격을 띠어 개혁적이거나 혁신적인 의사결정에는 부적합함
만족모형 (Simon & March) 06 초등	• **개념**: 객관적 자료를 바탕으로 여러 대안을 모색하지만, 의사결정자의 주관적 입장에서 만족스러운 대안을 선택하는 모형 ⇨ 제한적 합리성, 주관적 합리성, 행정적 합리성을 전제로 한 모형 • **장점**: 합리모형이 지닌 현실적 한계를 극복할 수 있는 가능성을 제시 • **비판**: ㉠ 만족의 정도가 주관적이기 때문에 보편타당성이 부족 ㉡ 의사결정자(정책결정자)의 개인적 차원의 문제이기 때문에 조직 차원의 거시적 정책결정(의사결정)을 설명하는 데는 상당한 무리가 있음
혼합모형 (Etzioni)	• **개념**: 기본방향의 설정은 합리모형을 적용하고, 방향 설정 후 세부적인 문제해결은 점증모형을 적용하는 방식 ⇨ 합리모형(합리성)과 점증모형(실용성)의 장점을 결합한 모형 • **장점**: ㉠ 합리모형과 점증모형의 장점을 결합하여 나름대로 현실적이고 바람직한 방향을 제시함 ㉡ 장기적 전략과 단기적 변화를 동시에 이룰 수 있음 ㉢ 복잡하고 불확실한 상황에 실용적으로 접근할 수 있음 • **비판**: ㉠ 의사결정 과정이 다소 불분명함 ㉡ 기본방향에 대한 결정을 제외하면 점증모형과 크게 다를 것이 없음 ㉢ 기존의 모형을 절충·혼합한 것에 불과하므로 이론적 독자성이 떨어짐
최적모형 (Dror) 99 초등추시, 11 초등	• **개념**: 합리성과 초합리성(직관적 판단, 창의력, 상상력 등)을 동시에 고려하여 가장 바람직한 상태인 최적치(optimality)를 추구하는 규범적인 모형 • **장점**: 초합리적 요인을 의사결정에 포함하여 창의적이고 혁신적인 의사결정 • **비판**: ㉠ 불분명한 초합리성에 의존하고 있어 다소간 비현실적이고 이상적임 ㉡ 의사결정에 비합리적 요소를 고려해야 한다는 것 외에는 합리모형의 범위를 크게 벗어나지 못하고 있음
쓰레기통모형 (Cohen, March, Olsen) 99 초등	• **개념**: 의사결정이 일정한 규칙에 따라 이루어지는 것이 아니라, 의사결정의 4가지 요소인 문제, 해결책, 참여자, 선택 기회가 어떤 계기로 서로 우연히 만나게 될 때 의사결정이 이루어진다고 보는 모형 ⇨ '조직화된 무질서' 조직에서 일어나는 의사결정모형 • **특징**: ㉠ 의사결정은 합리성보다는 우연성에 기초 ㉡ 의사결정자들은 조화를 이루기 위해 문제, 해결책, 참여자, 선택 기회를 탐색 ㉢ 문제와 해결책이 조화를 이룰 때 좋은 의사결정 ㉣ 조직의 목적은 사전에 설정되는 것이 아니라 자연스럽게 나타남 ㉤ 수단과 목적은 독립적으로 존재하며, 우연 또는 생각지 못했던 기회에 서로 연결됨 • **장점**: 존재하지도 않은 문제에 대해 해결책이 제안될 수 있는 이유(문제와는 별개로 해결책이 먼저 제시될 수 있는 이유), 해결되는 문제가 거의 없는 이유, 문제를 해결하지 않으면서도 선택이 이루어지는 이유를 설명하는 데 도움을 줌 • **비판**: '조직화된 무질서' 조직에서 일어나는 의사결정모형이라는 점에서 모든 조직에서 일어나는 보편적인 의사결정의 행태를 설명하기에는 한계성을 보임

05

4 의사결정 참여모형

(1) 브리지스(Bridges)의 참여적 의사결정 99 중등추시

'적절성'(개인적 이해관계)과 '전문성'(전문적 지식)을 기준으로 구성원들이 수용영역 안에 있느냐, 밖에 있느냐에 따라 의사결정에의 참여 여부를 검토

상황		참여적 의사결정의 유형
수용영역 밖	적절성 ○, 전문성 ○	초기단계부터 자주 적극적으로 참여시킨다. ⇨ 의회주의형 의사결정(리더의 역할은 소수의 의견까지 보장하여 의회주의형으로 의사결정이 이루어지도록 하는 것)
수용영역의 한계영역	적절성 ○, 전문성 ×	최종대안을 선택할 때 가끔 제한적으로 참여시킨다(참여시키는 목적은 이해를 구하거나, 설득·합의를 도출하여 저항을 최소화하기 위함이다). ⇨ 민주적 접근형 의사결정(리더는 구성원의 부분적인 참여를 통해 의사결정에 감정적 반항을 감소시켜 민주적으로 커다란 마찰 없이 문제를 해결해야 함)
	적절성 ×, 전문성 ○	대안제시나 결과평가 단계에서 가끔 제한적으로 참여시킨다(참여시키는 목적은 질 높은 아이디어나 정보를 얻기 위함이다). ⇨ 민주적 접근형 의사결정
수용영역 안	적절성 ×, 전문성 ×	수용영역 안에 있으므로 구성원을 참여시킬 필요가 없다.

(2) 호이와 타터(Hoy & Tarter)의 참여적 의사결정 – 관련성과 전문성, 구성원의 신뢰에 따라 09 중등

구분	참여허용 기준	상황	관여(참여)	의사결정 구조	학교장의 역할	기능	목표
수용영역 밖 (관련성 ○, 전문성 ○)	신뢰 ○	민주적	항상 그리고 광범위하게	집단 합의	통합자	각기 다른 입장을 통합	일치된 의견을 얻는다.
				다수결	의회인	공개토론을 조성	집단결정을 이끌어낸다(소수의견 보호).
	신뢰×	갈등적	항상 그러나 제한적으로	집단 자문	교육자	쟁점을 설명하고 논의	저항을 줄이고 결정을 수용하도록 한다.
관련성 한계영역	관련성 ○, 전문성×	이해 당사자	가끔 그리고 제한적으로	집단 자문	교육자		
전문성 한계영역	관련성×, 전문성 ○	전문가	가끔 그리고 제한적으로	개인 자문	간청자	조언·충고를 구함	결정의 질을 향상한다.
수용영역 안	관련성×, 전문성×	비협조적	배제	일방적	지시자	단독적 결정을 행함	효율성을 성취한다.

5 의사소통(communication)

(1) 의사소통의 원칙(C. E. Redfield) 10 초등

① **명료성**: 의사전달 내용이 명확 ⇨ 분명하고 정확하게 이해할 수 있도록 간결한 문장과 쉬운 용어 사용
② **일관성(일치성)**: 의사소통 내용의 전후가 일치되어 모순이 없어야 함
③ **적응성(융통성)**: 의사소통의 내용이 구체적인 상황에 맞아 현실 적합성을 갖는 것이어야 함
④ **분포성(배포성)**: 의사소통의 내용이 모든 대상에게 골고루 전달되어야 함
⑤ **적시성**: 의사소통은 적시에 이루어져야 한다. 즉 적정한 시기를 놓쳐서는 안 됨
⑥ **적량성(적정성)**: 과다하지도 과소하지도 않은 적당량의 정보를 전달해야 함
⑦ **통일성**: 조직 전체의 입장에서 동일하게 수용되는 표현이어야 함
⑧ **관심과 수용**: 전달자가 피전달자의 주의와 관심을 끌 수 있어야 하고, 피전달자가 정보를 수용될 수 있어야 함

(2) 의사소통의 종류 00 강원초보, 03 초등

의사소통의 형식에 따른 구분	공식적 의사소통	• 공식조직 내에서 공식적인 통로와 채널을 통해 이루어지는 의사소통(예 공문서) • **장점**: 권한 관계가 명확해지고, 의사전달이 확실하고 편리하며, 전달자와 피전달자가 명확하여 책임의 소재가 분명함 • **단점**: 의사전달이 형식화되어 융통성이 없고, 의사소통의 속도가 느리며, 배후 사정을 소상히 전달하기 곤란함
	비공식적 의사소통 00 강원초보	• 조직 구성원 간의 친분이나 인간관계 등을 통해 비공식적으로 이루어지는 의사소통 (예 개별적 만남, 친목회, 조직 내 소문) ⇨ 공식적 의사소통의 약점을 보완하게 됨(상호보완이 필요) • **장점**: 비교적 솔직하게 전달되어 지도자에게 유익한 정보를 전달하는 수단이 되며, 의사전달이 신속하고, 배후 사정을 소상히 전달할 수 있음 • **단점**: 소문이나 풍문의 형식으로 나타나므로 책임 소재가 불분명하고 통제도 어려우며, 왜곡된 정보가 유통될 수 있으며, 공식적 의사소통 기능을 마비시킬 수 있음
의사소통의 흐름에 따른 구분	일방적 의사소통	한쪽 방향으로만 이루어지는 의사소통(예 지시, 명령, 강의) ⇨ 의사소통 기술이 중요하며, 명확하고 구체적일수록 효과적임
	쌍방적 의사소통	양쪽 방향으로 이루어지는 의사소통으로 모든 참가자가 송신자이자 수신자가 됨 예 대화, 토론, 질의
의사소통의 방향에 따른 구분	수직적 의사소통	아래위로 이루어지는 의사소통 ⇨ **하향식 의사소통**: 조직의 계층 또는 명령계통에 따라 상관이 부하에게 메시지를 전달(상의하달식 의사소통) / **상향식 의사소통**: 부하가 상관에게 메시지를 전달(하의상달식 의사소통)
	수평적 의사소통	상하관계를 전제하지 않은 의사소통 예 회의, 사전심사제도, 회람
의사소통의 방법에 따른 구분	언어적 의사소통	말이나 문자 등 언어적인 방법으로 이루어지는 의사소통
	비언어적 의사소통	자세, 몸짓, 표정, 침묵, 복장, 공간배열 등 비언어적인 방법으로 이루어지는 의사소통

(3) **의사소통의 기법** – 조하리의 창(Johari's window) 04 중등

'자신에 관한 정보'가 자신에게 알려진 경우와 알려지지 않은 경우, 타인에게 알려진 경우와 알려지지 않은 경우의 조합에 의해 4가지 영역으로 구성

피드백 → / 자기노출 ↓	자신에게 알려진 영역	자신에게 알려지지 않은 영역
타인에게 알려진 영역	개방적 영역(민주형) (Open)	맹목적 영역(독단형) (Blind)
타인에게 알려지지 않은 영역	잠재적 영역(과묵형) (Hidden)	미지적 영역(폐쇄형) (Unknown)

개방적 영역 (민주형 의사소통 유형)	• 자신에 관한 정보가 자신이나 타인에게 잘 알려져 있는 부분 • 서로 잘 알고 상호작용하기 때문에 효과적인 의사소통이 가능 • 효과적인 의사소통을 위해서는 이 부분의 영역을 넓혀 가야 하는데, 자기노출을 하고 피드백을 많이 받을 때 가능
맹목적 영역 (독단형 의사소통 유형)	• 자신에 관한 정보가 타인에게는 알려져 있지만, 자신에게는 알려져 있지 않은 부분 • 자기 이야기는 많이 하면서 상대방의 이야기는 귀 기울이지 않거나, 자기주장은 강하면서 상대방의 의견에 대해서는 불신하고 비판적이며 수용하지 않으려 함 • 타인으로부터 피드백을 받지 못할 때 이 부분이 넓어져 효과적인 의사소통이 이루어지기 힘듦
잠재적 영역 (과묵형 / 비밀형 의사소통 유형)	• 자신에 관한 정보가 자신에게는 알려져 있지만, 타인에게는 알려져 있지 않은 부분 • 타인이 어떻게 반응할지 몰라 마음의 문을 닫고 자신의 감정과 태도를 타인에게 잘 알리려 하지 않는 '방어적인 태도'를 취하게 됨 • 의사소통에서 자신의 의견이나 감정을 표출하지 않고 타인으로부터 정보를 얻으려는 경향이 큼
미지적 영역 (폐쇄형 의사소통 유형)	• 자신에 관한 정보가 자신과 타인에게 모두 알려져 있지 않은 부분 • 자신에 대한 견해를 표출하지도 않고 타인으로부터 피드백을 받지도 않는 경우 • 계속될 때 일상적인 의사소통이 어려워지며 자기폐쇄적으로 가기 쉬움

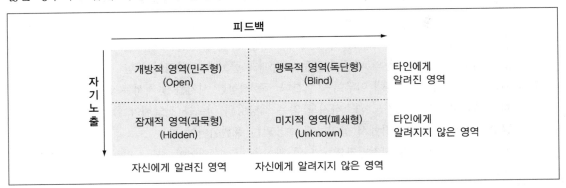

(4) 의사소통의 장애요인과 극복방안

① 의사소통의 장애요인

전달자와 피전달자에 의한 장애요인	• **준거체계의 차이** : 가치판단의 기준이 달라서 같은 의사소통 내용을 서로 달리 해석하는 경우 • **여과** : 의사소통이 여러 단계를 거치는 동안 내용이 왜곡되는 경우 • **선택적 지각** : 자신이 선호하거나 믿고 있는 일부 정보만을 선택해서 수용하는 경우 • **수용거부** : 전달자의 메시지를 수용하려고 하지 않는 경우(편견, 불신 등으로 인해) • **전달자의 자기방어기제** : 전달자가 자기에게 불리한 사실을 은폐하고 소통시키려 하지 않는 경우 • **전달자의 의식적 제한** : 보안상의 문제 등으로 의사소통의 비밀을 유지하는 경우 • **원만하지 못한 인간관계나 능력 부족** : 원만하지 못한 인간관계나 능력 부족으로 인해 의사소통이 이루어지지 않는 경우
수단 및 매개체에 의한 장애요인	• **양적 과다** : 의사소통의 내용이 양적으로 과다하여 내용 파악이 곤란한 경우 • **언어상의 문제** : 애매모호한 표현이나 전문용어를 사용하는 경우 • **정보의 유실** : 정보의 유실이나 불충분한 보존으로 인해 의사소통의 내용 파악이 곤란한 경우
조직구조에 의한 장애요인	• **집권적 계층구조** : 집권적 계층구조로서 수직적인 의사전달이 제한받는 경우 • **조직 간의 할거주의** : 조직 간의 할거주의로 인해 수평적 의사전달이 저해받는 경우 • **비공식조직의 역기능** : 비공식조직의 역기능으로 소문·풍문 등에 의해 의사소통이 왜곡되는 경우 • **의사소통의 채널 부족** : 의사소통 채널의 부족으로 개방도가 미흡한 경우 • **의사소통의 집권화(집중화)** : 의사소통의 권한이 특정인에게 집중되어 의사소통의 흐름이 저하되는 경우

② 의사소통의 장애요인 극복방안

개인 수준	• **반복** : 같은 내용의 메시지를 다양한 경로(예 전화, 면담, 메모, 이메일)로 반복하여 전달 • **감정이입** : 상대방의 입장에서 메시지를 해석하고 이해 • **이해** : 상대방이 이해할 수 있는 언어(말과 글)로 전달 • **피드백** : 수신자의 메시지 이해 정도를 확인 • **경청** : 상대방의 말을 잘 듣는 것
조직 수준	• **조직 구조** : 계층 단계가 많은 조직에서는 동료 간의 횡적 의사소통이 유리. 계층 단계가 적은 조직에서는 상하 의사소통이 쉽고, 직접적 대화가 쉽게 이루어지고, 의사소통을 굴절시키는 단계가 없어 효과적인 의사소통이 이루어질 수 있음 • **지위 차이** : 상하 관계는 자유로운 의사소통을 제어하므로, 상위직의 사람들은 하위직의 사람들과 대화할 기회를 의식적으로 확대하려는 노력이 필요 • **통신망의 종류와 선택** : 개인과 개인, 집단과 집단을 연결하는 다양한 의사소통망을 선택·활용

11 교육자치제도 92 중등, 07 영양, 08 중등

1 교육자치제의 개념

지방분권의 원리에 따라 교육행정을 일반행정으로부터 분리·독립시켜 교육행정의 조직과 운영 면에서 교육의 자주성을 보장하는 제도

2 교육자치제의 원리

(1) 지방분권의 원리

교육정책의 결정과 중요시책의 집행에서 중앙집권을 지양하고, 각 지방자치단체로 권한을 분산하고 이양하는 것 ⇨ 단체자치의 원리 예 교육·학예에 관한 권한 및 책임이 지방자치에 있다.

(2) 주민(민중)통제의 원리

교육정책을 민의에 따라 결정하고 운영하는 것. 지역주민이 그들의 대표를 통하여 교육정책을 심의·의결하는 것 ⇨ 주민자치의 원리 예 교육감에 대한 주민소환제

(3) 자주성 존중의 원리

지방교육행정을 일반행정에서 분리·독립시키고 교육활동을 자주적으로 결정하고 실천할 수 있도록 보장하는 것 ⇨ 교육의 자주성·독립성·전문성 보장

예 교육행정기구, 인사, 재정, 장학 등을 일반행정과 분리하여 자주적으로 운영

(4) 전문적 관리(전문성)의 원리

지방교육행정조직에서 교육감을 비롯한 중요한 행정적 인사 시 교육 또는 교육행정의 전문성이 보장되어야 한다는 것 예 교육감 후보자의 자격

3 현행 지방교육자치제도 – 교육감

(1) 지위(제18조)

① 시·도의 교육·학예에 관한 사무의 집행기관 ⇨ 독임제 집행기관
② 교육·학예에 관한 소관 사무로 인한 소송이나 재산의 등기 등에 대하여 당해 시·도를 대표 ⇨ 대표권

(2) 국가행정사무의 위임(제19조)

국가행정사무 중 시·도에 위임하여 시행하는 사무로서 교육·학예에 관한 사무는 교육감에게 위임

12 장학행정

1 교내장학 14 중등추시論, 22 중등論

임상장학 99 서울초보, 00 초등, 04 중등, 06 초등	• 개념 : 교실수업에 초점을 둔 교사중심의 장학으로 교사의 수업기술 향상과 전문적 성장을 목적으로 하는 특별한 장학대안 ⇨ 계획협의회, 수업관찰, 피드백협의회의 과정(⇨ 수업 중에서도 교사가 문제점으로 삼는 부분에만 제한하여 조금씩 개선) • 특징 – **쌍방향 동료관계 지향** : 장학담당자는 교사와 사전에 수업계획에 대해 충분히 협의한 후 수업을 관찰·분석·평가하며 이에 기초하여 교수활동을 개선하고자 함 – **수업분석 중점** : 교사의 교실수업에 초점을 맞추고, 교사가 문제로 삼는 수업의 문제를 분석하고 해결하고자 함 – **친밀한 인간관계 강조** : 교사의 필요와 요청에 의해서 이루어지는 만큼 1 : 1의 친밀한 인간관계 속에서 진행됨 – **자발적 노력 강조** : 교사가 수업을 개선하겠다는 적극적인 의지를 가지고 있어야 효과적임 • 단계(절차) – **계획협의회(1단계)** : 교사와 장학사가 사전에 친밀한 인간관계를 형성하고 임상장학을 위한 구체적인 계획을 공동으로 수립 – **수업관찰(2단계)** : 계획협의회에서 약속한 대로 장학담당자가 학급을 방문하여 실제수업을 관찰하고 객관적인 자료를 수집 – **피드백협의회(3단계)** : 수집된 자료를 놓고 협의하여 수업 개선과 수업기술 향상의 전략을 모색 • 임상장학의 유의점 – **교사 평가 지양** : 교사에 대한 평가를 지양하고, 교사와 상호 신뢰하며 동료적인 인간관계가 형성되었을 때 그 효과를 높일 수 있음 – **임장장학의 필요성 이해** : 교사는 자신의 전문성 향상을 위해 임상장학이 꼭 필요한 것이라는 점을 이해 – **객관적인 자료 제공** : 임상장학에서는 수업을 관찰하여 그 자료를 정확하고 객관적으로 제공하는 일이 중요 – **상호 대등한 관계 형성** : 상하관계나 가르치고 배우는 자 중심에서 상호 대등한 관계로 나아가야 함 ✦마이크로티칭(micro-teaching) : 소규모 수업 1. 개념 : 학생 수(3~10명), 수업 시간(7~20분), 수업내용이나 수업기술 등을 모두 축소한 축소된 연습수업 ⇨ 임상장학의 축소 형태 2. 절차 : 수업(교수) ⇨ 평가(분석) ⇨ 재수업(재교수)의 과정을 반복하면서 교사의 수업기술을 향상하고자 함. 계획을 세워 수업을 하고, 이를 녹화하여 되돌려 보면서 비평하고, 이 비평에 따라 재계획을 세워 수업하고 다시 녹화하여 재비평하는 식으로 반복하면서 수업기술을 향상시키는 장학방법 3. 장점 ① 비교적 편안한 환경 속에서 새로운 기법과 절차를 연습할 수 있다. ② 특정 주제의 수업에 대해 새로운 접근 방법을 시도할 수 있다. ③ 비디오 분석을 통해 수업결과에 대한 즉각적 피드백이 가능하다. ④ 자신의 수업에 대한 자기평가 및 타인평가가 가능하다. ⑤ 수업운영에 대한 자기장학과 동료장학에 효과적이다.

	4. 단점 ① 마이크로 교수에 포함되는 기술들은 합리적 방식으로 선택되기보다는 무작위의 방식으로 선택될 수 있다. ② 마이크로 교수는 행동주의를 기반으로 하는 실험연구로 실제 교수상황과는 다소 차이가 있을 수 있다. ③ 소규모 수업 그 자체는 뚜렷한 목적이나 목표를 가지고 있지 않다.
동료장학 07 초등, 18 중등論	• **개념**: 교사의 수업 개선과 전문적 성장을 위해 교사들이 서로 협동하는 장학의 형태 • **동료장학 형태(모형)** – 수업연구 중심 동료장학(예 멘토링 장학, 팀티칭 등) – 협의 중심 동료장학(예 동학년 협의회, 동교과 협의회, 동부서 협의회 등) – 연수 중심 동료장학 • **방법** – 동학년 또는 동교과 교사끼리 – 유능한 교사와 초임교사가 짝을 이루어 – 관심 분야가 같은 교사끼리 • **특징** – 교사들의 자율성과 협동성을 기초로 함 – 동료적 관계 속에서 교사들 간에 서로 가르치고 배우는 활동임 – 학교의 형편이나 교사들의 필요와 요구에 기초하여 다양하고 융통성 있게 운영됨 – 교사들의 전문적 발달뿐만 아니라 개인적 발달, 학교의 조직적 발달까지 도모할 수 있음 • **장점** – **이용의 편리성**: 엄격한 장학훈련이나 철저한 협의회의 절차를 거치지 않아도 되기 때문에 교사들이 이용하기 편리함 – **자유로운 의사교환과 피드백 가능**: 다른 장학에 비해 계층적 거리감이 적고 동료의식이 강하게 지배하기 때문에 자유로운 의사교환과 피드백이 가능함 – **동료관계 증진 및 교사의 전문적 성장**: 적극적인 동료관계를 증진할 수 있고, 이를 토대로 학생 교육에 대한 교사의 적극적인 자세와 전문적 성장을 도모할 수 있음 – **수업 개선 및 학교교육의 개선**: 동료교사끼리 수업 전략을 설계하고 실천해 봄으로써 수업 개선에 크게 기여할 수 있고, 이는 결국 학교교육의 개선에도 긍정적인 효과를 가져 올 수 있음 – **학교의 인적 자원을 최대한 활용**: 수업 개선을 위해 교사들이 공동으로 노력하도록 함으로써 장학활동을 위해 학교의 인적 자원을 최대한 활용할 수 있음 – **자신감 및 동기유발**: 교사들의 일에 대한 자신감 및 동기유발 등을 증가시키는 데 기여할 수 있음
자기장학	• **개념**: 교사 자신의 전문적 성장을 위해 스스로 계획을 세우고 실천해 나가는 자율장학(⇨ 가장 이상적인 장학 형태) ⇨ 자기 수업의 녹음·녹화, 학생의 의견조사, 전문서적 탐독, 각종 세미나 참여 등 • **특징** – 교사 자신이 스스로 계획을 세워 실천하며, 그 결과에 대하여 자기반성을 하는 활동임 – 제반 전문적인 영역에서의 교사 자신의 성장과 발달을 도모함 – 교사 자신의 자율성과 자기발전의 의지 및 능력을 기초로 함 – 장학사나 교장은 자원인사로 봉사해 주고 교사 자신이 자기 경험에 의해 개발·실천함 ⇨ 자기 실현의 욕구가 강한 경험 있고 능력 있는 교사들로 하여금 선택하게 하면 효과적임

	• 방법 – **자기 수업의 분석 및 자기평가** : 자기 수업을 녹음 또는 녹화하여 이를 스스로 분석하고 평가함 – **학생을 통한 수업 반성** : 자신의 수업이나 생활지도, 특별활동지도, 학급경영 등과 관련하여 학생들과의 면담이나 학생들을 대상으로 한 의견조사를 실시함 – **전문서적 및 자료 탐독** : 교직활동 전반에 관련된 전문서적이나 전문자료를 탐독하거나 활용함 – **대학원 등의 수강** : 관련 영역에서 대학원 과정, 방송대학 과정 등의 수강을 통해 자기발전을 도모함 – **전문기관과 전문가 방문 및 상담** : 교직 전문단체, 연구기관, 학술단체 등 전문기관을 방문하거나 전문가와의 면담을 통해 자기발전의 자료나 정보를 수집함
약식장학 98 중등, 05 초등, 07 중등	• 개념 : 교장이나 교감이 잠깐(5~10분) 교실에 들러 교사의 수업 및 학급경영활동을 관찰하고, 이에 대해 지도·조언하는 활동 • 특징 – 원칙적으로 학교행정가인 교장이나 교감의 계획과 주도하에 전개 – 간헐적이고 짧은 시간 동안의 학급순시나 수업참관이 중심 – 다른 장학형태에 대하여 보완적이고 대안적인 성격 • 유의점 – 공개적이어야 하며 학교행정가인 교장이나 교감이 담당함 – 계획적으로 정해진 일정에 의해 이루어져야 함 – 학습 중심적이어야 함. 즉, 교수(teaching)가 어떻게 학습을 촉진 또는 방해했는지 등에 초점을 두어야 함 – 교사와 행정가의 상호작용이 잘 이루어질 때 가장 효과적임 • 의의 – 미리 준비한 수업활동이나 학급경영활동이 아닌 평상시의 자연스런 수업활동이나 학급경영활동을 관찰할 수 있음 – 교장이나 교감은 학교교육, 학교경영, 학교풍토 등 전 영역에 걸쳐 학교를 전체적으로 파악하는 데 필요한 정보를 수집할 수 있으나, 교사들은 약식장학에 대한 거부반응을 보임 – 교장이나 교감이 교사들의 수업활동과 학급경영활동을 포함한 학교교육 및 경영의 전반에 관련하여 이의 개선을 위한 적극적인 의지와 노력을 보일 수 있음

교원 연수		
기관중심 연수	자격 연수	교원 자격을 취득하기 위한 연수 예 교(원)장, 교(원)감, 수석교사, 1·2급 정교사, 비교과교사(보건, 전문상담, 사서) 자격 연수 등
	직무 연수	직무수행에 필요한 능력 배양을 위한 연수 예 교과교육, 생활지도·상담, 정보화, 교양 관련 등
	특별 연수	국가 또는 지자체의 특별연수계획에 따라 실시되는 연수 / 전문지식을 습득하기 위한 국내외 특별연수 프로그램 예 학습연구년제, 해외 장·단기체험 연수, 학위취득 대학위탁, 교원해외유학, 부전공·복수 전공 자격연수 등
학교중심 연수		단위학교 중심으로 계획을 수립하여 실시하는 연수 예 교내자율장학(수업장학, 동료장학, 자기장학의 결과를 자체연수 때 발표), 컨설팅장학, 연구수업, 교과교육연구회(동학년 협의회), 직원연수, 전달강습 등
개인중심 연수		교사 개인의 전문성 향상을 위한 자기연찬활동 예 국내외 교육기관 학위취득(대학원 진학), 개인별 연구수행, 교과교육연구회, 학회활동 등

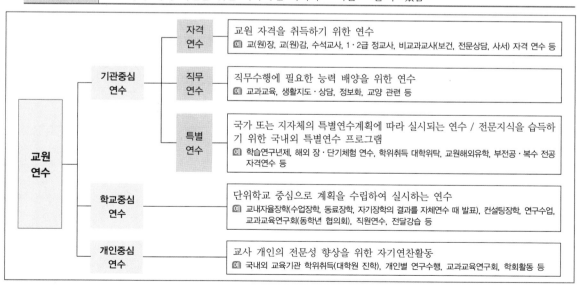

교원 연수

2 컨설팅 장학 08 초등, 12 초등

학교교육을 개선하기 위해서 일정한 전문성을 갖춘 사람들이 학교와 학교 구성원의 요청에 따라 제공하는 독립적인 자문활동 ⇨ 수석교사의 수업컨설팅 장학, 그리고 교육과정, 생활지도, 학교폭력 예방 및 대책, 연구학교 운영 등 특정 영역별로 교육청이 학교와 전문 컨설턴트를 중개한 컨설팅 장학, 교육청 내부 자원을 활용한 컨설팅 장학, 외부 전문가를 컨설턴트로 위촉 등

기본원리	내용
전문성의 원리	컨설팅은 학교경영과 교육에 대해 전문성(전문적 지식과 기술체계)을 갖춘 사람에 의해 이루어져야 한다.
자발성의 원리	컨설팅은 의뢰인의 자발성에 기초해야 한다. 의뢰인이 자발적으로 컨설턴트의 도움을 요청해야 한다. 공식적 컨설팅 관계는 의뢰인과 컨설턴트의 상호 합의와 계약에 의해 성립된다.
자문성의 원리	컨설팅은 본질적으로 자문활동이어야 한다. 즉, 컨설턴트가 의뢰인을 대신해서 교육을 담당하거나 학교를 경영하는 것이 아니며, 그 컨설팅 결과에 대한 모든 책임은 원칙적으로 의뢰인에게 있다.
독립성의 원리	컨설턴트와 의뢰인의 관계는 상호 독립적이어야 하며, 상하관계나 종속관계에 있어서는 안 된다. 독립된 개체로서 서로 인정하고 도와주는 역할수행이 이루어져야 한다.
일시성의 원리	의뢰인과 컨설턴트와의 관계는 특정 문제해결을 위한 일시적인 관계여야 한다. 일단 의뢰한 문제가 해결되면 컨설팅 관계는 종료되어야 한다.
교육성의 원리	컨설턴트는 의뢰인을 대상으로 문제해결에 필요한 정보를 제공하고 교육이나 훈련을 실시해야 한다. 의뢰인은 컨설팅 과정에서 문제해결에 필요한 지식, 기술, 경험을 학습하고, 컨설턴트는 자신의 컨설팅 장학기법이나 방법 등의 전문성을 심화시킨다.

Plus

1. 컨설팅 장학의 과업

컨설팅 장학의 과업은 의뢰 교사의 문제에 대한 정확한 진단, 의뢰 교사의 문제를 해결할 수 있는 방안의 구안과 방안 실행에 필요한 직·간접적인 지원, 의뢰 교사를 대상으로 한 교육이나 훈련 실시, 컨설팅 장학 우수 사례의 발굴 및 비슷한 어려움에 처한 교사들에 대한 문제해결 사례와 정보 제공 등이다(진동섭 외).

2. 기대효과

① 학교 현장의 문제해결을 직접 지원하는 장학행정이 정착될 수 있다.
② 단위 학교의 필요와 요구에 기초한 맞춤 장학을 실현할 수 있다.
③ 장학 요원의 저변 확대 및 우수 교육 활동의 일반화에 기여한다.

3 기타 장학

인간자원장학
01 초등, 09 초등

- 개념 : 의사결정과정에 교사들이 참여 ⇨ 학교교육의 효과성 증대 ⇨ 교사들의 직무만족도 향상 ⇨ 교사의 자발적 참여를 통해 학교 효과성과 교사 직무만족의 증대를 동시에 이끌어 내는 장학
- 특징
  - 교사 개인의 욕구와 학교목적 및 과업을 통합하는 데 중점을 둠
  - 교사 직무만족의 중요성을 강조함. 교사의 직무만족을 교사가 일하게 되는 바람직한 목적으로 봄
  - 교사는 학교효과성을 증대시킬 잠재 가능성을 가진 존재(Y이론에 근거)
  - 교사는 잠재 가능성을 개발하려고 노력함
  - 대다수의 교사는 주어진 직무 이상으로 책임감을 발휘할 수 있음
  - 학교경영자의 기본 과제는 교사들이 학교의 목표 달성에 능력을 최대한 발휘할 수 있는 환경을 조성하는 일

선택장학

- 개념 : 교사가 여러 장학 대안 중에서 자신에게 맞는 장학방법을 선택하게 하는 장학 ⇨ 임상장학, 동료장학, 자기장학, 약식장학 등 선택
- 선정기준 : 교사의 희망에 따르지만 적절한 대상의 선정기준은 다음과 같음

장학유형	적용 대상 교사	
	글래트혼(Glatthorn)	카츠(Katz)
임상장학	초임교사 및 경험이 있는 교사들 중 특별한 문제를 안고 있는 교사	초임교사(생존기 : 처음 3년 계속, 그 후 3년마다), 경력교사(갱신기 : 3년마다)
동료장학	모든 교사	높은 동료의식을 가지고 있는 경험 있고 유능한 교사(정착기)
자기장학	경험 있고 능숙하며 자기분석 및 지도 능력을 지닌 개인적 성향의 교사	혼자 일하기를 좋아하는 경험 있고 유능한 교사(성숙기)
약식장학	모든 교사 또는 다른 장학방법을 원하지 않는 교사	모든 단계의 교사 또는 위 장학유형을 선택하지 않는 교사

발달장학

- 개념 : 교사의 발전 정도에 따라 장학방법을 달리 적용하여 교사의 발전 수준을 높여 나가는 장학
- 방법 : 낮은 수준의 교사에게는 지시적 장학, 중간 정도의 교사에게는 협동적 장학, 높은 수준의 교사에게는 비지시적 장학을 적용함. 물론 교사의 참여 정도도 차차 높아진다.

책임장학

- 개념 : 교사가 무엇을 하느냐에 관심을 갖는 것이 아니라 학생이 무엇을 배우느냐에 관심을 갖는 장학 ⇨ 학생의 학습, 즉 학업성취도에 중점을 두는 장학
- 방법 : 장학사와 교사는 학습을 어떻게 평가할 것인가에 대하여 계획협의회에서 합의·결정. 그런 다음 장학사가 교실을 방문할 때 장학사는 주로 학생이 의도한 목적을 달성하였는지 알아보기 위한 관찰. 그리고 교수방법의 문제는 학생의 성취도를 고려

13 인사행정

1 교원능력개발평가

(1) 개념

학교 교원의 능력을 진단하여 지속적인 능력 개발 지원을 목적으로 실시하는 평가 ⇨ 교원 상호 간의 평가 및 학생·학부모의 만족도 조사 등의 방법으로 함

(2) 평가의 원칙

① 평가대상 및 평가참여자의 범위는 평가의 공정성 및 신뢰성이 확보될 수 있도록 기준을 정할 것
② 평가방법은 계량화할 수 있는 측정방법과 서술형 평가방법 등을 함께 사용하여 평가의 객관성 및 타당성을 확보할 것
③ 평가에 참여하는 교원, 학생 및 학부모의 익명성을 보장할 것
④ 평가에 관한 학교의 자율성을 최대한 보장할 것

(3) 평가 결과의 통보 및 활용(제21조)

① 교육부장관 및 교육감은 교원능력개발평가를 하였을 때에는 그 평가결과를 해당 교원과 해당 교원(학교의 장은 제외한다)이 근무하는 학교의 장에게 통보하여야 한다.
② 교육부장관, 교육감 및 학교의 장은 교원능력개발평가의 결과를 직무연수 대상자의 선정, 각종 연수프로그램의 개발 및 제공, 연수비의 지원 등에 활용할 수 있다.

2 학습연구년제 12 초등

(1) 개념

교원들의 전문성을 향상시키기 위하여 1년 동안 학교현장 업무부담에서 벗어나 소속 학교 외에서 연구활동을 할 수 있도록 지원하는 특별연수 제도 ⇨ **자격**: 교원능력개발평가 결과 우수교사

(2) 목적

① 교원능력개발평가 결과 우수교사에 대한 인센티브 제공으로(보상기제로) 교원의 전문성 신장 기회 제공
② 우수교원의 학습욕구를 지원하여 전문성 심화 및 재충전을 통해 교직에 대한 자긍심 제고 및 학교교육 발전에 공헌

(3) 기대효과

① **교원능력개발평가를 통한 전문성 제고 :** 교원능력개발평가 시행에 따른 합리적 보상기제를 마련하고, 다양한 연구활동을 지원함으로써 교원의 전문성을 제고

② **교직사회의 학습화 촉진 :** 교직사회의 전문적 지식 축적 및 실천적 연구 결과의 공유를 통해 궁극적으로 교직사회의 학습화 촉진

③ **교원의 사기 진작 :** 교원의 전문직으로서 자부심 제고, 자기계발 및 재충전으로 교직에 대한 헌신 유도 및 교원의 사기 진작

14 재무행정

1 교육재정의 운영원리 02 중등, 05 중등, 13 중등

'확보 → 배분 → 지출 → 평가'의 과정 ⇨ 각 단계에는 중요하게 요구되는 원리

확보 단계	충족성 13 중등	교육활동을 운영하는 데 필요한 재원이 충분히 확보되어야 한다. ⇨ 가장 먼저 달성해야 할 원리로 '적정 교육재정 확보의 원리'라고도 부른다.
	자구성	지방교육 자치를 구현하기 위해 중앙정부의 지원금 외에 필요한 추가경비를 확보하기 위한 지방자치단체의 스스로의 노력이 필요하다. ⇨ 지방자치단체가 필요한 재원을 스스로 확보할 수 있도록 제도적 장치가 마련되어야 한다.
	안정성	교육활동의 장기적인 일관성·영속성을 유지하기 위하여 안정적인 재원이 확보되어야 한다.
배분 단계	효율성 13 중등	최소한의 재정으로 최대한의 교육효과(교육성과)를 이루어야 한다. 예 투자의 우선순위, 학교교육비의 기능별 배분의 적정성, 규모의 경제
	균형성(평등성)	경비의 배분에 있어서 개인 간·지역 간 균형을 이루어야 한다. ⇨ 동등한 것은 동등하게 처리
	공정성(공평성) 02 중등	특정 기준에 의해 교육재정 배분에 있어서 차이가 나는 것은 정당하다. ⇨ 다른 것은 다르게 처리 ⇨ 학생의 개인차(능력), 교육환경의 차이, 교육프로그램, 학교 단계, 정책 목표의 우선순위 등에 따라 차등적으로 재정 지원을 하는 것은 정당하다.
지출 단계	자율성 05 중등	교육재정 운영에 있어 단위기관(예 시·도 교육청, 교육지원청, 단위학교)의 자율성이 보장되어야 한다.
	투명성 05 중등	교육재정 운영과정이 일반대중에게 공개되고 개방되어야 한다. ⇨ 명확한 정부의 역할과 책임, 국민의 정보이용 가능성, 예산과정(준비, 집행, 보고)의 공개, 정보의 완전성(정보의 질과 신뢰성) 보장 관점이 중시된다.
	적정성	의도한 교육결과를 산출하는 데 적절한 지원을 제공해야 한다. ⇨ 표준화된 성과를 산출할 수 있는 자원의 배분, 그리고 교육대상자의 필요를 충족시킬 수 있는 교육프로그램의 양과 질 보장 측면을 강조한다.

평가 단계	효과성	투입된 재원이 설정된 교육목표의 달성과 교육의 질적 향상을 가져오도록 해야 한다. 설정된 교육목표 도달여부 및 목표 달성 정도를 측정하여야 한다.
	책무성 13 중등	사용한 경비에 관하여 납득할 만한 이유를 제시할 수 있고 책임을 질 수 있어야 한다.

2 교육비 – 교육에 소요되는 경비 06~07 중등, 11 중등

구분	교육목적 관련	운영형태	부담주체	예
총교육비	직접교육비	공교육비	공부담 교육비	국가(교부금, 보조금, 전입금 등), 지방자치단체, 학교법인 부담 경비
			사부담 교육비	입학금, 수업료, 학교운영 지원비
		사교육비	사부담 교육비	교재대, 부교재대, 학용품비, 과외비, 피복비, 단체 활동비, 교통비, 숙박비 등
	간접교육비	교육기회경비, 유실소득	공부담 교육비	건물과 장비의 감가상각비, 이자 ⇨ 비영리 교육기관이 향유하는 면세의 가치
			사부담 교육비	• 학생이 취업할 수 없는 데서 오는 손실 • 교통비, 하숙비(Kiras의 구분)

3 교육예산 편성기법

품목별 예산제도 (LIBS) 11 중등	• 개념 : 인건비, 시설비, 운영비 등과 같이 지출대상(품목)별로 예산을 편성하는 제도 • 장점 – 지출항목을 중심으로 예산이 배분되어 있기 때문에 회계책임을 분명히 할 수 있다. – 지출대상과 금액이 명백히 표시되어 있어 예산의 유용이나 남용을 방지할 수 있다. – 세밀하게 작성된 예산내역을 통해 각종 정보와 자료를 얻을 수 있다(예 인건비, 시설비 등). • 단점 – 세부적인 지출대상에 중점을 두기 때문에 사업의 전체적인 개요를 파악하기 어렵다. – 지출대상과 금액이 명백히 제한되어 있기 때문에 예상치 못한 사태에 신축성 있게 대응하기 어렵다(예산에 대한 자유재량을 지나치게 제한). – 예산확보를 위해 예산항목에만 관심을 기울이므로 정책이나 사업의 우선순위를 등한시할 수 있다.
성과주의 예산제도 (PBS)	• 개념 : 사업별(활동별)로 예산을 편성하는 제도 ⇨ [단위원가 × 사업량(업무량) = 예산액] ⇨ 올해의 성과(실적)로 내년 예산을 편성 • 장점 – 사업별 또는 활동별로 예산이 편성되므로 각 기관이 무슨 사업을 추진하는지 쉽게 이해할 수 있다. – 기능별, 사업별로 예산이 집행되므로 예산집행에서 신축성과 융통성을 기할 수 있다. – 정책이나 계획수립이 용이하며, 예산심의가 편리하다. – 예산집행의 결과를 다음 회계연도에 반영함으로써 효율적인 예산편성에 기여할 수 있다.

	• 단점 – 업무단위의 선정과 단위원가의 계산이 어렵다. 특히 계량화가 어려운 교육 분야에 적용하는 데는 많은 어려움이 예상된다. – 예산통제가 어렵고, 회계책임이 불분명하여 공금관리에 어려움이 있다. – 성과 측정이 어렵다. 업무단위가 중간산출물에 불과한 경우가 많아 예산 성과의 질적 측면을 파악하기 어렵다.
기획 예산제도 (PPBS)	• 개념 : 장기적 기획(planning)과 단기적 예산편성(budgeting)을 결합시켜 한정된 재원을 합리적으로 배분하는 제도 • 장점 – 사업계획과 예산편성이 유기적으로 연결되어 있어 한정된 자원을 합리적으로 배분할 수 있다. – 모든 것을 중앙집권적으로 처리할 수 있기 때문에 예산편성의 의사결정과정을 일원화할 수 있다. – 학교목표의 우선순위에 따라 예산을 배분함으로써 예산의 절약과 지출의 효율화를 기할 수 있다. • 단점 – 정보가 최고 의사결정자에게 집중됨으로써 예산제도에 있어 지나치게 중앙집권화 성향을 초래할 수 있다. – 교육목표는 양적으로 계산할 수 없는 경우가 많다(목표 달성 정도를 계량화하기 어렵다).
영기준 예산제도 (ZBBS) 05 초등, 09 중등	• 개념 : 전년도 사업을 전혀 고려하지 않고 모든 사업을 제로(zero)에서 다시 시작하는 것으로 간주하여 예산을 편성하는 제도 • 장점 – 학교경영에 전 교직원의 참여를 유도할 수 있고, 창의적이고 자발적인 사업구상과 실행을 유인할 수 있다. ⇨ Y이론 – 모든 사업을 전면적으로 재검토하기 때문에 우선순위가 낮은 사업에서 우선순위가 높은 사업으로 재원을 전환할 수 있어 합리적인 예산배분이 가능하다. – 학교경영 계획과 예산이 일치함으로써 교장의 합리적이고 과학적인 경영을 지원할 수 있다. • 단점 – 모든 사업을 제로(zero)의 상태에서 분석해야 하므로 시간과 노력의 부담이 과중되며, 우선순위를 결정하는 데 어려움이 있다. – 교원들이 예산업무에 정통하지 않아 시행착오를 할 가능성이 많다. – 사업이 기각되거나 평가절하되면 비협조적 풍토가 야기될 수 있다. – 의사결정에 전문성이 부족하면 비용 및 인원 절감에 실패할 수 있다.
단위학교 예산제도 (SBBS) 03~04 중등, 04 초등, 10 초등	• 개념 : 단위학교를 중심으로 한 분권화된 예산제도 ⇨ 이에 따라 단위학교의 모든 세입과 세출을 일원화하여 학교가 자율적으로 예산을 편성·운영할 수 있도록 하는 학교회계제도를 운영 • 특징 – 학교회계연도(회계연도는 3월 1일부터 이듬해 2월 말일까지 ⇨ 학년도와 일치) – 예산배부방식(일상경비와 도급경비 구분 없이 표준교육비를 기준으로 총액배부) – 예산배부시기(학교회계연도 개시 50일 전에 일괄적으로 예산교부 계획을 각 학교에 통보) – 세출예산 편성(재원에 따른 사용목적 구분 없이 학교실정에 따라 자율적으로 세출예산을 편성) • 장점 – 모든 세입과 세출을 일원화함으로써 학교재정의 효율적인 운영이 가능하다. – 예산편성과정에 교사와 학부모의 참여가 증대되어 학교재정운영의 투명성과 신뢰성이 높아진다(학운위 심의사항). – 단위학교에서 자율적인 예산운영이 가능해져서 다양한 교육활동을 효과적으로 지원하며 학교교육의 질적 수준을 높일 수 있다.

15 학교 · 학급경영

1 학교경영혁신

단위학교 책임경영제 (SBM) 96 중등, 99 중등, 09 중등	• 개념 : 학교운영에 관한 권한을 단위학교에 위임하여 학교를 자율적으로 운영하고 그 결과에 대해 책임을 지는 제도로서, 단위학교의 자율성과 책무성을 강조하기 위한 것 ⇨ 학교운영위원회, 공모교장제, 초빙교사제, 학교회계제도, 도급경비제, 학교정보공시제 • 의의 – **교육의 효율성과 내실화 증대** : 단위학교 책임경영제에서는 학교장을 중심으로 교육당사자가 교육운영에 적극적으로 참여하게 됨으로써 교육의 효율성과 내실화를 기할 수 있다. – **수요자 중심의 교육 실현** : 단위학교 책임경영제를 실시하면 각 학교 실정에 맞는 교육을 실시할 수 있으므로 수요자 중심의 교육을 실현할 수 있다. – **교육자치제 실현** : 단위학교 책임경영제를 실시하면 각 지역에 맞는 교육을 실시할 수 있으므로 교육자치제를 실현할 수 있다. • 구체적인 실천방안 – **학교운영위원회의 설치와 운영** : 단위학교의 자율적인 운영을 위하여 학부모, 교원, 지역인사가 공동으로 참여하는 학교운영위원회를 모든 학교에 설치 · 운영한다. – **공모교장제 및 초빙교사제** : 학교운영위원회의 심의를 거쳐 교장이나 교사를 초빙할 수 있도록 하여 학교 실정에 맞는 교육운영이 가능하도록 한다. – **학교회계제도 도입** : 학교재정의 효율적인 운영이 가능하도록 단위학교의 모든 세입과 세출을 일원화하여 학교가 자율적으로 예산을 편성 · 운영할 수 있도록 한다. – **도급경비제 실시** : 학교의 필요에 따라 용도를 변경할 수 있는 예산을 총액으로 지급하여 단위학교의 재량권을 확대한다.
학교운영 위원회 99 초등추시 · 중등추시, 00 초등, 05 초등, 06 중등, 07 초등, 08 중등, 12 초등, 24 중등論	• 개념 : 학교운영에 관한 의사결정에 학부모, 교원, 지역사회 인사가 함께 참여함으로써 학교 정책 결정의 민주성, 합리성을 확보하고, 교육목표를 효율적으로 달성하기 위한 의사결정기구 • 성격 – **법적 성격** : ㉠ 법정위원회(법률 「초 · 중등교육법」과 「초 · 중등교육법 시행령」 및 조례에 근거하여 모든 학교에 설치 · 운영), ㉡ 심의 · 자문기구(국 · 공립학교 : 심의기구 / 사립학교 : 필수 자문기구) – **단위학교 차원의 교육자치기구** : 학교운영에 중요한 사항에 대해 학교 구성원들이 참여하여 민주적인 절차에 따라 자율적으로 결정하는 단위학교 차원의 교육자치기구이다. – **학교내외의 구성원이 함께 하는 학교공동체** : 학교운영위원회는 학교의 구성 주체인 교사 및 학부모와 지역사회 인사 등 학교 내외의 구성원이 학교운영의 중요한 의사결정에 함께 참여하는 학교공동체이다. – **개성 있고 다양한 교육을 꽃피울 수 있는 제도적 장치** : 학교운영위원회 제도는 학교 규모, 학교 환경 등 개별학교가 처해 있는 실정과 특색에 맞게 다양하고 창의적인 교육을 실현할 수 있는 제도적 장치이다.

• 학교운영위원의 권한과 의무
  - 권한 : 학교운영 참여권, 중요사항 심의·자문권, 보고요구권(학교장이 운영위원회의 심의·의결 결과와 다르게 시행하거나 운영위원회의 심의·자문사항임에도 불구하고 심의·자문을 거치지 않고 운영하는 경우)
  - 의무 : 회의 참여(학운위가 소집되었을 때 회의에 출석해서 성실히 참여해야 함), 지위 남용 금지(당해 학교와 영리를 목적으로 하는 거래를 하거나 재산상의 권리, 이익의 취득 또는 알선 금지)
    ⇨ 무보수 봉사직, 운영위원은 다른 학교의 위원을 겸직할 수가 없다.

> ✦심의사항(사립학교는 자문사항)
> 1. 학교 헌장 및 학칙의 제정 또는 개정에 관한 사항(단, 사립학교는 학교법인의 요청이 있는 경우에 한하여 자문)
> 2. 학교의 예산안 및 결산에 관한 사항
> 3. 학교 교육과정의 운영방법에 관한 사항
> 4. 교과용도서 및 교육자료의 선정에 관한 사항, 교복·체육복·졸업앨범 등 학부모가 경비를 부담하는 사항
> 5. 정규 학습시간 종료 후 또는 방학기간 중의 교육활동 및 수련활동사항
> 6. 학교운영 지원비의 조성·운용 및 사용에 관한 사항
> 7. 「교육공무원법」 제29조의3 제8항에 따른 공모교장의 공모 방법, 임용, 평가 등(단, 사립학교는 제외)
> 8. 「교육공무원법」 제31조 제2항에 따른 초빙교사의 추천(단, 사립학교는 제외)
> 9. 학교급식에 관한 사항
> 10. 대학입학 특별전형 중 학교장 추천에 관한 사항
> 11. 학교 운동부의 구성·운영에 관한 사항
> 12. 학교운영에 대한 제안 및 건의 사항
> 13. 기타 대통령령, 시·도의 조례로 정하는 사항

• 학교운영위원회의 교육적 의의
  - 학교 의사결정 과정의 민주성 증진 : 학교 의사결정에 학교 구성원들이 참여함으로써 학교 의사결정과정의 민주성을 증진할 수 있다.
  - 단위학교의 자율성과 책무성 강화 : 학교 구성원들이 자율적으로 참여하여 학교운영에 관한 의사를 결정하므로 단위학교의 자율성과 책무성을 강화할 수 있다.
  - 교육수요자 중심의 학교 경영 풍토 : 학생과 학부모의 필요와 요구를 반영하여 학교교육 활동을 전개하게 되므로 수요자 중심의 학교 운영이 가능해진다.

혁신학교

• 개념 : 학교단위 주도로 지역사회와 협력하여 학교의 운영을 행정 중심에서 교육과정 중심으로 변화시키고자 하는 것
• 혁신학교의 운영(특징)
  - 학습자 중심의 교육과정 운영 : 혁신학교는 학생들이 자기주도적으로 상호 협력하고 공동체와 더불어 살아가기 위한 기본적이고 실제적인 역량을 위한 학습자 중심의 교육과정을 운영한다.
  - 교육과정 중심의 학교 운영 : 혁신학교는 자율적 책무성을 바탕으로 학생들의 교육활동을 촉진하고 교사들이 수업에 집중할 수 있도록 교육과정 중심의 학교 운영을 한다.
  - 학부모 및 지역사회와 연대 : 교사들이 교수·학습 전문성을 신장할 수 있도록 지원을 확대하고, 학교의 자원뿐만 아니라 지역사회가 교육활동의 확산된 터가 될 수 있도록 학부모 및 지역사회와 연대성을 갖고 소통한다.

2 학교경영기법(조직의 혁신)

목표관리 기법 (MBO) 10 중등	• 개념 : 조직의 구성원들이 공동으로 참여하여 조직의 공동목표(교육목표)를 설정하고, 이에 비추어 각자의 책임영역에 따른 부서별, 개인별 세부목표를 설정하고, 정해진 기준에 따라 각 구성원의 성과를 측정하여 평가하고 보상하는 경영기법 ⇨ **목표관리의 절차** : 조직의 목적과 공동목표 설정 → 영역별·개인별로 세부목표 설정 → 조직을 정비 → 과업수행 및 자기통제 실시 → 성과를 측정 → 자기반성 및 보고 → 전체적인 성과를 판단 → 보상 • 특징 – **교직원의 공동참여에 의한 목표 설정** : 목표관리제에서는 교장과 교사들이 공동으로 목표를 설정한다. 이 때문에 목표관리는 민주적 학교경영의 한 형태이다. – **교직원의 책임영역 명료화** : 학교의 목표는 구성원들의 합의로 결정되고, 각자의 역할에 대해서도 명료하게 진술되어야 한다. – **자기통제를 통한 목표 달성** : 모든 구성원들이 목표 설정에 참여하고 그 성과에 대해 책임을 가지게 되므로 자기통제를 통해 목표를 적극적으로 달성하고자 한다. – **목표 실현을 위한 공동의 노력과 성과의 평가 및 보상** : 목표관리에서는 공동의 노력을 통한 목표 달성과 이에 대한 평가 및 보상을 중요하게 생각한다. • 장점 – **교육의 효율성 제고** : 모든 교육활동을 학교교육목표에 집중시킴으로써 교육의 효율성을 제고할 수 있다. – **교직원의 참여의식 고양 및 인력자원 활용의 효율성 도모** : 교장, 교감, 학년 및 교과부장, 교사들이 함께 활동계획을 수립하고 이를 활용함으로써 교직원들의 참여의식을 높이고 인력자원 활용의 효율성을 도모할 수 있다. – **교직원의 역할 갈등 해소** : 목표와 책임에 대한 명료한 설정으로 교직원들의 역할 갈등을 해소하고 학교관리의 문제나 장애를 조기에 발견, 치유할 수 있다. – **학교 관료화 방지 및 교직의 전문성 제고** : 학교운영의 분권화와 참여를 통해 학교의 관료화를 방지하고 교직의 전문성을 살릴 수 있다. – **상하 간의 인화 도모** : 참여를 통한 의사결정을 통해 교직원 간의 의사소통을 활성화하고 상하 간의 인화를 도모할 수 있다. • 단점 – **구체적·단기적 목표 달성에 치중** : 구체적이고 단기적인 목표 달성에 치중하기 때문에 장기적이고 전인적 목표를 추구하는 학교교육활동에는 부적합한 측면이 있다. – **계량적인 목표 설정과 평가** : 측정 가능하고 계량적인 교육목표를 설정하고 평가하고자 하기 때문에 학교교육을 오도할 가능성이 있다. 보다 높은 수준의 목표 설정을 회피하고, 계량적 측정이 용이한 분야에만 주력하는 형태가 발생한다. – **교직원의 업무부담 가중** : 목표 설정과 성과보고 등에 많은 시간과 노력이 필요하므로 교직원들의 업무 부담을 가중시키고 불만의 원인이 될 수 있다. – **폐쇄적 내부관리모형의 한계** : 학교는 다른 여러 세력의 영향이 큰 개방체제이기 때문에 폐쇄적 내부관리모형으로는 급격한 변화나 복잡한 환경에서 효용성이 제약된다.

총체적 질관리 (TQM) 02 초등	• 개념 : 지속적인 품질관리를 위해 경영을 개선하려는 노력으로, 고객(수요자)의 만족 수준을 높이고 제품의 질을 높게 유지하려는 것 • 특징 – **총체적 참여(total involvement) 중시** : 학교 전 구성원들의 참여와 팀워크를 통한 업무수행을 강조한다. – **수요자 중심 교육 강조** : 수요자의 요구를 만족시키기 위해 품질 향상을 최우선적 목표로 한다. 이에 따라 학교조직의 유연성을 강화하고, 교사들에게 수업과 관련된 권한을 위임하며, 학교공동체 구성원의 균등한 참여를 보장한다. – **지속적인 질 개선 강조** : 수요자의 기대를 충족할 수 있도록 학교체제와 교육과정을 지속적으로 개선할 것을 강조한다. ⇨ 무결점주의(결점이 없어질 때까지 개선활동을 되풀이)
조직개발 기법 (OD) 01 초등	• 개념 : 행동과학적인 지식과 기술을 활용하여 조직의 목적과 개인의 욕구를 결부시켜서 조직 전체의 변화와 발전을 도모하려는 노력 • 특징 – **행동과학의 활용** : 조직개발은 다학문적인 행동과학을 응용한 행동과학적 지식과 기술을 활용한다. – **계획적 변화** : 조직개발은 사전에 치밀한 계획에 의해 신중히 검토된다. – **포괄적 변화** : 조직개발은 부서별 개발이 전개되는 경우도 있지만 전체 체제의 변화에 초점을 맞춘다. – **장기적 변화** : 조직개발은 장기간에 걸쳐서 변화를 유도하는 것이다. – **변화담당자의 도움** : 조직을 장기적이고 포괄적으로 변화시키려면 전문적인 변화담당자의 도움이 있어야 한다. – **계속적 과정** : 조직개발은 한 번 실시하고 끝내는 것이 아니라 반복적으로 실시하여 적용하도록 해야 한다. – **집단지향적** : 조직개발은 과거와 같이 개인의 행동이나 태도, 가치관에 역점을 두지 않고, 조직 내의 집단 간 상호작용에 역점을 둔다. – **역동적 인간 상호관계 중시** : 조직개발은 구성원의 참여를 전제로 하여 역동적인 상호작용에 의해 조직을 발전시키고자 한다. – **평등주의** : 조직개발은 집단의 관계성을 개선하는 데에 역점을 두기 때문에 계층의 차이를 무시하고 실시한다. – **현재성** : 조직개발은 과거보다는 현재의 문제를 발견하고, 적합한 전략을 수립하여 조직을 발전시키고자 한다. • 조직개발기법의 유형 – **감수성 훈련(sensitive training)** : 구성원 개개인들이 참여하여 자유로운 분위기 상황 속에서 친밀한 인간관계를 토대로 진행하는 자기이해 및 자기변화 훈련 – **팀 빌딩 기법(team building)** : 조직 내에 존재하는 다양한 팀들을 개선하고 혁신하여 그 효과성을 증대시키는 전략 – **과정자문법(process consultation, P-C 방법)** : 외부 컨설턴트의 도움을 받아 집단 내 및 집단 간 의사소통, 집단문제해결 및 의사결정, 집단규범, 지도성과 권위 등을 개선하고자 하는 방법 – **그리드 훈련(grid training)** : 이상적인 9−9형의 관리자(인간과 과업에 대한 관심이 모두 매우 높은 형)가 되도록 고무하는 방법 – **조사연구−피드백 기법(survey research feedback)** : 설문지를 이용하여 분석단위(예 작업집단, 부서, 전체 조직)를 조사한 후 여기에서 얻어진 자료를 문제집단과 문제해결을 위한 구체적 행동방안을 개발하는 데 사용하는 전략 – **대면 회합(confrontation meeting)** : 조직의 여러 계층에서 나온 사람들로 구성된 집단이 조직의 건강도를 신속히 파악하여 빠른 시간 내에 이를 개선할 방향을 마련하는 기법

과업평가 검토기법 (PERT) 04 초등, 07 초등	• **개념** : 어떤 사업수행에 필요한 세부적인 작업 활동과 단계, 이들의 상호관계 등을 검토하여 플로차트(flow chart)를 작성하고 이에 따라 업무를 추진하는 방법 ⇨ **절차** : '활동과 단계의 구분 → 플로차트 작성 → 각 작업 활동의 소요시간 추정 → 전체 과제 수행시간 추정' • **장점** – 작업과정의 작성에 관계자 전원이 참여하게 되므로 구성원들의 참여의식을 높이고 자발적 협조를 이끌어 낼 수 있다. – 작업과정의 전모를 파악할 수 있기 때문에 작업추진에 앞서 애로사항을 파악할 수 있다. – 특정한 과업을 추진하기 위한 세부 작업활동의 순서와 상호관계를 유기적으로 파악할 수 있다. – 작업 요소별로 책임부서가 명확해짐으로써 원만한 작업수행이 가능하다. – 효율적인 예산통제가 가능하며, 최저비용으로 일정 단축이 가능하다. – 관리자와 과업수행자가 과업의 진전 상황을 쉽게 파악할 수 있다. – 작업을 체계적으로 관리할 수 있고 시간에 맞추어 과업을 완수할 수 있도록 해 준다. • **단점** – 관계되는 사람들 전원이 참가하여야 하고, 같이 책임을 져야 한다. – 계획에 필요한 모든 자료를 세밀하게 검토하여야 한다. – 효과적인 계획이 이루어지려면 고도의 훈련을 쌓아야 한다.
정보관리 체제 (MIS)	• **개념** : 의사결정자가 합리적인 의사결정을 내릴 수 있도록 필요한 정보를 적시에 신속하고 정확하게 제공하는 종합적인 정보관리의 체제 • **의의** – 정보처리의 효율화를 위한 정보관리체제는 초・중・고등교육기관 및 교육행정기관에서 다양하게 활용될 수 있다. 우선, 경영평가를 위한 예산과 경비의 내역, 학생 자료철, 교과목 일람 및 시간표, 급여, 시설목록, 학생성적 등 초보적인 자료철로 활용될 수 있다. – 뿐만 아니라, 이러한 기초자료를 토대로 경비분석, 교사부담 분석, 학생의 성향분석, 성적사정, 교육의 산출 등을 분석하여 학교경영에 활용할 수 있으며, 나아가 이러한 분석자료를 토대로 학교경영목표의 우선순위 결정, 인사관리, 진학사정, 사업별 재정 및 인력소요 판단 등 예측과 통제를 위한 정보를 제공받을 수 있다. – 특히, 교육경영에 있어 정보관리체제는 교육활동 분석, 자원소요 추정, 시설활용도 분석, 비용-효과 분석을 위한 체제와 관련된 요소의 데이터베이스 자료 등으로 나누어 하위체제로 구성하고 이들을 체계화할 경우 그 효과가 배증될 수 있다.

3 학급경영 05 중등, 10 초등

학급경영의 원리	• 자유의 원리 : 학생의 인격을 존중하고 개성을 발전시켜야 한다. 즉, 학생의 발달에 대한 구속을 지양하고, 자연적 발달을 조장할 수 있는 여건을 제공해 주어야 한다. • 협동의 원리 : 학급 집단의 안전과 이익을 위하여 협동생활을 할 수 있도록 지도해야 한다. 학업성적의 점수를 얻기 위해 필요 이상으로 경쟁을 조장해서는 안 된다. • 창조의 원리 : 학급 내외의 생활에서 과학하는 과정과 방법을 지도하고, 실제 활동에서 그러한 기회를 제공해야 한다. • 노작의 원리 : 학습활동이나 창의적 체험활동을 통해 유·무형의 창작물이 표현되고 실현될 수 있는 기회를 제공해야 한다. • 흥미의 원리 : 학습활동에 흥미를 가질 수 있도록 주변환경을 새롭게 조성하고, 자율적인 활동을 통해 성공감과 자신감을 맛볼 수 있는 조건을 제공해야 한다. • 요구의 원리 : 당면한 학생 및 가정의 요구, 사회의 요구 등을 찾아 교육적인 내용으로 충족시켜 주도록 한다. • 접근의 원리 : 학급에서 교사와 학생, 학생 상호 간에 서로 존경하고 인격적으로 대함으로써 개인과 학급이 발전될 수 있도록 지도해야 한다. • 발전의 원리 : 학급경영활동에 대한 지속적인 점검과 반성, 평가 등을 통해 학급이 보다 발전적인 방향으로 변화하도록 해야 한다.
학급경영의 원칙 (원리)	• 교육적 학급경영 – 모든 학급경영활동이 교육의 본질과 목적에 부합되도록 운영하라는 원칙이다. – 교육은 인간성향의 가변성을 믿고 개인이 지닌 잠재력을 최대한 발전시키고자 하는 노력이듯, 학급경영도 학생 개개인의 인지적·정의적·신체적 능력을 최대로 개발하여 자아실현된 인간에 도달할 수 있도록 운영되어야 한다. • 학생이해의 학급경영 – 학급경영의 구상과 전개가 학생의 이해를 기반으로 이루어져야 한다는 원칙이다. – 효과적인 학급경영을 위하여 학생의 발달단계에 따른 제 특징과 학습능력 및 준비도, 그리고 집단역학과 사회적 심리의 이해를 근거로 학급의 제 활동이 구성되고 운영되어야 한다. • 민주적 학급경영 – 인간존중, 자유, 평등, 참여, 합의 등 민주주의 이념에 입각하여 학급을 경영하는 원칙이다. – 학급 구성원 개개인의 인격이 존중되고, 자유로운 학급분위기가 조성되며, 학생 스스로 결정할 수 있고 책임질 수 있는 자율적 행동을 조성하는 원리이다. • 효율적 학급경영 – 효율적이고 능률적으로 학급을 운영하는 원칙이다. – 효율성(efficiency)은 학급의 자원을 경제적으로 사용하여 최대의 성과를 얻는 것을 말한다. – 학급자원을 경제적으로 사용하여 학급목표를 달성함과 동시에 학급구성원의 심리적 만족을 충족시키는 학급운영이 효율적인 학급경영이다.

2026 권지수교육학 필수요약집

요점쏙쏙

PART

06

생활지도와 상담

Thinking Map

PART 06 생활지도와 상담

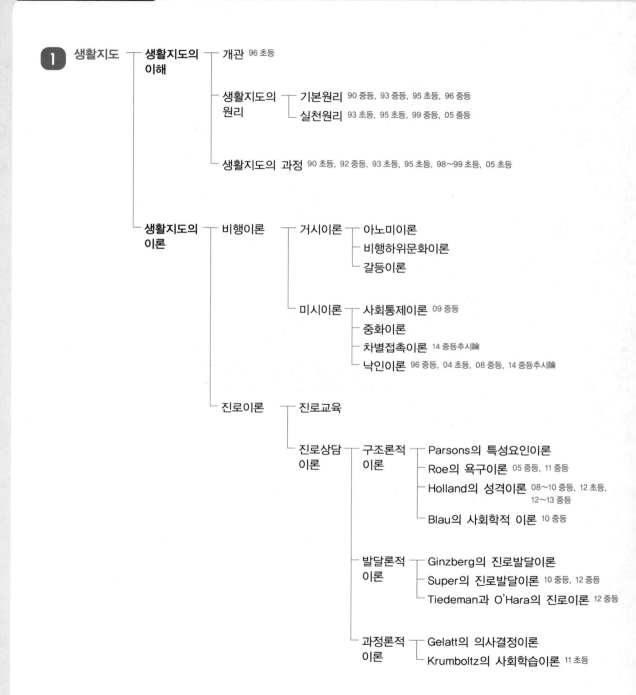

1 생활지도

- 생활지도의 이해
  - 개관 96 초등
  - 생활지도의 원리
    - 기본원리 90 중등, 93 중등, 95 초등, 96 중등
    - 실천원리 93 초등, 95 초등, 99 중등, 05 중등
  - 생활지도의 과정 90 초등, 92 중등, 93 초등, 95 초등, 98~99 초등, 05 초등
- 생활지도의 이론
  - 비행이론
    - 거시이론
      - 아노미이론
      - 비행하위문화이론
      - 갈등이론
    - 미시이론
      - 사회통제이론 09 중등
      - 중화이론
      - 차별접촉이론 14 중등추시論
      - 낙인이론 96 중등, 04 초등, 08 중등, 14 중등추시論
  - 진로이론
    - 진로교육
    - 진로상담 이론
      - 구조론적 이론
        - Parsons의 특성요인이론
        - Roe의 욕구이론 05 중등, 11 중등
        - Holland의 성격이론 08~10 중등, 12 초등, 12~13 중등
        - Blau의 사회학적 이론 10 중등
      - 발달론적 이론
        - Ginzberg의 진로발달이론
        - Super의 진로발달이론 10 중등, 12 중등
        - Tiedeman과 O'Hara의 진로이론 12 중등
      - 과정론적 이론
        - Gelatt의 의사결정이론
        - Krumboltz의 사회학습이론 11 초등

2 상담활동

- **상담이해**
  - 상담의 이해 96 초등, 08 중등, 10 초등
  - 상담의 기본조건 91 중등, 99 초등추시 · 중등, 02~03 초등
  - 상담의 상담기법 97~98 초등, 99 초등추시, 02 초등, 04 중등, 06~12 초등, 08~10 중등, 12 초등
- **상담이론**
  - 정신역동적 상담이론
    - Freud의 정신분석적 상담이론 10 중등, 12 중등
    - Jung의 분석심리학적 상담이론
    - Adler의 개인심리학적 상담이론 04 중등, 07 초등
  - 행동중심 상담이론 (행동주의 상담이론) 94 초등, 99 초등추시, 06 초등, 07~08 중등, 11~12 중등, 14 중등추시論
    - Pavlov의 고전적 조건형성이론
    - Skinner의 조작적 조건형성이론
    - Bandura의 사회적 인지학습이론
  - 인지중심 상담이론 (인지적 상담이론)
    - Williamson의 지시적 상담이론 00 중등
    - Ellis의 합리적 · 정서적 행동치료 00 초등추시, 02~03 중등, 03 초등, 05 초등, 08 초등, 10 중등, 12 중등
    - Beck의 인지치료 01 초등, 06 초등, 11 초등
    - Glasser의 현실치료 05~06 중등, 09~10 초등, 12~13 중등
    - Berne의 교류분석이론 01 초등, 12 초 · 중등
  - 정서중심 상담이론 (인본주의 상담이론)
    - Rogers의 인간중심 상담이론 91 중등, 93~94 초등, 99 초등보수, 00 초등, 01 중등, 02 초등, 03 중등, 06 초등, 10 중등, 12~13 중등, 14 중등추시論
    - Perls의 게슈탈트 상담이론 07~08 중등, 10~11 중등
    - Frankl의 실존주의 상담이론 94 중등
  - 기타 상담이론
    - 해결중심 상담이론 08 중등, 10 초등, 12 초등
    - 집단상담
    - 학교상담

01 생활지도의 기본원리와 실천원리

1 생활지도의 기본원리 90 중등, 93 중등, 95 초등, 96 중등

자아실현의 원리	• 생활지도는 모든 개인이 자아실현을 할 수 있도록 돕는 것이라야 한다. ⇨ 생활지도의 궁극적 목적 • 자아실현은 인간의 내적 동기를 인정하고 전인격적 발달을 통해서만 가능하다.
수용의 원리	학생 개인의 가치와 존엄성을 인정하고 한 인간으로서 존중하며 있는 그대로 받아들여야 한다. 일방적 지시나 억압, 명령을 배제한다. ⇨ 무조건적이고 긍정적 존중(C. Rogers)
인간관계의 원리	• 생활지도는 교사와 학생 사이의 참다운 인간관계가 형성될 때 가능하다. • 허용적인 분위기(rapport)를 조성하고, 학생을 진실하게 대하며 학생의 입장을 공감적으로 이해할 수 있어야 한다.
자율성 존중의 원리	• 생활지도는 학생의 성장을 조력하는 과정이므로 학생 스스로 문제를 파악하고 해결해 나갈 수 있도록 문제해결의 자율적 능력과 태도를 강조해야 한다. • 학생의 문제를 교사가 해결해 주는 것이 아니라 학생 자신의 자율적인 판단과 자발적인 활동을 강조한다.
적응의 원리	• 생활지도는 학생의 생활 적응을 돕는 과정이므로 학생 자신과 현실을 이해하고 생활에 능동적이고 적극적으로 적응할 수 있도록 해야 한다. • 현실에 순응하는 현실 순응적이고 소극적인 적응보다 개인의 능력과 인성을 계발하는 적극적이고 능동적인 적응을 강조한다.

2 생활지도의 실천원리 93 초등, 95 초등, 99 중등, 05 중등

전인성의 원리	생활지도는 개인의 생활영역 중 일부(예 도덕교육, 훈육)만을 다루는 것이 아니라, 개인의 전체적인 면, 즉 지·덕·체의 조화로운 발달을 도모하는 활동이어야 한다.
균등성의 원리	생활지도는 문제아나 부적응아만을 대상으로 하는 것이 아니라, 정상적인 모든 학생(재학생 및 퇴학생, 졸업생까지도 포함)을 대상으로 하는 것이어야 한다.
적극성의 원리	생활지도는 소극적인 치료나 교정보다는 적극적인 예방과 지도에 중점을 두어야 한다.
과학성의 원리	생활지도는 상식적 판단이나 임상적 판단에만 기초하지 말고 객관적인 방법과 자료에 기초하여야 한다(예 진학지도: 학업성취도검사 결과, 적성검사 결과 등).
계속성의 원리	생활지도는 단 한 번의 지도로 끝나는 것이 아니라, 진급, 진학, 졸업, 취직 후에도 계속되어야 한다. ⇨ 사전(事前)조사활동 + 정치(定置)활동 + 추수(追隨)활동
협력성의 원리	생활지도는 담임교사나 상담교사는 물론 학교 전 교직원과 가정 및 지역사회의 유기적인 연대와 협력이 필요하다.

02 생활지도의 과정(주요 영역) 90 초등, 92 중등, 93 초등, 95 초등, 98~99 초등, 05 초등

조사활동	• 학생 개인의 이해에 필요한 기초적인 자료를 조사하고 수집하는 활동(⇨ '학생조사활동') • 가정환경, 학업성취도, 지능, 인성, 적성, 건강상태, 흥미, 장래희망 등 생활지도에 필요한 일체의 개인적 자료를 조사하고 수집
정보활동	• 학생의 문제해결과 적응에 필요한 각종 자료와 정보를 제공하는 활동(⇨ '정보제공활동') • 학생들에게 제공되는 정보는 교육정보, 직업정보, 개인적·사회적 정보 등이 있음
상담활동	• 생활지도에서 가장 중핵적인 활동 • 상담자와 내담자 간의 독특한 관계에서 상담과 상담의 기법을 통해 행해지는 개별적인 문제해결과정
정치활동	• 상담결과를 이용하여 학생들을 적재적소에 배치하는 활동(⇨ '배치활동') • 교육적 정치활동(예 학교나 학과 선택, 동아리 활동의 부서 선택, 수준별 수업반 배정, 방과 후 활동 선택 등)과 직업적 정치활동(예 진로선택, 직업선택, 부업알선 등)으로 대별됨 ✦위탁활동 상담자가 자기능력으로 해결할 수 없는 내담자의 문제를 전문기관에 맡기는 활동[예 주의력결핍과 다행동장애(ADHD)를 겪고 있는 학생을 전문치료기관에 위탁] ⇨ 위탁활동은 정치활동과 구별됨
추수활동	• 정치 후 잘 적응하고 있는지 사후 점검하는 활동이면서, 생활지도의 프로그램 개선을 위한 정보를 수집하는 활동(⇨ '사후지도활동') • 전화, 면접, 관찰, 질문지, 방문지도 등의 방법을 활용

03 청소년 비행이론 96 중등, 04 초등, 08~09 중등, 14 중등추시論

1 거시이론

(1) 아노미이론 – Merton

① 비행 발생원인 : 사회구조가 특정 사람에게는 정당한 방법으로 문화 목표를 달성할 수 없게 되어 있어서 비행이 발생한다고 주장한다. 즉, 한 사회의 문화 목표와 제도화된 수단 간의 괴리현상, 즉 아노미 때문에 비행이 발생한다고 본다.

② 5가지 적응유형

적응유형	문화목표	제도화된 수단	특징
동조형(순종형) (confirmity)	수용	수용	문화목표와 제도화된 수단을 수용하는 사람들(열심히 노력해서 문화목표를 달성하려는 사람들) ⇨ 이상적 적응 방식 예 학교교육 의존 입시집착형
혁신형(개혁형) (innovation)	수용	거부	문화목표를 수용하지만 제도화된 수단을 거부하는 사람들 ⇨ 대부분의 범죄(횡령, 사기, 강도, 절도, 탈세 등) 예 사교육 의존 입시집착형
의례형(관습형) (ritualism)	거부	수용	문화목표는 거부하나 제도적 수단은 수용하는 사람들 ⇨ 절차적 규칙·규범만을 준수하고자 하는 무사 안일한 관료 예 무기력 학습형
도피형 (retreatism)	거부	거부	문화목표와 제도적 수단을 다 거부하는 사람들 ⇨ 약물중독자, 알콜중독자, 자살, 정신병, 학교 포기 청소년들이 해당 예 도피반항적 학습거부형
반역형(반발형) (rebellion)	거부 (new)	거부 (new)	문화목표와 제도적 수단을 다 거부하면서 동시에 새로운 문화목표와 제도화된 수단으로 대체하려는 사람들 ⇨ 급진적 사회운동, 반문화, 히피 등 예 새로운 학습체제 구축형

(2) 비행하위문화이론 – Cohen

① 지배적인 가치가 중산층 기준에 의해 형성되어 있기 때문에 하류계층 자녀들은 상대적으로 불리한 입장에 처하게 되어 비행을 저지른다고 본다.

② 코헨에 의하면, 미국사회는 지배문화가 중산층의 문화이며 중산층의 가치가 지배적 가치로 되어 있는데, 하류계층의 청소년의 경우에는 그들의 사회적 배경으로 인해 중산층의 기준에 의한 지위를 얻기가 상대적으로 곤란해진다. 따라서 이들은 지위욕구불만을 가지게 되며, 이러한 불만을 해결하기 위하여 중산층의 기준을 버리고 자신들에게 유리한 새로운 준거틀을 집단적으로 만든다는 것이다.

(3) 갈등이론 – Meier, Quinney

① 자본주의의 법과 정의는 자본가 계급에만 유리하기 때문에 자본가 계급과 노동자 계급 간의 갈등으로 인해 비행이 발생한다고 본다. 범죄나 비행의 원인을 정치적·사회적 계급 구조에서 찾으려고 한다.

② 지배계급의 범죄(예 기업범죄, 조직범죄)는 숨겨지고, 지배계급의 착취에 저항하는 노동자계급의 범죄는 낙인되어 드러나는 부도덕성이 자본주의적 행형제도의 특성이다.

2 미시이론

(1) 사회통제이론 – Hirschi 09 중등

① 비행은 비행성향을 통제해 줄 수 있는 사회적 유대(연대)가 약화될 때 발생한다고 본다.

② 사회적 유대(연대) 요소

애착 (attachment)	부모, 또래, 교사 등 의미 있는 타인과 정서적으로 밀착된 정도
전념(집착) (commitment)	사회적 보상이 높은 목표를 설정하고 설정한 목표를 달성하기 위해 끈기 있게 집착하는 것 예 미래의 직업을 얻기 위해 열심히 공부한다든가, 소명감을 가지고 종교적인 활동을 열심히 한다든가 하는 것
참여(몰두) (involvement)	관례적 활동에 투입하는 시간의 양 예 학생이 학업에 몰두한다, 주부는 가사일에 몰두한다, 직장인은 자기 업무에 몰두한다.
신념(belief)	사회적 규칙과 가치를 자신의 신념처럼 수용하는 것 ⇨ 내면화된 사회 통제

(2) 중화이론 – Matza & Sykes

① 비행청소년들은 자기의 행위가 나쁘다는 것을 알면서도 중화기술을 사용하여 죄의식 없이 비행을 저지른다고 본다.

② 청소년들은 인습가치(지배적인 문화)와 일탈가치 사이에서 표류하는 표류자(drifter)이다. 전통적인 비행이론은 대부분의 비행청소년들이 청소년 말기나 성인단계에 이르러 비행을 청산하고, 나이가 들어감에 따라 비행이 사라지는 표류(drift)현상을 설명하지 못한다. ⇨ 사회통제 무력화 이론, 표류(편류) 이론

Plus

중화기술

1. **책임의 부정**: 비행의 책임을 외적 요인(예 가정환경, 부모의 애정결핍, 빈곤, 친구 등)으로 전가
   예 비행자가 친구 때문에 또는 부모의 애정결핍 때문이라는 외적 요인을 핑계로 삼아 자신의 책임을 부정한다.
2. **가해(피해발생)의 부정**: 자신의 비행을 사소한 것으로 치부하며 가해를 부정
   예 그들은 그 정도의 피해는 감당할 만하다. 학교폭력의 가해자들이 그것은 단순한 장난이었다고 한다. 물건을 훔치고 잠깐 빌린 거라고 한다. 집단 패싸움을 벌이고 단순한 다툼 또는 합의한 결투로 생각한다.
3. **피해자의 부정**: 피해자는 피해를 입어 마땅한 사람이라고 간주
   예 그들이 사태를 초래한 장본인이다. 상점의 물건을 훔치면서 가게 주인이 정직하지 못한 사람이라고 생각한다.
4. **비난자의 비난**: 비난자를 오히려 비난
   예 시험 중 부정행위로 적발된 학생이 교사를 특정 학생만 편애한다고 비난한다. 신호위반으로 적발된 운전자가 적발한 경찰을 비난한다.
5. **대의명분에 호소(더 높은 충성심에의 호소)**: 보다 높은 상위가치나 대의명분에 호소
   예 친구와의 소중한 우정을 지키기 위해 나쁜 일을 하게 되었다. 나는 동료들을 위해 그런 짓을 했다.

(3) **차별접촉이론** – Sutherland ⇨ 가장 많이 사용되는 이론 14 중등추시論

① 비행은 친밀한 집단 내에서 사회적 상호작용이나 모방을 통해 사회적으로 학습된 결과라고 본다.

② 모든 계층의 청소년들이 일탈집단을 직·간접적으로 자주 접하게 되면 일탈청소년이 될 수 있다.

예 근묵자흑(近墨者黑)

(4) **낙인이론** – Lemert, Becker ⇨ 상징적 상호작용이론에 기초한 이론 99 중등, 04 초등, 08 중등, 14 중등추시論

① **개념**: 타인이 자기 자신을 우연히 비행자로 낙인(labeling)찍었기 때문에 자기의 지위를 비행자로 규정하고 의식적·상습적으로 비행을 저지른다고 설명한다. 비행은 행위자의 내적 특성이 아니라 주위에서 비행자로 의미를 부여하며 만들어진다고 본다.

② **낙인과정(Hargreaves)**: 학생 유형화 과정 연구 ⇨ 교사에 의해 학생의 일탈행동이 형성되는 과정 연구

㉠ 모색 단계(추측단계, speculation; 교사가 학생들을 만나 첫인상을 형성하는 단계)

㉡ 명료화 단계(정교화 단계, elaboration; 첫인상이 실제와 같은지 확인하고 명료화하는 단계 ⇨ 가설 검증 과정)

㉢ 공고화 단계(고정화 단계, stabilization; 학생을 범주화하여 공고화하는 단계 ⇨ 학생의 정체성에 대해 비교적 안정된 개념을 가짐)

③ **교육적 시사점**: 학교(교사)의 대응방식에 따라 이차적 일탈이 방지될 수 있거나 또는 야기될 수도 있다. 학교의 부주의한 징계 조치, 문제학생으로서의 유형화 및 차별적 취급 등은 자칫 문제학생을 일반 또래집단으로부터 고립시키고 일탈집단으로 몰아넣는 결과를 초래할 수 있다.

04 진로상담이론

1 구조론적 이론

<table>
<tr>
<td>특성요인이론
(trait and factor theory)</td>
<td>

• 개념 : 흥미나 능력, 적성 등 개인적 특성이 바로 직업의 특성과 일치하기 때문에 직업을 선택한다는 이론이다(개인의 특성에 맞는 직업을 선택).
• 대표자 : 파슨스(Parsons), 윌리암슨(Williamson), 헐(Hull) 등
• 특징
– 과학적 측정방법을 통해 개인의 특성(trait)을 식별하여 직업 특성에 연결시키는 것을 핵심으로 한다.
– 개인의 특성(trait)에 대한 객관적 자료와 직업의 특성에 관한 자료를 중시한다.
– 개인의 특성과 직업의 요구 간에 연결이 잘 될수록 개인적인 만족과 성공적인 직업수행의 가능성이 커진다.
• 진로상담과정 6단계 : 분석(학생에 관한 자료를 수집하여 학생의 개인적 특성을 파악) ⇨ 종합(수집된 자료를 종합하여 학생의 특성을 총체적으로 이해) ⇨ 진단(학생이 당면하고 있는 진로선택의 문제점을 진단) ⇨ 예측(가능한 대안의 검토 및 결과 예측) ⇨ 상담(최선의 대안을 선택하고, 직업적 성공을 위한 준비나 대책을 마련할 수 있도록 도움을 줌) ⇨ 추수지도

</td>
</tr>
<tr>
<td>욕구이론
(need theory)
05 중등, 11 중등</td>
<td>

• 개념 : 개인의 욕구가 직업선택에 큰 영향을 미친다는 이론이다(개인의 욕구를 충족시켜 주는 직업을 선택). 개인의 욕구는 아동기에 부모의 양육방식에 영향을 받는다고 본다. 이에 따르면, 직업 선택은 부모와 자녀의 관계(부모의 양육방식)에서 형성된 개인의 성격과 욕구구조에 의해 결정된다고 본다.
예 부모가 자녀에게 애착이 강하면 인간지향적 성격이 형성되고 자녀는 인간지향적 직업(예 서비스직, 비즈니스직, 예능직 등)을 선택함. 부모가 자녀에게 무관심하거나 거부적일 때 비인간지향적 성격을 형성하고 비인간지향적 직업(예 기술직, 과학직 등)을 선택함
• 대표자 : 로우(Roe), 호포크(Hoppock)
• 부모의 양육방식과 직업지향성에 대한 가설

<table>
<tr><th colspan="2">부모의 양육방식(부모-자녀의 상호작용 유형)</th><th>성격지향성</th><th>직업지향성</th></tr>
<tr><td rowspan="2">정서집중형
(자녀에 대한 애착)</td><td>과보호형 : 과잉보호적 분위기 ⇨ 자녀를 지나치게 보호함으로써 자녀에게 의존심을 키워준다.</td><td rowspan="3">인간지향적인 성격 형성</td><td rowspan="3">인간지향적 직업 선택
⇨ Ⅰ. 서비스직,
Ⅱ. 비즈니스직,
Ⅲ. 단체직,
Ⅶ. 일반문화직,
Ⅷ. 예능직</td></tr>
<tr><td>과요구형 : 과잉요구적 분위기 ⇨ 자녀가 남보다 뛰어나고 공부를 잘하기를 바라므로 엄격하게 훈련시키고 무리한 요구를 한다.</td></tr>
<tr><td>수용형
(자녀 수용)</td><td>애정형 : 애정적 분위기 ⇨ 온정적이고 관심을 기울이며 자녀의 요구에 응하고 독립심을 길러준다. 또 벌을 주기보다는 이성과 애정으로 대한다.</td></tr>
</table>

</td>
</tr>
</table>

	무관심형: 무관심한 분위기 ⇨ 자녀를 수용적으로 대하지만 욕구나 필요에 대해 그리 민감하지 않다. 또 자녀에게 어떤 것을 잘 하도록 강요하지 않는다.	비인간지향적 성격 형성	비인간지향적 직업 선택 ⇨ Ⅳ. 기술직, Ⅴ. 옥외활동직, Ⅵ. 과학직
회피형 (자녀 회피)	**방임형**: 무시적 분위기 ⇨ 자녀와 별로 접촉하려고 하지 않으며 부모의 책임을 회피하려고 한다.		
	거부형: 거부적 분위기 ⇨ 자녀에게 냉담하여 자녀가 선호하는 것이나 의견을 무시한다. 또 부족한 면이나 부적합한 면을 지적하며 자녀의 욕구를 충족시켜 주려고 하지 않는다.		

성격이론 (personality theory) 08~09 중등, 12 초등, 12~13 중등

- **홀랜드(Holland)의 성격(인성)이론(RIASEC 6각형 모델)**: 홀랜드(J. Holland)는 개인의 성격유형에 맞는 직업환경을 찾아야 한다고 보고, 6가지 성격유형과 직업환경을 제시하였다. 개인의 성격유형과 흥미분야를 발견하고 그것을 발휘할 수 있는 직업을 찾도록 하는 것이 진로지도의 기본이다(예 홀랜드의 직업흥미검사).
- 직업환경과 성격특성

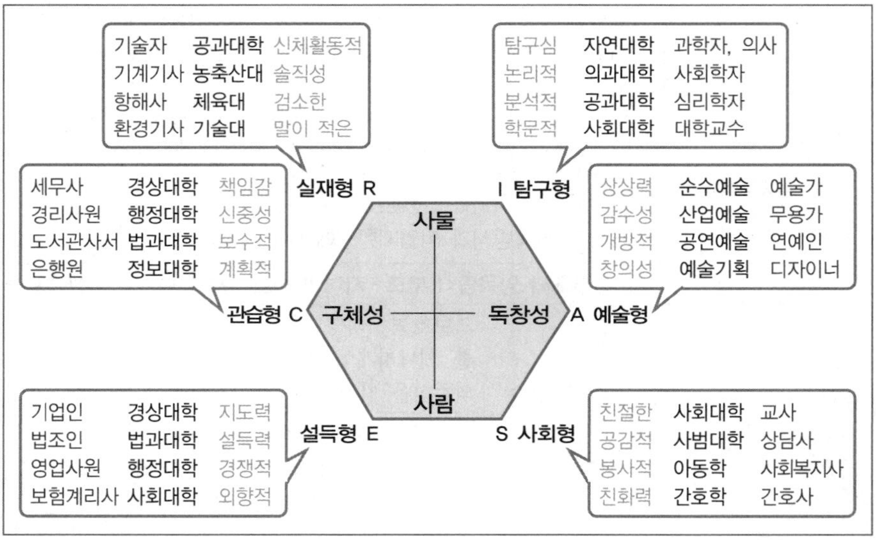

직업적 성격유형	직업적 성격특성 (선호하는/싫어하는 직업적 활동)
실재형(현실적) (realistic)	기계를 만지거나 조작하는 것을 좋아하며, 몸을 움직이는 활동을 선호한다. 그러나 교육적인 활동이나 치료적인 활동은 좋아하지 않는다. 예 기술자, 운동선수, 정비사(기계·전기기사), 자동차 및 항공기 조종사, 엔지니어 등
탐구형(지적) (investigate)	탐구심이 많고 논리적·분석적이며, 정확하고 지적 호기심이 많으며, 체계적인 활동을 선호한다. 그러나 사회적이고 반복적인 활동에는 관심이 부족하다. 예 과학자, 생물학자, 물리학자, 화학자, 인류학자, 사회학자, 의사 등

	예술형(심미적) (artistic)	변화와 다양성을 좋아하고, 자유롭고 창의적인 활동을 선호한다. 그러나 체계적이며 구조화된 활동에는 흥미가 없다. 예 예술가, 작곡가, 음악가, 미술가, 무용가, 디자이너, 연예인(배우), 소설가, 작가 등
	사회형(사회적) (social)	다른 사람들과 어울리는 것을 좋아하고, 다른 사람들을 도와주는 활동을 선호한다. 그러나 도구와 기계를 포함하는 질서정연하고, 체계적인 활동에는 흥미가 없다. 예 교사, 상담사, 사회복지사, 간호사, 언어치료사 등
	설득형(기업형) (enterprising)	지도력과 통솔력이 있으며, 말을 잘하고(설득적이며), 다른 사람들을 관리하는 활동을 선호한다. 그러나 관찰적 · 상징적 · 체계적 활동에는 흥미가 없다. 예 기업인, 정치가, 법조인, 영업사원, 관리자 등
	관습형(전통적) (conventional)	계획에 따라 자료를 기록 · 정리 · 조직하는 활동을 좋아하며, 계산적인 능력을 발휘하는 활동을 선호한다. 그러나 창의적 · 자율적이며 모험적 · 비체계적인 활동에는 매우 혼란을 느낀다. 예 회계사, 은행원, 경리사원, 사서, 법무사 등
사회학적 이론 (sociological theory) 10 중등		• 개념 : 가정, 학교, 지역사회 등의 사회적 요인이 직업선택에 큰 영향을 미친다고 본다. 개인을 둘러싼 사회 · 문화적 환경이 개인의 행동에 영향을 미친다는 사회학적 지식을 바탕으로 생성된 이론이다. • 특징 : 이 이론에 따르면, 문화나 인종의 차이에 비해 개인이 속해 있는 사회계층이 개인의 직업적 야망에 큰 영향을 미친다고 한다. 개인의 사회계층에 따라 개인은 교육정도, 직업포부 수준, 지능수준 등이 다르며 이런 사회경제적 요인들이 진로 발달에 영향을 미친다. 특히 부모는 자녀의 진로선택에 중요한 영향을 주는 것으로 간주한다. 따라서 진로상담을 할 때는 내담자 가정의 사회 · 경제적 지위, 가정의 영향력, 학교, 지역사회, 압력집단, 역할지각 등을 고려해야 한다고 제언한다. • 대표자 : 블라우(Blau), 홀링쉐드(Hollingshead), 폼(Form) 등

2 발달론적 이론

<table>
<tr><td rowspan="5">진즈버그
(Ginzberg)의
진로발달이론</td><td colspan="2">• 개념 : 직업선택이란 삶의 어느 한 시기에 이루어지는 일회적인 사건이 아니라, 장기간에 걸쳐 발달하는 일련의 의사결정이라고 본다. 발달단계 초기에 이루어지는 선택과정은 개인의 흥미, 능력, 가치관에 좌우되지만, 나중에는 이 요인들과 외부적인 조건이 함께 타협됨으로써 직업선택이 이루어진다.
• 진로발달단계</td></tr>
<tr><td>환상기
(6~10세)</td><td>직업선택에서 자신의 능력이나 가능성, 현실여건 등을 고려하지 않고 욕구만을 중시하며, 무엇이든 하고 싶고 하면 된다는 식의 환상 속에서 비현실적인 선택을 하는 경향이 있음</td></tr>
<tr><td>잠정기
(11~17세)</td><td>• 직업선택에서 개인의 흥미, 능력, 가치(가치관)를 고려하지만, 현실여건을 고려하지 않는 비현실적인 시기 ⇨ 청소년 초기 단계
• 흥미단계 → 능력단계 → 가치단계 → 전환단계의 하위단계로 진행
– 흥미단계(11~12세) : 자신의 흥미나 취미에 따라 직업을 선택함
– 능력단계(12~14세) : 자신의 능력을 시험해 보고자 하며, 다양한 직업을 처음으로 인식함
– 가치단계(15~16세) : 직업선택 시 다양한 요인을 고려해야 함을 인식함
– 전환단계(17~18세) : 점차 주관적 요소에서 현실적인 외부요인으로 관심을 전환함</td></tr>
<tr><td>현실기
(18세~)</td><td>• 자신의 흥미, 능력, 가치뿐만 아니라 직업의 요구조건, 교육기회, 개인적 요인 등과 같은 현실요인을 고려하고 타협해서 결정함 ⇨ 현실적으로 직업을 선택하는 시기, 청소년 중기 단계
• 탐색단계 → 구체화 단계 → 특수화(전문화) 단계로 진행
– 탐색단계 : 직업을 탐색하고 직업에 필요한 교육과 경험을 쌓으려고 노력
– 구체화단계 : 직업목표를 구체적으로 정하고, 자신의 결정에 관련된 내적·외적 요소를 종합
– 특수화단계 : 자신의 결정을 더욱 구체화시키고, 더욱 세밀한 계획을 세움</td></tr>
<tr></tr>
<tr><td rowspan="3">수퍼(Super)의
진로발달이론
10 중등, 12 중등</td><td colspan="2">• 개념 : 직업발달 과정에서 본질적인 역할을 하는 것이 자아개념(self-concept)이라고 본다. 인간은 자아개념(이미지)과 일치하는 직업을 선택하며, 이런 의미에서 직업선택은 자아개념의 실행이라고 본다. ⇨ 진즈버그의 발달이론을 비판하고 보완한 발달이론
• 진로발달단계 : 생애진로 무지개</td></tr>
<tr><td>성장기
(0~14세)</td><td>• 초기에는 욕구와 환상이 지배적이나 점차 흥미와 능력을 중시
• 환상기 → 흥미기 → 능력기로 진행
– 환상기(4~10세) : 욕구가 지배적이며 환상적 역할수행이 중시됨
– 흥미기(11~12세) : 진로결정에 흥미가 주요한 요인이 됨
– 능력기(13~14세) : 능력을 중시하면서 진로를 선택함</td></tr>
<tr><td>탐색기
(15~24세)</td><td>• 학교활동, 여가활동 등을 통해 자아를 검증하고 역할을 수행하며 직업탐색을 시도
• 잠정기 → 전환기 → 시행기로 진행
– 잠정기(15~17세) : 자신의 욕구, 흥미, 능력, 가치, 직업기회 등을 고려하여 잠정적으로 진로선택
– 전환기(18~21세) : 자아개념이 직업적 자아개념으로 전환되는 시기 ⇨ 취업에 필요한 훈련, 교육 등을 받으며 자신의 자아개념을 확립하려고 함. 자신의 자아개념을 실천하려고 함에 따라 현실적 요인을 중요시하게 됨</td></tr>
</table>

	– 시행기(22~24세) : 적합하다고 판단한 직업을 시행하며 적합 여부를 시험함, 자신에게 적합해 보이는 직업을 선택해서 최초로 직업을 가지게 됨
확립기 (25~44세)	• 자신에게 적합한 분야에 종사하고 삶의 기반을 잡으려고 노력 • 시행기(정착기) → 안정기로 진행 – 시행기(25~30세) : 자신이 선택한 일이 적합하지 않을 경우, 적합한 일을 발견할 때까지 반복하여 변화를 시도함 – 안정기(31~44세) : 진로유형이 분명해지고 안정되는 시기(안정된 위치를 굳히기 위해 노력하며, 안정과 만족감, 소속감, 지위 등을 갖게 됨)
유지기 (45~65세)	안정 속에서 자신의 위치를 확고히 하고 유지하려는 시기
쇠퇴기 (66세~)	직업전선에서 은퇴하여 다른 활동을 찾는 시기

• 발달이론의 교육적 함의
  – 개인의 진로발달이란 전 생애기간에 이루어지는 연속적인 과정이기 때문에 진로상담의 최종목표를 직업선택으로 제한해서는 안 된다.
  – 개인의 진로성숙도를 분석하여 진로성숙의 취약한 하위분야들을 보완할 수 있는 구체적 진로발달 프로그램의 개발과 적용이 필요하다.
  – 지나치게 자아개념을 강조하고 있다는 비판을 받는다.

티이드만과 오하라 (D. Tiedeman & R. O'Hara)의 진로이론
12 중등

• 개념
  – 진로발달(직업발달)이란 직업 자아정체감(vocational identity)을 형성해 나가는 계속적 과정이며, 직업 자아정체감은 의사결정을 되풀이하는 과정에서 성숙된다. 직업 자아정체감이란 개인이 자신의 제반 특성을 정확히 파악하고 자신의 자아를 실현시킬 수 있는 일이 무엇인가에 대한 나름대로의 생각 또는 인식을 말한다. 티이드만과 오하라는 진로발달은 교육 또는 직업적 추구에 있어서 개인이 나아갈 방향을 선택하고, 선택된 방향에 들어가서 잘 적응하고자 발전하는 과정에서 이루어지는 자아의 발달로 개념화하고 있다.
  – 진로발달은 직업 자아정체성을 형성하는 과정으로 정의하며, 연령과 관계없이 의사결정을 통해 직업의식이 발달한다.

• 예상기(anticipation)

① 탐색기 : 자신의 능력과 여건을 예비평가하여 가능한 목표를 탐색함
② 구체화기 : 자신의 가치관, 보수나 보상 등을 고려하여 개인의 진로를 구체화함
③ 선택기 : 자기가 하고 싶어 하는 일을 선택하고, 자신에게 맞지 않은 진로를 탈락시킴
④ 명료화기 : 결정된 진로에 대해 분석, 검토하고 명료하게 결론을 내림

• 실천기

① 적응기 : 선택한 조직(직장) 내에서 인정과 승인을 받기 위해 노력하며, 새로운 상황에 수용적인 자세로 임함
② 개혁기 : 인정을 받게 되면 자신의 의견이나 주장을 강하게 드러냄(자신에게 맞지 않은 부분에 대해 조직을 개혁하고자 하는 마음이 있는 시기)
③ 통합기 : 개인의 욕구와 조직의 욕구를 타협하고 통합하는 시기. 개인은 집단의 일원으로서 원만하게 생활해 가면서 직업적 자아개념을 발달시키게 되는데, 이것은 분화와 통합의 과정을 통한 역동적인 평형화 과정이다.

3 과정론적 이론

젤라트(Gelatt)의 의사결정이론	• 개념: 개인의 진로는 환경의 영향을 받는 것이 아니라, 개인 스스로가 합리적으로 최적의 환경을 선택해 간다고 본다. 직업선택의 기본원리는 의사결정과정과 같으며, 의사결정의 단계는 다음과 같다. 목적의식 → 정보수집 → 가능한 대안의 열거 → 각 대안의 결과 예측 → 각 대안의 실현가능성 예측 → 가치평가 → 의사결정 → 평가 및 재투입 • 대표자: 젤라트(Gelatt), 로스(Roth), 힐튼(Hilton)
크럼볼츠(Krumboltz)의 사회학습이론 11 초등	• 개념: 진로결정은 학습된 기술로서, 유전적 요인과 특별한 능력, 환경적 조건과 사건, 학습경험, 과제접근기술과 같은 진로결정요인들의 상호작용의 결과라고 본다. 이 이론은 고전적 행동주의 이론, 강화이론, 인지적 정보처리 이론에 기초하고 있다. • 대표자: 크럼볼츠(Krumboltz), 젤라트(Gelatt) • 진로결정에 영향을 주는 요인 4가지(진로결정요인) – 유전적 요인과 특별한 능력(genetic endowments & special abilities): 이는 개인의 진로기회를 제한하는 타고난 특질을 말함 예 인종, 성별, 신체용모, 성격, 지능, 예술적 재능 등 직업이나 교육선택에 영향을 미칠 수 있는 요인 – 환경적 조건과 사건(environmental conditions & events): 환경에서의 특정한 사건이 활동, 진로선호, 기술개발 등에 영향을 미친다는 것임 예 취업 및 훈련 기회(취업 가능한 직종의 내용, 교육훈련이 가능한 분야), 직업·취업구조, 사회정책·노동정책(노동법 포함), 교육제도, 가정의 영향, 이웃과 지역사회의 영향 등 환경에서의 특정한 사건 – 학습경험(instrumental learning experiences): 개인이 과거에 학습한 경험은 현재 또는 미래의 교육적·직업적 의사결정에 영향을 미친다는 것. 진로결정과 관련된 과거의 학습경험으로 도구적·연상적·대리적 학습경험이 있음 1. 도구적 학습경험: 어떤 행동에 대해 정적 또는 부적 강화를 받을 때 나타남 2. 연상적 학습경험: 이전의 중립적 사건이나 자극을 비중립적 사건이나 자극과 연결시킬 때 일어남, 중립적 사건이나 자극을 정서적으로 받아들이는 사건이나 대상으로 연상할 때 일어남 3. 대리적 학습경험: 타인의 행동을 관찰, 모방할 때 나타남 • 과제접근기술(task approach skills): 개인이 환경을 이해하고 그에 대처하며 미래를 예견하는 능력이나 경험으로, 유전적 요인, 환경적 조건이나 사건, 학습경험 간의 상호작용의 결과로 나타남. 문제해결기술, 일하는 습관, 정보수집능력, 감성적 반응, 인지적 과정 등이 포함됨

05 상담활동의 이해

1 상담의 기본조건 91 중등, 99 중등 · 초등추시, 02~03 초등

수용 (acceptance)	• 내담자를 한 인간으로서 존중하고 있는 그대로 받아들이는 것 ⇨ "무조건적이고 긍정적 존중" (C. Rogers) • 내담자의 행동, 감정, 태도 등이 긍정적인 것이든 부정적인 것이든 하나의 사실로 그대로 수용해야 한다.
공감적 이해 (empathetic understanding)	• 상담자가 내담자의 입장에서 마치 내담자인 것처럼(as if) 이해하는 것 ⇨ "감정이입적 이해" • 상담자는 내담자가 표현하는 말뿐만 아니라 그 이면에 숨겨진 내담자의 감정, 신념까지 포착할 수 있어야 한다. 예 내담자: 우리 아빠는 나만 보면 야단치세요. 상담자: 아빠가 너만 미워하시는 것 같아 속상하구나.
진실성 (일치성, 솔직성) (genuineness, congruence)	• 상담자는 내담자를 순수하고 진실하며 정직하게 대해야 하며, 가면이나 역할연기에 얽매여 있어서는 안 된다. 또, 내담자와의 관계에서 상담자가 자신의 경험이나 감정을 솔직하게 표현해야 한다. 넓은 의미에서 경험, 인식, 의사소통 등이 모두 일치(합치)해야 한다. • 상담자의 진실성은 내담자의 진실성을 촉진하는 기폭제 역할을 한다.
신뢰(래포 형성) (trust)	• 내담자가 상담자를 믿는 것 • 신뢰가 형성되기 위해서는 래포(rapport), 즉 상담자와 내담자 간 믿을 수 있는 친밀한 분위기가 형성되어야 한다.

2 상담의 상담기법 97~98 초등, 99 초등추시, 02 초등, 04 중등, 06~10 초등, 08~09 중등, 12 초등

구조화 (structuring) 07 초등, 10 초등	• 개념 : 상담의 시작단계에서 상담자가 상담과정의 본질, 제한조건 및 방향에 대하여 정의를 내려주는 것 예 상담에 적극 참여하기, 약속 시간 준수하기, 상담 연기 방법, 상담교사에게 연락하는 방법, 상담실 이용방법, 상담기간과 횟수, 앞으로 기대되는 효과 등 • 기능 : 상담의 방향이나 초점을 잃지 않게 하며 상담을 효율적으로 진행할 수 있게 함 **학생** : 상담실에는 매일 와야 해요? **교사** : 상담은 보통 1주일에 한 번 하는데, 필요하다면 더 자주할 수도 있단다.
경청 (listening)	• 개념 : 내담자의 말과 행동에 상담자가 선택적으로 주목하는 것(언어적 + 비언어적 반응) ⇨ 상담자는 내담자가 말할 때 진지한 관심이 있음을 나타내 보임으로써 그와 함께하고 있음을 알려야 한다. • 기능 : 내담자에게 생각이나 감정을 자유롭게 표현할 수 있게 북돋아 주고, 자신의 방식으로 문제를 탐색하게 하며, 상담에 대한 책임감을 느끼게 함
반영 (reflection of feeling) 02 초등, 04 중등, 10 중등	• 개념 : 내담자의 말과 행동에서 표현된 기본적인 감정을 상담자가 다른 참신한 말로 부언해 주는 것. 상담자는 내담자가 자신의 감정을 알아차리고 경험하게 함으로써 문제해결에 이르도록 돕는다. ⇨ "정서 되돌려 주기" • 기능 : 내담자의 자기이해를 도와줄 뿐만 아니라 내담자로 하여금 자기가 이해받고 있다는 인식을 갖게 함 **학생** : 친구들이 모두 저를 싫어하는 것 같아요. 저한테는 아무도 말을 걸지 않아요. **교사** : 친구들과 친하게 지내고 싶은데, 말을 거는 친구가 없어 속상한가 보구나.
재진술 (restatement) 08 중등, 12 초등	• 개념 : 내담자의 말을 그대로 되풀이하는 것. 이는 내담자가 말한 내용 중 일부를 반복함으로써 상담의 방향을 초점화(focusing)하는 기술이다. ⇨ "내용 되돌려 주기" ('반영'이 내담자의 메시지에 담긴 정서를 되돌려 주는 기술이라면, 재진술은 내담자의 메시지에 담긴 내용을 되돌려 주는 기술임) • 기능 : 내담자가 말한 내용 중 일부를 반복함으로써 상담의 방향을 초점화(focusing)하는 기술 **학생** : 어제 오빠랑 싸웠다고 엄마에게 혼났어요. 전 억울해요. **교사** : 엄마에게 혼나서 억울하다는 거구나. **학생** : 선생님, 저는 영희가 좋아요. 그런데 영희가 어떤 때는 저에게 웃으며 대해 주다가 어떤 때는 차갑게 대해요. 영희가 저를 좋아하는지 싫어하는지 헷갈려요. **교사** : 영희가 너를 대하는 태도가 때에 따라 달라지니까 너를 좋아하는지 아닌지 잘 모르겠다는 거구나.
명료화 (clarification) 02 초등, 06 초등, 09 초등	• 개념 : 내담자의 말에 내포된 뜻을 상담자가 자신의 언어로 내담자에게 명확하게 말해 주거나, 내담자에게 분명하게 말해 달라고 요청하는 것(⇨ 내담자가 산만하고 막연하게 말한 것을 상담자가 분명하고 간결하게 정리해서 말해 주거나, 분명하게 말해 달라고 요청하는 것). 명료화는 내담자가 말하고자 하는 의미를 상담자가 생각하고, 이 생각한 바를 다시 내담자에게 말해 준다는 점에서 단순한 재진술과는 다르다. ⇨ 명료화의 자료는 내담자 자신은 미처 충분히 자각하지 못하는 의미나 관계임

	• 기능 : 내담자가 애매하게만 느끼던 내용이나 불충분하게 이해한 자료를 상담자가 말로 정리해 준다는 점에서 내담자에게 자기가 이해를 받고 있으며 상담이 잘 진행되고 있다는 느낌을 갖게 해 줌. 그리고 내담자로 하여금 미처 생각하지 못했던 측면을 다시 생각하도록 해 주는 자극제가 됨 **학생** : 나는 태어나지 말았어야 했나 봐요. **교사** : 난 이해가 잘 안 되는데 무슨 뜻인지 자세히 설명해 줄래? **학생** : 지난밤 꿈에 아버지와 사냥을 갔는데, 제가 글쎄 사슴인 줄 알고 쏘았는데, 나중에 가까이 가 보니까 아버지가 죽어 있었습니다. 그래서 깜짝 놀라 잠을 깨었습니다. '디어 헌터'라는 영화를 본지 며칠 안 돼서 그런 꿈을 꾸었는지 모르겠어요. **교사** : 꿈이었겠지만, 총을 잘못 쏘아서 아버지를 돌아가시게 한 죄책감 같은 것을 느꼈는지도 모르겠군요.
즉시성 **(immediacy)** 07 초등	• 개념 : '과거－거기'서 벌어졌던 일보다는 '지금－여기'서 벌어지는 일(상황) 또는 '지금－여기'에서의 상담자와 내담자의 관계에 직면하여 그것을 다루도록 하는 초점화 기술 ⇨ 일(상황)의 즉시성, 관계의 즉시성 • 기능 : 상담자와 내담자 간에 긴장감이 형성될 때, 내담자가 상담에 흥미를 보이지 않을 때, 내담자가 상담자에게 신뢰감을 보이지 않을 때, 상담이 방향성을 잃었을 경우, 내담자가 의존성이 있을 경우에 사용 **학생** : 애들이 저를 놀리고 때려요. 어쩌죠? 선생님이라면 어떻게 하시겠어요? 선생님이 시키시는 대로 할게요. **교사** : 글쎄. 그런데 선생님은 자세한 내용을 모르니까 당황스럽고, 또 마치 너한테 해결책을 줘야 할 것 같은 기분이 들어서 부담스럽기도 하구나.
재구조화 **(restructuring)** 11 초등	• 개념 : (다른 사람의 동기를 살펴서) 다른 사람의 행동을 다른 관점에서 보도록 유도함으로써 합리적인 사고를 하도록 하는 기법 • 기능 : 상담자는 내담자가 지각하는 상황을 보다 합리적인 방법으로 학습하도록 도움 **학생** : 선생님, 저는 엄마 잔소리 때문에 괴로워요. 엄마는 제가 조금만 쉬고 있어도 "공부 안 하니?" 하고, 학교 마치고 집에 조금만 늦게 가도 "왜 이렇게 늦게 오니?" 하며 야단치세요. 엄마는 칭찬은 않고 늘 꾸중만 하세요. **교사** : 엄마가 잔소리하고 야단만 쳐서 속상한 모양이구나. 그런데 그건 너에 대한 엄마의 관심의 표현일 거야. 너를 많이 사랑해서 그러시는 게 아닐까?
직면 **(confronting)** 99 초등추시, 02 초등, 12 초등	• 개념 : 내담자가 모르고 있거나 인정하기를 거부하는 생각과 느낌에 대하여 주목하도록 하는 방법으로, 내담자가 가지고 있는 불일치·모순·생략 등을 상담자가 내담자에게 알려주는 것 ⇨ 내담자에게 심리적 위협과 상처를 줄 수도 있으므로, 상담자는 시의성(時宜性), 즉 내담자가 그것을 받아들일 수 있는 준비가 되어 있는지를 면밀히 고려하여 사용해야 함 • 기능 : 내담자가 가지고 있는 불일치·모순·생략 등을 상담자가 내담자에게 기술 **학생** : (온몸이 경직되면서 두 주먹을 불끈 쥐며) 저는 이 세상에서 우리 아빠를 누구보다 사랑하고 존경해요. **교사** : 너는 아빠를 사랑한다고 말하면서도 그 순간 온몸이 긴장하는구나.

	(가영이가 같은 반 친구와 다툰 일에 대해 괜찮다고 말하면서 울먹이며 눈시울이 약간 젖어 있다.) **교사**: 가영아, 너는 괜찮다고 말하지만 목소리가 떨리고 눈물이 글썽이네.
자기개방 (자기노출) (self-disclosure)	• 개념: 상담자가 자신의 경험이나 생각, 정보 등을 내담자에게 솔직하게 노출시키는 기술 • 기능: 자신을 솔직하게 노출시킴으로써 친근감을 전달하고, 내담자의 깊은 이해를 발달시킴 **학생**: 친구들이 저만 따돌리고 선생님들께서도 저에게 관심이 없어요. **교사**: 선생님도 예전에 친구들한테 따돌림을 당했을 때 몹시 힘들었단다.
요약	• 개념: 내담자가 표현했던 주요한 주제를 상담자가 정리해서 말로 나타내는 것 ⇨ 상담회기의 일부, 상담회기의 전부 혹은 전체적인 상담진행에 대한 내용을 다룰 수 있음 • 기능: 내담자가 미처 의식하지 못한 면을 학습시키고 문제해결의 과정을 밝히며 자신의 생각과 느낌을 탐색하도록 도움. 또한 매 회기의 상담을 자연스럽게 종결하며 많은 생각들을 정리하고 통합하여 새로운 해결책을 강구하게 함. 상담자는 내담자의 말을 요약하여 줌으로써 그의 말에 주목하고 그를 이해하고 있음을 확신시킴
해석 (interpretation) 02 초등, 12 초등	• 개념: 내담자가 자신의 문제를 새로운 각도에서 이해하도록 내담자의 행동, 사고, 감정의 의미를 설명해 주는 것. 해석은 내담자의 여러 언행 간의 관계 및 의미에 대해 가설을 제시하는 것(⇨ 해석은 상담 후기에 주로 사용) ⇨ 해석의 대상은 내담자의 방어기제들, 문제에 대한 생각, 느낌, 행동양식 등 • 기능: 내담자가 과거의 생각과는 다른 새로운 참조체제(frame of reference)를 바탕으로 자신의 문제를 이해할 수 있도록 도와줌 **내담자**: 제가 그렇게 자주 결근한 것에 대해 불안해집니다. **상담자**: 여러 번 결근한 입장에서 회사의 윗사람들이 당신을 어떻게 보고 있을지 걱정이 된다는 얘기군요. **학생**: 친구들이 모두 저를 싫어하는 것 같아요. 저한테는 아무도 말을 걸지 않아요. **교사**: 그런데 친구들이 너를 싫어한다는 것은 어떻게 알게 되었지? **학생**: 그냥 알아요. 직접 듣지는 않았지만 느낌으로 알아요. **교사**: 네 얘기를 들어보니 선생님 생각에는 그것이 사실이라기보다 너 혼자서 그럴 거라고 짐작하고 있는 것 같구나. (자신이 공부를 못해서 친구들에게 무시당한다고 생각하는 철수는 학교에서 친구들에게 습관적으로 욕을 하고 자주 싸운다. 그러나 박 교사는 이런 철수가 자신에게 관심을 보이는 음악 선생님께는 깍듯이 인사도 하고, 음악 시간에 좋은 수업태도를 보인다는 것을 알고 있다. 박 교사는 철수와 상담을 하고 있다.) **철수**: 애들이 나보고 공부 못한다고 할 때마다 화가 나서 참을 수가 없어요. **교사**: 철수가 제일 화가 날 때는 친구들이 너를 무시한다는 느낌이 들 때구나. 무시당하는 느낌이 들면 화가 나고 그래서 욕을 하고 싸우게 되니 말이야. 그런 걸 보면 다른 사람들이 철수를 함부로 대하지 않고 존중해 주고 인정해 주는 것이 너에게는 정말 중요한가 보다.

06 정신역동적 상담이론

1 프로이트(Freud)의 정신분석적 상담이론 10 중등, 12 중등

(1) 개념

인간의 부적응행동의 원인을 무의식에 억압된 욕구에서 비롯된다고 보고, 내담자가 지닌 무의식의 세계를 의식화하여 문제를 치료하려는 상담방법

(2) 상담목표

무의식의 의식화(무의식을 의식 영역으로 떠올리는 것, 내담자의 통찰)를 통해 자신의 모습을 수용하고 자아(ego)의 기능을 강화시켜 준다. 이를 통해 내담자가 현실적이고 합리적으로 적응하도록 해 준다.

(3) 상담기법

① **자유연상법**: 내담자로 하여금 마음속에 떠오르는 모든 것을 무조건 다 이야기하게 한다. 상담자는 내담자 속에 억압된 자료를 수집하고 해석하여 의미를 찾아 내담자의 통찰을 돕는다.

② **꿈의 분석**: 꿈은 깨어 있을 때보다 훨씬 무의식적 자료를 많이 포함하고 있으므로 꿈의 의미를 분석·해석함으로써 내담자의 문제와 갈등을 이해하고 통찰을 얻게 한다.

③ **저항의 분석**: 저항은 내담자가 상담의 진행을 방해하고 상담에 협조하지 않는 모든 행위이다. 저항은 내담자가 무의식적으로 숨기고자 하는 것, 피하고자 하는 것, 두려워하는 것 등이 있기 때문에 나타난다. 상담자는 심리적 저항을 분석하고 해석하여 내담자에게 그 의미를 알려줌으로써 내담자의 통찰을 돕는다.

④ **전이의 분석**: 전이는 일종의 왜곡으로 과거의 중요한 사람에게 느꼈던 감정을 현재의 상담자에게 똑같이 느끼고 자기도 모르게 상담자에게 표현하는 현상이다(⇨ 시점의 왜곡과 대상의 왜곡). 전이야말로 내담자의 심리적 문제의 원인 그 자체를 표현하는 것이므로 상담자는 전이를 분석하고 해석함으로써 내담자의 무의식적 갈등과 문제의 의미를 통찰하도록 돕는다.

⑤ **해석**: 해석은 자유연상, 꿈, 저항, 전이 등의 방법을 통해 찾아낸 무의식 세계의 정보들이 지닌 상징적 의미를 내담자에게 설명해 주는 것이다. 상담자의 해석을 통해 내담자는 이전에 몰랐던 무의식적 내용들을 차츰 의식적으로 이해하고 받아들이게 된다.

2 아들러(Adler)의 개인심리학적 상담이론 04 중등, 07 초등

(1) 개념

인간의 부적응행동은 비정상적인 방법으로 열등감을 해소하려고 할 때 발생한다고 보고, 내담자의 생활양식을 파악하여 바람직한 방향으로 생활양식을 바꾸도록 재교육하거나 재정향하는 상담방법

(2) 상담목표

상담을 통해 내담자의 생활양식을 파악하여 바람직한 방향으로 생활양식을 바꾸도록 재교육이나 재정향을 위해 노력한다.

(3) 인간관

① 전인적 존재, 총체론적 존재
② 불완전한 존재, 열등한 존재
③ 사회적 존재, 목적론적 존재
④ 성장하는 존재, 창조적 존재

(4) 주요 개념

① **사회적 관심**: 타인에 대한 공감
② **열등감**: 자기완성을 위한 필수요인·동기
③ **우월성의 추구**: 부족한 것은 보충하며, 미완성의 것은 완성하며, 무능한 것은 유능한 것으로 만드는 자기완성·자기실현의 경향성
④ **생활양식**: 반복적인 생활패턴을 의미하며, 생활양식은 열등감을 보상(극복)하기 위한 노력으로 나타남 – '사회적 관심'과 '활동수준'에 따라 생활양식을 지배형, 기생형, 회피형, 사회적 유용형의 4가지로 설명
⑤ **허구적 최종목적론**: 현실보다도 허구나 이상이 사람을 더 효과적으로 움직이게 한다.

지배형 (ruling type)	• 사회적 관심은 낮으면서 활동수준은 높아 독단적이며 공격적이다. 타인의 복지나 배려를 고려하지 않는 반사회적 태도를 보인다. 예 폭력적인 사람 • 지배형은 부모가 지배하고 통제하는 독재형으로 자녀를 양육할 때 나타나는 생활양식이다(예 가부장적 가족문화). ⇨ 민주적인 부모의 역할이 필요
기생형 (getting type)	• 사회적 관심과 활동수준이 모두 낮고, 자신의 욕구를 충족하기 위해 다른 사람에게 의존한다. 스스로 해결할 능력이 없다고 믿기 때문에 기생적인 방법으로 자신만의 욕구를 충족한다. 예 마마보이, 부모의 재산을 바라고 빈둥대는 사람 • 기생형은 부모가 자녀를 지나치게 과잉보호할 때 나타나는 생활양식이다. ⇨ 많은 시련과 어려움을 겪고 자신이 노력하여 떳떳하게 성취할 수 있도록 해야 한다.

회피형(도피형) (avoiding type)	• 사회적 관심과 활동수준이 모두 낮으며, 자신감이 없고 매사에 소극적이고 부정적이다. 자신감이 없기 때문에 적극적으로 직면하는 것을 피하며, 마냥 시도하지도 않고 불평만 하기 때문에 사회적 관심이 떨어져 고립된다. 예 세상과 단절하여 인터넷 게임만 하는 사람 • 회피형은 부모가 자녀의 기를 꺾어 버릴 때 나타나는 생활양식이다. ⇨ 자녀가 보다 나은 삶을 위해 과감하게 도전하는 자세를 갖도록 해야 한다. 자녀의 기를 살려주는 교육이 필요하다. 또, 부모로서 사회적 관심을 갖고 매사에 적극적으로 참여하는 태도를 자녀에게 보여주는 것도 필요하다.
사회적 유용형 (socially useful type)	사회적 관심과 활동수준이 높아 자신과 타인의 욕구를 동시에 충족시키는 한편, 인생과제를 완수하기 위해 기꺼이 타인과 협동하는 심리적으로 건강한 사람의 표본이다.

(5) 상담기법

① **즉시성**: 지금 여기에서 일어나는 내담자의 말과 행동의 모순점을 즉각적으로 지적하는 것으로, 상담 과정에서 일어나는 것이 내담자 자신의 생활양식의 표본임을 깨닫게 한다.

② **격려**: 내담자의 기를 살려주는 작업이다. 격려는 내담자가 열등감과 낮은 자아개념을 극복할 수 있게 하며, 재정향 단계에서 행동의 변화를 가져오는 데 유용하다.

③ **'마치~처럼' 행동하기**: 내담자가 마치 자신이 원하는 상황에 있는 것처럼 상상하고 행동하도록 하는 일종의 역할연기이다(허구적 최종목적론). 내담자는 '마치~인 것처럼' 행동해 봄으로써 새로운 감정과 자신감을 준다.

④ **자기모습의 파악**: 내담자가 열망하는 변화된 행동을 하기 위해서는 '자기 모습을 있는 그대로 파악하는' 노력이 필요하다. 내담자는 자기 모습을 파악해 봄으로써 변화하기를 원하게 된다.

⑤ **질문**: 개방적 질문을 통해 내담자가 미처 확인하지 못한 자신의 생활양식, 심리상태, 감정 등을 통찰할 수 있도록 하는 기법이다. 예 "당신이 좋아진다면 무엇이 달라지는가?"

⑥ **내담자의 수프에 침 뱉기**: 상담자가 내담자의 행동이 총체적으로 손해되는 행동이라는 사실을 내담자에게 분명하게 보여줌으로써 더 이상 손해되는 행동을 하지 못하도록 하는 기법이다. 내담자의 자기패배적 행동(수프)에 감추어진 의도·동기를 인정하지 않음(침 뱉기)으로써 그 행동을 감소시키는 기법이다.

⑦ **악동 피하기**: 분노, 실망, 고통 등의 감정호소로 상담자를 통제하려는 내담자의 의도를 간파하여 그 기대와는 다르게 행동하는 기법이다.

⑧ **단추 누르기 기법**: 유쾌한 경험과 불쾌한 경험을 차례로 떠올리게 하여 각 경험에 수반되는 감정에 주의를 기울이는 기법이다.

07 행동중심 상담이론 94 초등, 99 초등추시, 06 초등, 07~08 중등, 11~12 중등, 14 중등추시論

'Part 2. 교육심리학' 참조

08 인지중심 상담이론(인지적 상담이론)

1 엘리스(Ellis)의 합리적 · 정서적 행동치료(인지 · 정서 · 행동치료 : REBT)

00 초등추시, 02~03 중등, 03 초등, 05 초등, 08 초등, 10 중등, 12 중등

(1) 개념

인간의 부적응행동의 원인을 비합리적 신념 때문이라고 보고, 내담자의 비합리적 신념을 합리적 신념으로 바꾸어 줌으로써 내담자의 정서적 · 행동적 결과를 변화시키고자 하는 상담방법이다.

(2) 상담목표

내담자의 비합리적 · 비현실적 신념을 합리적 · 현실적 신념으로 변화시켜, 융통성 있고 생산적인 삶을 살아가도록 돕는다.

(3) 비합리적 신념

자신에 대한 당위성(I must), 타인에 대한 당위성(others must), 조건에 대한 당위성(conditions must)

자신에 대한 당위성	자기 자신에 대한 당위성을 강조하는 것이다(예 "나는 항상~해야 한다). 자신에 대한 당위적 사고가 이루어지지 않을 때 자기파멸이라는 생각을 갖게 된다. 예 나는 훌륭한 사람이어야 한다. 나는 실수해서는 안 된다. 나는 실패해서는 안 된다. 나는 실직 당해서는 안 된다. 나는 항상 적절하게 행동해야 한다.
타인에 대한 당위성	자기와 밀접하게 관련된 타인에게 당위적 행동을 기대하는 것이다(예 "너는 항상~해야 한다). 타인에게 바라는 당위적 기대가 이루어지지 않을 때 인간에 대한 불신감을 갖게 된다. 이 불신감은 인간에 대한 회의를 낳아 결국 자기비관이나 파멸을 가져오게 된다. 예 부모니까 나를 사랑해야 한다. 자식이니까 내 말을 들어야 한다. 부인이니까 정숙하게 행동해야 한다. 애인이니까 자나깨나 나에게 관심을 가져야 한다. 친구니까 우정을 보여야 한다. 직장동료니까 항상 일에 협조해야 한다.
조건에 대한 당위성	자기에게 주어진 조건에 대해 당위성을 기대하는 것이다(예 "환경은 항상~해야 한다). 조건이 기대에 차지 않을 때 화를 내거나 부적절한 행동을 한다. 예 나의 가정은 항상 사랑으로 가득 차 있어야 한다. 나의 방은 항상 깨끗해야 한다. 나의 교실은 정숙해야 한다. 나의 사무실은 아늑해야 한다. 나에게 주어진 일은 3D(Dangerous, Dirty, Difficult)가 아니어야 한다.

(4) 상담기법

① **인지적 기법**: 비합리적 신념에 대한 논박 ⇨ 논리성(논리적 근거가 있는가) · 현실성(현실적으로 일어날 수 있는 일인가) · 실용성(실제로 자신에게 어떤 도움이 되는가)에 근거하여 논박

② 정서적 기법

㉠ **내담자의 불완전에 대한 무조건적인 수용**: 인간은 불완전한 존재라는 것을 수용하도록 하여 다른 사람에게 인정받지 못하더라도 그것이 곧 현실임을 받아들일 수 있도록 함

㉡ **합리적 · 정서적 심상법(인지 · 정서 심상법)**: 가장 최악의 상태가 일어날 때를 상상하도록 한 후 그때 느끼는 부적절한 감정을 상상해 보고, 스스로 그 부적절한 감정을 적절한 감정으로 변화시키도록 연습

㉢ **수치심 공격하기**: 수치스러운 행동을 억지로 시킴으로써 수치심에 대해 무뎌지게 하는 연습

㉣ **유머의 사용**: 내담자가 가진 비합리적 사고를 유머를 통해 보여줌으로써 별로 심각한 문제가 아님을 스스로 깨닫게 하는 방법

③ 행동적 기법

㉠ **여론조사**: 내담자 자신이 실패자인지 주위의 여론을 물어보고 그 결과를 보고하도록 하는 기법

㉡ **범람법(홍수법)**: 어떤 대상이나 상황에 대해 공포를 느끼는 사람에게 그 상황에 억지로 빠지게 함으로써 둔감해지도록 하는 방법

㉢ **역할연기 · 역할 바꾸기**: 내담자가 실제로 해보면서 깨닫게 하는 방법

㉣ **모델링**: 상담자를 보고 배우는 방법

㉤ 체계적 둔감법 등

2 벡(Beck)의 인지치료(cognitive therapy) 01 초등, 06 초등, 11 초등

(1) 개념

인간의 부적응행동의 원인을 역기능적 인지도식에서 발생하는 인지적 오류 때문이라고 보고, 부적절한 사고패턴을 변화시켜 줌으로써 긍정적인 감정, 행동, 사고를 갖도록 하는 상담방법이다.

✦부적응행동의 발생 원인 환경적 스트레스와 부정적 생활사건 → 역기능적 인지도식 → 인지적 오류 → 부정적 자동적 사고 (예 인지삼제: 자기 · 미래 · 세상에 대한 부정적인 생각) → 심리적 문제

인지적 오류

임의적 추론	충분한 근거(증거)도 없이 성급하게 결론을 내리는 것 예 여자친구가 연락이 없다(⇨ 내가 싫어진 거야). 편지에 대한 답장이 없으면 자신이 배척당하고 있다고 결론을 내림
선택적 추상화	중요한 요소들은 무시한 채 사소한 부분에만 초점을 맞추어 전체의 의미를 부정적으로 해석하는 것 ⇨ 자신이 한 일을 평가받을 때, 평가 속에 긍정적인 평가와 부정적인 평가가 함께 있는데도 부정적인 평가에만 초점을 맞추는 경우 예 발표할 때 많은 이가 긍정적인 반응을 보였으나 한두 명이 보인 부정적인 반응에 선택적인 주의를 기울여 실패했다고 단정하는 경우, 필기시험에서는 A를 받고 실기시험에서는 C를 받은 사람이 '시험을 망쳤다'라고 말함
과잉일반화	한두 번의 사건이나 경험에 근거해서 일반적인 결론을 내리는 것 예 평소 자신을 배려하고 도와주던 배우자가 어느 특정한 때에 배려하지 않으면 그것으로 그가 자신에게 무심하다는 결론을 내리는 경우. 한두 번의 실연으로 "난 '누구에게나', '언제나' 실연당할거야."라고 결론을 내리는 경우
과대평가 · 과소평가 (의미확대 · 의미축소)	어떤 사건이나 경험을 지나치게 과대평가하거나 과소평가하는 경우 예 낙제 점수 ⇨ 내 인생은 끝이야(의미 확대), 과수석 ⇨ 어쩌다가 운이 좋아서 된 거야(의미 축소). "물론 나는 내가 하는 일에 뛰어나지. 하지만 그게 무슨 상관이야? 나의 부모는 나를 무시하는데" ⇨ 자신의 능력에 대한 과대평가와 부모가 무시한다는 생각 때문에 초래된 자신에 대한 과소평가가 동시에 나타나 있음
사적인 것으로 받아들이기	자신과 관련시킬 근거가 없는 외부 사건을 자신과 관련시키는 성향 예 자신의 행동 이외에 다른 요인이 상대의 기분을 나쁘게 할 수 있었다는 점은 생각지 않고, "그녀는 오늘 기분이 나쁜 것 같았다. 내게 화가 난 것이 틀림없다."라고 간주하는 경우
이분법적 사고 (절대적 사고)	모든 사건이나 경험을 이분법적인 범주의 둘 중 하나로 해석하는 것. '중간지대가 없이' 흑백논리로 현실을 파악하는 것. 완벽주의 예 그가 나를 '사랑하느냐 미워하느냐'만으로 생각함, 완벽하지 않으면 모든 것이 잘못되었다고 생각하거나, 순수하지 않은 것은 곧 더러운 것, 성자가 아니면 죄인이라고 생각하는 것, 크게 성공하지 않으면 완전한 실패라고 생각하는 것

(2) 상담목표

역기능적 인지도식이나 인지적 왜곡을 제거하여 긍정적인 감정, 행동, 사고를 갖도록 한다.

(3) 상담기법 – 부정적 사고 패턴을 바꾸기

① **특별한 의미 이해하기**: 내담자가 사용하는 '패배자', '우울한', '죽고 싶은' 등과 같은 애매한 단어들의 의미가 무엇인지 내담자에게 질문하여 내담자의 사고과정을 이해하게 한다.

② **절대성에 도전하기**: 상담자는 내담자가 어떤 절대성 단어(예 '모든 사람', '언제나', '결코', '항상' 등)를 자주 사용하는가를 파악하여 내담자에게 그러한 생각이 잘못됐음을 깨닫게 한다.

③ **재귀인하기**: 과도하게 자신에게 책임소재를 귀인하는 습관을 재귀인하도록 하여 사건의 책임을 정당하게 하도록 조력한다.

④ **인지 왜곡 명명하기**: 내담자가 사용하는 인지 왜곡이 흑백논리, 지나친 일반화, 선택적 추상 등과 같은 여러 가지 인지 왜곡 중 어떤 것에 해당하는지 명명하도록 하는 것이다. 인지 왜곡 명명하기는 내담자가 자신의 추론을 방해하는 자동적 사고를 범주화하는 데 도움이 될 수 있다.

⑤ **흑백논리 도전하기**: 내담자의 이분법적 사고의 범주화를 연속선상의 다양성으로 변환시켜 그 속에서 자신의 위치를 확인하도록 함으로써 흑백논리나 이분법적 사고에서 벗어나도록 한다.

⑥ **파국에서 벗어나기**: '만약~하면, 어떤 일이 일어날까?(what-if?)'라는 기법으로, 마음 아프겠지만 내담자에게도 파국적인 결과가 일어날 수 있다는 것을 깨닫게 한다.

⑦ **장점과 단점 열거하기**: 내담자 자신의 특별한 신념이나 행동에 대한 장점과 단점을 열거하도록 하는 것이다. 내담자가 흑백논리에서 벗어나도록 하는 데 도움이 된다.

⑧ **인지 예행연습**: 상황을 잘 해결하는 성공적인 자신의 모습을 상상하는 것이다. 인지 예행연습을 통해 발생할 가능한 일들에 적절한 방식으로 대처할 수 있도록 조력한다.

3 글래서(Glasser)의 현실치료(현실요법, reality therapy) 05~06 중등, 09~10 초등, 12~13 중등

(1) 개념

내담자의 기본 욕구를 파악하여 그러한 욕구를 바람직한 방식으로 충족할 수 있도록 하는 상담방식이다.

(2) 주요 개념

① **기본 욕구**: 생존의 욕구, 소속의 욕구, 힘의 욕구, 즐거움의 욕구, 자유의 욕구

② **통제이론**: 자신의 기본 욕구를 최대한 충족하기 위해 자신의 행동을 통제

③ **선택이론**: 자신의 욕구를 충족하기 위해 어떤 행동을 선택할 것인가는 전적으로 인간에게 달려 있다.

④ **전체행동**: 전행동, total behavior ⇨ 인간의 전행동은 '활동하기(활동, 행동하기), 생각하기(생각), 느끼기(느낌), 신체반응(생물학적 행동)'의 4가지로 구성되어 있다. 이들 구성요소는 서로 유기적으로 관련되어 인간의 기본 욕구를 충족시키려 한다. 활동과 생각은 인간이 통제할 수 있고, 느낌과 신체반응은 통제가 불가능하다.

Plus

5가지 기본 욕구

1. **생존의 욕구**: 인간이 생물학적 존재로서 생존하고자 하고 생식을 통한 자기 확장을 하고자 하는 속성을 의미
2. **소속의 욕구**: 인간이 사회적 존재로서 가정, 학교, 직장 사회에 소속되어 다른 사람과의 관계를 유지하면서 사랑을 주고받고자 하는 속성을 의미 ⇨ '소속감'의 유사어: 사랑, 우정, 돌봄, 관심, 참여 등
3. **힘의 욕구**: 우리 각자가 성취하고 중요한 존재이고 싶어 하는 속성을 가지고 있다는 것을 의미 ⇨ '힘'의 유사어: 성취감, 존중, 인정, 기술, 능력 등
4. **즐거움의 욕구**: 인간은 많은 새로운 것을 배우고 놀이를 통해 즐기고자 하는 속성을 가지고 있다는 것을 말함 ⇨ '즐거움'의 유사어: 흥미, 기쁨, 학습, 웃음 등
5. **자유의 욕구**: 인간이 마음대로 하고 싶어 하고 내적으로 자유롭고 싶어 하는 속성을 말함 ⇨ '자유'의 유사어: 선택, 독립, 자율성 등

(3) 상담목표

일차적으로 내담자가 정말 원하는 것이 무엇인지 그 기본 욕구나 바람을 파악한 후, 그러한 욕구(바람)를 바람직한 방식(3R: 현실적으로 책임질 수 있는 옳은 방식)으로 충족할 수 있도록 조력하는 데 있다.

(4) 상담과정(상담절차, 상담기법) – 우볼딩(Wubbolding)의 WDEP 13 중등

① **욕구(바람) 파악하기(want)**: 내담자에게 "무엇을 원하는가?"라고 질문을 하여, 내담자의 바람이나 욕구가 무엇인지를 파악하도록 한다.

② **현재행동 탐색하기(doing)**: 내담자에게 "당신은 무엇을 하고 있습니까?"라는 질문을 통해 내담자의 현재 행동을 탐색하도록 한다.

③ **평가하기(evaluating)**: 내담자가 3R(현실성, 책임감, 옳고 그름)을 기준으로 자신의 행동을 스스로 평가하도록 한다.

④ **계획하기(planning)**: 내담자의 행동 중 잘못된 행동을 찾아 바람직한 방법으로 자신의 바람과 욕구를 충족시킬 수 있도록 계획하고 실행한다.

4 번(Berne)의 교류분석이론(transactional analysis) 01 초등, 12 초·중등

(1) 개념

교류분석은 '자신의 삶의 입장에 따라 서로가 주고받고 있는 의사소통을 이해하고 분석하는 방법'을 의미한다. 자기를 분석하여 이해함으로써 자기통제, 자율성, 책임감을 높이고 건전한 대인관계를 맺게 하는 것이다.

(2) 상담목표

내담자가 자각, 자발성, 친밀성을 회복하여 자율성을 성취하도록 조력함으로써 건전한 대인관계를 맺도록 한다.

(3) 상담기법

① 구조분석 : 내담자의 성격을 구성하는 자아상태를 분석하는 것 ⇨ PAC 세 자아가 어느 한 틀에 고정될 때 부적응 발생, 상황에 맞도록 세 자아상태 간에 균형을 유지하며 자아상태를 조절하도록 함

부모자아 (P : Parent ego)	개인이 자신이나 타인에게 강요하는 당위적인 명령으로 구성되어 있는 자아상태 • 비판적 부모자아 : 비판적 · 통제적 · 지배적 이상의 추구가 특징 ⇨ '…해야 한다' 또는 '…해서는 안 된다'라는 완고한 아버지 마음의 표현 • 양육적 부모자아 : 보살피고 보호적이며 친절함이 특징 ⇨ '…해 줄게'라는 친절한 어머니 마음의 표현
성인자아 (A : Adult ego)	• 개인이 현실세계와 관련해서 기능하는 성격의 부분. 현실적 · 객관적 · 논리적 · 비감정적 자아상태 • 성인 자아상태는 객관적으로 현실을 검증하고 문제를 해결하며, 다른 두 자아상태를 중재함
아동자아 (C : Child ego)	어린애같이 쾌락적이고 충동적이며 흥미를 추구하는 자아상태. 자발성 · 창의성 · 충동 · 즐거움 · 기쁨 · 유쾌함 등이 아동 자아상태의 특성 • 순종적(적응적) 아동자아 : 부모나 권위자의 요구에 복종하는 자아로서 순종적 · 의존적 · 소극적이며, 수줍고 지나치게 타인을 의식하며 착한 모범생의 특성을 지님. • 자유로운(자연적) 아동자아 : 자연적 · 감정적 · 충동적 · 자기중심적 · 본능적 · 적극적 · 직관적 · 자발적 · 순진 · 자유분방 · 창조적임

② 교류분석 : 내담자와 타인 간의 상호 의사소통과정을 분석하는 것 ⇨ 부적절한 교차교류나 이면교류를 중단하도록 촉진시킴

상보교류 (complementary transaction)	자극과 반응이 동일한 자아에서 이루어지는 의사 교류(수신된 자아상태와 반응하는 자아상태가 일치할 때 나타나는 의사 교류) ⇨ 인정이나 어루만짐이 서로에게 보완적이기 때문에 대화가 계속됨. 상보교류는 건강한 인간관계에서 나오는 자연스러운 의사소통임 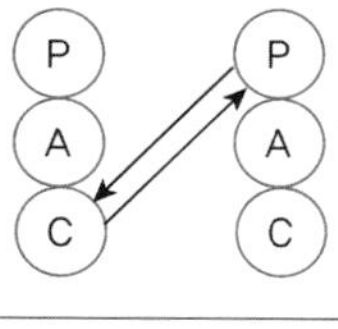 아들 : 엄마, 오늘밤엔 엄마랑 같이 잘래요. 엄마 : 무서운 영화를 보더니 엄마랑 같이 자고 싶은 모양이구나.
교차교류 (crossed transaction)	자극과 반응이 서로 다른 자아에서 이루어지는 의사 교류(수신된 자아상태와 반응하는 자아상태가 일치하지 않을 때 나타나는 의사 교류) ⇨ 상대방이 예상 외의 반응을 보임으로써 갈등, 불쾌, 거부감을 유발하고, 대화 단절로 이어질 수 있는 교류 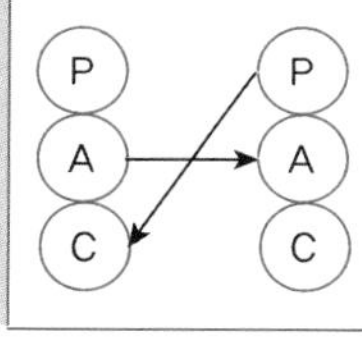 학생 : 선생님, 보고서 제출시간을 연기해 주시면 안 되나요? 교사 : 안 된다. 정해진 기간 내에 제출해야 해.

이면교류 (ulterior transaction)	의사소통하는 현실적 자아와 실제로 작용하는 자아가 다른 의사 교류(동시에 이중적인 메시지가 전달되는 교류) ⇨ 겉으로 드러난 메시지와 달리 그 이면에 다른 메시지(동기)를 감추고 있는 경우 ⇨ 겉으로 드러난 메시지는 언어적으로 전달되며 이를 사회적 메시지라고 함. 언어 이면에 작용하는 감춘 메시지는 심리적 메시지라고 함. 의사소통에서 교류의 결과는 내면의 자극인 심리적 메시지에 의해 결정됨 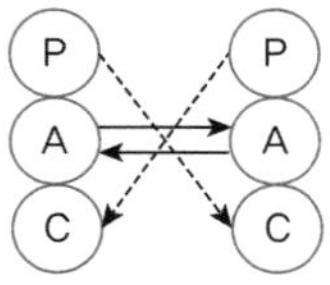 [사회적 메시지] 엄마 : (TV를 보고 있는 자녀에게) 지금 몇 시니? 자녀 : 8시 10분이야… [심리적 메시지] 엄마 : TV 그만 보고 공부 좀 해라. 자녀 : 내가 TV 본 지 얼마나 되었다고 벌써 야단이에요.

③ 게임분석 : 정형화되고 반복되는 이면교류를 분석하는 것 ⇨ 내담자가 심리적 게임을 중단하고 직접적이며 진솔한 친밀감을 갖고 교류할 수 있도록 도와줌

[대화]
상사 : (지각한 부하에게) 지금이 몇 시인가?
부하 : (질문의 의도를 알면서도) 예, 9시 20분입니다.

[이면]
상사 : '또 지각이군.'
부하 : '또 비꼬는군.'

④ 각본분석 : 내담자가 강압적으로 사용하는 구체적인 인생각본을 분석하는 것 ⇨ 부정적인 3가지 삶의 입장(생활자세)을 '자기긍정－타인긍정'의 입장으로 변화시킴

자기긍정 - 타인긍정 (I'm OK-You're OK)	'나도 이만하면 괜찮고 당신도 그만하면 괜찮다.'라는 자신과 타인에 대한 긍정적 삶의 태도와 상호존중의 입장 ⇨ 승리자 각본
자기긍정 - 타인부정 (I'm OK-You're not OK)	'나는 잘났고, 너는 별 볼 일 없다'는 생활자세로 투사적 입장
자기부정 - 타인긍정 (I'm not OK-You're OK)	'나는 별 볼 일 없고, 너는 잘났어'하는 생활자세로 내사적 입장
자기부정 - 타인부정 (I'm not OK-You're not OK)	'나도 별 볼 일 없고, 너도 별 볼 일 없다'는 입장으로 비관적이고 부정적인 태도

09 정서중심 상담이론(인본주의 상담이론)

1 로저스(Rogers)의 인간중심 상담이론

91 중등, 93~94 초등, 99 초등보수, 00 초등, 01 중등, 02 초등, 03 중등, 06 초등, 10 중등, 12~13 중등, 14 중등추시論

(1) 개념

인간은 스스로 성장할 수 있는 잠재능력이 있다는 가정에 기초하여, 내담자가 스스로 자신의 문제를 직접 해결하도록 돕는 상담이론이다. ⇨ 실존주의 철학에 토대 / 인간의 부적응은 외부적 기준과 내면적 욕구와의 괴리(불일치), 자기개념과 경험과의 괴리(불일치), 현실적 자아와 이상적 자아와의 괴리(불일치)에서 발생한다.

(2) 인간관

① 유기체로서 자아실현 경향성을 지닌 존재

② '되어가는 과정'으로서의 존재 – '지금–여기'

(3) 주요 개념

① **자아(자기, self)**: 인간은 성장해 가는 과정에서 '나는 어떤 사람인가?'라는 물음을 가지며 그에 대한 답을 찾아 나가는데, 이러한 물음에 대해 내린 답이 그 사람의 자기개념이다.

② **실현 경향성**: 인간이 자신의 잠재력을 실현하려는 타고난 경향성 ⇨ 적절한 환경만 제공된다면(if~then) 인간은 스스로 자기를 실현하게 된다. 그런 환경 속에서 인간은 내적인 자기실현 경향과 일치하는 방식으로 자기실현을 하려 하며, 궁극적으로 충분히 기능하는 인간(fully functioning person)에 이를 수 있다.

③ **가치 조건화**: 인간은 의미 있는 대상(예 부모)으로부터 인정받고 '긍정적 자기존중'을 얻기 위해 가치 조건화 태도를 형성하게 된다. 가치 조건화란 가치가 있고 없음을 규정짓는 외부적인 조건화를 말한다. 외적으로 규정된 조건들에 들어맞을 때 가치가 있는 것이며, 조건에 부합되지 않으면 가치가 없다는 것이다. 이렇게 형성된 가치의 조건화는 유기체가 경험을 통해 실현 경향성을 성취하는 것을 방해하는 주요한 원인이 된다.

(4) 상담목표

내담자가 자신의 문제를 스스로 해결하고 자기를 실현하도록 돕는 데 있다(fully functioning person : 자아실현인, 만발기능인, 충분히 기능하는 인간).

(5) 상담기법

① **무조건적인 긍정적 존중 :** 내담자의 내면 경험을 특정한 가치 조건에 입각해서 판단·평가하는 것이 아니라 있는 그대로 무조건적으로 존중하고 수용해 주어야 한다. 이를 통해 가치 조건들을 해제하고 자신의 경험들에 새로운 의미와 중요성을 부여할 수 있게 된다.

② **진실성(진지성, 일치성) :** 상담자는 내담자와의 관계에서 경험하는 것을 솔직하게 그대로 표현해야 한다. 내담자에게 느끼는 긍정적·부정적 감정을 모두 표현할 수 있으며, 이를 통해 내담자는 자기와 경험 간의 불일치를 좁힐 수 있게 된다.

③ **공감적 이해 :** 상담자가 내담자의 감정에 빠져들지 않으면서 내담자의 감정을 자기의 감정인 것처럼 느끼는 것을 의미한다(공감의 'as if'적 속성). 공감적 이해를 통해 내담자는 자유로운 자기이해와 자기수용, 참된 성장의 길로 나아갈 수 있게 된다.

2 펄스(Perls)의 게슈탈트(형태주의) 상담이론 07~08 중등, 10~11 중등

(1) 개념

상담자는 내담자가 현재 느끼고 경험하는 것을 무엇이 방해하는지 알 수 있도록 도움으로써 내담자가 '지금(now)－여기(here)'를 완전히 경험할 수 있도록 돕는 상담방법이다.

(2) 인간관

① 실존주의적 존재, ② 현상학적 존재

(3) 주요 개념

① **게슈탈트(gestalt) :** 개체의 욕구나 감정이 하나의 의미 있는 전체로 조직된 것 ⇨ 개체가 완결된 형태로 게슈탈트를 형성하지 못하거나 자연스럽게 조정·해결하지 못하면 그 개체는 심리적·신체적 장애를 겪게 됨

② **전경과 배경 :** 대상을 지각할 때 지각의 초점이 되는 부분이 전경이고, 관심 밖에 있는 부분을 배경이라고 함. 이것을 정서적 측면에 적용하면 어떤 상황에서 사람의 욕구와 필요의 초점이 되는 부분을 전경, 그 밖의 부분은 배경이 됨

③ **알아차림(자각) :** 개체가 자신의 욕구나 감정을 지각하고 그것을 게슈탈트(gestalt)로 형성하여 전경으로 떠올리는 행위

④ **미해결 과제 :** 개체가 게슈탈트(gestalt)를 형성하지 못했거나 형성된 게슈탈트(gestalt)가 적절히 해소되지 못하여 배경으로 물러나지 못한 상태

⑤ **접촉 :** 전경으로 떠오른 게슈탈트(gestalt)를 해소하기 위해 현재를 있는 그대로 경험하고 환경과 상호작용하는 행위

(4) 상담목표

상담자는 내담자가 자신의 욕구와 감정을 분명히 알아차리고 이를 환경과의 접촉을 통해 항상 잘 해소할 수 있도록 도와주어야 한다.

(5) 상담기법

① **언어 표현 바꾸기 :** 내담자가 간접적이고 모호한 단어를 사용하는 것 대신에 내담자 자신과 자신의 성장에 책임감을 주는 단어들을 사용하게 한다.

예 '그것'과 '당신' 대신 '나'로 바꾸기, '내가~할 수 없다' 대신 '나는~하지 않겠다'로 바꾸기

② **빈 의자 기법 :** 빈 의자 2개를 이용하여 문제의 인물이 옆에 앉아 있다고 가정하고 그에 대한 감정과 갈등을 이야기해 보고, 또 의자를 바꿔 문제의 인물의 입장에서 말해 보게 하는 기법이다. 대인관계의 갈등을 해결하는 데 유용하다.

③ **환상 기법 :** 실제 장면을 연상하는 환상을 통해 지금－여기로 경험을 재현하는 방법이다. 주장하는 것을 두려워하는 내담자의 경우 지금 주장해야 할 상황에 있는 것처럼 상상하게 하고, 그가 수동적이었을 때의 느낌과 그가 원하는 대로 요청할 수 있었을 때의 느낌을 비교한다.

④ **신체 행동을 통한 자각 :** 특히 내담자의 신체 행동이 언어적 표현과 일치하지 않을 때 그러한 불일치를 지적하여 내담자의 자각을 확장시키는 방법이다. 의사소통에 있어서 언어적인 수준뿐만 아니라 말의 배후에 있는 목소리의 크기, 고저, 강약, 전달속도와 같은 의미까지도 예리하게 듣도록 한다.

06

10 프랭클(Frankl)의 실존주의 상담이론 94 중등

1 개념

내담자의 존재를 그대로 수용하여 이해하면서 그의 역량을 스스로 계발하도록 돕는 상담이론 ⇨ **목표**: 인간 존재의 불안(不安)을 가장 중요한 문제로 간주하고, 인간 존재의 참된 의미를 찾아 자아를 실현하며 보다 창조적인 삶을 살아갈 수 있도록 돕는 것을 목표로 하는 상담이론

2 상담기법

(1) **의미요법**(logotherapy) – 인간은 '의미에의 의지(will to meaning)'를 지닌 존재

① 프랭클(Frankl)의 「실존분석과 의미치료」

② 의미 없는 삶을 살아가는(일종의 신경증) 사람들을 치료하기 위한 방법 ⇨ 건설적 · 주관적인 창조적 활동이나 경험을 통해 삶의 긍정적 의미를 발견

③ **기본원리**: 어떤 조건에서의 삶도 의미가 있다. 사람에게는 이러한 삶의 의미를 찾으려는 의지가 있으며 이 의지를 달성했을 때 행복해진다. 제한된 상황에서도 우리는 삶의 의미를 찾는 자유가 있다.

(2) **현존분석**(daseinanalysis) – 개인에 대한 현상학적 이해를 중시

① 빈스방거(Binswanger)

② 내담자의 증상이나 심리적 타격에 관심을 두지 않고 증상에 관한 내담자의 태도에 관심을 둠

예 불안의 문제는 기대불안(불안에 대한 불안)

③ 내담자의 내적 생활사를 밝혀 그 세계 내의 존재의 구조를 분석하고 내담자의 내적 세계의 의미를 해석하는 방법

3 특징

(1) 불안에 대한 문제를 기대불안(예기불안)으로 본다. 이는 전에 불안을 일으킨 상태가 재발하지 않을까 하는 불안에 대한 불안이다.

(2) 기대불안에 대한 치료방법

① 역설적 지향의 방법(역설적 의도, paradoxical intention) : 불안이나 공포를 회피하지 않고 정면으로 대결하여 극복하는 방법

예 불면증 환자에게 잠을 자지 말도록 한다.

② 반성제거법(dereflection, 역반영, 방관) : 쓸데없는 걱정에 사로잡혀 있는 경우 보완적 방법으로 다른 것을 생각해 보게 하는 것 ⇨ 내담자의 '과잉된 주의(지나친 자기－관찰)'를 내담자 자신의 외부로 관심을 돌림으로써 그 개인의 의식을 긍정적·생산적인 면으로 전환할 수 있게 하여 치료하는 방법

예 불면증이 일어날 때 주말여행 계획을 생각해 보게 한다.

③ 소크라테스 대화법(Socratic dialogue) : 대화(질문)를 통해 내담자의 잠재성, 장점과 단점, 현실책임 등을 이해하거나 반성하게 함으로써 자기통찰을 얻도록 돕는 것. 내담자와 대화 도중 내담자가 놓치고 있는 자신의 내면세계를 스스로 발견하도록 그의 무의식을 파고드는 것

예 비슷한 처지에서 고통을 극복한 타인의 경험을 들려주어 내담자에게 숨겨진 자신감과 희망을 발견하게 한다.

④ 태도수정기법(modification of attitude) : 내담자의 삶에 대한 부정적인 태도, 무의미한 태도를 변화시키기 위해 논증, 긍정적 암시, 단순책략의 기법을 활용하는 것

⑤ 호소(appeal) : 의지가 약한 내담자들을 위한 기법으로 상담자가 제안한 것을 내담자가 받아들여 수행하도록 함으로써 내담자의 약한 의지를 강화해 주는 방법

06

11 해결중심 상담이론(단기상담, SFBC : Solution Focused Brief Counseling)

08 중등, 10 초등, 12 초등

1 개념

내담자가 호소하는 한두 가지 핵심문제를 중심으로 빠른 시간 내에 변화할 수 있도록 돕는 상담

2 인간관

인간은 자신 안에 자신의 문제해결능력과 자원을 지니고 있다고 본다.

3 상담의 기본원리

① 문제의 원인을 분석하기보다 문제의 해결에 초점을 둔다. '왜'라는 질문 대신에 행동을 변화시키기 위해 '무엇을 할 것인가'에 관심을 둔다.
② 특정 상담이론에 내담자를 맞추기보다 내담자의 문제에 따라 여러 가지 상담방법을 적용한다. 효과가 있으면 계속하고 없으면 다른 것을 시도한다.
③ 과거보다는 현재와 미래에 초점을 둔다. 성공에 초점을 둘 때 해결방법이 보인다.
④ 문제를 가진 모든 사람은 해결책 또한 가지고 있다.
⑤ 작은 변화가 큰 변화를 일으킨다.
⑥ 모든 문제 상황에는 '예외'가 있고 그것이 해결책으로 가는 실마리가 된다.
⑦ 내담자가 표현하는 것을 최대한 활용한다.

4 상담목표

① 내담자에게 맞는 해결방법을 찾아 문제를 해결하도록 돕기
② 내담자의 대처기술의 개발

5 상담기법 08 중등, 10 초등

(1) 목표 세우기

① 학생 자신에게 중요한 것을 목표로 정한다.
② 작고 현실적인 것을 목표로 삼는다.
③ 구체적이고 명확하며 행동적인 것을 목표로 정한다.
④ 목표는 긍정적인 표현으로 기술한다. 부정적인 진술은 비활동적으로 만든다.

(2) 상담 전 변화에 대한 질문

상담 약속 후 지금까지 발생한 변화에 대하여 질문하여 변화를 발견하기 위한 접근방법이다. 상담 전 변화가 있는 경우 내담자의 해결능력을 인정하고, 그러한 사실을 강화하고 확대할 수 있도록 격려한다.

(3) 척도질문

숫자의 마력을 이용하여 내담자의 문제의 심각성, 목표의 성공가능성, 성취정도, 자신감 등을 수치로 표현하는 것이다.

(4) 예외질문

문제가 발생하지 않은 예외적 상황을 찾아내어 성공의 확신을 심어주는 것이다.

(5) 기적질문

문제가 해결된 상태를 상상해 보도록 하는 방법으로, 바뀐 현실을 꿈꾸고 희망을 갖게 하는 역할을 한다.

(6) 관계질문

내담자와 중요한 관계에 있는 사람들을 활용하여 하는 질문으로, 내담자가 객관적인 시각에서 자신의 문제를 바라볼 수 있도록 해 준다. 자신의 희망, 힘, 한계, 가능성 등을 지각하는 방식은 자신에게 중요한 타인이 자신을 어떻게 보고 있을 것이라는 생각과 밀접한 관계가 있다.

(7) 대처질문

어려운 상황에서도 어떻게 견디며 대처해 왔는지 질문하는 것으로, 대처질문을 통해 내담자에게 문제를 해결할 수 있는 힘이 있음을 깨닫게 한다.

(8) 악몽질문

유일한 문제중심적·부정적 질문으로, 상황의 악화를 통해 해결의지를 부각시킨다.

2026 권지수교육학 필수요약집

요점쏙쏙

PART

07

교육사회학

Thinking Map

PART 07

교육사회학

1 교육사회학 이론

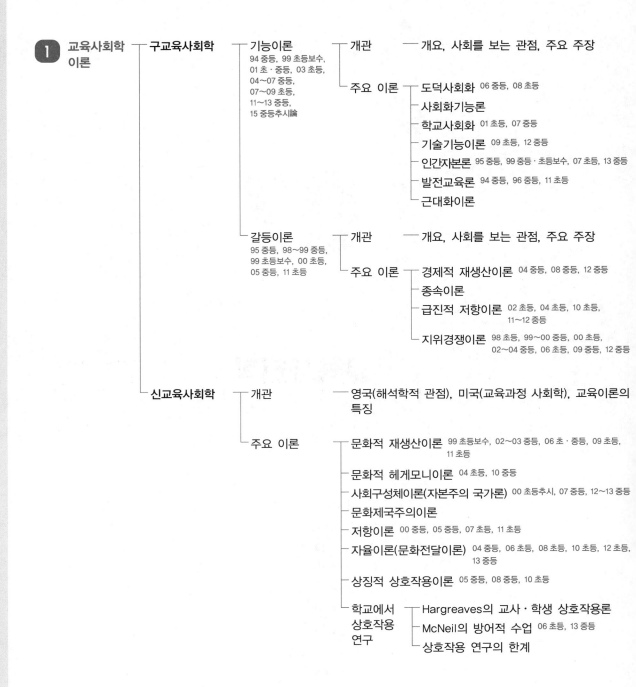

- 구교육사회학
  - 기능이론 94 중등, 99 초등보수, 01 초·중등, 03 초등, 04~07 중등, 07~09 초등, 11~13 중등, 15 중등추시論
    - 개관
      - 개요, 사회를 보는 관점, 주요 주장
    - 주요 이론
      - 도덕사회화 06 중등, 08 초등
      - 사회화기능론
      - 학교사회화 01 초등, 07 중등
      - 기술기능이론 09 초등, 12 중등
      - 인간자본론 95 중등, 99 중등·초등보수, 07 초등, 13 중등
      - 발전교육론 94 중등, 96 중등, 11 초등
      - 근대화이론
  - 갈등이론 95 중등, 98~99 중등, 99 초등보수, 00 초등, 05 중등, 11 초등
    - 개관
      - 개요, 사회를 보는 관점, 주요 주장
    - 주요 이론
      - 경제적 재생산이론 04 중등, 08 중등, 12 중등
      - 종속이론
      - 급진적 저항이론 02 초등, 04 초등, 10 초등, 11~12 중등
      - 지위경쟁이론 98 초등, 99~00 중등, 00 초등, 02~04 중등, 06 초등, 09 중등, 12 중등
- 신교육사회학
  - 개관
    - 영국(해석학적 관점), 미국(교육과정 사회학), 교육이론의 특징
  - 주요 이론
    - 문화적 재생산이론 99 초등보수, 02~03 중등, 06 초·중등, 09 초등, 11 초등
    - 문화적 헤게모니이론 04 초등, 10 중등
    - 사회구성체이론(자본주의 국가론) 00 초등추시, 07 중등, 12~13 중등
    - 문화제국주의이론
    - 저항이론 00 중등, 05 중등, 07 초등, 11 초등
    - 자율이론(문화전달이론) 04 중등, 06 초등, 08 초등, 10 초등, 12 초등, 13 중등
    - 상징적 상호작용이론 05 중등, 08 중등, 10 초등
    - 학교에서 상호작용 연구
      - Hargreaves의 교사·학생 상호작용론
      - McNeil의 방어적 수업 06 초등, 13 중등
      - 상호작용 연구의 한계

2 교육과 사회

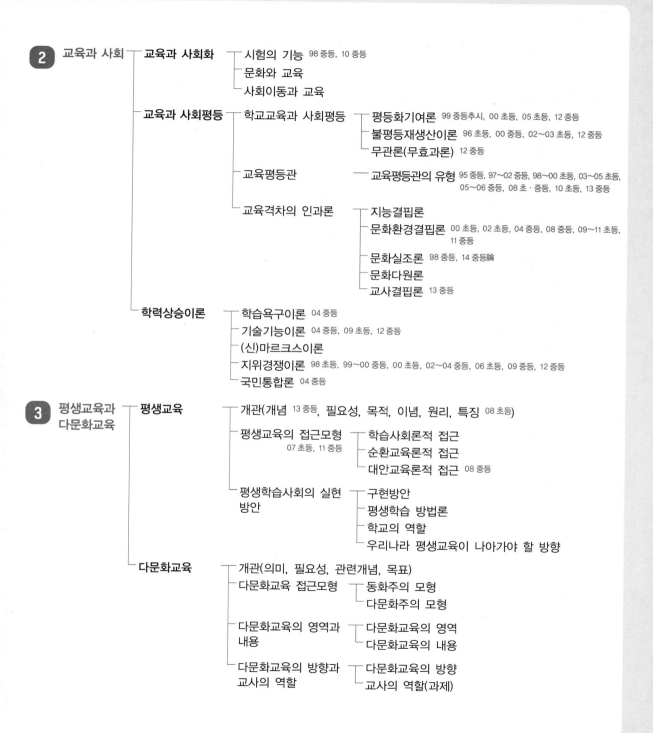

- **교육과 사회화**
  - 시험의 기능 98 중등, 10 중등
  - 문화와 교육
  - 사회이동과 교육
- **교육과 사회평등**
  - 학교교육과 사회평등
    - 평등화기여론 99 중등추시, 00 초등, 05 초등, 12 중등
    - 불평등재생산이론 96 초등, 00 중등, 02~03 초등, 12 중등
    - 무관론(무효과론) 12 중등
  - 교육평등관
    - 교육평등관의 유형 95 중등, 97~02 중등, 98~00 초등, 03~05 초등, 05~06 중등, 08 초 · 중등, 10 초등, 13 중등
  - 교육격차의 인과론
    - 지능결핍론
    - 문화환경결핍론 00 초등, 02 초등, 04 중등, 08 중등, 09~11 초등, 11 중등
    - 문화실조론 98 중등, 14 중등論
    - 문화다원론
    - 교사결핍론 13 중등
- **학력상승이론**
  - 학습욕구이론 04 중등
  - 기술기능이론 04 중등, 09 초등, 12 중등
  - (신)마르크스이론
  - 지위경쟁이론 98 초등, 99~00 중등, 00 초등, 02~04 중등, 06 초등, 09 중등, 12 중등
  - 국민통합론 04 중등

3 평생교육과 다문화교육

- **평생교육**
  - 개관(개념 13 중등, 필요성, 목적, 이념, 원리, 특징 08 초등)
  - 평생교육의 접근모형 07 초등, 11 중등
    - 학습사회론적 접근
    - 순환교육론적 접근
    - 대안교육론적 접근 08 중등
  - 평생학습사회의 실현 방안
    - 구현방안
    - 평생학습 방법론
    - 학교의 역할
    - 우리나라 평생교육이 나아가야 할 방향
- **다문화교육**
  - 개관(의미, 필요성, 관련개념, 목표)
  - 다문화교육 접근모형
    - 동화주의 모형
    - 다문화주의 모형
  - 다문화교육의 영역과 내용
    - 다문화교육의 영역
    - 다문화교육의 내용
  - 다문화교육의 방향과 교사의 역할
    - 다문화교육의 방향
    - 교사의 역할(과제)

01 기능이론(functionalism) 94 중등, 99 초등보수, 01 초 · 중등, 03 초등, 04~07 중등, 07~09 초등, 11~13 중등, 15 중등추시論

1 개념

사회를 유기체에 비유하여 설명하는 관점 ⇨ 사회의 본질로서 구조와 기능, 통합, 안정, 합의를 강조

2 사회를 보는 관점

① 사회는 유기체와 마찬가지로 여러 부분으로 구성되어 있으며, 사회의 각 부분은 사회 전체의 존속을 위하여 각각의 고유한 기능을 수행함 ⇨ 구조와 기능

② 사회의 각 부분들은 유기적으로 통합되어 있으며, 한 부분의 변화는 다른 부분에 영향을 미치고, 각 부분들은 동등하며 상호 의존적인 관계에 있음 ⇨ 통합

③ 사회는 항상 균형과 안정을 유지하려는 속성을 지니고 있고, 어떤 충격에 의하여 안정이 깨뜨려지면 이를 회복하기 위해 노력하며, 얼마간의 사회 변화나 갈등은 새로운 균형으로 나아가기 위한 부수적인(비정상적 · 일탈적) 과정일 뿐 본질적인 것은 아님 ⇨ 안정

④ 사회의 중요한 가치나 신념체계에 대하여 사회 구성원들 간에 합의가 이루어져 있으며, 합의는 기본적으로 가정이나 학교의 사회화 과정을 통해 형성됨 ⇨ 합의

⑤ 사회를 구성하고 있는 각 부분 간에는 우열이 있을 수 없으며, 각기 수행하는 기능상의 차이가 있을 뿐임

⑥ 계층은 기능의 차이에 바탕을 둔 차등적 보상체제의 결과임

3 학교교육에 대한 기능이론의 주요 주장

① 학교교육은 전체 사회의 한 하위체제로서 사회화와 선발 · 배치 기능을 수행한다. 새로운 세대에게 기존 사회의 생활양식과 가치 및 규범을 전수하며(사회화 기능), 재능 있는 사람을 분류하고 선발하여 교육시켜 적재적소에 배치한다(선발 · 배치 기능).

② 교육은 위대한 평등장치이므로 교육의 기회를 균등하게 제공하고(기회의 평등), 개인의 능력과 노력에 따라 차등적 보상이 주어지며(능력/업적주의), 그 결과 사회적 지위와 계층이 분화된다. ⇨ 계층분화는 정당한, 필연적 결과

③ 학교에서 가르치는 내용은 사회 구성원들의 합의에 의한 것으로 보편적이며 객관적으로 가르칠 만한 내용이다.

④ 학교에서의 성공과 실패는 사회구조적인 요인에 의한 것이라기보다는 학생 개인의 능력과 노력에 의한 것이다.

Plus

교육의 선발 · 배치 기능 15 중등추시論

1. 선발은 학생들을 능력의 종류와 수준에 따라 분류함으로써 학습자에 대한 진단기능을 한다.
2. 학교는 선발을 통해 학생들의 능력에 맞는 교육적 경험을 부여하고 이를 토대로 사회진출을 가능하게 함으로써 직업세계가 필요로 하는 사람들을 분류하는 여과기능을 한다.
3. 선발은 능력과 성취에 따라 사회적 지위와 소득을 배분함으로써 개인적으로는 개인의 능력을 극대화할 수 있는 기회를 부여하며 사회 평등화에 기여한다.
4. 선발은 사회적 성취에 따라 사회경제적 지위를 배분함으로써 사회적으로는 인력활용을 극대화할 수 있게 해준다.

4 기능이론에 대한 비판

① 인간을 사회화의 주체가 아닌 객체로 봄으로써 학생을 수동적인 존재, 사회의 종속적 존재로 파악함
② 학생들의 인지적 측면에서의 성취를 강조한 나머지 학력경쟁을 가열시켜 고학력화를 부채질하고 인간성을 메마르게 함
③ 교육선발이 능력본위로 이루어진다고 가정함으로써 선발과정의 귀속적 측면을 소홀히 다루고 있음
④ 교육의 본질적 기능보다는 수단적 · 외재적 기능을 중시함
⑤ 학생의 개별성보다는 공통성 내지 유사성을 강조함으로써 학생의 자유와 개성, 다양성을 소홀히 함
⑥ 사회의 통합과 합의를 지나치게 강조한 나머지 집단 간의 갈등을 잘 다루지 못함
⑦ 사회 개혁보다는 기존 질서 범위 내에서 안정을 지향하는 보수적 입장을 취함

5 주요 이론

(1) 뒤르켐(E. Durkheim)의 도덕사회화 이론 06 중등, 08 초등

① 교육의 개념 : 사회화

㉠ 교육을 사회화(socialization)의 관점에서 정의한다. ⇨ 교육은 천성(天性)이 비사회적 존재인 개인을 사회적 존재로 만드는 과정이며, 학교교육의 핵심은 사회의 보편적 가치를 가르치는 도덕교육이다(⇨ 도덕적 사회화가 궁극적인 목적)

㉡ 학교교육의 목적은 사회의 보편적 가치(집합의식, 집합표상)를 가르치는 '보편적 사회화'를 통해 아노미를 극복하고 도덕적 사회화(현대 산업사회에 알맞은 도덕적 질서를 확립)를 달성하는 것이다.

② 사회화의 유형

㉠ 사회화 유형

유형	의미
보편적 사회화	• 한 사회의 공통된 감성과 신념, 즉 집합의식(집합표상)을 내면화하는 것 예 한국인, 미국인 • 전체적 사회가 요구하는 신체적 · 도덕적 · 지적 특성을 함양하는 것 • 보편적 사회화를 통해 그 사회의 특성을 유지하고 구성원들의 동질성을 확보할 수 있게 됨
특수 사회화	• 특정 직업세계에서 요구하는 가치와 규범, 능력 등을 내면화하는 것 예 한국의 교사, 미국의 교사 • 개인이 속하게 되는 직업세계와 특수환경이 요구하는 신체적 · 도덕적 · 지적 특성을 함양하는 것 • 사회가 분화 · 발전함에 따라 요구되는 지식과 기술의 습득

㉡ **보편적 사회화와 특수 사회화의 관계**: 산업화가 진행됨에 따라 사회는 점차 분화되기 때문에 다양한 직업교육(특수 사회화)은 불가피하지만, 전문화된 교육이 증가하면 할수록 사회 전체의 동질성 유지를 위한 보편교육(보편적 사회화)은 필수적이므로, 보편교육이 교육의 핵심을 이루게 된다. ⇨ 보편적 사회화 중시

(2) **파슨스**(T. Parsons)**의 사회화기능론**(구조기능주의)

① 개관

㉠ 파슨스는 기능주의 이론을 체계적인 이론으로 발전시킨 사람으로, '구조-기능적 분석'으로 사회체제이론(theory of social system)을 형성하였다.

㉡ 파슨스는 뒤르켐과 마찬가지로 학교교육의 사회화 기능을 강조하는 동시에 산업사회에서의 인력배치기능을 부각시킴으로써 사회적 선발기능을 강조하였다.

② 사회체제이론(theory of social system)

㉠ **체제 요소**: 사회는 사회체제(사회구조-정치 · 경제 · 사회 등 제반 기관의 활동을 통하는 체제), 문화체제(문화-상징으로서의 가치 · 신념 · 규범 등), 인성체제(개인-사회적 존재로서의 품성과 관련된 특성)로 구성되어 있다. 이 3가지 체제 요소는 상호 의존적인 관계를 형성하며 상호 유기적으로 영향을 준다.

㉡ **사회의 기능**: '사회는 어떻게 유지 · 발전하는가?'라는 질문 제기 ⇨ 사회가 균형을 유지하기 위해서는 4가지 기능(A-G-I-L이론)이 필수적이다.

적응 (adaptation)	존속에 필요한 자원을 확보하고 환경에 적응하는 진보적 기능 예 생산조직: 회사, 기업체 ⇨ 경제
목표 달성 (goal-attainment)	목표 달성을 위해 상황의 제반 요소를 통제하는 기능 예 정치조직: 정부, 정당 ⇨ 정치
통합 (integration)	일탈자를 제재하고 사회단위 간의 연대를 유지 · 통합하는 기능 예 통합조직: 법원, 경찰 ⇨ 사회
잠재유형유지 (latent pattern maintenance and tension management)	사회문화의 형태를 유지 · 존속시키는 보수적 기능 예 유형유지조직: 학교, 종교, 가정 ⇨ 문화

③ **학교교육의 사회적 기능 :** 역할 사회화, 사회적 선발

㉠ **역할 사회화 :** 역할 사회화란 아동들이 장차 성인이 되어 담당하게 될 역할수행에 필요한 정신적 자세와 자질을 학습하는 것으로, 뒤르켐의 '특수 사회화'와 유사하다.

㉡ **사회적 선발 :** 학업성취도를 두 가지 측면, 즉 인지적 차원의 학업성취도와 인성적 차원의 학업성취도로 구분하였으며, 그 성취도에 따라 성인사회의 직업적 역할이 분배되는 것으로 보았다.

인지적 차원의 학업성취도	지식과 기술 등에 대한 학습의 정도 ⇨ 인지적 사회화
인성적 차원의 학업성취도	교사에 대한 존경심, 협동, 질서 준수 등 사회적 규범에 대한 학습의 정도 ⇨ 인성적 사회화

(3) 드리븐(R. Dreeben)의 학교사회화(규범적 사회화) 01 초등, 07 중등

① 개관

㉠ 뒤르켐이 도덕사회화론에서 주장했던 '보편적 사회화와 특수 사회화', 파슨스가 사회화기능론에서 주장했던 '인지적 사회화와 인성적 사회화'를 바탕으로 학교에서 학생들은 현대 산업사회에서 생활하는데 요구되는 4가지 사회규범을 습득한다고 보았다.

㉡ 드리븐은 학교가 무엇보다 강조해야 할 일은 학생들을 사회인으로 만드는 것이라고 보고, 규범학습을 강조하였다. ⇨ 학교는 현대 산업사회에서 요청되는 핵심적인 규범을 효과적으로 사회화하기 위한 기관이다.

② 규범의 내용

독립성 (independence)	• 학문적 학습활동에 적용되는 규범으로, 학생들이 과제를 스스로 수행하고 자신의 행동에 대해 책임져야 한다는 것을 배우는 것을 말한다. • 학교에서 과제를 스스로 처리하게 하고 자신의 행동에 대해 책임지게 함으로써 습득된다. 또, 부정행위에 대한 규제와 공식적 시험을 통하여 습득된다. 예 시험 시 좌석 분리(평가를 개인별로 실시), 시험 중 부정행위에 대한 처벌, 독립적으로 숙제하기
성취성 (achievement)	• 사람은 자기의 노력이나 의도보다는 성과(성취)에 따라 대우받는다는 것을 배우는 것을 말한다. • 학생들이 할 수 있는 최선을 다해 그들의 과제를 수행해야 한다는 전제를 받아들이고 그 전제하에 행동할 때 습득된다. 또, 다른 사람들의 성과와 비교하여 자신의 성과를 판단하는 것을 학습할 때 습득된다. • 이 규범은 교수–학습–평가라는 체제 속에서 형성되는데, 공동으로 수행하는 활동에도 적용된다는 점에서 독립성과 구별된다. 예 공동으로 수행하는 과외활동이나 운동과 같은 경쟁에서 성공을 경험하는 기회를 제공함으로써 학습된다. 또, 과제의 성과에 따라 다른 보상을 제공함으로써 학습된다.
보편성 (universalism)	• 모두에게 적용되는 보편적인 규범(규칙)을 배우는 것을 말한다. • 동일 연령의 학생들이 같은 학습내용과 과제를 공유함으로써 형성된다. 또, 학교와 학급에서 규칙을 정하고 특별히 인정되는 사정이 아닌 한 정해진 규칙을 모두에게 엄격하게 적용함으로써 학습된다. 예 학교에서 한 학생이 과제물을 늦게 제출했을 경우, 교사는 그 학생의 개인적인 사정을 고려하지 않고 과제물 제출이 늦은 것에 대해 조치를 한다.

특수성 (특정성) (specificity)	• 특별히 인정되는 예외적 상황이 있을 때 그에 맞게 규칙을 적용하는 것을 배우는 것을 말한다. • 학년이 올라감에 따라 자신의 흥미와 적성에 맞는 분야를 집중적으로 교육받는 과정에서 학습된다. 또, 장애가 있는 경우나 아파서 입원하는 경우, 학교 대표팀의 일원으로 경기에 출전하게 된 경우 등과 같이 특별히 인정되는 경우에 다른 규칙을 적용하는 것이 왜 필요한지 이해하고 받아들일 수 있는 기회를 제공함으로써 학습된다. 예 학교에서 한 학생이 과제물을 늦게 제출했을 경우, 그 학생이 학교 대표팀의 일원으로 경기에 출전하였기 때문에 과제제출이 늦어졌다면 교사는 그것을 이해하고 감점을 주지 않는다.

(4) **기술기능이론**(technical-functional theory) – 클라크와 커(Clark & Kerr) 09 초등, 12 중등

① 복잡한 산업사회에서 기술수준의 향상과 직업의 분화(전문화)로 인해 사람들의 학력수준이 높아진다고 보는 이론 ⇨ 고학력 사회는 고도 산업사회의 결과이고, 학교는 산업사회를 지탱하는 핵심장치

② 그러나 직장에서 대학 전공과 관련 없는 일을 하거나, 학력수준에 비해 낮은 직업에 종사하는 현상을 설명하지 못함(⇨ 과잉학력현상 설명 ×)

✦과잉학력현상 고학력자들이 자신의 학력과 일치하는 직업보다 낮은 지위의 직업에 종사하거나 실업자로 전락하는 현상

(5) **인간자본론**(human capital theory) – 슐츠(Schultz), 베커(Becker) 95 중등, 99 중등 · 초등보수, 07 초등, 13 중등

① 인간자본에 투자하면 고도의 지식과 기술을 습득하여 생산성을 높여주므로 개인의 소득향상은 물론 사회의 발전에도 기여한다고 보는 이론 ⇨ 학력에 따른 수입의 차이는 교육에 의한 지식과 기술의 차이, 즉 생산성의 차이 때문

② 인간도 하나의 생산수단이며, 교육은 새로운 자본재로서 사회의 투자 대상이 됨

(6) **발전교육론** 94 중등, 96 중등, 11 초등

① 교육을 국가의 정치 · 경제 · 사회의 발전을 위한 중요한 수단으로 간주함

② 교육의 비본질적(수단적 · 외재적) 기능을 중시하며, 국가의 정치 · 경제 · 사회의 각 부분의 발전을 촉진하기 위해 교육의 양과 질을 계획적으로 조절함

(7) **근대화이론**(modernization theory) – 맥클랜드(McClelland), 인켈스(Inkeles)

① 한 사회가 근대화되기 위해서는 학교교육을 통해 사회 구성원들에게 근대적 가치관을 함양해야 한다고 봄

② 근대화를 이루는 중요한 가치로 '성취동기'를 제시

(8) **신기능이론** – 알렉산더(Alexander)

① 기능이론의 근본적 결점(예 기존의 사회체제를 정당화, 분업화된 구조가 효율적이라는 가정, 집단 간 합의를 중시함으로써 집단 간 갈등의 존재 부정)을 극복하고자 제기 ⇨ 세계화 시대의 교육현상에 대한 유용한 해석틀 제공, 학교교육을 비판하면서 동시에 학교교육의 강화를 주장

② 교육팽창을 생태학적 세계 체제이론의 관점에서 국제경쟁에 대한 각 사회의 적응과정으로 파악

㉠ 교육개혁을 통해 수월성 성취와 사회적 기능 수행 중시

㉡ 교육을 통한 사회개혁과 국가적 발달 추구 중시 ⇨ 고급인력 육성을 강조

02 갈등이론(contradiction theory) 95 중등, 98~99 중등, 99 초등보수, 00 초등, 05 중등, 11 초등

1 개념

사회의 본질을 갈등과 변동, 강제의 과정으로 이해하는 관점 ⇨ 인간의 욕구는 무한한데 자원의 희소성으로 인해 인간 간의 갈등은 불가피하며 사회는 계속 변동한다. 일정 기간 사회가 안정을 유지하는 것은 지배집단의 억압과 강제 때문

2 사회를 보는 관점

① 모든 사회는 언제나 이견(불일치)과 갈등 속에 있으며, 갈등은 사회진보의 원동력이다. 자원의 희소성, 사회집단 간의 목적과 계획의 불일치, 지배집단과 피지배집단 간의 이해 대립으로 인해 갈등이 비롯된다. 자원의 희소성, 사회집단 간의 목적과 계획의 불일치, 지배집단과 피지배집단 간의 이해 대립으로 인해 갈등이 비롯된다. ⇨ 갈등

② 모든 사회는 언제나 변화의 과정에 있다. 집단 간의 계속적인 투쟁과 갈등은 사회를 항상 유동적 상태에 있게 한다. ⇨ 변화(변동)

③ 모든 사회는 그 구성원의 일부에 대한 다른 일부의 강제에 토대를 두고 있다. 강제는 투쟁의 과정에서 승리한 권력집단이 피지배집단을 통치하고 일시적인 안정과 사회질서를 유지하는 수단으로, 힘에도 의존하지만 피지배집단들에게 압제의 정당성을 얻도록 선전과 교화의 수단을 쓰기도 한다.
⇨ 강제(억압)

3 학교교육에 대한 갈등이론의 주요 주장

① 교육은 지배집단의 문화를 정당화하고 주입하며, 기존의 불평등한 사회구조를 재생산한다.

② 교육은 특정집단(지배집단)의 이익을 대변하며, 지배집단의 문화자본을 전수한다.

③ 학교는 기존 질서를 정당화하는 장치에 불과하며, 능력주의 선발은 허구이다. ⇨ 학교교육을 통한 계층이동이 불가능

④ 학교교육은 사회의 불평등 구조를 재생산하고 정당화하므로, 학교의 개혁은 무의미하고 사회의 거시적 개혁만이 필요하다.

4 갈등이론의 공헌과 비판

(1) 공헌점

① 학교와 사회의 모순을 명확하게 지적하였다.

② 자본주의 사회의 학교교육에 대한 비판적 인식을 높여 주었다. ⇨ 학교는 사회적 불평등을 재생산하고, 지배집단의 문화와 이데올로기를 대변하는 도구이다.

③ 학교제도의 문제점을 학교 내에서가 아니라 학교와 사회와의 관련 속에서 찾고 있다.

(2) 비판점

① 교육이 생산관계에 의해 일방적으로 결정된다는 경제적 결정론에 빠져 있다.

② 기존 교육에 대한 강력한 비판에 비해 그에 대한 대안의 제시가 없다.

③ 사회구조를 이분법(지배자－피지배자)에 따라 단순화하고 교육을 지배자에게만 봉사하는 것으로 규정함으로써 교육의 본질적 모습을 왜곡·과장하고 있다.

④ 개인의 자유의지를 무시하고 사회적 조건만 지나치게 강조한다.

⑤ 자본주의 사회의 학교교육에 대한 비판은 있으나 사회주의 사회의 학교교육에 대한 비판은 없다.

⑥ 학교교육의 공헌(예 업적주의적 사회이동 가능, 유능한 인재의 선발, 공동체의식을 통한 사회적 결속)을 전혀 무시하고 있다.

5 주요 이론

(1) **경제적 재생산이론**(economic reproduction theory) – 보울스와 진티스(Bowles & Gintis)

04 중등, 08 중등, 12 중등

① **입장**: 학교교육이 자본주의의 경제적 불평등 구조를 재생산하고 정당화한다고 봄 ⇨ 학교교육과 경제적 생산체제가 서로 대응하기 때문이며, 이것을 대응원리(correspondence principle)라고 함

② **대응원리(correspondence principle)**

㉠ **개념**: 노동의 사회적 관계와 교육의 사회적 관계가 서로 대응한다. 즉 작업장에서의 사회적 관계가 학교에서의 사회적 관계에 그대로 반영

㉡ **주요 내용**

ⓐ 노동이 외적 보상인 임금을 획득하기 위해 이루어지듯이 교육도 학습결과로 주어지는 외적 보상인 성적, 졸업장의 취득을 위해 이루어진다.

ⓑ 노동자가 작업내용에 대해 결정권이 없듯이 학생도 교육과정에 대해 아무런 결정권이 없다.

ⓒ 노동현장이 분업화되어 있듯이 학교도 계열을 구분하고 지식을 과목별로 잘게 나눈다.

ⓓ 다양한 수준의 직업구조가 있듯이 다양한 수준의 교육으로 나뉜다.

ⓔ 학교는 명시적 교육과정보다 잠재적 교육과정을 통해 지배와 종속의 사회관계를 학생들에게 내면화시킨다.

㉢ **차별적 사회화 :** 학교는 잠재적 교육과정을 통해 학생의 계급적 위치에 기초한 성격적 특징을 차별적으로 사회화시킨다. ⇨ 상류계층의 학생-자유, 창의성, 내면화된 통제규범 중시 / 하류계층의 학생-순종, 복종, 통제된 행동과 규칙준수 강조

(2) 종속이론 - 카노이(Carnoy)

① 제국주의적 관점에서 교육을 이해하는 입장
② 한 나라의 정치・경제가 타국에 종속되어 있으면 학교교육도 타국에 종속될 수밖에 없다는 이론

(3) 급진적 저항이론(radical resistance theory) 02 초등, 04 초등, 10 초등, 11~12 중등

① **대표자 :** 일리치(Illich)의 『학교 없는(탈학교) 사회(Deschooling Society, 1971)』, 라이머(Reimer)의 『(인간주의) 학교는 죽었다(School is Dead, 1971)』, 프레이리(Freire)의 『페다고지』, 실버맨(Silberman)의 『교실의 위기』
② **이론적 특징 :** 교육을 통한 의식화 및 인간성 해방을 강조
㉠ **프레이리(P. Freire) :** 전통적 학교교육에서의 은행저금식 교육을 비판하고 그 대안으로 문제제기식 교육을 통해 피지배집단으로 하여금 불평등 구조를 타파할 수 있는 힘을 육성할 것을 주장
㉡ **일리치(Illich) :** 탈학교운동 주장
ⓐ **현대 교육의 문제 :** 학교는 입시위주, 지식위주의 교육을 하기 때문에 인간의 자유로운 성장이나 자아실현, 전인교육 등을 저해한다고 비난하였고, 학교는 해체되어야 한다고 보았다(탈학교사회화).
ⓑ **학습망(learning webs) 주장 :** 탈학교사회의 형성을 위해서 일리치는 기존의 학교제도를 대치할 수 있는 학습망(learning webs)을 제안한다. 학습망이란 현재의 획일적인 학교중심의 교육에서 벗어나 학습의 네트워크(network)를 통한 다양한 학습방법과 과정을 말한다.

교육자료에 대한 참고자료망	학습자가 학습에 필요한 자료에 쉽게 접근할 수 있도록 한다.
교육자에 대한 참고자료망	학습자가 원하는 전문가, 준전문가, 프리랜서 등 교육자들의 인명록을 갖추어 놓는다.
동료연결망	함께 학습하기를 원하는 학습동료를 쉽게 찾을 수 있도록 지원한다.
기술교환망	기능을 가지고 있는 사람들의 인명록을 비치하여 기능 교환이 이루어질 수 있도록 한다.

(4) 지위경쟁이론(지위집단이론) - 베버(Weber), 콜린스(Collins) 98 초등, 99~00 중등, 00 초등, 02~04 중등, 06 초등, 09 중등, 12 중등

① 학력이 사회적 지위획득의 수단이기 때문에 사람들이 경쟁적으로 높은 학력을 취득하는 탓으로 학력은 계속 상승된다고 보는 이론
② 학력은 지위획득을 위한 합법적 수단이고, 졸업장은 개인의 능력과 노력수준을 나타내는 공인된 품질증명서

03 신교육사회학(new sociology of education)

1 대표자 – Young, Bernstein

(1) 영(Young)

신교육사회학을 출범시킨 학자 – 『지식과 통제(Knowledge and Control, 1971)』 ⇨ 권력과 지식의 위계화를 연결 ⇨ 지식의 위계화는 사회집단의 계층화를 반영한다.

① 학교에서 가르쳐지는 지식은 사회적 · 역사적으로 선정 · 조직된 것

② '높은 지위를 지니고 있는 지식'이 학교교육의 내용을 차지하므로, 학교교육에 있어 유리한 집단은 권력집단이 되고, 그 결과 피지배층 자녀의 학업성취도는 낮을 수밖에 없음

(2) 번스타인(Bernstein)

① **교육자율이론 주장**: '결정론'에 반대 ⇨ 학교는 문화의 생산에 자율성을 지니고 있다.

② **사회언어학적 연구**: 가정의 구어양식(의사소통의 형태)을 통한 계층 재생산에 관심

㉠ 영국의 하류계층의 제한된 어법(restricted linguistic codes)과 중류계층의 세련된 어법(elaborated linguistic codes)은 가정에서의 사회화를 통해 학습됨

㉡ 학교학습은 세련된 어법의 구어양식을 매개로 해서 이루어지기 때문에 제한된 어법을 사용하는 하류계층의 자녀가 중류계층의 자녀보다 학업성취도가 낮을 수밖에 없음

어법	의미	주사용계층
세련된 어법 (공식어)	• 보편적 의미(말의 복잡함, 어휘의 다양, 언어의 인과성 · 논리성 · 추상성 탁월) • 문장이 길고 수식어 많다. 문법 적절, 전치사 · 관계사 많이 사용, 감정이 절제된 언어 예 얘야. 수업 시간에 떠들면 안 되거든. 조용히 좀 해주겠니!	중류계층
제한된 어법 (대중어)	• 구체적 의미(내용보다는 형식 측면, 화자의 정서적 유대를 통한 의사소통, 구체적 표현) • 문장이 짧고 수식어 적다. 문법 졸렬, 속어 · 비어 많음, 문장 이외에 표정, 목소리 크기, 행동으로 감정을 표현 예 입 닥쳐. 이 ××야.	하류계층 (노동계층)

2 신교육사회학의 주요 이론들

(1) 문화적 재생산이론 – 부르디외(P. Bourdieu) 99 초등보수, 02~03 중등, 06 초 · 중등, 09 초등, 11 초등

① **개념**: 학교교육을 지배구조 혹은 계급구조의 문화적 재생산 관계로 파악 ⇨ 학교는 지배집단의 문화자본을 재생산하고 정당화하는 역할을 수행함으로써 지배계급에 유리한 기존 질서를 재생산

② 문화자본(cultural capital)의 종류

아비투스적 문화자본 (= 체화된 문화자본)	• 아비투스(habitus) : 개인에게 내면화되고 체화된 문화적 취향(의미체계, 문화능력)으로서, 특정한 사회적 환경에 의해 획득된 성향, 사고, 인지, 판단과 행위 도식을 의미 ⇨ 사회적 지위, 교육환경, 계급위상에 따라 후천적으로 습득되는 취향이므로, 자신이 속한 계급적 취향과 사회의 계급구조를 반영 • **상징적 폭력** : 특정 계급의 의미체계(문화)를 다른 계급에게 강제하고 주입하는 것 ⇨ 학교교육은 상징적 폭력을 통해 자본주의 사회의 구조적 모순과 불평등을 정당화하고 재생산
제도화된 문화자본	• 시험성적, 졸업장, 자격증, 학위증서 등 교육제도를 통해 공식적 가치를 인정받는 문화자본 • 학업성취도와 관련된 교육결과에 대한 사회적 희소가치 분배의 기준이 되는 문화자본
객관화된 문화자본	• 고서, 예술품, 골동품 등 법적 소유권 형태로 존재하는 문화자본 • 교육내용 구성의 원천이 되는 상징재 형식의 문화자본

③ 문화적 재생산의 경로

㉠ **아비투스-상징적 폭력을 통한 재생산** : 학교가 지배계급의 문화적 취향을 정규 교육과정에 담아 모든 학생에게 주입하는 상징적 폭력을 행사함. 이로 인해 지배계급의 문화가 보편적 가치로 인식되어 지배계급에 유리한 기존 질서가 정당화되고 재생산

㉡ **제도화된 문화자본을 통한 재생산** : 학교가 지배계급의 문화를 가르치기 때문에 지배계급의 자녀들은 높은 학업성취와 학력을 통해 자연스럽게 높은 사회적 지위를 차지

(2) **문화적 헤게모니이론** – 애플(Apple) 04 초등, 10 중등

① 개념 : 하부구조(경제)가 상부구조(교육)를 결정하는 것이 아니라 헤게모니와 같은 상부구조가 학교교육을 통제 ⇨ 학교의 문화적 재생산의 기능 중시

② 이론의 특징

㉠ 한 사회의 헤게모니(hegemony)가 그 사회체제를 유지하는 데 중요한 기능을 수행

㉡ 헤게모니란 지배집단이 지닌 의미와 가치체계(ideology)를 말하며, 학교의 교육과정에는 이러한 헤게모니가 깊숙이 잠재되어 있음

㉢ 학교는 문화적·이념적 헤게모니의 매개자로서 표면적·잠재적 교육과정을 통하여 보이지 않는 가운데 사회를 통제

(3) **사회구성체이론**(자본주의 국가론) – 알튀세르(L. Althusser) 00 초등추시, 07 중등, 12~13 중등

① 개념 : 자본주의 국가는 이념적 국가기구를 통해 국가가 중립적이라고 믿게 만들어 피지배계급으로부터 능동적인 동의를 이끌어 냄으로써 기존의 불평등관계를 정당화

② 이론의 개요

이념적 국가기구	학교(교육), 대중매체(신문·라디오·텔레비전 등), 교회(종교), 가정, 법률, 정치, 노동조합, 문화(문학·예술·스포츠 등) ⇨ 규범과 가치와 관련된 모든 것들
강제적(억압적) 국가기구	경찰, 군대, 정부, 사법제도 ⇨ Marx가 본 국가

㉠ 자본주의 사회가 존속, 즉 재생산되기 위하여 억압적 국가기구만이 아니라 이념적 국가기구도 작동하여야 무리 없이 원만하게 재생산될 수 있다.

㉡ 교육은 이념적 국가기구의 한 부분이지만 핵심적인 기능을 수행한다. 의무적 국민교육 제도야말로 지배 이데올로기를 국민들에게 전파・내면화하기 위한 가장 강력한 재생산장치이다.

(4) **저항이론**(resistance theory) – 윌리스(Willis) 00 중등, 05 중등, 07 초등, 11 초등

① 개관

㉠ 인간은 사회의 불평등한 구조에 저항・비판・도전하는 능동적인 존재. 피지배집단(노동계급)의 일상적인 삶의 경험 속에 지배 이데올로기를 거부하고 극복할 수 있는 잠재적 힘이 있다고 봄 ⇨ 반학교문화 형성

㉡ 노동계급의 학생들(사나이, lads)이 기존의 학교문화에 저항하고 모순을 극복하기 위해 간파(penetration)를 일상생활 속에서 실천하는 반학교문화(counter-school culture)를 형성. 이런 간파는 제약(limitation)을 통해 저지・중지되기도 함

㉢ 하류계층 자녀는 지배 이데올로기에 저항하는 반학교문화 형성을 통해 사회불평등과 모순에 도전함. '비행'은 부정적 행위가 아니라 지배 이데올로기에 대항하는 '저항의 몸짓'으로 긍정적인 의미가 부여됨

㉣ 학교교육이 사회계급 구조의 불평등을 그대로 이행하는 단순한 반영물이 아니라, 사회모순과 불평등에 도전하는 역할을 수행

② 주요 개념: 간파와 제약

간파 (penetration, 모순간파)	• 자신이 처한 삶의 조건과 위치를 꿰뚫어 보고 현실의 모순을 폭로하는 것이다. • 노동계급 학생들은 이미 부모, 친척 등을 통하여 직업세계에 대한 정보와 경험이 학교교육의 내용과 다르다는 것을 터득함으로써 그들이 속하게 될 직업적 위치를 파악하고 있다. • 노동계급의 학생들(사나이들)은 어차피 공부해 봤자 성공할 가능성이 거의 없다는 것을 간파하고 학업이나 진로지도 등 학교교육을 거부하며 자신들만의 반학교문화를 형성한다. • 잦은 싸움과 학업거부를 통해 드러나는 그들의 반학교문화는 제도와 규율로부터 자신들만의 상징적・물리적 공간을 쟁취하기 위한 저항행위로 볼 수 있다.
제약 (limitation, 한계)	• 제약은 간파의 발전과 표출을 혼란시키고 방해하는 이런저런 장해요소와 이데올로기적 영향으로, 간파는 제약을 통해 저지・중지되기도 한다. 간파의 발전을 막는 건 '사나이들'이 자신들의 장래인 노동계급을 자랑스럽게 생각한다는 사실이다. • 제약은 노동계급의 학생들이 노동계급을 자랑스럽게 여기고 남성 우월주의와 인종주의적 태도를 견지하면서 스스로 육체노동직을 선택하는 것을 말한다. 이것은 기존의 질서를 인정하고 재생산하는 것일 뿐이다. • 지적 활동과 비판적 사고를 통해 사회구조적인 변화를 꾀할 수 있다는 사실을 간과하고 새로운 가치와 담론을 형성하는 데 실패한다. • 결국 노동계급 학생들의 저항행위는 자신의 삶에 아무런 긍정적 영향을 끼치지 못한 상태로 현존하는 사회의 불평등 구조를 재생산하는 것으로 종결된다.

(5) **자율이론**(교육상대성 이론, 문화전달이론) – 번스타인(B. Bernstein) 04 중등, 06 초등, 08 초등, 10 초등, 12 초등, 13 중등

① **개관**: 사회언어분석에서 출발하여 교육과정의 조직형성과 사회적 지배원리의 관계에 관해 연구 ⇨ 학교는 문화의 생산에 상대적 자율성을 지님. 학교가 갖는 상대적 자율성으로 인해 지배계급 문화의 정체가 드러나지 않고 정당화되며 하류층에게 상징적 폭력으로 작용

② 교육과정 조직형태를 규정하는 요소

㉠ **분류**: 과목 간, 전공분야 간, 학과 간의 구분(⇨ 내용들 사이의 관계, 경계유지의 정도) ⇨ 분류가 강하면 타 분야와의 교류는 제한되고 '교육의 코드(code of education)'가 중시되어 교육의 자율성은 상당 정도 유지되지만, 분류가 약하면 타 분야와의 교류가 활발하고 '생산의 코드(code of production)'가 중시되어 교육의 자율성은 약화

㉡ **구조**: 과목 또는 학과 내 조직의 문제(⇨ 계열성의 엄격성, 시간 배정의 엄격성) ⇨ 구조화가 철저하면 교사의 자율성(재량권)이 축소되어 교사나 학생의 욕구 반영이 어렵고, 느슨하면 교사의 자율성(재량권)이 확대되어 욕구 반영이 상대적으로 쉬움

③ 분류와 구조의 조합차원과 교육과정 유형

㉠ **분류가 강한 경우(강한 분류와 강한 구조 또는 약한 구조)**: 집합형 교육과정 ⇨ 교육과 생산의 관계가 분명하여 교육의 코드가 중시되며 교육의 자율성 보장

㉡ **분류가 약한 경우(약한 분류와 강한 구조 또는 약한 구조)**: 통합형 교육과정 ⇨ 교육과 생산의 관계가 불분명하여 생산의 코드가 중시되며 교육의 자율성 상실

㉢ **교육과정의 조직형성**: 이러한 교육과정의 결정은 구중간계급과 신중간계급 간의 계급적 갈등에서 비롯되며, 교육과정이 어떻게 결정되든 지배계급에 유리한 내용으로 조직되기 때문에 피지배계층의 이익 실현과는 무관

④ 수업의 유형(문화전달방식)

㉠ **보이는 교수법(가시적 교수법)**: 전통적 교수법, 강한 분류와 강한 구조의 집합형 교육과정 ⇨ 학습내용상 위계질서가 뚜렷하고 놀이와 학습을 엄격히 구분함 ⇨ 교사의 자율성(재량권) 축소

㉡ **보이지 않는 교수법(비가시적 교수법)**: 진보주의 교수법, 약한 분류와 약한 구조의 통합형 교육과정 ⇨ 학습내용상 위계질서가 뚜렷하지 않고 놀이와 학습을 구분하지 않음 ⇨ 교사의 자율성(재량권) 확대

㉢ **두 교수법의 마찰**: 번스타인에 따르면, 보이지 않는 교수법에 의한 열린교육은 보이는 교수법에 의한 전통적인 지식교육과 마찰을 일으킨다. 이러한 교수법에서의 갈등은 단순한 교육관의 차이에서 비롯된 것이 아니라 계급 간의 갈등, 즉 구중간계급과 신중간계급 간의 갈등에서 비롯

(6) **상징적 상호작용이론**(symbolic interaction theory) 05 중등, 08 중등, 10 초등

① **개관**: 상징적 상호작용론에서는 인간은 상황을 주관적으로 해석하여 의미를 부여하고, 그것에 따라 능동적으로 자신의 행위를 조종하는 주체. 또한 개인의 자아의식 형성은 사회에서의 상호작용의 결과 ⇨ 우리는 타인과의 상호작용을 통하여 의미를 이해하고, 사회적으로 주어진 의미를 중심으로 우리의 생활을 조직

② 주요 내용

㉠ 미드(Mead) : 중요한 타자(동일시, 모형학습의 대상), 일반화된 타자(대상으로서의 나, 즉 me에 반영된 다른 사람의 모습) ⇨ 타인의 입장에서 생각할 수 있는 역할취득(role taking)은 자아나 사회의 생성 발전에 매우 중요한 단계

예 교사가 학생의 입장에서 생각하는 능력이 없다면 수업은 성공할 수 없다.

ⓐ 자아의 형성과정을 역할취득의 수준에 따라 3단계로 제시

놀이(유희) 단계 (play stage)	어린이는 극히 제한된 중요한 타자(예 아빠, 엄마, 친구)의 입장에 서서 생각한다.
게임 단계 (game stage)	운동경기를 할 때처럼 동시에 여러 타자들의 입장에서 자기를 조망(眺望)할 수 있다. 즉, 어린이는 어떤 조정된 행동에 대하여 여러 타인들로부터 여러 개의 자아상들을 추출해 낼 수 있게 되고 이들과 협력할 수 있게 된다.
일반화된 타자 형성 단계	한 사회 내에 분명히 존재하는 공통적인 입장인 일반화된 타자(generalized others)의 입장에서 생각한다. 보다 넓은 공동체의 입장에서 자기를 인식할 수 있고, 타인들과의 협력도 가능해진다.

ⓑ 자아는 'I'와 'me'로 구성되며, 이 2가지 차원의 변증법적 산물

주체적 자아 (I)	• 자유와 자율에 의해서 행동을 선택하고 자기를 형성하는 자아 • 불확정적이고 예측 불가능하며, 창의성 · 신기성 · 자유로운 성격을 띤 자아
사회적 자아 (me)	• 타자의 거울에 비친 자아, 남들의 조직화된 태도가 내면화된 자아 • 일반화된 타자가 내면화된 것으로 사회통제의 힘을 갖는다.

㉡ 쿨리(Cooley) : 거울자아이론(looking-glass self) ⇨ 거울에 비친 자아, 영상자아

ⓐ 자아개념은 고정된 것이 아니고 주위의 타인들(거울)과의 상호작용을 통해 형성된 것으로, 타인이 자신을 어떻게 평가하는지를 상상하고 그로부터 자신에 대한 이미지 혹은 자아감정과 태도를 이끌어낸다는 영상자아(looking-glass self)이론을 주장. 즉, 자아개념은 타인들이 자신을 어떻게 생각하느냐에 영향

ⓑ 타인들이 자기를 귀한 존재로 보고 대우해 주면 긍정적 자아개념이, 하찮은 존재로 대우해 주면 부정적 · 열등적인 자아개념이 형성

ⓒ 중요한 거울 : 주위에서 자신이 비쳐지는 거울들 중에서 가장 중요시되는 거울들

예 부모, 교사, 또래친구

③ 상징적 상호작용이론의 전제

㉠ 인간의 사고능력은 사회적 상호작용에 의해서 형성된다. 인간은 사회적 상호작용을 통하여 인간 고유의 독특한 행위와 사고능력을 행사하도록 해주는 의미와 상징을 습득

㉡ 모든 인간은 자기 자신과 상호작용할 수 있는 능력, 즉 반성적 또는 자기작용적 자아를 지녔다.

④ 이론의 특징

㉠ 인간끼리의 상호작용은 사회적 행위이다.

㉡ 사회구조나 정치구조 또는 사회의 신념체계는 교사 · 학생 간의 상호작용을 통해 영향을 미친다.

ⓒ 교실에서의 교사·학생의 상호작용은 교사의 리더십 유형, 학생의 친구 유형, 교실 여건, 교사의 기대수준, 학교문화 등에 따라 달라진다. ⇨ 학교가 사회계급 구조의 불평등을 이행하는 단순한 반영물이 아니라 사회불평등과 모순에 도전할 수 있는 잠재적 힘을 가졌다고 보는 견해 ⇨ 반학교 문화, Apple

⑤ **이론의 교육적 적용**: 낙인이론, 피그말리온 효과, Bernstein의 언어연구, Flanders의 수업형태 분석법

㉠ **하그리브스(Hargreaves)의 상호작용론**: 교사의 자기개념(자아개념, 교사역할) 유형 06 초등, 13 중등

⇨ 하그리브스는 학급에서 주도권을 쥐고 학급상황을 규정하는 쪽은 교사이므로, 교사가 어떤 자기개념을 가지고 학생을 어떻게 규정하는가에 따라 교사의 유형을 3가지로 구분

맹수조련사형 (lion-tamers)	• 학생은 거칠고 아무 것도 모르는 존재이므로, 교사는 이들에게 필요한 지식을 가르치고, 윤리적 행동을 훈련시켜 길이 잘 든 모범생으로 만드는 것이 교사의 역할이라고 생각 ⇨ 학생을 모범생으로 만들기 • 그러므로 교사는 담당교과의 충분한 지식을 갖추고 있어야 하며, 학생을 다룰 줄 알아야 하며, 학생은 교사의 지시에 충실히 따라야 한다고 생각한다.
연예인형 (entertainers)	• 학생들이 학습에 흥미를 느끼도록 교수자료를 풍부하게 만들고 시청각 기법을 활용하는 등, 즐겁게 배우도록 하는 것이 교사의 역할이라고 생각 ⇨ 즐겁게 배우도록 하기 • 이러한 교사들은 학생들을 친구처럼 대하면서 격의 없는 관계를 유지하려고 노력한다.
낭만가형 (romantics)	• 학생은 누구나 학습하기를 좋아하므로 학습할 수 있는 여건을 조성하고, 학습자가 스스로 선택할 수 있도록 다양한 학습기회를 만들어 주는 것이 교사의 역할이라고 생각 • 그러므로 수업내용도 교사가 독단적으로 정하지 않고 학생과 상의하여 결정하는 것이 좋다고 생각한다. 이러한 교사들은 기본적으로 학생들의 학습능력과 학습의지를 신뢰하는 것이 특징이다.

ⓛ **맥닐(McNeil)의 방어적 수업**: 다인수 학급상황에서 강의법을 통한 교사의 생존전략

⇨ 다인수 학급상황에서 교사는 자신의 생존전략으로서 교육내용을 독특한 방식으로 제시하고 학생의 반응을 줄이는 방식으로 수업을 진행하는데, 이러한 수업방식을 '방어적 수업'이라고 함

생략 (omission)	논쟁의 여지가 있는 주제는 몰라도 된다고 하면서 생략하는 방식(예 "이 부분은 몰라도 돼."). ⇨ 일정 부분이나 한 단원 전체를 생략하고 넘어감. 반대의견이나 토론이 있을 만한 자료나 관점을 생략
신비화 (mystifying)	• 이해가 안 되는 복잡한 주제는 전문가만이 알 수 있다고 말하며 신비화시키는 방법(예 "이건 전문가만 아는 거야. 그러니 그냥 외워."). ⇨ 노트 베껴 쓰기 지시 • 신비화는 학생들이 스스로 지식을 추구하거나, 깊이 파고들지 못하도록 하여 외부(교사)에서 제공하는 정보에 의존하는 태도를 형성하게 함 ⇨ 교사에의 의존 심화 유도
단편화 (fragmentation)	• 어떤 주제든지 서로 연결되지 않는 단편들이나 목록들로 환원시키는 방법(예 "지식을 잘게 쪼개서 가르친다.") ⇨ 지식을 잘게 쪼개기 • 교사는 수많은 지식을 효과적으로 전달하기 위해서 그리고 그 정보를 사실로 보이게 하여 토론이나 반대의견을 금지시키기 위해 단편적인 지식과 목록을 사용
방어적 단순화 (defensive simplification)	• 수업에 흥미가 없거나 어려운 주제는 가능한 한 단순화시켜 간단히 언급만 하고 넘어가는 방법(예 "이거 별로 어렵지 않을 거야. 그리고 깊이 들어가지 않아도 돼.") ⇨ '빈칸 채우기' 연습, '주제의 개요'만 말해 주기 • 학생들의 능력이나 수업에 대한 관심이 부족하다고 생각할 때 즐겨 사용하는 수업전략

04 시험의 기능 98 중등, 10 중등

1 교육적 기능(Montgomery, 1978)

자격 부여	시험은 성취 수준을 기준으로 일정한 능력이나 자격을 부여한다. 예 수능시험, 각종 임용시험, 면허시험 등은 그 시험이 요구하는 지위의 자격을 부여한다.
선발 기능	시험은 상급학년 또는 상급학교의 진학에 적절한 자를 선발하는 기능을 한다.
경쟁촉진 기능	시험이 상대적 기준에 따라 학생을 판정하고 선발하는 기능을 수행할 경우 학생들에게 지나친 경쟁을 유발할 수 있다. 과열 경쟁은 점수경쟁, 등수경쟁, 학력경쟁(학벌경쟁)으로 이어진다.
목표와 유인 기능	시험은 학생들에게 학습목표를 제시해 주고, 그 목표에 도달하고자 하는 동기를 촉발하는 유인으로 작용한다.
교육과정 결정 기능	시험에 출제되는 것을 중심으로 가르치고 배우는 선택적 교수와 선택적 학습이 일어난다. 예 중심과목과 주변과목으로 분류
학업성취의 확인 및 미래학습의 예언	전통적으로 중시해 오던 시험의 기능으로, 교수활동의 종결단계에 실시하여 교육의 결과를 확인하고, 이를 토대로 학생의 미래학습을 예언한다.

2 사회적 기능

사회적 선발 기능	시험의 결과에 따라 사회적 지위와 보상이 부여되는 사회적 선발의 기능을 담당한다. 예 평소의 시험성적이 '내신제'를 통하여 상급학교 입학에 연결되고, 직장 입사 시에도 성적증명을 선발 자료로 삼는다.
지식의 공식화와 위계화	시험에 출제되고 정답으로 규정되는 지식은 그 사회가 공식적으로 인정하는 지식이 된다. 이로 인해 시험에 출제되는 지식과 그렇지 않은 지식 사이에는 자연히 위계화가 이루어지게 된다.
사회통제 기능	시험에 사고방식과 행동을 통제할 수 있는 지식과 규범을 출제할 경우 시험을 통한 사회통제가 가능해진다.
기존 질서의 정당화와 재생산	기존 질서를 정당화하는 지식을 학교 시험에 출제할 경우, 학생들은 이 지식을 공식적이고 가치 있는 것으로 받아들이게 되므로 시험을 통해 기존 질서를 정당화하고 재생산하게 된다.

05 사회이동과 교육

1 기능이론적 관점

(1) 개념

학교교육이 사회계층이동에 긍정적·결정적인 역할을 한다. 평등한 사회계층이동을 위해서는 교육기회가 균등해야 한다.

(2) 블라우와 던컨(Blau & Duncan)의 학교효과모형

① 가정배경은 어느 정도 학교교육에 영향을 줄 수 있다.
② 사회적 성취에 가정배경이 영향을 주지 못한다.
③ 교육을 받으면 받을수록 좋은 직업을 얻을 수 있으며, 학교교육은 사회적 출세에 결정적인 역할을 하고 있다.

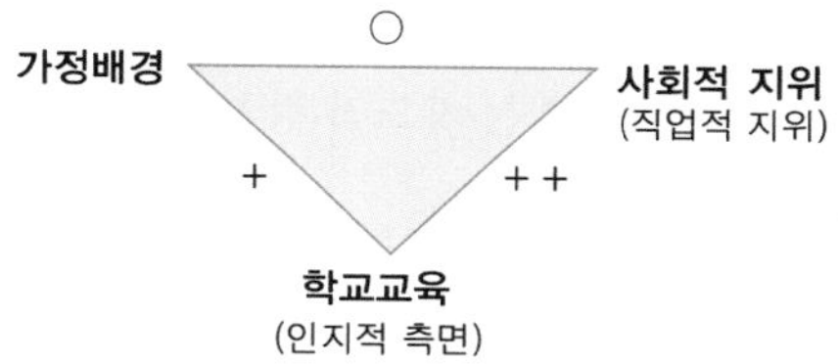

2 갈등이론적 관점

(1) 개념

개인의 사회적 지위는 가정의 사회·경제적인 배경에 의해서 결정된다. 학교는 지위이동을 통하여 평등을 실현시키기보다는 현존하는 불평등구조를 유지·존속시키는 역할을 담당한다.

(2) 보울스와 진티스(Bowles & Gintis)의 학교효과모형

① 학교교육은 사회적 성취에 어느 정도 영향을 미친다.
② 가정환경은 학교교육에 일정한 영향력을 행사한다.
③ 개인의 사회적 성취는 가정배경에 의해 좌우된다.

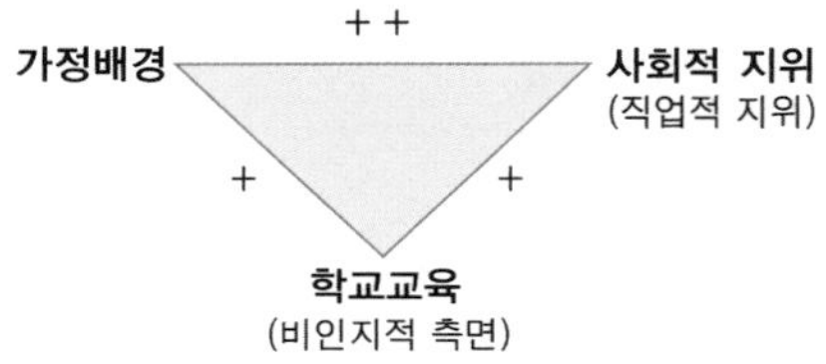

06 교육과 사회평등

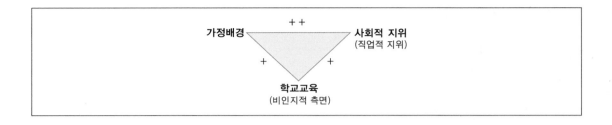

1 평등화 기여론(기능이론) 99 중등추시, 00 초등, 05 초등, 12 중등

(1) 개념

학교교육 자체가 사회평등화를 실현할 수 있는 제도적 장치라고 보는 견해. 학교야말로 모든 사람의 삶의 기회를 평등하게 만드는 가장 중요한 기관

(2) 대표적 학자

① 호레이스 만(Horace Mann) : 교육은 '위대한 평등장치'이다.
② 해비거스트(Havighurst) : 교육은 사회적 상승이동을 촉진 ⇨ 사회평등에 기여
③ 블라우와 던컨(Blau & Duncan)의 **지위획득모형** : 교육은 직업지위 획득의 결정적 요인
④ 인간자본론(평등주의 옹호론) : 교육은 소득분배의 평등화를 위한 중요 장치

2 불평등 재생산이론(갈등이론) 96 초등, 00 중등, 02~03 초등, 12 중등

(1) 개념

학교교육은 지배층의 이익에 봉사하는 장치로 사회적 불평등을 재생산한다고 보는 이론

(2) 대표적 연구사례 – 보울스와 진티스, 카노이의 연구, 라이트와 페론의 연구

① 보울스와 진티스(Bowles & Gintis)
㉠ 가정배경이 학업성취에 가장 큰 영향을 미치는 요인
㉡ 학교교육은 지배층의 이익에 봉사, 불평등 구조를 재생산 ⇨ 교육은 계급 간의 사회이동을 불가능하게 한다.

② **카노이(Carnoy)의 연구 :** 교육수익률(교육의 경제적 가치)의 교육단계별 변화 분석을 통해 교육이 지배층의 이익에 봉사한다는 것을 규명

㉠ **교육수익률이 높은 경우(학교발달 초기)는 학교교육기회가 제한 :** 학교에 대한 경쟁이 치열하여 중상류층이 주로 다니고 하류층은 다니지 못한다. ⇨ 냉각(cool out)기능

㉡ **교육수익률이 낮은 경우(학교발달 후기)는 학교교육기회가 보편화 :** 하류층에게도 교육기회 개방 ⇨ 가열(warm up)기능

㉢ **결론 :** 교육은 가진 자에게만 봉사하고 못 가진 자에게는 도움을 주지 못한다.

3 무효과론(무관론) 12 중등

(1) 내용

① 학교교육은 평등화에 관한 한 의미가 없다.

② 교육은 사회평등화보다 다른 가치를 추구한다.

(2) 대표자

① 젠크스(Jencks), 버그(Berg), 앤더슨(Anderson), 부동(Boudon), 치스위크와 민서(Chiswick & Mincer), 써로우(Thurow) ⇨ 젠크스(Jencks)

② 젠크스

㉠ 가정배경, 지적 능력, 교육수준, 직업지위를 다 동원해도 개인 간의 소득차이를 제대로 설명할 수 없었다.

㉡ "학교는 평등화에 관한 한 의미가 없다(School doesn't matter)."라고 결론지었다.

07

07 교육평등관 95 중등, 97~02 중등, 98~00 초등, 03~05 초등, 05~06 중등, 08 초 · 중등, 10 초등, 13 중등

구분	평등 유형	강조점
기회의 평등	허용적 평등	• 모든 사람에게 교육받을 기회 허용(동등한 취학기회 보장) ⇨ 개인의 능력에 따른 결과의 차별 인정(능력주의, 업적주의) • 의무교육제도
	보장적 평등	• 교육(취학)을 가로막는 경제적 · 지리적 · 사회적 장애 제거, 실질적인 교육기회 보장 ⇨ 영국의 1944년 교육법(중등교육 무상화) • 무상의무교육제도(경제적 장애 극복), 학비보조 및 장학금 제도 운영(경제적 장애 극복), 학교를 지역적으로 유형별 균형 있게 설립(지리적 · 사회적 장애 극복), 근로청소년을 위한 야간학급 및 방송통신학교의 설치(지리적 · 사회적 장애 극복)
내용의 평등	과정의 평등 (조건의 평등)	• 학교의 교육 여건(학교시설, 교육과정, 교사의 자질, 학생의 수준)에 있어서 학교 간 차이가 없어야 한다. • 고교평준화 정책(1974) • **콜맨(Coleman) 보고서**: 학교의 교육조건을 평등하게 해도 학생들의 학업성취에는 영향을 주지 못했다. ⇨ 문화환경결핍론
	결과의 평등 (보상적 평등)	• 교육받은 결과, 즉 도착점행동이 같아야 진정한 교육평등이 실현 ⇨ 이를 위해 우수한 학생보다 열등한 학생에게 더 많은 투자를 해야 한다. ⇨ head start project, sure start program, fair start program • **존 롤즈(Rawls)의 『정의론』에 근거**: 공정성의 원리, mini-max(역차별)의 원리 ⇨ 능력이 낮은 학생에게 더 많은 자본과 노력을 투입, 출발점행동의 문화실조(아동의 불이익)를 (사회가) 보상 • 능력이 낮은 학생에게 더 좋은 교육 여건 제공(학생 간 격차 해소), 학습부진아에 대한 방과 후 보충지도(학생 간 격차 해소), 저소득층 취학 전 아동을 위한 보상교육(계층 간 격차 해소), 교육복지 투자우선지역 사업(지역 간 격차 해소), 농어촌지역 학생 특별전형제(지역 간 격차 해소)

08 교육격차 발생이론(교육격차 인과론, 학업성취 격차이론)

개념 쏙쏙

교육격차 설명 모형: 결핍모형, 기회모형

1. **결핍모형**: 학생이 지닌 속성의 차이로 교육격차의 발생 원인을 설명
   ① 지능이론(intelligence theory): 유전적 요소(생득적 능력)와 지적 능력의 차이 중시
   ② 문화실조론(cultural deprivation theory): 후천적 요소(생후 경험)와 가정의 문화적 환경 차이 중시 ⇨ 학생의 문화적 경험 부족이 학습 실패의 중요 원인임
2. **기회모형**: 교육에 투입되는 자원을 교육격차의 발생 원인으로 제시
   ① 교육기회 불평등: 사교육 및 가정배경(경제적 자본, 문화적 자본, 사회적 자본)에 따른 교육기회의 불평등이 교육격차의 발생 원인이라고 봄
   ② 교육재원 불평등: 학교의 물질적 조건(예 시설, 기구, 도서, 학습자료 등)과 인적 조건[예 교사 1인당 학생 수와 같은 교사-학생 비율, 남녀 혼성학급·동성학급, 동질학급·이질학급, 복수인종 학급·단일인종 학급 등과 같은 학생의 구성형태(학생집단)]의 차이가 교육격차의 발생 원인이라고 봄

07

1 지능결핍론(IQ deficit theory)

(1) 개념

지능지수(IQ)가 학업성취를 예언해 준다고 전제 ⇨ 교육격차는 개인의 낮은 지능지수로부터 기인한다고 보는 이론

(2) 지능지수와 학업성취도 간의 상관관계

$$r = 0.50 \sim 0.70$$

(3) 특징

지능지수는 타고난 지적 능력일 뿐만 아니라 후천적 환경의 우열에 따라 달라진다.

(4) 대표자 – Jensen(1969), Eysenck(1971)

① **젠센(Jensen, 1969)**: 인간형성은 유전요인이 약 80%이고, 나머지 20%가 사회적·문화적·신체적 환경에 영향을 받는다.

② **아이젠크(Eysenck, 1971)**: 개인의 지능적 유전은 80% 정도이고, 환경은 약 20% 정도라고 하여 유전이 인간형성에 큰 힘을 가지고 있다고 하였다.

2 문화환경결핍론(cultural deficit theory) 00 초등, 02 초등, 04 중등, 08 중등, 09~11 초등, 11 중등

(1) 개념

학업성취의 격차는 부모의 사회경제적 배경에 기인한 것으로, 가정배경(가정환경)의 상대적 결핍(즉, 가정의 문화환경, 언어모형, 지각·태도의 차이나 상대적 결핍 등)이 개인차를 가져와 학업성취의 차이를 낳는다고 봄 예 콜맨 보고서

(2) 대표적인 연구

Coleman 보고서, 영국의 Plowden 보고서, Jencks의 연구

(3) 콜맨(Coleman) 보고서(「Equality of Educational Opportunity, 1966」)

학생의 학업성취에 미치는 변인을 가정배경 변인, 학교특성(학교 환경) 변인, 학생집단 변인으로 상정

① 학생의 가정배경(가정의 경제수준, 문화적 환경상태)이 학생의 학업성취에 가장 큰 영향을 미치는 요인이며, 이것은 학생이 학교에 다니는 동안 계속된다.

경제적 자본 (financial capital)	학생의 학업성취를 도울 수 있는 물적 자원, 부모의 경제적 지원 능력 예 소득, 재산, 직업
인적 자본(인간자본) (human capital)	부모의 학력, 학생의 학업성취를 돕는 인지적 환경 제공 예 부모의 지적 수준, 교육 수준
사회적 자본 (social capital)	부모와 자식 간의 관계 ⇨ 학업성취에 가장 큰 영향 요인 ※ 가정에 다른 자본이 아무리 많을지라도 사회적 자본으로 실행되지 않으면 학생의 교육적 성취에 적절한 영향을 미치지 못한다. 예 • 가정 내 사회적 자본: 자녀에 대한 부모의 관심, 노력, 교육적 노하우, 기대수준 등 • 가정 밖 사회적 자본: 부모의 친구관계, 어머니의 취업 여부, 이웃과의 교육정보 교류 정도 등

② '가정배경 → 학생집단의 사회구조(친구들) → [교사의 질 → 학생 구성 특성 → 기타 학교 변인(학교의 물리적 시설, 교육과정 등)]' 순으로 학업성취에 영향을 미친다([ ]는 10%).

(4) 영국의 플라우덴(Plowden) 보고서(1967)

학업성취의 격차 원인은 '부모의 태도, 가정환경, 학교특성' 순으로 영향을 미친다.

(5) 젠크스(Jencks)의 연구(1972)

학업성취에 영향을 주는 요인은 '가정배경(60%), 유전(인지능력, 35~50%), 인종 차, 학교의 질(4%)'의 순서이다.

3 문화실조론과 문화다원론

(1) 문화실조론 98 중등, 14 중등論

① **개념**: 학업성취의 격차가 학교학습에 필요한 문화적 경험 부족과 그로 인한 인지능력, 언어능력의 결손에서 비롯된다고 봄. 즉, 학교교육의 핵심을 이루는 문화를 배우지 못한 학생들은 학교에서 요구되는 언어양식, 사고양식, 학습동기 등이 결핍되어 있어 학업성취의 차이가 발생한다고 봄

예 도농 간 학업성취 격차

② **이론의 전제**: 환경론의 입장(환경의 차이가 교육격차의 차이 발생원인), 교육내용은 객관적·보편적·절대적 지식, 서구 중심적 세계관, 학교교육을 통한 계층 상승 가능(기능이론의 입장)
⇨ 문화우월주의 입장

③ **내용**: 이들은 학교에서 가르치는 지식은 객관적이며 보편적 가치를 지닌 것으로 보기 때문에, 학교에서 적절한 학업성취를 하지 못하는 학생들은 배워야 할 것을 배우지 못한 결핍된 존재로 본다. 이들은 하류층의 삶 자체가 열악한 문화공간을 형성하고 있기에, 학교에서 요구하는 언어양식, 사고양식 및 학습동기가 결핍되어 있다고 보고, 이러한 이유로 하류계층의 아동들의 학업성취가 떨어진다고 주장한다. ⇨ 가장 이상적인 문화인 '서구 산업사회 백인 중산층 문화'의 실조가 학습결손의 주원인

예 농촌, 하류층, 흑인 집단의 학업성취도가 상대적으로 낮은 이유는 '백인 중산층 문화'의 결손 때문

④ **영향(학습결손 극복방안)**: 불우계층의 저학력 아동에 대한 보상교육 프로그램(예 Project Head Start, Middle Start Project) ⇨ 결과적 평등에 대한 정책 확대

(2) 문화다원론

① **개념**: 학교가 특정계층의 문화를 가르침으로써 그 문화와 다른 문화권에서 살아와 그 문화에 익숙지 않은 학생들의 학업성취가 낮게 나타난다는 입장

② **이론의 전제**: 현상학·해석학·상호작용이론·갈등이론의 입장. 문화에는 우열이 없고 다만 다를 뿐이다. ⇨ 문화상대주의 입장

③ **내용**: 문화에는 우열이 없고 다만 다를 뿐이라고 주장한다. 현상학·해석학·상호작용이론·갈등이론의 입장에서 학력이 낮은 집단의 아동들이 쓰는 언어나 그들의 가치, 인지 양식을 결핍으로 보지 않는다. 다만, 학교에서 강조하는 내용과 그들의 문화가 다르기 때문에 학업성취가 낮게 나오는 것이므로, 그들의 학업성취가 낮은 것은 그들의 문제가 아니라 편향된 문화를 가르치는 학교의 문제라고 본다.

④ **영향(학습결손 극복방안)**: 학교의 교육과정이 특정한 집단의 것으로 편향되지 않고, 여러 집단의 문화를 균형 있게 다루어 주어야 한다.

07

4 교사결핍론(teacher deficit theory) – 학교 내적 원인 13 중등

(1) 개념

교육의 격차는 학교 자체의 사회적 특성이나 교사·학생의 대인지각의 차이에서 비롯된다는 이론

(2) 로젠탈과 제이콥슨(Rosenthal & Jacobson)의 연구결과

교사의 학생에 대한 기대수준이 학생의 학업성취에 강력한 예언력을 갖는다. ⇨ 자기충족적 예언 효과(self-fulfilling prophecy) = 피그말리온 효과(Pygmalion effect)

(3) 블룸(Bloom)의 완전학습이론

학습의 격차는 교사의 교수–학습방법에서 기인 ⇨ 교수–학습방법만 적절하게 제시되고 학습시간만 충분히 주어진다면 학급의 95% 학생이 90%의 학습효과를 달성할 수 있다.

(4) 리스트(Rist)의 연구

교사의 사회계층에 따른 학생 구분(예 우수학생, 중간학생, 열등학생)이 학업성취에 영향

5 학생문화와 학교풍토

학생문화와 학교풍토가 학생의 학업성취에 영향을 미친다.

(1) 콜맨(Coleman)의 학생문화

① 콜맨은 『청소년 사회(The Adolescent Society, 1961)』라는 저서에서 학생문화(student culture)가 학생들의 성적에 영향을 준다고 주장하였다. 학교에서 학생들이 공통적으로 가지고 있는 가치관, 태도, 생활양식 같은 학생문화가 학생들의 생활태도에 영향을 주어 성적에 영향을 미친다는 것이다.

② 미국의 고등학교 학생들은 대개 운동선수와 학생회장과 같은 인기를 가치롭게 여기는 문화를 가지고 있고 학구적 활동은 낮게 평가하기 때문에 미국 학생들의 성적을 향상시키려면 이들의 비학구적 문화를 깨뜨리거나 약화시켜야 한다고 주장하였다.

(2) 맥딜(McDill, 1967)의 연구 – 콜맨의 연구결과 재검토

① 이 연구에 따르면, 학생문화는 성적에 영향을 주기는 하지만 그리 큰 것은 되지 못한다. 이들은 학생들의 태도점수와 수학성적 사이에 극히 낮은 상관관계가 있음을 확인하였다.

② 반면에, 학생들의 지능지수, 사회경제적 지위, 소망수준이 학생문화보다 성적에 훨씬 큰 영향을 주는 사실을 확인하였다.

(3) **브루코버**(Brookover) **등의 학교풍토에 관한 연구**(1975) – 학교의 분위기를 학교풍토(school climate)의 개념으로 정리하고, 이것이 학업성취에 미치는 영향을 분석한 연구

① **내용** : 학교의 학교풍토(school climate, 심리적 풍토)인 학생의 학업적 성공에 대한 교사의 기대, 학생의 학습능력에 대한 교사의 평가, 교사의 평가와 기대에 대한 학생의 지각, 학생의 무력감 등이 학생의 학업성취에 뚜렷한 영향을 준다(학교풍토 : 학생 간 학업성취도 차이를 설명하는 주요 요소).

② 학교풍토의 구성

㉠ 학생풍토

ⓐ 학구적 무력감

ⓑ 학생이 지각한 현재의 평가 및 기대

ⓒ 학업성취를 강조하는 학구적 규범

ⓓ 장래의 평가 및 기대

ⓔ 교사의 기대압력과 규범에 대한 지각

㉡ 교사풍토

ⓐ 대학진학에 대한 능력, 평가, 기대, 교육의 질

ⓑ 고교졸업에 대한 현재의 기대와 평가

ⓒ 학력 증진에 대한 교사와 학생의 기대 일치도

ⓓ 교장의 기대에 대한 교사의 지각

ⓔ 학구적 무력감

㉢ 교장풍토

ⓐ 질적 교육에 대한 부모의 관심 및 기대지각

ⓑ 학력증진을 위한 노력

ⓒ 현재 학교의 질적 상태에 대한 학부모와 교장의 평가

ⓓ 학생에 대한 현재의 기대 및 지각

(4) **브루코버**(Brookover)**의 학교풍토에 관한 연구**(1979) – 학교사회의 투입요소(학생구성, 교직원), 학교의 사회적 구조, 학교풍토, 학교 산출변인(성적, 자아개념, 자신감)의 관계를 규명 ⇨ 체제접근모형

① **개념** : 학교의 사회체제를 분석하기 위해 '투입–과정–산출 모형'을 도입 ⇨ 학생의 학업성취의 차이는 학교의 사회체제에서 파생되는 사회적 · 문화적 특성, 학교의 학습풍토와 함수관계에 있다.

② 내용

㉠ **'투입–과정–산출 모형'의 구성요소** : 학교의 사회체제를 분석하기 위해 '투입–과정–산출 모형'을 도입

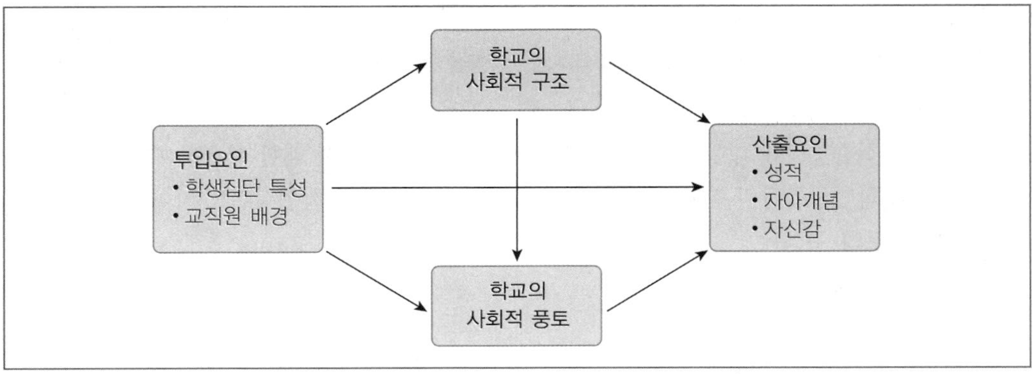

투입변인	① 학생집단특성, ② 교직원(교장, 교사, 행정직원) 배경
과정변인	① 학교의 사회적 구조(예 학교에 대한 교사의 만족도, 학부모 참여도, 교장의 수업지도 관심도, 학습프로그램의 다양성, 학급의 개방·폐쇄성 등) ② 학교의 사회적 풍토(예 학생, 교사, 교장의 학교에 대한 기대, 지각, 평가 등)
산출변인	학습효과(예 성적, 자아개념, 자신감 등)

㉡ '투입－과정－산출 모형'의 해석

ⓐ **투입변인**: 학생과 교직원의 구성 특성은 학교의 사회적 구조 및 학습풍토와 밀접한 관계를 가지며, 아울러 학생의 학업성취, 자아개념, 자신감에 영향을 준다.

ⓑ **과정변인**: 학교 내에서 구성원의 상호작용은 구성원 상호 간의 적절한 역할 지각, 기대, 평가 등으로 나타나며, 이로 인해 학생들은 학교 사회체제 속에서 교장, 교사, 동료학생들이 갖는 기대나 역할, 학구적 규범에 따라 행동하게 된다. 이러한 방식으로 학생들은 사회체제에 가장 적합하고 수행가능한 행동양식을 구축한다. 이러한 상호작용 과정은 학업성취나 자아개념, 자신감에 지대한 영향을 주게 된다.

③ 정리

㉠ 학생의 배경 및 학생집단 구성(인종 구성비)은 학업성취의 상당한 부분을 설명해 주고 있다. 그러나 학교의 사회심리적 요인을 통제한 후에 이러한 요인들이 학업성취를 설명하는 부분은 매우 적다고 밝히고 있다.

㉡ 학교풍토의 하위변인 중에서 학업성취에 가장 큰 영향을 주는 것은 학생의 학구적 무력감, 학생에 대한 현재의 평가 및 기대, 학구적 규범 등이다.

㉢ 학교의 학습환경 및 풍토요소는 학생의 출신배경에 못지않게 학업성취에 영향을 주는데, 이것은 학교의 문화적·규범적·사회심리적 풍토요인이 학교의 학업성취에 영향을 주고 있음을 뜻한다.

④ 시사점(결론)

㉠ 학생의 학업성취의 차이는 학교 사회체제가 만들어 내는 학교의 학교풍토(학습풍토)에 크게 영향을 받는다. 학교풍토를 구성하는 요인들이 복합적으로 작용하여 성적에 영향을 준다.

㉡ 그러나 이러한 요인들은 학생들의 사회계층배경에 영향을 받는 것들이고, 학생의 현재 성적에 의해서도 영향을 강하게 받는 것들이기 때문에, 학교풍토 조성을 위한 매우 특별한 조치를 취하지 않는 보통의 학교에서는 브루코버처럼 "학교가 성적차를 낼 수 있다."라고 주장하기는 어려운 것으로 보인다.

09 학력상승이론(교육팽창이론)

이론	주장(학력상승의 원인)	대표자	비판
학습욕구이론 04 중등	• 학교가 학습욕구(자아실현욕구)를 충족시켜 주는 기관으로 전제하고, 강한 학습욕구에 의해 학력상승이 일어난다고 보는 이론 • 인구의 증가와 경제발전으로 인한 경제적 여유의 증대	Maslow	학교가 학습욕구를 충족시키는 기관임을 입증하기 어려움
기술기능이론 09 초등, 04 중등, 12 중등	• 과학기술의 부단한 향상, 즉 기술수준의 향상과 직업의 분화(전문화) ⇨ 사람들의 학력수준↑ • 과학기술이 변화하는 한 학교교육 기간은 계속 늘어나게 되고, 학력 또한 계속 상승하게 됨 • 결국 학교는 산업사회를 지탱하는 핵심장치이며, 직종수준에 알맞게 학교제도도 발달하였다고 봄	Clark, Kerr	과잉학력현상 설명 × ⇨ 과잉학력현상으로 인해 직장에서 대학 전공과 관련 없는 일을 하거나, 학력수준에 비해 낮은 직업에 종사하는 현상을 설명 ×
(신)마르크스 이론(상응이론)	• 학교는 자본주의 경제체제를 유지하기 위한 수단이며, 학교교육을 통해 불평등한 계급구조가 재생산됨 • 학교교육제도는 자본가의 요구에 맞는 기술인력 공급하고, 자본주의에 적합한 사회규범을 주입시키는 핵심장치(교육제도는 자본가 계급의 이익을 위하여 자본가 계급에 의해 발전한 것)	Bowles & Gintis	자본계급의 이익 이외의 학습자 자신의 이익 등과 같은 다른 측면에 대한 고려 ×
지위경쟁이론 98 초등, 99~00 중등, 00 초등, 02~04 중등, 06 초등, 09 중등, 12 중등	• 학력이 사회적 지위획득의 수단이기 때문에 사람들이 경쟁적으로 높은 학력을 취득하는 탓에 학력은 계속 상승 ⇨ '졸업장병'(Weber, Dore), '학력주의 사회'(Collins) • 학력은 지위획득을 위한 합법적 수단이고 졸업장은 개인의 능력과 노력수준을 나타내는 공인된 품질 증명서 • 과잉학력현상을 설명	Weber, Dore, Collins	학교교육의 내용적 측면, 경쟁의 긍정적 측면에는 무관심
국민통합론 04 중등	• 교육은 국민으로서의 정체감을 형성시키는 주요 요인 • 근대국가의 형성과 이에 따른 국민 통합의 필요성 때문에 의무교육이 실시되었고, 그 결과 교육이 팽창되었다고 보는 이론 ⇨ 초등교육의 의무화 & 중등교육의 확대	Bendix, Ramirez	고등교육의 팽창과 과잉교육의 문제를 설명 ×

10 평생교육(life-long education)

1 개념 13 중등

일생을 통한 교육으로 요람에서 무덤까지 전 생애를 통한 수직적 교육과 가정 · 학교 · 사회에 걸쳐서 이루어지는 수평적 교육을 통합한 교육을 총칭

2 평생교육의 이념 – 전체성, 통합성, 융통성, 민주성, 교육 가능성

① **전체성(총체성)**: 학교교육과 학교 외 교육(예 가정, 학원, 사회교육 등)에 중요성과 정통성을 부여
② **통합성**: 다양한 교육활동의 유기적 · 협조적 관련성을 중시, 수직적 교육 + 수평적 교육
③ **융통성(유연성)**: 어떤 환경과 처지에서도 학습이 가능하도록 다양한 여건과 제도를 조성
예 원격교육, E–learning, U–learning, M–learning
④ **민주성**: 학습자가 원하는 종류와 양의 교육을 자유롭게 받을 수 있도록 뷔페(buffet)식의 다양한 교육과정을 제공
⑤ **교육 가능성(교육력)**: 학습이 효율적으로 전개되도록 학습방법, 체험의 기회, 평가방법 등의 개선에 주목하고 자기주도적 학습을 도모

3 평생교육에서 학교의 역할

① **평생교육의 담당**: 학교시설 개방, 평생교육 프로그램의 운영(방과 후 학교)
② **평생교육기관과의 연계**: 평생교육기관과의 학점 상호 인정
③ **평생학습능력의 신장**: 자기주도적 학습능력의 신장(Knowles), 메타인지적 학습(학습하는 방법의 학습), 기초 · 기본 능력의 강화(문해교육)

4 평생교육의 특징

① 개인 차원 및 사회 공동체 차원에서 삶의 질을 높이는 것이 평생교육의 궁극적 목적
② 태아에서부터 무덤에 이르기까지 한 개인의 생존기간 전체에 걸쳐서 이루어지는 교육을 수직적으로 통합
③ 모든 기관(학교, 직장, 대중매체, 도서관, 자원단체 등)과 모든 장소(학교, 가정, 사회, 직장 등)에서 이루어지는 교육을 수평적으로 통합

④ 일반교육과 전문교육의 조화와 균형 유지
⑤ 계획적 학습과 우발적 학습을 모두 포함(의도적 교육과정과 잠재적 교육과정 중시)
⑥ 발달과업(developmental tasks)에 따른 계속적 학습 중시
⑦ 학습자의 자기주도적 학습과 문제해결학습 강조
⑧ 국민 전체의 평생에 걸친 교육기회의 균등화 및 확대에 노력

5 평생학습의 실천원리

들로어(Delors)의 『학습 : 내재된 보물(1996)』 ⇨ 실천을 위한 교육적 원리로 '네 개의 기둥(4 polars)'을 제시

(1) **알기 위한 학습**(learning to know) – 지식교육 ⇨ 교양교육, 전문교육, 학습하는 방법의 학습

① 인간 개개인의 삶에 의미를 주는 살아 있는 지식의 습득을 위한 학습
② 보편화되고 객관적인 지식의 내용 습득보다 실생활의 문제해결과 학습방법에 대한 학습을 의미하며, 문제분석력 및 집중력, 평가 관련 사고력을 습득하기를 요구

(2) **행동하기 위한 학습**(learning to do) – 직업교육 ⇨ 체험활동

① 개인의 환경에 대한 창조적인 대응능력의 획득에 대한 학습
② 학교의 지식이 사회의 작업장으로 전이되는 과정으로, 앎으로서의 학습에서 행동으로 옮기는 실천의 학습

(3) **함께 살기 위한 학습**(learning to live together) – 다른 사람과 조화로운 삶의 영위

① 공동체 속에서 다른 사람(지역, 외국사람)과 조화 있는 삶을 영위하며 공존하고 참여할 수 있는 능력을 학습하는 것
② 교육에서는 기본예절과 공동체의식의 형성 및 타 지역 문화와 가치관에 대한 문화상대주의적 태도를 육성하는 교육이 매우 중요

(4) **존재하기 위한 학습**(learning to be) – 가장 궁극적인 목적

① 교육의 궁극적 목표로서 각 개인의 전인적 발전(곧 마음과 몸, 지능, 미적 감각, 개인적 책임감, 정신적 가치의 모든 면에서의 조화로운 발전)을 통하여 이룩
② 이것은 개인의 인성을 보다 잘 성장시키고, 항상 보다 큰 자율성 · 판단력 · 책임감을 가지고 행동할 수 있게 해 준다. 따라서 교육은 인간의 어떤 잠재력(예 추리력, 기억력, 미적 감각, 체력, 의사소통 기술 등)도 소홀히 해서는 안 된다.

기본 가정	페다고지	안드라고지
학습자	• 학습자는 의존적 존재 • 교사가 학습내용, 시기, 방법을 전적으로 결정	• 인간은 점차 자기주도적으로 성숙 • 교사들은 이러한 변화를 자극시키고 지도할 책임을 짐 • 상황에 따라 의존적일 수 있지만 자기주도적이고자 하는 강한 욕구 소유
학습자 경험 및 학습방법	• 학습자 경험을 중요시하지 않음 • 학습방법은 강의, 읽기, 과제부과, 시청각 자료 제시 같은 전달식 방법	• 인간의 경험은 자신뿐만 아니라 다른 사람에게도 학습자원으로 활용 가능 • 학습방법에는 실험, 토의, 문제해결, 모의게임, 현장 학습 등 활용
학습 준비도	• 사회가 학습해야 한다고 요구하는 것을 학습 • 같은 연령이면 동일한 내용을 학습 • 같은 연령의 학습자들이 단계적으로 학습해 나갈 수 있도록 교육과정을 표준화	• 실제 생활에 관련된 문제를 대처해 나갈 필요성을 느낄 때 학습 • 학습프로그램은 실제 생활에의 적용을 중심으로 조직되고 학습자의 학습준비도에 따라 계열화
교육과 학습에 대한 관점	• 교육은 교과내용을 습득하는 과정 • 교과과정은 여러 가지 교과가 논리적으로 체계 있게 조직된 것 • 교과목 중심의 학습	• 교육은 학습자가 자신의 잠재력을 계발하는 과정 • 학습경험은 능력개발 중심으로 조직

11 다문화교육(multi-cultural education)

1 개념

다양한 인종, 민족, 계층, 문화 집단의 학생들에게 균등한 교육적 기회를 보장하는 것을 목표로 하는 교육 ⇨ 자기문화에 대한 정체성을 바탕으로 타 문화에 대해 개방적이고 이해적인 태도를 길러줌

2 다문화교육의 목표(J. Banks, 2006)

① 다문화교육은 자기 이해의 심화를 추구한다.
② 다문화교육은 주류 교육과정에 대안을 제시하는 것을 목표로 한다.
③ 다문화교육은 모든 학생들이 다문화사회에서 요구되는 지식과 기능, 태도를 습득하는 것을 목표로 한다.
④ 다문화교육은 다문화가정 자녀들이 인종적 · 신체적 · 문화적 특성 때문에 겪는 고통과 차별을 감소시키는 것을 목표로 한다.

3 다문화교육의 정책 모형

(1) 동화주의(assimilation) 관점

① 이주민에게 자신의 문화적 정체성을 포기하고 주류문화에 동화되거나 융합되도록 요구하는 관점

예 문화 용광로(melting pot)

② 소수집단 구성원에게 주류문화의 정체성을 강요한다는 점에서 비민주적이라는 비판이 제기됨 ⇨ 소수집단 문화의 가치는 무시되고 소수집단 구성원은 열등한 존재로 경시됨

(2) 다문화주의(multiculturalism) 관점

① 한 사회 내에서 소수자들이 자신의 문화적 정체성을 유지하면서 공존하는 것을 허용하는 관점

예 문화의 샐러드 그릇(salad bowl)

② 문화의 다양한 가치를 인정하고 개인에게 문화를 선택할 권리를 부여 ⇨ 문화적 다양성을 존중하면서도 사회통합이 가능하도록 '통합성 속의 다양성(Banks)' 구현이 요구됨

07

4 다문화교육의 영역과 차원 – 뱅크스(J. Banks, 2002)

영역	내용
내용 통합	사회의 다양한 집단과 구성원의 역사, 문화, 가치와 관련된 내용을 교육과정에 반영한다.
지식 구성 과정	암묵적 문화적 관점이나 편견들이 지식이 구성되는 과정에 영향을 미친다는 사실을 학생들에게 이해시키고 지식에 대한 비판적 해석 능력을 개발하도록 한다.
편견 감소	교수법과 자료를 활용하여 학생들이 다른 문화 집단에 대해 긍정적이고 우호적인 태도와 가치를 발달시키도록 한다.
공평한 교수법	다양한 학생들의 배움에 적합한 교수법을 사용하여, 다양한 인종이나 민족 및 사회 계층을 가진 학생들의 평등한 학업성취를 위한 교수법을 개발해야 한다.
학교문화와 조직	다양한 배경을 지닌 학생들이 학교에서 교육적 평등과 문화적 능력을 경험할 수 있도록 학교의 문화와 조직을 재구조화한다.

2026 권지수교육학 필수요약집

요점쏙쏙

PART

08

교육철학

Thinking Map

PART 08

교육철학

1 교육철학의 이해

- 교육철학의 기초
  - 교육철학의 개관 — 개념 93 초등, 11 중등, 연구영역, 지식의 종류 99 중등추시, 03 중등, 04 초등, 교육철학과 교육과학
  - 교육철학의 기능 95 중등, 04 중등 — 분석적 · 평가적 · 사변적 · 통합적 기능
- 교육의 개념과 목적
  - 교육의 개념
    - 정범모의 공학적 개념
    - 피터스의 성년식 개념 08 중등, 12 중등, 15 중등論
  - 교육의 목적
    - 내재적 목적 04~05 중등, 06 초등, 13 중등, 15 중등論
    - 외재적 목적

2 전통 철학사상

- 관념론 97 초등
- 실재론
- 프래그머티즘 — 프래그머티즘 99 초등, 듀이 01 중등, 03 중등, 06 초등, 10 중등, 11 초등

3 현대 교육철학

- 20세기 전반 교육철학
  - 진보주의 97~98 중등, 99 초등, 02~03 초등, 05 중등
  - 본질주의 94 초 · 중등, 99 초등보수, 02 중등, 06 중등
  - 항존주의 95 중등, 99 초등보수, 11 초등
  - 재건주의
- 20세기 후반 교육철학
  - 실존주의 97 중등, 00 초등보수, 02 중등, 03 초등, 06 초등, 09 중등, 12 중등
  - 분석철학 04 중등, 07 초등, 09 중등, 12 초등
  - 비판이론 99 초등, 09 중등, 11 중등, 12 초등
  - 포스트모더니즘 97 중등, 00~01 초등, 03 중등, 04 초등, 05 중등, 07 중등, 09 중등, 10 초등

01 지식의 종류(Ryle) – 지식의 표현형태에 따라 99 중등추시, 03 중등, 04 초등

1 명제적 지식(propositional knowledge, 선언적 지식, 정적 지식)

(1) 개념

어떤 명제가 진(眞)임을 아는 지식(I know that P), "~임을 안다."(X가 P임을 안다.)로 표현

(2) 성립 요건

신념조건, 진리조건, 증거조건(Platon) + 방법조건(Ryle) ⇨ 쉐플러(Scheffler)는 증거조건과 방법조건을 포함하는가의 여부에 의해 '강한 의미의 앎(knowing in the strong sense, 증거와 방법조건을 포함하는 앎)'과 '약한 의미의 앎(knowing in the weak sense, 증거와 방법조건을 포함하지 않는 앎)'으로 나누었다.

성립 요건	의미	제시자
신념조건	• 지식의 내용을 믿어야 한다(핵심 조건). • X는 P임을 믿는다. 예 나(X)는 '지구가 둥글다(P)'는 것을 믿는다.	플라톤(Platon)의 『메논(Menon)』
진리조건	• 지식의 내용이 진실이어야 한다. • P는 진(眞)이다. 예 지구가 둥글다는 것은 참이다.	
증거조건	• 지식이 진리라는 것은 증거를 통해 입증되어야 한다. • X는 P가 참임에 대한 증거 E를 갖고 있어야 한다. 예 멀리서 다가오는 배는 윗부분부터 보인다.	
방법조건	• 증거는 객관적으로 타당한 방법에 의하여 획득된 것이어야 한다. • X는 E를 얻은 타당한 방법을 제시할 수 있어야 한다.	라일(Ryle)

(3) 종류

지식의 검증방법에 따른 구분 ⇨ 사실적 지식, 규범적 지식, 논리적 지식

구분	의미
사실적 (경험적) 지식	• **사실이나 현상을 기술하거나 설명하는 지식**: 객관적으로 존재하거나 존재한다고 가정하는 세계에 관한 지식 • 경험적 증거나 관찰에 의해 진위 판명 • 가설적 · 개연적 지식, 경험적 지식, 귀납적 지식 예 장미는 빨갛다. / 일본은 섬나라이다. / 철이 공기 중에서 산소를 만나면 녹이 슨다. **경험적(과학적) 지식**: 신념 · 진리 · 증거 · 방법조건을 모두 충족 예 지구는 둥글다. **형이상학적(사변적) 지식**: 신념 · 진리 조건만을 충족 예 귀신은 존재한다.

규범적 (평가적) 지식	• 가치나 규범을 나타내는 지식, (도덕적 · 미적) 주장이나 가치판단을 내포하는 지식 • 평가적 용어(예 좋다, 나쁘다, 옳다, 그르다, 바람직하다)를 포함하는 진술로 구성 • 준거 또는 근거에 의해 정당화되며, 가설적 타당성(절대적 타당성 ×)을 지닌 지식 • 진위 판명이 어렵다. 예 거짓말은 나쁘다. / 음주는 건강에 좋다. / 사회주의는 바람직한 사회제도이다.
논리적 (개념적) 지식	• 문장 요소들 간의 의미상 관계를 나타내는 지식 ⇨ 분석적 지식, 형식적 지식 • 개념과 개념 간의 논리적 관계에 의해 진위 판명 • 의미에 관한 사고가 요구되며, 경험적 세계에 대한 정보를 제공하지 못한다. • 논리적 규칙을 제공하며, 무모순성의 조건과 일관성의 조건이 요구된다. 예 총각은 결혼하지 않은 성년의 남자이다. / 할머니는 어머니의 어머니이다. / 한 점으로 같은 거리에 있는 점들의 집합을 원이라고 한다.

2 방법적 지식(procedural knowledge, 절차적 지식, 묵시적 지식, 역동적 지식)

(1) 개념

어떤 과제의 절차와 방법에 대한 지식(I know how~), "~할 줄 안다."(know how)로 진술, 반드시 언어로 표현될 필요는 없다. 예 빨래를 할 줄 안다. / 컴퓨터를 다룰 줄 안다. / 영어회화를 할 줄 안다.

(2) 특징

문제해결학습, 발견학습, 탐구학습, 구성주의, 자기주도적 학습, 수행평가 등에서 중시한다.

02 교육철학의 기능 95 중등, 04 중등

분석적 기능	• 언어의 의미와 논리적 관계를 명백히 하거나 각종 가치판단 기준을 밝히는 행위 ⇨ 애매모호성을 없애거나 줄이는 일, 동어반복과 논리적 모순을 가려내는 일, 함의와 논리적 가정 등을 밝히는 일을 포함 예 '철수가 착하다 또는 훌륭하다'라는 말의 의미 • 교육에 관해 의사소통을 명확히 하고 올바른 사고를 전개하기 위해서는 무엇보다도 언어의 의미나 가치판단의 기준을 분명히 하는 것이 필요
평가적 기능	• 어떤 기준에 비추어 실천, 이론, 주장, 원리가 만족스러운가를 밝히는 행위(가치판단) 예 옳다, 옳지 않다, 바람직하다, 나쁘다, 해야 한다 • 평가적 활동을 위해서는 분석적 기능(평가기준을 명료화함)의 도움이 필요 ⇨ 분석적 기능이 좌표 혹은 원리를 명백히 하는 노력이라면, 평가적 기능은 그 좌표 혹은 원리대로 교육을 이루고자 하는 노력 예 '한국은 교육의 기회 균등이 이루어지고 있는가?'(평가적 질문) ⇨ '교육의 기회 균등'의 개념 분석이 선행되어야 함 (분석적 기능)
사변적 기능	• 어떤 문제를 해결하기 위해 새로운 의견, 제안, 가설, 원리, 이론 등을 창출하려는 노력 예 어떤 지식관, 아동관, 교사관을 구안하고, 그에 따라 교육은 이러저러한 것이라든지 또는 이러저러 해야 한다고 제안하거나 주장하는 일 • 분석적 기능이 가치판단 기준을 밝히는 행위라면, 평가적 기능은 가치판단을 하는 행위이며, 사변적 기능은 대안을 제시하는 행위
통합적 기능	• 하나의 현상이나 과정을 전체로서 파악하고 여러 부분과 차원을 통합하여 이해하려는 행위 ⇨ 나무도 보고 숲도 볼 수 있는 종합적인 안목 • 교육현상을 이해하기 위해 다양한 학문(예 심리학, 사회학, 행정학, 철학 등)의 서로 다른 관점을 통합하여 이해하는 노력이 필요. 또 교육의 목표와 이를 달성하는 데 적합한 교육내용·교육방법, 이를 뒷받침하는 교육제도나 행정기관 등을 상호 유기적으로 통합하여 효율성을 높임

03 교육의 개념

1 정범모의 교육개념 – 공학적 개념 "교육은 인간행동의 계획적 변화이다."(정범모, 『교육과 교육학』, 1968)

(1) 인간행동

① 과학적 개념 ⇨ 외현적 행동(예 동작) + 내면적 행동(예 지식, 사고, 가치관, 동기, 성격특성, 자아개념 등)

② 인간행동은 과학적으로 규정될 필요가 있다.

(2) 변화

① 포괄적인 개념(육성, 조성, 함양, 계발, 교정, 개선, 성숙, 발달, 증대 등을 포함)

② 교육이 참된 가치를 지니려면 인간행동의 변화를 실지로 일으킬 수 있는 힘, 즉 '교육력'을 지녀야 함. 그것도 비교적 단시일에 변화를 일으킬 수 있는 것이라야 하며 지속적인 효과를 발휘할 수 있는 것이어야 함

(3) 계획적

① 인간행동의 변화는 '계획에 의한' 것이라야 함. 교육과 교육이 아닌 것(예 학습, 성숙)을 구분하는 결정적인 기준이 됨

② 계획은 3가지 기준, 즉 교육목표(교육목적; 변화시키고자 하는 인간행동에 관한 명확한 설정), 교육이론(인간행동의 변화를 이끌 수 있는 이론), 교육과정(그 이론에 기반한 구체적인 프로그램)을 포함하고 있어야 함

2 피터스의 교육개념 – 성년식 개념 '문명된 삶의 형식에로의 입문(성년식, initiation)'(Peters, 『윤리학과 교육』, 1966)

(1) 정의

"교육은 교육의 개념 안에 붙박여 있는 가치를 도덕적으로 온당한 방식에 의해 의도적으로 전달하는 행위이다.", "교육의 개념 안에 붙박여 있는 3가지 준거를 모두 충족시키는 방향으로, 가치 있는 활동 또는 사고와 행동의 양식으로 사람들을 입문시키는 성년식이라고 할 수 있다." ⇨ 가치활동에의 입문, 공적 전통에의 입문, 문화유산에의 입문

(2) 교육의 준거 08 중등, 12 중등, 15 중등論

준거	내용
규범적 준거	• 교육에 헌신하려는 사람에게 가치 있는 것의 전달과정 ⇨ 내재적 가치 ⇨ "교육은 가치 있는 것을 전달함으로써 그것에 헌신하는 사람을 만든다." • 교육이 추구하려는 내재적 가치는 교육의 개념 속에 들어 있는 바람직성, 규범성, 가치성, 좋음 등과 가치를 의미 • 외재적 가치를 추구하는 것은 교육이 아니다. ✦외재적 가치를 추구할 때의 문제 정당화의 문제, 대안의 문제, 도덕의 문제가 수반 1. 정당화의 문제: 외재적 가치는 '필요(need)'를 수반하는데, 이 경우 '무엇을 위한 필요인가?'라는 의문이 제기됨 ⇨ '필요'는 '무엇'의 가치에 의해 결정되므로 '무엇'이 어떤 점에서 가치 있는가를 규명해야 할 필요가 있다. 2. 대안의 문제: '그 필요를 충족시키는 수단이 꼭 교육이어야만 하는가?'하는 문제 예 국가발전을 기업투자로 할 수 있지 않은가? 3. 도덕의 문제: 국가발전이 가치 있는 일이고(정당화), 그것이 교육을 통해서밖에 할 수 없다고 하더라도 (대안), '국가발전을 위해서 피교육자를 조형해도 좋은가'라는 도덕적 문제는 여전히 남아 있음 ⇨ 인간은 어떤 경우에도 인간으로서 존중받아야 하기 때문이다.
인지적 준거	• 규범적 준거(내재적 가치)가 내용면에서 구체화된 것 ⇨ 지식, 이해, 인지적 안목(지식의 형식) • "교육은 지식과 이해, 그리고 모종의 인지적 안목을 길러주는 일이며, 이런 것들은 무기력한 것이어서는 안 된다." 즉, 지식과 정보 등이 유리되어 있는 상태가 아니라 사물 전체를 조망할 수 있는 포괄적이고 통합된 안목이 형성된 상태를 의미한다. ⇨ '보는 것'으로서의 교육, 즉 계명(啓明)을 의미 • 교육은 신념체계를 변화시키는 전인적 교육이어야 하며, 제한된 기술이나 사고방식을 길러 주는 전문화된 훈련(training)과는 구별된다.
과정적 준거	• 규범적 준거(내재적 가치)가 제시되는 방법상의 원리를 제시한 것 • 교육은 교육내용을 도덕적으로 온당한 방법, 즉 학습자의 의식과 자발성을 토대로 하여 전수되어야 한다. ⇨ "교육은 교육받는 사람의 의식과 자발성을 전제로 하며, 몇 가지 전달 과정은 교육의 과정으로 용납될 수 없다." • 학습자의 의식과 자발성을 유도하기 위해서는 아동에게 흥미(interest)가 있어야 한다. ⇨ 흥미는 심리적 의미(하고 싶어 하는 것, Dewey)가 아니라 규범적 의미(유익한 것)를 지닌 것 예 아동의 흥미를 존중한다는 것은 아동으로 하여금 내재적으로 가치 있는 것에 접하게 함으로써 그 내재적인 가치를 추구하도록 이끌되, 그 과정에서 현재 그의 흥미를 존중해야 한다는 의미로 이해되어야 한다. • 조건화(conditioning)나 세뇌(brain-washing)의 방식과는 다르다.

(3) 교육의 내재적 정당화(선험적 정당화) ─ "왜 지식의 형식, 사고와 이해의 여러 형식들을 배워야 하는가?"

① 선험적 정당화는 개인이 받아들이는가 아닌가와 무관하게 성립하는 정당화이다. '왜 지식의 형식을 배워야 하는가'라는 질문과 대답은 지식의 형식을 떠나서는 무의미하며, '지식의 형식'의 가치는 그 질문이 의미 있게 성립하기 위해서는 논리적 가정으로서 받아들이지 않으면 안 되기 때문에 정당화된다.

② 지식의 형식들은 인간이 오랜 세월 동안 누적적으로 발전시켜 온 경험의 상이한 측면, 즉 우리 삶의 공적 전통(public tradition)을 체계화한 것 ⇨ 우리가 이 세상을 살아가기 위해서는 좋든 싫든 간에 지식의 형식에 입문하지 않으면 안 되기 때문 ⇨ 지식의 형식은 삶을 원만하게 살아가기 위해 요구되는 우리 삶의 선험적이고 논리적 전제 조건임

3 뒤르켐의 교육개념 – 사회화 개념 '어린 세대를 대상으로 한 체계적 사회화'(Durkheim, 『교육과 사회학』)

(1) 사회화

① 교육은 이기적·반사회적 존재로서의 개인이 집단의식을 내면화함으로써 사회적 존재로 형성하는 과정을 가리킨다. 이 과정은 사회의 입장에서 보면, '그 자체의 존속을 위한 필요불가결한 조건'을 마련하는 수단이며, 개인의 입장에서 보면, 출생할 때와 전혀 다른 존재로 변형, 창조되는 길이다.

② 집단의식 : 동일한 사회의 평균 시민에 공통된 신념과 정조의 총체, 집단적 관념과 정조의 분위기

(2) 교육과 사회와의 긴밀성

교육은 사회 속에서 일어날 뿐만 아니라, 사회가 존속하는 데 '필요불가결한 조건'이 됨. 그러므로 교육은 사회와의 관련을 떠나서는 이해될 수 없으며, 교육을 이해하는 것은 곧 사회를 이해하는 것이다.

(3) 사회의 성격 문제

사회는 개인들이 존재하고 소멸하는 것과 무관하게 계속되며 지역의 변동에 관계없이 존재하는 '정신적 실체'이다. 즉, 사회는 인구나 지역과 같은 '경험적 실체'가 아니라 집단의식이라는 정신적 내용으로 구성되어 있다. 집단의식은 관념적이지만, 사회는 관념의 형태로 존재하는 것이 아니라 관례, 풍습, 행동양식 등 '사회 제도'와 관련하여 그것의 정신적 기저로 작용한다. 그리하여 한 사회 안에서의 공통된 삶의 현실, 즉 한 사회의 동질성을 유지하게 된다.

(4) 개인과 사회의 관계(개인과 집단의식의 관계)

사회 또는 집단의식은 개인을 초월한 그 자체의 실체로서 존재하며 그것은 구성원인 개인으로 환원될 수 없다. 그리고 개인은 사회의 일방적인 영향력을 거의 수동적으로 내면화할 수밖에 없다. 이기적이고 충동적인 존재인 개인이 사회의 집단의식의 영향을 받으며 사회적인 존재로 변모되어 간다. 그렇다고 집단의식이 개인을 획일화하는 것도 아니다. 집단의식의 영향 안에서 얼마든지 자유로운 발달을 이룩할 수 있으며 그것을 가능하게 해 준다. '자유는 진정한 권위에서 태어난 딸이다.'

(5) 교육(즉, 사회화)의 책임을 맡은 부모와 교사의 권위 문제

이기적·반사회적 존재를 사회적 존재로 변형시키는 데는 어떤 형태의 것이든지 강요가 불가피하게 요청된다. 이 강요가 소기의 성과를 거두기 위해서는 그 일을 담당하는 사람에게 권위가 있어야 한다. 교육에 있어서 부모나 교사의 권위는 그 개인적 업적이나 자질에 의하여 보장되는 것이 아니라, 그에게 업무를 위임한 '사회'에 의하여 보장된다. 이 점에서 부모나 교사의 권위는 성격상 성직자의 그것과 유사하다.

(6) 교육의 이중적 측면

한 사회에서의 교육은 '하나이면서 동시에 여러 개'라는 이중의 측면이 있다. 한 사회가 존속하려면 그 구성원들 사이에 어느 정도의 동질성이 유지되어야 하지만, 동시에 사회에는 각각 상이한 행동양식과 정신적 자질을 요구하는 수많은 이질적인 집단들이 있다. 사회가 정상적으로 기능하려면 이 동질성과 이질성이 동시에 보장되어야 한다.

04 교육의 목적

1 내재적(본질적, intrinsic) 목적 04~05 중등, 06 초등, 13 중등, 15 중등論

(1) 개념

교육이 다른 것의 수단이 아닌 교육의 개념 혹은 교육의 활동 그 자체가 가지고 있는 목적, 교육의 개념이나 활동 속에 붙박여 있는 목적 예 합리성의 발달, 지식의 형식 추구, 자율성 신장 등

(2) 피터스가 강조한 교육의 목적

① **피터스(Peters)가 중시한 교육의 목적**: 교육의 목적은 교육의 3가지 개념적 준거, 즉 규범적・인지적・과정적 준거를 실현하는 일이다. 교육받은 인간인 자유인(free man)은 교육의 준거를 충족시킨 사람이며, 자유인을 기르는 자유교육은 그런 준거를 충족시키는 교육이다.

② **교육활동에 있어서 내려온 오랫동안의 공적 전통을 수용하는 것과 관련된 목적**

㉠ 인간을 이성적 존재로 보고 그 특성을 계발하는 것을 중시하는 서양교육의 지적 전통으로부터 유래

㉡ '그 자체가 목적인 활동(학문을 위한 학문)'을 중시한 아리스토텔레스(Aristoteles)의 자유교육의 개념으로부터 '지식교육을 통한 합리적인 마음의 계발'을 강조한 피터스(Peters)에 이르기까지 중시된 목적

2 외재적(수단적, extrinsic) 목적

(1) 개념

교육이 다른 활동의 목적을 위한 수단으로 사용되는 것 ⇨ 교육의 바깥에 있는 목적

예 국가발전, 경제성장, 사회통합, 직업 준비, 생계유지, 출세 등 ⇨ 교육이 사회의 현실과 필요를 적극적으로 수용해야 한다는 주장과 관련된 목적

(2) 내재적 목적과 외재적 목적의 비교

내재적(본질적) 목적	외재적(수단적) 목적
교육과정이나 교육개념 속에 존재하는 목적	교육활동 외부에 존재하는 목적
교육활동 그 자체가 목적	교육활동은 목적 달성을 위한 수단(도구)
교육과 목적이 개념적·논리적으로(conceptually or logically) 관계를 형성	교육과 목적이 경험적·사실적으로(empirically or factually) 관계를 형성
합리성의 발달, 지식의 형식 추구, 비판적 사고의 발달, 자율성 신장, 도덕적 탁월성, 미적 경험의 발달, 자아실현, 인격 완성 등	국가발전, 경제성장, 사회통합, 직업 준비, 생계유지, 출세, 입시수단 등
인문교육(자유교양교육) 중시	직업교육(전문교육) 중시
현실 그 자체를 중시	미래생활 대비를 중시
교육의 가치지향적 입장 중시	교육의 가치중립적 입장 중시
위기지학(爲己之學 : 자기성찰과 완성을 위한 공부) 강조	위인지학(爲人之學 : 입신출세, 처세술, 사회적 성공을 위한 공부), 경세지학(經世之學 : 사회변혁) 강조
• 소크라테스(Socrates) : "너 자신을 알라" • 듀이(Dewey) : 현재 교육활동 그 자체가 목적 • 피터스(Peters) : 성년식 • 로저스(Rogers) : 자아실현, 전인형성을 위한 공부	• 소피스트(Sophist) : 처세술을 위한 공부 • 스펜서(Spencer) : 지상에서의 행복(생활준비설) • 그린(Green) : 교육은 도구 • 랭포드(Langford) : 교육은 주어진 목표 달성수단

(3) 내재적 목적과 외재적 목적의 관계

① **내재적 목적의 한계** : 교육은 사회적 활동인 만큼 사회적 요구나 필요에서 벗어날 수 없다는 한계가 있다.

② **외재적 목적의 한계** : 교육은 수단－목적의 관계로 연결되어 있거나 다른 무엇을 위한 필요에 의해서 행해진다. 이 경우 교육활동은 심하게 왜곡되거나 명목상으로만 교육일 뿐 실제적으로 교육이 아닌 다른 활동으로 변질되는 문제가 있다.

③ **바람직한 방향** : 올바른 교육의 목적을 정립하기 위해서는 내재적 목적을 훼손하지 않으면서 외재적 목적을 고려하는 방향이어야 할 것이다.

08

⑷ **교육의 정당화**(justification) – 교육받아야 할 이유

① **정당화의 개념**: 어떤 사람의 행동이나 판단이 옳다는 것을 입증하는 것 ⇨ 합리성과 공적 근거를 전제

② 교육의 정당화

㉠ 수단적 정당화(도구적 정당화): 교육받아야 할 이유를 외부에서 찾음

㉡ 비도구적 정당화(내재적 정당화): 교육받아야 할 이유를 지적 활동 안에서 찾음

선험적 정당화 (Peters)	'경험을 초월함'을 뜻하는 것으로, 개인의 의식적인 사고에 의하여 받아들여지는가 아닌가와 무관하게 성립하는 정당화 • **권태의 결여**: 지적 활동은 매력적이고 신비한 것이어서 학습자를 몰입하게 만들어 권태로부터 벗어나게 해 줌 • **이성의 가치**: 지적 활동은 이성적 삶을 향유하도록 해 줌
윤리적 정당화	인간 존중의 차원에 따른 정당화로 자기 자신의 윤리적 의무를 다하고 타인과 공동체의 발달을 위해 교육이 필요함 • **자기 자신을 위한 교육**: 자신의 마음 계발을 위한 교육 • **타인을 위한 교육**: 타인과 공동체 존중을 위한 교육
공리주의적 정당화	쾌락과 유용성을 위해 교육이 필요함 • **쾌락**: 비수단적인 것으로 쾌락(몰입) 그 자체를 추구함 • **유용성**: 수단적인 가치와 관련 ⇨ 교육을 통해 획득한 지식은 장기적으로 개인과 공동체에 큰 이익을 가져다 줌 • **화이트헤드(Whitehead)**: 유용성(utility)을 일상적(실용적) 의미가 아닌 지적 탐구를 가능하게 하기 위한 유용성의 의미로 중시 ⇨ 비도구적 정당화에 해당

05 듀이(Dewey) 01 중등, 03 중등, 06 초등, 10 중등, 11 초등

1 인간관

인간은 생물학적이고 사회적 존재이다. 인간의 본성은 충동 · 습관 · 지성(지력)이다.

충동(drives)	신경조직의 생득적 · 본능적 작용 방식 또는 욕구 ⇨ 맹목적이고 능동적임. 인간행동의 근본 동기
습관(habits)	• 충동을 가진 인간이 환경과의 상호작용을 통해 획득한 효율적인 행동방식 • 인간은 욕구충족을 위해 그 대상에 맞는 습관(개인적 습관)을 형성, 개인적 습관과 습관이 모여 '사회적 습관'을 형성, 사회적 습관이 역사적 전통으로 굳어지면 '문화'가 형성
지성(지력)	반성적 사고의 능력 ⇨ 개인적 습관과 사회적 습관 사이의 충돌과 불일치를 조정하고 새로운 적응을 가능하게 만드는 힘, 인간의 충동을 목적적 활동으로 전환시키는 사고활동

2 듀이의 사상

(1) **인식론** – 상대론적 인식론

경험(doing)을 통해 아는 것(knowing)이 핵심이다. 지식 그 자체는 무의미하다. 지식은 환경과의 상호작용에서 갖게 되는 반성적 사고(reflective thinking)를 통해 획득된다.

① **경험의 의미**: 경험과 사고와 단절되거나 별개의 것이 아니라 사고를 포함하는 개념(일원론)

㉠ 모든 경험은 능동적인 측면 '해보는 것(trying)'과 수동적인 측면 '당하는 것(undergoing)'의 결합으로 이루어진다.

㉡ '사고한다(thinking)'는 것은 바로 경험의 두 측면의 관련을 정확히 파악하려는 노력을 의미한다. 따라서 경험이 가치 있는 것이 되려면 거기에는 비록 불완전하나마 사고가 반드시 개입되어야 한다.

㉢ **경험의 종류**: 경험 속에 사고가 차지하는 비중에 따라

시행착오적 경험	경험의 두 측면의 관련이 수많은 반복에 의해 이러이러한 행동이 이러이러한 결과와 연결되어 있다는 것을 막연하게 알고 있는 상태
반성적 경험	시행착오적 경험에 내재되어 있던 사고가 능동과 수동 사이의 세밀한 관계를 파악하는 수준에 이르게 된 상태

② **경험의 특징**: 상호작용성과 계속성(연속성)

㉠ **상호작용성의 원리(공간적 측면)**: 경험은 인간 유기체와 환경의 상호작용이다. 즉, 경험은 인간이 생존을 위해 환경과의 상호작용을 통해 당면하는 문제해결과정이다. ⇨ 경험의 생성(습득, 학습) 원리

ⓐ 경험은 유기체와 환경이 병렬적으로 존재하는 것(유기체 + 환경 = 경험)이 아니라, 유기체와 환경이 만나서 상호작용한 결과(유기체 × 환경 = 경험)를 뜻한다.

ⓑ 따라서 유기체와 환경은 이원론적으로 구분되는 상호 대립적인 관계 속에 있지 않고 연속성을 띠고 있다.

㉡ **계속성의 원리(시간적 측면)**: 경험은 계속적으로 재구성·성장한다. ⇨ 현재의 경험은 과거의 경험에 영향을 받으며 미래의 경험에 영향을 준다. ⇨ 경험의 성장(확대) 원리

ⓐ 경험은 시작과 발전, 종결로 이루어진 하나의 활동이다. 경험의 종결 상태에 이르게 되었을 때를 가리켜 듀이는 주체가 '하나의 경험(an experience)'을 갖게 되었다고 한다.

ⓑ 이러한 하나의 경험은 또 다른 경험의 토대가 되면서 경험에서 경험으로 이르는 계속적인 성장을 가능하게 한다.

ⓒ 경험의 이러한 특징으로 인하여 교육은 계속적인 경험의 성장으로 규정할 수 있다.

③ **지식의 가치**: 지식의 가치는 현실적합성(실생활에의 유용성) 여부에 의해서 판단된다.

㉠ 듀이에게 있어서 학교는 학생의 경험이 계속적으로 성장할 수 있도록 도와주기 위한 특수 환경이다.

㉡ 학교에서 배우는 교과는 학습자의 경험 속에서 성장해 가는 발달 과정에 관심을 가지고 마련되어야 한다.

㉢ (교과) 학습은 '구체적인 것에서 추상적인 것'으로 진행되어야 한다. 듀이는 구체적인 것과 추상적인 것을 대립보다는 연속적인 것으로 이해할 수 있는 방식으로 의미를 새롭게 규정한다. ⇨ 구체적인 것과 추상적인 것의 의미는 절대적인 것이 아니라 상대적인 것이며, 그 구별은 주로 실생활과의 관련 여부이다.

구분	전통적 의미 (대립적 개념)	듀이의 견해	
		개념(연속선상의 개념)	구분(실생활과의 관련 여부)
구체적인 것	사물이나 활동	다른 것들과 분명하게 구별되어서 그 자체로서 직접 파악되는 의미	실제적인 문제 해결에 대한 수단으로 활용될 때의 사고
추상적인 것	사고(thinking)	먼저 더 친숙한 용어나 사물을 마음에 끌어들인 다음, 이것에 비추어서만 새롭게 이해되는 의미	하나의 사고가 다른 사고 또는 더 많은 사고 작용의 수단으로 활용될 때의 사고

㉣ **교육적 함의**: 교육은 구체적인 것(실제적 조작)에서 시작하여 점차 지적인 문제로 관심을 전환해야 하며, 마지막으로 추상적인 것으로 사고 그 자체에 관하여 관심을 갖도록 진행되어야 한다. ⇨ 이는 학습자의 교과발달의 3단계와 상응하는 것

교과발달단계	의미	행함(doing)의 유형
1. 놀이와 일	몸과 손을 움직여서 실제로 일을 해보는 놀이나 일	구체적인 활동
2. 정보교과 (역사와 지리)	공간적으로(지리) 그리고 시간적으로(역사) 학생의 경험을 확대시켜 주는 교과지식 ⇨ 현재의 역사나 지리과목 ×	언어적 상호작용 (의사소통) 활동
3. 과학적 · 논리적 지식	합리적인 사고를 통하여 학습이 가능한, 그리고 논리적인 형식을 따라 조직된 모든 교과 ⇨ 현재의 과학과목 ×	합리적인 사고 활동

④ **지식의 상대성**: 지식은 절대적인 것이 아니고, 현실에의 적응 여부에 따라 언제든지 수정·변화할 수 있다.

(2) **가치론** – 가치 상대주의

① 경험에 의해 그 실용성과 효용성이 입증된 것만이 가치 있는 것이다.

② 진리 또는 윤리·도덕적 규범의 절대적 가치를 부정한다. 개인과 사회의 성장과 발전(진보)에 유용한 것만이 가치 있는 것이다.

(3) **교육관**

① 교육의 본질

㉠ **교육은 생활이다**(Education is life) : 교육은 미래 생활준비 ×, 현재 생활 그 자체

㉡ **교육은 성장이다**(Education is growth) : 성장의 전제는 미성숙(immaturity)과 가소성(plasticity) ⇨ 연속적으로 성장하는 과정이 교육

㉢ **교육은 계속적인 경험의 재구성이다**(Education is a continuous reconstruction of experience) : 환경과의 상호작용을 통한 계속적인 경험의 재구성이 곧 성장

㉣ **교육은 사회적 과정이다**(Education is a social process) : 교육이 생활이고 성장이라면, 이는 곧 사회 공동체 안에서 이루어진다. 그리고 우리가 추구하는 이상적 사회는 민주주의 사회이다.

㉤ 교육은 학생들의 자발적 활동과 능동적 참여 과정이다.

㉥ 교육은 전인적(全人的) 과정이다.

② **교육내용** : '경험의, 경험에 의한(learning by doing), 경험을 위한' 교육

㉠ 경험은 아동이 환경과의 상호작용 과정에서 직면하는 문제해결 과정

㉡ 경험은 반성적 사고(reflective thinking) 과정 ⇨ 지식은 문제해결의 도구

③ **교육방법** : 문제해결학습(problem solving method) ⇨ 사회화의 과정

06 진보주의(progressivism) – 1920년대 97~98 중등, 99 초등, 02~03 초등, 05 중등

1 개념

① 전통교육을 비판하고 아동중심 교육을 적극적으로 실천하기 위해 등장한 교육개혁운동(신교육운동)이다.

② 아동을 교육의 출발점으로 삼고, 아동의 흥미와 욕구, 경험을 존중하는 교육을 강조한다. ⇨ **철학적 기초**: 자연주의와 프래그머티즘

2 진보주의 교육이론과 비판

개념 쏙쏙

흥미(interest)의 의미와 종류(J. Dewey)

1. 흥미의 의미

① 흥미란 어원적으로 '사이에 존재하는 것'을 뜻하는 것으로, '거리가 있는 2개의 사물을 연결하는 것'을 의미한다. 자아와 사물의 활동적 동일성을 의미하며, 사람과 재료들 그리고 자기 행위와 결과 사이의 거리감을 없애는 것을 말한다.

② 교육적 흥미란 학생이 현재 지닌 능력·성향(출발점 행동)과 교사가 설정한 최종 목표 사이에 있는 것으로, 목표 달성의 수단이며, 학생이 몰입해 있는 상태를 의미한다.

2. 흥미의 종류

① 『학교와 사회』(1989)

㉠ 회화(會話)와 교류의 흥미 ㉡ 사물을 탐구하고 발견하는 흥미

㉢ 사물을 제작하고 구성하는 흥미 ㉣ 예술적 표현의 흥미

② 『교육에서의 흥미와 노력』(1913)

㉠ 사회적 흥미 ㉡ 지적 흥미

㉢ 신체적 흥미 ㉣ 구성적 흥미

(1) 진보주의 교육원리(Kneller, 1971)

① **교육은 생활 그 자체**: 교육은 미래 생활을 위한 준비가 아니라 현재의 생활 그 자체이다. 아동은 경험을 통해 학습하므로 교육은 생활과 직접적으로 관련 있는 것이어야 한다.

② **아동의 흥미 존중**: 학습은 아동의 흥미와 직접 관련되어야 한다. 따라서 학습과정은 교사나 교과서에 의해 일방적으로 정해져서는 안 되며, 아동의 흥미와 욕구가 반영된 것이어야 한다.

③ **문제해결식 학습**: 교육방법은 교과내용의 주입보다는 문제해결식 학습이어야 한다. 지식은 능동적 활동을 통해 획득되며 행동으로도 옮겨져야 한다. ⇨ 문제해결학습, 구안법(project법)

④ **교사는 조력자**: 교사는 아동을 지시하는 입장이 아니라 조력하는 역할을 해야 한다. 교사는 아동이 자신의 발달단계와 능력에 맞게 자유롭게 학습하도록 하되, 곤경에 처해 있을 때는 도와주어야 한다.

⑤ **경쟁보다는 협동 장려**: 학교는 경쟁보다는 협동을 장려하는 곳이어야 한다. 학교는 학생들에게 사랑과 동료의식, 공동체적 가치를 심어 주도록 해야 한다.

⑥ **민주주의 강조**: 민주주의만이 성장에 필요한 사상과 인격의 상호작용을 허용하고 촉진한다. 따라서 학교생활 그 자체가 민주적으로 운영되어야 하며, 그것을 실천할 수 있는 과외 활동이 권장되어야 한다.

(2) 진보주의 교육이론

① **교육목적**: 현실 생활에 적응할 수 있는 전인적 인간 양성(전인교육) ⇨ 교육은 경험의 계속적인 재구성을 통한 성장

② **교육내용**: 현실 생활의 경험 ⇨ 경험중심 교육과정(경험을 통한 학습, learning by doing)

③ **교육내용** 조직 원리: 심리적 배열 ⇨ 아동의 발달단계에 따라 배열

④ **교육방법**: 문제해결학습(Dewey), 구안법(project method)

(3) 진보주의 교육이론 비판(Kneller, 1971)

① 아동의 흥미와 자유를 지나치게 존중한 나머지 아동이 어려운 과목을 피하고 쉬운 과목만을 선택하게 하였다. ⇨ 방임주의와 교육의 질적 저하

② 현재의 경험을 강조한 나머지 미래에 대한 교육의 준비성을 너무 소홀히 하였다.

③ 아동중심·생활중심 교육이 지나쳐 교육의 명확한 목표 설정이 어려웠고, 문제해결 방식은 비효율적인 시행착오와 산만한 수업분위기를 조성하곤 하였다.

④ 다수의 협동적 노력을 강조한 나머지 우수한 소수의 창의성이나 지도성을 무시하였다.

⑤ 민주주의 이외의 사상체계에 대한 객관적 이해를 소홀히 하였다.

07 본질주의(essentialism) – 1930년대 94 초 · 중등, 99 초등보수, 02 중등, 06 중등

1 개념

① 본질주의는 진보주의가 지나치게 아동의 흥미와 욕구를 존중한 나머지 본질적 문화유산의 전달을 망각하고 있다고 비판하면서 등장하였다.

② 본질주의는 교육은 인류가 쌓아 온 문화유산 중에서 가장 본질적인 것을 체계적으로 조직하여 전달하는 것이어야 한다고 주장한 교육사조이다.

2 본질주의 교육이론과 비판

(1) 본질주의 교육원리(Kneller, 1971)

① **학습의 훈련성**: 학습은 원래 강한 훈련을 수반하는 것이어야 한다. 따라서 학생들이 싫어하는 경우에도 인내하고 학습하게 해야 한다. 흥미는 어떤 과제나 교과를 해결해 내도록 훈련받는 과정이나 그 결과로 생겨난다고 주장한다.

② **교사의 주도성**: 교육의 주도권은 교사에게 있어야 한다. 미성숙자인 학생은 성인의 지도와 통제를 받아야 성숙한 인격과 능력을 갖출 수 있다.

③ **교과의 철저한 이수**: 교육과정의 핵심은 소정의 교과를 철저하게 이수하는 것이다. 아동이 흥미를 가지고 배우는 내용에 몰입해야 한다. 이런 흥미는 교과의 논리적 체계와 자신의 도덕적 훈련에 의한 결과로 수반된다.

④ **학문적 훈련방식의 유지**: 학교는 전통적인 학문적 훈련방식을 계속 유지해야 한다. 학생이 배워야 할 것은 교과나 지식의 본질적인 개념들이며, 이런 개념들은 전통적인 학문적 훈련방식으로 가르쳐야 한다.

(2) 본질주의 교육이론

① **교육목적**: 인류의 본질적인 문화유산 전달, 미래 생활 준비로서의 교육

② **교육내용**: 본질적인 문화유산

㉠ **전기**: 기초지식(3R's), 인문과학(교양교육) ⇨ 교과중심 교육과정

㉡ **후기**: 자연과학(수학, 물리학) ⇨ 학문중심 교육과정

③ **교육내용 조직원리**: 논리적 배열 ⇨ 교과의 논리적 체계에 따라 배열

④ **교육방법**

㉠ **전기**: 교사중심 수업, 명제적 지식 강조 ⇨ 강의법

㉡ **후기**: 아동중심 수업, 방법적 지식 강조 ⇨ 발견학습(Bruner), 탐구학습(Massialas)

(3) **본질주의 교육이론 비판**(김정환, 1982)

① **사회과학의 경시** : 본질주의는 학문적 훈련을 중시하기 때문에 인문과학과 자연과학을 중시하고, 사회의 비인간화 문제의 해결방안을 논의하는 사회과학을 경시하였다.

② **참여의식의 결여** : 본질주의는 교사의 주도권과 지식의 전수를 강조함으로써 학생의 자발적 참여의식과 학습동기를 약화시켰다. 이는 결국 민주시민의 필수 요건인 독립심, 비판적 사고, 협동정신 등을 경시하게 한다.

③ **항존주의 관점에서 비판** : 본질주의는 기본적인 지식과 기술의 전수에만 급급한 결과, 시간과 공간을 초월한 영원한 진리와 가치의 교육에 소홀하였다.

④ **재건주의 관점에서 비판** : 본질주의는 오늘날 인류가 풀어야 할 과제와 관련하여 미래의식과 사회혁신의 자세가 모자란다.

08 **항존주의**(perennialism, 영원주의) — 1940년대 94 초·중등, 99 초등보수, 02 중등, 06 중등

1 개념

① 항존주의는 진보주의(프래그머티즘)를 전면적으로 부정하면서 등장한 교육사조이다.

② 항존주의는 영원불변의 절대적 진리를 통해 인간의 이성을 계발하는 것을 교육의 최대목적으로 삼는 교육철학사조이다. ⇨ 자유교양교육을 교육적 이상으로 받아들이며 전통과 고전의 원리를 강조

2 항존주의 교육이론과 비판

(1) **항존주의 교육원리**(Kneller, 1971)

① **교육의 동일성** : 인간성은 변하지 않기 때문에 교육의 본질도 변하지 않으며, 교육도 언제 어디서나 동일해야 한다.

② **이성의 계발** : 이성이 인간의 최고 속성이기 때문에 교육은 이성을 계발시키는 데 집중되어야 한다. 인간은 이성을 통해 본능적 욕망을 통제해야 한다.

③ **영원불변의 진리** : 교육의 과업은 현실세계가 아니라 영원불변의 진리에 학생들을 적응시키는 것이어야 한다.

④ **생활의 준비** : 교육은 생활의 모방이 아니라 생활의 준비다. 학교는 학생들이 문화적 유산의 훌륭한 업적을 습득할 수 있도록 준비된 인위적 환경이 되어야 한다.

⑤ **기본과목의 학습** : 학생들은 세계의 영원성에 익숙하게 하는 기본적인 과목들을 배워야 한다. 학교는 이성의 훈련과 지성의 계발을 위한 자유교육 혹은 교양교육을 해야 한다.

⑥ **위대한 고전 읽기** : 학생들은 인간의 위대한 소망과 성취를 나타낸 위대한 고전들(The Great Books)을 읽어야 한다. 인류의 지혜가 담긴 고전을 통해 학생들은 진리를 발견하게 된다.

(2) 항존주의 교육이론

① **교육목적** : 이성의 철저한 도야를 통한 참된 인간성(도덕성) 회복

② **교육내용** : 고전[古典, 예 '위대한 책들(The Great Books)'], 형이상학 등 일반 교양교육 ⇨ 교과중심 교육과정[파이데이아(paideia) 교육과정]

③ **교육내용의 조직원리** : 논리적 배열

④ **교육방법** : 교사중심 수업 ⇨ 이성(지성)의 도야 강조

(3) 항존주의 교육이론 비판(김정환, 1982)

① **엘리트주의적, 주지주의적 경향이 강함** : 항존주의는 지적 훈련을 매우 강조하지만 모든 인간이 지적인 탁월성을 발휘할 수는 없다. 지력의 계발에만 열중하면 개인의 능력 차이를 무시하게 되고 각 개인의 자유로운 성장을 가로막게 될 위험이 있다.

② **현실을 경시함** : 항존주의의 교육은 위대한 고전들을 강조함으로써 현실의 학문을 무시하고 고전의 지식들을 영원한 것으로 만든다.

③ **비민주적임** : 항존주의는 유일하고 절대적인 가치체계를 숭상하기 때문에 가치의 다양성을 인정하는 민주주의의 기본이념을 위협할 수 있다.

09 (문화)**재건주의**(reconstructionism) – 1950~1960년대

1 개념

① 재건주의는 인류가 처한 문화적 위기를 극복하고 교육을 통한 사회개조와 이상적인 문화건설을 강조하는 교육사조이다.

② 재건주의는 진보주의, 본질주의, 항존주의의 단점을 배격하고 장점을 종합하여 새로운 사회를 건설하고자 한다.

2 재건주의 교육이론과 비판

(1) **재건주의 교육원리**(Kneller, 1971)

① **새로운 사회질서 창조**: 교육은 문화의 기본적 가치를 실현시키는 새로운 사회질서를 창조하는 일에 전념해야 하며, 동시에 현대 세계의 사회적·경제적 세력과 조화를 이루어야 한다.

② **민주적인 사회건설**: 새로운 사회는 진정으로 민주적인 사회가 되어야 하며, 이러한 사회는 민주적인 방법으로 실현되어야 한다(이상적인 사회는 민주주의 사회). ⇨ 재건주의는 민주적인 질서가 자리 잡고 부(富)의 공정한 분배가 이루어지는 복지사회를 이상으로 추구

③ **사회적 자아실현 추구**: 교육은 사회적 자아실현을 추구하고, 학생·학교·교육은 사회적·문화적 힘에 의해 재구성되어야 한다.

④ **새로운 사회건설의 긴급성과 타당성**: 교사는 재건주의자들이 제시하는 새로운 사회건설의 긴급성과 타당성을 학생들에게 민주적인 방법(예 참여와 의사소통, 토론 등)으로 확신시켜 주어야 한다.

⑤ **교육의 목적과 수단의 개조**: 교육의 목적과 수단은 문화적 위기를 극복할 수 있도록 철저하게 개조되어야 하고, 행동과학의 연구가 발견해 낸 제반 원리들에 맞아야 한다.

(2) **재건주의 교육이론**

① **교육목적**: 개인의 사회적 자아실현과 사회의 민주적 개혁 ⇨ 사회 중심적·미래 중심적 교육

② **교육내용**: 사회적 자아실현을 위해 가치 있는 경험들

예 학교는 문화적 유산을 비판적으로 검토하여 사회적 재건에 활용 가능한 내용들을 취급

③ **교육내용의 조직 원리**: 절충적 배열(논리적 배열 + 심리적 배열)

④ **교육방법**: 협동학습, 학교와 지역사회의 밀접한 관련성 중시, 민주주의적 방법

예 참여와 의사소통, 토론 등

(3) **재건주의 교육이론 비판**(김정환, 1982)

① **미래 사회를 세울 바람직한 가치관에 대한 논증 결여**: 재건주의는 미래 사회를 어떤 가치관에 입각해서 세울 것인가에 대한 논증을 결여하고 있다. 재건주의가 추구하는 복지사회가 어떤 가치를 추구하는 사회인지 분명하지 않다.

② **행동과학을 유일한 방법으로 여기는 데서 오는 문제**: 인간은 매우 복합적이고 유동적인 특성을 가지고 있어 행동과학만으로 설명되지 않는 부분이 있다. 무엇보다 행동과학은 인간이 믿어야 할 최상의 가치가 무엇인지 제시하지 못한다.

③ **민주적 방식에 대한 지나친 기대**: 민주적인 것은 좋은 것으로 여겨지지만 그것이 최선의 방법인가에 대해서는 여전히 의문이 남는다(예 중우정치, 소수의견 무시).

10 **실존주의**(실존적 현상학, existentialism, existential phenomenology)

97 중등, 00 초등보수, 02 중등, 03 초등, 06 초등, 09 중등, 12 중등

1 개념

① 실존주의는 1·2차 세계대전을 거치면서 대두된 철학으로 인간의 실존성과 주체성을 강조하는 철학이다.

② 실존주의에서 말하는 실존은 바로 '나'로 존재하는 인간의 구체적인 삶의 현실이며 주체적인 삶의 본모습이다. ⇨ **배경**: 현대문명 비판, 인간성 회복 주창, 현상학

③ **실존주의의 두 명제**

㉠ 실존은 본질에 앞선다.

㉡ 실존은 주체성이다.

2 실존주의 교육사상과 비판

(1) **실존주의 교육사상의 특징**

① **자아실현적 인간 형성**: 개인이 자유로운 선택과 판단에 의해 행동하고 그에 책임질 수 있는 자아실현적 인간 형성, 전인교육을 교육의 목적으로 삼는다. 지식은 그 자체가 목적이 아니라 인간의 자아실현을 위한 수단에 불과하다.

② **학생의 개성과 주체성 존중**: 인간은 자신의 존재의미를 결정한 후 본질을 규명하므로 학생의 개성과 주체성을 존중하는 교육을 강조한다. ⇨ 획일화·집단화·보편화하는 현대 교육의 경향 반대

③ **인격적 만남의 교육 :** 만남은 교육에 선행한다. 나와 너의 인격적 만남이 있을 때 진정한 교육이 가능하다. 따라서 교사와 학생, 학생과 학생이 있는 교육현장은 인격적 만남의 장이어야 한다.

④ **비연속적·단속적 교육 중시 :** 만남은 어느 순간에 온다. 인간은 '위기, 각성, 충고, 상담, 만남, 모험과 좌절' 등과 같은 비연속적 요소에 의해 비약적으로 성장한다. 따라서 지속적 교육은 단속적 교육형식을 통해 보충되고 확장되어야 한다.

⑤ **교사의 역할 :** 교사는 주어진 지식을 일방적으로 주입하는 사람이 아니라, 학생 각자의 특수성(개성)에 맞는 적절한 만남을 예비하는 사람이다. ⇨ **교사의 자질 :** 무조건적이고 긍정적인 존중, 공감적 이해, 진실성 등

⑥ **삶의 어두운 면도 인정하는 교육 :** 죽음, 좌절, 공포, 갈등과 같은 인간 삶의 어두운 면도 보여 줘서 적극적인 삶의 의미를 느끼도록 한다.

(2) 대표적인 실존주의 교육자

① **볼노브(O. F. Bollnow) :** 비연속적(단속적) 교육 중시 ⇨ 인간이 한계상황에서 겪게 되는 위기, 만남, 각성, 충고, 상담, 모험과 좌절 등의 비연속적 경험은 자기 성장의 교육적 계기

② **부버(M. Buber) :** 만남(encounter)의 교육 ⇨ 인간은 관계 형성을 통해 자신의 실존을 형성해 가는 창조자 예 나(I)와 그것(it)의 만남 ⇨ 대화법 ⇨ 나(I)와 너(You)의 만남

> "인간의 관계는 '나(I)－그것(it)'의 대상적 관계와 '나(I)－너(You)'의 인격적 관계로 나누어 볼 수 있다. '나－그것'의 관계는 인간 대 인간의 관계가 아닌 수단－목적의 관계를 말하며, 그 관계는 어떤 제3의 목적, 즉 경제적 목적이나 정치적 목적 등에 의해 매개된다. 그 결과 그 목적이 사라지면 그 만남도 사라지게 된다. '나'는 '그것'을 수단적 관계를 통해서 이용할 뿐 그 관계를 통해 '나'의 경험이 성장하지는 않는다. 그러기에 이러한 수단적 관계를 통해서는 결코 교육이 이루어질 수 없다. 이와 대비되는 '나－너'의 관계는 인격적 관계로서, 그 관계 사이에 어떤 도구적 가치도 개입하지 않는 인격적 소통의 관계를 말한다. 이는 교육이 지향하는 인간 형성의 관계이며, 또한 학습자와 지식의 관계이기도 하다. '나'와 '너'가 인격적으로 만날 때 나는 너를 통해 하나가 되는 것이며, 가치관과 삶이 바뀌어 나의 내면과 경험의 전인적 변화, 즉 성장을 경험하게 되는 것이다."
>
> －「나와 너(Ich und Du)」(1973)

(3) 비판

① 교과내용의 전달을 통한 계획적이고 연속적인 형성이나 성장보다는 만남, 각성, 모험 등을 통한 비약적인 변화를 추구하다 보면 교육내용이나 교육방법 등을 경시하기 쉽다.

② 만남을 통한 비약적인 변화는 전혀 불가능한 것은 아니지만, 일반적인 교육방식으로 보기는 어렵다.

③ 인간의 사회적 존재양상의 측면을 객관적으로 분석하지 못했다.

Plus

현상학과 해석학

1. **현상학(phenomenology)**: 인식 과정을 탐구 ⇨ '의미부여 작용' 01 초등, 10 중등
   ① 개념
      ㉠ 인식주체의 인식 과정(경험)을 탐구하는 철학을 의미한다.
      ㉡ 실증주의에 반발하여 등장한 것으로, 후설(Hussearl)의 현대철학 방법론으로 창시되어(『논리연구』, 1975), 하이데거의 '인간존재의 이해', 메를로 퐁티의 '인간의 경험과 학습에 대한 이해'로 발전하였다. ⇨ 실증주의 부정, 지식의 상대성 · 주관성 · 가치추구성 중시
   ② 특징
      ㉠ 인간의식의 지향성: 인간의식은 능동성을 지니고 있어 대상을 있는 그대로 받아들이지 않고 자신의 개념과 이미지를 결합하여 파악한다. 인간의 의식지향성으로 인해 모든 외부의 대상은 객관적 대상물이 아니라 인간의 의식작용에 의해 새롭게 구성되어 나타나는데, 이것을 현상이라고 한다. ⇨ 인간이 구성해 낸 지식은 개인의 주관적 신념과 사회적 · 역사적 환경이 반영됨
      ㉡ 지식의 상대성 · 주관성(보편적 진리관 부정): 앎이란 의식 밖의 객관적 대상 때문이 아니라 인간의 내재적인 '의미부여 작용'을 통해 이루어진다. 즉, 인간의 외부의 대상에 대해 의식작용을 통해 구성함으로써 이루어지게 된다. ⇨ 지식은 의식작용의 구성적 산물(주관이 대상을 의식한다. 인식주체를 떠난 객관적 지식은 불가능하다.)
      ㉢ 생활세계 중시: 인간이 대상에게 부여하는 의미는 구체적 생활 속에서 경험을 통해 획득된다고 보아 생활세계를 중시한다.
   ③ 시사점
      ㉠ 기존의 객관적 지식관에 대한 새로운 인식 요구: 현상학은 지식이 인식주체와 분리될 수 없다고 본다. 지식을 얻는 과정에서 주관적 요소가 필수적이기 때문에 객관적이고 보편적 지식은 불가능해진다. 따라서 기존의 지식에 관한 새로운 인식이 요구된다.
      ㉡ 교육방법에 대한 재검토 요구: 현상학은 지식이 학습자에 의해 다르게 받아들여질 수 있다고 본다. 따라서 교육방법에서도 학습자에게 강제적으로 주입하는 방법보다 학습자의 주관을 중요시해야 함을 시사한다.
      ㉢ 현장학습 및 체험학습 중시: 현상학에서 인간은 구체적 생활 속에서 의미를 형성하기 때문에 구체적인 생활환경 속에서의 현장학습, 체험학습이 요구된다.

2. **해석학(hermeneutics)**: 인식 대상을 탐구 ⇨ '이해(understanding)'의 문제를 다루는 철학 09 초등
   ① 개념
      ㉠ 텍스트(text)는 물론 모든 인간행위의 의미를 이해하려는 방법론이다. ⇨ 언어, 의사소통, 대화에 관심을 둠
      ㉡ 본래 해석학은 작품의 의미와 가치를 탐구하려는 방법론에서 출발 ⇨ 대표자: 슐라이허마허(Schleiermacher), 딜타이(Dilthey), 하이데거(Heidegger), 하버마스(Habermas), 가다머(Gadamer)
   ② 특징
      ㉠ 의미부여 행위자(이해하는 존재)로서의 인간의 주체성 강조: 인간행동의 규칙성에 입각한 일반화를 부정하며, 이해는 인간의 실존방식의 하나라고 본다.
      ㉡ 맥락이나 상황 중시: 텍스트 해석에서 사회나 집단의 문화적 · 역사적 맥락이나 상황을 중시한다.
      ㉢ 이해의 근원으로서의 선이해 중시: 해석자는 그가 해석하는 바에 대한 예비적 이해(선이해)를 가지고 해석한다.
      ㉣ 전통은 이해의 기반: 가르친다는 것은 전통 안에서의 대화이고, 교사는 전통의 해석자이다.
      ㉤ 교육과 학습의 의미: 교육은 이해에 목적을 둔 대화나 게임이고, 학습은 텍스트를 해석하는 것이다.
   ③ 교육적 의의 및 시사점
      ㉠ 대화의 중요성 강조: '해석'을 이해의 핵심으로 파악함으로써 교육활동에서의 대화의 중요성을 강조한다. 교사와 학생 간 대화와 토론은 이해의 지평을 확장하는 중요한 과정이다.
      ㉡ 교육내용에 대한 이해 강조: 교육내용으로서의 텍스트는 절대적 지식체계가 아니라 이해해야 하는 것이다.
      ㉢ 의미 발견의 교수학습 과정 강조: 교수학습 과정은 미리 계획되는 활동이 아니라 학생들이 자발적으로 의미를 발견해 나가는 과정이다.
      ㉣ 교사의 역할: 교사는 학생들의 현재 지식과 관심(선이해)에 비추어 텍스트에 접근하도록 유도해야 한다.

11 분석철학(분석적 교육철학 ; analytic philosophy) 04 중등, 07 초등, 09 중등, 12 초등

1 개념

① 분석철학은 사고의 명료화를 위해 언어의 의미를 엄밀하게 분석하고자 하는 철학사조이다. 교육의 주요 개념이나 용어에 대한 철학적 분석을 토대로 교육에 대한 사고나 판단을 명료하게 해 준다.
② 분석철학은 어떤 명제의 진실성을 경험과 논리에 의해 검증하거나(논리실증주의), 일상적인 언어를 분석하여 그 의미를 밝히고 그 언어를 사용하는 사람들의 삶을 이해하고자 한다(일상 언어학파).

2 분석적 교육철학의 의의와 비판

(1) 의의

① 분석철학은 교육의 개념이나 용어에 대한 철학적 분석을 함으로써 교육에 대한 사고나 판단을 명료하게 하는 데 기여하였다.
② 분석철학은 지식의 성격에 대한 탐구를 통해 교육내용(교과)을 논리적으로 선정·조직하는 데 도움을 주었다. ⇨ 지식의 형식(forms of knowledge) 이론
③ 분석철학은 교육의 윤리적 차원을 분명히 해 주었다. 분석적 방법을 사용하여 교화, 훈련, 자유, 권위 등의 개념을 분석하고, 이것들이 교육의 상황에서 정당하게 사용될 수 있는지를 검토하였다.
④ 분석철학은 교사들의 태도에 영향을 주었다. 분석철학은 교사들에게 명료하게 생각하고 말하도록 촉구한다.

(2) 비판

① 전통철학이 가졌던 사변적·규범적 기능을 거부함으로써 교육의 이념이나 목표를 정립하는 일을 소홀하게 만들었다.
② 교육철학의 객관적 가치중립성을 추구한 나머지 바람직한 세계관이나 윤리관을 적극적으로 주장하지 못함으로써 교사들의 교육관 정립에 기여하지 못하였다.

12 **비판이론**(비판적 교육철학, critical theory) 99 초등, 09 중등, 11 중등, 12 초등

1 개념

① 비판이론은 네오마르크시즘을 사상적 토대로 1923년 프랑크푸르트 대학의 사회연구소를 중심으로 출현한 프랑크푸르트 학파의 사회철학을 말한다.

② 교육이 자본주의 이데올로기를 전달하여 지배계층의 사회구조를 재생산하고 있다고 보며, 학교는 교육과정을 통해 학생들에게 그릇된 이데올로기를 주입함으로써 학생의 주체적이고 자유로운 사고를 억압한다고 한다.

2 비판이론의 교육론과 비판

(1) **교육이론**(신좌파)

① **교육목표**: 인격적 목표와 사회적 목표를 동시에 추구한다. 인격적 목표는 각자가 자신의 삶의 주체가 되고 개성을 실현하면서 인격을 성숙시키는 데 둔다. 사회적 목표는 자율적이고 의식화된 인간의 육성을 통해 이상사회를 건설하는 데 둔다.

② **교육내용**: 정치교육, 인문교육, 여성해방교육, 사회과학교육, 이상사회 구상 등이다.

㉠ **정치교육**: 지배체제의 이데올로기를 비판하는 의식화 교육

㉡ **여성해방교육**: 성차별과 성의 해방 문제를 다루는 교육

㉢ **사회과학교육**: 사회구조와 그 역사적 발전과정을 거시적 시각에서 보는 역사교육

㉣ **이상사회 구상**: 그들이 바라는 복지사회에 대한 꿈을 키우는 교육

③ **교육방법**: 학교와 사회의 관계 회복, 학습자의 교육적 주체성 존중, 갈등현장 견학, 친교, 갈등상황에 대한 문헌 접근이다.

㉠ **학교와 사회의 관계 회복**: 사회의 문제를 학교로 끌어들여 그에 대한 인식을 깊게 하는 일

㉡ **학습자의 교육적 주체성 존중**: 학습자의 흥미, 자유, 자치 등을 존중하는 교육

㉢ **갈등현장 견학**: 농성, 데모, 파업 등 사회적 집단행동을 직접 보게 하여 문제의 초점이 무엇인가를 따져보게 하는 일

㉣ **친교**: 동지적 유대감을 키워 주기 위한 대화

㉤ **갈등상황에 대한 문헌 접근**: 여러 갈등현장의 문제들을 생생하게 기록한 문헌들을 접하는 일

(2) 의의

① 실증주의 문제점을 비판하고, 교육의 가치지향성(인격적 자아실현성 · 이상사회 구현) 부각

② 사회비판의 규범적 토대를 '의사소통적 합리성' 개념을 통해 새로이 정립 ⇨ 이성에 기초한 '대화를 통한 문제해결'을 제시

③ 교육철학의 관심 영역을 학교 현장에 집중함으로써 현장 교육개선에 기여

④ 학교교육의 도구적 기능(사회 불평등 구조의 재생산)을 규명

(3) 비판

① 학교교육의 순기능(문화전승 · 사회 유지 발전 및 자아실현에 기여)을 평가절하

② 교육을 지나치게 사회 · 정치 · 경제의 논리에 따라 해석하는 경향

3 비판이론가의 교육사상

(1) 하버마스(J. Habermas) – 제2세대 ⇨ 절충주의 이론

① **이론개요 :** 변증법적 사회이론(사회철학) ⇨ 자연과학적 실증적 방법 부정, 마르크스 사상을 비판적으로 계승(마르크스의 결정론 비판 + 의사소통)

② **교육목적 :** 이성(理性, 자기반성적 사고)에 의한 합리적인 사회 건설 ⇨ 자기반성을 통하여 사회생활의 왜곡을 폭로하고 제거함으로써 해방적 사회 구현

③ **의사소통적 합리성(이성) 중시 :** 이상적 담화 상황(ideal speech situation, 참가자 간에 평등한 발언 기회 보장되는 상황 ⇨ 강제 없는 자유토론에 의한 합의, 곧 진리를 도출), 상호주관성(inter-subjectivity)의 획득과정

㉠ **합리적 효율성의 추구에 따른 생활세계의 병리현상 증폭 :** 하버마스(Habermas)는 목적보다 수단을 중시하는 도구적 이성을 비판하고 합리적 의사소통을 중시한다. 근대사회가 추구해 온 과학과 기술에 의한 합리적 효율성은 목적 달성을 위한 수단의 효율성만 따지기 때문에 삶의 의미상실이나 아노미, 심리적 노이로제와 같은 생활세계의 병리현상을 증폭시켰다고 비판한다.

㉡ **의사소통의 합리성 회복 :** 하버마스에 따르면, 이러한 문제의 해결은 의사소통의 합리성을 회복하여 목적의 규범성과 정당성을 검증할 때 가능하다고 보며, 이를 위해 '의사소통적 합리성'을 강조한다. 합리적 의사소통이란 이상적 담화상황을 의미하는 것으로, 대화 당사자 간에 평등한 발언 기회가 보장되는 상황에서, 타당한 근거에 바탕을 둔 자유토론에 의해 합의, 곧 진리를 도출하는 대화를 의미한다.

(2) **프레이리**(P. Freire) – 제2세대 ⇨ 「페다고지(피압박자들을 위한 교육)」(1968)

① 개관

㉠ **비인간화** : '비인간화'는 사람과 사람 간에 억압–피억압의 관계에서 발생하며, 이 억압적 상황이 해소될 때 '인간화'가 성취될 수 있다. 억압적 관계를 해소하는 일은 억압받는 자들이 주체가 되어 의식을 바꾸는 일, 즉 '의식화' 교육, '인간화' 교육을 통해 성취될 수 있다.

㉡ **침묵의 문화**(culture of silence) : 침묵의 문화란 피억업자들이 억압자들의 가치관, 문화, 행동양식을 내면화한 결과, 억압자들처럼 말하고 생활하는 문화적 종속 상태를 말한다. 이러한 침묵의 문화는 교육에서 은행 저금식 교육의 형태로 나타난다.

㉢ **실존적 이중성** : 실존적 이중성이란 피억압자들이 억압자들의 이미지를 스스로 내면화한 상태를 말한다. 실존적 이중성을 지닌 사람들은 자기들이 처한 억압적 상황에 대해 숙명론적 태도를 취하며, 사회 전체의 질서에 대한 진지한 성찰과 인식이 부족하며, 억압자들이 만든 피억업자에 대한 부당한 이미지를 사실로 받아들인다.

② 학교교육의 방향

㉠ **은행 저금식 교육**(banking education) : 은행 저금식 교육은 학생이라는 텅 빈 저금통장에 교사가 지식이라는 돈을 저축하는 식의 교육을 말한다. 교사가 특정 지식을 일방적으로 설명하면 학생들은 그것을 암기하고 반복하며 저장한다. 이러한 주입식 교육에서는 교사와 학생의 관계가 수직적이며, 인간을 주어진 현실에 단지 적응하는 객체적 존재로 전락시킨다.

㉡ **문제 제기식 교육**(problem posing education) : 문제 제기식 교육이란 비인간화와 억압적 상황을 변혁하는 교육방식으로, 세계(현실)를 향해 문제를 제기하고 비판하며 해답을 찾아가는 교육을 말한다.

ⓐ **교육목적** : 은행 저금식 교육의 목적이 억압적 현실을 지속시키는 데 있다면, 문제 제기식 교육의 목적은 억압적 상황을 '억압적 상황'으로 인식하고, 이를 변혁하는 데 있다.

ⓑ **교육내용** : 은행 저금식 교육에서 '지식'은 단편적인 정보들의 집합을 가리킨다면, 문제 제기식 교육에서 지식은 행위의 주체와 그 주변 세계를 향해 질문을 던지고 해답을 탐구해 가는 과정 자체를 가리킨다. 교육내용은 학생들이 제기하는 문제들이며, 저장되어야 할 내용이 아니라 해결되어야 할 문제이다.

ⓒ **교육방법** : 은행 저금식 교육이 단편적인 정보들을 전달하고 주입하는 일이라면, 문제 제기식 교육은 교사와 학생이 공동의 탐구자로서 대화를 통해 지식을 재현하고 재창조한다. 교사와 학생이 대화를 통해 함께 지식을 탐구하는 것을 강조하며, 현상 이면에 어떤 힘이 작용하는지 파헤쳐 밝혀낸다.

ⓓ **교육결과** : 프레이리는 문제 제기식 교육을 통해 인간이 의식화되면 의식을 실천하는 존재로 변한다고 보았다.

구분	은행 저금식 교육 (banking education)	문제 제기식 교육 (problem posing education)
교육목적	지배문화에 종속, 지배이데올로기의 유지·존속 ⇨ 사회구조의 유지(보수적)	현실에 대한 문제 제기 및 비판(의식화) ⇨ 자유와 해방을 위한 교육(혁명적)
학생관	미성숙자, 방관자 ⇨ 수동적 존재	비판적 사고자 ⇨ 자율적 존재
교사-학생관	주체(예금주)-객체(은행, 통장)적 관계	주체-주체적 관계
교재(지식)	인식의 대상 ⇨ 제3자(국가)가 구성	대화의 매개체 ⇨ 교사와 학생이 구성
교육방법	수동적 전달(주입), 비대화적	능동적 탐구, 대화적

③ **의식화**: 의식화란 불합리한 사회적 요인의 분석하고 비판하는 능력을 말하며, 자기를 객체화·비인간화시키는 상황을 인지하고 그 상황의 변혁을 통해 새로운 세계와 존재를 실현해 나가는 과정이다. 의식화는 문제 제기식 교육을 통해 다음 단계로의 발달이 진행된다. '사회현실에 대한 문제 제기'와 '자유로운 대화'를 의식화 교육의 주된 요소로 강조한다.

본능적 의식의 단계	원초적 욕구충족에 매몰되어 자신을 억압하는 것을 의식하지 못하는 단계 ⇨ 따라서 억압적 현실에 대한 문제의식도 존재하지 않음
반본능적(주술적) 의식의 단계	침묵 문화의 지배적 의식 수준의 단계(제3세계나 폐쇄사회에서 주로 나타남) ⇨ 사회문화적 상황을 주어진 것으로 숙명처럼 수용, 자기 자신을 비하 또는 부정
반자각적(소박한) 의식의 단계	대중적 의식의 단계 ⇨ 삶의 상황에 대한 의문을 제기하지만, 아직 소박한 수준으로 대중지도자들에게 쉽게 조작될 수 있는 단계
비판적 의식의 단계	의식화 과정을 통해 형성된 비판의식의 단계 ⇨ 비인간적 사회구조에 대한 합리적이고 격렬한 비판의식을 소유 ⇨ 사회문화적 환경에 대한 심각한 문제의식, 정확한 상황인식, 논리적 사고, 개방적 태도, 토론에서의 자신감 등이 이 단계의 일반적 특성이다.

④ **교사자질론**: '감히 가르치려는 활동을 하려고 나서는 교사들'에게 요구되는 자질들

겸손	모든 것을 아는 사람도 없고, 아무것도 모르는 사람도 없다. 겸손하지 않으면 자신보다 능력이 낮다고 판단되는 사람들에게 존경심을 가지고 그들의 말을 들어주기는 매우 어렵다.
사랑	사랑은 무방비의 사랑이 아니라 '무장된 사랑'이다. 무장된 사랑이 없다면 쥐꼬리만한 봉급과 교사들에 대한 홀대 등 정부의 멸시와 모든 부조리 속에서 살아남을 수 없다.
용기	두려움이 없는 상태라기보다는 두려움을 껴안고 그것을 이겨낸 상태의 마음이다. 따라서 두려움 없는 용기는 있을 수 없다.
관용	관용은 우리가 서로 다른 것에서 배우고 서로 다른 것을 존경하도록 가르친다. 관용은 존중, 절제, 윤리를 요구한다. 아이들의 차이를 인정해야 진정한 교육이 가능하다.

13 포스트모더니즘(postmodernism) 97 중등, 00~01 초등, 03 중등, 04 초등, 05 중등, 07 중등, 09 중등, 10 초등

1 개관

(1) 개념

① 포스트모더니즘은 계몽사상적 이성 혹은 합리성을 거부하고 보편적 이론이나 사상의 거대한 체제의 해체를 주장하는 경향을 의미한다.

② 20세기 후반의 후기 산업사회, 정보화 사회, 소비사회의 새로운 특징들을 대변하고 정당화하는 새로운 문화논리를 말한다. ⇨ Derrida, Lyotard, Deleuze, Lacan, Foucault, Habermas, Kuhn 등

(2) 특징

① **반합리주의(반이성주의)** : 포스트모더니즘은 인간의 이성 혹은 합리성의 절대성을 거부하고 개인의 감정과 정서를 중요시한다.

② **상대적 인식론** : 포스트모더니즘은 진리의 보편타당성을 부정하고 모든 인식활동은 인식주체의 상대적 관점에서 이루어질 수밖에 없다고 주장한다. ⇨ 반정초주의, 다원주의 표방

③ **탈정전화(脫正典化)** : 포스트모더니즘은 정전(正典)이란 의미가 없으며, 고급문화와 저급 대중문화의 구분 또한 무의미하다는 입장이다. 오히려 사고방식의 차이, 생활방식의 차이를 권유한다. ⇨ 문화다원주의

④ **유희적 행복감의 향유** : 포스트모더니즘은 역사적·도덕적 중압감에서 벗어나 유희적 행복감을 향유하는 것이 인간의 본질에 부합하는 바람직한 삶의 모습이라고 본다.

⑤ **소서사(작은 이야기)** : 포스트모더니즘은 대서사(거대 담론, grand narratives 예 진보, 해방, 복지, 정의 등)를 거부하고, 소서사(작은 담론, little narratives 예 여성문제, 인종문제, 빈민문제, 청소년문제 등)에 관심을 둔다.

(3) 푸코(Michel Foucault)의 훈육론

① 지식과 권력의 결합 관계

㉠ 근대국가는 폭력에 의한 지배가 상당 부분 효율성을 상실하자 이데올로기, 즉 지식을 통한 내면적 통제라는 새로운 통제방법이 필요하게 되었다.

㉡ 그래서 권력은 끊임없이 지식(이데올로기)을 생산해 내고, 지식(또는 지식인)은 자신의 정당성을 유지하기 위해 권력을 필요로 한다. 이와 같은 과정을 통해 권력과 지식은 뗄 수 없는 공범관계가 된다. ⇨ 지식이 곧 권력인 것이다.

② 훈육론(규율론)

㉠ **개념**: 길들여진 인간을 만들어 내기 위해 권력이 사용하는 다양한 기법과 전술을 통틀어서 푸코는 '훈육(규율)'이라고 표현했다. 교육이 바로 이러한 훈육의 역할을 한다.

㉡ **훈육을 위한 도구**: 관찰(감시), 규범적 판단, 시험(검사)

관찰(감시)	규율이 효과적으로 행사되기 위해 그 구성원들을 관찰하고 감시 ⇨ 학교는 그 구성원들을 눈에 잘 띄게 감시할 수 있도록 설계된 원형감옥(panopticon)과 유사
규범적 판단	일정한 규범을 정하고 이에 위반되었을 때 처벌을 가하는 방식으로 구성원을 통제
시험(검사)	시험을 통해 사람을 '정상'(모범생)과 '비정상'(문제학생)으로 규격화하여 구분하며, 사람들을 기존 질서에 순응하도록 길들임

2 포스트모더니즘의 교육적 의미와 한계

(1) 포스트모더니즘이 현대 교육에 주는 의미

① **전통적 지식관의 전환 요구**: 포스트모더니즘은 객관적이고 보편타당한 지식관을 거부하고, 지식은 특정한 사회적·역사적 상황 속에서 형성되고 재구성되는 것이라고 본다. 이것은 보편타당한 것으로 간주되었던 교과지식이 성격을 전반적으로 재검토할 필요가 있음을 시사한다.

② **기존 교육과정에 대한 심각한 비판 제기**: 포스트모더니즘은 보편적 지식과 가치를 전달하는 단일한 교육과정을 거부하고, 사람들의 다양한 관심과 가치를 존중하고 반영할 수 있는 다양한 교육과정을 요구한다.

③ **전통적 학생관의 수정 요구**: 포스트모더니즘은 학생을 수동적인 존재로 간주하지 않고, 학습내용을 재해석하고 재창조하는 능동적이고 주체적인 존재로 규정한다. 따라서 교사는 학생들의 관심, 흥미, 행동 등에 주의를 기울여야 하고, 학생들을 수업에 적극 참여시켜 비판적인 능력과 창의성을 신장할 수 있도록 해야 한다.

④ **전통적 교육방법의 전환 요구**: 포스트모더니즘은 전통적인 교육의 일방적인 전달과 주입식 교육방법을 탈피하고, 교사와 학생, 학생과 학생 간의 개방적이고 비판적인 대화와 토론, 협동, 자율적인 참여와 창의적인 탐구의 방법으로 전환해야 한다고 제안한다. 그리고 학생 간의 협동학습을 장려한다.

⑤ **학생중심의 교육 지향**: 포스트모더니즘은 인간의 능동적 지식 구성을 강조하므로 학생의 자발적인 학습을 강조하는 학생중심교육을 요구한다.

⑥ **학교문화 해석의 다양성 요구**: 포스트모더니즘은 각 문화집단의 다원성을 인정하고 존중하므로 학교는 사회 문화의 다양성과 다원성에 보다 민감해야 하며, 교사나 학생, 지역사회의 다양한 가치관과 신념들을 존중해야 한다.

⑦ **공교육 체제의 변화 요구**: 포스트모더니스트들은 전체적이고 획일적인 전통적 공교육 체제는 더 이상 적합하지 않다고 생각한다. 포스트모더니즘은 새로운 사회적 조건에 적합한 보다 유연하고 다양한 교육체제를 요구한다(예 열린교육, 대안교육, 홈스쿨링).

모더니즘 교육과 포스트모더니즘 교육의 비교

구분	모더니즘 교육	포스트모더니즘 교육
교육내용 (진리 · 가치관)	절대적 · 보편적 · 객관적 지식(가치)관	상대적 · 다원적 · 주관적 지식(가치)관
교육과정의 구성	지식 자체의 논리적 특성	지식의 사회적 · 문화적 맥락성(상황성)
교육환경	전체(보편) 문화, 거대 담론(대서사)	다양한 가치와 신념을 지닌 소수 문화 인정, 국지담론(소서사)
교육방법	객관주의 교수	구성주의 학습
교육평가	객관식 지필평가	수행평가
교육제도	공교육 중시	공교육의 재개념화

(2) 포스트모더니즘의 한계

① 전통교육을 대치할 만한 대안적 이론을 제시하고 있지 못하다.
② 다양한 교육적 가치에 대한 합의가 어렵다.
③ 교육에 대한 전체 방향이나 비전을 상실하고 있다.
④ 도덕적 주장의 정당성을 부정하는 경향이 있고, 교육의 인간화보다 비인간화를 부추길 가능성이 있다.

14 소크라테스(Socrates)

1 진리관

(1) 가치판단의 기준으로 영혼(이성) 중시

인간은 태어날 때부터 보편적 진리를 인식할 수 있는 싹(영혼)을 소유하고 있다. ⇨ 이성적 존재

(2) 보편적 · 객관적 · 절대적 진리관

사회 혼란(예 정치 갈등, 윤리도덕의 문란)의 원인을 주관적 · 상대적 인식론에서 찾음 ⇨ 개별적 행위 이면에 내재된 본질적인 진리(선의 본질) 습득과 실천을 통한 진리(윤리)의 보편적 기초 정립을 위해 노력

2 교육관

(1) 교육목적

지덕복 합일(知德福 合一)의 도덕적 인간 양성

(2) 교육방법

대화법 · 문답법("너 자신을 알라.") ⇨ 보편적 진리 획득

단계	교육방법	내용	비고
1(파괴)	반어법(反語法) - 소극적 대화	무의식적 무지 ⇨ 의식적 무지	대화법(문답법) 명제 : '너 자신을 알라'
2(생산)	산파법(産婆法) - 적극적 대화	의식적 무지 ⇨ 합리적 진리	

(3) 지와 덕의 관계

덕(德)은 지식, 악행은 무지(無知)의 결과이다. 덕(德, 선한 행위)은 선(善)의 본질에 대한 지식에서 비롯되기에 덕은 곧 지식이며, 지식이기에 가르칠 수 있으며, 누구나 진리인 선을 알게 되면 선을 행할 수 있다(지행합일).

(4) 계발주의 교육방법의 시초 – 산파술(産婆術)로서의 교육방법

① 교육은 지식의 주입(input)이 아닌 사고력의 계발 과정(output)이다.

② 교육이란 갖지 못했던 지식을 밖에서 안으로 집어넣는 것이 아니라 이미 알고 있는 것을 밖으로 이끌어내는 과정이다.

③ 이처럼 학습자는 스스로 진리를 인식할 수 있는 능력이 있으며, 또한 탐구능력을 지닌 존재라고 볼 수 있다.

(5) 교사의 역할 – 진리의 산파(産婆)이자 동반자적 존재로서의 교사

① 학습자로 하여금 반성과 성찰을 통해 자신이 지닌 주관적 지식의 한계를 인식하여 객관적 진리를 인식할 수 있도록 안내하는 산파(産婆) 역할 ⇨ '등에(쇠파리)'로서의 교사 역할을 강조하여, 목숨을 걸고라도 청소년을 무지에서 자각시키려고 해야 함을 역설 ⇨ 이는 정신적 각성자로서의 교사상으로 실존주의 교사상과 유사함

② 일방적인 지식의 전달자가 아니라 대화와 공동의 사색을 통해 진리를 함께 추구하는 동반자적 존재

③ 교사는 학습자가 지식을 회상(상기)하도록 탐구의 과정을 안내하고 필요한 조력을 제공해야 하는 존재

15 플라톤(Platon)

1 개관

이상주의(관념론, idealism), 이원론적 세계관(세계는 이데아의 모방)

2 교육관

① 교육의 목적: 이데아의 실현(회상설) ⇨ 4주덕(지혜, 용기, 절제 + 정의)

② 교육단계론: 『국가론』

개인	덕	사회	교육단계
머리(이성)	지혜	지배계급(철학자)	(35세~) 행정실무 경험
			(30~35세) 변증법, 철학
가슴(의지)	용기	수호계급(군인)	(20~30세) 4과[음악, 기하학, 산수(수학), 천문학]
허리 이하(욕망)	절제	생산계급(노동자)	(18~20세) 군사훈련
	정의		(~18세) 체육, 음악, 3R's

③ 이데아에 이르는 과정: 분선이론(선분이론, line theory)

인식의 대상	가시계(可視界): 현상		예지계(睿智界): 실재	
	그림자	시각적 사물	수학적 지식(개념)	형상(이데아)
마음의 상태	환상(상상)	믿음	사고(오성)	지식(지성·이성)
	견해		지식	

④ 특징: 최초의 여성교육 옹호자이자 공교육 지지자, 귀족교육론(위로부터의 교육, 서민교육 부정), 아카데미아(무상교육), 연역법 선호

16 아리스토텔레스(Aristoteles)

1 개관

현실주의(실재론, realism), 일원론적 세계관(이상은 현실 속에 내재, 개별적 존재 속에 이데아가 구현)

2 교육관

① **교육론**: 교육은 내부로부터의 발달에 의한 자기실현 과정이다. ⇨ 개인적 관점의 교육 중시
② **교육의 목적**: 현세에서의 '행복(eudaimonia)'된 삶(훌륭한 시민 양성 ×) ⇨ 교육의 3요소[신체(본성, 신체교육), 습관(인격교육), 이성(지력교육)]
③ **자유교육(liberal education)론**: 영혼을 자유롭게 하는 교육(직업교육 ×), 노예가 아닌 자유민을 위한 교육
④ **기타**: 여성교육 부정, 리케이온(소요학파), 귀납법 선호

구분	플라톤(Platon)	아리스토텔레스(Aristoteles)
사상	이원론(idea－현상계), 이상주의, 관념론	일원론(이상은 현실 속에 내재), 현실주의, 실재론, 경험론
교육 목적	• 이데아의 실현 ⇨ 진선미의 절대적 가치 추구 • **훌륭한 시민 양성**: 심신 조화, 선미한 인간 • 국가 정의(철인, 군인, 평민의 조화)와 개인 정의(지혜, 용기, 절제의 조화)의 실현 ⇨ 개인의 완성 = 사회의 완성 • **4주덕**: 지혜(이성), 용기(격정), 절제(욕망), 정의	• 행복의 실현(eudaimonia) ⇨ 인생 목적 • 이성(理性)의 훈련을 바탕으로 중용(中庸)의 덕(arete)을 갖춘 자유인의 양성 • **교육의 3요소**: 자연적 요소(본성, nature), 습관(habit), 이성(reason)
내용	자유교양교육, 도덕교육	교양교육, 자유교육(liberal education) ⇨ 자유교양교육의 출발점
방법	• 주관적 · 내성적 · 연역적 방법 • 대화법(회상설, 상기설)에 의한 교육 • **4단계 교육**: 음악과 체육 → 산수 · 음악 · 기하학 · 과학(천문학) → 철학(형이상학)과 변증법	• 과학적 · 객관적 · 논리적(귀납적) · 변증법적 방법 • **3단계 교육**: 신체적 발육(본성) → 도덕적 습관 형성(습관) → 이성 도야(이성)
특징	• 아카데미(academy)대학 설립 ⇨ 무보수로 교육 • **여성교육 중시**: 최초의 여성교육 옹호자 • **계급에 따른 차별교육**: 서민교육 부정, 교육의 기회균등 무시 ⇨ 귀족(엘리트)교육, 철인정치론	• 리케이온(lykeion)대학 설립 ⇨ 소요학파(逍遙學派, 산보하며 수업) • 여성교육 부정, 교육대상에서 노예 제외
저서	『국가론』, 『향연』, 『소크라테스의 변명』	『니코마코스윤리학』, 『변증론(Topica)』, 『정치학』
영향	중세 교부(教父)철학, 신인문주의 교육(19C)에 영향	중세 스콜라철학과 실학주의(17C), 항존주의(20C)에 영향

17 루소(Rousseau)

1 루소의 교육사상

한마디로 인간의 '자연적 본성을 따르는 교육'이다. 이는 인간을 다른 동물과 구별되게 하는 인간의 유전적 특징, 성별의 차이, 연령별 차이 그리고 개인별 차이 등의 4가지 요소에 대한 고려를 포함한다. 루소의 교육원리는 이 4가지 요소의 고려 위에서 구상된 것이다.

2 루소의 교육원리

(1) **자연인을 위한 교육** - 가장 핵심적 원리

① '자연인'이란 인간의 자연적 본성이 최대한 발달된 전인적 인간을 말한다(특정 국가나 사회의 요구가 반영된 '시민'의 개념과 대비됨). 즉, 루소에게 진정한 교육이란 한마디로 아동이 원래 가지고 있는 자연적 본성의 발달을 의미한다.

② 그러므로 자연인을 기른다는 것은 문명과 단절된 숲속의 야만인을 만드는 것이 아니라, 아동이 자신의 눈으로 보고 자신의 가슴으로 느끼며, 자신의 이성이 아닌 어떤 권위에 의해서도 지배당하지 말아야 한다는 것이다.

(2) **소극적 교육**(negative education)**의 원리** - '자연인을 위한 교육'의 실현을 위해 요청되는 원리

① 소극적 교육이란 교사가 앞장서서 끌고 가는 식의 적극적인 교육이 아니라, 아동의 자발적 성장을 뒤에서 밀어 주는 식의 교육을 말한다. 이는 아동이 주도적으로 체험하고 느끼고 깨닫도록 도와주는 교육이다. 또한 교사나 부모가 미리 짜놓은 틀에 맞춰 변형시키는 외부로부터의 주형(鑄型)이 아니라 아동 내면으로부터의 성장을 촉진하는 교육이다.

② 소극적 교육에서의 교사의 역할은 아동의 성장과 변화 과정을 관찰하면서 필요한 도움을 주어 성장을 촉진하는 보조자이다.

(3) **아동중심 교육**(아동중심주의)

① 아동이 능동적 학습자가 되도록 아동의 현재의 관심과 욕구를 충족시켜 주어야 한다. 그러므로 교육은 미래의 삶을 위한 준비가 아니라, 그때그때의 생활 실천을 통해서 인생의 선악에 잘 견딜 수 있는 인간을 형성하는 것이라야 한다.

② 따라서 루소는 어른으로서 살아가는 데 필요한 것들을 준비하기 위하여 아동의 현재의 관심과 욕구를 억압하고 희생하는 당대의 교육적 관행을 비판함으로써 아동기를 어른들의 억압에서 해방시켰다.

(4) 발달단계에 따른 교육 – 연령별 차이에 따른 교육

① 각각의 연령대가 그 자체의 교육적 특징을 가지고 있으므로 각 시기에 맞는 교육방안을 처방해야 한다.
② 제1편~제4편까지는 주인공 '에밀'의 성장과정을 연령대에 따라 구분한 '연령별 차이'에 관한 것이고, 마지막 제5편은 '에밀'의 배우자가 될 '소피'의 교육, 즉 여성교육을 다룬 것으로서 교육에서 고려해야 할 '성별 차이'에 관한 것이다.

18 페스탈로치(J. H. Pestalozzi, 1746~1827)

1 개관

① 페스탈로치는 교육의 본질을 '인간성을 계발하는 일'이라고 보았다. '인간성' 속에는 도덕적 · 지적 · 신체적 제 능력들이 모두 포함되므로, 이를 계발한다는 것은 결국 머리, 가슴, 손으로 상징되는 지적 능력(head), 정의적 능력(heart), 신체적 능력(hand)을 유기적으로 조화롭게 발달시키는 것을 의미한다.
② 그러므로 그가 추구한 교육의 목적은 특정 직업을 위한 것이거나 특정 사회의 요구를 충족하기 위한 것이 아니라 개인의 전인적 완성을 추구하는 것임을 발견하게 된다.
③ 그러나 페스탈로치는 개인의 인격적 완성을 추구하는 교육이 또한 인간을 개조하고 사회를 개혁하는 가장 효과적인 길이라 생각했다. 즉, 교육의 본질은 인간성을 계발하는 것이지만, 그 일 또한 개인과 사회를 개혁하는 수단으로 기능한다는 것이다. ⇨ 교육은 개인과 사회를 개혁하는 수단 ⇨ 교성(教聖)
④ 페스탈로치는 '인간성'이 자연 속에서 계발되는 것이 아니라 사회적 맥락 속에서 개발될 수 있다고 봄으로써 사회의 교육적 기능을 강조했다. 그는 인간의 성장과 발달이 식물의 성장에서 볼 수 있듯이 일련의 진화적 발달단계에 따라 이루어진다는 루소의 견해를 받아들였지만, 루소와 달리 아동의 지적 · 정신적 성장을 자극하기 위해서는 사회에 의존해야 한다는 것을 강조하였다. 그는 일상생활 속에서의 교육 가능성을 굳게 믿었다.

2 교육관

(1) 교육목적 – 인간성 계발(인간 도야)을 통한 사회개혁 ⇨ 평등교육론

① 인간의 모든 능력, 즉 3H(heart, head, hand)의 조화로운 계발 ⇨ 전인교육, 능력심리학에 토대

머리(head)	지적 능력 ⇨ 정신력(精神力, geisteskraft) 예 수, 형, 어를 통한 사고력 함양
가슴(heart)	도덕적 능력 ⇨ 심정력(心情力, herzenskraft) 예 도덕·종교교육을 통한 '사랑'을 육성
손(hand)	신체적 능력 ⇨ 기술력(技術力, kunskraft) 예 기술·신체·직업 교육을 통해 사회생활에 필요한 지식과 기술 도야

② 도덕적 인간 형성을 통한 불평등한 사회개혁

(2) 교육내용 – 직관(直觀)의 3요소

수(數, zahl)	계산, 수학 ⇨ 사물의 종류, 논리적 사고력을 도야함
형(形, form)	도화(圖畵, 그리기), 습자(習字, 글씨쓰기), 측량 ⇨ 사물의 형태(모습), 직관력과 공간에 대한 감각 능력을 도야함
어(語, sprache)	언어교과(읽기, 말하기, 문법) ⇨ 사물의 이름(개념), 언어 능력을 도야함

(3) 교육방법(교육원리) – 나토르프(Natorp)

① 자발성의 원리 : 아동의 능력을 스스로 내부로부터 계발 ⇨ 주입식 교육 배제
　㉠ 아동 내부에 있는 자연의 힘을 자발적으로 발전시키는 것을 교육의 기본원리로 삼는다는 뜻이다.
　㉡ 즉, 주입식 방법이 아닌 계발식 방법이 페스탈로치 교육원리의 본질이라는 뜻이다.

② 조화의 원리
　㉠ 지적 능력, 정의적 능력, 신체적 기능의 조화로운 발달을 추구한다는 것을 교육의 기본원리로 삼는다는 뜻이다. ⇨ 3H의 조화 ⇨ 플라톤(Platon)과 로크(Locke)의 능력심리학의 영향을 받음. 3가지 능력의 조화로운 계발을 강조하였으나 그중에서도 도덕성(heart), 즉 덕육(德育)을 제일 중시함
　㉡ 이것은 페스탈로치의 교육원리가 전인발달을 추구하는 것이었음을 지적한 것이다.

③ 방법의 원리
　㉠ 인간성 발달을 촉진하는 최적의 방안을 찾아서 교육한다는 원리이다.
　㉡ 인간성의 발달은 일정한 과정을 거쳐서 이루어지므로, 그것을 촉진하는 올바른 순서가 중요하다. 예컨대, 우리의 인식은 '막연한 감각인상'에서 '대상을 식별'하는 단계('감각인상이 식별'되는 단계), 식별된 인상이 '명료화'되는 단계, 명료화된 인상이 '명확한 관념'으로 정의되는 단계를 거쳐서 이루어진다. 그러므로 교사는 사물에 대한 아동의 인식을 촉진하기 위해 각각의 단계가 효과적으로 이루어지도록 여러 가지 방법을 강구해야 한다.

예 '무지개는 일곱 색깔이다.'라는 관념의 형성 : 공중에 떠 있는 색깔의 띠를 식별하는 단계(감각인상의 식별단계) → 그 띠 속에 서로 다른 색깔들을 찾아내는 단계(명료화 단계) → 그 색깔들이 빨강, 주황, 노랑, 초록, 파랑, 남색, 보라의 7가지라고 이름 붙이는 단계(명확한 관념 형성)

㉢ 방법의 원리에 의하면, 교수활동은 그 내용이 무엇이건 간에 기본요소로부터 출발하여 그것과 연결되는 다른 요소로 넘어가고, 마지막으로 이것들을 종합하는 세 단계를 거쳐서 이루어져야 하며, 교과내용은 구체적인 것에서 추상적인 것으로, 단순한 것에서 복잡한 것으로, 그리고 이미 알고 있는 것에서 아직 모르는 것으로 나아갈 수 있도록 배열되어야 한다.

도덕적 도야	무규율 단계(자연상태) → 타율 단계(사회상태) → 자율 단계(도덕상태)로 전개
지적 도야	수 → 형 → 어, 직관교육에서 개념교육으로, '막연한 감각인상'에서 '명확한 관념'으로
신체적 도야	반복 연습을 통한 도야

④ 직관의 원리

㉠ 아동 자신의 직접 경험 또는 직접 체험을 교육의 기본원리로 삼는다는 뜻이다.

㉡ 페스탈로치는 모든 인식이 직관에서 출발하며 직관이 인식의 절대적 기초라고 생각했다. 그는 직관을 외적 직관과 내적 직관으로 구분했다. 외적 직관은 감각기관을 통해 외계의 인상을 받아들이는 것을 말하며, 내적 직관은 자신의 마음의 눈으로 세계의 본질을 체험하는 것을 말한다. 이러한 외적·내적 직관을 활용하는 것을 교육의 기본원리로 삼았다[코메니우스는 감각적 직관을 외계(外界)의 인상을 수동적으로 수용하는 과정임을 강조하였으나, 페스탈로치는 외계의 사물이나 현상의 본질을 이해하려는 능동적인 인식의 과정으로 이해함].

㉢ 그가 실물교육이나 노작교육을 강조한 것도 직관의 원리에 입각한 것이라고 볼 수 있다.

⑤ 사회의 원리

㉠ 사회생활과 사회적 관계가 인간을 교육하는 힘을 가지고 있으며, 그 힘을 활용하는 것을 교육의 기본원리로 삼는다는 뜻이다. ⇨ 가정교육(안방교육의 원리)의 사회화 ⇨ 가정에서의 모자(母子) 관계가 모든 사회관계, 교육관계의 기초

㉡ "환경이 사람을 만들고 사람이 환경을 만든다."라는 것이 페스탈로치의 생각이다. 그는 특히 가정생활에서 볼 수 있는 모자간의 신뢰와 사랑이 도덕교육의 기초가 된다고 보았으며, 교사와 학생 간에도 모자관계와 같은 신뢰감이 형성되어야 함을 강조했다. 이것은 결국 일상생활 속의 사회적 관계를 활용하는 것이 교육의 기본원리임을 함축하고 있다.

19 헤르바르트(J. F. Herbart, 1776~1841)

1 개관

(1) 교육학 체계화

「교육학 강의 개요」 서문에서 "과학으로서의 교육학은 실천철학과 심리학에 의존한다. 실천철학은 교육의 목적을, 심리학은 교육의 길, 즉 교육의 수단과 장애를 교시한다."라고 함으로써 실천철학(윤리학)으로부터 교육의 목적을, 심리학으로부터 교육 및 수업의 방법을 도출하여 독립된 과학으로서의 교육학을 성립시켰다.

(2) 교육목적 「교육의 목적으로부터 연역된 일반교육학」

헤르바르트는 교육원리가 교육의 목적에서 연역되어 나와야 한다고 생각했다. 그는 자신의 교육원리를 이론화하는 데 교육의 목적이 무엇인지를 생각하고 그 목적을 달성하기 위한 방법론을 체계화했다. 그에 따르면, 교육의 최고 목적은 학생의 도덕성을 함양하는 것이다.

2 교육관

(1) 교육목적

도덕적 품성, 즉 5도념의 도야 ⇨ 내면적 자유, 완전성, 호의(好意, 선의지), 정의(正義, 권리), 보상(報償, 형평 또는 공정성) 등 5가지 도덕적 이념이 서로 결합하여 도덕성을 이룬다고 보고, 이를 육성하는 것이 교육의 목적이라고 본다.

> 헤르바르트(Herbart)는 교육의 최고 목적을 학생의 도덕성 함양에 두었다. 도덕성 함양은 교육의 모든 세부적인 목적들을 포괄하는 최고의 목적이며, 인간의 가치는 지식이나 기술에 의해 터득되는 것이 아니고 의지(意志)의 선악(善惡)에 의해서 평가된다. 의지는 사고권(circle of thought), 즉 사고의 범위에서 나온다. 도덕적 의지 또는 선의지도 올바른 도덕적 관념에서 나오기 때문에 구체적인 교육목표는 올바른 사고권을 형성하는 것이다.

① 내면적 자유(idea of inner freedom) : 도덕적 행위를 결정하는 개인의 의지가 자유라는 생각을 말함. 이는 어떻게 행동해야 하는지에 대한 판단(도덕적 판단)과 그것을 실천에 옮기는 의지(도덕적 의지)가 일치하도록 의지를 훈련함으로써 성취될 수 있음

② 완전성(idea of perfection or completeness) : 의지가 행동으로 실천될 수 있도록 의지의 강력, 충실, 조화의 3가지 조건을 구비하는 것 ⇨ 의지의 완전성이 실현된 상태 ⇨ 교사의 관심사가 되는 이념(교사는 학생들이 현재의 수준에 만족하지 않고 보다 완전하고 완벽한 것을 추구하기 위하여 자신의 역량을 키우도록 가르쳐야 하기 때문)

③ **호의(好意 또는 선의지, idea of good will)** : 타인의 행복을 자기 의지의 대상으로 삼는 것, 타인에 대한 태도로 표현됨

④ **정의(正義 또는 권리, idea of rights)** : 다른 사람의 의지를 나의 의지와 동등하게 존중하는 것 ⇨ 서로 다른 두 의지가 충돌할 경우 정의에 입각하여 조화롭고 합리적으로 해결하려는 생각을 의미 ⇨ 2개의 의지가 상호 양보하고 조화를 이룬 상태

⑤ **보상(報償 또는 균형, 공정성, idea of equality)** : 의지의 결과로 생긴 행동에 대하여 책임을 지는 것 ⇨ 자신이 행한 선과 악에 따라 응분의 보상 또는 대가를 받아야 한다는 생각을 의미 ⇨ 대가 없이 부당한 이득을 취하거나 잘못을 저지르고도 책임을 지지 않는 것을 용납하지 않는 생각

(2) 교육내용 – 아동의 다면적(多面的) 흥미

① **흥미(興味, interest)** : 교육적 활동을 적극적으로 하게 하는 마음이 일어나는 것으로, 마음으로 하여금 그것의 대상이 되는 사물에 주의를 기울일 때 수반되는 특별한 정신상태, 즉 정신적 흥분과 쾌감을 뜻한다.

㉠ 교육의 실질적 목표가 사고권의 형성이라면, 이를 위한 수단이 '흥미'이다.

㉡ 흥미는 마음으로 하여금 그것의 대상이 되는 사물에 '주의를 기울이게' 함으로써 그 사물의 표상이 의식 속에 두드러지게 해준다.

㉢ 어떤 대상에 흥미를 갖는다는 것은 거기에 '주의를 기울이고 있다'는 뜻이며, 그 주의는 '원초적(무의식적) 주의'와 '통각적(의식적 · 선택적) 주의'로 구분된다. 통각적 주의가 교육장면에서 필요한 학습의 필수조건이다.

원초적 주의	큰 소리나 밝은 색깔 같은 강한 자극에 무의식적으로 주의를 기울이는 것
통각적 주의	우리의 의식이 특정 대상에 선택적으로 주의를 기울이는 것

㉣ 통각적 주의가 언제나 1가지 대상이나 주제에만 고정되어 있다면 교육적으로 바람직하지 않다. 이는 마음이 편협하다는 뜻이며, 그 아이의 마음은 한 방향으로만 발달하게 될 것이기 때문이다. 그러므로 '다면적 흥미'를 갖는 것이 중요하며, 교육적으로 아동이 삶의 모든 측면에 흥미를 가질 수 있도록 그의 마음을 계발해 주는 것이 가장 이상적인 것이다.

㉤ 이처럼 교육적 흥미의 조건은 영속성, 직접성, 다면성이다.

㉥ 흥미는 전심(專心, concentration)과 치사(致思, correlation, 숙고)를 통해 형성된다.

전심	마음이 하나의 대상에 집중하는 것을 말한다. 이때 그 대상을 제외한 다른 것들은 의식역에서 사라진다. 전심의 과정을 통해 의식은 그 대상을 보다 분명하게 파악하게 된다.
치사	전심의 과정을 통해 파악한 대상을 이미 마음속에 들어 있는 다른 관념들과 비교하면서 조정하고 관계를 맺는 과정이다.

㉦ 전심과 치사의 두 과정은 마치 호흡처럼 번갈아 가면서 이루어져야 하며, 그럴 때 새로운 관념을 받아들이고 그것을 통일된 하나의 관념 덩어리로 통합하는 것이 가능해진다.

㉧ 이런 생각을 바탕으로 헤르바르트는 교수활동이 따라야 할 과정을 '명료–연합–계통–방법'이라는 4단계로 제시했다.

② 흥미의 종류 : 신체적 흥미를 제외

지적 (인식적) 흥미	의미	자연물에 대한 지식과 관련된 흥미로서 물리적 세계와의 접촉을 통해서 획득되며, 학교교육에서 자연, 지리, 수학 등을 포함하는 과학영역의 교과를 통해 길러짐
	경험적 흥미	사실에 관한 흥미, 골동품 수집가나 식물학자들에게서 볼 수 있는 것처럼 사물이나 사실들을 경험하는 데에 대한 흥미
	추구적(사변적) 흥미	사물들 또는 사실들 간의 관계나 법칙에 대한 흥미. 논리학자나 수학자들처럼 개별 사실들 간의 관계를 일반법칙으로 파악하려는 흥미
	심미적 흥미	사물이나 그들 간의 관계를 미적으로 관조하고 평가하는 흥미. 시인이나 미술가, 조각가에게서 볼 수 있는 것처럼 세계의 미적인 측면을 드러내 보이는 흥미
정의적 (교제적 · 윤리적) 흥미	의미	마음에 대한 공감과 관련된 흥미. 다른 사람들과의 사회적 교섭을 통하여 획득, 학교교육에서 역사와 문학을 포함하는 역사영역의 교과를 통해 길러지는 흥미
	동정적(공감적) 흥미	동료 인간으로서의 다른 개인들에 대한 흥미. 타인의 마음, 그들의 고통과 쾌락에 공감을 느끼는 것과 관련된 흥미
	사회적 흥미	집단, 조직, 국가 등 개인들의 집합체인 사회에 대한 흥미. 사회집단의 행복과 불행에 공감을 느끼는 것과 관련된 흥미
	종교적 흥미	신(神)과 같은 초월적 존재에 대한 흥미

(3) **교육방법** – 다면적 흥미의 조화로운 계발 ⇨ 관리, 교수, 훈련

✦다면적 흥미 헤르바르트가 말하는 '다면적 흥미'는 '흥미의 분산'을 의미하는 것이 아니라, 흥미의 대상은 다양할지라도 그 다양한 대상에 대한 흥미들은 하나의 통일된 전체를 이루고 있어야 한다는 것으로, '조화로운 다면적 흥미'를 의미한다.

① 관리(Regierung) : 교수를 위한 예비 단계

㉠ 소극적 관리 : 감시, 명령, 금지, 처벌 등에 의하여 학습 준비 태세 형성

㉡ 적극적 관리 : 일정한 과제를 주어 아동을 활동시키는 것

② 교수(Unterricht) : 교육목적 달성을 위한 최선의 방법, 교재(서적)를 매개 ⇨ 교육적 교수와 비교육적 교수

㉠ 교육적 교수 : 지식, 기능, 의지 전달을 통해 도덕적 품성을 도야

㉡ 비교육적 교수 : 지식, 기능만 전달

㉢ 4단계 교수법(인식의 과정) : 명료 → 연합 → 계통 → 방법

교수단계	의미	정신 작용	Ziller	Rein
명료 (clearness)	대상에 대한 뚜렷한 인식, 개개의 관념의 명확한 구별 ⇨ 정적 전심	**전심(專心)** : 일정한 대상에 몰입되어 명확한 관념을 파악하는 것	분석	예비
			종합	제시
연합 (association)	신 · 구 관념의 결합 ⇨ 동적 전심		연합	비교

계통 (system)	연합된 관념을 체계적으로 조직 ⇨ 정적 치사	치사(致思) : 파악된 개념을 통합하여 반성을 통해 통일하는 작용	계통 (체계)	개괄 (총괄)
방법 (method)	체계화된 지식을 활용하고 응용 ⇨ 동적 치사		방법	응용

③ 훈련(Zucht, 훈육) : 교재를 매개로 하지 않고 아동의 도덕적 품성 도야를 위한 직접적인 활동
⇨ 내부적 · 자율적 방법 예 교훈, 교사의 모범(가장 중요), 훈육(상벌)

보존적 훈련 (유지적 훈련)	교사가 시범 보인 방향으로 아동의 의지를 유지
규정적 훈련	교사가 미리 규정한 규칙에 따라 아동이 준수하도록 훈련
결정적 훈련	교사가 아동의 심리 상태를 예상하고, 아동 스스로 결정하도록 훈련
후원적 훈련	아동이 자율적으로 올바른 선택을 하도록 교사가 후원

20 신라와 통일신라

1 신라의 화랑도(花郎徒)

(1) 성격

비형식적 사설 교육기관(청소년 단체)이었으나, 진흥왕 대 이후 체계화된 인재양성제도의 필요성에 따라 국가의 보조 및 지원을 받음으로써 삼국통일의 주역이 되었다.

(2) 교육이념

화랑도의 정신은 신라의 고유사상, 즉 풍류사상(예 유오산수 무원부지)과 외래사상(유 · 불 · 선)의 융합이다.

(3) 교육대상

14~18세의 상류층(왕족 또는 귀족) 자제 및 평민 자제들

(4) 교육목적

문무(文武) 겸비한 인재 양성, 즉 세속오계(世俗五戒)에 충실한 용감한 무인(武人)과 종교적 · 도덕적 실천인 양성

(5) **교육과정** – 생활(경험)중심 교육과정(『삼국사기』) ⇨ 전인교육 실시, 인물본위의 평가방식

① 상마이도의(相磨以道義) : 도의(道義 예 세속5계)로써 서로 닦는다. ⇨ 이성 · 인격 도야

② 상열이가락(相悅以歌樂) : 시와 음악(예 향가)으로써 서로 즐긴다. ⇨ 정서 도야

③ 유오산수 무원부지(遊娛山水 無遠不至) : 명산(名山)과 대천(大川)을 찾아다니며 즐기고 멀리 가보지 아니한 곳이 없다. ⇨ 풍류사상, 심신 단련(국토순례), 직관 교육, 비형식적 생활 교육

2 통일신라시대의 독서삼품과(독서출신과) – 원성왕 4년(788)에 설치

(1) **국학의 졸업시험, 문관 등용방법** – 최초의 평가제도 ⇨ 과거제도의 예비

(2) **중국 한대(漢代)의 향거이선법(鄕擧里選法), 위진 남북조시대의 9품중정제(九品中正制)와 유사**

(3) **유학의 독서능력**(유학지식의 고 · 하)**에 따라 상 · 중 · 하품으로 구분**

① 특품 : 『오경』, 『삼사』, 『제자백가서』에 모두 능통한 자는 각 단계를 뛰어넘어 발탁('초탁'이라고 함)

② 상품 : 『춘추좌씨전』이나 『예기』, 『문선』을 읽고 그 뜻에 능통하고 『논어』 · 『효경』에 밝은 이

③ 중품 : 『곡예(예기)』 · 『논어』 · 『효경』을 읽은 사람

④ 하품 : 『곡예』 · 『효경』을 읽은 사람

(4) **교육사적 의의**

① 인재 등용방식의 변화 : 인물 본위에서 실력 · 시험 본위로의 변화

② 신라사회의 권력 교체 : 골품제도의 붕괴 ⇨ 정치의 문무 교체로 인한 봉건화

21 고려와 조선

1 고려의 과거제도(科擧制度)

(1) 실시시기

광종 때(958) 후주의 귀화인 한림학사 쌍기의 건의로 실시 ⇨ 능력 본위의 관리등용제도

(2) 시험과목

① 문과(명경과, 제술과)·승과·잡과만 실시 ⇨ 명경보다 제술 중시(경학보다 문학을 숭상)
② **무과(武科)는 실시하지 않음 :** 숭문천무사상(崇文淺武思想)의 결과

(3) 응시자격

① **양민(良民)이면 누구나 응시 가능 :** 부모의 상중(喪中)에 있는 사람은 상(喪)이 끝날 때까지 응시 불가. 평민에게는 10번, 관리에게는 5번의 응시 기회 부여
② 승려는 승과만 응시 가능

(4) 특징

① **좌주문생제(座主門生制) :** 지공거(은문)와 문생(門生, 급제자)이 부자(父子)의 예(禮)를 갖춤 ⇨ 문벌(門閥) 형성의 배경
② **과거제도와 학교교육은 밀접하게 관련 :** 학교의 학과목과 과거의 시험과목은 동일 ⇨ 학교는 과거시험 준비기관으로 전락

(5) 과거제도의 예외

구분	내용
음서제도 (蔭敍制度)	• 조상의 음덕(蔭德)으로 그 자손이 관리가 될 수 있게 한 제도 ⇨ 문벌(文閥) 형성의 배경 • **부(父)나 조부(祖父)가 관직생활을 했거나 국가에 공훈(功勳)을 세웠을 경우에 그 자손을 관리가 될 수 있게 한 제도 :** 5품 이상인 관리의 자제들에게 과거 없이 관직에 등용하게 한 제도
천거제도 (薦擧制度)	학식과 재능, 덕행이 뛰어났으면서도 가세(家勢) 등이 미약하여 벼슬에 오르지 못하고 있는 인물을 추천에 의해 특별히 등용하는 제도
성중애마 (成衆愛馬)	내시(內侍)와 숙위(宿衛) 등 왕을 가까이 모시는 특수 직책을 이용해 고위관직으로 진출할 수 있게 하는 보선(補選)제도
남반(南班)· 잡로(雜路)	하급관리가 고위직으로 진출할 수 있게 한 제도 ⇨ 고려 후기의 신분제 동요에 따른 상황을 반영한 제도

(6) 영향

① 긍정적 의의: 능력 본위의 관리등용이 가능해짐

② 부정적 의의

㉠ 학교가 과거시험 준비기관으로 전락

㉡ 유교경전을 암기하는 주입식 교육풍토 조성

㉢ 사대주의(事大主義) 및 상고주의(尙古主義) 경향의 심화

㉣ 과도한 경쟁으로 부정부패 조성

㉤ 시험과목의 제한으로 인한 폭넓은 사상의 발전 저해

2 조선의 과거제도(科擧制度)

(1) 시험과목의 종류 – 문과, 무과, 잡과 실시

종류	구분		내용	성격
문과	소과 (생진과)	생원시	• 유교경전(예 4서 5경)을 외는 명경(明經) 시험 • 시험과목: 오경의(五經義)와 사서의(四書疑) 2편	• 성균관 입학시험 (오늘날 대입수능시험) • 초시－복시 2단계 • 백패(白牌) 수여
		진사시	• 문장[예 부(賦), 고시(古詩), 명(銘), 잠(箴)]을 짓는 제술(製述)시험 • 시험과목: 부(賦) 1편 + 고시(古詩), 명(銘), 잠(箴) 등 다양한 문장 형식 중 1편	
	대과(문과)		• 원점 300점을 취득한 유생들을 대상으로 실시 • 초시－복시(회시)－전시의 3단계 / 홍패(紅牌) 수여	• 성균관 졸업시험 • 문관 선발시험
무과	단일과		초시－복시－전시의 3단계 / 홍패(紅牌) 수여	무관 선발시험
잡과	단일과		초시(해당 관아 주관)－복시(해당 관아 & 예조)의 2단계	기술관 선발시험

✎ 『경국대전(經國大典)』과 『대전회통(大典會通)』은 문과·무과·잡과와 문과의 예비시험인 생원시와 진사시만을 규정하고 있으며, '대과'와 '소과'라는 용어 자체가 없다.

✎ 초시－복시－전시는 시험단계를, 초장·중장·종장은 시험과목에 따른 구분을 말한다.

(2) 실시 시기

① 식년시: 정기시험, 매 3년(子·卯·午·酉年)마다, 문과·무과·잡과 모두 실시

② 특별시: 부정기 시험 ⇨ 국가에 경사가 있을 때나 특별한 필요 발생 시 실시

증광시(增廣試)	국가의 대경사가 있을 때
별시(別試)	보통 경사가 있을 때
알성시(謁聖試)	국왕이 성균관의 석전제(釋奠祭) 참석 시, 시학(視學)의 일환으로 성균관 방문 시
춘당시(春堂試)	국왕이 춘당대(창경궁) 방문 후 실시

황감과(黃柑科)	12월에 제주 목사가 특산물로 진상한 귤을 성균관·사학 유생에게 나누어 줄 때 실시
도기과(到記科)	원점과(圓點科), 일정한 출석점수(원점 30점 이상)를 취득한 유생들을 대상으로 실시
절일시(節日試)	입일제(1월 7일), 삼일제(3월 3일), 칠석제(7월 7일), 구일제(9월 9일) 등 절일에 실시
정시(庭試)	매년 봄·가을에 국왕이 성균관 유생을 대상으로 실시

(3) 주무 기관

문과는 예조, 무과는 병조, 잡과는 4과만 해당관청(초시)과 해당관청 & 예조(복시)에서 실시

(4) 과거제도의 예외 인정

① 음서제도 : 문무관 2품 이상의 자제에게 과거 면제 혜택 부여

② 취재제도 : 하급관리 임용시험 예 이조취재, 병조취재, 예조취재

③ 천거제도 : 3품 이상의 고관이 재능 있는 인재를 추천 예 조광조의 '현량과'

(5) 고려시대와 조선시대의 과거제도 비교

구분	고려시대	조선시대
종류	문과, 잡과, 승과(무과 ×)	문과, 무과, 잡과(승과는 부분적 실시 후 폐지)
	• 문과 : 제술과(문예시험), 명경과(경전시험) ⇨ 명경보다 제술 중시 • 잡과 : 기술관 시험 ⇨ 예부 관리	• 문과 : 3차시 – 소과 : 성균관 입학시험, 생원(명경업), 진사(제술업) ⇨ 명경 중시 – 대과 : 관리임용시험 ⇨ 제술 중시 • 무과 : 소과·대과 구분 ×, 3차시 • 잡과 : 기술관시험, 4학만 실시, 전시 × ⇨ 해당관청(초시), 해당관청 & 예조(복시)
실시방법	단층제 ⇨ 3층제(향시, 회시, 전시)	3층제(초시, 복시, 전시)
응시자격	평민(양민)이면 누구나 가능	양민(단, 상공인, 승려, 서얼 제외)
실시시기	매년 ⇨ 3년에 한 번(식년시, 성종) ⇨ 격년(현종) ⇨ 매년 또는 격년	• 정기시험 : 식년시 • 부정기시험 : 특별시
예외 제도	음서제(5품 이상 자제)	음서제(2품 이상 자제)
특징	• 좌주문생제도 • 동당감시(東堂監試)라고도 불림	취재(取才) : 시취(試取), 특정직(서리, 군사, 기술관)의 임용 또는 승진 시험

3 조선시대 실학자들이 제안한 선발방법

(1) 유형원의 공거제(貢擧制)

과거제 폐지의 대안으로 주장, 일종의 천거제(薦擧制) ⇨ 학교교육과 관리선발을 일원화한 것으로, 학교교육은 취재(取才) 과정의 역할을 담당함

① 추천과 시험을 병행하여 관리를 등용하는 제도

② **학교교육은 취재(取才)의 과정** : 학교교육과 관리선발을 일원화(연계) ⇨ 태학(太學)과 연계된 관리 수습기관으로 진사원(進士院)을 설치

③ **절차** : 태학에서 1년 이상 수학한 우수한 학생을 학교의 추천과 진사원의 시험에 의하여 선발, 진사원 입학 ⇨ 진사원에서 1년간 관리 수습 교육 ⇨ 능력과 인격에 따라 차등을 두어 관직에 임명

(2) 이익의 과천합일제(科薦合一制) – 과거제 개혁안 ⇨ 과거제와 천거제 병행 실시 주장

① **과거제 개혁** : 매 5년마다 식년시(정기시험) 실시, 특별시는 폐지 ⇨ 과거제 일부를 수용

② **천거제 병행** : 해당 지방 관리가 학생 관찰 후 추천하는 방식[향거이선제(鄕擧里選制)]과 향약을 기반으로 향장(鄕長)이 합석하여 서로 의논한 후 추천하는 방식[공거제(貢擧制)]을 병용 실시

22 성리학(性理學)

1 개관 – 조선 전기 교육에 영향

(1) 개념 – 우주의 근원(이기론)과 인간의 심성 문제(심성론, 4단7정론)를 형이상학적으로 해명하려는 철학

① **이기론(理氣論, 우주론, 존재론)** : '우주는 어떻게 이루어져 있는가'를 설명하는 틀로, 이(理)와 기(氣)라는 용어를 사용하여, 세계와 모든 사물 및 인간은 이와 기의 결합으로 존재한다는 주장이다. 이와 기의 관계를 보는 관점에 따라 주리론(主理論)과 주기론(主氣論)으로 나뉜다.

이(理)	• 사물생성의 근본원리, 보편, 원론, 자연법칙, 도덕법칙, 절대적이며 영원한 것이다. • 이(理)의 최고 형태는 태극(太極)이다.
기(氣)	• 사물 생성의 근본 재료, 형상, 개별적이며 가변적인 것이다. • 기(氣)의 최고 형태는 음양(陰陽)과 오행(五行)이다.
주리론 (主理論)	• 이기이원론(理氣二元論)을 바탕으로 생멸하는 기(氣)보다 항존불변하는 이(理)를 중시한다. • 심성론(心性論)의 입장에서는 천부적인 선한 본성인 사단(四端)은 이(理)의 발동이고, 선과 악이 섞여 있는 칠정(七情)은 기(氣)의 발동이라는 이기호발설(理氣互發說)을 주장한다. • 대표적인 학자는 이황

주기론 (主氣論)	• 이기일원론(理氣一元論)을 바탕으로 모든 현상은 기(氣)가 움직이는 데 따라 다르게 나타나며, 이(理)는 단순히 기를 주재하는 보편적 원리에 불과하다고 주장한다. • 심성론(心性論)의 입장에서는 사단(四端)과 칠정(七情)은 모두 기(氣)가 발동한 것이며, 사단은 칠정 가운데 선한 측면만을 가리키는 것에 불과하다는 기발이승일도설(氣發理乘一途說)을 주장한다. • 대표적인 학자는 이이

② 심성론(心性論)

㉠ 이기론에 바탕을 둔 인간이해는 본연지성(本然之性)과 기질지성(氣質之性)의 개념을 중심으로 하는 인성론으로 체계화되었다.

본연지성	• 모든 인간의 마음속에 본래 존재하고 있는 이(理)로서, 도덕적으로 선한 본성을 의미한다. • 사단(四端)은 인간의 본성에서 우러나오는 마음씨, 즉 선천적이며 도덕적인 능력을 말한다. 예 측은지심(惻隱之心), 수오지심(羞惡之心), 사양지심(辭讓之心), 시비지심(是非之心)
기질지성	• 인간 형성에 관여하는 기(氣)에 의해 형성된 것으로, 육체와 감각적 작용으로 나타나는 인간 본능을 의미한다. • 칠정(七情)은 인간의 본성이 사물을 접하면서 표현되는 인간의 자연적인 감정이다. 예 희(喜, 기쁨), 노(怒, 노여움), 애(哀, 슬픔), 구(懼, 두려움), 애(愛, 사랑), 오(惡, 미움), 욕(欲, 욕망)

㉡ 인간의 본연성을 밝히고, 그 본연성에 근거하여 어떻게 삶을 영위할 것인가를 탐구하였으며, 현실의 인간행위는 인간의 본연성과는 많은 괴리를 보임을 의심하고 탐구하였다.

㉢ 사단칠정(四端七情)에 관한 논쟁은 마음을 설명하는 2가지 개념인 사단과 칠정의 관계를 이기론에 비추어 설명하려는 시도이다. ⇨ 현대 교육에 있어 인성 교육에 시사점 제공

(2) 유사 개념

이학(理學), 주자학(朱子學), 송학(宋學), 도학(道學)

2 교육관

(1) 궁극적 목표

성인(聖人)이 되는 것 ⇨ 현실적으로는 군자(君子)

(2) 실천방법

① 존심양성(存心養性) : 항상 선한 마음을 가지고 천부의 본성을 기름(性卽理)

② 궁리(窮理) : 거경궁리(居敬窮理) ⇨ 경(敬)의 자세로 지식을 확실히 함 예 서원(書院)

(3) **교육내용** – 사서오경(사서 > 오경), 소학

① 『대학(大學)』: 철학서 ⇨ 유학의 입문서, 수기치인(修己治人)의 원리 규명

✦『대학』(예기 42장)과 『맹자』(예기 31장) 5경의 하나인 『예기(禮記)』(총 49장으로 구성)의 일부를 주희(朱熹)가 별개의 책으로 편찬한 것이다. 『소학』에 대응한 대학 교육의 목적과 방법을 분명히 한 책으로, 강령(綱領)과 조목(條目)이 뚜렷이 제시되어 있고 체계가 엄밀하여 의론체(議論體)인 『논어』와 『맹자』와 차별된다. 교육의 목적인 3강령[명명덕(明明德), 신민(新民), 지어지선(止於至善)]과 그 달성하는 방법인 8조목[격물(格物), 치지(致知), 성의(誠意), 정심(正心), 수신(修身), 제가(齊家), 치국(治國), 평천하(平天下)]을 제시하면서 『시경』과 『서경』 등의 말을 인용하여 해설하고 있다.

② 『논어(論語)』: 도덕론 ⇨ 유교사상의 뿌리

✦『논어(論語)』 유가(儒家)의 성전(聖典)으로 사서(四書) 중의 하나, 중국 최초의 어록(語錄) ⇨ 공자와 그 제자와의 문답(問答)을 주로 하고 공자의 언행(言行)을 모아 만든 책

③ 『맹자(孟子)』: 정치론 ⇨ 유교사상의 발현, 왕도정치(王道政治)의 이상

④ 『중용(中庸)』: 철학서 ⇨ 유학의 결론

예 "하늘이 명(命)한 것을 성(性, 성품)이라 하고, 성품에 따르는 것을 도(道)라 하고, 도를 닦는 것을 교(敎)라고 한다."

(4) **대표적인 사상가** – 퇴계 이황, 율곡 이이

구분	이황	이이
세계관(이기론)	• 이기이원론적 주리론(이상 중시) • 이귀기천(이>기)	• 이기일원론적 주기론(현실 중시) • 이기지묘, 이통기국(이≒기)
인간관(심성론)	이기호발설(理氣互發說)	기발이승일도설(氣發理乘一途說)
핵심 사상	경(敬) 사상	성(誠) 사상
교육관	• 입지 ⇨ 작성(作聖) • 거경, 궁리, 잠심자득(潛心自得) • 궁행(躬行, 개인적 실천) • **위기지학**: 내적 인격 수양 • 지행병진(지행호진) • **발달단계에 따른 교육**: 태교 ⇨ 유아기(효경, 가례) ⇨ 소년기(소학, 대학) ⇨ 청년기(심경, 주자서절요)	• 입지 ⇨ 작성(作聖) • 거경, 명지(궁리) • **역행(力行)**: 사회경장(社會更張) 사상 ⇨ 진보주의의 생활 중심 교육 • **위인지학**: 외적 실천 • 지행일치(지행합일) • **독서교육 중시**: 소학–대학·근사록–논어–맹자–중용–5경–역사서·성리학서
군왕교육	성학십도	성학집요
영향	위정척사, 의병운동	실학, 개화사상

23 실학(實學)

1 개관 – 조선 후기 교육에 영향

(1) 등장배경

① 전쟁으로 피폐해진 조선의 실정(失政)
② 성리학(유학) 중심의 세계관에 대한 비판
③ 양명학(知行合一)과 고증학(문헌비평학)의 유입
④ 중국으로부터 서양 문물과 서학(西學)의 유입

성리학	양반 중심, 중국 중심, 비실용성(사변윤리), 유교경전 암송, 전근대성, 주관적 자연관
실학	서민 지향, 민족 주체성 중시, 실용성(실천윤리), 과학적 사고, 근대성, 객관적 자연관

(2) 교육원리

① 교육기회 개방확대론 : 신분적 차별윤리(계급편파 교육, 지방편파 교육, 성(性)편파 교육)의 유교적 질서를 철폐하고 교육기회균등을 강조, 개인차를 고려한 능력별 교육

㉠ 유형원 : 반상(班常)의 차별 철폐와 신분을 초월하여 학생은 학생으로 동등해야 함을 강조

> "지금 지방의 향교에서 양반은 동재(東齋)에 거처하고 서민은 서재(西齋)에 거처하게 된다. 그래서 비록 서재가 비어 있어도 양반은 들어가기를 꺼려하고, 동재가 비록 비어 있어도 서민은 그곳에 들어갈 수 없으니 심히 무리한 일이다. 마땅히 1가지로 하여 편의에 따라서 들어가 거처하게 하고, 등급을 정하여 차별하게 해서는 안 된다."
> "국속(國俗)에 양반, 서얼, 서족은 각각 그 품류(品類)를 구분하여 나이로 차례를 정함은 어찌된 까닭입니까?"라고 묻는다면, "예에, 천하(天下)에 나면서부터 귀한 자가 없다고 하였고 천자(天子)의 아들도 입학하면 나이로 차례를 정하였는데, 하물며 사대부(士大夫)의 아들에 있어서야……."
>
> –『반계수록』

㉡ 이익 : 지역 차별이 교육기회나 관리등용에 미치는 폐해를 지적

> "인재가 나는 것은 사방이 모두 같다. 멀고 가까움이 무슨 관계가 있겠는가. 그런데 먼 곳 사람들이 진출하지 못하는 것은 국가에서 특히 인재를 지역으로써 택하고 인재로써 택하지 않기 때문이다."
>
> –『곽우록』

㉢ 홍대용 : 교육기회나 관리등용에 있어 신분, 가문, 적서(嫡庶), 지역 간의 차이에서 오는 일체의 사회적 차별을 철폐하고 능력의 차이만을 인정할 것을 주장

> "재능과 학식만 있으면 비록 농상(農商)의 자식이 낭묘(廊廟, '궁전')에 들어가 일하여도 방자할 것이 없으며, 재능과 학식이 없으면 공경(公卿)의 자식이 하인이 되어도 한탄할 것이 없다."
>
> –『임하경륜』

㉣ **이덕무** : 지배층 위주의 폐쇄적 교육에서 신분과 직업에 관계없이 인간 도야를 목적으로 하는 개방적 교육으로의 전환을 주장

② **학제개혁론** : 과거제 비판의 대안으로 공교육 중시의 단계적 학제개혁론을 전개

㉠ **유형원** : 교육의 합리화, 공교육의 강화, 초등교육의 강조 ⇨ 중앙과 지방의 이원적인 4단계 학제안을 제시

㉡ **홍대용** : 관주도의 의무교육과 선발적 교육관에 근거한 단계적 학제안 제시

③ 민족지향적 교육의식

㉠ **새로운 자아의식의 각성을 통한 민족 주체성 확립을 중시** : 자연과학적 세계관을 바탕으로 '명분론적 화이관(華夷觀)'의 허실을 비판하고 '화이일야(華夷一也)'라는 수평적 세계관을 새롭게 확립

㉡ **민족적 자주의식은 사회적 각성과 국학 연구에 대한 관심으로 발전** : 자문화의식에 따른 국사교육의 중요성을 강조

ⓐ **유득공** : 『이십일도회고시(二十一都懷古詩)』를 지어 노래로 우리 역사를 공부

ⓑ **정약용** : 국사를 과거시험 과목에 포함 ⇨ 매 식년(式年)마다 시행

④ **무실론(務實論)적 실학교육론** : 성리학적 학문체계를 공리공담(空理空談), 고담준론(高談峻論)의 허학(虛學)으로 규정 · 배격하고, 생산과 실리실용에 직결되는 실용주의 교육을 중시

㉠ **정약용** : "문예(文藝)는 우리가 행하는 도(道)에 있어서 좀이다."

㉡ **박지원** : "독서를 하고서도 실용을 모른다면 학문한 것이 아니며, 학문하는 것을 귀하게 생각하는 까닭은 그것이 실용을 위한 것이기 때문이다."

㉢ **안정복** : "학문하는 요체는 무실(務實)의 두 글자를 행하는 것에 불과하다."

2 대표적 사상가

(1) 유형원

① 덕행인 · 능력인 양성 ⇨ 교육기회 균등(신분제 타파)

② **4단계 학제개혁안** : 서울과 지방으로 학교제도 이원화

③ **공거제** : 과거제 대안(일종의 '천거제'), 학교교육과 관리 선발을 일원화 ⇨ 학교교육은 취재(取才)의 과정

<table>
<tr><th></th><th>초등</th><th></th><th>중등</th><th></th><th>중등</th><th></th><th>고등</th><th rowspan="3">서울과 지방 이원화
• 초등은 국민보통 교육
• 중등 이후는 능력주의(양반에 한함)</th></tr>
<tr><td>서울</td><td>방상</td><td>⇨</td><td>사학</td><td>⇨</td><td>중학</td><td rowspan="2">⇨</td><td rowspan="2">태학 ⇨ 진사원</td></tr>
<tr><td>지방</td><td>향상</td><td>⇨</td><td>읍학</td><td>⇨</td><td>영학</td></tr>
</table>

④ 향약(鄕約, 사회교육)과 학교교육의 분리

(2) 이익

① **교육목적**: 양사(養士)가 목적 ⇨ 주체성 있는 역사의식인
② **교육이념**: 숭례(崇禮) 중시, 근검과 남녀유별(男女有別)의 이념
③ **교육방법**: 일신전공(日新全功)의 교육방법 – 득사(得師), 호문(好問), 서독질의(書牘質疑) ⇨ 소크라테스의 대화법
④ **교육과정 개혁**: 『동사강목』과 『퇴계집』 ⇨ 한국학을 본 궤도에 올려놓음
⑤ **학교제도 개혁**: 4단계 학제개혁안

서민	향학(鄕學) → 태학 → 전강(殿講, 과거) → 사제(賜第, 관리 선발)
사대부	사학(四學) → 태학 → 전강(殿講) → 사제(賜第)

⑥ **과거제도 개혁**: 과천합일제 ⇨ 식년시 5년마다 & 별시는 폐지 + 지방관리의 추천(향거이선제)
⑦ 사회 개혁(노비, 과거, 문벌 등 6좀 타파), 가정교육 중시

(3) 안정복

① 실학 시대의 최고 역사가
② 주요 저서
㉠ **『동사강목』**: 국사의 독자성 강조, 야사(野史)도 수용
㉡ **『하학지남』**: 초학자를 대상으로 하는 고전 입문서
㉢ **『여범』**: 여성의 행동규범

(4) 이덕무

① **『사소절』**: 『소학』을 한국 실정에 맞게 저술 예 사전(士典)·부의(婦儀)·동규(童規)로 구성, 국민독본
② 주요 저서
㉠ **『사전(士典)』**: 5권, 선비들의 윤리와 행실
㉡ **『부의(婦儀)』**: 2권, 부녀자들의 도리
㉢ **『동규(童規)』**: 1권, 아동교육방법 ⇨ 교육의 기회균등(서민 자녀도 교육), 보통교육 강조, 초등교육과정 제시[최세진의 『훈몽자회』와 이만운의 『기년아람』, 연간 수업일수 300일(150일 경전교육, 150일 역사교육)]

(5) 홍대용

① **기(氣)철학적 인간평등론**: 실용교육과 과학기술교육
② **신분차별 철폐**: 능력에 따라 적재적소에 인물 배치
③ **관(官) 주도의 의무교육제도 실시**: 8세 이상의 아동은 신분 구별 없이 초등교육기관인 재(齋)에 입학하게 함
④ **주요 저서**: 『임하경륜(林下經綸)』, 『주해수용(籌解需用)』

⑹ 정약용

① 수기 위천하인(≒ Brameld의 사회적 자아실현인) 양성 : 실학의 집대성

② 성의(誠意)와 신독(愼獨)

㉠ 학문의 근본으로서 강조

㉡ 지식 교육보다 사람 만들기 교육(정의교육, 인격교육) 중시 ⇨ EQ 후에 IQ 교육(공자, 루소)

③ 덕행, 경술, 문예, 기예를 강조

덕행(德行)	인간됨의 근거 ⇨ 孝(임금), 悌(어른), 慈(대중) 중시
경술(經術)	10경의 지식을 국가 관리에 활용
문예(文藝)	6예 중 書와 數 강조
기예(技藝)	과학기술 교육

④ 국학[國學, 국사와 우리나라 선현의 글(예 고려사, 반계수록, 서애집, 성호사설, 퇴계집, 율곡집, 이충무공전서, 연려실기술)]과 『아학편』(『천자문』을 대체한 아동문자 학습서, 2000자문, 아동 발달단계를 고려 주제별 구성, 이해 위주)

⑤ 오학론(五學論) : 당시 학문적 경향 비판

성리학	공리공론(空理空論)의 이기설(理氣說)에 너무 편중되어 있다.
훈고학	경전(經典)의 자의(字意)와 훈독(訓讀)에 너무 치중되어 있다.
문장학	문자적 유희나 미사여구(美辭麗句)에 치중되어 있다.
과거학	• 실생활을 외면하고 사변적인 일에만 허송하게 하고 있다. • 과거시험 방식, 시험 과목, 시험 실시 시기 등 모든 면에서 개혁이 필요하다.
술수학	도선의 비결(秘訣)이나 정감록 등의 사설(邪說)이 백성을 미혹(迷惑)케 한다.

⑥ 불가독설(不可讀說) : 『천자문』, 『사략』, 『통감절요』의 독서 금지

천자문	문자가 체계적으로 배열 ×, 암기위주의 학습, 아동들의 이해수준 고려 ×
사략(史略)	중국 역사의 요약본으로 허구적 내용(예 천황의 존재) 포함
통감절요	강용이 편찬한 역사서로 중국에서도 인정하지 않음

⑦ 주요 저서

㉠ 『경세유표』 : 국가기구개혁

㉡ 『목민심서』 : 지방관의 도리

㉢ 『흠흠신서』 : 법과 형옥 개혁

(7) 최한기

① 실학과 개화사상의 가교(架橋) 역할

② **사상**: 기일원론적 기학(氣學), 통기(通氣: 기로써 객관적 대상물을 접촉하여 인식하는 것)와 추측(감각적 경험을 분별하고 헤아리는 추리작용) 중시

기(氣)	우주의 궁극적 실재 ⇨ 운화기(運化氣, 활동·변화하는 작용측면), 형질기(形質氣, 운화기 활동의 결과)
이(理)	기(氣)에 예속 ⇨ 유행지리(流行之理, 객관적 자연법칙), 추측지리(推測之理, 인간의 사유활동, 공부의 기본 원리)

③ 인간관

㉠ 후천적 노력에 의해 발전하는 존재

㉡ **인간평등과 존엄**: 누구나 평등 ⇨ 기를 바탕으로 대상물을 인식, 추리 능력이 있어 동물보다 우수

㉢ **염습론(染習論)**: 경험은 지식과 사고의 근간, 유아기의 경험과 습관은 '흰 비단에 물을 들이는 것과 같다' ⇨ 로크의 백지설과 흡사

④ 교육관

㉠ **교육목적**: 인도(人道)의 구현 ⇨ 교양인과 실용인의 조화

㉡ **교육내용**: 경험중심 교육 ⇨ 경험을 통해 지식이 생긴다(행을 통해 지가 생김).

㉢ **교육방법**: 경험을 통한 학습('감각 → 기억 → 추리'의 학습과정), 추측을 통한 사고력 증진, 개인차 존중

⑤ **특징**: 아동 교육의 중시(염습론), 생활중심교육, 수학교육(만물의 근원적 출발이 되는 교과) 중시

2026 권지수교육학 필수요약집

요점쏙쏙

초판인쇄 | 2025. 5. 15. **초판발행** | 2025. 5. 20.
편저자 | 권지수 **발행인** | 박 용 **발행처** | (주)박문각출판
등록 | 2015년 4월 29일 제2019-000137호
주소 | 06654 서울시 서초구 효령로 283 서경빌딩
전화 | 교재주문 · 학습문의 (02)6466-7202

저자와의
협의하에
인지생략

정가 24,000원
ISBN 979-11-7262-779-9